1   2   3

4   5

Die Wehrbeauftragten:
1959–1985

1   1959–1961
    Generalleutnant a.D. Helmuth Otto von Grolman
    CDU

2   1961–1964
    Vizeadmiral a.D. Hellmuth Guido Heye
    CDU

3   1964–1970
    Matthias Hoogen
    CDU

4   1970–1975
    Fritz-Rudolf Schultz
    FDP

5   1975–1985
    Karl Wilhelm Berkhan
    SPD

Schlaffer • Der Wehrbeauftragte 1951 bis 1985

Sicherheitspolitik und Streitkräfte der Bundesrepublik Deutschland

Herausgegeben vom
Militärgeschichtlichen Forschungsamt

Band 5

Rudolf J. Schlaffer

Der Wehrbeauftragte
1951 bis 1985

Aus Sorge um den Soldaten

R. Oldenbourg Verlag München 2006

Meinen lieben Eltern:
Maria und Josef Schlaffer

Umschlagabbildungen:
Der Wehrbeauftragte Karl Wilhelm Berkhan im Gespräch mit Soldaten auf der
Bonner Hardthöhe, Foto: SKA/IMZBw/Kahlenborn
Ausschnitt Titelblatt der Illustrierten Quick/Heinrich Bauer Smaragd KG

Trotz sorgfältiger Nachforschungen konnten nicht alle Rechteinhaber ermittelt
werden. Wir bitten gegebenenfalls um Mitteilung.

Die Deutsche Bibliothek – CIP-Einheitsaufnahme

Ein Titeldatensatz für diese Publikation ist bei der
Deutschen Bibliothek erhältlich

Zugl.: Hamburg, Helmut-Schmidt-Universität, Diss., 2006

© 2006 Oldenbourg Wissenschaftsverlag GmbH, München
Rosenheimer Str. 145, D-81671 München
Internet: www.oldenbourg.de

Satz: Militärgeschichtliches Forschungsamt, Potsdam
Herstellung: Wuhrmann Druck & Service GmbH, Freiburg

ISBN-13: 978-3-486-58025-9
ISBN-10: 3-486-58025-6

Inhalt

Grußwort

Die Gründungsphase der Bundeswehr vor über 50 Jahren war nicht nur von außenpolitischer Skepsis, sondern auch von teilweise heftigen innenpolitischen Auseinandersetzungen begleitet. Angesichts der Einbettung westdeutscher Streitkräfte in die NATO aber waren die Sorgen der westeuropäischen Nachbarn vor einem militärisch gerüsteten Deutschland unbegründet.

Dennoch, allein die Erinnerung an die Zeit vor 1945 barg innenpolitisch eine schwere Hypothek. Zu viele hatten unter militärischem Drill und oftmals unmenschlicher Ausbildungspraxis gelitten. Hans Hellmut Kirst brachte es im Angesicht der leidenschaftlich geführten westdeutschen Wiederbewaffnungsdebatte in seinem damals viel beachteten Roman »08/15« auf den Punkt: »Und jetzt wird die Kaserne wieder geräumt und ausgebessert. Möge den Soldaten, die hier Dienst tun müssen, erspart bleiben, was fünfzehn Jahre vorher dort geschah! Es muss sich manches ändern. Nur dann sind Kasernen mit verlässlichen Menschen zu füllen«.

Und tatsächlich, strukturell änderte sich sehr vieles. Erstmals in der deutschen Geschichte wurden die Streitkräfte durch ein demokratisches Regelwerk parlamentarisch eingehegt. Die unter dem Begriff »Innere Führung« verfassungskonform formulierten Grundsätze der Menschenführung und Normen für den internen Alltagsbetrieb sollten verhindern, dass die dunklen Bilder der Vergangenheit wiederkehren konnten. Zum Schutz des Individuums und als Hilfsorgan des Bundestages bei der parlamentarischen Kontrolle der Bundeswehr wurde 1956 das Amt des Wehrbeauftragten geschaffen. Eine Besonderheit – sowohl in der deutschen Verfassungsgeschichte als auch im internationalen Vergleich, vermittelt die Institution doch zwischen Soldaten, Bundeswehrführung und Parlament gleichermaßen.

Gewiss, die Anfänge waren nicht leicht. Krisen überschatteten die ersten Jahre. Amt und Bundeswehr mussten den Weg zueinander finden. Doch wie Bundestagspräsident Norbert Lammert kürzlich beim Festakt anlässlich des 50. Jahrestages der Aufnahme der Institution des Wehrbeauftragten in das Grundgesetz feststellte, gelang den bisherigen zehn Amtsinhabern eines ganz gewiss. Sie ließen durch ihre Arbeit das Amt zu einer partei- und gesellschaftsübergreifenden Institution werden, der man vertrauen kann. Mehr noch: »Sie haben mit dazu beigetragen, das Ansehen unserer Streitkräfte als Parlamentsarmee zu prägen.«

Als Wehrbeauftragter des Deutschen Bundestages danke ich dem Militärgeschichtlichen Forschungsamt, dass es sich innerhalb seines Forschungsschwerpunktes zur Geschichte von Sicherheitspolitik und Streitkräften der Bundesrepublik auch mit der Aufbau- und Formierungsphase dieser Institution befasst hat, in der die Sorge um den Soldaten im Mittelpunkt aller Arbeit steht. Im Ergebnis zeigt diese Studie dann auch sehr eindrucksvoll, wie gelebte Demokratie und militärische Pflichterfüllung nicht mehr im Gegensatz zueinander stehen, sondern vielmehr eine positiv besetzte Tradition begründet haben.

Die Bundeswehr hat sich von einer Armee der klassischen Landesverteidigung zu einer Einsatzarmee entwickelt. Dadurch ergeben sich vollkommen neue sicherheitspolitische und militärische Herausforderungen, aber auch entsprechende Belastungen für die Soldatinnen und Soldaten. Finanzielle und materielle Defizite, Beförderungsstau, Bürokratie, soziale und medizinische Absicherung sowie Verstöße gegen das Prinzip der Inneren Führung sind nur einige Beispiele für die aktuellen Probleme der Bundeswehr. Diese spiegeln sich naturgemäß auch in den jährlich rund 6000 Eingaben der Soldatinnen und Soldaten wider, die der Wehrbeauftragte auf seinen Tisch bekommt.

Für mich ergibt sich daraus die Notwendigkeit, als Wehrbeauftragter so oft wie möglich an der Basis, d.h. bei der Truppe zu sein. Das gilt für die Heimatstandorte ebenso wie für die Einsatzgebiete überall in der Welt. Mittels angemeldeter, vor allem aber auch unangemeldeter Truppenbesuche verschaffe ich mir ein realistisches Bild über den »inneren Zustand« unserer Streitkräfte. Die so gewonnenen Erkenntnisse und Erfahrungen, gepaart mit den Feststellungen meiner jeweiligen Jahresberichte bilden die Grundlage für meine Arbeit und für die Beratungen im Verteidigungsausschuss sowie im Plenum des Deutschen Bundestages.

Die Arbeit des Wehrbeauftragten unterliegt – ebenso wie alle anderen politischen Bereiche – ständigen Veränderungs- und Verbesserungsnotwendigkeiten. Hierbei ist es hilfreich, auch auf die Erfahrungen der Vorgänger zurückgreifen zu können. Deshalb stellt das Werk von Major Dr. Rudolf J. Schlaffer für mich eine ebenso fundierte wie interessante wissenschaftliche Quelle dar. Dafür gilt ihm mein ganz persönlicher Dank.

Reinhold Robbe
Wehrbeauftragter des Deutschen Bundestages

Vorwort

Im Zusammenhang mit der Zweiten Wehrergänzung des Grundgesetzes zur Aufstellung der Bundeswehr wurde 1957 das Amt eines Wehrbeauftragten des Deutschen Bundestages geschaffen. Damit konstituierte der Gesetzgeber eine in der bisherigen deutschen Verfassungsgeschichte wie im Wehrrecht gänzlich neuartige Institution. Dieses Hilfsorgan des Deutschen Bundestages sollte tätig sein zum »Schutz der Grundrechte« und gleichzeitig die »Ausübung der parlamentarischen Kontrolle« gegenüber den Streitkräften unterstützen. Im Mittelpunkt stand der Schutz des einzelnen Soldaten vor unrechtmäßigen Handlungen der Vorgesetzten.

In einem Festakt des Deutschen Bundestages wurde am 10. Mai 2006 der fünfzigste Geburtstag der Institution gefeiert, die ein gutes Stück den Charakter der Bundeswehr als Parlamentsarmee markiert. Die inzwischen ein halbes Jahrhundert dauernde Praxis hat das Amt des Wehrbeauftragten als selbstverständliches und unverzichtbares Element unserer Verfassungswirklichkeit bestätigt. Als Novum in der deutschen militärischen Tradition eingeführt, gilt das Amt inzwischen als Musterbeispiel einer geglückten institutionellen Neuschöpfung. Die bei der Entstehung der gesetzlichen Grundlagen noch geäußerten Einwände, die sich gegen das vermeintlich zur Institution erhobene Misstrauen gegen die Streitkräfte wandten, sind längst einer breiten Anerkennung gewichen. Es war der damalige Verteidigungsminister Manfred Wörner, der bereits vor gut zwanzig Jahren das Amt des Wehrbeauftragten als einen »nicht mehr wegzudenkenden Bestandteil der Wehrverfassung« und »als einen Glücksfall für die Streitkräfte wie für unsere Republik« bezeichnet hat.

Diese offensichtliche Erfolgsgeschichte ist für das Militärgeschichtliche Forschungsamt Anlass genug, gerade zum Jubiläum eine wissenschaftliche Arbeit über das Wirken dieses Kontrollorgans innerhalb des parlamentarischen, politischen, militärischen und gesellschaftlichen Systems der Bundesrepublik Deutschland vorzulegen, welche die Institution aus historisch-kritischer Perspektive betrachtet. Als fünfter Band unserer neuen Publikationsreihe »Sicherheitspolitik und Streitkräfte der Bundesrepublik Deutschland« bietet die vorliegende Studie, die zugleich als Dissertationsschrift an der Helmut-Schmidt-Universität in Hamburg angenommen worden ist, erstmals eine historiografische Innenansicht seiner Entwicklung in der Aufbau- und Konsolidierungsphase der Bundeswehr.

Dem Autor, Major Dr. Rudolf J. Schlaffer, ist es mit seiner umfassenden Abhandlung und unter Nutzung bisher unedierter Quellen in ganz besonderem

Maße gelungen, Einblicke auch in die Praxis der »Inneren Führung« zu geben. Gleichzeitig aber erfahren wir viel mehr als bisher etwas über die Funktions- und Wirkungszusammenhänge unserer politisch-parlamentarischen Ordnung sowie gesellschaftlichen Wirklichkeit der Bundesrepublik. Im Sinne moderner Demokratieforschung zeigt die vorliegende Untersuchung einmal mehr, welcher wichtige Stellenwert der Erforschung der Bundeswehr als integralem und unverzichtbarem Teil der Geschichte der Bundesrepublik Deutschland zukommt.

In meinen Dank an den Autor, der sich auch an den begleitenden Hochschullehrer an der Helmut-Schmidt-Universität, Prof. Dr. Bernd Wegner, richtet, schließe ich die Mitarbeiter in der Schriftleitung des Militärgeschichtlichen Forschungsamtes ein, ohne die das Buch nicht so rasch hätte publiziert werden können. Besonders danke ich auch dem Lektor, Oberst a.D. Dr. Roland G. Foerster, für seine kritischen, stets konstruktiven Hinweise. Darüber hinaus freut es mich sehr, dass mit dem Geleitwort des amtierenden Wehrbeauftragten des Deutschen Bundestages, Reinhold Robbe, zum Ausdruck kommt, wie wichtig zeithistorische Forschung auch für aktuelle Problemlagen sein kann.

Dr. Hans Ehlert
Oberst und Amtschef
des Militärgeschichtlichen Forschungsamtes

Danksagung

Nachdem diese Dissertation nunmehr abgeschlossen wurde, ist es eine ange-
nehme Aufgabe, denjenigen Menschen Dank zu sagen, ohne deren Tatkraft und
Hilfe diese Arbeit wohl nicht so erfolgreich gelungen wäre. An erster Stelle
möchte ich meinem Doktorvater Professor Dr. Bernd Wegner von der Helmut-
Schmidt-Universität/Universität der Bundeswehr in Hamburg danken. Er war
es vor allem, der mein ohnehin bereits vorhandenes Interesse an der Geschichte
durch seine menschliche Art und seine fachliche Brillanz weiter anregte. Durch
seinen Zuspruch fühlte ich mich bestärkt, nach meiner Magister- auch noch eine
Doktorarbeit anzugehen. Hervorheben möchte ich vor allem sein Vertrauen, das
er in seinen Doktoranden gesetzt hat. Er hat mir immer das Gefühl vermittelt,
die Freiheit zu haben, meinen eigenen Weg gehen zu können. Mein Dank gilt
auch Professor Dr. Nikolaus Katzer, ebenfalls von der Helmut-Schmidt-
Universität, der sich sofort bereit erklärte, das Zweitgutachten für diese Arbeit
zu übernehmen.

Was wäre aber eine historische Arbeit ohne die Unterstützung durch die Ar-
chive wie das Bundesarchiv-Abteilung Militärarchiv in Freiburg i.Br., das Bundesarchiv in Koblenz, das Parlamentsarchiv des Deutschen Bundestages, damals in Bonn, heute in Berlin, das Archiv der sozialen Demokratie in Bonn, das
Archiv für Christlich-Demokratische Politik in St. Augustin und das Archiv für
Christlich-Soziale Politik in München. Ihren Mitarbeitern bin ich für die vielfältigen Hinweise und die vorbildliche Kooperation zu großem Dank verpflichtet.
Besonderen Dank schulde ich Bundeskanzler a.D. Helmut Schmidt, der mir
erlaubte, das Archiv in seinem Privathaus in Hamburg zu nutzen und die Unterlagen aus dem Nachlass seines verstorbenen Weggefährten Karl Wilhelm
Berkhan auszuwerten. Ich bedanke mich für die freundliche Aufnahme, die
kompetente Betreuung und die liebenswürdige Bewirtung durch seine Ehefrau
Loki Schmidt und seine Assistentin Heike Lemke. Schließlich fühle ich mich
auch den Mitarbeitern des Amtes des Wehrbeauftragten des Deutschen Bundestages verpflichtet, die sehr kooperativ waren und mir zu manchen weiterführenden Informationen verhalfen. Besonders danke ich dem derzeitigen
Wehrbeauftragten Reinhold Robbe für sein großes Interesse an meiner Studie.
Nicht zu vergessen ist mein Nachbar Helmut Schifferings, der mir seine persönlichen Unterlagen für die Dissertation zur Verfügung stellte.

Anregungen und guten Zuspruch erhielt ich ebenfalls von meinen Kameraden und Kollegen im Militärgeschichtlichen Forschungsamt in Potsdam. Dies
gilt für den jetzigen Amtschef Oberst Dr. Hans Ehlert, der, obwohl er bei Beginn

meiner Arbeit noch Forschungsbereichsleiter für die »Militärgeschichte der DDR« war, meine Arbeit immer mit Anteilnahme und Hinweisen begleitete, ebenso wie für den Leitenden Wissenschaftlichen Direktor Dr. Bruno Thoß, den Wissenschaftlichen Direktor Dr. Dieter Krüger, den Fregattenkapitän Dr. Frank Nägler und den Oberstleutnant Dr. Helmut R. Hammerich. Hervorheben möchte ich außerdem den Oberstleutnant Dr. Wolfgang Schmidt, der das Thema anregte, mit dem ich unzählige Male Probleme diskutieren konnte und der mich immer wieder in meiner Arbeit ermutigte und bestärkte. Meine Kameraden und Freunde John, Andreas, Alexander, Stephan, Daniel und Jan sparten nicht mit offener Kritik und konstruktiven Anregungen.

Freilich ist es kaum möglich, ohne die professionelle Unterstützung der Schriftleitung des Hauses ein Manuskript druckreif vorzubereiten. Namentlich möchte ich besonders den Leiter Dr. Arnim Lang und seine Mitarbeiter Dr. Aleksandar-S. Vuletić, der seine Freizeit opferte, Dipl. phil. Marina Sandig, Christine Mauersberger und Maurice Woynoski erwähnen. Dem Oberst a.D. Dr. Roland G. Foerster danke ich für sein schnelles, dabei gründliches sowie anregendes Lektorat. Eine bessere Betreuung hätte ich mir während der Druckvorbereitung nicht wünschen können!

Aber was bedeutete das beste berufliche Umfeld, wenn es nicht Menschen gäbe, die einen lieben und die eine solche Arbeit erst lohnenswert machen. Meiner Frau Gabriela, meiner kleinen Tochter Tamara und meinem großen Sohn Patrick schulde ich Dank für ihr Verständnis, für ihren Zuspruch und für manchen Unmut, den sie wegen mir ertragen mussten. Gabriela hat meine Arbeit akribisch gelesen, kritisch kommentiert und manche Anregungen gegeben, die einem Historiker nicht unbedingt auffallen würden. Hierfür noch einmal meinen lieben Dank. Gleiches gilt für meine Eltern, die mich stets unterstützt und gefördert haben. Ihnen habe ich mein Interesse an der Geschichte zu verdanken, daher sei diese Arbeit meiner Mutter und meinem Vater gewidmet: Maria und Josef Schlaffer.

Rudolf J. Schlaffer

I. Einleitung

»Beschweren darf sich der Soldat beim Wehrbeauftragten, aber er soll es nicht!«
So sprach ein Kompaniechef im Jahre 1961 im Deutschen Fernsehen (ARD) in
der Sendung »Manöver und Alltag in der 7. NATO-Armee«, als die Rede auf
die Beschwerdeordnung und den Wehrbeauftragten kam[1]. Der damalige Wehrbeauftragte Helmuth von Grolman wurde darüber von dem SPD-Wehrexperten
Fritz Erler informiert. Diese Aussage sollte für den Offizier noch unangenehme
Folgen haben, weil sie eine unzulässige Benachteiligung potenzieller Petenten
implizierte. Auf solche Hinweise reagierten Politiker im sechsten Jahr der Existenz der Bundeswehr und der Wehrbeauftragte im dritten Jahr seiner Amtsführung sehr sensibel. Denn diese ehrliche, aber unbedachte Antwort des Kompaniechefs stellte den Integrationsprozess der Bundeswehr in die Gesellschaft in
Frage. Die Wehrverfassung der Bundesrepublik Deutschland berücksichtigte
ausdrücklich mehrere Rechtsbehelfe, mit denen sich Soldaten gegen unrechtmäßige Behandlung zur Wehr setzen konnten. Aber es schien sich bei einigen
Vorgesetzten immer noch oder wieder die Meinung gehalten bzw. durchgesetzt
zu haben, dass der Soldat zwar de jure das Recht zur Beschwerde habe, de facto
sich freilich illoyal verhielt, wenn er davon Gebrauch machte. Somit stellt sich
die Frage, ob sich nicht sechs Jahre nach Aufstellung der Bundeswehr etwa
bestimmte Auffassungen aus der Wehrmacht erhalten hatten. Oder handelte es
sich hier nur um die Meinung eines Einzelnen?

Das Ende der nationalsozialistischen Herrschaft hatte in Deutschland ein
moralisch diskreditiertes Volk und eine militärisch vollends besiegte Nation
hinterlassen. Schon während des Zweiten Weltkrieges hatten die Alliierten das
Kriegsziel verfolgt, dem Deutschen Reich nach der Niederlage alle Möglichkeiten und Ressourcen für einen neuen Waffengang zu nehmen. Auf den Konfe-
renzen von Jalta und Potsdam im Jahre 1945 war die Entmilitarisierung festge-
schrieben worden[2]. Eine Wiederbelebung des Militarismus preußisch-deutscher
Prägung sollte dadurch für die Zukunft ausgeschlossen werden. Doch diese
Einigkeit der Alliierten im Hinblick auf die deutsche Entmilitarisierung wich
bald danach einer Konfrontation der Blöcke: Ost und West standen sich von
nun an gegenüber. Dieser Gegensatz zeigte sich vor allem im Koreakrieg von

---

[1] Archiv der sozialen Demokratie (AdsD), NL Erler, Mappennummer 147 (B), Vermerk für
    die Akten WB von Hans Merten, 15.2.1961.
[2] Teheran, Jalta, Potsdam, S. 200 f., 415–417.

1950 bis 1953[3]. Nun erforderte der Kalte Krieg sowohl für die Sowjetunion als auch für die Westalliierten die Mobilmachung sämtlicher Reserven. Beide Seiten bezogen in ihr Kalkül eine deutsche Aufrüstung ein. So plante man in der »Sowjetisch Besetzten Zone« (SBZ) seit 1948 und in den Westzonen seit 1950 die Aufstellung deutscher Streitkräfte. Diese deutsche Aufrüstung in den jeweiligen politischen Systemen fand unter unterschiedlichen Rahmenbedingungen statt: verdeckt in der DDR[4], dagegen weitgehend öffentlich diskutiert und vollzogen in der Bundesrepublik.

Während die Frage nach der Einbindung des westdeutschen Verteidigungsbeitrages in die westlichen Bündnisstrukturen – ob in eine Europa-Armee oder direkt in die NATO – noch unentschieden war, begannen bereits seit dem Jahr 1950 die Planungen, wie denn die zukünftigen westdeutschen Streitkräfte strukturiert werden müssten, und vor allem wie das innere Gefüge einer Armee in der Demokratie aussehen sollte. Die Bundeswehr durfte nicht zum »Staat im Staate« wie die Reichswehr in der Weimarer Republik werden, sie musste von vornherein in den Staat integriert sein. Ein entscheidendes Gewicht stellten daher die parlamentarische Kontrolle der Streitkräfte und der Rechtsschutz der Soldaten vor willkürlicher Behandlung durch einzelne Vorgesetzte dar. Die neue Armee sollte an Schlagkraft der untergegangenen Wehrmacht ebenbürtig sein, sich aber in der Kontrolle und im inneren Gefüge von ihr diametral unterscheiden. Es musste also eine Wehrform gefunden werden, die sowohl der politisch-gesellschaftlichen Realität der Bundesrepublik entsprach, als auch den Forderungen der Bündnispartner gerecht werden konnte.

Grundlage für die Planungen in Westdeutschland war zunächst der Aufbau einer Europa-Armee. Das Scheitern dieser 1952 beschlossenen Europäischen Verteidigungsgemeinschaft (EVG) im August 1954 ebnete den Weg für eine nationale Armee als integraler Bestandteil des NATO-Bündnisses. Damit war die Souveränität des westdeutschen Staates nach dem Zweiten Weltkrieg zu wesentlichen Teilen hergestellt, sein organisatorisches staatliches Gefüge abgeschlossen. Mit der Einfügung der Wehrverfassung in die Ordnung des Grundgesetzes wurde die Bundesrepublik in ihrer Staatsorganisation an die verbündeten westlichen Demokratien angeglichen, von nun an konnte man zum Aufbau der Streitkräfte übergehen. Es vollzog sich in den fünfziger Jahren während der Formierung der Bundesrepublik daher weder eine Restauration noch

---

3 Bundesarchiv-Militärarchiv (BA-MA), NL Hans Röttiger, N 422/3, Schreiben Gen.d.PzTr. a.D. Hans Röttiger an GenO a.D. Heinrich von Vietinghoff, 13.7.1950. Interessant ist hier die Einschätzung des ehemaligen Wehrmachtsgenerals und späteren Inspekteurs des Heeres Hans Röttiger: »Was meinen Sie zu Korea. Soweit musste es also dank dieser bewunderungswerten Weitsicht gewisser Leute kommen! Ich bedaure die armen G!I!'s [sic!], die dort auf meist verlorenem Posten ›verheizt‹ werden, um das wieder auszubügeln, was die Diplomaten vermasselt haben. Dazu sind dann die verd. Militärs wieder gut genug! Der Himmel möge uns und unser Vaterland vor einer ähnlichen Situation bewahren. Nun soll die Bundespolizei wohl doch bald kommen. Ich hörte, dass Graf Schwerin bevorzugter Anwärter dafür sein soll. Ausgerechnet! Na, mir soll diese Soldatenspielerei vorerst egal bleiben.«
4 Vgl. Diedrich/Wenzke, Die getarnte Armee; Volksarmee schaffen.

eine Umwälzung. An den status quo ante während der Weimarer Republik wurde angeknüpft, aber dieser bereits mit Neuem bereichert[5]. Die Nachkriegsgeschichte war demnach der Abschluss einer »sozialhistorischen Einheit von den beginnenden 1920er Jahren in die 1960er Jahre hinein«[6]. Aus kulturgeschichtlicher Perspektive stellt das 20. Jahrhundert eine Phase vollständiger Durchsetzung der Hochmoderne, aber auch eine rückversichernde Orientierung an tradierte Werte dar. Dieser Anpassungs- und Wandlungsprozess reichte von der Jahrhundertwende bis in die siebziger Jahre und bildete somit eine »relative Einheit«[7]. Für den Aufbau der Bundeswehr galt dies ähnlich. Die neuen Streitkräfte knüpften personell wie auch organisatorisch an Reichswehr und Wehrmacht an, wurden mit amerikanischer Hilfe technisch sowie logistisch modernisiert, aber mit der ›Inneren Führung‹ entwickelten die Planer eine moderne, an den demokratischen Staat ausgerichtete, eigenständige Führungsphilosophie[8].

Im Jahr 1954 wurde die Wehrverfassung in der Ersten Wehrergänzung (Gesetz zur Ergänzung des Grundgesetzes) verspätet in ein bereits ausformuliertes Staatswesen eingefügt. Solch eine nachträgliche Einordnung in den Staat bedurfte neben einer sorgfältigen Abstimmung mit den bereits bestehenden Organen vor allem einer Mehrheit im Deutschen Bundestag. Mit der parlamentarischen Entscheidung, die Bundeswehr aufzustellen, wurde zwei Jahre später auch ein in der deutschen Rechts- und Verfassungstradition völlig neuartiges Amt installiert. Nach schwedischem Vorbild wurde ein Wehrbeauftragter des Deutschen Bundestages zur Kontrolle der Bundeswehr in das Grundgesetz eingefügt. Dieses anfangs weit unterschätzte Amt entwickelte sich in den Jahren seiner Existenz zu einem Modell für politische, gesellschaftliche und militärische Interaktion und Kommunikation. Das Amt des Wehrbeauftragten eröffnet durch seine zentrale Stellung im Systemgefüge von Armee, Staat und Gesellschaft Einblicke in die neuartigen Wechselverhältnisse, wie sie vorher in der deutschen Militärgeschichte nicht möglich gewesen waren. Denn der Wehrbeauftragte kommuniziert und agiert auf allen für das Militär relevanten Feldern.

Die Kontrolle über die Verwirklichung der ›Inneren Führung‹ war neben dem Schutz der Grundrechte der Soldaten die eigentliche Aufgabe des Wehrbeauftragten. Wesentliche Elemente dieser Führungsphilosophie waren das Leitbild des ›Staatsbürgers in Uniform‹ und die Integration der Streitkräfte in die Gesellschaft. In der Früh- und Aufbauphase der Bundeswehr (1955–1968) diente der Soldat im »Staat der Industriegesellschaft«[9]. Diese Gesellschaftsordnung wirkte auch auf den Soldaten und die Streitkräfte ein. Der Bundeswehrsoldat kam aus der zivilen Gesellschaft, wurde im Idealfall zum ›Staatsbürger in Uniform‹ und kehrte in sie nach seinem Dienst wieder zurück. Das vorherrschende Soldatenbild war zwar anfangs noch stark von der Reichswehr- und Wehrmachtszeit geprägt, aber sein Aktionsfeld bereits um die Elemente Demo-

---

[5] Vgl. Schildt, Moderne Zeiten, S. 31, 441, 447 f.
[6] Ebd., S. 450.
[7] Wandlungsprozesse in Westdeutschland (Beitrag Herbert), S. 49.
[8] Vgl. Nägler, Innere Führung.
[9] Hornung, Staat und Armee, S. 13–23.

kratie und atomare Abschreckung erweitert worden. Der Bundeswehrsoldat musste sein Land in einem demokratischen Staatswesen gegen einen mit konventionellen wie atomaren Waffen ausgerüsteten Gegner verteidigen. Nicht nur das Bild vom Soldaten unterlag dabei einer Wandlung, in der Bundesrepublik insgesamt vollzogen sich soziale und politische Veränderungen, die schließlich mit dem Jahr 1968 einen Kulminationspunkt erreichen sollten[10]. Hieraus stellt sich die Frage, ob sich die Konsolidierung der Bundeswehr seit 1968 nicht ebenfalls in einem neuen gesellschaftlichen Kontext vollzog. Die Bundesrepublik transformierte sich von der Industrie- zur Medien- und Kommunikationsgesellschaft. Zum einen verschob sich damit der Anteil der Erwerbssektoren zu Gunsten des tertiären Sektors, zum anderen entwickelte sich daraus ein weiter wachsender Wohlstand breiter Bevölkerungsschichten und schließlich veränderte das Spektrum der Massenmedien die gesellschaftliche und politische Kultur ebenso wie das Arbeits- und Freizeitverhalten. Kurzum: durch den wirtschaftlichen Erfolg und die soziale Sicherheit verlagerten die Menschen ihre Wünsche von physiologischen Grundbedürfnissen (the physiological needs) zu abstrakten Werten (the aesthetic needs)[11]. Der Wehrbeauftragte begleitete diesen gesellschaftlichen Wandlungsprozess innerhalb der Bundeswehr, denn er kontrollierte im Auftrag des Parlaments den Umgang mit den Soldaten in den Streitkräften. Die ›Innere Führung‹ verlangte eine Integration der Bundeswehr in die Gesamtgesellschaft, weshalb sich die Änderungen in der Bundesrepublik insgesamt zwangsläufig auch in der Binnenstruktur der Armee auswirken mussten. Die Folgen des gesellschaftlichen Wandels in der Bundeswehr können in den Kommunikationssträngen der Institution des Wehrbeauftragten mit den politischen Entscheidungsträgern, der militärischen Führung, den Soldaten und der Öffentlichkeit analysiert werden, weil der Kommunikationsbegriff ein soziales System und damit die »Gesellschaft produziert, reproduziert und damit ausdifferenziert«[12].

1. Fragestellung

Für die Organisation Bundeswehr galten zwei Grundprämissen:
(1) Sie musste in ein bereits etabliertes Staatsgefüge verspätet eingepasst werden und

---

[10] Vgl. Busche, Die 68er; 1968 – und dann?; Schmidtke, Der Aufbruch der jungen Intelligenz; Gilcher-Holtey, »1968«; Bernhard, Zivildienst.
[11] Vgl. Maslow, Motivation and Personality, S. 15–26.
[12] Vgl. zur wichtigen Funktion der Kommunikation in der Gesellschaftstheorie Luhmann, Einführung in die Theorie der Gesellschaft, S. 61–73, hier S. 61.

(2) die Bundeswehrführung agierte in einem steten Spannungsverhältnis zwischen militärischem Erfordernis und politisch-gesellschaftlicher Machbarkeit.

Denn bei weitem nicht alles, was militärisch für eine nachhaltige Landesverteidigung unter Einschluss aller Maßnahmen des Zivilschutzes notwendig erschien, konnte politisch und gesellschaftlich durchgesetzt werden. Eine zivile Militarisierung in Deutschland wie während des Kaiserreiches oder ›Dritten Reiches‹ durfte keine Neuauflage erleben. Bereits nach dem Ersten Weltkrieg hatten die Siegermächte das Ziel verfolgt, die deutsche Militärmacht und ihr Rüstungspotenzial zu beschränken sowie den innenpolitischen Einfluss der Armee auf Staat und Gesellschaft zu eliminieren, jedoch ohne Erfolg[13]. Auch nach dem Zweiten Weltkrieg stand dieses Ziel wieder auf der Agenda. Dieses Mal sollten aber die Menschen durch verschiedene Begleitmaßnahmen ›umerzogen‹ und dieser Prozess durch Besetzung des Landes kontrolliert werden. Die Siegermächte hatten ihre Lektion inzwischen gelernt, die ›Deutschen‹ in den vier Besatzungszonen dagegen lernten erst allmählich, sich mit ihrer Vergangenheit auseinander zu setzen. In der Bundesrepublik wurde deshalb neben den bereits aus den westlichen Demokratien bekannten parlamentarischen Sicherungsmechanismen wie Kontrolle des Wehretats oder Verteidigungsausschuss noch ein Zusätzliches eingeführt. Daher galt für das Amt des Wehrbeauftragten noch mehr: Es konnte

(1) erst nach dem bereits begonnenen Aufbau der Bundeswehr in die Staatsverfassung eingefügt werden, zudem war

(2) der Wehrbeauftragte eine parlamentarisch-politische Institution und

(3) er kontrollierte als spezifisch zivile Einrichtung die Streitkräfte.

Die Abkehr vom früheren Militarismus, eine anfängliche völlige Demilitarisierung unter gleichzeitiger Etablierung und Verankerung von demokratischen Prinzipien und Institutionen bildeten den Hintergrund für die westdeutsche Aufrüstung. An diesen Prozess, der innerhalb von knapp zehn Jahren vollzogen worden war, knüpfte sich ein doppelter Integrationsverlauf an: Die neuen Streitkräfte mussten außenpolitisch in die NATO, innenpolitisch in das parlamentarische System und die demokratische Gesellschaftsordnung integriert werden. Der Wehrbeauftragte wurde geschaffen, um den Aufbau und die Entwicklung der Streitkräfte zu begleiten und sie im Auftrag des Bundestages zu kontrollieren. Dabei besitzt das Amt eine dreifache historische Bedeutung: Erstens in seiner Genese als parlamentarische Institution, die sich verspätet selbst in das politische System integrieren musste, zweitens in seiner Rolle für die Soldaten und deren Integration in die Gesamtgesellschaft und schließlich in seiner Außenwirkung auf die Bundesrepublik insgesamt. Daraus ergeben sich fünf Leitthemen:

(1) Der Erfahrungshintergrund zur Schaffung des Amtes,

(2) die aus der späten Verortung resultierenden System- und Integrationskonflikte für das Amt,

---

[13] Mommsen, Militär und zivile Militarisierung, S. 265.

(3) der Soldatenalltag,

(4) die Beschwerdemotivation und schließlich

(5) die Wandlungsprozesse im militärischen System.

Der verhältnismäßig kleine Behördenapparat des Wehrbeauftragten steht in umgekehrter Relation zu seiner Wirkung im politischen und parlamentarischen System der Bundesrepublik Deutschland. Die Kontrollinstitution für die Bundeswehr wirkt aber nicht nur im parlamentarischen und militärischen, sondern darüber hinaus auch im öffentlichen und politischen Bereich. Hieraus ergeben sich die jeweiligen Handlungsfelder in einem Zeitraum von 1951 bis 1985. In diesen gut drei Jahrzehnten soll neben der Konzeptions- und Formierungs- auch die Entwicklungsphase bis zu einer Konsolidierung der Institution betrachtet werden. Denn durch seine verspätete Integration und seine Neuartigkeit benötigte das Amt einen verhältnismäßig langen Zeitraum, um seinen Platz im Systemgefüge der Bundesrepublik zu finden.

Im Jahre 1951 schlug der SPD-Abgeordnete Ernst Paul während der Diskussion um eine deutsche Aufrüstung die Einführung eines Parlamentsbeauftragten nach schwedischem Vorbild vor. Das Jahr 1985 beendete die Amtszeit des fünften Wehrbeauftragten Karl Wilhelm Berkhan. Mit dem Parlamentarischen Staatssekretär im Bundesministerium der Verteidigung wurde erstmals ein Spitzenpolitiker in dieses Amt gewählt, das zuvor eher »als Pfründe für alternde Politiker«[14] betrachtet worden war. Berkhan gelang es auch, nach den Skandalen um seine Vorgänger im Amt Helmuth Otto von Grolman, Hellmuth Heye sowie Matthias Hoogen und der nur vordergründig blassen Amtszeit von Fritz-Rudolf Schultz[15] die Konsolidierung des Amtes abzuschließen und gestalterisch zu wirken. Berkhan erreichte die längst fällige Gesetzesnovellierung im Jahre 1982 und setzte in seiner auch vom politischen Gegner geschätzten Amtsführung Maßstäbe für seine Nachfolger[16]. In der Amtszeit Berkhans entwickelte die Institution seine größte Wirkung im politischen, militärischen und gesellschaftlichen System.

Das neue Amt sollte also entsprechend seinen Aufgaben die Bundeswehr kontrollieren, einer Abspaltung des Militärs von Staat und Gesellschaft vorbeugen helfen sowie den Bundestag über die innere Entwicklung in den Streitkräften informieren. Eine rückhaltlose Zustimmung zu der Aufrüstung existierte weder bei den Parteien noch in der Öffentlichkeit. Die Vorbehalte gegen das deutsche Militär, die Zweifel an seiner Verfassungstreue sowie die Angst vor einer unvorhersehbaren Eigendynamik innerhalb militärischer Organisationen

---

[14] Die Welt, 15.3.1975.

[15] Wehrbeauftragter ohne Bundesgenossen. In: Süddeutsche Zeitung, 20.5.1974.

[16] So Alfred Biehle, der fünf Jahre später selbst Wehrbeauftragter wurde, bei der Verabschiedung Berkhans aus dem Amt, zit. nach Schmidt, Karl Wilhelm Berkhan, S. 12: »Sie, Herr Berkhan, haben Ihr Amt mit Herz geführt und die Sorge um das Wohl der Soldaten zum zentralen Anliegen gemacht [...] Sie haben Maßstäbe gesetzt, die auch jeden Nachfolger hart fordern werden.«

Ernst Paul (1897–1978), SPD-Bundestagsabgeordneter von 1949 bis 1969.
Bundesregierung/Adrian

Generalleutnant Hans Röttiger, Inspekteur des Heeres, von 1957 bis 1960.
Bundesregierung/Rolf Unterberg

im Umgang mit den Soldaten beherrschten die Diskussion[17]. Die öffentliche Meinung tendierte im Zeitraum von 1950 bis 1954 eher gegen eine deutsche Wiederbewaffnung[18]. Daher war der Wehrbeauftragte zunächst nur als ein Beschwichtigungsmittel der Bundesregierung für die Öffentlichkeit gedacht, um
(1) durch die Aufrüstung die staatliche Souveränität zu erreichen,
(2) die Bundeswehr möglichst schnell aufzustellen,
(3) dabei die Streitkräfte aber nur insoweit zu kontrollieren, dass
(4) ihre uneingeschränkte Funktionsfähigkeit für die Verteidigung der Bundesrepublik gegen eine sowjetische Aggression gewahrt blieb.
Aus dieser These folgend stellt sich die Leitfrage: Wie konnte das Kontrollorgan dennoch seinen Auftrag gegen bestimmte Voreingenommenheiten und/oder Widerstände in Regierung und Bundeswehrführung ausüben?

2. Methode

Zunächst werden die außen- und innenpolitischen Rahmenbedingungen, die zum Aufbau der Bundeswehr und zur Schaffung des Amtes des Wehrbeauftragten führten, dargelegt. Das Deutsche Reich erlitt 1945 eine totale militärische Niederlage, es wurde von den Alliierten besetzt und von den Hauptsiegermächten in vier Zonen verwaltet. Bereits vier Jahre später wurde mit der Bundesrepublik Deutschland die zweite Republik auf deutschem Boden gegründet. Durch das Besatzungsstatut war dieser Staat vital von dem durch die Besatzungsmächte gesetzten außenpolitischen Rahmen abhängig. Gerade die weltweite Blockbildung und der Koreakrieg (1950–1953) machten deutlich, dass auch die Bundesrepublik im militärischen Kalkül der westlichen Siegerstaaten sehr schnell wieder eine Rolle spielen würde. Die westdeutsche Aufrüstung war demnach nicht nur eine weitere Entscheidung für die Westintegration, sie mochte mit Blick auf den erwarteten Souveränitätsgewinn auch zu einem Emanzipationsprozess von den Besatzungsmächten führen. Diese erste Hochphase des Kalten Krieges (1947–1953) bestimmte die innenpolitische Situation wesentlich mit, sie prägte das Denken und Verhalten der staatlichen Organisationen wie der gesellschaftlichen Gruppen. Die Entscheidungen und Planungen zu einer Wiederbewaffnung konnten aber aus politischen Gründen nur bedingt am Gewesenen anknüpfen, sie erforderten vielmehr neue Konzepte und deren praktische Umsetzung. Aufgrund welcher außenpolitischen Ereignisse gingen die Westalliierten von ihrem Ziel der Demilitarisierung ab? Wie sah die innen-

---

[17] Vgl. Anfänge westdeutscher Sicherheitspolitik 1945–1956 (AWS), Bd 2 (Beitrag Volkmann), Bd 3 (Beitrag Ehlert); Brochhagen, Nach Nürnberg.
[18] Vgl. Jahrbuch der öffentlichen Meinung 1947–1955, S. 360 f.; Mutz, Sicherheitspolitik und demokratische Öffentlichkeit, S. 89–111.

politische Situation in der Bundesrepublik aus, als der Entschluss zur Wiederbewaffnung gefasst wurde?

Im Anschluss daran wird die Konzeptions- und Formierungsphase von 1951
bis 1959 für das Amt des Wehrbeauftragten analysiert. Die Absicht, den Soldaten in der Bundeswehr vor willkürlichen Handlungen zu schützen, veranlasste
die politischen Entscheidungsträger dazu, über Optionen nachzudenken, wie
dies wirkungsvoll erreicht werden konnte[19]. Ein in Schweden bereits seit längerem etablierter Militärbeauftragter diente dabei als Vorbild für das deutsche
Konzept. Trotzdem stellt sich die Frage, warum gerade das militärisch unbe-
deutende Schweden zum Muster für die Bundesrepublik Deutschland werden
sollte, die eine um ein Vielfaches größere Armee aufstellen musste und zudem
über ehemalige Wehrmachtssoldaten verfügte, mit denen man schnell eine
schlagkräftige Truppe aufbauen wollte. Das schwedische Konzept musste zudem auf die deutschen Verhältnisse übertragbar sein. Denn von einer Parallelentwicklung zwischen Schweden und Deutschland im 20. Jahrhundert konnte
keine Rede sein. Insbesondere die Situation der unter einem Besatzungsstatut
stehenden Bundesrepublik Deutschland unterschied sich wesentlich von dem
seit weit über 100 Jahren kriegsverschonten und unabhängigen Schweden. Welche Erfahrungen, Gedanken und Absichten waren von daher für eine wirkungsvolle Kontrolle der Streitkräfte grundlegend? Inwieweit gab es zur Einführung des Amtes alternative Optionen? In Schweden fand man aber nicht nur
eine unmittelbare parlamentarische Kontrolle in Form einer Person vor, hier
wurde die Armee insgesamt an der demokratischen Gesellschaftsordnung ausgerichtet.

Das schwedische Modell wurde zwar einer eingehenden Prüfung im Parlament wie auch im Amt Blank, der mit der Konzeption neuer deutscher Streitkräfte beauftragten Dienststelle, unterzogen, aber politisch war die Adaptierung
für die Bundesrepublik zunächst äußerst umstritten. Die Parteien verfolgten in
dieser Frage unterschiedliche Interessen. Selbst innerhalb der Regierungskoalition herrschte keine einheitliche Linie in der Frage, ob das Amt eines Militärbeauftragten auch für die Bundeswehr eingeführt werden sollte. Die Streitkräfte
wurden zwar seit 1955 zielgerichtet aufgestellt, der erste Wehrbeauftragte trat
aber erst 1959 sein Amt an. Was passierte also in der Zwischenzeit? Inwieweit
war das Kontrollorgan dann überhaupt noch notwendig? Das skandinavische
Beispiel stellte zudem eine politische Institution mit einem ausgeprägten personalen Charakter dar. Die Einrichtung stand und fiel mit dem Amtsinhaber. Der
Erfolg und das Image hingen daher stärker als bei vergleichbaren öffentlichen
Organen von der Person ab. Deshalb kam der Kandidatenauswahl grundlegende Bedeutung zu. Schließlich stellt sich die Frage: Inwieweit entsprach der bundesdeutsche Wehrbeauftragte überhaupt noch seinem skandinavischen Vorbild?

---

[19] Vgl. den Briefwechsel im Jahr 1951 von Theodor Blank mit dem U.S.-General George P.
Hays, dem stellvertretenden amerikanischen Hochkommissar, über Streitkräfte in der
Demokratie. In: AWS, Bd 1 (Beitrag Rautenberg), S. 796–798.

Die Entwicklung der politischen Institution von 1960 bis 1985 wird im Kapitel IV detailliert untersucht. Dem Ansatz einer modernen politischen Geschichte folgend soll hier nicht der Staat im Mittelpunkt der Betrachtung stehen, sondern das politische und gesellschaftliche System. Nicht nur das Handeln von Eliten, Organisationen und Institutionen kann damit analysiert werden, auch die Ursachen und die Folgen der Entscheidungsprozesse kommen in den Blick. Die Kontrolle von Regierungs- und Verwaltungshandeln, die Legitimität des Regierungsaktes wie die Projektion von politischer Macht sind dabei wichtige Kategorien[20]. Moderne politische Geschichte bedarf für eine tiefere Analyse der Wirkungszusammenhänge der Berücksichtigung von Gesellschaft, Kultur und Wirtschaft. Kein politischer Akteur handelt in einem Vakuum, sondern in einem soziokulturellen und sozioökonomischen Geflecht[21]. Dieser Zusammenhang gilt im soziokulturellen Bereich besonders für den Wehrbeauftragten. Die politische Institution war mit der Kontrolle der Streitkräfte beauftragt worden, um den Soldaten vor willkürlichen Handlungen innerhalb des militärischen Systems zu schützen. Seine Aufgabe war daher primär eine soziale. Vor diesem Hintergrund vollzogen sich Aktion, Interaktion und Kommunikation in vier zentralen funktionalen Spannungsfeldern:
(1) Im Gesetzesauftrag,
(2) in der Stellung innerhalb des parlamentarischen Systems,
(3) im Verhältnis zur Bundeswehr und
(4) in der Öffentlichkeit.
Der Wehrbeauftragte bildete qua Auftrag in diesem Geflecht den Mittelpunkt, der auf die anderen Felder ausstrahlte. Deshalb werden in diesem Großkapitel die eben genannten vier Spannungsfelder in den Blick genommen. Die Entscheidung, in Westdeutschland Streitkräfte aufzustellen, erforderte die nachträgliche Integration einer Wehrverfassung in das Grundgesetz (GG). Das militärische Gewaltpotenzial musste politisch und parlamentarisch kontrolliert werden. Entwicklungen der Armee zum »Staat im Staate« wie in der Weimarer Republik durften sich nicht wiederholen. Zwar wurden bereits aus den anderen westlichen Demokratien bewährte parlamentarische Sicherungsmechanismen wie die Kontrolle des Wehretats oder der Verteidigungsausschuss übernom-

---

[20] Borowsky, Politische Geschichte, S. 483–487. Vgl. Dülffer, Militärgeschichte; Mergel, Politikbegriffe in der Militärgeschichte; Nowosadtko, Krieg, Gewalt und Ordnung, S. 150–154. Weitere Überlegungen zur Militärgeschichte siehe bei Heuser, Kriegswissenschaft. Vgl. auch zu der für die historische Forschung weiterführende soziologische Systemtheorie die Arbeiten von Luhmann, Einführung in die Systemtheorie; Luhmann, Soziale Systeme. Siehe ebenso Herbst, Komplexität und Chaos. Das theoretische Modell von Herbst ist wesentlich von der Systemtheorie Luhmanns beeinflusst worden. Ausgehend von der Systemtheorie ergibt sich für eine Geschichte des Wehrbeauftragten folgender Ansatz: Das Amt des Wehrbeauftragten ist das Handlungssystem, die Innere Führung ist gleichsam einer Ideologie für die Bundeswehr das Sinnsystem und schließlich umfasst das Kommunikationssystem in der internen Einheit das Militär und im externen System die Politik, die Öffentlichkeit und die Medien.

[21] Cornelißen, Politische Geschichte, S. 143. Vgl. Wienfort, Monarchie in der bürgerlichen Gesellschaft; Schildt, Moderne Zeiten.

men[22], aber es blieben weiterhin die dringenden Fragen: Wie konnte nötigen-
falls der Soldat schnell und unmittelbar vor Schikanen und Misshandlungen
einiger Vorgesetzten geschützt werden? Wie ließ sich die Bundeswehr zur Integration in den Staat zwingen? Deswegen entschloss sich der Gesetzgeber zu einem weiteren Sicherungsmechanismus. Als wirkungsvollstes Mittel dazu erkannte man den parlamentarischen Schutz, den die betroffenen Soldaten unmittelbar in Anspruch nehmen konnten.

Nach der Konzeptions- und Formierungsphase des Amtes existierte freilich
erst einmal nur eine verfassungsrechtlich verankerte Institution mit einem
Amtsinhaber. Zwar wurden die Aufgaben gesetzlich festgelegt, aber wie sich
die Institution in das bereits existierende Staatsgefüge einordnen und wie sie
darin agieren würde, darüber lagen naturgemäß noch keine Erfahrungswerte
vor. Welche Spannungs- und Konfliktfelder resultierten aus der zentralen Stellung im Systemgefüge und wie wirkten sich die divergierenden Interessenlagen
aus? Die Bundeswehr stellte einen »Spätheimkehrer«[23] in der Verfassung und
Gesellschaft der Bundesrepublik Deutschland dar. Doch die Armee war schon
über drei Jahre präsent, als der erste Wehrbeauftragte seine Dienstgeschäfte
aufnahm. Gelang es dem ›Nachzügler‹, sich problemlos Gehör zu verschaffen
und seinen Auftrag zu erfüllen, oder wurde er als ›Störenfried‹ wahrgenommen? Funktional war er im parlamentarischen Raum zur Kontrolle der Streitkräfte angesiedelt, hierin lagen dann auch die beiden zentralen Aktionsfelder:
der rechtliche Auftrag des Wehrbeauftragten und seine Stellung im parlamentarischen System. Das Grundgesetz und das Wehrbeauftragtengesetz bildeten
zwar die konkreten Grundlagen, die jedoch noch unterschiedlich interpretiert
werden konnten. Deshalb musste sich der Wehrbeauftragte anfangs seine Befugnisse quasi erkämpfen. Diese Auseinandersetzung musste er aber nicht nur
mit seinem Kontrollobjekt sowie mit der Regierung, sondern vor allem auch mit
seinem Auftraggeber führen. Dieser, der Deutsche Bundestag, trat in einen In-
teraktionsprozess mit dem eigenen Hilfsorgan ein, der nicht ausschließlich auf
Kooperation begründet war.

Das dritte Spannungsfeld war im eigentlichen Kontrollobjekt angesiedelt.
Der Hauptauftrag des Amtes bestand in der Kontrolle der Streitkräfte im Allgemeinen und der Menschenführung im Besonderen. Der Wehrbeauftragte
sollte darauf achten, dass die Vorgesetzten zeitgemäß und menschlich mit ihren
Soldaten umgingen. Der ›Schleifer‹ musste von nun an der Vergangenheit angehören. In gewissem Maße verkörperte die Institution Wehrbeauftragter das
Misstrauen vor allem gegen die militärischen Vorgesetzten der Bundeswehr. Es
agierte daher auf und kommunizierte mit allen Hierarchieebenen: mit der politischen Leitung, der militärischen Führung und der Truppe selbst. Im Wehrbeauftragten existierte mithin eine Institution, die den subsidiären Dienstweg
vollständig aushebelte und somit unmittelbar einen Einblick in den soldati-

---

[22] Hartenstein, Der Wehrbeauftragte, S. 47–52; Willms, Parlamentarische Kontrolle und
     Wehrverfassung, S. 90–92.
[23] Strauß, Die Bundeswehr – ein Spätheimkehrer.

schen Alltag gewann. Im Sinne einer modernen politischen Geschichte ist damit die Perspektive weniger auf die Eliten gerichtet, es stehen vielmehr die einzelnen Soldaten im Zentrum des Interesses. Aber diese Basisorientierung des Wehrbeauftragten förderte nicht unbedingt das Vertrauen der militärischen Führung in ein solches Amt. Denn die Regelung von internen Konflikten wurde damit nach außen verlagert, sie konnte nicht mehr allein von der politischen und militärischen Führung kontrolliert werden. Der militärische Apparat erlitt dadurch einen Machtverlust, der Alltag der Soldaten blieb nicht länger abgeschottet, er wurde vielmehr nach außen hin transparent. Deshalb musste die Bundeswehrführung gleichermaßen ein Konfrontations- und Kooperationsverhältnis mit dem Wehrbeauftragten eingehen. Solch ein Verhältnis produzierte fast zwangsläufig Krisen, die – wenn immer möglich – gemeinsam geregelt oder auch nur überstanden werden mussten. Folglich waren Kontrollobjekt und Kontrolleur aneinander gebunden und faktisch untrennbar verwoben.

Krisen waren es auch, die vornehmlich auf dem vierten und letzten Spannungsfeld ausgetragen wurden. »Während die Kommunikationswissenschaftler bereits vom Ende des Zeitalters der Massenmedien im Zeichen einer Verschmelzung von elektronischen Massenmedien und herkömmlichen Kommunikationsmedien durch die digitalen Netze sprechen, steht die Geschichtswissenschaft noch am Anfang der Erforschung des massenmedialen Ensembles, der von ihm geprägten Öffentlichkeiten und gesellschaftlichen Wirkungen im 20. Jahrhundert[24].« Die Berücksichtigung der Wirkungen von Massenmedien auf den politischen und gesellschaftlichen Kommunikationsprozess im Allgemeinen ist für eine Theorie der Gesellschaft unerlässlich[25]. Im Besonderen bietet die Analyse des komplexen Vierecksystems zwischen Wehrbeauftragtem, Parlament, Bundeswehr und Öffentlichkeit die Möglichkeit, neben Aktions- auch Wahrnehmungsmuster zu erkennen. Wie wirkten Handlungen oder Unterlassungen? Welche Effekte erzeugten sie im politischen System[26]? Die Bundeswehr und ihr Kontrolleur als jeweils untrennbar verbundene Teilbereiche der demokratischen Gesellschaft standen im Blickfeld der öffentlichen Meinung und in der medialen Auseinandersetzung. Der Zusammenhang zwischen dem Gesellschaftssystem, der öffentlichen Kommunikation in den Medien und deren Wirkung sowie den damit einhergehenden Modernisierungsprozessen ist inzwischen unbestritten[27]. Lediglich die Auswirkungen auf die Bundeswehr sind bisher wenig erforscht[28].

---

[24] Schildt, Massenmedien und Öffentlichkeit, S. 171.

[25] Luhmann, Einführung in die Theorie der Gesellschaft.

[26] Vgl. Barth, Schlüsselbegriffe der Soziologie, S. 30–47. Das »soziale Handeln« als Schlüsselbegriff der Soziologie mit den Elementen »Interaktion« und »Kommunikation« fand in den vergangenen Jahren eine verstärkte Berücksichtigung in der zeitgeschichtlichen historischen Sozialforschung.

[27] Vgl. Kamps, Die offene Gesellschaft; Boventer, Die Arroganz der Vierten Gewalt; Aufermann, Kommunikation und Modernisierung. Vgl. auch http://hsozkult.geschichte.hu-berlin.de/tagungsberichte/id=621. Weitere wichtige Veröffentlichungen zu dieser Thematik legten bisher vor: Hickethier, Mediengeschichte, S. 171–188; Hicketier, Militär und Krieg, S. 222–251; Hicketier, Krieg im Film, S. 39–53; Mediengeschichte der Bundesrepub-

Aber gerade die ›Öffentlichkeit‹ bildete ein wichtiges Podium der Auseinandersetzung für den Wehrbeauftragen, die Bundeswehr und die politischen Entscheidungsträger. Der Kampf um die öffentliche Meinung bestimmte in einem erheblichen Maße den Umgang der drei Akteure miteinander. Die »vierte Gewalt«[29] wurde in der Bundesrepublik zu einem immer stärker bestimmenden Faktor in der politischen Auseinandersetzung. Kein Akteur konnte sich dauerhaft eine negative Berichterstattung leisten. Durch die Freiheit der Medien, die keiner Zensur mehr unterlagen, war eine gezielte und gesteuerte Öffentlichkeitsarbeit auch für die Bundeswehr unumgänglich geworden. Das Militär befand sich in der ständigen politischen und öffentlichen Auseinandersetzung um seine Legitimation, eine für Soldaten ungewohnte Situation. Gleiches galt auch für den Wehrbeauftragten. Besonders er musste seine Notwendigkeit als Kontrolleinrichtung unter Beweis stellen. Der personale Faktor überlagerte aber vor allem in der Anfangszeit des Amtes in der Berichterstattung die institutionelle Funktion und prägte das Bild in der Öffentlichkeit.

Die Persönlichkeiten der jeweiligen Amtsinhaber bestimmten maßgeblich die Entwicklung der Kontrolleinrichtung. Deshalb spielt die Persönlichkeit in allen vier Spannungsfeldern eine bedeutende Rolle. Der biographische Ansatz, in dem vor allem verschiedene methodische Herangehensweisen kombiniert werden können, bietet den Vorteil, mit einer Person als Leitfigur komplexe Systeme und Zusammenhänge darstellen und analysieren zu können[30]. Solch ein Ansatz wird hier allerdings nicht verfolgt, weil durch die Beschränkung auf eine Person die Institution des Wehrbeauftragten nicht hinreichend militärgeschichtlich erfasst werden kann. Vielmehr soll anhand der Prägekraft verschiedener Personen die Genese des Amtes untersucht werden. Der Ansatz einer politischen Systemgeschichte wird mit dem biographischen Aspekt verknüpft, um hierdurch sowohl eine Struktur- als auch eine Beziehungsanalyse von Aktion wie Kommunikation zwischen den beteiligten Personen, Gruppen und Organisationen festzustellen.

Im letzten Kapitel wird aus der funktionalen Betrachtungsweise des politischen Systems herausgelöst die Wirkung des Wehrbeauftragten im soziokulturellen System der Bundesrepublik analysiert. Die Bundeswehrsoldaten verfügten über umfangreiche Rechtsbehelfe. Gerade die Petition an den Wehrbeauftragten entsprach einer persönlichen Motivation, gegen einen als Mangel wahrgenommenen Vorgang Abhilfe zu erreichen. Daher konnte eine Beschwerde auch die Änderung des traditionellen Denkens der Soldaten darstellen, die hierdurch

---

lik Deutschland; Prokop, Medien-Macht und Massen-Wirkung; Schildt, Massenmedien und Öffentlichkeit; Schildt, Moderne Zeiten; Schildt, Der Beginn des Fernsehzeitalters; Schildt, Massengesellschaft; Schildt, Medialisierung und Konsumgesellschaften.

[28] Grundlegend dazu Krieg und Militär im Film, hier vor allem die Forschungen von Wolfgang Schmidt, S. 441–634; Kannicht, Die Bundeswehr und die Medien. Zur Bedeutung für die Streitkräfte vgl. Schober, Armee und medial-öffentliche Meinungsbildung; Lange, Der Falkland-Malvinas-Krieg; Krieg als Medienereignis; Hickethier, Der Krieg um das Kosovo, S. 105–124.

[29] Vgl. Schulz, Der Aufstieg der »vierten Gewalt«.

[30] Vgl. Herbert, Best; Schwarz, Adenauer; Kroener, Der starke Mann im Heimatkriegsgebiet.

zivile Aktionsmuster in die Armee transportierten und dadurch die »Zivilisierung der Armee«[31] beförderten. Folglich wurde davon eine Umkehrbewegung zu vorherigen Prozessen während des Kaiserreiches und des ›Dritten Reiches‹ angestoßen, in denen militärische Denk- und Verhaltensweisen in die Gesellschaft eindrangen, klassisch verkörpert im Hauptmann von Köpenick[32]. Die Zivilgesellschaft wirkte demnach in die Bundeswehr und umgekehrt. Denn die in den Streitkräften von den Wehrpflichtigen erlernten Verhaltensmuster wurden nach Ende des Wehrdienstes nicht sofort abgelegt. Sie entfalteten sich daher auch in der Gesellschaft, so dass schließlich beide Bereiche womöglich davon profitierten – dies ist freilich nicht im Sinne von Streitkräften als ›Schule der Nation‹ zu verstehen[33]. Der Wehrbeauftragte als ›humanitäres Kontrollinstrument‹ für die Bundeswehr förderte und half durch seinen Aufgaben- wie Handlungsbereich diese gegenseitige Wirkungsweise individuell, institutionell und gesellschaftlich zu verankern. Führte die Existenz einer solchen Institution zu einer Mentalitätsänderung bei den Soldaten? Wirkte der Wehrbeauftragte sogar modernisierend und demokratisierend auf die Bundeswehr?

Um diese Fragestellungen zu operationalisieren, werden sie methodisch mit Motivations- und Modernisierungstheorien hinterfragt. Modernisierung des Staates bedeutet, seine institutionellen Ausformungen einem gewandelten Aufgabenprofil anzupassen. Seine Strukturen und Arbeitsweisen, vor allem in der Verwaltung, werden den Veränderungen angeglichen. Eine Modernisierung ordnet daher die Beziehungsmuster und Regelungsmechanismen zwischen Staat, Gesellschaft und Markt neu, um den Anforderungen der Zukunft begegnen zu können. Staatsmodernisierung heißt daher nicht nur Reform von Institutionen, sondern auch von Kooperation, Kommunikation und Interaktion[34]. Die politischen und gesellschaftlichen Modernisierungskonzepte werden an entsprechender Stelle noch ausführlich vorgestellt. Hier sollen lediglich zwei Motivationstheorien näher dargelegt werden, weil sie für die Einordnung von Beschwerden als Ausdruck einer persönlichen Motivation auch von grundsätzlicher Bedeutung für die anderen Kapitel sind. Veränderungen in einem Teilsystem der Gesellschaft wie in der Motivation oder im Konfliktverhalten können als Indikatoren für einen Systemwandel oder von Modernisierung interpretiert werden.

(1) Das Motivationsmodell nach Abraham F. Maslow: Der Psychologe Maslow entwickelte 1954 eine grundlegende Theorie von menschlichen Bedürfnissen, die bestimmte Motivationen beim Menschen auslösen. Danach müssen

---

[31] Ridley, The Parliamentary Commissioner, S. 3.
[32] Vgl. Mommsen, Militär und zivile Militarisierung.
[33] Vgl. BA-MA, NL Hellmuth Heye, N 526/v. 62, Vortrag Heye vor der »Neuen Gesellschaft« in Bielefeld am 30.1.1964 zum Thema »Bundeswehr – Schule der Nation?«, S. 12: »Die Bundeswehr ist weder im historischen noch im heute gängigen Sinn ›Schule der Nation‹. Sie will es gar nicht sein. Sie kann es aber auch nicht sein, will sie nicht ihre eigentlichen Aufgaben vernachlässigen. Die Bundeswehr leidet unter den Versäumnissen derer, die eigentlich zur Erziehung berufen sind.«
[34] Vgl. Governance; Scharpf, Die Handlungsfähigkeit des Staates; Gesellschaft und Gemeinsinn.

Grundbedürfnisse nach physiologischer Sättigung und Sicherheit erst erfüllt sein, bevor sie in soziale Wünsche übergehen können. Auf der höchsten Stufe dieser Pyramide können dann Selbst- und Fremdwertschätzung sowie Selbstverwirklichung erreicht werden. Der Mensch muss folglich zuerst seine elementaren Überlebensbedürfnisse gesichert sehen, um danach die emotionalen wie abstrakten Wünsche befriedigen zu können. Umgekehrt heißt dies, dass die niederen über die höheren Bedürfniskategorien dominieren[35].

(2) Das Motivationsmodell nach Dirk Oetting: Der Berufsoffizier der Bundeswehr Oetting entwickelte, ausgehend von einer Analyse militärpsychologischer und militärsoziologischer Forschungen, ein spezifisches Motivationsmodell für Soldaten. Die Basis für eine erfolgreiche Motivation bildet demnach eine positive Wehrmotivation in der Gesellschaft. Die gesellschaftliche Einstellung zur Bündnis- und Landesverteidigung hat dabei entscheidende Auswirkungen auf die Funktionsfähigkeit der Streitkräfte. Erst wenn diese Basisvoraussetzung gegeben ist, kann im Frieden eine Dienstmotivation des Soldaten bewirkt werden. In Krisen und in Kriegen muss der einzelne Soldat die Motivation aufbringen, auch unter psychischen und physischen Extremsituationen den Auftrag unter Lebensgefahr zu erfüllen. Um diese Motivation beim Soldaten im Krieg und Frieden auszulösen, bedarf es sechs Kernfaktoren, die alle aufeinander wirken und dabei wiederum in die Schlüsselqualifikation ›Vertrauen‹ eingeflochten sind: Legitimität der Zielsetzung, Funktionstüchtigkeit der Streitkräfte, das Kameradenverhältnis, das Vorgesetztenverhältnis, das Untergebenenverhältnis und schließlich das Ich-Verhältnis. Das Zusammenwirken aller dieser Kernfaktoren mit der Schlüsselqualifikation erreicht in extremen Situationen die Dominanz der Motivation zur Auftragserfüllung über die Motivation zur Erhaltung der physiologischen Bedürfnisse wie körperliche Unversehrtheit. Die beim Aufbau der Bundeswehr eingeführte und daher bereits seit Jahren etablierte Führungsphilosophie ›Innere Führung‹ bildet dabei die Grundlage, Motivation zu schaffen und zu erhalten[36].

Bei Übertragung des grundlegenden und spezifischen Motivationsmodells auf die Fragestellung, wonach eine Eingabe an den Wehrbeauftragten eine persönliche Motivation darstellt, heißt das: Ist in der Gesellschaft eine positive Grundeinstellung zum Wehrdienst vorhanden, die sich dann durch die Kernfaktoren und die Schlüsselqualifikation in eine positive Dienstmotivation der Soldaten überträgt, die wiederum ihre physiologischen, emotionalen sowie abstrakten Bedürfnisse erfüllt sehen, dann wird es nicht zu einer Beschwerde kommen. Umgekehrt bedeutet dies: Ist nur ein Aspekt in seinem wesentlichen Toleranzbereich gestört worden, fühlt sich der Soldat ausreichend motiviert dagegen vorzugehen. Dieser Zusammenhang muss daher bei der Analyse, Bewertung

---

[35] Vgl. Maslow, Motivation and Personality.
[36] Vgl. Oetting, Motivation und Gefechtswert.

und Einordnung dieser gestörten Kommunikationsprozesse berücksichtigt werden[37].

3. Quellen und Literatur

Die Fragestellung und der methodische Ansatz umfassen einen über die archivalischen Überlieferungen des Wehrbeauftragten hinausgehenden Blickwinkel. Die ausschließliche Berücksichtigung der Eingaben würde eine perspektivische Einengung bedeuten, weil der Betrachtungswinkel in einer Negativauslese gemeldeter und erschlossener Vorgänge in der Truppe läge. Nicht das Positive, sondern der Mangel bestimmte vor allem das Handeln des Wehrbeauftragten. Zwar entsteht aus seinen Berichten ein authentischer Ausschnitt des inneren Zustandes der Bundeswehr, aber eben in der Einengung auf die Problembereiche organisationeller und personeller Handlungen. Jedoch erlaubt die Arbeitsweise des Wehrbeauftragten, der sämtliche Hierarchieebenen der Bundeswehr angesprochen hat, eine realitätsnahe Analyse der Geschehnisse bis in Teilbereiche hinein. Die Jahresberichte des Wehrbeauftragten und die einzelnen Petitionen der Soldaten an ihn sind zwar aufgrund ihrer persönlichen Motivation mit quellenkritischer Vorsicht zu bewerten, beschreiben aber in der Gesamtanalyse aller Kommunikationsstränge charakteristisch den militärischen Alltag. Sie sind eine Schlüsselquelle neben anderen für die Bearbeitung der Alltagsgeschichte der Bundeswehr.

Die Quellenbasis für die Bundeswehrgeschichte in ihrer innenpolitischen Dimension ist ausufernd groß. Das Amt des Wehrbeauftragten, das an einer neuralgischen Schnittstelle zwischen Bundeswehr, Parlament und Öffentlichkeit angesiedelt ist, strahlt auf all diese Felder aus, die wiederum selbst ein breites Spektrum an Überlieferungen aufweisen. Ein gravierendes Defizit liegt freilich darin, dass das Amt über kein eigenes Archiv verfügt. Die Akten, die zum größten Teil aus personenbezogenen Daten aus den Petitionen bestehen, müssen aus datenschutzrechtlichen Gründen vernichtet werden. Daher existiert für den Zeitraum zwischen 1959 und 1985 keine Überlieferung. Man ist auf Parallelüberlieferungen angewiesen, die im Bundesministerium der Verteidigung in den zuständigen Abteilungen angelegt worden sind, als das Ministerium vom Wehrbeauftragten zur Stellungnahme aufgefordert wurde. Sämtliche Berichte aus den untergeordneten Führungsebenen liefen dann in der zuständigen Abteilung zusammen, wurden dort registriert und später an die Abteilung Militärarchiv im Bundesarchiv zur weiteren Aufbewahrung übergeben. Die

---

[37] Zur Analyse von Kommunikationsprozessen sei auf die Arbeiten von Watzlawick/Beavin/Jackson, Menschliche Kommunikation; Watzlawick/Weakland/Fisch, Lösungen; Watzlawick, Anleitung zum Unglücklichsein, und Schulz von Thun, Miteinander reden, Bde 1–3 verwiesen.

Aktenbestände des ›Bundesministeriums der Verteidigung‹ und des ›Führungs-
stabes der Streitkräfte‹, verwahrt in den Beständen BW 1 und BW 2 der Abteilung Militärarchiv im Bundesarchiv, bilden deshalb zusammen mit den veröf-
fentlichten »Jahresberichten des Wehrbeauftragten« die Schlüsselquellen dieser
Studie. Um die Konzeptionsphase der Bundeswehr analysieren zu können, ist
der im Gegensatz zu den anderen Bundeswehrbeständen bereits gut erschlosse-
ne Bestand ›Deutsche Dienststellen zur Vorbereitung der Europäischen Verteidigungsgemeinschaft‹[38] (BW 9) unverzichtbar. Ergänzend sind noch die Materialien der Teilstreitkräfte ›Führungsstab des Heeres‹ (Fü H), ›Führungsstab der
Luftwaffe‹ (Fü L) und ›Führungsstab der Marine‹ (Fü M) zu nennen.
    Für eine Beurteilung der Kommunikations- und Aktionsstränge des Wehr-
beauftragten sind die Parteiarchive von besonderer Bedeutung. Die Beschränkung ausschließlich auf die Sammlungen der großen Regierungsparteien
CDU/CSU und SPD ist aus zwei Gründen zu erklären:
(1) Die kleinen Parteien verfügten nur über eine wenig ausgeprägte sicherheits-
    politische Kompetenz und
(2) die für den Zeitraum politisch maßgeblichen Persönlichkeiten gehörten fast
    ausschließlich den großen Parteien an.
Vor allem die Nachlässe und Deposita der führenden Sicherheitspolitiker dieser
Zeit bieten eine umfangreiche Quelle für die Bundeswehr- und Wehrbeauf-
tragtengeschichte. Gerade darin können Aktivitäten und persönliche Einschätzungen jenseits der offiziellen Politik nachvollzogen werden. Neben diesen
unveröffentlichten Quellen verdichtet eine Auswahl an verschiedenen Periodika,
Bulletins und demoskopischen Befragungen gerade das Untersuchungsfeld
Öffentlichkeit.
    Die Geschichte der Bundesrepublik Deutschland findet derzeit insgesamt ein
verstärktes Interesse in der zeitgeschichtlichen Forschung[39]. Vor allem die tief-
greifenden politischen, gesellschaftlichen und wirtschaftlichen Veränderungen
in Westdeutschland, die sich besonders mit den Begriffen »Modernisierung«,
»Liberalisierung«, »Demokratisierung«, »Amerikanisierung«, aber auch »Restauration«, »Kontinuität« und »Rekonstruktion« verbinden lassen, stehen im
Zentrum der Untersuchungen[40]. Besonders die Person des ersten Bundeskanzlers, Konrad Adenauer, wird dabei immer wieder herausgestellt[41]. Auch der
militärgeschichtliche Ansatz einer Geschichte der Bundeswehr erfreut sich ge-

[38] Vgl. Krüger/Ganser, Quellen zur Planung des Verteidigungsbeitrages, S. 121–146.
[39] Vgl. beispielsweise in der neueren Literatur: Hacke, Die Außenpolitik der Bundesrepublik
      Deutschland; Görtemaker, Geschichte der Bundesrepublik Deutschland; Stöver, Die Bun-
      desrepublik Deutschland; Jarausch, Die Umkehr; Wolfrum, Die Bundesrepublik Deutsch-
      land; Wolfrum, Die geglückte Demokratie.
[40] Vgl. Schildt, Moderne Zeiten; Wandlungsprozesse in Westdeutschland; Der 8. Mai als
      historische Zäsur. In dem Sammelband Politische Zäsuren ist besonders der Beitrag von
      Prinz/Frese, Sozialer Wandel und politische Zäsuren hervorzuheben, in dem die bisher
      gängigen Erklärungsansätze für gesellschaftlichen Wandel skizziert werden (vgl. S. 6–9).
      Diese besitzen bis heute noch immer weitgehende Gültigkeit.
[41] Vgl. Baring, Außenpolitik in Adenauers Kanzlerdemokratie; Schwarz, Adenauer; Ade-
      nauer und die Deutsche Frage.

rade seit dem Jubiläumsjahr 2005 einer intensiveren wissenschaftlichen Auseinandersetzung[42]. Der Erkenntnisfortschritt ist aber bisher im Bereich NATO und Kalter Krieg[43] ungleich weiter gediehen als in der Innenperspektive der Bundeswehr. Im Gegensatz zu der Zeit 1945 bis 1955, die in den voluminösen Bänden Anfänge westdeutscher Sicherheitspolitik (AWS)[44] grundlegend erforscht worden ist, konnte die Bundeswehr als Armee in Staat und Gesellschaft bisher nur in Facetten untersucht werden[45].

Das Amt des Wehrbeauftragten wurde bisher in der neueren historischen Forschung weitgehend ausgelassen oder bestenfalls als kleiner Unterabschnitt oder Einschub in Abhandlungen über die Bundeswehr thematisiert, hier vor allem als Instrument zur Kontrolle der ›Inneren Führung‹. Dabei wird die Bedeutung des Amtes über die gesetzlichen Aufgaben und Kompetenzen hinaus kaum erfasst[46]. Zwar ist das Schrifttum über den Wehrbeauftragten insgesamt betrachtet sehr umfangreich, stammt jedoch entweder aus offiziellen oder offiziösen Publikationen oder beschränkt sich zumeist auf eine Aufgaben- und Tätigkeitsanalyse[47]. Als Monographien liegen bisher vornehmlich ältere rechtswissenschaftliche Dissertationen vor. Darin werden die Stellung des Amtes im parlamentarischen System der Bundesrepublik und die rechtlichen Auswirkungen betrachtet. Als Standardwerk gilt die Arbeit von Eckart Busch. Sie behandelt die Aufgaben und die Organisationsentwicklung seit Einführung des Amtes und bietet durch die übersichtliche Gliederung die Möglichkeit sich schnell zu informieren. In den jeweiligen Auflagen prägnant aktualisiert, ist sie daher für eine Erstinformation gut geeignet, für eine tiefergehende Beschäftigung mit dem Thema aber wenig ergiebig[48]. Der starke personelle Faktor des Amtsinhabers sowie die öffentliche Wirkung der Institution sind darin zwar herausgearbeitet, aber kaum in ihrer Wirkung im politischen System hinterfragt worden.

Der Wehrbeauftragte verkörpert nicht nur eine verfassungsrechtliche Institution, sondern auch ein verfassungsrechtliches Programm[49]. Vor allem die

---

[42] Vgl. Bald, Die Bundeswehr; Bald, Militär und Gesellschaft; Kutz, Militär und Gesellschaft; 50 Jahre Bundeswehr; Thoß, NATO-Strategie. Des Weiteren Lemke/Krüger/Rebhan/ Schmidt, Die Luftwaffe; Hammerich/Kollmer/Rink/Schlaffer, Das Heer, und Sander-Nagashima, Die Bundesmarine, sowie Der Bundestagsausschuss für Verteidigung.

[43] Vgl. hierzu Mastny/Schmidt, Konfrontationsmuster; Von Truman bis Harmel; Krüger, Sicherheit durch Integration?

[44] AWS, 4 Bde, hier vor allem die Bde 2 und 3. Für den Abschnitt Konzeption und für die Entwicklung der Bundeswehr bis 1961 liegen detaillierte Ergebnisse bisher lediglich in den Bänden AWS vor.

[45] Vgl. Vom Kalten Krieg zur deutschen Einheit; Wie integriert ist die Bundeswehr?; Münch, Bundeswehr – Gefahr für die Demokratie?; Birtle, Rearming the Phoenix. Des Weiteren werden demnächst die im MGFA entstandenen Studien von Schmidt, Integration und Wandel, sowie Nägler, Die personelle Rüstung, veröffentlicht.

[46] Vgl. Bredow, Demokratie und Streitkräfte; Heuer, Reichswehr – Wehrmacht – Bundeswehr; Zuber, Innere Führung; Brunkow, Der Wehrbeauftragte.

[47] Vgl. aus der Vielzahl der Veröffentlichungen: Bobbert, Der Wehrbeauftragte; Busch, Der Jahresbericht des Wehrbeauftragten; Fleckenstein, Der Wehrbeauftragte muß sich etwas einfallen lassen; Ehlert, Das Amt des Wehrbeauftragten.

[48] Busch, Der Wehrbeauftragte.

[49] Maurer, Wehrbeauftragter und Parlament, S. 51–53.

Funktion und Stellung des Amtes im Verfassungssystem sowie der Funktions-
und Strukturwandel des Parlaments in der modernen Demokratie wurden
mehrfach mit juristischen Methoden analysiert. Die Kontrollinstitution habe
sich – so der allgemeine Eindruck – positiv in die Demokratie eingefügt, dabei
sogar die parlamentarische Position im Verfassungsgefüge der Bundesrepublik
gestärkt[50]. Der Institution sei somit ein Ausgleich für den Machtzuwachs der
Exekutive gelungen und sie füge sich vollkommen in die Ordnung des Grundgesetzes ein[51].

Weniger das Verhältnis des Wehrbeauftragten zur Gesamtverfassung als
vielmehr zur Wehrverfassung mit den darin enthaltenen Kontrollmechanismen
fand in den Dissertationen von Gerd Willms und Frank-Helmut Hartenstein
Berücksichtigung. Es werden zwar der Verteidigungsausschuss des Deutschen
Bundestages, die parlamentarischen Wehrausschüsse in den anglo-amerika-
nischen Staaten, die verfassungsimmanenten Absicherungen des Grundgesetzes
sowie die schwedischen, dänischen, finnischen oder norwegischen Parlamentsbeauftragten dargestellt, aber kaum vergleichend analysiert. Auf das Problem
des ständigen Dualismus zwischen Amt und Bundeswehr wie auf seine Abhängigkeit von der Regierungsmehrheit wird hingewiesen, jedoch bleibt die bereits
frühzeitig debattierte Novellierung des Wehrbeauftragtengesetzes weitgehend
ausgeblendet[52].

Die Frage der Kontrolle von Streitkräften in der Demokratie analysiert Josef
Karkowski recht ausführlich. Dabei setzt er sich auch mit der Frage des Oberbefehls in Preußen, im Kaiserreich sowie in der Weimarer Republik auseinander.
In einer Gegenüberstellung beschreibt er die Kontrolle des Oberbefehls in
Frankreich, Großbritannien und den USA, um danach auf die Bundesrepublik
einzugehen. Jedoch führt er seinen komparatistischen Ansatz zu keiner umfassenden Synthese, so dass die Studie in sich zwar eine gute Informationsquelle
darstellt, in der Analyse der Gesamtproblematik von parlamentarischer Kontrolle in der Demokratie freilich wenig weiterführt. Als Schlussfolgerung zieht
Karkowski, dass es weniger darauf ankomme, ein ausgeklügeltes System von
parlamentarischer Kontrolle zu etablieren, sondern Kontrolle und wachsames
Vertrauen gleichzusetzen[53].

Das schwedische Vorbild wird meist in die Analyse mit einbezogen, eine
vergleichende Betrachtung unterbleibt aber in der Regel. Eine positive Ausnahme bildet dabei lediglich die Arbeit von Walter Haller. Er beschreibt neben
dem schwedischen auch den finnischen, dänischen, norwegischen, deutschen
und neuseeländischen Beauftragten in rechtsvergleichender Weise. Außerdem
werden weitere Ansätze in Großbritannien, in der Schweiz wie in den Nieder-
landen dargestellt. Daraus entwickelt der Autor dann Faktoren, die für eine Re-

---

[50] Volz, Der Wehrbeauftragte; Runte, Der Wehrbeauftragte. Kritisch dazu Müser, Wehrbe-
      auftragter und Gewaltenteilung.
[51] Kuhne, Die verfassungsrechtliche Stellung des Wehrbeauftragten.
[52] Willms, Parlamentarische Kontrolle und Wehrverfassung; Hartenstein, Der Wehrbeauf-
      tragte.
[53] Karkowski, Die parlamentarische Kontrolle der Wehrmacht, hier S. 206.

zeption der Ombudsmann-Institution notwendig seien. Das schwedische Modell scheint sich nach Haller derart bewährt zu haben, dass es zu einem internationalen Exportartikel geworden ist[54]. Insgesamt gesehen handelt es sich durchgängig um Arbeiten, die sich weniger mit der historischen, sozialen und militärischen Dimension des Amtes befassen, sondern Fragen um seine Einbettung in die Wehrverfassung in den Vordergrund rücken.

Die soziale Rolle des Wehrbeauftragten im politischen System hinterfragen dagegen soziologische Abhandlungen, wobei aber der soziologischen Methodik entsprechend vorwiegend struktur- und prozessanalytische Kategorien im Zentrum des Interesses stehen. Den Wehrbeauftragten im Schnittpunkt der Interessenkonflikte zwischen den Rechts- und Freiheitsansprüchen der Soldaten und den Struktur- und Funktionserfordernissen der Streitkräfte oder zwischen bewaffneter Macht und freiheitlich-demokratischer Staats- und Gesellschaftsordnung analysiert Wolfgang R. Vogt. Er kontrastiert die Wahrnehmung des Amtes in der Bundeswehr zwischen »Reformern« (Garanten der ›Inneren Führung‹) und »Traditionalisten« (unliebsame Aufpasser). Die von der Soziologie zu Beginn des 19. Jahrhunderts entwickelte Inkompatibilitätsthese von Militär und Demokratie begründe den Gegensatz zwischen beiden[55]. Die Unzulänglichkeiten und Widersprüche im Reformkonzept ›Innere Führung‹ begünstigten den tendenziellen Verfall der Reform selbst, der wiederum nicht ohne Auswirkungen auf die Funktionsfähigkeit und Konfliktanfälligkeit der Kontrollinstitution Wehrbeauftragter geblieben sei. Aufgrund der Probleme mit der Führungsphilosophie, der parlamentarischen Vernachlässigung des Hilfsorgans wie der »Intra-Rollenkonflikt des Wehrbeauftragten« habe sich die Kontrollinstitution in einem Dauerkonflikt und in einer ständigen Krisenanfälligkeit befunden[56].

Julius Oertel thematisiert ebenfalls die soziologische Kategorie der Rollenfunktion, seine Kontrolltätigkeit und sein Verhältnis zum Bundestag. Fast gänzlich ausgeblendet bleiben dabei die Bundeswehr und die Öffentlichkeit. Interessant ist vor allem der empirische Teil der Abhandlung, die Auswertung einer Fragebogenaktion von Soldaten, Mitgliedern des Verteidigungsausschusses und sonstigen Zivilpersonen zum Verhältnis zwischen Wehrbeauftragtem und Parlament. Die Ergebnisse der Befragung werden durch Thesen operationalisiert. Die Untersuchung bestätigt die bereits vom Wehrbeauftragten Fritz-Rudolf Schultz vertretene Ansicht, wonach das Verhältnis zwischen dem Wehrbeauftragten und dem Bundestag distanziert gewesen sei. Als Ursachen seien die Entstehungsgeschichte durch den ungünstigen Parteienkompromiss, aber auch das Verhalten des Bundestages und der Wehrbeauftragten zueinander zu nennen[57].

---

[54] Haller, Der schwedische Justitieombudsman.
[55] Vogt, Militär und Demokratie, S. 14 f., 136–138.
[56] Ebd., S. 320, 330.
[57] Oertel, Der Wehrbeauftragte.

Das Amt des Wehrbeauftragten wurde bisher in seiner Integration in die Rechtsordnung der Bundesrepublik und in rechtsvergleichender Weise zu verschiedenen Ombudsmanninstitutionen in mehreren Staaten recht gut erforscht. Auch seine Aufgaben, Kompetenzen und soziale Rollenfunktion sind differenziert analysiert worden. Trotzdem fehlt eine historisch ansetzende Untersuchung, die seiner Bedeutung als politische Institution für die Streitkräfte in der Demokratie gerecht wird. Diese Geltung kann nur durch die Untersuchung und Synthese der vier Spannungsfelder Gesetz, Parlament, Bundeswehr und Öffentlichkeit hinreichend historisch analysiert werden.

II. Deutschland nach dem Zweiten Weltkrieg

1. Außenpolitischer Rahmen

a) Die Bildung der Machtblöcke und der ›Glücksfall‹ Korea

Der Zweite Weltkrieg war zwar formal mit der Kapitulation der deutschen Wehrmacht am 8. Mai 1945 in Europa zu Ende, aber auf Seiten der Alliierten standen sich zwei konkurrierende und ideologisch gegensätzliche politische Systeme und unterschiedliche Gesellschaftsformen gegenüber. Die USA, Großbritannien und Frankreich als die westlichen Verbündeten und die UdSSR als der kommunistische Alliierte aus dem Osten. Bereits während des Krieges wurden Konzepte entwickelt, die eine Nachkriegsordnung in Deutschland und in Europa zum Inhalt hatten. Einigkeit bestand im Wesentlichen darin, den deutschen Kriegsgegner nachhaltig für die Zukunft zu schwächen, sodass ihm ein erneuter Waffengang auf Dauer unmöglich gemacht werden sollte. Obgleich diese Demilitarisierung eine zentrale Forderung der Alliierten nach dem Kriegsende darstellte, zeigte sich bereits seit 1945 bei allen Hauptsiegermächten das Interesse, sowohl das Potenzial als auch die militärischen Erfahrungen des ehemaligen Gegners nunmehr für sich zu nutzen[1]. Die alliierten Interessen spiegelten sich in dem ambivalenten Verhalten gegenüber dem deutschen Soldaten wider. Einerseits machte man den Militarismus preußisch-deutscher Prägung für den verbrecherisch geführten Zweiten Weltkrieg verantwortlich, andererseits genoss der deutsche Soldat als militärischer Führer und Kämpfer bei ihnen ein hohes Ansehen. Die Umerziehung des Wehrmachtssoldaten blieb zwar vorerst ein wichtiges Ziel, jedoch sollten seine im Kampf gesammelten Erfahrungen zukünftig für die eigenen Streitkräfte genutzt werden können.

Das Verhältnis der Westmächte zu dem östlichen Kriegsverbündeten verschlechterte sich seit 1945 stetig. Nachdem in der »Sowjetisch Besetzten Zone« (SBZ) bereits frühzeitig verdeckt aufgerüstet worden war, gewann auch das westdeutsche Militärpotenzial in den Sicherheitsüberlegungen der Westmächte allmählich wieder Konturen. Von ihrer Strategie der doppelten Eindämmung (dual containment) gingen sie erst einmal nicht ab. Sowohl die Sowjetunion als auch Deutschland sollten unter allen Umständen von einer Hegemonialstellung

---

[1]   Naumann, Der Beginn einer wunderbaren Freundschaft, S. 142.

in Europa abgehalten werden[2]. Deutschland als Militärmacht für die Zukunft erst einmal auszuschalten, war das erklärte Kriegsziel der Alliierten nach dem Zweiten Weltkrieg. Jedoch orientierten sich die USA spätestens seit der Berlin-Blockade um. Eine westdeutsche Aufrüstung gewann für sie seit Sommer 1950 aufgrund des herrschenden konventionellen Ungleichgewichts von 175 Divisionen auf sowjetischer und nur zwölf auf westalliierter Seite immer mehr an Attraktivität[3]. Der Angriff der unter sowjetischem Einfluss stehenden Nordkoreaner im Jahr 1950 auf das den westlichen Demokratien zugewandte Südkorea ließ das Ziel der deutschen Demilitarisierung schnell in den Hintergrund treten, da auch für den mitteleuropäischen Schauplatz ein ähnliches Szenario befürchtet wurde. Die verdeckte Aufrüstung in der DDR durch die Kasernierte Volkspolizei (KVP) seit 1952 beförderte solche Vermutungen noch mehr[4]. Die Westalliierten betonten zwar, dass sich der Schutz der NATO während der Besatzungszeit automatisch auch auf die deutschen Zonen erstrecken würde, jedoch enthielten diese Erklärungen keinerlei Gewähr für eine nachhaltige Verteidigung des Territoriums der Bundesrepublik Deutschland. Konrad Adenauer reichten diese ›Hinweise‹ der Westmächte nicht aus, um auf die verdeckte Aufrüstung in der SBZ zu reagieren. Vielmehr forderte er ein westdeutsches Gegenstück in Form einer Bundespolizei oder zumindest in einer deutlichen Verstärkung des Zollgrenzschutzes und der Bahnpolizei. Nach Ausbruch des Krieges sah er die Gelegenheit gekommen, sich an die Hohen Kommissare mit der Forderung nach erhöhten Sicherheitsgarantien für die Bundesrepublik zu wenden. Eine befriedigende Antwort der Westmächte erhielt er zunächst nicht[5]. Der Koreakrieg offenbarte recht deutlich, in welchem Zwiespalt sich die Westalliierten befanden: Zum einen galten die völkerrechtlichen Erklärungen, die zusammen mit den Sowjets abgegeben worden waren, sowie die Furcht vor einem militärisch wiedererstarkten Deutschland und zum anderen zeigte der Stellvertreterkrieg in Asien die offensive Ausrichtung der kommunistischen Mächte, denen man sich entschieden entgegenstellen musste. Adenauer dagegen war in seiner Vorstellungswelt gefangen, dass Stalin einer kalkulierten Politik in Mitteleuropa folgen würde. Erst sollte die Bundesrepublik Deutschland unversehrt in seine Hand gelangen, um danach auch auf die politisch nicht gefestigten Länder Italien und Frankreich einen bestimmenden Einfluss ausüben zu können. Wenn ihm das gelingen sollte, bedeutete dies den Sieg des Kommunismus in der Welt, weil sich die Sowjetunion zur stärksten politischen, wirtschaftlichen und militärischen Macht entwickeln würde[6]. Der Krieg im Fernen Osten wurde demnach neben dem Schuman-Plan der zweite Katalysator bei der Wiedererlangung von Souveränität und Gleichberechtigung. Adenauer verfolgte mit seinem weitgehenden Alleingang in der Frage der Wiederbewaff-

---

2   Rearden, Das Dilemma der zweifachen Eindämmung, S. 320.
3   Gaddis, We now know, S. 123 f.
4   Vgl. Diedrich/Wenzke, Die getarnte Armee.
5   Adenauer, Erinnerungen 1945–1953, S. 347; Gaddis, We now know, S. 124; Wiggershaus, Bedrohungsvorstellungen Bundeskanzler Adenauers.
6   Adenauer, Erinnerungen 1945–1953, S. 348 f.

nung vorrangig das Ziel, das Besatzungsstatut aufzuheben und staatliche Souveränität wiederzuerlangen. Deswegen trat Gustav Heinemann sowohl aus dem Kabinett als auch aus der CDU aus[7]. Daher war der Koreakrieg zwar nicht der Anfang, über einen deutschen Verteidigungsbeitrag nachzudenken, aber der Anlass für die Entscheidung zur Aufstellung westdeutscher Truppen und daher ein ›Glücksfall‹ für Adenauers Deutschlandpolitik.

b) Die Bundeswehr als Bündnisarmee

Das konventionelle Ungleichgewicht in Europa zwischen den Blöcken, die verdeckte Aufrüstung in der SBZ/DDR sowie der Koreakrieg verstärkten die westliche Wahrnehmung, dass die neu gegründete Bundesrepublik Deutschland Streitkräfte benötigt. Konsens bestand sowohl von deutscher als auch von britischer und amerikanischer Seite, dass es sich um keine unabhängigen nationalen Truppenverbände handeln würde, sondern um Einheiten, die entweder der NATO oder einer supranationalen Organisation unterstellt werden sollten[8]. Die Franzosen dagegen lehnten erst, ihre nationalen Sicherheitsinteressen betonend, eine deutsche Aufrüstung kategorisch ab, kalkulierten dann aber einen deutschen Verteidigungsbeitrag innerhalb eines europäischen Vertragswerkes unter französischer Führung ein[9]. Die Einbindung der BRD in ein multinationales militärisches Bündnissystem war aus Sicht der Westalliierten die wohl zweckmäßigste Lösung, um zum einen die Vorbehalte in der NATO gegen den neuen Partner zu zerstreuen und zum anderen das deutsche Militärpotenzial gegen den neuen Gegner im Osten nutzbar zu machen. Jedoch blieb bei den politischen Beteiligten stets ein gewisses Maß an Unbehagen gegenüber der Geschwindigkeit und der Form der deutschen Aufrüstung[10]. Die Fähigkeiten des deutschen Soldaten wurden gerade in den USA hoch eingeschätzt[11], weshalb die Möglichkeit der Schaffung einer unabhängigen im Gegensatz zu einer integrierten Armee kaum verfolgt wurde. Klar war für die Amerikaner, dass eine nachhaltige Verteidigung Westeuropas ohne eine westalliierte Truppenverstär-

---

[7]   Görtemaker, Geschichte der Bundesrepublik Deutschland, S. 294–300; AWS, Bd 1 (Beitrag Greiner), S. 287–291.

[8]   Rearden, Das Dilemma der zweifachen Eindämmung, S. 322.

[9]   Large, Die deutsch-amerikanische Verteidigungspartnerschaft, S. 326–331; Krüger, Das Amt Blank, S. 38. Laut Krüger hatten die Franzosen mit dem so genannten Pleven-Plan folgende drei Ziele: (1) den NATO-Beitritt der Deutschen zu verhindern und einen unterlegenen politischen Status zu erhalten, (2) Zeitgewinn für eigene Rüstungsanstrengungen und (3) die zukünftigen deutschen Soldaten rechtlich und organisatorisch zu diskriminieren. Vgl. grundlegend die Beiträge in AWS, Bd 2 (Die EVG-Phase).

[10] Rearden, Das Dilemma der zweifachen Eindämmung, S. 324.

[11] BA-MA, BH 1/631, Reisebericht Oberst von Baer über die USA-Reise vom 23.11. bis 20.12.1956, abgefasst am 29.12.1956, S. 3 f. Eine die mentale Lage der Veteranen aussagekräftig einschätzende Beurteilung lautet: »Diese Wertschätzung des deutschen Soldaten ist – insbesondere wenn man aus der Bonner Atmosphäre kommt – vielleicht das stärkste Erlebnis dieser Reise, beglückend, beschämend, verpflichtend zugleich.« Vgl. Heuer, Reichswehr – Wehrmacht – Bundeswehr, hier vor allem S. 235–237.

kung[12] oder eine westdeutsche Beteiligung wenig aussichtsreich sein dürfte, weshalb sie sich zum Motor einer Aufrüstung des ehemaligen Kriegsgegners entwickelten. An eine signifikante Erhöhung der Besatzungstruppen in Mitteleuropa war vorläufig nicht zu denken, da sowohl der Haushalt als auch die bereits erfolgte Demobilisierung[13] der Streitkräfte in den westlichen Demokratien gegen diese Option sprachen. Adenauer war von dem Plan einer Europäischen Verteidigungsgemeinschaft (EVG) des französischen Ministerpräsidenten René Pleven nicht sonderlich angetan, konnte sich ihm aber letztlich erst einmal nicht verschließen. Die westdeutschen Soldaten waren in diesem Entwurf weder gleichberechtigt, noch hätte diese Armee die Sicherheit Westdeutschlands vor einer sowjetischen Aggression gewährleistet. Die deutsche Verhandlungsdelegation arbeitete deshalb hartnäckig an wesentlichen Modifizierungen dieses Planes, weshalb er für die eigentlichen Initiatoren, die Franzosen, nicht mehr attraktiv erschien und er in der französischen Nationalversammlung im August 1954 scheiterte. Nicht nur die französische Ablehnung, diese war nur der Schlusspunkt, sondern ein Bündel von veränderten internationalen Rahmenbedingungen, aber auch beispielsweise die britischen Vorbehalte gegen jede Form von supranationaler europäischer Integration, führten schließlich zur Entscheidung gegen die Europäische Verteidigungsgemeinschaft[14]. Somit war der Weg frei für eine Integration der Bundesrepublik und seiner Streitkräfte in die NATO[15].

Bonn verpflichtete sich daraufhin in den Pariser Verträgen vom Oktober 1954 dazu, dem Bündnis innerhalb von drei Jahren zwölf Divisionen[16] zur Verfügung zu stellen[17]. Eine unlösbare Aufgabe! Im Dezember 1956 waren noch ca. 66 115 Soldaten, ein Jahr später schon 122 371 Mann, 1958 mehr als 174 000,

---

[12] Im Zeitraum vom 1.5.1945 bis 1.7.1947 wurde allein die amerikanische Truppenstärke in Europa von ehemals 3 069 310 Soldaten auf 135 000 reduziert. Bis 1951/52 blieb diese Stärke weitestgehend konstant. Der Abbau der U.S.-Luftwaffe erfolgte genauso zügig von 17 000 Flugzeugen und über 450 000 Soldaten auf 458 Flugzeuge mit ca. 18 120 Luftwaffenangehörigen. Durch den Koreakrieg sollten bis zum 1.7.1952 in Deutschland ca. 260 000 Heeressoldaten und ca. 50 000 Luftwaffensoldaten stationiert werden. Vgl. Sweringen, Sicherheitsarchitektur im Wandel, S. 338, 341. Im Vergleich dazu verfügten allein die osteuropäischen Staaten unter massiver sowjetischer Militärhilfe im Jahr 1953 über ca. 1 500 000 Soldaten in ungefähr 65–80 Divisionen. Vgl. hierzu Zilian, Gleichgewicht und Militärtechnologie, S. 357.

[13] Das konventionelle Ungleichgewicht in Europa offenbarte sich bereits zum Ende des Jahres 1945, als den 25 voll einsatzfähigen Sowjetdivisionen nur ca. zwölf eingeschränkt einsatzfähige Westdivisionen gegenüberstanden. Die in Europa verfügbaren U.S.-Streitkräfte seien insgesamt »unbedeutend, schlecht ausgerüstet und demoralisiert« gewesen. Vgl. Zilian, Gleichgewicht und Militärtechnologie, S. 350 f. und Hammerich, Jeder für sich.

[14] AWS, Bd 2 (Beitrag Maier), S. 3–234, hier S. 232.

[15] Large, Die deutsch-amerikanische Verteidigungspartnerschaft, S. 326–331.

[16] Zwölf Divisionen waren schon immer Planungsziel. Sowohl in der »Himmeroder Denkschrift« im Jahr 1950 als auch bei dem »Petersberger Gespräch« 1951 wurde dies Dispositiv genannt und begründet. Vgl. hierzu Krüger, Das Amt Blank, S. 25, 37.

[17] AWS, Bd 3 (Beitrag Greiner), S. 570–602: Die Gesamtstärke der Bundeswehr von 500 000 Soldaten war während der Verhandlungen umstritten.

Der Herausgeber des Nachrichtenmagazins »Der Spiegel«. Rudolf Augstein (m.), wird von zwei Polizeibeamten aus dem Gebäude des Bundesgerichtshofes in Karlsruhe geleitet. Der Dritte Strafsenat hat beim Haftprüfungstermin am 8.1.1963 die Aufrechterhaltung des Haftbefehls mit Verdunklungs- und Fluchtgefahr begründet. Augstein befindet sich seit dem 27.10.1962 unter dem Verdacht des Landesverrats in Untersuchungshaft.

1960 ungefähr 249 000, 1963 knapp über 400 000 Mann unter Waffen. Die Ziel-
struktur war im Jahr 1965 abgeschlossen[18]. Wie sah die Führung einer Truppe
aus, die immerhin innerhalb von zehn Jahren zu knapp einer halben Million
Soldaten aufwachsen sollte? Wer sollte den Oberbefehl innehaben? Entgegen
früherer Tradition wandelte man den Oberbefehl[19] in eine Befehls- und Kommandogewalt um, über die im Frieden der Verteidigungsminister und im Krieg
sowie im Notstand der Bundeskanzler verfügen sollte[20]. Somit wurden in relativ kurzer Zeit zahlenmäßig starke Streitkräfte mit einer umfangreichen parlamentarischen Kontrolle sowie einer im Vergleich zu früheren deutschen Streitkräften modifizierten Oberbefehlsgewalt geschaffen, für die bereits der
Mauerbau in Berlin im Sommer 1961 sowie die Kuba-Krise 1962 zum Testfall
geraten sollte[21]. Denn ihre Einsatzfähigkeit und Abwehrbereitschaft im Rahmen
des Bündnisses musste die Bundeswehr nunmehr schneller unter Beweis stellen
als anfangs zu erwarten gewesen war. Hierdurch legitimierte sie sich auch für
die Kreise, die zuvor noch ihre Notwendigkeit bestritten hatten. Die Fähigkeit
der Bundeswehr zur Auftragserfüllung wurde von der NATO in Frage gestellt
– dem Nachrichtenmagazin »Der Spiegel« wurde diese Einschätzung aus dem
Verteidigungsministerium zugespielt – und ihre Rolle im Rahmen der Notstandsgesetzgebung wiederum übertrieben. Für die Bundeswehr waren solche
öffentlichen und medialen Aktionen zwar kein Neuland mehr, wurden aber in
der Qualität der Auseinandersetzung durchaus als diffamierend und feindselig
wahrgenommen[22].

2. Innenpolitische Situation

a) Die Schatten der Vergangenheit

Das Jahr 1945 bildete für die deutsche Geschichte des 20. Jahrhunderts in mehrfacher Hinsicht eine Zäsur. Sowohl das modernisierende als auch strukturver-
nichtende Wirken des Nationalsozialismus als »wichtigster Sonderfall«[23] mo-
dernisierungstheoretischer Ansätze ließen eine Gesellschaft zurück, in der das

[18] BA-MA, BH 2/933, Personalbericht Nr. 4/64, 10.3.1964; BH 2/118J, Personalbericht Nr. 9/65,
    12.11.1965. Vgl. AWS, Bd 3 (Beitrag Greiner), S. 786–850.
[19] Vgl. dazu BA-MA, BW 9/52, Untersuchung »Zur Frage des Oberbefehls« der Abteilung
    II/1/5, 4.11.1954, S. 1: »Der Oberste Befehl bedeutet die oberste Verfügungsgewalt über die
    militärischen Machtmittel. Er obliegt der politischen Führung. Unter ihm umfasst der
    Oberbefehl die Führung, Organisation und die Ausbildung der Streitkräfte.« Vgl. Busch,
    Der Oberbefehl; Boß, Die »Befehls- und Kommandogewalt«.
[20] Large, Die deutsch-amerikanische Verteidigungspartnerschaft, S. 331–333.
[21] Thoß, Bedingt abwehrbereit; Görtemaker, Geschichte der Bundesrepublik Deutschland,
    S. 379 f.
[22] Vgl. Görtemaker, Geschichte der Bundesrepublik Deutschland, S. 381–386, 453–457.
[23] Vgl. Schildt, Moderne Zeiten, S. 26; vgl. weiterhin S. 30.

Trauma eines verlorenen Krieges und des Verlusts der staatlichen Souveränität bestimmend waren. Die Kriegsmüdigkeit, der tägliche Überlebenskampf und die Aufklärungsarbeit der Alliierten über die im deutschen Namen und im Schutz der Wehrmacht begangenen Verbrechen ließen militärische Überlegungen erst einmal in den Hintergrund treten. Beginnend mit dem Einsetzen des Kalten Krieges und nach der Gründung der Bundesrepublik Deutschland im Jahre 1949 wurde auch von Seiten der Westalliierten und der Bundesregierung die Notwendigkeit eines militärischen Beitrages für die Zukunft eingesehen. Dies war aber bei Weitem kein parteipolitischer Konsens, sondern hier offenbarten sich unterschiedliche deutschlandpolitische Visionen zwischen den Regierungsparteien und der Opposition. Vor allem in der SPD wurde die Diskussion um den westdeutschen Verteidigungsbeitrag kontrovers geführt. Die eine Möglichkeit wurde »Option für den Westen«[24] genannt, die andere wäre vielleicht eine »Option für die Wiedervereinigung« gewesen. Im Nachhinein stellt sich allerdings die Frage, ob mit Blick auf die politisch-gesellschaftlichen Verhältnisse solch eine Wahlmöglichkeit überhaupt bestanden habe. Der Aufstand des 17. Juni 1953 in der DDR bildete eine weitere Zäsur in der deutschen und europäischen Nachkriegsgeschichte, nämlich die erste Volkserhebung im Ostblock. Für die sowjetische Führung bedeutete er eine Änderung ihrer Deutschlandpolitik. Während die Stalin-Note von 1952 eine vage Hoffnung auf eine Wiedervereinigung barg[25], zögerte die Sowjetunion seit dem Aufstand, die DDR politisch nochmals zur Disposition zu stellen. Die Führung der Sozialistischen Einheitspartei Deutschlands (SED) strebte nunmehr verstärkt eine schnelle und radikale Veränderung der gesellschaftlichen Struktur in der DDR an, um dadurch gegen den Willen des ostdeutschen Volkes eine Annäherung an die Bundesrepublik und eine mögliche Wiedervereinigung von vornherein auszuschließen[26].

Der Zweite Weltkrieg war gerade erst einmal fünf Jahre beendet, trotzdem wurden von den politisch Verantwortlichen in der Bundesrepublik Deutschland bereits Planungen zu einer westdeutschen Aufrüstung in Auftrag gegeben. Der Aufbau einer neuen deutschen Streitmacht war seit August 1950 keine ›Geheimsache‹ mehr wie in der SBZ, sondern vollzog sich öffentlich in einem parlamentarischen Diskussionsprozess[27]. Die Angst vor den ›Russen‹, vor allem nach der Propaganda und Erfahrung in den letzten Kriegsmonaten sowie als Besatzungsmacht, war in Teilen der Bevölkerung allgegenwärtig[28]. Ein Schicksal wie Südkorea sollte der jungen Bundesrepublik auf jeden Fall erspart blei-

---

[24] Vgl. Herbst, Option für den Westen.
[25] Vgl. Laufer, Der Friedensvertrag mit Deutschland; Wolfrum, Die geglückte Demokratie, S. 113–129.
[26] Vgl. Diedrich, Waffen gegen das Volk; Kowalczuk, 17.6.1953; Koop, 17. Juni 1953; Knabe, 17. Juni 1953.
[27] Vgl. AWS, Bd 1 (Beitrag Foerster).
[28] Vgl. Jahrbuch der öffentlichen Meinung 1947–1955, S. 348, Krieg und Frieden: Im März 1951 und 1952 glaubte jeweils die Hälfte der Befragten, dass die Sowjetunion für einen neuen Weltkrieg verantwortlich sein würde.

ben. Obwohl der Aufbau einer westdeutschen Armee in der Öffentlichkeit heftig umstritten war, stellte die Sowjetarmee in der öffentlichen Meinung ein hohes Bedrohungsrisiko für die Bundesrepublik dar[29]. Die Beteiligung der Westdeutschen an der Verteidigung Westeuropas führte indes auch zu einem Dilemma für die Westalliierten: einerseits glaubten sie, die deutschen Soldaten unbedingt für die Abwehr des sowjetischen Gegners zu benötigen, andererseits sollte die Entnazifizierung nicht ausgehöhlt werden, von der die jetzt umworbenen Soldaten betroffen waren[30]. In dieser Frage standen sich rationale militärische Erfordernisse und moralisch-erzieherische Überlegungen gegenüber, die bis zur Entlassung der letzten »Kriegsverbrecher«[31] im Paroleverfahren aus den alliierten Gefängnissen eine zentrale Rolle bei der westdeutschen Aufrüstung spielen sollten.

Die neuen Streitkräfte der Bundesrepublik Deutschland mussten zudem der demokratischen Staatsverfassung entsprechen. Zwar in der deutschen Geschichte kein Novum, sollte aber eine Konstellation, wie sie während der Weimarer Republik entstanden war, ausgeschlossen werden. Der Distanz zwischen Reichswehrführung und Reichsregierung war die Kooperation zwischen Wehrmacht und NS-Regime gefolgt. Die Wehrmacht war zum zuverlässigen Instrument in der Hand der Nationalsozialisten geworden. Die Teilidentität der Erfahrungen und Ziele der Wehrmachtführung mit der NS-Führung hatte die Zusammenarbeit gefördert[32]. Zwar waren die gesellschaftlichen, ökonomischen, politischen und internationalen Gegebenheiten nach dem Ende des Zweiten Weltkrieges im Vergleich zur Weimarer Republik und dem nationalsozialistischen Deutschland grundverschieden, doch sollte einer möglichen Parallelentwicklung bereits im Ansatz durch diverse Sicherungsmechanismen entgegengetreten werden. Vorhandenes gesellschaftliches Misstrauen musste Zustimmung und Akzeptanz weichen. Der Wehrbeauftragte des Deutschen Bundestages als Teil der parlamentarischen Kontrolle der Streitkräfte hatte im Gegensatz zu den anderen verfassungsmäßigen Instituten, wie die zivil-militärische Führung mit der Regelung des Oberbefehls oder die funktionale Trennung der Streitkräfte von der Verwaltung, die Aufgabe, das für den Soldaten sichtbare Instrument der wehrhaften Demokratie zu sein. Der Schutzbereich erstreckte sich weniger auf die Organisation Militär, sondern in der Hauptsache auf das Individuum, das seinen Militärdienst leistete. Dem Objekt des militärischen Handelns wurde neben dem dienstrechtlichen Beschwerdeweg zusätzlich die Möglichkeit einer Eingabe an den Wehrbeauftragten als Rechtsschutzmittel zugebilligt.

Wie stand es eigentlich mit dem Wehrwillen der deutschen Bevölkerung? Einer Bevölkerung, die wie die deutsche einen verlustreichen sechsjährigen

---

[29] Ebd., S. 352. Im Juli 1952 und im Oktober 1954 fühlten sich über 60 % von der Sowjetunion bedroht.

[30] Stöver, Die Bundesrepublik Deutschland, S. 6.

[31] Der Begriff »Kriegsverbrecher« ist unscharf, da hier auch so genannte NS-Verbrecher subsummiert wurden, vgl. hierzu Schlaffer, GeRechte Sühne?, S. 7–13, 159–161.

[32] Vgl. Kroener, Generationserfahrungen und Elitenwandel, S. 219–233; Messerschmidt, Die Wehrmacht im NS-Staat; Nittner, Menschenführung.

Krieg mit einer weitflächigen Zerstörung der eigenen Heimat hinter sich hatte, kann ohne große Übertreibung Kriegsmüdigkeit attestiert werden. Der Korea-krieg schürte einerseits die Angst vor dem gleichen Schicksal, andererseits of-fenbarte er das Gefühl der vollkommenen Machtlosigkeit. Die Deutschen waren nicht Handelnde, sondern Spielball zwischen den Blöcken. Von einem spürba-ren Widerstandswillen waren sie weit entfernt und das Vertrauen in die Wil-lens- und Abwehrbereitschaft der Besatzungstruppen war wenig ausgeprägt[33]. Zudem hatte die nationalsozialistische Herrschaft zu einer Militarisierung von Politik und Gesellschaft während des ›Dritten Reiches‹ geführt. Militärische Denk- und Handlungsweisen drangen aus den politischen weit in die gesell-schaftlichen Bereiche ein und dominierten sie. Nach dem verlorenen Zweiten Weltkrieg wurde daher das politische mit dem militärischen Versagen gleichge-stellt. Vornehmlich den Soldaten bürdete man aber die Verantwortung für die militärische Prägung der Gesellschaft auf. Alle Soldatentugenden wurden nun hinterfragt und als verbrecherisch bezeichnet. Daher erstaunte es kaum, dass die missbrauchten Generationen dem Gedanken an eine Aufrüstung erst einmal ablehnend gegenüberstanden[34]. Der Protest gerade vieler jüngerer Menschen in den fünfziger Jahren war sowohl von dem oppositionellen Slogan »Ohne mich«[35] in der Frage der Wiederbewaffnung als auch von der Angst vor der nuklearen Vernichtung (»Kampf dem Atomtod«) dominiert. Gerade die von Verteidigungsminister Franz Josef Strauß forcierte Ausrüstung der Bundeswehr mit atomaren Trägerwaffen traf auf eine ablehnende Haltung in Teilen der Ge-sellschaft. Die prominentesten Repräsentanten der »Ohne-mich«-Bewegung waren der evangelische Kirchenpräsident Martin Niemöller und der Innenmi-nister Adenauers, Gustav Heinemann. Aufgrund der fehlenden organisatori-schen Basis und politischen Wirkungsstrukturen war sie nur eine kurzzeitige Erscheinung mit ausschließlich moralischer Bedeutung. Vergleichbar erging es auch der Anti-Atom-Initiative. Eine Wirkungsmacht entfaltete sich nur, als sich die SPD und die Gewerkschaften dem Protest anschlossen. Er verebbte aber rasch mit der programmatischen Änderung der SPD seit dem Stuttgarter Par-teitag von 1958[36]. Die Gewerkschaften, traditionell eher den Sozialdemokraten zugeneigt als den bürgerlichen Parteien, standen der Wehrfrage daher distan-ziert bis grundsätzlich ablehnend gegenüber[37]. Die großen Amtskirchen, auch durch einen unterschiedlichen Grad der Verstrickung während des ›Dritten Reiches‹ begründet, verhielten sich abwartend auf katholischer Seite bis demon-strativ ablehnend auf reformierter Seite[38]. Der Bund der Deutschen Katholi-

---

[33] Vgl. Adenauer, Erinnerungen 1945–1953, S. 349.
[34] ACDP, NL Heye, I-589-001/9, Vortrag vor der Arbeitsgemeinschaft Demokratischer Kreise in Bremen, 13.1.1962, zum Thema »Der Soldat in unserer demokratischen Gesellschaft«, S. 9. Vgl. Mommsen, Militär und zivile Militarisierung, S. 275 f.
[35] AWS, Bd 2 (Beitrag Volkmann), S. 493–495.
[36] Görtemaker, Geschichte der Bundesrepublik Deutschland, S. 189–193.
[37] AWS, Bd 2 (Beitrag Volkmann), S. 556–569.
[38] Ebd., S. 524–556.

Gewerkschaftsjugend demonstriert gegen die Wiederbewaffnung. Ein mit Parolen der Demonstranten ausgestatteter Lastwagen bei der Fahrt durch die Münchner Straßen. In München und Augsburg demonstrierte am 20.11.1954 die bayerische Gewerkschaftsjugend gegen die Wiederaufrüstung der Bundesrepublik Deutschland.

picture-alliance/dpa

1. Mai 1958 – Demonstration Kampf dem Atomtod. Ganz unter diesem Motto stand die Maikundgebung 1958 in Frankfurt a.M. picture-alliance/dpa/Göttert

Wahlplakate der SPD anlässlich der Wahl zum 3. Deutschen Bundestag 1957, auf denen gegen die atomare Bewaffnung der Bundeswehr demonstriert wird.
Bundesregierung/Vogel

Bundesverteidigungsminister Franz Josef Strauß (r.) beim Rundgang mit Generalleutnant Hans Röttiger (l.) und Generalleutnant Josef Kammhuber (m.) anlässlich der Eröffnung der Führungsakademie der Bundeswehr am 15.5.1957 in Bad Ems. An der Führungsakademie sollen Generalstabsoffiziere für Heer, Luftwaffe und Marine ausgebildet werden.
AP Photo/SANjr.

Feldparade vor Bundesminister der Verteidigung Franz Josef Strauß anlässlich der Lehr- und
Versuchsübung (LV 58) im Jahr 1958. *Bundesregierung/Simon Müller*

Bundeskanzler Konrad Adenauer besucht 1958 die L 58 in der Lüneburger Heide; im Hintergrund,
der Generalinspekteur der Bundeswehr, General Adolf Heusinger, rechts der ehemalige Brigadegeneral und spätere Generalinspekteur, Ulrich de Maizière als Kommandeur der Kampfgruppe A.
Bundesregierung/Simon Müller

◄
Die ersten Skimeisterschaften der
Bundeswehr fanden am 1.3.1958
in Mittenwald statt. Insgesamt
8 Mannschaften bestehend aus je
einem Offizier, einem Unter-
offizier und zwei Soldaten standen
sich bei dem traditionellen 25 km
Patrouillenlauf gegenüber.
Der Schirmherr, Generalleut-
nant Hans Röttiger, gratuliert der
Siegermannschaft unter Leutnant
Niedermeier.
AP Photo

◄
Ein Fallschirmjäger der Bundeswehr zeigt Bundesverteidigungsminister Franz Josef Strauß eine
israelische Maschinenpistole, mit
der die Bundeswehr ausgerüstet
ist. Insgesamt nehmen 18 000
Soldaten, ein Aufklärungs-, ein
Jagdbomber- und ein Transport-
geschwader der Bundeswehr
sowie das 35. amerikanische
Artillerie-Regiment an dem viertä-
gigen Manöver teil, das unter dem
Decknamen »Ulmer Spatz« läuft.
AP Photo/SANjr

schen Jugend stellte sich, trotz der Vorbehalte, seiner Verantwortung sehr früh und beschloss auf seiner Hauptversammlung am 11. November 1953 in Altenburg in seiner »Stellungnahme zu Fragen des Inneren Gefüges der Deutschen Streitkräfte in der Europäischen Verteidigungsgemeinschaft«, dass der Soldat im Vollbesitz seiner staatsbürgerlichen Rechte bleiben sollte und Einschränkungen nur durch Gesetz in einem festen Rahmen erfolgen könnten[39]. Während der Früh- und Aufbauphase der Bundeswehr bekannten sich die beiden Amtskirchen zu ihrer Verantwortung für den Soldaten und zur Bundeswehr, indem sie militärseelsorgerisch tätig wurden[40].

»Die fünfziger Jahre waren demnach nicht nur Aufbaujahre nach dem materiellen Zusammenbruch, sondern auch ein Übergangsstadium zwischen traditioneller Gesellschaft und sozialer Moderne sowie zwischen Autoritarismus und Demokratie[41].« Der Zusammenbruch von 1945 hatte sich aber nicht nur materiell, sondern auch staatlich, moralisch und organisatorisch vollzogen. Gerade für eine neue Armee galt dies im Besonderen. Die moralisch diskreditierte und autoritär geführte Wehrmacht existierte nicht mehr. Der Staat und die Gesellschaft befanden sich mitten in der Transformation. Die Bundeswehr als ›verspätete staatliche Organisation‹ musste sich deshalb verzögert in diesen Prozess einfügen und sich nicht nur intern transformieren, sondern sich auch in die Gesellschaft integrieren. Die einsetzende ›Vergangenheitsbewältigung‹, die vor allem auch in der justitiellen Aufarbeitung der NS-Verbrechen erkennbar wurde, die begleitenden gesellschaftlichen Verdrängungsmechanismen und die außenpolitischen Konditionen ergaben den Rahmen für den Aufbau der Bundeswehr in den fünfziger Jahren, ihre Auswirkungen sollten vor allem in den sechziger und siebziger Jahren auftreten[42]. Diese Rahmenbedingungen wirkten auf die Soldaten, die sich wiederum in einem individuellen Entwicklungsprozess zwischen den politisch-gesellschaftlichen Forderungen an den Soldaten und der inneren eigenen Überzeugung befanden. Hierbei entstanden Reibungen, deren Konsequenzen dann beim Wehrbeauftragten zu erkennen waren. Diese Erklärungszusammenhänge sind für das Verständnis des Amtes und seiner Bedeutung für die Streitkräfte von entscheidender Bedeutung.

b) Das Verhältnis der Parteien zur Aufrüstung

Die Außen- und Sicherheitspolitik der Union wurde von der Person des Bundeskanzlers dominiert. Auch deshalb wertete Arnulf Baring diese Zeit als »Kanzlerdemokratie«[43]. Schon in seiner ersten Regierungserklärung als Bun-

[39]   AdsD, SPD-Bundestagsfraktion, 2. WP, Mappe 222, S. 4.
[40]   Scheffler, Militärseelsorge, S. 171 f.; Scheffler, Die Militärseelsorge.
[41]   Görtemaker, Geschichte der Bundesrepublik Deutschland, S. 198.
[42]   Vgl. zu »Vergangenheitsbewältigung« oder zu dem von Norbert Frei eingeführten Begriff »Vergangenheitspolitik« die Ausführungen bei Schlaffer, GeRechte Sühne?, S. 3–7; weiterhin Kittel, Nach Nürnberg und Tokio.
[43]   Vgl. Baring, Außenpolitik in Adenauers Kanzlerdemokratie.

deskanzler vom 20. September 1949 gab Konrad Adenauer zu erkennen, dass seine Handlungsmöglichkeiten äußerst eng begrenzt waren. Kurt Schumacher dagegen wertete das Verhalten des Bundeskanzlers gegenüber den Westalliierten als Erfüllungspolitik[44]. Für Adenauer wiederum war ein deutscher militärischer Beitrag auf Seiten der Westalliierten nicht nur ein Mehr an Sicherheit[45], sondern barg auch die Möglichkeit, Politik aus einem Zugewinn an Souveränität zu formulieren und mitzubestimmen. Der jungen Bundesrepublik bot sich die Möglichkeit, sich aus der Besatzungsabhängigkeit zu lösen, die Herbeiführung einer europäischen Föderation zu beschleunigen, günstige wirtschaftliche Bedingungen im internationalen Kontext auszuhandeln und die deutsche Vereinigung zu erreichen[46]. Die westdeutsche Aufrüstung, dies hatte Adenauer scharfsinnig analysiert, konnte somit zum Beginn eines politischen Emanzipationsprozesses für die aus dem besiegten Deutschland hervorgegangene Bundesrepublik werden[47].

Jedoch ließ er niemals Zweifel aufkommen, dass die Bundesrepublik dazu in »die Gemeinschaft der freien Völker eingebettet werden wird«[48]. Die junge Bundesrepublik Deutschland strebte in ein Bündnis, um die Freiheit und Zukunft des Landes zu sichern. »Freiheit, Wohlfahrt, Sicherheit«[49] waren Adenauers Schlagworte, mit denen er seine Vision von Freiheit nach innen sowie Gleichberechtigung und Partnerschaft nach außen verdeutlichen wollte. Ein europäischer Zusammenschluss mit einem starken europäischen Verteidigungsbündnis, in dem die Bundesrepublik einen wesentlichen militärischen Beitrag leisten sollte, würde ein vergleichbares Szenario wie den Koreakrieg in Europa unwahrscheinlich machen. Die rein defensive Ausrichtung des Nordatlantikpakts bliebe freilich vollkommen erhalten[50]. Diese Aussagen zeigen deutlich, wie eingefahren Adenauers Haltung in der Frage der außenpolitischen Orientierung und der deutschen Aufrüstung war. Aber gerade diese frühe Festlegung war es auch, die ihn und die Bundesrepublik zu dieser Zeit berechenbar und zu

---

[44] Görtemaker, Geschichte der Bundesrepublik Deutschland, S. 271–280.
[45] Adenauer, Erinnerungen 1945–1953, S. 341–343: Adenauer sprach sich anfangs gegen eine deutsche Aufrüstung aus, forderte aber einen Schutz für Westdeutschland, dessen Sicherheit die alliierten Besatzungstruppen zu gewährleisten hätten. Die Anwerbung von Deutschen zum Dienst in den westalliierten Streitkräften lehnte er als Söldnertum ab, jedoch könne er sich ein deutsches Kontingent innerhalb einer europäischen Armee vorstellen.
[46] Hütter, SPD und nationale Sicherheit, S. 13; Adenauer, Erinnerungen 1945–1953, S. 345.
[47] Dem SPD-Politiker Fritz Erler war dies ebenso klar. Vgl. AdsD, NL Fritz Erler, Mappennummer 7 (B), Um den deutschen Verteidigungs-Beitrag. In: Allgemeine Zeitung (AZ), 21./22.7.1951: »Man kann kein Volk auf die Dauer gleichzeitig als Bundesgenossen und als Feind behandeln. Gemeinsame militärische Anstrengungen sind nicht möglich, so lange man einen Partner fürchtet und ihn in Botmäßigkeit erhält. Ohne Abbau des Besatzungsregimes mit allen Konsequenzen können sich die Deutschen überhaupt nicht in ein ernstes Gespräch über ihre Teilnahme an der westlichen Verteidigung einlassen.«
[48] BA-MA, BW 9/764, Mitteilung des Presse- und Informationsamtes der Bundesregierung an die Presse über den Wortlaut der Rede des Bundeskanzlers Adenauer, 7.3.1952, Südwestfunk, Nr. 271/52, S. 1.
[49] Ebd., S. 2.
[50] Ebd., S. 3–5.

einem verlässlichen Partner machten. Hierdurch konnte er seinen eigenen Handlungsspielraum ausweiten, weil jeder der internationalen Partner und Gegenspieler wusste, welche Ziele die deutsche Außenpolitik verfolgte.

In der FDP hatte der Bundeskanzler Adenauer einen zuverlässigen Weggefährten. Obwohl die FDP an der Regierung Adenauer 1949 bis 1953 beteiligt war und durch ihre national-liberale Ausrichtung für ehemalige Soldaten eine hohe Anziehungskraft besaß, blieb ihr Einfluss auf die westdeutsche Wehr- und Sicherheitspolitik marginal. Adenauer schaffte vollendete Tatsachen, Sicherheitspolitik war für ihn Chefsache und der kleine Koalitionspartner konnte zwar vereinzelt mitwirken, aber die Grundsatzpolitik nur billigend zur Kenntnis nehmen. Bei der Formulierung der Sicherheitspolitik gingen die Freien Demokraten von zwei Grunddeterminanten aus: Wiedererlangung der politischen und militärischen Gleichberechtigung bei gleichzeitigem Abbau der Besatzungsrestriktionen[51]. Bei diesen Forderungen kamen sie nicht in Konflikt mit dem großen Koalitionspartner, denn in diesen Punkten verfügten beide über ein sehr hohes Maß an Zielidentität. Die Bundesrepublik Deutschland sollte aus der politischen Abhängigkeit in die staatliche Souveränität zurückgeführt werden und die Aufrüstung war dabei lediglich Mittel zum Zweck.

Anders als die Regierungsparteien schlingerte die größte und wichtigste Oppositionspartei, die SPD, in ihrem verteidigungspolitischen Kurs. Zum einen wollte sie sich zu diesem Zeitpunkt, so kurz nach dem Fiasko des Zweiten Weltkrieges, noch nicht mit solch einer Frage auseinandersetzen, zum anderen stand eine Entscheidung von höchster politischer Dimension bevor, in der sich die SPD aber positionieren musste. Die Außenpolitik dominierte über die deutsche Innenpolitik[52]. Der Parteivorsitzende der SPD, Kurt Schumacher, hatte im Gegensatz zu anderen SPD-Politikern wie beispielsweise Willy Brandt wenig bis kein Vertrauen in die amerikanische Besatzungsmacht. Seine Hauptkritikpunkte waren die mangelnde Schlagkraft der U.S.-Amerikaner in Europa und ihre Absicht, Deutschland nicht an der Weichsel[53], sondern erst am Rhein zu verteidigen[54]. Dies bedeute im Falle eines Krieges die faktische Preisgabe Gesamtdeutschlands an den sowjetischen Aggressor[55]. Dagegen sah Brandt die

---

[51] Wagner, FDP und Wiederbewaffnung, S. 156–159.
[52] Schmidt, Kalter Krieg, S. 123. Willy Brandt schloss einen militärischen Beitrag bereits 1950 nicht aus, denn Verteidigung sei nicht Militarismus.
[53] Ebd., S. 124 f. Eine aufgrund der territorialen und politischen Verhältnisse völlig realitätsferne Forderung.
[54] Ebd., S. 123, 127. Kurt Schumacher verband seit 1950 vier Voraussetzungen mit der Zustimmung der SPD zu einem deutschen Militärbeitrag: (1) Die innere und äußere Freiheit der Bundesrepublik, (2) Schicksalsgemeinschaft zwischen den Westmächten und Deutschland, (3) die soziale Sicherheit hat Vorrang und (4) die Punkte 1 bis 3 müssen erfüllt, Neuwahlen angesetzt und eine Grundgesetzänderung herbeigeführt werden. Vgl. Löwke, Die SPD und die Wehrfrage, S. 60.
[55] Diese Gefahr sah Fritz Erler auch bei einer Remilitarisierung Deutschlands, die letztlich keine Sicherheit bringe, sondern eine »tödliche Gefahr«, denn es sei eine Illusion des Westens, wenn man glaube, Deutschland könne sich selbst verteidigen. Somit komme dies einer Preisgabe an den östlichen Zugriff nahe. AdsD, NL Fritz Erler, Mappennummer 7 (B), Deutsche Sicherheit. Ein Bericht unserer Bundestagsabgeordneten, 26.10.1950, S. 5.

Hauptverantwortlichen für den Koreakrieg im Kreml und die unmissverständliche Reaktion der Amerikaner auf diese Aggression als eine Sicherheitsgarantie für Deutschland. Aufgrund dieser Erfahrung würden die UdSSR und ihre Satelliten einen Angriff auf Deutschland nicht wagen[56].

Gerade auf dem in dieser Zeit äußerst wichtigem Feld der Sicherheitspolitik mangelte es einer großen Partei wie der SPD an kompetenten Köpfen. Neben Fritz Erler[57] konnten sich lediglich Helmut Schmidt, Willy Brandt und Herbert Wehner positionieren, jedoch unterschieden sich diese untereinander in einer thematischen Spezialisierung und Akzentverschiebung. Man kann die SPD deshalb für den Bereich der Sicherheitspolitik aufgrund des Mangels an gravierenden Meinungsdivergenzen »quasi als einheitlichen Akteur«[58] bewerten. Zwar gab es durchaus unterschiedliche Auffassungen, vor allem im Hinblick auf die Deutschlandpolitik mit dem Verdikt Neutralität/Vereinigung versus Westintegration zwischen der Bundespartei und der Berliner SPD. Aufgrund der Unrealisierbarkeit des sozialdemokratischen Sicherheitskonzepts, in dem sowohl die Vereinigung Deutschlands als auch eine Westintegration verfolgt wurde, vollzog sich seit dem Jahr 1952 eine Wende in den Zielen der SPD. In den 20 Punkten vom 22. April 1952 sah Kurt Schumacher den militärischen Beitrag völlig in den Gesamtkomplex der inneren und äußeren Politik eingebettet. Gerade die ungelösten politischen Probleme der unmittelbaren Nachkriegsperiode spiegelten sich in der Frage der Aufrüstung wider und bildeten den Rahmen für vier wesentliche Elemente des Gesamtkomplexes:

(1) Die Erhaltung des Friedens unter Berücksichtigung des Sinns und der Aussicht eines militärischen Beitrages,

(2) die soziale und politische Festigung und Immunisierung des deutschen Volkskörpers,

(3) eine starke, funktionierende internationale Demokratie und

---

[56] Schmidt, Kalter Krieg, S. 122.

[57] Vgl. AdsD, NL Fritz Erler, Mappennummer 7 (A), Aufsatz »Deutschland und die Verteidigung Europas« für die Redaktion des Schwäbischen Tagblatts, 6.1.1950. Erler beschreibt hier die Wandlung der deutschen Rolle vom Besiegten zum Verbündeten und die damit einhergehende Änderung des Besatzungszieles der Alliierten. Diese verschoben sich von der endgültigen Ausschaltung einer durch Deutschland drohenden politischen und militärischen Gefahr sowie der Umerziehung und Demokratisierung der Bevölkerung zu einem materiellen und finanziellen Beitrag zur eigenen Sicherheit. Deshalb habe sich die Interventionsbesetzung zu einer Besetzung zur eigenen Sicherheit geändert. Deutschland sei nicht mehr besetzt um der Sicherung vor diesem Deutschland, sondern Westdeutschland sei besetzt um der Sicherung des übrigen Westens vor dem Osten, und Ostdeutschland sei besetzt um der Sicherung des übrigen Ostens vor dem Westen willen. Erler sah in der Aufrüstung ähnlich wie Adenauer ein Mittel der Emanzipation von den Westmächten, denn aus dem Sieger und Besiegten werden Verbündete. Erler selbst wusste um die innen- und außenpolitische Bedeutung solcher Aussagen, weshalb er diesen Artikel im Anschreiben an die Redaktion als »heikel« einstufte.

[58] Hütter, SPD und nationale Sicherheit, S. 20 f.

(4) die deutsche Einheit auf der Grundlage der persönlichen und staatsbürgerlichen Freiheit und Sicherheit[59].

Eine gemeinsame Verteidigung müsse sowohl zu einer politischen als auch militärischen Gleichheit führen.

»Man will den Deutschen kämpfen lassen und rüstet ihn nicht ausreichend gegenüber einem solchen Gegner wie der ›Roten Armee‹ aus. Man drängt ihn in die Partisanenrolle und weist ihm die Funktion des hinhaltenden Widerstandes zu. Die ganze Konzeption geht davon aus, dass man Deutschland als weniger verteidigungswert und verteidigungswürdig betrachtet als die anderen Länder. Hier wird Deutschland eindeutig die Rolle des Vorfeldes zugewiesen [...] Nach Moral, Gliederung und Ausrüstung wäre eine solche Truppe nicht in der Lage, ihr Land zu schützen. Dagegen ist sie gegenüber dem demokratischen Staatsaufbau eine Gefahr. Das führt zu neuen Entfremdungen zwischen Demokratie und Militär, zwischen den arbeitenden Massen und den Soldaten[60].«

Schumacher sah demnach in einer deutschen Aufrüstung wesentlich mehr Nach- als Vorteile, weshalb dem Ziel der Vereinigung Deutschlands eine weit größere Priorität einzuräumen sei, als einer militärischen Westintegration mit noch fraglichen besatzungsrechtlichen Emanzipationsprozessen. Deshalb stand die Vereinigung der beiden Teile Deutschlands nunmehr in der Agenda vor einer Einbindung in das westliche Bündnissystem[61].

Auch die Perzeption innerhalb der SPD änderte sich: die Bedrohung wich der Entspannung. Nach den Stalin-Noten im Jahr 1952, dem Tod Stalins im Jahr 1953 und dem Erstarren der Fronten des Koreakrieges bis zum Waffenstillstand im Juli 1953 schien die unmittelbare Gefahr vor der UdSSR abzunehmen. Diese außenpolitischen Gegebenheiten berücksichtigend änderte die SPD ihren verteidigungspolitischen Kurs. Die Bedingungen, welche die SPD noch während des Berliner Parteitages 1954 als Voraussetzung für eine Zustimmung zu einem westdeutschen Wehrbeitrag stellte, wurden auf dem Stuttgarter Parteitag von 1958 quasi als erfüllt bewertet und führten zu einer verspäteten Zustimmung zum Aufbau der Bundeswehr in der erfolgten Form[62]. Unterdessen fühlte sich die Union aufgrund des unausgeprägten sicherheitspolitischen Profils der SPD der Zustimmung der Soldaten zu ihrer Politik sicher. Dagegen verfolgte die SPD seit 1956 eine unauffällige Strategie. Sie näherte sich der Bundeswehr über den Deutschen Bundeswehr-Verband und in den Kommunen an. Durch Vertrauens- und Kontaktleute in den Verbänden und durch die Landes- und Kommunalpolitiker vor Ort wurde den Soldaten das Interesse der SPD an ihnen und ihrer persönlichen Situation vermittelt[63]. Diese Notwendigkeit wurde von

---

[59] AdsD, NL Arndt, Box 13, Mappennummer 31, Kurt Schumachers 20 Punkte, 22.4.1952, S. 1.

[60] Ebd., S. 10 f.

[61] Hütter, SPD und nationale Sicherheit, S. 60 f; Löwke, Die SPD und die Wehrfrage, S. 55.

[62] Hütter, ebd., S. 62–66.

[63] ACDP, CDU/CSU-Fraktion im Deutschen Bundestag, VIII-001-282/2, Schreiben Strauß an Krone, 7.12.1960; Auszugsweise Abschrift eines politischen Situationsberichtes über die

den CDU-Vertrauensleuten erkannt und es wurde eine der SPD vergleichbare Basisarbeit angeregt, um die Wahlchancen der Union bei den Soldaten wieder zu erhöhen[64]. Eine Strategie der SPD, die sich langfristig für die Akzeptanz der Partei bei den Soldaten auszahlen sollte.

c) Die politisch-militärische Konzeption

In dem nach ihrem Leiter, dem CDU-Abgeordneten Theodor Blank, benannten »Amt Blank« (»Beauftragter des Bundeskanzlers für die mit der Vermehrung der alliierten Truppen zusammenhängenden Fragen«) wurden von ehemaligen Wehrmachtoffizieren Pläne für künftige westdeutsche Streitkräfte erarbeitet[65]. Diese Pläne berücksichtigten ein deutsches Kontingent in einer europäischen Armee. Die Konzeption einer solchen Armee stellte einen absoluten Bruch mit der bisherigen deutschen Militärtradition dar. Für die Protagonisten war klar, dass aufgrund der Vergangenheit, der bedingungslosen Niederlage der Wehrmacht, der gesellschaftlichen Lage der frühen Bundesrepublik und der radikalen Änderung des Kriegsbildes eine bloße Neuauflage vorheriger deutscher Streitkräfte ausgeschlossen war. Die Konsequenzen, die man im Amt Blank zog, gingen daher weiter, als sich selbst die Westalliierten, bei ihrer Entscheidung, einen deutschen Wehrbeitrag einzufordern, vorstellen wollten.

Am 24. Mai 1950 berief Adenauer den ehemaligen Panzergeneral der Wehrmacht Gerhard Graf von Schwerin zu seinem militärischen Berater, der im Bundeskanzleramt einen Stab unter der unverfänglichen Bezeichnung »Zentrale für Heimatdienst« aufbaute mit dem Auftrag, Konzepte und Planungen für zukünftige deutsche Streitkräfte zu erarbeiten[66]. Zu diesem Zeitpunkt lief das alles noch auf eine Lösung im Rahmen der NATO mit einem nationalen deutschen Kontingent hinaus. In der ›Himmeroder Denkschrift‹ vom Oktober 1950 wurden schon die ersten Eckpunkte angedacht, die später auch bei der Aufstellung der Bundeswehr bestimmend sein sollten. Innerhalb von zwei Jahren sollten zwölf national homogene, in eine westeuropäisch-amerikanische Verteidigung integrierte Divisionen aufgestellt werden, um den Kampf gegen den potenziellen Aggressor aus dem Osten möglichst nahe an der Grenze zur DDR aufnehmen zu können. Nach der unrühmlichen Entlassung Schwerins am 12. Oktober 1950 nach nur knapp halbjährlicher Tätigkeit wurde der christliche Gewerkschafter Theodor Blank als Zugeständnis an die SPD und die Arbeiterschaft von Adenauer als Nachfolger ausersehen[67]. Denn die Mehrzahl der SPD-Mitglieder war im Jahr 1950 gegen deutsche Streitkräfte und auch gegen ein

---

Verhältnisse in der Bundeswehr vom Ministerbüro des Verteidigungsministers an den Vorsitzenden der CDU/CSU-Fraktion Krone, 22.8.1960 (Abs.: i.A. Marohl).

[64] ACDP, NL Kliesing, I-555-032/4, Berichte namentlich unbekannter Oberfeldwebel »Politische Stimmung in der Bundeswehr« und »Schwierigkeiten bei Truppenteilen und Stäben der Bundeswehr«, 18.12.1956.

[65] Krüger/Ganser, Quellen zur Planung des Verteidigungsbeitrages; Krüger, Das Amt Blank.

[66] Krüger, ebd., S. 17.

[67] Ebd., S. 25–31.

deutsches Kontingent in einer europäischen Armee. Ein neues Militär betrachtete man als Gefahr für eine noch schwache Demokratie wie die Bundesrepublik Deutschland und »außerdem ist der Geisteszustand deutscher Generale nicht dazu angetan, sie zu unbedingt demokratischen Bundesgenossen zu machen. Tauroggen spricht. Es ist nicht sicher, ob sie nicht morgen mit den Russen gegen den Westen marschieren würden«[68]. Hieraus sprach ein tiefgehendes Misstrauen gegen das Militär und das militärische Führungspersonal sowie die überzeugte innere Haltung, dass sich die junge westdeutsche Demokratie (noch) nicht mit solch einem Gefährdungspotenzial belasten sollte.

Adenauer und Schumacher als herausragende Repräsentanten[69] ihrer Parteien waren sich in ihrer Haltung zu neu zu gründenden (west)deutschen Streitkräften gar nicht so uneinig, wie es auf den ersten Blick erscheinen mag. Beide vertraten eine antikommunistische Linie, wiesen aber unterschiedliche gesellschafts-, militär- und außenpolitische Vorstellungen auf. Adenauer plädierte für einen westdeutschen Staat unter einem ›westeuropäischen‹, Schumacher dagegen für eine Westintegration unter einem ›gesamtdeutschen Vorbehalt‹. Diese gegensätzlichen Haltungen traten vor allem in den Diskussionen um die Stalin-Noten in den Jahren 1952 und 1953 hervor[70]. Während Schumacher hierin eine Chance zur Lösung der deutschen Frage sah, glaubte Adenauer nur ein »Störfeuer« sowie Ablenkungsmanöver[71] des Kremls gegen die voranschreitende Westintegration und Aufrüstungsdiskussion zu erkennen[72]. Wenn auch Josef Stalins Motiv für die diplomatischen Noten nicht primär die Diskussion um einen westdeutschen Militärbeitrag gewesen sein mag, so lässt sich doch die Wirksamkeit seiner Initiative auf die westdeutsche Innenpolitik nicht verleugnen. Den bundesrepublikanischen parteipolitischen Bemühungen in der generellen Frage der politischen Emanzipation von den Besatzungsmächten und im Speziellen einer neu zu schaffenden deutschen bewaffneten Macht waren Stalins Initiativen jedenfalls zu diesem Zeitpunkt wenig zweckdienlich.

---

[68] AdsD, NL Fritz Erler, Mappennummer 7 (B), Deutsche Sicherheit. Ein Bericht unserer Bundestagsabgeordneten, 26.10.1950, S. 1 f.

[69] Stöver, Die Bundesrepublik Deutschland, S. 17. Hier ist Stöver beizupflichten, dass die politischen Entscheidungen in der Früh- oder Formierungsphase der Bundesrepublik mehr personal- und weniger strukturbezogen waren.

[70] Ebd., S. 7. Für Fritz Erler lag der Zusammenhang zwischen Aufrüstung und Deutschlandfrage auf der Hand, das eine schloss das andere aus: »In dieser Lage scheint es uns, dass der Verzicht auf die Einbeziehung deutscher militärischer Streitkräfte in die beabsichtigte Militärorganisation der Preis sein könnte, der es uns ermöglichen würde, 10 Millionen Europäer, die heute unter dem sowjetischen Joch leben, die Freiheit zurückzugeben.« AdsD, NL Fritz Erler, Mappennummer 8 (A), Veröffentlichungen, Rede des Delegierten Erler in der Beratenden Versammlung des Europarates am 29.5.1952 zur Frage der Europäischen Verteidigungsgemeinschaft, S. 2.

[71] Stöver, Die Bundesrepublik Deutschland, S. 26.

[72] Vgl. dazu den Beitrag Laufers, Der Friedensvertrag mit Deutschland, S. 99–118: Nach Laufer hatte die sowjetische Initiative neben der Absicht, die Westmächte als zu einem Friedensvertrag mit Deutschland unwillig darzustellen, vor allem einen Ausschluss der UdSSR aus einem solchen zu verhindern. Die Friedensvertragspolitik sei nicht Bestandteil der sowjetischen Deutschlandpolitik, sondern Teil der »Friedenspolitik« gewesen. Siehe weiterhin Görtemaker, Geschichte der Bundesrepublik Deutschland, S. 305–310.

Welche Voraussetzungen mussten also für den Neuaufbau geschaffen und erfüllt werden? Der ehemalige Vizeadmiral, CDU-Wehrexperte und Bundestagsabgeordnete sowie spätere Wehrbeauftragte Hellmuth Heye fasste seine Gedanken in einer Denkschrift zusammen. Unter Beachtung der negativen Erfahrungen in der Vergangenheit mussten umfassende Sicherungsmechanismen gegen ein Wiederaufleben des Militarismus geschaffen werden. Dazu war eine Wehrverfassung erforderlich, die sich organisch in die Staats- und Gesellschaftsverfassung einfügen musste. Die volle parlamentarische Kontrolle garantierte die Dominanz des Politischen vor dem Militärischen mit dem Ziel, einer Tendenz zum »Staat im Staate« analog zur Weimarer Reichswehr entgegenzuwirken. Dem Offizierkorps fiel daher eine grundsätzlich veränderte soziale Rolle zu. Der ›Staatsbürger in Uniform‹ ersetzte das ›sui-generis‹-Denken und gewährte dem künftigen Soldaten im Rahmen der ›Inneren Führung‹ umfangreiche Rechte und abgestufte Pflichten. Die Binnenverfassung ›Innere Führung‹ garantierte nicht nur den Schutz des Soldaten, sondern auch die Einordnung in den demokratischen Rechtsstaat. Und schließlich wurde die Bundeswehr nicht mehr als »nationale«, sondern als »integrierte« Armee innerhalb der NATO konzipiert und aufgebaut[73].

Unter Berücksichtigung dieser Voraussetzungen verfolgten seit 1955/56 zuerst Theodor Blank sowie danach sein junger und aufstrebender Nachfolger als Bundesminister für Verteidigung, Franz Josef Strauß, schnell und zielstrebig die Aufstellung der Bundeswehr. Der Aufbau erfolgte unter zwei Prämissen:
(1) Der Einfügung in die freiheitlich-demokratische Rechtsordnung und
(2) der Fähigkeit militärische Verteidigung wirkungsvoll zu projizieren[74].
Jedoch wurde die Bundeswehr als konventionelle in die NATO-Strukturen integrierte Streitkräfte schneller als erwartet von den sicherheitspolitischen Rahmenbedingungen überholt. Die Sowjetunion und ihre Verbündeten im Warschauer Pakt verfügten nicht nur über ein großes konventionelles Übergewicht an Streitkräften, sondern holten auch im Potenzial der atomaren Bewaffnung die NATO-Staaten ein. Die NATO und mit ihr die Bundesrepublik Deutschland verfolgten die Strategie der ›indirekten Verteidigung‹, in der die NATO-Streitkräfte zu einer solchen Gefahr für den potenziellen Angreifer werden, dass er von einer Offensive abgehalten werden konnte. Um diesen Risikofaktor für die Warschauer Pakt-Staaten noch zu erhöhen, war eine Ausstattung der Bundeswehr mit Mehrzweckwaffen für konventionelle und nukleare Munition notwendig, wobei die Atomsprengköpfe unter U.S.-amerikanischem Vorbehalt blieben[75]. Der Generalinspekteur (GenInsp) der Bundeswehr Adolf Heusinger erkannte, inspiriert auch durch die Arbeiten eines der konzeptionellen Köpfe der ›Inneren Führung‹, Oberst i.G. Wolf Graf von Baudissin[76], das

---

[73] ACDP, NL Heye, I-589-001/9, Denkschrift zu »Bei Neuaufbau der Bundeswehr«, o.D.
[74] Ebd., Vortag vor der Arbeitsgemeinschaft Demokratischer Kreise im Bremen am 13.1.1962 zum Thema »Der Soldat in unserer demokratischen Gesellschaft«, S. 11.
[75] Vgl. zur detaillierten Analyse die Studie von Thoß, NATO-Strategie.
[76] Vgl. Baudissin, Nie wieder Sieg!; sowie Baudissin, Soldat für den Frieden.

Generalleutnant Adolf Heusinger (1955–1957) Vorsitzender des Militärischen Führungsrates im Bundesverteidigungsministerium.
Bundesregierung/Flink

Theodor Blank (l.) wird 1955 im Deutschen Bundestag von Bundestagspräsident Eugen Gerstenmaier als erster Bundesminister der Verteidigung vereidigt.
Bundesregierung/Rolf Unterberg

völlig veränderte Kriegsbild und Bedrohungspotenzial durch die Nuklearwaffen für den einzelnen Soldaten. Solch ein Krieg wäre nicht mehr mit den Kategorien bisheriger Kriege zu messen, vielmehr käme er einer Katastrophe gleich, in der ganze Landstriche und Bevölkerungsteile vernichtet werden würden. Beim militärischen Führer wurde die Fähigkeit vorausgesetzt, mit den Gegensätzen Friedenswillen auf der einen und absolute Verteidigungsbereitschaft auf der anderen Seite fertig zu werden. Aus diesem drohenden Kriegsszenario ergaben sich neue Maßstäbe für die Aufgaben und die Ausbildung der Offiziere sowie für die Truppenführung, die es erst noch zu entwickeln galt, um die Einsatzfähigkeit der aufwachsenden Verbände sichern und erhöhen zu können. Den Offizieren kam diese Aufgabe zu, vor allem standen sie in einem besonderen Pflichtverhältnis zur Öffentlichkeit, in der die Ausrüstung der Bundeswehr mit den Mehrzweckwaffen ziemlich kontrovers diskutiert wurde[77]. Der Soldat der Bundeswehr hatte, so Heusinger, die Aufgabe, einer Spaltung des Volkes in der Frage der militärischen Reaktion auf einen möglichen Angriff entgegenzuwirken. Uneinigkeit wirke sich dagegen negativ auf die Schlagkraft der Bundeswehr aus[78].

Bei aller konzeptionellen Neuartigkeit der Bundeswehr gegenüber früheren deutschen Streitkräften war eines aber klar: Der Aufbau konnte nicht ohne Personal aus der Wehrmacht und damit nur mit personalen Kontinuitäten erfolgen. Dies stand für die politischen Entscheidungsträger auch niemals zur Disposition. Einzig war unverkennbar, dass man sich das zukünftige Personal, vor allem auf der oberen Führungsebene, genau auswählen musste. Der Personalgutachterausschuss hatte die Aufgabe, bei der Übernahme eines Offiziers in die Bundeswehr ab dem Dienstgrad Oberst aufwärts mitzuwirken. Bei der Rekrutierung des Führerpersonals in den Einheiten (Kompanie oder Batterie) und Verbänden (Bataillon) stieß man wegen der hohen Zahl an zu Prüfenden schnell an die Grenzen des Machbaren. Eine zusätzliche Gewissensprüfung fand daher für dieses Personal nicht statt. Allein die Aussicht in den neuen Streitkräften dienen zu dürfen, reichte als Motivation nicht aus. Es stellte sich vielmehr die Frage, wie der ehemalige Wehrmachtsoldat, trotz der vorher erfolgten Kriminalisierung, dazu veranlasst werden konnte, in die künftige bewaffnete Macht einzutreten. Deshalb musste ein Weg gefunden werden, ihn für die Bundeswehr zu gewinnen: »Der deutsche Soldat hat tapfer, treu und gehorsam seine Pflicht getan. Er durfte dabei glauben, sie für das Vaterland zu erfüllen. Er wurde missbraucht durch eine verbrecherische Staatsführung. Darin liegt seine Tragik. In der Lösung der Kriegsverurteiltenfrage sind erheblich Fortschritte

---

[77] Jahrbuch der öffentlichen Meinung 1958–1964, S. 471.

[78] BA-MA, BW 2/5195, Der Generalinspekteur der Bundeswehr Heusinger in einem Schreiben vom 2.4.1958 an alle Kommandeure, betreffend »Folgerungen aus einer etwaigen atomaren Bewaffnung der Bundwehr für die Führung der Truppe«. Die von Heusinger vorhergesehene Spaltung des deutschen Volkes lag zum einen in der völligen Unterwerfung unter alle Folgen einer nur konventionellen Bewaffnung um des Friedens willen und zum anderen in der Sicherung des Friedens durch die abschreckende Wirkung von unmissverständlichen Verteidigungsmaßnahmen gegen den potenziellen Angreifer.

gemacht worden[79].« Der Wehrmachtsoldat war demnach ein tragischer Held und eine solche Aussage stellte eine Ehrenerklärung für den deutschen Soldaten dar, wie sie Adenauer bereits im April 1951 im Bundestag ausgesprochen und wie man sie auch General Dwight D. Eisenhower abgetrotzt hatte[80]. Denn eines wusste der Bundeskanzler genau: Ein Neuaufbau ohne die Soldaten der Wehrmacht war unmöglich, und ohne westdeutsche Streitkräfte blieb der Weg zu einer gleichberechtigten Partnerschaft mit den Westalliierten sowie einer staatlichen Souveränität versperrt. Unter diesen Prämissen sollte auch Adenauers Haltung in der Kriegsverurteiltenfrage verstanden werden. Im Ergebnis wurde aber mit dem mehrheitlich ehrenhaft kämpfenden Soldaten auch die beträchtliche Anzahl an Verbrechern exkulpiert.

Dieser außenpolitische Rahmen und die innenpolitische Situation verpflichtete die Bundesregierung in zweierlei Hinsicht: Zum einen sollte dem Wunsch der Westalliierten nach einem deutschen Verteidigungsbeitrag entsprochen werden, andererseits mussten der demokratischen Grundordnung entsprechende Sicherungsmechanismen installiert werden, um eine Ablösung der Bundeswehr von Staat und Gesellschaft von vornherein unmöglich werden zu lassen. Einen verlässlichen Schutz gegen solch eine Tendenz bot daher eine wirksame parlamentarische Kontrolle und ein militärisches Binnengefüge, das den Bürger und den Soldaten in einer Philosophie vereint.

---

[79] ACDP, NL Kliesing, I-555-028/2, Auszug einer als vertraulich eingestuften Regierungserklärung über die Grundzüge der Wehrpolitik und Wehrverfassung, o.D., S. 4; vgl. auch Adenauer, Die Demokratie ist für uns eine Weltanschauung, S. 110.
[80] AWS, Bd 1 (Beitrag Rautenberg), S. 700 f.; Brochhagen, Nach Nürnberg, S. 198; Manig, Die Politik der Ehre.

III. Konzeptions- und Formierungsphase (1951–1959)

Eines der Kriegsziele der Alliierten aus dem Zweiten Weltkrieg, die Demilitarisierung, wurde spätestens seit 1950 der veränderten außenpolitischen Konstellation geopfert. Die Diskussion um eine westdeutsche Aufrüstung und ihre Konzeption fand nach demokratischen Spielregeln in der Bundesrepublik statt. Die aufzubauende Armee sollte unter keinen Umständen die Wehrmacht neu auflegen. Zwar schlagkräftig wie diese, mussten sich aber das geistige Gerüst sowie die Werte- und Normenordnung völlig von ihr unterscheiden. Die demokratische Staatsform der Bundesrepublik bildete somit den Rahmen für das Binnengefüge der neuen Streitkräfte. Im europäischen Vergleich verfügte die parlamentarische Demokratie in Schweden schon seit längerer Zeit über funktionierende Streitkräfte, die umfangreich kontrolliert worden waren. Deshalb lag es nahe, sich das schwedische Modell genauer zu betrachten und seine Übernahme für Westdeutschland zu überprüfen. Dabei erwies sich aber nicht nur der schwedische Militärbeauftragte (»Militiaeombudsman«, MO) als Vorbild für eine wirksame parlamentarische Kontrolle der Armee, sondern auch die ›Innere Führung‹ der schwedischen Streitkräfte wurde zum Modell für die Bundeswehr: Sowohl die Kontrolle als auch die ›Innere Führung‹ der Bundeswehr waren demnach lediglich eine Modifikation des schwedischen Beispiels und daher keine originär deutsche Innovation.

Ein zusätzliches parlamentarisches Kontrollorgan für die zukünftigen westdeutschen Streitkräfte bedeutete nicht nur einen Machtverlust für die Regierung, sondern auch für die militärische Führung. Solch ein Hilfsorgan konnte somit nicht im Interesse einiger Regierungspolitiker und Generale sein. Daher musste es, wenn es schon nicht verhindert werden konnte, zumindest bei der Etablierung verzögert werden, um den Aufbau der Bundeswehr so weit voranschreiten zu lassen, dass er von dem Kontrolleur nicht entscheidend beeinflusst werden konnte. Dieses Ziel konnte entweder durch Kontroversen um die Person des künftigen Amtsinhabers oder um die Funktion der Institution erreicht werden. Eine längere Zeit ohne Wehrbeauftragten ermöglichte daher der Regierung und der militärischen Führung unveränderbare militärpolitische Grundpfeiler so zu setzen, dass damit die Notwendigkeit des Kontrolleurs sogar in Frage gestellt werden konnte. Was sollte also von einem Kontrollorgan, das in einer nach Konsens strebenden parlamentarischen Demokratie und in einer durch den Kalten Krieg dominierten pro-militärischen Stimmungslage der politischen Entscheidungsträger geschaffen werden sollte, noch übrig bleiben?

1. Das schwedische Modell

a) Der Militärbeauftragte (MO)

Der SPD-Bundestagsabgeordnete Ernst Paul, der sich während der Zeit des Nationalsozialismus in Deutschland in schwedischer Emigration aufgehalten hatte, lernte dort die in Skandinavien[1] etablierte Einrichtung des »Justitiae-«(JO) und »Militiaeombudsman« (MO) kennen. Als Mitglied im Ausschuss für Fragen der europäischen Sicherheit des Bundestages befasste er sich mit der Wiederaufrüstung. Zuerst war in Schweden der »Justitiaeombudsman« geschaffen worden, um den Bürger vor unrechtmäßigen Handlungen durch öffentliche Stellen zu schützen. Seine Kompetenz schloss sogar die Richter am höchsten Gerichtshof ein, die wegen ungerechter Urteile belangt werden konnten[2]. Aufgrund dieser Kompetenz lag die Vermutung nahe, dass der Justizbeauftragte des schwedischen Reichstages aufgrund des in Strafverfahren gültigen Opportunitätsprinzips eingeführt worden war, um eine zusätzlich Kontrolle der Justizbehörden zu gewährleisten, da ansonsten deren Ermessensspielraum zu groß sei[3]. Eine weitgehende Kontrollmöglichkeit, die dem Kontrollorgan hier eingeräumt worden war. Daher erschienen Paul beide Institutionen derart effizient, dass er ihre Adaptierung für die Bundesrepublik Deutschland als geeignet empfand. Zwar herrschten in Schweden, wie eine Delegation des Deutschen Bundestages in ihrem Bericht vom Februar 1954 feststellte[4], andere sozioökonomische Strukturen, aber die Grundgedanken einer demokratischen Ordnung waren in der schwedischen Armee so konsequent verwirklicht, dass diese in der Frage der Kontrolle und ›Inneren Führung‹ als Vorbild gelten konnte. Von einer Parallelität der Verhältnisse könne daher durchaus gesprochen werden[5].

---

[1] BA-MA, BW 1/313600, Auszug aus »Das Zivil- und Strafprozessgesetz Schwedens«, übersetzt und eingeleitet von Dr. jur. Gerhard Simson, Regierungsrat, Referent im Kgl. Schwedischen Justizministerium, S. 1 f. Neben Schweden verfügte nur noch Finnland über einen JO. In Schweden setzte der Reichstag einen JO und einen MO ein und der König bevollmächtigte den Justizkanzler, der im Gegensatz zum JO auch für die Amtsverfehlungen der Kommunalbeamten zuständig war.

[2] Ebd., Auszugsweise Abschrift aus Handbuch des Öffentlichen Rechts der Gegenwart von Dr. Heinrich Marquardsen, Das Staatsrecht des Vereinigten Königreichs Schweden und Norwegen von Dr. T.H. Aschehoung, Zweiter Abschnitt: Das Staatsrecht von Schweden. Die Beaufsichtigung der Staatsleitung von Seiten des Reichstages in Schweden, S. 110 (o.D., d.Verf.), S. 1–4.

[3] Ebd., Vermerk der Abteilung VIII/A/3, 17.2.1956 (innerhalb der Abteilung Verwaltung und Recht des BMVg, d.Verf.).

[4] Vgl. Heubach, Paul hat eine Idee, S. 35–38. Laut diesem Artikel kam der Besuch unkonventionell über die persönlichen Beziehungen von Paul zum damaligen schwedischen Verteidigungsminister Nielsson zu Stande. Siehe auch Busch, Das Amt des Wehrbeauftragten des Deutschen Bundestages, S. 15.

[5] BA-MA, BW 9/33, Bericht der Studienkommission des Ausschusses für Fragen der europäischen Sicherheit über die Gestaltung der Inneren Führung in der schwedischen Wehrmacht, 11.2.1954, S. 43 f.

Der Ausschuss für Fragen der europäischen Sicherheit hatte deshalb im Dezember 1953 einer Kommission den Auftrag erteilt, den Militärbeauftragten des schwedischen Reichstages (Militiaeombudsman) und die Organisation der Personalführung und –betreuung in der schwedischen Armee genauer zu untersuchen[6]. Daraufhin besuchten die Delegationsmitglieder zu diesem Zwecke mehrere militärische Dienststellen und führten Gespräche mit dem Verteidigungsminister Torsten Nielsson, dem Staatssekretär, dem Kabinettschef, dem Militiaeombudsman Wilhelmsson sowie mehreren Angehörigen des Verteidigungsstabes[7]. Der schwedische Militärbeauftragte, erstmalig ernannt im Jahr 1915[8], entwickelte sich aus der Tradition des bereits 1809 etablierten Justizbeauftragten. Beide waren Kontrollorgane des schwedischen Reichstages und verfügten somit über Verfassungsrang. Die Funktion des Militärombudsmannes glich der des Justizbeauftragten, nur in einem engeren, weitaus spezifischeren Rahmen, denn er hatte sich ausschließlich um die Belange der Armee zu kümmern. Der Amtsinhaber verfügte über eine deutlich herausgehobene Stellung, weil er mit einer weitgehenden Unabhängigkeit gegenüber der Regierung und dem Reichstag ausgestattet wurde. Seinen Auftrag gaben und seine Schranken setzten ihm die Verfassungsartikel[9] und eine auf ihn zugeschnittene Reichstagsinstruktion[10]. Keine andere Institution oder kein anderes Verfassungsorgan konnte

---

[6]   Ebd., S. 2. Der Auftrag war in der 4. Sitzung des Ausschusses am 11.12.1953 erteilt worden. Die Teilnehmer an der Reise waren der Bundestagsabgeordneten Ernst Paul (SPD) und Karl-Franz Schmidt-Wittmack (CDU), der Sekretär des Ausschusses Dr. Karl-Heinz Maus und der Vertreter des ›Amtes Blank‹, OTL a.D. Ulrich de Maizière. Der Abgeordnete Schmidt-Wittmack emigrierte im Laufe des Jahres 1954 in die DDR. Dieser Umstand war gerade für einen Angehörigen des Ausschusses für Fragen der europäischen Sicherheit, dem Vorgänger des Verteidigungsausschusses, äußerst bedenklich, da er an wichtigen als Geheim einzustufenden Sitzungen teilgenommen hatte. BA-MA, BW 9/717, Vermerke und Aufstellungen der Abteilung II/1/2 vom August/September 1954, lfd. Nr. 367–378. Vgl. Maizière, In der Pflicht, S. 179 f.

[7]   BA-MA, BW 9/33, Bericht der Studienkommission des Ausschusses für Fragen der europäischen Sicherheit über die Gestaltung der Inneren Führung in der schwedischen Wehrmacht, 11.2.1954, S. 2–4.

[8]   Vgl. BA-MA, BW 1/313600, unbenannte Abschrift, 13.3.1954 (vermutlich aus einer Schrift des schwedischen Militärbeauftragten, d.Verf.), S. 1–4. In einigen Materialien zur Geschichte des MO wird des Öfteren das Einführungsjahr 1905 genannt. Gemeint ist hiermit wohl der Antrag an den Reichstag, der aber bis 1908 insgesamt viermal abgelehnt wurde. Im Jahre 1908 wurde eine Zivilkommission, die im Gegensatz zum MO nicht grundgesetzlich garantiert worden war, eingerichtet, um der Einrichtung des MO zu entgehen. Im Jahre 1914 wurde dann von der Regierung der Vorschlag eingebracht, einen MO einzurichten, um damit vermutlich den Widerstand gegen eine Heeresreform zu brechen, die den Staatsbürgern größere persönliche und ökonomische Bürden auferlegt hatte.

[9]   Ebd., Auszugsweise Abschrift aus Handbuch des Öffentlichen Rechts der Gegenwart von Dr. Heinrich Marquardsen, Das Staatsrecht des vereinigten Königreichs Schweden und Norwegen von Dr. T.H. Aschehoung, Zweiter Abschnitt: Das Staatsrecht von Schweden. Die Beaufsichtigung der Staatsleitung von Seiten des Reichstages in Schweden, S. 110 (o.D., d.Verf.), S. 4 f. Die Aufgaben des MO waren in den Artikeln 96–100 der schwedischen Verfassung festgelegt.

[10] Ebd., BW 1/313600, Weisung für den Militärbeauftragten des Reichstages, erlassen im Schloss zu Stockholm, 14.3.1941, mit den darin bis 1949 vorgenommenen Änderungen

ihm Weisungen erteilen. Gewählt wurden der Militärbeauftragte und sein Stellvertreter von einem aus 48 Mitgliedern bestehenden Wahlmännerausschuss des Reichstages. Jedoch waren beide nicht selbst Mitglied der Volksvertretung. Seine Amtszeit betrug vier Jahre und er sollte eine geachtete Persönlichkeit des öffentlichen Lebens sein sowie die Befähigung zum Richteramt aufweisen.

Der Mitarbeiterstab des ›Militiaeombudsmanes‹ war klein und übersichtlich gehalten. Neben ihm und seinem Stellvertreter beschäftigte die Dienststelle noch zwei Juristen, einen ehemaligen Offizier als militärischen Fachmann und das erforderliche Büropersonal. Gegenüber seinen Mitarbeitern verfügte er über die Disziplinargewalt. Er hatte die Pflicht, jährlich dem Reichstag einen Tätigkeitsbericht vorzulegen, der nach festgelegten Kriterien zu verfassen war:

(1) Öffentliche Klagen,

(2) disziplinarische Strafen, die von ihm veranlasst wurden,

(3) Eingaben und Gutachten des Militärbeauftragten an die Regierung und schließlich

(4) Angelegenheiten, die über den einzelnen Fall hinaus von allgemeinem Interesse waren[11].

In diesem Bericht wurde nicht nur der Fall, sondern auch die Strafe publiziert. Nach Übergabe an den Reichstag konnte er dann von jedermann eingesehen werden. Damit verbunden war eine außerordentliche erzieherische Wirkung, weil kein Vorgesetzter bestrebt war, darin erwähnt zu werden[12]. Eine Kommission des Reichstages verfügte über das Recht zur Akteneinsicht und prüfte den Bericht[13]. Einzig diese Kommission war es auch, die den Militärbeauftragten vor Ablauf seiner Amtszeit durch ein begründetes Misstrauensvotum abberufen konnte. Der Reichstag musste diesem Antrag folgen.

(deutsche Übersetzung, d.Verf.). Zu den in den Instruktionen in §§ 1 und 2 (von insgesamt 23) festgelegten Aufgabenbereichen, siehe Anhang 1.

[11] Ebd., Weisung für den Militärbeauftragten des Reichstages, erlassen im Schloss zu Stockholm, 14.3.1941, mit den darin bis 1949 vorgenommenen Änderungen (deutsche Übersetzung, d.Verf.): §§ 12, 17–23; BA-MA, BW 9/33, Bericht der Studienkommission des Ausschusses für Fragen der europäischen Sicherheit über die Gestaltung der Inneren Führung in der schwedischen Wehrmacht, 11.2.1954, S. 6 f.

[12] Parlamentsarchiv, 2. WP, VtdgA, Stenographisches Protokoll der 9. Sitzung des Ausschusses für Fragen der europäischen Sicherheit (6. Ausschuss), 18.3.1954, S. 10. Vgl. auch Parlamentsarchiv, Bd II/412, Materialien zum Gesetz über den Wehrbeauftragten des Deutschen Bundestages, 26.6.1957, Anl. 3. Rechenschaftsbericht über die anhängig gemachten Klagen aus dem Jahr 1953, auszugsweise deutsche Übersetzung.

[13] BA-MA, BW 1/313600, unbenannte Abschrift, 13.3.1954 (vermutlich aus einer Schrift des schwedischen Militärbeauftragten, d.Verf.), S. 7 f. Anfang der fünfziger Jahre wurden in dem JB ca. 700–800 Sachverhalte aufgenommen, wovon dann ca. 100–150 Klageschriften verfasst wurden. Von den Klägern waren ca. 40 % Festangestellte (Offiziere, Unteroffiziere, Zivilbeamte), ca. 40 % Wehrpflichtige und ca. 20 % Privatpersonen außerhalb der Armee. Im Jahre 1953 wurden insgesamt 122 Klagen geführt, von denen 24 den Tatbestand der Beleidigung bzw. einer anderen Verletzung des Anstandes unterlagen. Von diesen 24 führten dann neun zu einer öffentlichen Klage oder zu Entlassungen aus dem aktiven Dienst. Die restlichen Klagen verteilten sich auf Angestelltenverhältnisse, Beförderungen und Besoldungen des fest angestellten Personals (ca. 46) und galten den Dienst- und Besoldungsangelegenheiten von Wehrpflichtigen (ca. 21).

Die Kompetenzen des Militärbeauftragten waren weitreichend und auf alle Bereiche des Militärs im Rahmen seiner Zuständigkeit gerichtet. Er hatte dafür Sorge zu tragen, dass nicht nur die unmittelbaren Angehörigen der schwedischen Streitkräfte, sondern auch die mit der militärischen Rechtspflege Beauftragten wie beispielsweise die zivilen Richter, Staatsanwälte oder die Polizeibeamten überwacht wurden. Hier griff er sogar in den Zuständigkeitsbereich des Justizbeauftragten ein. Er war gesetzlich verpflichtet, bei der Feststellung eines Vergehens tätig zu werden oder bei nicht direkter Zuständigkeit den Vorgang an den Justizbeauftragten abzugeben[14]. Der Abgeordnete Paul Bausch wies bei der Beratung des Berichts im Fachausschuss des Deutschen Bundestages dann auch zu Recht auf die Kompetenzproblematik zwischen dem Militär-, Justizbeauftragten und dem Verteidigungsminister hin. Die lapidare Antwort des Berichterstatters Paul, wonach es keine Überschneidung der Kompetenzen geben könne, weil jeder genau wisse, was er zu tun habe, war indessen unbefriedigend und eine zu simple Begründung. Der Abgeordnete Theodor Blank und Sicherheitsbeauftragte des Bundeskanzlers Adenauer bewertete dies dagegen sehr wohl als problematisch, weil sich das schwedische Parlament hierdurch seiner Kontrollbefugnis entledigt habe. Diese habe es an den Militärbeauftragten delegiert, er bestritt daher die Notwendigkeit solch einer Einrichtung für die Bundesrepublik. Der designierte Verteidigungsminister Blank dachte hier bereits an seine zukünftige Funktion und wollte sich keine zusätzliche Kontrollinstanz schaffen[15].

Die Zuständigkeit des Militärbeauftragten erstreckte sich auch auf die Einhaltung der Amtspflichten des mit Befehlsgewalt ausgestatteten Personenkreises. Diese Kompetenz richtete sich gegen den Missbrauch von Befehlsgewalt durch die Angehörigen der Streitkräfte mit Vorgesetzteneigenschaft und gegen zivile Beamte, die Delikte im Amt begangen hatten. Für den Fall, dass er eine Sache aufgegriffen hatte, konnte er den Betroffenen die Möglichkeit der Berichtigung oder Aufklärung geben bzw. gegen schuldige Personen eine förmliche Anklage erheben[16]. Dagegen war er nicht befugt, Weisungen oder Befehle an die Betroffenen zu erteilen. Um seiner Informationspflicht nachzukommen, hatte er jährlich regelmäßig Inspektionsreisen in die Truppenverbände zu unternehmen, die ihm zudem monatlich einen Sachstandsbericht über anhängige Disziplinarstrafverfahren übermitteln mussten[17]. An die Regierung konnte er appellieren,

---

[14] Ebd., Weisung für den Militärbeauftragten des Reichstages, erlassen im Schloss zu Stockholm, 14.3.1941, mit den darin bis 1949 vorgenommenen Änderungen (deutsche Übersetzung, d.Verf.): §§ 1 und 9.

[15] Parlamentsarchiv, 2. WP, VtdgA, Stenographisches Protokoll der 9. Sitzung des Ausschusses für Fragen der europäischen Sicherheit (6. Ausschuss), 18.3.1954, S. 14 f., 21.

[16] BA-MA, BW 1/313600, Weisung für den Militärbeauftragten des Reichstages, erlassen im Schloss zu Stockholm, 14.3.1941, mit den darin bis 1949 vorgenommenen Änderungen (deutsche Übersetzung, d.Verf.): hier die §§ 5 und 6.

[17] Ebd., Weisung für den Militärbeauftragten des Reichstages, erlassen im Schloss zu Stockholm, 14.3.1941, mit den darin bis 1949 vorgenommenen Änderungen (deutsche Übersetzung, d.Verf.), § 9; ebd., unbenannte Abschrift, 13.3.1954 (vermutlich aus einer Schrift des schwedischen Militärbeauftragten, d.Verf.), S. 7: »Die Inspektionsreisen sämtlicher nun

von ihm erkannte Mängel in der Gesetzgebung, im Gesetzgebungsverfahren oder in der Anwendung der Rechtsvorschriften zu beseitigen. Außerdem verfügte er über ein Bemächtigungsrecht, welches ihm erlaubte, alle Angelegenheiten in seinem Zuständigkeitsbereich, gleich aus welcher Quelle sie auch stammen mochten, aufzunehmen und aufzuklären. Jeder Soldat konnte seinerseits, unabhängig vom dienstrechtlichen Beschwerdeweg, den Militärbeauftragten anrufen und um Klärung eines Sachverhalts bitten. Polizei und Staatsanwaltschaften waren verpflichtet, den Militärbeauftragten bei der Aufklärung zu unterstützen, auch wenn er dabei in laufende Untersuchungen eingriff. Die Stellung, die Funktion und die Kompetenzen zeigten mithin recht deutlich, um welche im höchsten Maße demokratische, aber durchaus auch mächtige Institution es sich bei dem Militärbeauftragten des schwedischen Reichstages handelte. Die Fähigkeit, alle Angelegenheiten mit militärischem Charakter an sich zu ziehen, aufzuklären, einzugreifen und Abhilfe zu leisten, machte ihn zu einem zuverlässigen und vertrauensfördernden Instrument der schwedischen Demokratie, das sich schon mit der Einführung des Justizbeauftragten bewährt und fest etabliert hatte[18].

Inspiriert von dem erfolgreichen schwedischen Modell führte auch Dänemark einen Ombudsmann ein. Die Dänen hielten es nicht für erforderlich sowohl einen Justiz- als auch einen Militärbeauftragten einzusetzen, sondern begnügten sich mit einer Institution, die beide Verwaltungen kontrollieren sollte. Nach dem Gesetz vom Juni 1954 »wählt der Folketing [das dänische Parlament, d.Verf.] einen Beauftragten, der im Auftrage des Folketings in die staatliche Zivil- und Militärverwaltung Einsicht nimmt«[19]. Die Instruktionen für den Beauftragten des Folketings legten seine Aufgaben und Kompetenzen fest[20]. Er wurde hierin beauftragt, die gesamte Staatsverwaltung zu beaufsichtigen und bei Mängeln die Untersuchungen unverzüglich einzuleiten. Die Bürger konnten sich bei ihm beschweren oder er wurde von Amts wegen tätig. Das Gesetz war dem schwedischen ziemlich ähnlich, mit den wichtigen Abweichungen, dass der dänische Ombudsmann auch die Verwaltung der Ministerien kontrollieren

---

erwähnter Verbände und anderer Behörden nimmt eine Zeit von ungefähr fünf Jahren in Anspruch.«

[18] Ebd., Auszug aus Das Zivil- und Strafprozessgesetz Schwedens, übers. und eingel. von Dr. jur. Gerhard Simson, Regierungsrat, Referent im Kgl. Schwedischen Justizministerium, S. 1. Dies kommt auch in dieser Bewertung zum Ausdruck: »Er [der JO, somit wohl auch der MO, d.Verf.] verkörpert eine sehr wichtige, sehr populäre und im staatlichen Leben Schwedens kaum noch zu entbehrende Institution, man gibt ihm den Ehrentitel eines Volkstribuns.«

[19] BA-MA, BW 1/313601, Übersetzung des Gesetzes Nr. 203, 11.6.1954, Gesetz über den Beauftragten des ›Folketings‹, S. 1, § 1; BA-MA, BW 1/313601, Abschrift aus: E. Sand, Über wichtige staatsrechtliche Neuerungen in Dänemark. In: Deutsches Verwaltungsblatt, 69 (1954), S. 767, hier S. 2. Das Gesetz war am 1.11.1954 in Kraft getreten. Vgl. auch zu den gesetzlichen Bestimmungen in der BRD, Schweden und Dänemark die Schrift Der Ombudsmann, hier S. 13. In dieser Übersetzung wird das Gesetz Nr. 204 vom 11.6.1954 genannt.

[20] BA-MA, BW 1/313601, Instruktionen für den Beauftragten des Folketings (o.D., d.Verf.), 8 S.

konnte, dagegen aber seine Kontrolltätigkeit nicht die Gerichte einbezog[21]. Die dänische Verfassung enthielt in Art. 55 nur einen kurzen Zusatz, wonach eine oder höchstens zwei Personen, die ebenfalls nicht Mitglieder des Reichstages sein durften, als Ombudsmänner bestimmt werden sollten mit der Aufgabe, die Verwaltung zu kontrollieren. Die Amtsperiode entsprach der Legislaturperiode, und der Amtsinhaber konnte mit einfacher Mehrheit des Reichstages entlassen werden[22].

In Dänemark stellte sich bald die adäquate Besetzung des Amtes als Problem heraus. Es sollte kein Richter wie in Schweden sein, sondern ein angesehener Rechtsanwalt, da dieser die Interessen der Bürger besser vertreten könne und zudem unabhängiger von der Verwaltung sei[23]. Eine durchaus eigenartig anmutende Argumentation, die den Richtern in Dänemark eine zu große Nähe zur öffentlichen Verwaltung unterstellte und ihnen daher eine ausgewogene Vertretung der Interessen des Volkes absprach. Mit einem angesehenen Staatsrechtsprofessor der Universität Kopenhagen fand sich schließlich doch eine geeignete Persönlichkeit, die dann einstimmig vom dänischen Reichstag gewählt wurde. Seine vollständige Unabhängigkeit wurde durch seine integere Person und ein durchaus beträchtliches Jahresgehalt von umgerechnet 39 000 DM [knapp 20 000 €] gewährleistet. In seinem ersten Berichtsjahr gingen bei ihm bereits ca. 800 Klagen ein. Von den bis 1956 behandelten 535 Beschwerden entfielen ungefähr 40 % nicht in seinen Aufgabenbereich. Letztlich bedeutungsvoll waren nur um die 6 % der Fälle[24]. Wie viele davon auf das dänische Militär entfielen und welcher Art sie waren, lässt sich nicht mehr nachvollziehen. Interessant ist in diesem Zusammenhang eher, dass eine vollkommen neuartige Institution innerhalb kürzester Zeit schon ein derart breites Vertrauen genoss. Denn viele Dänen erwarteten von ihm Hilfe, auch wenn die Zuständigkeiten noch nicht genau bekannt waren. Die wenigen, kaum aussagefähigen Zahlen sprechen daher nur auf den ersten Blick gegen ihn.

Die skandinavische Institution des Ombudsmann war weniger Ausdruck eines durchgängigen Misstrauens der Bevölkerung gegen die Beamten oder Soldaten, um diese dann bei Vergehen vor Gericht stellen zu können. Vielmehr repräsentierte sie die Besorgnis, dass die Vielzahl von Gesetzen in einem modernen Staatswesen richtig ausgelegt und der Ermessensspielraum auch bürgernah genutzt wurde. Auch die dänischen Beamten misstrauten anfangs diesem Kontrollorgan, in dem sie eine Art Bevormundung vermuteten. Jedoch fand das Gesetz sowohl bei allen Reichstagsparteien als auch in der Bevölke-

---

[21] Ebd., Abschrift aus: E. Sand, Über wichtige staatsrechtliche Neuerungen in Dänemark. In: DVBl. 69 (1954), S. 767, hier S. 2 f.

[22] Ebd., Vermerk der Abteilung VIII/A/3, 29.11.1956, S. 1; Hurwitz, Public Trust in Government Services, S. 11. Hurwitz war der erste gewählte »Ombudsman« in Dänemark.

[23] BA-MA, ebd., Abschrift aus: E. Sand, Über wichtige staatsrechtliche Neuerungen in Dänemark. In: DVBl, 69 (1954), S. 767, hier S. 2.

[24] Ebd., Vermerk der Abteilung VIII/A/3, 29.11.1956, Betreff: Der dänische Ombudsman, S. 1; ebd., Echo der Presse (Zeitungsausschnitte): Johannes Dose, Ombudsman prüft alles. Dänisch-schwedische Einrichtung als Vorbild für deutschen Wehrbeauftragten. In: Südkurier Konstanz, 25.4.1956.

rung eine breite Zustimmung, sodass es schließlich einstimmig angenommen wurde[25]. Der Zeitungskorrespondent Johannes Dose hat bereits 1956, als in der Bundesrepublik Deutschland die Konzeption und Formierung eines Ombudsmannes noch im vollem Gang war, die wichtigsten Waffen eines Parlamentsbeauftragten scharfsinnig erkannt: erstens seine eigene Persönlichkeit und zweitens die Presse. Keine Person oder Behörde mochten gerne im Jahresbericht erwähnt werden, um danach ihre Handlungsweise in der Presse öffentlich bloßgestellt zu erkennen. Der Amtsinhaber sowie dessen Verhältnis zur Presse sollten daher für das Funktionieren dieser Institution maßgeblich werden. Daher schätzte Dose die Situation treffend ein, als er schrieb: »Mit großem Interesse sieht man in Schweden und Dänemark der Berufung und der Tätigkeit des künftigen deutschen Wehrbeauftragten entgegen. Mit der Errichtung des Amtes allein ist es nicht getan, auf die Person kommt es an[26].«

Ein Militärbeauftragter im Auftrag des Parlaments konnte das Innenleben einer Armee nur von außen kontrollieren. Aufmerksam auf bestimmte Vorgänge wurde er fast nur durch Mängelhinweise. Solch eine Institution zur Konfliktaufdeckung und Konfliktlösung reichte aber nicht aus, um die Streitkräfte dauerhaft in eine demokratische Staats- und Gesellschaftsverfassung zu integrieren. Das Ziel, mögliche Konflikte zwischen den Soldaten aufgrund des weitreichenden Vorgesetztenverhältnisses bereits von vornherein zu vermeiden, konnte freilich nur durch eine ›Innere Führung‹ in der Truppe verwirklicht werden, die den Untergebenen in seinen Rechten bestärkte, aber den Vorgesetzten hierin wiederum beschränkte. Die schwedische Wehrverfassung bot beides: einen wirksamen Kontrolleur sowie eine Armee in der Demokratie mit einer der Verfassung entsprechenden praktizierten ›Inneren Führung‹.

b) Die ›Innere Führung‹

Weniger die Auseinandersetzungen eines Wolf Graf von Baudissin und Ulrich de Maizière[27] auf der einen oder eines Heinz Karst[28] und Hans-Georg von

---

[25] BA-MA, BW 1/313601, Abschrift aus: E. Sand, Über wichtige staatsrechtliche Neuerungen in Dänemark. In: DVBl., 69 (1954), S. 767, hier S. 3.

[26] Ebd., Echo der Presse (Zeitungsausschnitte): Johannes Dose, Ombudsman prüft alles. Dänisch-schwedische Einrichtung als Vorbild für deutschen Wehrbeauftragten, in: Südkurier Konstanz, 25.4.1956, S. 2 f.

[27] AWS, Bd 3 (Beitrag Meyer), S. 898–900, 936–976; vgl. dazu auch die Autobiografie von de Maizière, In der Pflicht und die Schriften von Baudissin, Nie wieder Sieg.

[28] Karst, der als Hauptmann a.D. im Amt Blank der engste Mitarbeiter Baudissins gewesen war, avancierte zu seinem »ideologischen« Gegenspieler in der Auslegung der ›Inneren Führung‹. Seine Motive beschrieb er in einem Brief an Karl Wilhelm Berkhan wie folgt: »Was wollte ich all die Jahre? Nichts anderes als das, was jede Armee mit Selbstachtung und Schlagkraft ohnehin tut: nämlich die primäre Orientierung nicht an der ›Gesellschaft‹ mit ihren schnell wechselnden Moden und Erregungen, sondern an den unerbittlichen Imperativen des Verteidigungsfalles, d.h. des Art. 87 a GG. Mitunter hatte man den Eindruck, die Bundeswehr sei nicht geschaffen, das Recht und die Freiheit des deutschen Volkes tapfer zu verteidigen, sondern sich in die Gesellschaft zu integrieren. Hier wird

Studnitz[29] als Exponenten auf der anderen Seite über die ›Innere Führung‹ stehen im Zentrum der nachfolgenden Ausführungen, sondern die Planung ihrer praktischen Ausgestaltung innerhalb der Bundeswehr. Dabei schimmert zwar die »ideologische« Komponente durch, verbleibt aber in dieser Betrachtung im Hintergrund[30]. Hier ist vor allem die Interpretation der ›Inneren Führung‹ als Mittel der geistigen Rüstung zur Austragung des Weltbürgerkrieges zu nennen[31].

Die Erfahrungen, wie manche Vorgesetzte mit den Soldaten in den früheren deutschen Armeen umgegangen waren, hatten bei den verantwortlichen Planern dazu geführt, sich Gedanken zu machen, wie eine neue deutsche Streitmacht intern zu organisieren sei, um einen Missbrauch möglichst auszuschließen[32]. In der Wehrmacht beispielsweise überwog die Tendenz, den einzelnen Rekruten seiner Würde zu berauben. Über eine Beschwerdemöglichkeit verfügten diese Wehrmachtssoldaten zwar de jure, aber nicht de facto[33]. Und dieses menschenverachtende Bild gegenüber den eigenen Soldaten war noch um ein Vielfaches von dem des ideologischen Gegners, der rassisch als »Untermensch« gegolten hatte, übertroffen worden. Die Wehrmacht hatte zu deutlich vor Augen geführt, was passieren konnte, wenn der militärische Befehl über allen sittlichen und moralischen Werten rangierte. Viele Soldaten mutierten deshalb zu Verbrechern und die Kriegführung orientierte sich nicht mehr an den zuvor mühsam etablierten völkerrechtlichen Verträgen (z.B. die Haager Landkriegsordnung von 1907, Genfer Konvention über die Behandlung von Kriegsgefangenen von 1929), sondern sie pervertierte zu einem uneingeschränkten Kampf. Der Feind musste um jeden Preis vernichtet werden[34]. Unter Berücksichtigung dieser militärischen und moralischen Katastrophe sollten nun die Streitkräfte der Bundesrepublik Deutschland nach dem Willen der Regierung und des Parlaments eine innere Verfassung erhalten, die einer Wiederholung solcher Geschehnisse wie in der Wehrmacht, besonders beim Soldaten als dem Objekt des militärischen Handelns, Schranken setzte. Unter anderem ergaben sich daraus Forderungen an den künftigen deutschen Soldaten in der Demokratie. In der Dienststelle Blank dachten die Verantwortlichen im Referat »Inneres Gefüge« Anfang der fünfziger Jahre über dieses Problem nach[35]. Wie musste ein inneres

---

die sozial gänzlich veränderte Wirklichkeit mit einem veralteten Vokabular von gestern beurteilt.« Archiv Helmut Schmidt, NL Berkhan, WB, Allgemeiner Schriftverkehr, Schreiben von BGen a.D. Heinz Karst an den WB Berkhan, 13.12.1984.

[29] Studnitz, Rettet die Bundeswehr!; vgl. weiter Abenheim, Bundeswehr und Tradition, S. 173–175.

[30] Hier sei auf den Aufsatz von Nägler, Innere Führung, verwiesen.

[31] Vgl. Baudissin, Nie wieder Sieg, S. 55: »Der Kalte Krieg als ›Friedensform‹ eines schwelenden Weltbürgerkrieges greift in alle Bereiche des Lebens der weißen und farbigen Völker und belastet die Beziehungen der Staaten untereinander.«

[32] Vgl. hierzu die Beiträge in dem Band Menschenführung im Heer.

[33] Schröder, Man kam sich da vor, S. 195.

[34] Vgl. Schlaffer, GeRechte Sühne?, oder den Begleitband zur Ausstellung Verbrechen der Wehrmacht. Seit dem Jahr 2004 liegt dieser Katalog auch als CD-ROM in Form einer elektronischen Ressource vor.

[35] Vgl. Krüger, Das Amt Blank, S. 205–207.

Gefüge einer künftigen westdeutschen Armee aussehen und vor allem welchen Typus von Soldaten benötigte man für den Krieg einer hoch technisierten Armee im Atomzeitalter[36]? Die Studienkommission des Ausschusses für Fragen der europäischen Sicherheit des Deutschen Bundestages legte in ihrem Bericht parallel dazu neben der Institution des Militärbeauftragten ihr Hauptaugenmerk auf »die Gestaltung der Inneren Führung in der schwedischen Wehrmacht«[37].

Im Verteidigungsstab (Oberkommando) der schwedischen Armee befasste sich eine eigene Abteilung (Personalpflege) mit den menschlichen und sozialen Belangen der Soldaten. Ungewöhnlich für diese Zeit war es, dass an der Spitze dieser Abteilung ein ziviler Direktor stand und sie überwiegend auch mit zivilen Mitarbeitern besetzt war. Diese Mischung aus zivilen und militärischen Fachkräften reichte bis in die Truppenverbände hinein, denn auch in den Regimentsstäben war ein haupt- oder nebenberuflicher Assistent für das Personal mitverantwortlich. Der Assistent unterstand zwar unmittelbar dem Regimentskommandeur, verfügte aber über einen direkten Dienstweg zu seinem Direktor der Abteilung Personalpflege im Verteidigungsstab. Umgekehrt verfügte der Direktor Personalpflege über einen unmittelbaren Zugriff auf seinen Fachuntergebenen im Regiment, der sich aber nicht auf militärische Führungsangelegenheiten bezog. Die Personalpflege arbeitete dreigliedrig: im Verteidigungsstab, im Regimentsstab und in der Kompanie. Jedes Regiment richtete zusätzlich mehrere Ausschüsse ein, wie beispielsweise den Personalausschuss, den Personalvertrauensausschuss und den Bildungsrat. Auf den ersten Blick schien diese Gliederung, militärisch gesehen, recht unzweckmäßig zu sein, da die Kompetenzen vor allem zwischen dem Verteidigungs- und Regimentsstab nicht exakt abgegrenzt und der militärische Grundsatz der Einhaltung des Dienstweges ausgehebelt worden war. Zudem verfügten die Ausschüsse über ein gewichtiges Mitspracherecht. Trotzdem bewerteten laut dem Studienbericht im Jahr 1954 ca. 80 % der Kompaniechefs diese Einrichtungen positiv.

1949 war in Schweden das eigenständige Militärstrafgesetzbuch abgeschafft und die Militärstraftaten in das allgemeine Strafgesetzbuch aufgenommen worden. Bis auf eine eng umgrenzte Disziplinarstrafgewalt der militärischen Vorgesetzten, in der Regel dem Regimentskommandeur vorbehalten, wurden die Strafverfolgung und die Rechtsprechung ausschließlich von zivilen Behörden durchgeführt. Auch alle Revisionsfälle wurden an die zivilen Gerichte überwiesen. Im Kriegsfall dagegen sollten wieder Kriegsgerichte und eine Militärstaatsanwaltschaft eingerichtet werden. Die Verhängung der Todesstrafe war im Frieden verboten, im Kriege aber anstelle einer lebenslangen Freiheitsstrafe möglich. Problematisch, obgleich immerhin schon fast drei Jahre praktiziert,

---

[36] Vgl. die Schrift der Dienststelle Blank für die Öffentlichkeit: Vom künftigen deutschen Soldaten; vgl. auch weiterhin zur atomaren Dimension die Ausführungen Meyers, Menschenführung im Heer der Bundeswehr, S. 219–221.

[37] BA-MA, BW 9/33, Bericht der Studienkommission des Ausschusses für Fragen der europäischen Sicherheit über die Gestaltung der Inneren Führung in der schwedischen Wehrmacht, 11.2.1954.

gestaltete sich noch immer die Zusammenarbeit zwischen den militärischen Stellen und der Justiz. Die zivilen Gerichte benötigten nach Ansicht der Streitkräfte zu viel Zeit, um die Verfahren durchzuführen, während es gerade in militärischen Angelegenheiten, vor allem im Interesse der Aufrechterhaltung der Disziplin, darauf ankam, schnell und unmittelbar zu handeln[38]. Ein Problem, das sich auch in der praktischen Anwendung der Wehrstrafgesetze (WStG) gegen Bundeswehrsoldaten durch zivile deutsche Gerichte bald ergeben sollte.

Im Bereich des Personalersatzes ergaben sich in Schweden bereits erste Schwierigkeiten. Solche kalkulierte auch die mit der Planung künftiger Streitkräfte beauftragte deutsche Dienststelle ein. Trotzdem sollte in der Früh- und Aufbauphase der Bundeswehr gerade dies zu einem gravierenden und bestimmenden Problem werden. Wie konnte gut ausgebildetes, den Anforderungen an einen neuen Soldatentypus entsprechendes Personal vor allem als Längerdienende gewonnen werden? Mit diesem Problem kämpfte die schwedische Armee bereits seit 1945. Jeder Bewerber, der seine Dienstzeit verlängern wollte, musste erst einmal seine Grundwehrpflicht von 304–325 Tagen absolviert haben, um einen Antrag auf Weiterverpflichtung stellen zu können. Aber es mangelte in Zeiten von Vollbeschäftigung und hohem Lebensstandard im Vergleich zum kärglichen Sold und einer immer noch nachwirkenden Kriegsmüdigkeit an Anträgen in ausreichender Zahl, um die Heeresergänzung sicherstellen zu können[39]. Deshalb wurde das Werbungswesen reformiert, indem speziell geschultes militärisches Personal zur Unterstützung der staatlichen Arbeitsämter eingesetzt und vermehrt die Massenmedien (Anzeigen, Broschüren) genutzt wurden, um die Lücken zu schließen. Der richtige Soldat musste an dem für ihn geeigneten Platz eingesetzt werden, weshalb bei der Musterung neben der körperlichen Prüfung auch auf einen psychologischen Test besonderen Wert gelegt wurde. Beide zusammen stellten den Intelligenzgrad, die körperliche Verfassung und die charakterliche Eignung fest. Die Prüfung bei der Musterung bestand somit aus einer Gruppenintelligenzprobe und einem vertraulichen Interview (genannt »Exploration«), durch die eine Eignung für die Unterführerausbildung festgestellt wurde. Gegenüber der Delegation aus Deutschland verwiesen die Schweden bisher auf ihre sehr guten Erfahrungen mit diesem System, welches auch von den Wehrpflichtigen gut angenommen worden war. Die Laufbahnen entsprachen im Wesentlichen der bekannten und gängigen Praxis. Für die Ausbildung zum Offizier existierten zwei Formen: einerseits die kurze mit und andererseits die lange ohne Abitur. Die Besoldungs- und Versorgungsregelun-

---

[38] Ebd., S. 11–21; BA-MA, BW 9/764, Abschrift des Originalvortrages des schwedischen OTL Leche, Abteilungsleiter im schwedischen Oberkommando (o.D.), S. 1–8.

[39] Zwar war Schweden während des Zweiten Krieges neutral geblieben und daher auch nicht in Kampfhandlungen verwickelt, jedoch wurden auch hier umfangreiche Mobilmachungsmaßnahmen eingeleitet und die Streitkräfte dauerhaft in Alarmzustand versetzt (vgl. European Neutrals and Non-Belligerents). Schweden wurde aber im Laufe des Krieges sowohl von den Deutschen als auch von den Alliierten als Durchmarschgebiet genutzt. Göran Andolf wertet deshalb Schwedens Neutralität gegen Kriegsende als Illusion; vgl. Andolf, Die Einschätzung der Wehrmacht, S. 171; weiterhin siehe bei Radowitz, Schweden.

gen für die aus dem aktiven Dienst ausscheidenden Soldaten erwiesen sich aufgrund des hohen sozialen Lebensstandards in Schweden hingegen als unzureichend. Indes waren die staatsbürgerlichen Rechte und Pflichten in keiner Weise eingeschränkt worden, selbst das Koalitionsrecht blieb unbeschränkt für alle Armeeangehörigen. Alle Laufbahnen, Offiziere, Unteroffiziere und Mannschaften, verfügten über eigene gewerkschaftsähnliche Bünde. So gehörten beispielsweise ca. 98 % der Offiziere dem Offiziersbund an. Selbst das Grundrecht auf Meinungsfreiheit blieb bis auf die Einschränkung Landessicherheit unangetastet. Den staatsbürgerlichen Unterricht nahm die schwedische Armee 1940 in den Ausbildungsplan auf. Er beinhaltete Soldatenorientierung (wie das militärische Milieu, Truppenverbände und Heimat), Gesellschaftslehre (Demokratie und Diktatur) und Wehraufklärung (außenpolitische Lage). Den Innendienst organisierten sie ebenfalls sehr fortschrittlich. Denn ein Vorgesetztenverhältnis und eine allgemeine Grußpflicht existierten nur im Dienst, außerhalb des Dienstes galt die Höflichkeitsregel, wonach nur einem bekannte Personen gegrüßt zu werden brauchten; und die Soldaten kannten in der Regel ihre Vorgesetzten. Jedoch führte diese Regelung zu Unsicherheiten, weshalb über eine Änderung nachgedacht wurde[40]. Ein Zapfenstreich existierte nicht und nach dem Dienst bestand für die Längerdienenden eine uneingeschränkte Zivilerlaubnis sowie für die Wehrpflichtigen lediglich die Einschränkung, dass sie die Kaserne in Uniform verlassen und betreten mussten[41].

Die schwedische Armee war seit 1940 konsequent zu einer Armee in der Demokratie mit einer vorbildlichen inneren Ordnung umgebaut worden. Von einer wie im Bericht gewerteten »demokratischen Ordnung«[42] war sie jedoch immer noch weit entfernt. Solch eine Forderung für ein funktionsfähiges Heer entspricht wohl eher einem Wunschgedanken. Schon in einer früh erstellten Studie des Amtes Blank wurden »demokratische Streitkräfte« als Utopie bezeichnet[43]. Eine Armee in der Demokratie bedurfte aber einer anderen Binnenverfassung als eine Armee in der Diktatur. Konnte demnach der Soldat der Wehrmacht (bzw. das Bild davon) überhaupt der geeignete und den Ansprüchen genügende Soldat einer künftigen westdeutschen Armee sein? Die neuen Streitkräfte konnten nicht mit einem Massenaufgebot an Menschen Krieg führen, sondern mussten ihre Kampfkraft aus der Moral des einzelnen Soldaten

[40] BA-MA, BW 9/717, Schreiben Dr. Maus an de Maizière, 23.2.1954. Die Bedenken, die de Maizière hinsichtlich der Rechtswirksamkeit des Eides den beiden Abgeordneten der Kommission vorgetragen hatte, wurden genauso aus dem Bericht genommen wie die Erfahrungen, die die Mitglieder im Stadtbild von Stockholm mit der Handhabung der Grußpflicht gesammelt hatten.
[41] BA-MA, BW 9/33, Bericht der Studienkommission des Ausschusses für Fragen der europäischen Sicherheit über die Gestaltung der Inneren Führung in der schwedischen Wehrmacht, 11.2.1954, S. 22–40.
[42] Ebd., S. 44.
[43] BA-MA, BW 9/764, Studie »Das ›Innere Gefüge‹ der Streitkräfte« der Abteilung I Pl/W/G1/3, 30.6.1952, S. 2.

und kleiner Teams gewinnen[44]. Sie brauchten den Einzelkämpfer, der hart und gut ausgebildet selbständig handeln würde. Hier waren die Parallelen, bei allen Unterschieden im Politik-, Gesellschafts- und Wirtschaftssystem, zwischen Schweden und der Bundesrepublik Deutschland offensichtlich. Es wurde ein Soldat benötigt, der als Persönlichkeit überzeuge, um aus ihm den Einzelkämpfer zu formen, der sich aus Einsicht unterordne und wisse, wofür er Soldat geworden sei und, vor allem, was er im Kriegsfall zu verteidigen habe. Dafür war die Beherrschung seiner Waffen die Grundvoraussetzung. »Diese Persönlichkeit ist der ›Staatsbürger in Uniform‹, der alle Härten, Entbehrungen und notwendigen Einschränkungen seiner persönlichen Freiheit auf sich nimmt für die Erhaltung der freiheitlichen Lebensordnung[45].« Dieser Soldat erforderte also eine innere Ordnung, in der er sich selbst zur Geltung bringen, in der er als Spezialist seinen Auftrag wahrnehmen und erfüllen konnte, in der er letztlich losgelöst vom bloßen Drill und persönlicher Schikane in einer hoch technisierten Armee den Krieg im Atomzeitalter führen konnte. Das Trauma der politischen Entscheidungsträger und militärischen Planer war eine Armee wie die Reichswehr, die demgegenüber wiederum einen »Staat im Staate« bilden würde[46]. Notwendig war vielmehr der europäische Soldat deutscher Nation, der in einem deutschen Kontingent in der Europäischen Verteidigungsgemeinschaft (EVG) in seinem Volk verwurzelt einem echten Europa, einer Einheit in der Vielfalt, dienen konnte. Und dieser Soldat musste nicht mehr in seiner persönlichen Freiheit eingeschränkt werden, als es Disziplin, Kameradschaft und Ansehen des Kontingents in der Öffentlichkeit erforderten. Um solch eine Armee mit solchen Soldaten zu schaffen, war eine rechtsstaatliche Militärgerichtsbarkeit unumgänglich, die wie in der Ziviljustiz eine Trennung zwischen Strafverfolgungsbehörde und Rechtsprechung aufwies. Die Bestrafung im Affekt sollte durch eine Verhängungsfrist verhindert, ein Beschwerderecht eingeführt und ein Vertrauensmann gewählt werden.

Der Innendienst erforderte eine Wohn-, Ausbildungs- und Funktionsgemeinschaft. Diese Mannschaft (team) sollte die Basis für die eingespielte Kampfgemeinschaft auf dem Gefechtsfeld abgeben. Der Soldat musste erkennen, dass er durch eine mangelhafte Ausbildung nicht nur sich, sondern auch seine Kameraden gefährden konnte. Einsicht sollte demnach zu Gehorsam und zur militärischen Disziplin führen. Wenn aus den vielen Einzelkämpfern durch hartes Gefechts- und Marschtraining zu jeder Tages- und Nachtzeit und bei jeder Witterung ein gut funktionierendes Ganzes wurde, konnte es den Anfor-

---

[44] BA-MA, BW 9/33, Bericht der Studienkommission des Ausschusses für Fragen der europäischen Sicherheit über die Gestaltung der Inneren Führung in der schwedischen Wehrmacht, 11.2.1954, S. 44.

[45] BA-MA, BW 9/764, Studie »Das ›Innere Gefüge‹ der Streitkräfte« der Abteilung I PI/W/G1/3, 30.6.1952, S. 3.

[46] AdsD, NL Erler, Mappennummer 11 (B), Stenographisches Protokoll der Sendung »Politisches Forum« des Nordwestdeutschen Rundfunks (NWDR), 24.7.1955, 19.30–20.00 Uhr. Während dieser Sendung wurde von den beteiligten Politikern des Öfteren auf die Gefahr der Isolierung der Armee von der Gesellschaft zum »Staat im Staate« hingewiesen.

derungen, die moderne Streitkräfte stellten, gerecht werden. Die Armee in der Demokratie brauchte gerade die Berücksichtigung der persönlichen Freiheit, die Mitverantwortung des Einzelnen und die Fürsorge. Wie sollte dies auch sonst funktionieren? Eine freie Gesellschaft wie die der Bundesrepublik Deutschland mit einer Armee mit dem inneren Gefüge von Reichswehr oder gar der Wehrmacht? Eine Demokratie benötigte eine Armee, in welcher der Staatsbürger auch Staatsbürger, wenn auch in Uniform, bleiben konnte. Freiheit hieß aber nicht Nachlässigkeit, denn eine Armee hatte den Auftrag, schlagkräftig zu sein und auch eine Demokratie bedurfte den durch Härte erzogenen Verteidiger. Der deutsche Soldat in einer supranationalen (EVG) oder einer integrierten Armee (NATO) konnte nur effizient sein, wenn er in einem inneren Gefüge dienen würde, in dem er in Frieden mit seinen Vorgesetzten, seinen Kameraden und seinen Untergebenen leben konnte[47]. Der Soldat musste menschlich angesprochen werden, sich also aus Einsicht ein- und unterordnen. Ein ziemlich hoher Anspruch, den die deutschen Planer im Amt Blank hier vorgaben, besonders vor dem Hintergrund, ein Erziehungsziel zu finden und zu formulieren, das aber unter keinen Umständen dogmatisch sein durfte. Major a.D. Wolf Graf von Baudissin, einer der maßgeblichen Vordenker der ›Inneren Führung‹ und später einer der konsequentesten Kritiker ihrer Umsetzung, stellte dazu im Juni 1953 fest, dass dieses Erziehungsziel eine Art Leitbild werden müsse: Der Soldat und der Vorgesetzte dürften keine reinen Militärtechniker sein, sondern müssten beseelt sein von einem lebendigen Verantwortungsgefühl gegenüber der freiheitlichen Ordnung, von ihrem Verhältnis zum Mitmenschen und von den Ideen der freiheitlichen Welt[48]. Vielleicht wurde aber gerade dieser hohe Grad an Intellektualität zum Problem der ›Inneren Führung‹, da es nicht hinreichend gelang, dieses Soldatenbild allen Vorgesetzten und Ausbildern in der Truppe zu vermitteln![49]

Eng verbunden mit dem Leitbild war die Frage nach der Tradition der neuen Armee. Generalleutnant a.D. Adolf Heusinger stellte im Juli 1953 vor dem Sicherheitsausschuss des Bundestages fest, dass der Aufbau einer militärischen Organisation von einem »Nullpunkt« beginne. Einen »Nullpunkt« bedeutete auch die Unterbrechung der Traditionen. Militärische Traditionen mussten freilich beachtet werden, bedurften aber einer Überprüfung, um nicht zu einer geistigen Exklusivität der Armee zu führen. Die Vorstellungswelt der Soldaten musste mit den gesellschaftlichen Wertvorstellungen übereinstimmen. Dafür trugen der Staat und damit das Parlament die Verantwortung. Dem Bundestag

---

[47] BA-MA, BW 9/764, Studie »Das ›Innere Gefüge‹ der Streitkräfte« der Abteilung I Pl/W/G1/3, 30.6.1952, S. 2–11.

[48] Parlamentsarchiv, 1. WP, Verteidigungsausschuss (VtdgA), 1.–41. Sitzung, Kurzprotokolle, 15.7.1952–4.8.1953, Kurzprotokoll der 36. Sitzung des Ausschusses für Fragen der europäischen Sicherheit, 24.6.1953, S. 6 f.

[49] Vgl. zum Berufsbild des Soldaten bei gesellschaftlichen Wandlungsprozessen auch die Ausführungen des Wehrbeauftragten (WB) im Jahresbericht des Wehrbeauftragten. In: Deutscher Bundestag, 5. WP, Drucksache V/3912, Jahresbericht 1968 des Wehrbeauftragten des Deutschen Bundestages, 19.2.1969, S. 27–34. Im Weiteren wird Jahresbericht mit JB und Berichtsjahr abgekürzt, z.B. JB 1969.

oblag es daher, den Soldaten den Rahmen zu setzen und eine Deutung anzubieten. Ein geistiges Credo konnte aber nicht nur durch die Vorgabe von Werten entwickelt werden, es war auch das Ergebnis einer durchdachten und sorg-
sam geführten Personalpolitik[50]. Somit war die Bewertung des »Nullpunktes«
durch Heusinger zwar mit Blick auf die Organisation richtig, aber nicht für die
Bereiche Personal und Tradition: denn ein Aufbau der Bundeswehr ohne personelle Kontinuitäten und militärtraditionelle Bezüge zu den früheren deutschen Armeen war schlichtweg unmöglich! Und das wusste auch Heusinger
sehr genau, wie seine aktive Handlungsweise beim Einwirken auf die Westalliierten in der Frage der Behandlung und Entlassung der Kriegsverurteilten
deutlich zeigte[51].
　　Die bisherigen Planungen für die ›Innere Führung‹ künftiger westdeutscher
Streitkräfte erhielten durch den Bericht der Delegation eine weitere Bestätigung. Die Idee zur Einführung eines deutschen Militärbeauftragten hatte dadurch weiter an Konturen gewonnen. Folglich fühlten sich die Militärs in ihren
Konzepten bestärkt, um eine militärpolitische Zäsur in der inneren Struktur der
künftigen Bundeswehr einzuleiten. Für die Politiker dagegen erschien der
schwedische Militärbeauftragte ein geeignetes Instrument für eine unmittelbar
wirksame parlamentarische Kontrolle zu sein. Die Einführung eines solchen
neuartigen Organs bedurfte freilich entweder einer Verfassungsänderung
und/oder eines Gesetzes. Daher deutete sich bereits zu diesem frühen Zeitpunkt
eine Kompromisslösung an, weil die inzwischen allein regierenden Unionsparteien wenig Interesse an einer zusätzlichen Kontrolle beim Aufbau der Bundeswehr haben konnten.

2. Der politische Kompromiss

Die Aufstellung einer Armee der Bundesrepublik Deutschland war eine beschlossene Sache und die dazugehörige Wehrverfassung musste nun in ein
schon seit Jahren bestehendes Grundgesetz eingepasst werden. Dies stellte die
umfangreichste und unter den Parteien umstrittenste Verfassungsänderung bis
dato dar. Die SPD, die zwar einen deutschen militärischen Beitrag im Grundsatz seit 1951 unterstützte, aber nicht in der von der Regierung angestrebten
Form, arbeitete zwar bei der Wehrgesetzgebung konstruktiv mit, verweigerte
aber letztlich ihre Zustimmung, wie etwa beim Gesetz zur Ergänzung des
Grundgesetzes (Erste Wehrergänzung vom 26. Februar 1954). Auch die Diskussion um die Kontrolle der Streitkräfte wurde immer noch kontrovers geführt. In

---

[50]　Parlamentsarchiv, 1. WP, VtgA, 1.–41. Sitzung, Kurzprotokolle, 15.7.1952–4.8.1953,
　　　Kurzprotokoll der 36. Sitzung des Ausschusses für Fragen der europäischen Sicherheit,
　　　14.7.1953, S. 3–5.
[51]　Schlaffer, GeRechte Sühne?, S. 159–161.

einem interfraktionellen Kompromiss der Bundestagsfraktionen einigten sich die Parteien am 24. Februar 1956[52]. Diese Einigung hatte freilich einen Preis, den sich die größte Oppositionspartei ausbedungen hatte, nämlich die Schaffung eines Wehrbeauftragten des Deutschen Bundestages nach schwedischem Vorbild. Im Gegenzug dafür verzichtete die SPD auf ein gesondertes Misstrauensvotum gegen den Verteidigungsminister[53]. Aufgrund dieses Übereinkommens stimmten die Abgeordneten des Deutschen Bundestages mit überwältigender Mehrheit der Zweiten Wehrergänzung am 6. März 1956 zu[54]. Hiermit konnten die Voraussetzungen für die Einführung der allgemeinen Wehrpflicht, für die Ernennung von Offizieren und Unteroffizieren durch den Bundespräsidenten und für die Verteilung der Befehls- und Kommandogewalt im Frieden und im Krieg geregelt werden. Der Verteidigungsausschuss wurde gemäß Art. 45 a GG sowohl zum Kontroll- als auch zum Untersuchungsausschuss für die Bundeswehr bestimmt. Zusätzlich führte der Art. 45 b GG ein völlig neuartiges Organ in die deutsche Verfassungsgeschichte ein:

»Zum Schutz der Grundrechte und als Hilfsorgan des Bundestages bei der Ausübung der parlamentarischen Kontrolle wird ein Wehrbeauftragter des Bundestages berufen. Das Nähere regelt ein Bundesgesetz[55].«

Obwohl diese Änderung des Grundgesetzes am 22. März 1956 bereits in Kraft trat, ließen sich die Parteien viel Zeit für einen Entwurf, da man eine Regierungsinitiative vergeblich erwartete. Am 7. Juni 1956 reichte schließlich die SPD-Fraktion ihren Antrag ein. Der Entwurf von 44 Unionsabgeordneten unter Führung des Vorsitzenden des Verteidigungsausschusses, Richard Jaeger (CSU), folgte erst am 20. Juni[56]. In der ersten Beratung der Entwürfe im Bundestag wurde von dem SPD-Abgeordneten Paul das Verhalten der Bundesregierung scharf gerügt. Sie sei sehr darauf bedacht gewesen, die Wehrpflichtgesetze ein- und durchzubringen, habe aber keine Zeit gefunden, den nunmehrigen Verfassungsauftrag wahrzunehmen. Die Mehrheit der Regierungskoalition setzte zwar gegen den Willen der Opposition die allgemeine Wehrpflicht durch, jedoch wolle sie jetzt nichts mehr für den Schutz der deutschen Jugend tun. Die Gefahr des Missbrauchs der Kommandogewalt sei jedem Militär inhärent und der Wehrbeauftragte habe seine Hauptaufgabe im Schutz der Demokratie und

---

[52] Vgl. Parlamentsarchiv, Bd II 412, 2. Deutscher Bundestag, Protokoll der 171. Sitzung des Ausschusses für Rechtswesen und Verfassungsrecht, 10.12.1956, S. 6–8.

[53] BA-MA, BW 2/16803, Schreiben HAL III an den Minister, 15.11.1965, betreffend »Verhältnis zum Wehrbeauftragten«, S. 1 f.

[54] Vgl. Thoß, Allgemeine Wehrpflicht, S. 147. Dagegen erhielten die ersten 101 Freiwilligen der Bundeswehr bereits am 12.11.1955 ihre Ernennungsurkunden. Zwar gilt die wenig eindrucksvolle Zeremonie vom 12.11.1955 gemeinhin als Geburtsstunde der Bundeswehr, jedoch ist der 2.1.1956, als in Andernach, Nörvenich und in Wilhelmshaven die Lehrtruppen der Teilstreitkräfte zusammentraten, eher als Beginn der Aufrüstung zu interpretieren.

[55] Vgl. Grundgesetz für die Bundesrepublik Deutschland vom 23. Mai 1949, S. 23.

[56] Parlamentsarchiv, Bd II 412, Bundestagsdrucksache 2441, Antrag der Fraktion der SPD vom 7.6.1956; Bundestagsdrucksache 2529, Antrag der Abgeordneten Dr. Jaeger, Kemmer (Bamberg), Dr. Kliesing und Genossen, 20.6.1956.

Richard Jaeger, Vizepräsident des Deutschen Bundestages und Vorsitzender des Ausschusses für Verteidigung, hält 1956 im Sitzungssaal des Presse- und Informationsamtes (BPA) einen Vortrag über Verteidigungsfragen.

Bundesregierung/Rolf Unterberg

in der Verhinderung einer Fehlentwicklung wie der Reichswehr, nämlich zu einem »Staat im Staate« zu werden[57]. Paul brachte hier sehr deutlich die Angst führender Politiker und auch großer Teile der Öffentlichkeit zum Ausdruck. Das Trauma Reichswehr schwebte wie ein Damoklesschwert über dem Aufbau der Bundeswehr. Die Furcht vor dem »Staat im Staate« war gerade bei den SPD-Mitgliedern ein immer wiederkehrendes Motiv[58]. Aber auch der Abgeordnete Jaeger von der CDU/CSU-Fraktion wies in seiner Entgegnung darauf hin, dass der wichtigste Grund für die Schaffung des Gesetzes in der Furcht vor einem neuen deutschen Militarismus liege[59] und nicht in einem Misstrauen des Bundestages gegenüber dem Offizier- und Unteroffizierkorps der Bundeswehr. Der Wehrbeauftragte mindere vielmehr die Vorurteile gegen »Kommiss« und »Barras« und erhöhe dadurch die Schlagkraft, ganz im Gegensatz zu der oft gehörten Meinung, er würde die Schlagkraft der Bundeswehr lähmen[60]. Genau betrachtet war die Argumentation Jaegers in sich nicht schlüssig. Ein neuer deutscher Militarismus konnte nur von den Führern der Bundeswehr ausgehen, vornehmlich von den Offizieren. Sie prägten das Selbstverständnis einer Armee, und nicht die politischen Vorgaben. Diese setzten den Rahmen, aber die Ausgestaltung oblag den Vorgesetzten. Somit spielte ein gewisses Misstrauen gegen die neuen Streitkräfte und ihre militärische Führung auch bei Jaeger eine nicht unwesentliche Rolle, weshalb er, wie Paul, für die Schaffung des Wehrbeauftragten eintrat.

Der Deutsche Bundestag übergab beide Anträge am 6. Juli 1954 an den federführenden Verteidigungsausschuss und zur Mitberatung an den Ausschuss für Rechtswesen. Der Verteidigungsausschuss bildete einen Unterausschuss »Wehrbeauftragter«[61], beriet die Vorschläge in seiner Sitzung am 3. Dezember 1956 und einigte sich schließlich auf einen interfraktionellen Entwurf für ein Wehrbeauftragtengesetz[62]. Diesen überreichte er zur Diskussion und vor allem zur Ausformulierung an den Rechtsausschuss[63]. In der Sitzung des Rechtsausschusses wurde hauptsächlich um die §§ 1, 2 und 3 des Entwurfes kontrovers diskutiert, denn in der Ausgestaltung des Aufgabenbereichs und der Pflichten des Wehrbeauftragten musste sprachliche Eindeutigkeit herrschen und die Interpretationsmöglichkeiten durften nicht über die grundgesetzliche Bestimmung hinausgehen. Es sollte unter keinen Umständen eine Art Gegenministeri-

---

[57] Parlamentsarchiv, Bd II 412, 2. Deutscher Bundestag – 159. Sitzung, Bonn, 6.7.1956, S. 8765.

[58] Vgl. Parlamentsarchiv, Bd II 412, 2. Deutscher Bundestag , Protokoll der 171. Sitzung des Ausschusses für Rechtswesen und Verfassungsrecht, 10.12.1956, S. 9: so auch der SPD-Abgeordnete Bauer (Würzburg).

[59] Interessant ist hierbei, dass er die Schuld für solche Ängste auch den Roman- und Filmfiguren Himmelstoß und Platzek gab.

[60] Parlamentsarchiv, Bd II 412, 2. Deutscher Bundestag – 159. Sitzung, Bonn, 6.7.1956, S. 8766.

[61] Vgl. ebd., 2. Sitzung, Ausschuss für Verteidigung, Unterausschuss »Wehrbeauftragter«, 26.11.1956.

[62] Ebd, Ausschuss-Drucksache Nr. 176, 26.11.1956 und Nr. 184, 4.12.1956.

[63] Ebd., Protokoll der 171. Sitzung des Ausschusses für Rechtswesen und Verfassungsrecht, 10.12.1956, S. 21: »Im Verteidigungsausschuss hieß es immer: Das ist Formulierungssache, das wird der Rechtsausschuss machen. So war die Meinung dort.«

um zum Verteidigungsministerium geschaffen werden. Man befand sich in einem Dilemma:

>Wenn man nämlich weniger in das Ausführungsgesetz hineinschreibe, sei das verfassungswidrig. Wenn man mehr hineinschreibe, komme es darauf an, was man im einzelnen festlege; je nachdem sei es verfassungswidrig oder rechtspolitisch bedenklich. Ein *rechtspolitisches* Bedenken sei z.B., dass quasi ein Gegenminister gegen den Verteidigungsminister geschaffen werde. *Verfassungsrechtlichen* Einwendungen begegne es, wenn in die Organisationsgewalt der Bundesregierung eingegriffen werde[64]«.

Trotzdem konnte man auf den Wehrbeauftragten allein schon deswegen nicht verzichten, weil der »Aufbau der neuen Bundeswehr im Hinblick auf die Vergangenheit« als etwas Gefährliches betrachtet wurde[65]. Am 5. Februar 1957 gab der Vorsitzende des Rechtsausschusses die Empfehlung, den Entwurf zur Weiterbehandlung an den federführenden Verteidigungsausschuss zurückzuverweisen. Die Beantwortung der kniffligen Frage nach dem Wahlmodus wurde vom Rechtsausschuss weggelassen und dem Verteidigungsausschuss zur weiteren Beratung zugewiesen[66].

In den weiteren Beratungen konzentrierte sich der Dissens zwischen den Abgeordneten auch innerhalb der Fraktionen vor allem auf die Juristenklausel, den Wehrbeauftragten als Ausdruck des Misstrauens gegen die Streitkräfte sowie die Wahl und Abwahl mit einfacher oder Zweidrittelmehrheit. Das Hauptmotiv des einen Lagers unter der Führung Jaegers und Erlers, an dem Erfordernis einer Befähigung für das Richteramt festzuhalten, war, vor allem solche Bewerber abzuhalten, die ein gewisses Mindestmaß an Eignung nicht erfüllten. Gemeint waren hier vor allem ehemalige Generale. Diese sollten auf keinen Fall Wehrbeauftragter werden, und über eine juristische Ausbildung verfügten sie in der Regel nicht. Zudem berücksichtigten die Vertreter dieses Standpunktes ganz pragmatische Gründe, denn das Metier des Wehrbeauftragten sollte vornehmlich aus Gesetzesverstößen und Dienstvergehen bestehen. Dazu würde aber eine fundierte juristische Ausbildung sehr nützlich sein, auch um den zu schaffenden bürokratischen Hilfsapparat möglichst klein zu halten. Dagegen sahen Georg Kliesing (CDU/CSU) und Hasso von Manteuffel (DP/FVP) dies als unnötige Einschränkung an. Denn das Amt des Wehrbeauftragten erfordere mehr Menschen- als Rechtskenntnis[67].

Der Wehrbeauftragte war eben nicht das personifizierte Misstrauen gegen die Bundeswehr und ihre Führungskräfte, sondern lediglich ein Hilfsorgan des Parlaments bei der Ausübung der ihm zustehenden Kontrolltätigkeit. Es bestand freilich durchaus die Gefahr einer Verdrehung dieser Absicht, sodass aus

---

[64] Ebd., Protokoll der 171. Sitzung des Ausschusses für Rechtswesen und Verfassungsrecht, 10.12.1956, S. 1–6, hier S. 6. Hervorhebungen im Original.

[65] Ebd., S. 12.

[66] Parlamentsarchiv, 2.–4. WP, Unterausschuss Wahl des Wehrbeauftragten, Schreiben des Vorsitzenden des Ausschusses für Rechtswesen und Verfassungsrecht (in Vertretung Dr. Arndt) an den Vorsitzenden des Ausschusses für Verteidigung (Dr. Jaeger), 5.2.1957.

[67] Parlamentsarchiv, Bd II 412, 2. Deutscher Bundestag – 204. Sitzung, Bonn, 11.4.1957, S. 11609–11627.

der »Brücke zwischen dem Volk und dem Parlament einerseits, der Bundes-
wehr und ihren Soldaten andererseits« eine Institution werden konnte, »die
Anlaß zu ständigem Misstrauen gegenüber der Bundeswehr«[68] geben mochte.
Aber dieses Argument konnte für die gesamte parlamentarische Kontrolle gelten, da deren Funktion weniger im Misstrauen lag, sondern vielmehr in der
generellen Wachsamkeit der demokratischen Organe[69]. Jedoch verhehlten die
Politiker nicht, dass dadurch ein gewisses Maß an Argwohn gegenüber der
Bundeswehr bestand, denn ihre Offiziere und Unteroffiziere kamen zu einem
nicht unerheblichen Teil aus der Wehrmacht. Zwangläufig stellten die politisch
Verantwortlichen die Frage nach der Verfassungstreue der Soldaten und wie
diese im Zweifelsfall erreicht werden konnte. Der Wehrbeauftragte sollte der
Idee nach der Vertreter des gesamten Deutschen Bundestages sein. Konnte er
diese Forderung aber erfüllen, wenn er, wie im Entwurf vorgesehen, nur von
einer einfachen Mehrheit der Abgeordneten gewählt wurde? Die SPD forderte
eine Zweidrittelmehrheit des Hohen Hauses, mehr als selbst für den Bundeskanzler oder den Bundespräsidenten notwendig war, um deutlich zu machen,
dass der Wehrbeauftragte das Vertrauen der Regierung und der Opposition
genoss. Dieser Forderung wollte die CDU/CSU unter keinen Umständen zustimmen, da sie sonst die Stimmen der SPD für die Durchsetzung eines Kandidaten gebraucht hätte. Dagegen bestanden die Regierungsparteien bei der
möglichen Abwahl auf einer Zweidrittelmehrheit[70]. Hier lag der Verdacht nahe,
dass bei einer Änderung der Mehrheitsverhältnisse im Deutschen Bundestag
der Amtsinhaber auf keinen Fall ohne die Stimmen der Opposition abberufen
werden konnte. Diese Ungleichgewichtung von Wahl und Abwahl bestärkte
deshalb den Eindruck, dass es sich dabei nur um eine Schutzkonstruktion für
den Kandidaten der damals übermächtigen Unionsparteien handelte. Dies war
kein glücklicher Entwurf, der deswegen auch in den Vermittlungsausschuss des
Bundestages verwiesen wurde, denn der Bundesrat stimmte ihm nicht zu[71]. Im
Vermittlungsausschuss einigte man sich schließlich auf eine Angleichung des
Verfahrens für Wahl und Abwahl mit Mehrheit der Mitglieder des Bundestages[72]. Dieser Kompromiss passierte dann sowohl den Bundestag als auch den
Bundesrat und konnte somit am 27. Juni 1957 in Kraft treten[73].
  Die politische Auseinandersetzung um die Formulierung eines Wehrbeauf-
tragtengesetzes zeigte sehr deutlich die unterschiedlichen Auffassungen zwischen Regierung und Opposition. Die Regierung hegte keine großen Sympa-
thien für die Einrichtung des Wehrbeauftragten. Wenn er aber schon geschaffen

---

[68] Ebd., S. 11613.
[69] Ebd., S. 11615.
[70] Ebd., S. 11609–11627, 11664–11669; vgl. S. 11669: »Das Gesetz ist mit Mehrheit verab-
      schiedet. (Zurufe von der SPD: Musste verabschiedet werden! – Ein Trauerspiel geht zu
      Ende!).«
[71] Ebd., Bundesrat – 176. Sitzung, 3.5.1957, S. 620–622.
[72] Ebd., 2. Deutscher Bundestag, Bundestagesdrucksache 3538, mündlicher Bericht des Aus-
      schusses nach Art. 77 GG (Vermittlungsausschuss) zu dem Gesetz über den Wehrbeauf-
      tragten des Deutschen Bundestages, 23.5.1957.
[73] Ebd., Bundesgesetzblatt (1957), Teil I, S. 652–654.

werden musste, dann stand er in der Prioritätenfolge weit unten. Zur Handlung gezwungen wurde sie erst, als die SPD-Fraktion im Deutschen Bundestag initiativ wurde. Führende Politiker der CSU, die sich mit dem Wehrbeauftragten wesentlich mehr anfreunden konnten als die Kollegen aus der Schwesterpartei CDU, sahen sich dadurch gezwungen, ebenfalls einen Entwurf vorzulegen, um sich nicht dem Verdacht der Verweigerung eines ausdrücklichen Verfassungsauftrages auszusetzen. Erstaunlicherweise schaffte es aber die CDU/CSU-Fraktion nicht, einen gemeinsamen Fraktionsantrag an den Deutschen Bundestag zu richten, das blieb vielmehr einzelnen verantwortungsvollen Mitgliedern überlassen. Dies bedeutete keinen guten Start für eine Institution des gesamten Deutschen Bundestages, die sich seinem Auftrag entsprechend um die Kontrolle der größten bewaffneten Macht in der Bundesrepublik Deutschland kümmern sollte. Die Differenzen um den Inhalt des Gesetzes gingen dagegen durch alle Reihen und machten aus parteipolitischen Gegnern politische Verbündete und umgekehrt. In den Abstimmungen gab es keine eindeutigen Ergebnisse, sondern es war jedes Mal der »Hammelsprung«[74] erforderlich. Besonders deutlich wurde die Absicht der Regierungsparteien, den Wehrbeauftragten zum parteipolitischen Gewährsmann abzuqualifizieren, in dem Bestreben, ihn zwar ohne Zustimmung der Opposition mittels einfacher Mehrheit wählen, aber durch das Erfordernis einer Zweidrittelmehrheit nicht ohne diese abwählen zu können. Dies führte schließlich zu der Kompromisslösung, dass eine Mehrheit der Mitglieder des Bundestages für die Wahl ausreichen sollte. Von der eigentlichen Absicht, dass es sich bei dem Wehrbeauftragten um einen Vertrauensmann des gesamten Hauses handeln sollte, blieb wenig übrig. Im Ergebnis degenerierte er erst einmal zum regierungsfreundlichen Parteipolitiker, der sich so auf keinen Fall zum Gegenspieler des Verteidigungsministers entwickeln konnte.

3. Das Amt mit personaler Wirkung

a) Die Kandidatenauswahl

Während der Planungsphase bis 1955 der zukünftigen deutschen Streitkräfte war deutlich geworden, dass ein zusätzliches Kontrollinstrument für die Armee eingeführt werden würde. Somit begann schon zu einem frühen Zeitpunkt, als die Formulierung der Wehrverfassung noch in vollem Gange war, die Diskussion um den möglichen Amtsinhaber. Bereits am 12. Januar 1955 behauptete

[74] Schubert/Klein, Das Politiklexikon, S. 130. »Parlamentarisches Abstimmungsverfahren, bei dem aufgrund vorheriger unklarer Stimmergebnisse die Abgeordneten den Plenarsaal verlassen müssen und durch eine mit Ja, Nein bzw. Stimmenthaltung bezeichnete Tür den Saal wieder betreten, sodass eine exakte Stimmauszählung möglich wird.«

»Der Spiegel«, dass der SPD-Wehrexperte Fritz Erler nach dem Willen christlich-demokratischer Sicherheitspolitiker mit den Aufgaben eines parlamentarischen Inspekteurs der Streitkräfte betraut werden solle. Diese Meldung wurde sogleich von der SPD-Fraktion als frei erfundene Kombination dementiert[75]. Das Manöver war durchsichtig, denn mit Erler wäre einer der wenigen profilierten Wehrexperten der Opposition in ein Amt geredet und damit ausgeschaltet worden, über das bisher zwar konzeptionell diskutiert worden war, dessen Ausgestaltung aber noch völlig offen erschien. Daher war die ablehnende Reaktion der SPD und Erlers keine Geringschätzung des Amtes, sondern erfolgte auf Grund des formoffenen status quo.

Das Gesetzgebungsverfahren erfolgte nämlich, wie bereits gezeigt, alles andere als hoffnungsvoll für die zukünftige Aufgabe. Durch das Wahlverfahren war klar, dass der Wehrbeauftragte nur ein CDU/CSU-Mitglied oder zumindest ein ihr genehmer Kandidat werden konnte. Folglich fokussierte sich die zukünftige Rolle allein auf den Amtsinhaber und sein Selbstverständnis, mit dem er seine Aufgabe ausfüllen würde. »Wichtiger als ›Perfektionismus‹ in der Gesetzesformulierung sei es«, so der Abgeordnete Lotze (CDU/CSU), »dass der Bundestag die Person des ersten Wehrbeauftragten äußerst behutsam auswähle, damit der rechte Grund für eine Tradition gelegt werde[76].« Der Wichtigkeit des Erfordernisses eines geeigneten Kandidaten waren sich alle Parteien bewusst. Entgegen der Vermutung, die aus dem Streit um das Wahlverfahren gezogen werden könnte, versuchten deshalb auch sämtliche Mitglieder des Verteidigungsausschusses, der mit der Kandidatenauswahl beauftragt worden war, einen Konsens in der Personalfrage zu finden. Die Anforderungen an den Amtsinhaber waren zumindest in der Theorie hoch gesteckt:

»Die Persönlichkeit allein ist entscheidend. Es handelt sich um die charakterlichen und geistigen Voraussetzungen. Wir verlangen vom Wehrbeauftragten in erster Linie Aufgeschlossenheit für die staatspolitischen Anliegen unserer Demokratie. Wir verlangen von ihm eine vertiefte Kenntnis der soziologischen, der sozialpsychologischen und vor allem der jugendpsychologischen Fragen unserer Zeit [...] Es kommt darauf an, dass er aus seiner eigenen Lebenserfahrung heraus mit den Schwierigkeiten vertraut ist, mit denen die junge Generation, die heute Soldat werden muss, zu ringen hat[77].«

Nach den Vorgaben des Gesetzes musste der zukünftige Wehrbeauftragte kein Jurist und gemäß der Diskussion im Fachausschuss wie im Plenum des Bundestages sollte er auch kein General gewesen sein. § 13 des Gesetzes legte fest, »vorschlagsberechtigt sind der Bundestagsausschuss für Verteidigung, die Fraktionen und so viele Abgeordnete, wie nach der Geschäftsordnung der Stärke der Fraktion entsprechen«[78]. Die Vorbereitung von parlamentarischen Entschei-

---

[75] AdsD, NL Erler, Mappennummer 11 (B), Veröffentlichungen 1955, Erklärung der SPD-Bundestagsfraktion, 11.1.1955.

[76] Parlamentsarchiv, Bd II 412, 2. Deutscher Bundestag , Protokoll der 171. Sitzung des Ausschusses für Rechtswesen und Verfassungsrecht, 10.12.1956, S. 17.

[77] Ebd., Protokolle des 2. Deutschen Bundestages, 204. Sitzung, 11.4.1957, Rede des Abgeordneten der CDU/CSU-Fraktion Dr. Kliesing, S. 1620.

[78] Ebd., Bundesgesetzblatt (1957), Teil I, S. 652–654.

dungen fand im zuständigen Fachausschuss statt, weshalb der Verteidigungsausschuss beauftragt wurde, den Fraktionen geeignete Kandidaten vorzuschlagen, um bei der Wahl eine möglichst große Mehrheit im Plenum des Bundestages zu erhalten. Dem im Verteidigungsausschuss mit Beschluss vom 8. Mai
1957 eingerichteten »Unterausschuss zur Vorbereitung der Wahl des Wehrbeauftragten« lagen auch bald über 100 Bewerbungen vor. Dabei sollte er »weder
ein General gewesen sein, noch einem Ministerium angehören. Es sollte möglichst ein evangelischer Norddeutscher sein«[79]. Zudem kamen auch ehemalige
Generalrichter der Wehrmacht und Staatsanwälte erst einmal nicht in Frage.
Jedoch führte dies wie die Einschränkung in Form der konfessionellen Festlegung zu Widerspruch, weil damit der Bewerberkreis zu klein geworden wäre[80].
Der größte Teil der Kandidaten bewarb sich persönlich, ein wesentlich kleinerer
Anteil wurde vorgeschlagen. Aufgrund der hohen Anzahl der Bewerber war es
erforderlich geworden, einen Anforderungskatalog zu erstellen:
(1) Er muss mit den wehrpolitischen Problemen vertraut sein,
(2) er muss den Sinn der Institution des Wehrbeauftragten begriffen haben, und
(3) er muss die vom Bundesministerium für Verteidigung mit dem Verteidi-
    gungsausschuss ausgearbeiteten Richtlinien für das innere Gefüge der Bun-
    deswehr bejahen.
Erstaunlich war hier vor allem, dass sich einige Kandidaten überhaupt nicht mit
dem Amt und seinem Aufgabenbereich auseinandergesetzt hatten. Sie kannten
weder den Entstehungszusammenhang für das Amt, noch hatten sie sich mit
dem Wortlaut des Gesetzes vertraut gemacht. Daher lag die Vermutung nahe,
sie hätten sich nur oberflächlich aus der Presse über das Amt informiert und
bewarben sich lediglich wegen der Stellung und attraktiven Besoldung. Zumindest sollten die Bewerber, so die Meinung im Unterausschuss, den Sinn der
Institution erfasst haben. Um eine Vorauswahl treffen zu können, wurden die
Kandidaten in drei Gruppen eingeteilt:
(1) Besonders geeignet, engere Wahl;
(2) geeignet, aber beispielsweise aus Altersgründen nicht in die engere Wahl zu
    ziehen; und schließlich
(3) keinesfalls in die engere Wahl zu ziehen[81].
Trotz der bereits hohen Zahl an Interessenten bestand aber die Möglichkeit
weiter, an besonders geeignete Kandidaten heranzutreten und als Bewerber zu
gewinnen. Außerdem wurden die Fraktionen beauftragt, zeitgerecht Persönlichkeiten anzusprechen, die für die Aufgabe in Frage kamen. Der Prozess der
Entscheidungsfindung sollte damit wesentlich abgekürzt werden, weil dann

---

[79] Parlamentsarchiv, 2.–4. WP, Unterausschuss Wahl des Wehrbeauftragten, Kurzprotokoll
der 1. Sitzung des Unterausschusses zur Vorbereitung der Wahl des Wehrbeauftragten,
27.6.1957, S. 1.
[80] Vgl. ebd., Kurzprotokoll der 162. Sitzung des Ausschusses für Verteidigung (6. Sitzung
gem. Art. 45 a II GG), 10.7.1957, S. 4.
[81] Ebd., Unterausschuss Wahl des Wehrbeauftragten, Kurzprotokoll der 1. Sitzung des
Unterausschusses zur Vorbereitung der Wahl des Wehrbeauftragten, 27.6.1957, S. 2.

zumindest die Zustimmung der jeweiligen Fraktion schon vorgelegen hatte[82]. Die Kandidatenlisten wurden in den Fraktionen eingehend diskutiert und geprüft. Als ungeeignet Eingestufte wurden gestrichen, für die Favoriten wurde Lobbyarbeit geleistet, um ihre Wahlchancen zu erhöhen[83]. Jedoch ließ die 1957 bevorstehende Bundestagswahl die Gefahr einer Instrumentalisierung des Amtes bei der Stellenbesetzung während künftiger Koalitionsabsprachen erahnen. Eine konstruktive Stellenbesetzung wurde demnach in Frage gestellt[84].

Durch die anhaltende Medienberichterstattung und das Interesse der Öffentlichkeit hatten sich viele Bewerber beim Präsidenten des Deutschen Bundestages, beim Vorsitzenden bzw. beim Sekretariat des Verteidigungsausschusses, bei einzelnen Abgeordneten, bei den Fraktionen und in Verkennung der gesetzlichen Grundlagen sogar beim Bundesminister für Verteidigung beworben. Somit standen mit dem als Stichtag festgelegten 17. Januar 1958 110 Bewerber oder Vorgeschlagene zur Auswahl. Von diesen wurden sechs in die engere Wahl gezogen, wobei 80 als geeignet eingestuft worden waren. Als Ausschlusskriterien wirkten zunächst erst einmal der ehemalige Dienstgrad eines Generals, die Stellung als amtierender Landesminister, ein zu hohes Lebensalter (60 Jahre) oder ein Beamtenstatus im Verteidigungsministerium. Bereits am 4. Juli 1957 stellten sich die sechs in die engere Wahl gefassten Kandidaten mit Genehmigung des Bundestagspräsidenten den Mitgliedern des Unterausschusses vor. Alle Herren hinterließen einen positiven Eindruck. Die Namen der Bewerber wurden dann den Fraktionsvorständen zur Entscheidungsfindung übermittelt, eine Entscheidung dann jedoch nicht mehr vor der Konstituierung des dritten Deutschen Bundestages getroffen.

In seiner konstituierenden ersten Sitzung des Verteidigungsausschusses vom 29. November 1957 beschlossen die Mitglieder daher, einen neuen Unterausschuss einzusetzen, der praktischerweise bis auf ein Mitglied wieder aus denselben Mitgliedern bestand wie bereits in der vorherigen Legislaturperiode. Somit konnte wenigstens auf die erneute Vorstellung der Kandidaten verzichtet werden. Eine wieder aufgeflammte Diskussion um eine Gesetzesnovellierung in Hinblick auf die Einführung eines Stellvertreters wurde durch die ablehnende Haltung der Fraktionen beendet. Sie erachteten diesen für nicht notwendig, weil zum einen der Behördenapparat möglichst klein gehalten werden sollte, zum anderen die Gefahr drohte, die Stelle nach dem Parteienproporz zu besetzten und damit als politische Funktion aufzuwerten; zudem sollten die Befugnisse ausschließlich der Person des Amtsinhabers vorbehalten bleiben. Für

---

[82] Ebd., S. 3 f.; Parlamentsarchiv, 2.–4. WP, Unterausschuss Wahl des Wehrbeauftragten, Schreiben des Vorsitzenden des Ausschusses für Verteidigung, Unterausschuss für die Vorbereitung der Wahl des Wehrbeauftragten an die Fraktionen der CDU/CSU, SPD, FDP, DP/FVP, GB/BHE, 27.6.1957.

[83] AdsD, NL Erler, Mappennummer 147 (B), Aktennotiz Fritz Erler, 15.6.1957, betreffend »Bewerbungen für das Amt des WB«.

[84] Ebd., Notiz vom 29.7.1957 betreffend »Bewerber für das Amt des WB«: »Fall Wahl erst im Dritten Bundestag, Gefahr, dass Sieger übermütig oder dass Wehrbeauftragter Gegenstand der Koalitionsabsprachen wird.«

eine Änderung des Gesetzes zu diesem Zeitpunkt deutete sich auch keine Mehrheit im Bundestag an. Zwar wurden zu den sechs bereits feststehenden noch zwei weitere Bewerber in die engere Auswahl genommen, die im Übrigen allesamt über eine juristische Qualifikation verfügten, die Mehrzahl war sogar in der Rechtspflege beschäftigt. Dies änderte aber letztlich nichts daran, dass sich der Unterausschuss in der Entscheidungsfindung überhaupt nicht bewegen konnte, sondern vielmehr weiterhin auf der Stelle treten musste, weil sich die Fraktionen auf keinen gemeinsamen Kandidaten einigen konnten[85]. Um aufgrund dessen endlich zu einer tragfähigen Entscheidung zu kommen, forderte der Ausschuss für Verteidigung die Bundestagsfraktionen erneut auf, untereinander Verbindung aufzunehmen und sich auf einen der vorgelegten Personenvorschläge zu einigen. Im Verteidigungsausschuss verwies man darauf, dass dort keine Notwendigkeit mehr gesehen wurde, weitere Bewerber zu betrachten und zu diskutieren[86].

Die für besonders geeignet eingestuften Bewerber fanden aber alle nicht die Zustimmung in den jeweiligen Fraktionen, weshalb die Kandidatenkür von neuem begonnen werden musste[87]. Etwaige Wunschkandidaten wie Klaus von Bismarck lehnten die Bewerbung ab, denn »für eine konstruktive Wahrnahme des Amtes, wie [er] sie für nötig halten würde, sehe [er] nur geringe Chancen, weil das Amt des Wehrbeauftragten sowohl nach dem Wortlaut des Gesetzes wie nach der Auslegung, die seine allgemeineren Formulierungen heute durch die Mehrheit des Parlaments erfahren, offenbar darauf beschränkt ist, Petitionen entgegenzunehmen und sie zu bearbeiten«[88]. Dabei bestand der mehrfach gehegte Verdacht, Bismarck habe, wie auch andere Kandidaten, das Wehrbeauf-

---

[85] Parlamentsarchiv, 2.–4. WP, Unterausschuss Wahl des Wehrbeauftragten, Bericht des Unterausschusses zur Vorbereitung der Wahl des Wehrbeauftragten durch den Berichterstatter Abg. Dr. Kliesing, 17.1.1958, S. 1–5.

[86] Ebd., Schreiben des stellvertretenden Vorsitzenden das Ausschuss für Verteidigung Merten an die Vorsitzenden der Bundestagesfraktionen der CDU/CSU, SPD, FDP und DP, 22.1.1958; ebd., Kurzprotokoll der 4. Sitzung des Unterausschusses zur Vorbereitung der Wahl des Wehrbeauftragten am 5.11.1958, 10.11.1958, S. 2.

[87] So auch bei dem Vorschlag Fabian von Schlabrendorff, einem Angehörigen des Widerstandes gegen Hitler, der in einem Brief sich wie folgt geäußert haben soll: »Meine Bedenken beziehen sich nicht auf meine Eignung, sondern auf die Zustimmung des Parlaments. Ich bin in politischer Richtung so eindeutig profiliert, dass wahrscheinlich viele Abgeordnete, die so denken wie etwa die ehemaligen Feldmarschälle Kesselring und Manstein, ein Hakenkreuz schlagen, wenn sie nur meinen Namen hören. Ob Eugen Gerstenmaier unter diesen Umständen seiner Person und der durch ihn vertretenen Sache einen Dienst erweist, wenn er auf mich verweist, wage ich zu bezweifeln. Sollte der Versuch wider Erwarten gelingen, so werde ich mich den mit dieser Position verbundenen Widerwärtigkeiten gerne stellen.« AdsD, NL Erler, Mappennummer 147 (A), Korrespondenz 1955–1966, Sicherheit – 5 – Sch-Z, Brief Eugen Gerstenmaiers an Fritz Erler betreffend »Haltung der SPD bei offiziellem Vorschlag v. Schlabrendorffs als WB«, o.J.

[88] Parlamentsarchiv, 2.–4. WP, Unterausschuss Wahl des Wehrbeauftragten, Schreiben Klaus von Bismarck an den Vizepräsidenten des Deutschen Bundestages Dr. Jaeger, 27.10.1958. Jedoch wurde ihm auch von Krone abgeraten das Amt zu übernehmen, da es nach dem Gesetz sehr beengt sei. ACDP, NL Heinrich Krone, I-028-063/2, Schreiben von Bismarck an Krone, 20.10.1958; Notiz Krone, 23.10.1958.

tragtengesetz nicht genau studiert. Durch die Publikation dieser Gründe in der Presse habe er, so Paul (SPD), das Amt in einer ungerechtfertigten Weise herabgemindert[89]. Selbst von ehemals eingeführten Negativkriterien ging der Ausschuss nun ab und schlug sowohl Parlamentsmitglieder als auch ehemalige Generale vor. So wurden der Generalleutnant a.D. und damalige Staatssekretär in Niedersachsen, Helmuth von Grolman, oder der Vizeadmiral a.D. Hellmuth Heye vorgeschlagen[90]. Um ein ähnliches Fiasko wie bei der ersten Kür zu vermeiden, wurde auch verabredet, der Presse gegenüber keine Namen zu nennen – da dies bisher durch Indiskretionen immer wieder geschehen war[91] – und darauf zu verweisen, dass niemand mehr offiziell geladen werde und erst die Zustimmung der Fraktionen vorliegen müsste[92]. So wurde dann auch verfahren. Die Namen wurden in den Fraktionen diskutiert und im Unterausschuss die Ergebnisse aus den Fraktionen abgefragt und verglichen. Im November 1958 kam es zu einer grundsätzlichen Einigung auf den Kandidaten von Grolman, für den auch Soldaten votierten: »Wir brauchen dringend den *Wehrbeauftragten*[93]!« Erst am 28. Januar 1958 wurde er dann endlich offiziell nominiert[94].

Das Gesetz über den Wehrbeauftragten war schon am 26. Juni 1957 im Deutschen Bundestag verabschiedet, die Bundeswehr offiziell bereits am 12. November 1955 aus der Taufe gehoben, faktisch war seit dem Januar 1956 mit der Aufstellung begonnen worden. Der erste Wehrbeauftragte wurde dagegen erst am 19. Februar 1959 auf Vorschlag des Verteidigungsausschusses mit 363 gegen 16 Stimmen bei 32 Enthaltungen gewählt. Die Bundeswehr, die er kontrollieren sollte, bestand mithin schon über drei Jahre. War er dann überhaupt noch er-

---

89 Parlamentsarchiv, 2.–4. WP, Unterausschuss Wahl des Wehrbeauftragten, Kurzprotokoll der 3. Sitzung des Unterausschusses zur Vorbereitung der Wahl des Wehrbeauftragten am 30.10.1958, 3.11.1958, S. 2. Vgl. auch Parlamentsarchiv, 2.–4. WP, Unterausschuss Wahl des Wehrbeauftragten, Aktenvermerk des Abgeordneten Ernst Paul, 19.6.1957: »Nach eingehender Durchsicht der für den Wehrbeauftragten vorliegenden Bewerbungen muss man zu der generellen Feststellung kommen, dass die überwiegende Anzahl der Bewerber überhaupt keine Vorstellungen von der Funktion des Wehrbeauftragten hat [...] Besonders bedauerlich ist, dass sich kaum einer der Bewerber ernsthaft mit dem Gesetz vertraut gemacht hat und dass man sich bestenfalls auf vorzeitige Zeitungsnachrichten stützte.«
90 ACSP, Protokolle der CSU-Landesgruppe im Deutschen Bundestag, LG – 3. WP, 1957–1961, Nr. 16, Vorstandssitzung der Landesgruppe, 1.7.1958. Hierin heißt es, dass Heye ein Angebot mit Zurückhaltung aufgenommen habe und nicht als Lückenbüßer gelten wolle. Deshalb bestehe Heye darauf, auch von der SPD mitgewählt zu werden.
91 Vgl. Parlamentsarchiv, 2.–4. WP, Unterausschuss Wahl des Wehrbeauftragten, Schreiben des Vorsitzenden des Verteidigungsausschusses Dr. Jaeger an von Bismarck, 13.10.1958.
92 Ebd., Kurzprotokoll der 3. Sitzung des Unterausschusses zur Vorbereitung der Wahl des Wehrbeauftragten am 30.10.1958, 3.11.1958, S. 4.
93 AdsD, SPD-Bundestagsfraktion, 3. WP, Mappe 450, Abschrift eines Auszuges an einen Brief des Deutschen Bundeswehr-Verbandes e.V., Standortkameradschaft Diepholz, 21.1.1959, an Karl-Wilhelm Berkhan. Hervorhebung im Original.
94 Parlamentsarchiv, 2.–4. WP, Unterausschuss Wahl des Wehrbeauftragten, Kurzprotokoll der 4. Sitzung des Unterausschusses zur Vorbereitung der Wahl des Wehrbeauftragten am 5.11.1958, 10.11.1958, S. 2 f.; ebd., Kurzprotokoll der 6. Sitzung des Unterausschusses zur Vorbereitung der Wahl des Wehrbeauftragten am 21.1.1959, 23.1.1959, S. 2; Parlamentsarchiv, Bd III/40, Kurzprotokoll der Ausschusses für Verteidigung, 28.1.1959, S. 1.

forderlich? Selbst von der Verabschiedung im Bundestag bis zur Ernennung bedurfte es noch knapp 19 Monate – eine viel zu lange Zeit. Jedoch hatten sich die Befürchtungen, wie anfangs von der SPD vermutet, wonach die Regierungsparteien über das Wahlverfahren ihren Kandidaten durchsetzen wollten, bei der ersten Wahl nicht bestätigt. Alle Beteiligten waren sehr auf einen Konsens in der Kandidatenfrage bedacht, um das Amt und die Person nicht schon von Beginn an durch ein schlechtes Abstimmungsergebnis zu beschädigen. Mit Grolman wurde dann nicht nur ein aktiver Landespolitiker im Staatssekretärrang, sondern auch ein ehemaliger Generalleutnant der Wehmacht gewählt. Eigentlich sollte genau dies mit den selbst aufgestellten Regularien vermieden werden. Somit waren sich die Abgeordneten hier untreu geworden. Jedoch war der Wunsch, einen politischen Konsens zu erreichen, wichtiger als die zuvor selbst aufgestellten Prinzipien. Der Deutsche Bundestag wählte mit ihm somit einen Offizier der königlich-preußischen Armee, einen Generalstabsoffizier der Reichswehr und Wehrmacht, der u.a. Divisionskommandeur und Chef des Generalstabes der Heeresgruppe Süd gewesen war[95].

Auf die Bitten zweier Frauenverbände aus dem Jahr 1957 hin, wonach »bei der Besetzung der Dienststelle des Wehrbeauftragten eine Frau an maßgeblicher Stelle einzusetzen« sei, war der Ausschuss dagegen überhaupt nicht eingegangen. Die Argumentation, dass gerade eine Frau und Mutter in den Fragen der Erziehung, Ernährung und Bekleidung der Wehrpflichtigen ein fundiertes Urteil beisteuern könne, war wohl nicht von der Hand zu weisen. Eine Frau als Wehrbeauftragte hätte im Übrigen das Vertrauen in diese neue Institution schon allein deswegen erhöht, weil Frauen eher kritischer und distanzierter, aber sicherlich auch vorurteilsbehafteter an die Kontrolltätigkeit bei der Bundeswehr herangegangen wären. Die Schreiben wurden zwar den Unterlagen angefügt, fanden aber bei der Entscheidungsfindung keine Berücksichtigung[96]. Zu damaliger Zeit ohnehin nicht mehrheitsfähig, hätte es zudem die Änderung des gerade erlassenen Gesetzes erfordert, da jeder Bewerber mindestens ein Jahr Wehrdienst geleistet haben musste. Somit wurde die politisch-historische Chance, eine dreifache militärpolitische Zäsur einzuleiten vertan: neben der Etablierung der ›Inneren Führung‹ und des Wehrbeauftragtenamtes eine Wehrbeauftragte des Deutschen Bundestages zu ernennen.

---

[95] BA-MA, Pers 6/586 und Msg 109/10846.
[96] Parlamentsarchiv, 2.–4. WP, Unterausschuss Wahl des Wehrbeauftragten, Schreiben Arbeitsgemeinschaft der Frauenverbände des Dillkreises an den Ausschuss für Verteidigung, 3.6.1957; Parlamentsarchiv, ebd., Schreiben des Frauenverbandes Hessen, Politische Überparteiliche Organisation, Landesverband im Deutschen Frauen-Ring an die Fraktionsvorsitzenden der Parteien im Deutschen Bundestag, 27.6.1957; vgl. dazu AdsD, Seliger-Archiv, NL Paul, Mappennummer 1148; Marcel Schulte, Der Wehrbeauftragte. In: Neue Presse, 2./3.3.1957, S. 2.

b) Die Zeit ohne Wehrbeauftragten

Obwohl in den Entwürfen für ein Gesetz über den Wehrbeauftragten mehrfach diskutiert und enthalten, wurde schließlich auf die Einführung und Ernennung eines Stellvertreters im Amt verzichtet. Die Bundeswehr dagegen wurde bereits seit 1956 struktur- und zielgerichtet aufgebaut, aber ein Wehrbeauftragter war immer noch nicht berufen worden. Den Präsidenten des Wehrdienstsenates wollte der Verteidigungsausschuss nicht mit der Vertretung beauftragen, obwohl das nach dem Sinn der Entstehungsgeschichte die praktikabelste Lösung gewesen wäre[97]. Somit führte der Verteidigungsausschuss gem. Art. 45 a II GG erst einmal selbst als Untersuchungsausschuss die Ermittlungen im Falle von schwerwiegenden Vorkommnissen in der Bundeswehr durch[98]. Trotzdem befasste sich der Fachausschuss auch mit scheinbaren Lappalien wie Beschwerden über die Verpflegung, zu hohe Kantinenpreise oder die Bereitstellung von warmem Wasser für die tägliche Körperhygiene[99]. Im Verteidigungsministerium nahm man solche Probleme sehr ernst und ordnete umfangreiche Überprüfungen der zuständigen Wehrbereichsverwaltungen an[100]. Sämtliche Vorwürfe wurden akribisch untersucht und zu jedem ausführlich Stellung bezogen. In dem betroffenen Verband, dem Panzergrenadierbataillon 15 in Wetzlar, fand auf Veranlassung des Bataillonskommandeurs eine Aussprache mit den Verantwortlichen der Wehrbereichsverwaltung (WBV) IV, den Beamten der Truppenverwaltung, den Mitgliedern des Verpflegungsausschusses und den Beschwerdeführern statt. Das Ergebnis dieses Gesprächs »ergab ein anschauliches Bild, welche Forderungen der Soldat an eine neuzeitliche Verpflegung stellt, wie sich erzieherische und organisatorische Fehler, bereits im Kompaniebereich, negativ auf die Verpflegung auswirken und damit Ursachen für die verschiedensten

---

[97] Der Wehrbeauftragte unterschied sich hier von seinem schwedischen Vorbild, da er über keinen ständigen, vom Parlament bestellten Stellvertreter verfügte, was in der Folge immer wieder, vor allem bei vorzeitigen Rücktritten vom Amt, eine wichtige Rolle spielen sollte. Das Amt sollte hier auf keinen Fall ruhen oder erlöschen; vgl. AdsD, NL Fritz Erler, Mappennummer 135 (C), Korrespondenz 1951-1963 Verteidigungsministerium und Verteidigungsausschuss, Gutachten des Regierungsassessors Dr. Möller über die Vertretung des WB, 19.7.1961, S. 2-4; vgl. zur Zeichnungsbefugnis in Vertretung des WB den Vermerk vom 28. und 29.3.1962 betreffend »Zeichnungsbefugnis des Dr. Engst in Vertretung des WB«. In: AdsD, NL Erler, Mappennummer 147 (B), Korrespondenz 1955-1966 – Sicherheit 5 – Sch-Z.

[98] Vgl. Parlamentsarchiv, 2.-4. WP, Unterausschuss Wahl des Wehrbeauftragten, Kurzprotokoll der 162. Sitzung des Ausschusses für Verteidigung (6. Sitzung gem. Art. 45 a II GG), 10.7.1957, S. 3.

[99] Es wurden auch Eingaben an die Mitglieder des Verteidigungsausschusses mit der Bitte um Hilfe und Behandlung gerichtet, so z.B. in der Sache eines Feldwebels wegen des Vorwurfs der Gehorsamsverweigerung gem. § 20 WStG; AdsD, NL Erler, Mappennummer 146 (C), Korrespondenz 1955-1966 – Sicherheit – Mu-S, Brief des Rechtsanwalts und Notars Hans R. betreffend »Gehorsamsverweigerung«, 21.5.1957.

[100] BA-MA, BW 1/98199, Schreiben des Ausschussreferenten des Ausschusses für Verteidigung an das BMVg, 20.8.1957, mit Anlage der Beschwerde; Der BMVtdg – IA4–5437/57 – an den Ausschussreferenten, 19.9.1957.

Klagen abstellen lassen«[101]. Das Gesamtergebnis der unvermuteten Wirtschaftsprüfung ergab zwar, dass die Bewirtschaftung im Wetzlarer Verband grundsätzlich nicht zu beanstanden sei, trotzdem wies man im Ministerium die zuständige Standortverwaltung an, mögliche Verbesserungen einzuleiten. Somit wurde die Beschwerde als erledigt betrachtet[102].

Durch den schnellen Aufbau der Bundeswehr, die neue ›Innere Führung‹ und die damit wenig vertrauten wehrmachtgedienten Unteroffiziere und Offiziere kam es aber vor allem zu erheblichen Reibungen in der Menschenführung. Der durch den Fronteinsatz militärisch ausgebildete und erzogene Soldat verfügte über andere Erfahrungen und Ansichten als ein im Friedens- und Garnisonsdienst sozialisierter Vorgesetzter. Der ›Frontkämpfer‹ hatte nunmehr Probleme, sich auf die Routine des Kasernen- und Ausbildungsdienstes einzulassen. In seinem Bericht für das Jahr 1959 wies der erste Wehrbeauftragte von Grolman auf diese Problematik hin. Er unterschied das Offizierskorps in fünf Kategorien:

(1) die höheren, kriegsgedienten Offiziere auf der oberen Führungsebene,
(2) die älteren, kriegsgedienten Offiziere auf der mittleren Führungsebene,
(3) die altersbedingt kriegsgediente Mittelschicht der Offiziere auf der unteren Führungsebene (diese Gruppe ist im Zusammenhang mit der Kategorie 4 zu betrachten, hier handelt es sich meist um Bataillonskommandeure),
(4) die kriegsgedienten Offiziere im Alter zwischen 35 und 40 Jahren, die noch den größten Anteil der Kompanien führten (vgl. Kategorie 3), und
(5) die Nachkriegsoffiziere.

Die über Fronterfahrungen verfügenden Offiziere stellten das Gros der unteren Führungsebene, waren aber von dem entscheidenden Nachteil einer kriegsbedingt kurzen Ausbildung gekennzeichnet. Deshalb bedurften sie im Friedensdienst sowohl in der Ausbildung als auch bei der Erziehung der Soldaten einer sorgsamen Anleitung[103].

Am 1. April 1957 rückten die ersten 10 000 Grundwehrdienstleistenden in die Kasernen ein. Bereits zwei Monate später, am 3. Juni 1957, passierte ein Vorfall, der wegen seiner Auswirkungen sowohl innerhalb der Bundeswehr als auch in der Öffentlichkeit als worst case scenario bezeichnet werden könnte. Der betroffene Verband war das Luftlandejägerbataillon 19 in Kempten/Allgäu, der Tatort der Fluss Iller und der Hauptverantwortliche ein als Zugführer eingeteilter 23-jähriger Stabsunteroffizier (früherer Dienstgrad Stabsoberjäger), der vor seinem Eintritt in die Bundeswehr in der Berliner Bereitschaftspolizei als Ausbilder und Gruppenführer eingesetzt gewesen war. Im Übrigen stammten alle Unteroffiziere aus der ehemaligen Wehrmacht, dem Bundesgrenzschutz oder der Bereitschaftspolizei. Das Geschehen umfasste, militärisch gesehen, das

---

[101] BA-MA, BW 1/98199, Schreiben der WBV IV – III A 3 – Tgb.Nr. 4256/57 an den BMVtdg – I A 4, 18.10.1957.
[102] Ebd., Schreiben BMVtdg – I A 4-Ge-63/57 an den Ausschussreferenten des Ausschusses für Verteidigung, 12.12.1957.
[103] JB 1959, S. 7–10. Ausführlicher zu dieser Typologie des Offizier- und Unteroffizierkorps siehe Schlaffer, »Schleifer« a.D.

Zusammentreffen sämtlicher unglücklicher Umstände: die Ausbildung war nicht durch den Dienstplan[104] abgedeckt und es fehlten für solch eine Ausbildung die vorgeschriebenen Sicherungsmaßnahmen. Vermutlich hätte sich niemand jemals darüber beschwert, selbst die betroffenen Soldaten wären nach der Ausbildung mit stolz geschwellter Brust in die Kaserne zurückgekehrt, wenn nicht jenes fatale Ergebnis eingetreten wäre. Was war geschehen? »Wir gehen jetzt einmal durch die Iller, wir müssen das im Ernstfall auch tun«, befahl der Stabsunteroffizier seinem 30 Mann starken Infanteriezug. Dem Grundsatz ›Führen durch persönliches Vorbild‹ folgend stieg er mit einem Maschinengewehr (dieses musste immer einer der kräftigsten und besten Soldaten der Gruppe tragen und bedienen) als erster in die Fluten und seine Männer folgten ihm. Dabei unterschätzten sie die Strömung des Flusses. Mit dem Mut des Verzweifelten versuchte der stellvertretende Zugführer noch zu retten, wer zu retten war. Schließlich verlor er innerhalb weniger Minuten die Hälfe seiner Soldaten: 15 Mann ertranken in der Iller[105]!

Wie sah die darauf folgende Reaktion aus? Der Bataillonskommandeur und der Kompaniechef wurden noch am Unglückstag vorläufig durch den Verteidigungsminister von ihren Dienstposten entbunden[106]. Beide kannten die Praxis des ›Iller-Marsches‹. Der Bataillonskommandeur machte ihn sogar von seiner persönlichen Billigung abhängig, weil das Risiko einer solchen Übung in keinem Verhältnis zum Gewinn stehe[107]. Der Kompaniechef und die originären Zugführer wussten um diesen Umstand, jedoch ließ sich nicht zweifelsfrei klären, ob auch der Stabsunteroffizier J. davon Kenntnis hatte. Der eigentliche, an diesem Tag fußkranke Zugführer, der 33-jährige kriegsgediente Stabsunteroffizier S., beobachtete das Geschehen von einer Brücke aus und konnte es nicht mehr rechtzeitig abbrechen. Trotzdem billigte er die Vorgehensweise seines Stellvertreters. Im Klartext hieß das: Alle für den Stabsunteroffizier maßgeblichen Vorgesetzten innerhalb des Bataillons wussten um die ›Iller-Ausbildung‹.

[104] Dieser lautete für Montag, 3.6.1957 der 2. Kompanie in der Zeit von 07.00–12.00 Uhr: »1.) Verhalten des Schützen als Feldposten. Beobachten und Melden. 2.) Schanzen, Tarnen und Täuschen. 3.) Das Verhalten des Schützen im Spähtrupp«; vgl. BA-MA, BH 1/2338, Mitteilung für die Presse Nr. 640/57 der Erklärung des BMVtdg Strauß, 26.6.1957, vor dem Bundestag, S. 4.

[105] Der Richter im »Iller-Prozess« fand eine erstaunliche Begründung für die Katastrophe: »Dann muss die Erscheinung, dass der von ihnen verehrte Führer [gemeint ist der StUffz J., der das Unglück verursacht hat] zum Strauchen kam, für sie furchtbar gewirkt haben, so furchtbar, dass sie danach die Fähigkeit zu überlegtem Handeln verloren.« Vgl. BA-MA, BW 2/2572, Urteil im Prozess Iller-Unglück, mündliche Urteilsbegründung, mitstenographiert in der Verhandlung, S. 4. Weiter siehe BA-MA, Msg 2/711, Beglaubigte Abschrift des Urteils der Großen Strafkammer des Landgerichts Kempten, 23.8.1957, S. 9 f.

[106] BA-MA, BH 1/2338, Aktennotiz für den InspH durch M Mack, 7.6.1957.

[107] Hier unterscheiden sich die Pressemitteilung und das Protokoll der Bundestagsitzung in der Funktion der anordnenden Person. In der einen Version ist vom »Bataillonsführer« und »Bataillonskommandeur« die Rede, in der anderen von »Bataillonskommandeur« und »Divisionskommandeur«. Vgl. BA-MA, BH 1/2338, Mitteilung für die Presse Nr. 640/57 der Erklärung des BMVtdg Strauß, 26.6.1957, vor dem Bundestag, S. 8 f.; Verhandlungen des Deutschen Bundestages, 2. WP 1953, Stenographische Berichte, Bd 37, Bonn 1957, S. 12650.

Mindestens die Stabsunteroffiziere S. und J. weiteten befehlswidrig ihren Auftrag aus, denn von einer Durchquerung der Iller war im Dienstplan keine Rede. Somit machten sich beide eines Dienstvergehens schuldig. Der Beweis, dass beide von dem grundsätzlichen Verbot des Bataillonskommandeurs und des Kompaniechefs Kenntnis hatten, konnte durch das Gericht allerdings nicht erbracht werden. Die unmittelbare Verantwortung trug der Stabsunteroffizier J., hier galt der militärische Grundsatz, dass Verantwortung unteilbar sei[108]. Er war über seinen Auftrag hinausgegangen und er hatte den Befehl gegeben[109]. Jedoch machten sich seine Vorgesetzten zumindest der Unterlassung schuldig. Bei einer eindeutigen und vorschriftgemäßen Befehlslage wäre der Vorfall wohl nicht passiert, denn der ›Iller-Gang‹ war bereits im Februar 1957 im Bataillon mindestens schon einmal praktiziert worden[110].

»Meist setzt sich eine unrichtige, aber dafür griffige Darstellung des ›Besonderen Vorkommnisses‹ in der Öffentlichkeit fest, die sich danach ihr Bild vom Militär überhaupt formt[111].« Die Macht der Medien bei der Berichterstattung über die Bundeswehr sowie die aggressive Art gerade über schwerwiegende Vorfälle zu informieren, war für den Soldaten eine neue Erfahrung. Nicht mehr die staatlich gesteuerte Meldung über heldenhafte Taten an der Front war jetzt die Realität, sondern eine argwöhnische, zum Teil stereotype und nicht mehr lenkbare, aber auch einer journalistischen Objektivität verpflichtete Presse. Mit der »Bild-Zeitung«[112] in der Medienlandschaft der Bundesrepublik Deutschland

---

[108] Vgl. Heeresdienstvorschrift (HDv) »Truppenführung« 100/1, S. 25, Nr. 50.

[109] ACDP, NL Volz, I-546-015/1, Opfer und Schuldfrage. Überspannung des militärischen Elitebegriffs. In: Bayerische Staatszeitung, 8.6.1957: »Der wahnwitzige Befehl, der zum Tode der jungen Menschen geführt hat, ist nämlich nicht mehr und auch nicht weniger das Zeugnis einer Geisteshaltung, wie sie in so genannten militärischen Eliteverbänden immer wieder und in allen Armeen angetroffen werden kann [...] Ein militärischer Führer, der nicht unterscheiden kann, wo die Grenzen einer kriegsnahen Ausbildung liegen und das Spiel mit der Gesundheit und dem Leben beginnt, ist untauglich. Er wird nämlich dann auch im Ernstfall seine Soldaten ohne Bedenken in sinnlose Unternehmungen jagen, denn die Gefallenen sind für ihn nur die Folge der Unberechenbarkeit des Krieges.«

[110] Dagegen sah das Gericht den StUffz S. und den KpChef OL S. auch nicht der Unterlassung für schuldig und stellte keine Pflichtverletzung fest. Vgl. BA-MA, BW 2/2572, Urteil im Prozess Iller-Unglück, mündliche Urteilsbegründung, mitstenographiert in der Verhandlung, S. 5; BA-MA, Msg 2/711, Beglaubigte Abschrift des Urteils der Großen Strafkammer des Landgericht Kempten, 23.8.1957, S. 13–15, hier S. 15: »S. und S. mussten demnach mangels ausreichendem Schuldnachweises freigesprochen werden.« Aufgrund dieses Unglücks an der Iller ordnete der InspH eine umfangreiche Untersuchung an und äußerte deutliche Worte an die Kommandeure, um solche Vorfälle für die Zukunft auszuschließen. Vgl. BA-MA, BH 1/2338, Folgerungen aufgrund des Unglücks an der Iller, 1. Entwurf, o.D.; Abschrift des Kommandeurbriefes Nr. 2 des InspH – Fü H I 3, 3.7.1957.

[111] Meyer, Menschenführung im Heer der Bundeswehr, S. 229. Dieser Bewertung Meyers ist grundsätzlich zuzustimmen. Dagegen ist »unrichtig« sehr hart formuliert, das Wort »tendenziell« käme der Sachlage eher nahe.

[112] Vgl. Jahrbuch der öffentlichen Meinung 1965–1967, S. 337. Bei einer Befragung von so genannten »Respektspersonen« 1965 wurde die »Bild-Zeitung« mit durchschnittlich 33 % bereits an dritter Stelle der Institutionen mit dem größten Einfluss auf das politische Leben in der BRD genannt. Davor rangierten nur noch »Der Spiegel« mit 35 % und die »Gewerkschaften« mit 68 %.

änderte sich auch die Berichterstattung[113]. Die politisch notwendig gewordene, aber gesellschaftlich nicht unbedingt frenetisch begrüßte Bundeswehr und ihre Soldaten fanden sich sehr schnell im ›Fadenkreuz‹ der Presse. Im freien Wettbewerb der Medien sollte der wirtschaftliche Erfolg die Art der Berichterstattung dominieren. Neben den Medien verfügte die Öffentlichkeit aber auch noch über Informationen von aktiven und ehemaligen Soldaten der Bundeswehr, aus den Berichten des Wehrbeauftragten oder der Öffentlichkeitsarbeit der Bundeswehr. Jedoch entfalteten hier die Medien auf Grund ihres Verbreitungsgrades und der Schnelligkeit der Berichterstattung die bei weitem größte Wirkungsmächtigkeit in der öffentlichen Meinungsbildung[114]. Eine negative Berichterstattung über die Bundeswehr prägte somit auch das Bild in der Öffentlichkeit. Rückwirkungen auf die Nachwuchsgewinnung lassen sich zu diesem Zeitpunkt nur vermuten, erscheinen aber im Hinblick auf die allgemeine Berufswahl, die Wahl der Teilstreitkraft oder Truppengattung durch Freiwillige durchaus als plausibel. Für das Jahr 1963 dagegen wurde dieser Zusammenhang von der militärischen Führung bei der Personalrekrutierung berücksichtigt[115]. Denn gerade in der Werbung des Unteroffiziernachwuchses lag während der gesamten Aufbauphase ein Hauptproblem der Bundeswehr[116]. Bei einer Befragung des Instituts für Demoskopie in Allensbach vom Juli 1957 sahen 75 % (Basis 138 %, da in diesem Listenverfahren Mehrfachnennungen möglich waren) die Ursachen in dem zu raschen Aufbau der Bundeswehr und dem damit einhergehenden Mangel an geschulten Ausbildern, dem Versagen des Stabsunteroffiziers und der verantwortlichen Offiziere. 58 % machten dagegen die mangelhafte Ausrüstung der Soldaten, die Unterschätzung der Strömung durch den jugendlichen Leichtsinn aller Beteiligten oder eine Kette von unglücklichen

---

[113] Vgl. hierzu auch die Ausführungen des WB Hoogen in seinem Bericht 1964: »Einige Massenkommunisationsmittel [sic!] verunglimpfen die Bundeswehr und die in ihr dienenden Soldaten, und zwar Berufssoldaten, Soldaten auf Zeit und auch in Erfüllung ihrer Wehrdienstpflicht dienende Soldaten in einer Art und Weise, die mit erwünschter und zulässiger Kritik und Wahrnehmung öffentlicher Interessen nichts mehr zu tun hat.« JB 1964, S. 10.

[114] Vgl. Jahrbuch der öffentlichen Meinung 1958–1964, S. 472. Von den befragten Personen hatten im Juli 1957 immerhin 97 % von dem Unglück in der Iller gehört oder gelesen.

[115] BA-MA, BH 2/118J, Protokoll über die Inspizientenbesprechung, 7.10.1963, S. 3: »In den Jahren 1965/66/67 ist mit schwachen und qualitativ schlechteren Jahrgängen zu rechnen. Zur Bedarfsdeckung muss auf andere Jahrgänge zurückgegriffen werden, dadurch auch geringeres Reservoir für Führernachwuchs. Presseveröffentlichungen über Bundeswehr wirken sich nachteilig aus. Bei anhaltender Wirtschaftskonjunktur ist außerdem Besserung der Personallage des Heeres nicht zu erwarten.«

[116] Vgl. JB 1959, S. 7–9; JB 1967, S. 4 f. Deutlich für den Bereich des Heeres und vor allem für die Kampftruppen machten die so genannten »Hauptleute von Unna« auf das Problem der Nachwuchsgewinnung aufmerksam. Vgl. BA-MA, BW 2/10790, Anlg. zur »Information für die Kommandeure«, Nr. 3/71 betreffend »Niederschrift der Ergebnisse einer Arbeitstagung von Hauptleuten (KpChefs) 7. PzGrenDiv im Dezember 1970.

Die Leiche eines am 3.6.1957 in der Iller verunglückten Soldaten wird geborgen.
picture-alliance/dpa/Klaus Heirler

Lokaltermin am Schauplatz des Illerunglücks während des ersten Verhandlungstages am 20.8.1957.
picture-alliance/dpa/Klaus Heirler

Am 3.6.1957 waren bei einer Geländeübung 15 Soldaten in der Iller bei Kempten ertrunken.
Im Sitzungssaal des Kreistages von Kempten wurde am 20.8.1957 der Prozess eröffnet.
picture-alliance/dpa/Gerhard Rauchwetter

Umständen für das Unglück verantwortlich[117]. Dieses Ergebnis zeigt, dass die interessierte Öffentlichkeit bereits 1957 gut informiert worden war, aber auch differenziert die Ereignisse bewertete. Die Probleme innerhalb der Bundeswehr hinsichtlich des Personals waren nicht unbekannt und es wurde durchaus mit Verständnis darauf reagiert[118].

Dieser Vorfall zeigte, dass ›Innere Führung‹ und Dienstvorschriften allein ohne eine geistige Rezeption der Soldaten noch keine Garantie für ihre Umsetzung im militärischen Alltag sein konnte. Wie dringend eine zusätzliche Instanz zu bisherigen Rechtsbehelfen war, zeigt allein die Zahl von 3368 Eingaben in sechs Monaten seit Arbeitsfähigkeit des Amtes des Wehrbeauftragten im Jahr 1959. Und diese Eingaben sind nicht nur auf die Möglichkeit zurückzuführen, sich endlich ohne Einhaltung des Dienstweges über den Vorgesetzten beschweren zu können, sondern offenbarten gravierende Mängel sowohl in der Menschenführung als auch in der Fürsorge für die Soldaten der Bundeswehr[119].

4. Vergleich zwischen dem schwedischen Vorbild und dem deutschen Pendant

Was in der Dienststelle Blank konzeptionelle Arbeit war und durch die westdeutsche Wehrverfassung formaljuristisch später zum Ausdruck kam, war in Schweden schon längst Realität. Denn dort wurde schon seit über zehn Jahren die Armee an die demokratische Staatsverfassung angepasst. Gerade im Bereich der ›Inneren Führung‹ hatten sich erstaunliche Parallelen gezeigt, wenn auch nicht alle schwedischen Innovationen eins zu eins übernommen werden konnten. Bei der Analyse des schwedischen Modells für die Übertragbarkeit auf eine künftige Bundeswehr mussten 1954 berücksichtigt werden:
»1.) Die geographische Lage und militärpolitische Situation Schwedens lässt es als sicher erscheinen, dass die schwedischen Streitkräfte nur im eigenen Land eingesetzt werden; darauf sind alle Lösungen abgestellt. Demgegenüber sind die europäischen Kontingente wesentlich mobiler und müssen auch schon in Friedenszeiten zur Verwendung ausserhalb des Heimatlandes verfügbar sein.

---

[117] Jahrbuch der öffentlichen Meinung 1958-1964, S. 472. Vgl. zur Berichterstattung auch BA-MA, BH 8-9/148. Dieser Ordner umfasst eine umfangreiche Pressedokumentation zum »Iller-Unglück«.

[118] Jedoch darf bei einer solchen Listenbefragung nicht vergessen werden, dass die Antworten vorgegeben sind und lediglich angekreuzt werden mussten, weshalb sich der exakte Grad der eigenen Kenntnisse und der Unteilsfähigkeit der Befragten (der statistisch repräsentative Querschnitt der erwachsenen Bevölkerung ab 16 Jahre im gesamten Bundesgebiet, inklusive West-Berlin umfasste hier 1000 Personen) nicht feststellen lässt.

[119] JB 1959, S. 41-43, Anlg. 2.

2.) Die soziale und wirtschaftliche Struktur des Landes nach rund 30-jähriger stabiler sozialistischer Regierung unterscheiden sich erheblich von der der mitteleuropäischen Staaten.

3.) Die Verflechtung nationaler und europäischer Kompetenzen gegenüber den Streitkräften der EVG erfordern besondere Beachtung auch bei der Regelung der Fragen der Inneren Führung[120].«

Wie die schwedische Demokratie im Gesamten stellte der Militärbeauftragte im Einzelnen eine konsolidierte, in der schwedischen Verfassung verankerte und von der Öffentlichkeit respektierte Institution. Aus seinem Verfassungsauftrag schöpfte er seine Autorität und seine Kompetenzen. Ein etwaiges deutsches Pendant bedurfte daher auch einer Grundgesetzänderung[121]. Im Gegensatz zu dem schwedischen Weg entschieden sich die deutschen politischen Entscheidungsträger, wie die Dänen, zu einem kurz gehaltenen Zusatz der Verfassung. Somit wurde eine große Debatte über die Ausgestaltung des Amtes im Plenum des Deutschen Bundestages vermieden und in die mit der Ausarbeitung des Gesetzes beauftragten Verteidigungs- und Rechtsausschüsse verlagert. Die Debatten im Bundestag wurden zwischen den politischen Gegnern hart in der Sache geführt, nahmen aber für eine wehrverfassungsmäßige Änderung von solcher Dimension einen zu geringen Raum ein. In Schweden herrschte im Gegensatz dazu ein grundsätzlich anderer Umgang mit der Kontrolle der exekutiven Gewalt. Neben dem Militärbeauftragten existierte dort auch der für die Justiz. Die Armee unterlag nicht als alleiniger Bereich der Exekutive der verstärkten Kontrolle durch ein Hilfsorgan der Legislative. Der Kontrollauftrag umfasste vielmehr sämtliche Bereiche der öffentlichen Verwaltung: Der Justizombudsmann als Kontrolleur der zivilen Handlungen auf überregionaler Ebene, der Militärombudsmann als Spezialist für militärische Aktionen und der Kronanwalt des Königs für die kommunalen Verwaltungsakte. In Dänemark dagegen schuf man einzig einen Beauftragten für sämtliche Bereiche der öffentlichen Verwaltung, während sich der Wehrbeauftragte des Deutschen Bundestages lediglich auf die Bundeswehr zu konzentrieren hatte. Ein gewisses Maß an Misstrauen, trotz der ständigen anderslautenden Erklärungen der politischen Schöpfer, gegenüber dem größten Waffenträger der Nation war hier unverkennbar. Für alle anderen Bereiche der zivilen vollziehenden Gewalt reichten die bereits geschaffenen Kontrollmechanismen aus. Das Militär musste dagegen noch speziell überprüft werden, um dort besonders schnell und unmittelbar wirksam werden zu können.

Wäre das schwedische Vorbild in unverfälschter Form übernommen und der Wehrbeauftragte innerhalb einer Europaarmee eingeführt worden, wären Konflikte mit den Partnern und den Konzepten in der Europäischen Verteidigungsgemeinschaft (EVG) vorprogrammiert gewesen. Denn viele Kontrollbereiche hätten sich dann auf europäische Kompetenzen erstreckt. In der Folge wären

[120] Vgl. BA-MA, BW 9/71, Stellungnahme für Herrn Blank zum Bericht der Studienkommission des Bundestags-Ausschusses für Fragen der europäischen Sicherheit über die Schwedenreise im Januar 1954 der Abteilung II/1 [de Maizière, d.Verf.], 16.3.1954, S. 1 f.
[121] Ebd., S. 3.

selbst die Disziplinarordnung und das Militärstrafrecht allmählich europäisch geworden. Vor allem wäre es äußerst zweifelhaft gewesen, ob die übrigen westeuropäischen Partner überhaupt zur Übernahme dieses skandinavischen Modells zu bewegen gewesen wären. Somit stellten sich folgende Fragen: Welche Kontrollmöglichkeiten wären für einen deutschen Wehrbeauftragten dann noch bestehen geblieben? Hätten diese dann eine Verfassungsstellung gerechtfertigt? Wie wären die Kompetenzen geregelt worden[122]? Auf diese wichtige Problematik wies de Maizière als Vertreter des Amtes Blank bereits bei den Beratungen des Berichts der Studienkommission am 18. März 1954 im Sicherheitsausschuss eindringlich hin[123]. Mit dem bald darauf folgenden Scheitern der EVG wurden diese Fragen obsolet, jedoch wäre es vermutlich, und dies lässt sich mit hoher Wahrscheinlichkeit folgern, zu keinem deutschen oder gar europäischem Wehrbeauftragten innerhalb einer europäischen Wehrverfassung gekommen, da solch eine Institution keiner Tradition in westeuropäischen Armeen entsprach. Ein Scheitern hätte aber weniger an der deutschen, sondern eher an der französischen Seite gelegen, die ›ihre Armee‹ vermutlich niemals der Kontrolle einer solchen Institution unterworfen hätte.

Im Komplex der ›Inneren Führung‹ waren sich die Praxis in der schwedischen Armee, das westdeutsche Konzept während der Zeit im Amt Blank und die Realität in der Bundeswehr ähnlich. Viele Errungenschaften der Schweden fanden auch in den deutschen Überlegungen ihren Niederschlag, jedoch waren die Reformen in der Bundeswehr nicht so weitgehend wie in Schweden. Die Verlagerung der Personalpflege von rein militärischen auf eine Mischung mit zivilen Fachkräften wurde zwar als positiv bewertet, sollte sich aber nur auf die Felder Beratung und Unterstützung beziehen. Die unteilbare Verantwortung des Disziplinarvorgesetzten in der Truppe musste dagegen nach deutschen Vorstellungen unberührt bleiben. Die in Schweden eingesetzten Personalausschüsse blieben nützliche Organe des gegenseitigen Informationsaustausches zwischen Führern und Untergebenen ohne Entscheidungsbefugnis, lediglich als Möglichkeit der Rückkopplung. Diese Funktion erhielt in der Bundeswehr der Vertrauensmann als Bindeglied zwischen den Vorgesetzten und den Kameraden in der Dienstgradgruppe[124]. Ein Gremium der Mitbestimmung oder gar Mitentscheidung im militärischen Führungsvorgang war nicht praktikabel und lief auch dem ungeteilten Führungsprinzip zuwider. An dem Kernprinzip deutscher militärischer Führungstradition, dem Führen mit Auftrag[125], wurde nicht gerüttelt, dies blieb vielmehr ein bestimmender Faktor der neuen ›Inneren

[122] Ebd., S. 2.
[123] Parlamentsarchiv, 2. WP, VtdgA, Stenographisches Protokoll der 9. Sitzung des Ausschusses für Fragen der europäischen Sicherheit (6. Ausschuss), 18.3.1954, S. 13.
[124] BA-MA, BW 9/71, Stellungnahme für Herrn Blank zum Bericht der Studienkommission des Bundestags-Ausschusses für Fragen der europäischen Sicherheit über die Schwedenreise im Januar 1954 der Abteilung II/1 [de Maizière, d.Verf.], 16.3.1954, S. 3; Vom künftigen deutschen Soldaten, S. 44–46.
[125] Vom künftigen deutschen Soldaten, S. 89.

Führung‹ der Bundeswehr und ein Wesensmerkmal des motivierten und einsichtigen Soldaten.

Die Einbettung der schwedischen Militärstrafgesetze in das allgemeine Strafgesetzbuch war lediglich eine Formalangelegenheit, in der Anwendung daher unproblematisch. Deshalb wollte man die bisherige deutsche Tradition nicht ändern und beließ es bei der eigenständigen Variante. Dagegen wäre eine Übertragung der Zuständigkeit auf zivile Gerichte für eine deutsche Armee innerhalb der EVG durchaus problembehaftet gewesen, weil die geplanten europäischen Streitkräfte mobil einsetzbar sein sollten und daher über ihre eigenen, ebenfalls ortsungebundenen Gerichte verfügen mussten. Zudem gab es bereits in Schweden selbst Kritik über die Verfahren vor den Zivilgerichten, da vermehrt die Ahndung im zeitlichen Verzug zur Begehung der Tat gestanden hatte[126]. An einer Fortsetzung der Militärgerichtsbarkeit wie zu Zeiten der Wehrmacht wurden allerdings in Deutschland keine Gedanken verschwendet. Es war klar, dass in der Bundeswehr andere Wege gegangen werden mussten. So wurde zwar ein gesondertes Wehrstrafgesetz beschlossen, jedoch waren für die Rechtsprechung auf dieser Basis zivile Gerichte zuständig[127]. Lediglich für die Bereiche des Disziplinarwesens, also bei Maßnahmen, die über einfache Disziplinarmaßnahmen hinausgingen, wurden militärische Truppendienstgerichte eingerichtet, deren Vorsitzende Richter immer zivile Berufsjuristen sein mussten, lediglich die Beisitzer waren Soldaten. Zu jeder gegen einen Soldaten gerichteten Maßnahme konnte der Betroffene eine Beschwerde als Rechtsmittel einlegen, sodass die Rechtmäßigkeit überprüft werden konnte[128].

Im Bereich der staatsbürgerlichen Pflichten und des staatsbürgerlichen Unterrichts stimmten die schwedische Praxis und die deutsche Theorie schon weitestgehend überein, das deutsche Konzept ging sogar über die schwedische Anwendung hinaus. Auch die gewerkschaftliche Organisation der Längerdienenden/Berufssoldaten ohne politische Zielvorgabe und ohne die Möglichkeit der Mitbestimmung waren für die deutschen Planer von Interesse. Dagegen gingen die schwedischen Regelungen des Innendienstes über die deutschen Vorstellungen hinaus. Das Fehlen eines Vorgesetztenverhältnisses und der Wegfall der Grußpflicht außer Dienst sowie des Zapfenstreichs entsprachen

---

[126] BA-MA, BW 9/71, Stellungnahme für Herrn Blank zum Bericht der Studienkommission des Bundestags-Ausschusses für Fragen der europäischen Sicherheit über die Schwedenreise im Januar 1954 der Abteilung II/1 [de Maizière, d.Verf.], 16.3.1954, S. 3.

[127] Jedoch sollten sich auch in der Bundeswehr bald Probleme mit diesem System einstellen: »Man erhoffte, auf diese Weise den aus der Vergangenheit bekannten Missbrauch der Disziplinargewalt und die drakonischen Urteile von so genannten Kriegsgerichten vermeiden zu können. In der Praxis hat sich diese gut gemeinte Vorstellung als Nachteil für die Soldaten erwiesen. Die mit den Verhältnissen des militärischen Dienstes nicht vertrauten Zivilgerichte verurteilen die Angehörigen der Bundeswehr bei strafbaren Handlungen weit schärfer, als es wahrscheinlich Truppendienstgerichte oder Disziplinarvorgesetzte in Friedenszeiten tun würden.« AdsD, NL Erler, Mappennummer 147 (B), Schreiben Fritz Erler an Alfred Weidner, 16.10.1959.

[128] Vom künftigen deutschen Soldaten, S. 38–44.

nicht den Gedanken der Mitarbeiter im Amt Blank[129]. Im Bereich des Innendienstes unterschieden sich daher das deutsche Konzept und die Praxis von der schwedischen Realität doch erheblich, denn hier gingen den deutschen Planern die Schweden zu weit[130]. Eine zu starke Zivilisierung des Militärischen, vor allem außer Dienst, wollte man dann doch nicht, vielmehr musste eine Balance zwischen dem zur Aufrechterhaltung der militärischen Ordnung und Disziplin Notwendigen und dem Freiheitsanspruch des soldatischen Individuums gefunden und praktiziert werden.

Die schwedische Praxis übertraf insgesamt das deutsche Konzept, so weit wollten selbst die Reformer in der Dienststelle Blank nicht gehen. Eine »kritiklose Übernahme, ohne Prüfung der Anwendbarkeit für deutsche und europäische Verhältnisse ist allerdings abzulehnen«. Insgesamt gesehen, war die schwedische ›Innere Führung‹ aber »eine beruhigende Bestätigung unserer eigenen Konzeption«[131]. »Kann eine Armee, die 150 Jahre lang keinen scharfen Schuss mehr abgegeben hat – jedenfalls nicht auf einen Feind -, in ihrer derzeitigen Entwicklung auf uns als Beispiel wirken[132]?« Ein scheinbarer Widerspruch zu der Bewertung im Amt Blank. Dies galt umso mehr unter Berücksichtigung der Tatsache, dass die schwedische Armee nur eine Stärke von ca. 30 000 Soldaten umfasste, während die Forderung der Westalliierten für die Bundeswehr von beinahe 500 000 Mann ausging. Wie groß musste dann der Apparat eines deutschen Wehrbeauftragten sein? Der Abgeordnete Jaeger sah von daher den Aufbau einer umfangreichen Bürokratie voraus. Die Ausmaße einer Ministerialbürokratie nahm das deutsche Pendant zwar nicht an, jedoch konnte es mit dem schlanken Apparat der Schweden nicht sein Bewenden haben. In der Frage des Vorbildcharakters einer Friedensarmee wie die der Schweden für eine deutsche Armee, die sich in einer Frontstellung im Kalten Krieg befinden würde, lagen die Antworten dennoch eng beieinander. Auch Schweden war ein Frontstaat, vor allem in der emotionalen Bindung zum kleinen Nachbarn Finnland, und bereitete sich auf eine Verteidigung gegen eine mögliche Invasion sowjetischer Streitkräfte vor. Der Charakter der zukünftigen Streitkräfte sollte durchaus der einer Verteidigungsarmee sein. Deren Funktion war es, kampfbereit zu

---

[129] BA-MA, BW 9/71, Stellungnahme für Herrn Blank zum Bericht der Studienkommission des Bundestags-Ausschusses für Fragen der europäischen Sicherheit über die Schwedenreise im Januar 1954 der Abteilung II/1 [de Maizière, d.Verf.], 16.3.1954, S. 4.

[130] Vom künftigen deutschen Soldaten, S. 46–54.

[131] BA-MA, BW 9/71, Stellungnahme für Herrn Blank zum Bericht der Studienkommission des Bundestags-Ausschusses für Fragen der europäischen Sicherheit über die Schwedenreise im Januar 1954 der Abteilung II/1 [de Maizière, d.Verf.], 16.3.1954, S. 5; Interview des Verf. mit Gen. a.D. Ulrich de Maizière; Parlamentsarchiv, 2. WP, VtdgA, Stenographisches Protokoll der 9. Sitzung des Ausschusses für Fragen der europäischen Sicherheit (6. Ausschuss), 18.3.1954, S. 20. Blank entgegnete auf die Frage, was er aus dem schwedischen Vorbild für seine Arbeit übernehmen könnte: »Es gibt eine ganze Reihe solcher Bestimmungen, die dem entsprechen, was wir beabsichtigen.«

[132] Parlamentsarchiv, 2. WP, VtdgA, Stenographisches Protokoll der 9. Sitzung des Ausschusses für Fragen der europäischen Sicherheit (6. Ausschuss), 18.3.1954, S. 16. Zu Schweden während des Zweiten Weltkrieges siehe European Neutrals and Non-Belligerents.

sein, um nicht kämpfen zu müssen. Somit waren die Verhältnisse dann doch vergleichbar[133].

Franz Josef Strauß forderte als Vorsitzender des Sicherheitsausschusses 1953 für die Ausformulierung der ›Inneren Führung‹ zu einem Konzept folgende zentralen Grundlagen zu berücksichtigen:

»4. Es besteht heute in Deutschland noch keine fest gefügte Staatsgesinnung. Auf diesen Umstand muss jede Formulierung Rücksicht nehmen. Andererseits sollte man sich darüber klar sein, dass die Formulierung auch auf die werdende Staatsgesinnung einwirkt [...]

6. Die Wehrform und ihre innere Struktur sind weitgehende Spiegelbilder der gesellschaftlichen Verhältnisse [...]

9. Der Wert der deutschen Divisionen ist nicht mathematisch festzustellen. Er hängt davon ab, ob im Soldaten wirkliche Impulse ausgelöst werden können. Dies hängt wieder damit zusammen, dass der Armee Grundlagen gegeben werden, die von der breiten Öffentlichkeit bejaht werden[134].«

Den deutschen Politikern und Militärs war klar, dass die Gesellschaft der Bundesrepublik und vor allem ihre Ordnung eine andere als vor 1945 war. Der Begriff »Stunden Null«[135] für die unmittelbare Nachkriegszeit entbehrt jeder Grundlage und ist rein plakativ zu verstehen, da sowohl organisatorische, strukturelle und personelle Kontinuitäten aus dem ›Dritten Reich‹ in die Bundesrepublik hinein zu erkennen sind. Aber die zukünftige deutsche Armee brauchte eine Binnenstruktur, die den Soldaten anders als in der Wehrmacht nur so weit in seiner Individualität einschränkte, wie es militärisch zur Auftragserfüllung unbedingt erforderlich war, sodass dieser seinen Dienst motiviert ausführt. Die militärische Schlüsselqualifikation ›Motivation‹ wurde als Erfolgsgarant moderner Streitkräfte angesehen. Der spezialisierte Soldat bedurfte eines Anreizes zur erfolgreichen Auftragserfüllung, die bloße Androhung von Sanktionen und die Angst der Soldaten vor diesen erschufen blanken Befehlsgehorsam, durch den deutsche Streitkräfte kurz vorher schon einmal in den Untergang marschiert waren. Der Anreiz musste vielfältiger Natur sein: Sold, Status, Sinngebung, Rechtsschutz, Vaterlandsliebe etc. Darüber waren sich die Schöpfer einer Wehrverfassung und einer ›Inneren Führung‹ im Klaren. Das Staatssystem, die Gesellschaftsordnung und das Kriegsbild hatten sich geändert, damit war es zwangsläufig, dass sich auch das Subsystem Militär in seinem Innenleben ändern musste. Der gegenwärtige Kalte Krieg umfasste nicht nur den möglichen Kampf auf dem Schlachtfeld, sondern schon im Frieden die

---

[133] Auch wenn der WB Heye beim Besuch einer schwedischen Parlamentsdelegation und des Militärbeauftragten darauf hinwies, dass die politischen, psychologischen und menschlichen Situationen kaum vergleichbar seien, gab es doch etliche Parallelen. ACDP, NL Heye, I-589-001/9, Notiz für den Besuch der schwedischen Parlamentsdelegation und des schwedischen Militärbeauftragten, o.D.

[134] Parlamentsarchiv, 1. WP, VtdgA, 1.–41. Sitzung, Kurzprotokolle, 15.7.1952–4.8.1953, Kurzprotokoll der 36. Sitzung des Ausschusses für Fragen der europäischen Sicherheit, 24.6.1953, S. 6.

[135] Vgl. Hoffmann, Stunden Null?

moralische Auseinandersetzung mit einem Gegner, der den eigenen sozialen, wirtschaftlichen, politischen und geistigen Grundlagen antagonistisch gegenüberstand. Und diese Auseinandersetzung betraf jeden einzelnen Soldaten, der für sich entscheiden musste, den Krieg nur durch den persönlichen einsichtigen Dienst an der Waffe verhindern zu können. Somit war es die Aufgabe der Bundeswehr, ein Ausbildungs- und Erziehungskonzept zu entwickeln, das geeignet war, dieses Ziel zu erreichen. Ansonsten verkam die soldatische Ausbildung einmal mehr zum Kommiss, und den galt es unter allen Umständen zu vermeiden[136]. Die Konzeption der Bundeswehrplaner verlangte einen militärischen Individualisten, einen Einzelkämpfer, der in der Lage war, gruppen- und teamorientiert selbständig zu agieren, um seinen Auftrag zu erfüllen.

Die Radikalität des Konzeptes und die Realisierung der ›Inneren Führung‹ in der Bundeswehr erstaunten aber selbst die Verbündeten. Mit solch einem vollkommenen Bruch mit der Militärtradition früherer deutscher Armeen hatten sie nicht gerechnet. Man hegte gar die Befürchtung, ob diese Bundeswehr überhaupt schlagkräftig sei[137]. Schließlich wollte man doch eine im Kampf mit den ›Russen‹ erprobte deutsche Wehrmacht zurück haben. Zwar diesmal nicht im Dienste der Nationalsozialisten, sondern im Auftrag der Freiheit für die Ideale der westlichen Demokratien. Diesem Ziel waren nun einmal alle Bedenken hinsichtlich einer deutschen Wiederbewaffnung unterzuordnen. Jedoch berücksichtigten die Westalliierten nicht, dass ihr Programm der Aufklärung und Umerziehung inzwischen Früchte trug, vor allem hatten die ehemaligen deutschen Offiziere, die jetzt in der Dienststelle Blank dienten, ihre Lektion aus der Vergangenheit gelernt. Aber gerade in der Organisation, die mit dem Aufbau einer neuen deutschen ›Wehrmacht‹ befasst war, schossen die Verantwortlichen, vor allem nach Meinung der Amerikaner, jetzt über das Ziel hinaus[138].

5. Fazit: Wirkungen des schwedischen Modells und die verzögerte Umsetzung

In Schweden fanden die Planer einer künftigen Armee der Bundesrepublik ein erfolgreiches Modell für Streitkräfte in der Demokratie. Nicht nur das Militär unterlag hier einer verstärkten Kontrolle, auch das innere Gefüge der Armee selbst wurde grundlegenden Angleichungen an die Zivilgesellschaft unterworfen. Die Unterschiede zwischen der militärischen Gemeinschaft und zivilen Gesellschaft verschwanden immer mehr. Das Bestreben nach Schutz für den einzelnen Soldaten überwog inzwischen das Erfordernis nach militärischer

---

[136] Vom künftigen deutschen Soldaten, S. 54-60.
[137] Large, Die deutsch-amerikanische Verteidigungspartnerschaft, S. 329 f., 332.
[138] Birtle, Rearming the Phoenix, S. 277-283; vgl. Heuer, Reichswehr – Wehrmacht – Bundeswehr.

Funktionsfähigkeit. Die Schweden machten vor, wie beides in Einklang gebracht werden konnte. Auch das deutsche Konzept im Amt Blank berücksichtigte das zivil-gesellschaftliche Umfeld für die aufzubauende Bundeswehr. Das schwedische Modell war eine erfolgreiche Bestätigung für die eigenen Planungen, allerdings erwies sich die Übertragbarkeit auf die deutschen Verhältnisse als eingeschränkt möglich. Das betraf sowohl das Amt des Militärbeauftragten als auch die ›Innere Führung‹: Beides wurde für die Bundeswehr adaptiert und zugleich modifiziert. Denn es galt das deutsche militärische Führungsdenken mit der demokratischen Staats- und Gesellschaftsverfassung zu verbinden. Damit wurde die Wehrmacht Vergangenheit, eine Neuauflage in der Bundeswehr erst einmal unmöglich gemacht worden. Aber wer hätte jemals daran gedacht, dass sich ›die Deutschen‹, deren Selbstverständnis in der Vergangenheit eng mit dem Militärischen verbunden gewesen war und die sich in der Weiterentwicklung von militärischem Führungsdenken als Avantgarde betrachtet hatten[139], am militärisch unbedeutenden Schweden orientieren sollten? Die Modifizierungen des schwedischen Konzepts des Militärbeauftragten als auch der ›Inneren Führung‹ wurden im Ergebnis zu einer Alternative für die Streitkräfte der Bundesrepublik Deutschland, die im Vergleich zu Schweden eine weitaus größere Armee haben sollte.

Welche Folgen verursachte schließlich die lange Zeit ohne Wehrbeauftragten? Die eingangs aufgestellte These sollte sich bewahrheiten: die Bundeswehr wurde bereits aufgebaut, als ein Kontrolleur noch lange nicht in Sicht war. Ihre Aufstellung vollzog sich nach außen für die Verbündeten zu langsam, nach innen – vor allem aufgrund des Personalmangels im Unteroffizierkorps – für die Streitkräfte viel zu schnell. Selbst eine Krise wie das »Iller-Unglück« führte nur kurzfristig zu kritischer Selbstreflexion. Die Grundpfeiler der Bundeswehr wurden in der Zeit von 1955 bis 1959 errichtet, als der Wehrbeauftragte immer noch ein verfassungsmäßiges sowie gesetzliches Phantom war. Daher liegt die Vermutung nahe, dass die Ernennung eines Amtsinhabers vorsätzlich verzögert wurde, um die Bundeswehr zwar unter öffentlicher Anteilnahme, aber ohne zusätzliche parlamentarische Kontrolle in ihren Grundfesten unabänderlich aufzubauen. In der weiteren Entwicklung des Amtes wie der Bundeswehr würde sich zeigen, ob die ›Innere Führung‹ lediglich ein konzeptionelles Placebo bleiben sollte und ob der Wehrbeauftragte aufgrund seiner unbestimmten gesetzlichen Kompetenzen sowie seiner weit verspäteten Amtsübernahme überhaupt noch in der Lage sein würde, die Bundeswehr wirksam zu kontrollieren.

---

[139] Vgl. Führungsdenken, hier vor allem den Beitrag Leistenschneider, Die Entwicklung, S. 175–190.

IV. Entwicklung und Konsolidierung (1960–1985)

Die Führungsphilosophie ›Innere Führung‹ blieb in der Früh- und Aufbauphase (1955–1968) der Bundeswehr erst einmal in mancher Hinsicht wirkungslos. Wie sollte auch eine derart fortschrittliche militärische ›Ideologie‹ von einem Führungspersonal von gestern, das mehrheitlich aus der Wehrmacht übernommen worden war, umgesetzt werden? Zwar hatten viele Soldaten durch die Niederlage im Jahr 1945 sowie das alliierte Umerziehungsprogramm (reeducation) ihre Lektionen aus der Vergangenheit gelernt, dennoch darf der schnelle Aufbau der Bundeswehr ab 1955 nicht über die eigentlichen Probleme der Soldaten hinwegtäuschen. Neben dem personellen Aufbau mussten noch infrastrukturelle Maßnahmen, logistische Bereitstellungen, dienstrechtliche Angleichungen, eine Fortentwicklung der Menschen- und Truppenführung geleistet sowie die Ausbildung vorangetrieben werden. Dies stellte eine Fülle von Aufgaben und Problemen dar, die auf die Bundeswehrsoldaten zukamen und um die sich zunächst kein Wehrbeauftragter kümmern konnte. Im Jahr 1959 trat dann endlich der Wehrbeauftragte von Grolman sein Amt an. Seine Institution war bis dahin nicht im politischen und gesellschaftlichen System etabliert. Ihre Funktionsfähigkeit erforderte aber die Präsenz des Wehrbeauftragten in vier zentralen Aktionsfeldern:
(1) Verfassungsrechtlicher und gesetzlicher Auftrag,
(2) parlamentarisches System,
(3) als Kontrolleur der Bundeswehr und letztlich
(4) in der Öffentlichkeit, um für seine Position zu werben.
Das Gesetz über den Wehrbeauftragten aus dem Jahr 1956 war beileibe keine Sternstunde parlamentarischer Gesetzgebung im Deutschen Bundestag. Es war, was die Aufgaben und Kompetenzen des Wehrbeauftragten betrafen, wenig konkret. Der Wehrbeauftragte stellte zwar ein Verfassungsorgan dar, aber selbst diese Stellung konnte unterschiedlich interpretiert werden. Als Hilfsorgan des Deutschen Bundestages war er im Auftrage des Parlaments tätig. Über die Mehrheit im Bundestag verfügten zwangsläufig die Regierungsparteien, die durch den Wahlmodus im Wehrbeauftragtengesetz ihren Kandidaten zum Kontrolleur der Bundeswehr wählen konnten. Grolman war CDU-Parteimitglied, somit von der CDU/CSU-Mehrheit im Deutschen Bundestag abhängig, der mit Franz Josef Strauß (CSU) den Verteidigungsminister aus der Bundesregierung zu kontrollieren hatte, die sich vorrangig für den zügigen Aufbau der Bundeswehr verantwortlich zeigte. Grolmans Auftrag war es, die Einhaltung der Grundrechte sowie der Grundsätze der ›Inneren Führung‹ zu kontrollieren. Dabei

inspizierte er sämtliche Hierarchie- und Führungsebenen innerhalb der Bundeswehr: die politische Leitung, die militärische Führung sowie die Truppe. Ein Auftrag, der aufgrund der bislang kaum umgesetzten und wenig fundierten Verankerung der ›Inneren Führung‹ in der Truppe als ›heikel‹ bezeichnet werden konnte. Dem Wehrbeauftragten wurde die Pflicht auferlegt, dem Bundestag jährlich über seine Feststellungen zu berichten. Dieser Mängelbericht war dann jedermann zugänglich. Besonders die Medien griffen diese Negativauslese auf und übertrugen die Feststellungen auf die gesamte Bundeswehr: Der Mängelbericht wurde in seiner Wahrnehmung zum Zustandsbericht der Streitkräfte insgesamt. Vor allem dadurch erhielt das Bild der Bundeswehr und des Wehrbeauftragten in der öffentlichen Meinung seine Prägung.

Der Wehrbeauftragte von Grolman verfügte 1959 über eine denkbar ungünstige Startposition für sein Amt. Die unklare gesetzliche Grundlage seiner Tätigkeit, seine Abhängigkeit von der Regierungsmehrheit im Parlament, die Wahrnehmung des Wehrbeauftragten sowohl bei den Soldaten als auch von außen als personifiziertes Misstrauen gegenüber der Bundeswehr sowie seine öffentliche Präsenzpflicht bildeten kaum eine Basis für eine vertrauensvolle und konstruktive Zusammenarbeit mit Regierung, Parlament und Bundeswehrführung. In der Konsequenz hieß das: Der Wehrbeauftragte konnte durch diese Rahmenbedingungen kaum Einfluss auf die Entwicklung im sozialen und organisatorischen Gefüge der Bundeswehr nehmen. Somit war er wie die ›Innere Führung‹ ein Placebo zur Beruhigung der Bevölkerung im Hinblick auf den Aufbau der Bundeswehr. In der weiteren Entwicklung des Amtes unter den Nachfolgern des ersten Wehrbeauftragten wird sich zeigen, ob sich diese These bestätigen sollte.

1. Der Gesetzesauftrag

a) Der Schutz des Grundgesetzes

Mit dem Einschub des Art. 45 b GG vom 19. März 1956 war die im deutschen Verfassungsrecht neuartige und auf das schwedische Vorbild beruhende Institution des Wehrbeauftragten grundgesetzlich verankert worden[1]. Jedoch stellte sich in der Verfassungsinterpretation die Frage, ob der Wehrbeauftragte nun ein eigenständiges Organ darstellte oder ob es sich, wie es im Wortlaut hieß, um ein Hilfsorgan des Bundestages handelte? Dies schien auf den ersten Blick eine hypothetische Frage ohne praktische Auswirkung zu sein, beinhaltete aber eine erhebliche juristische und politische Relevanz. Der Verfassungsauftrag war in dieser Hinsicht unklar formuliert und implizierte zum einen die genannte strit-

---

[1] Neben dem Amt des Wehrbeauftragten wurde auch der Verteidigungsausschuss nach Art. 45 a GG eingeführt. Vgl. Moritz, Das Amt des Wehrbeauftragten, S. 252 f.

tige Doppelfunktion als Hilfsorgan des Parlaments *und* zum Schutz der Grundrechte der Soldaten sowie zum anderen eine verfassungsrechtliche Doppelstellung als Hilfsorgan *und* selbständiges Organ.

Die Gewaltenteilung nach dem Grundgesetz stellte an sich keine absolute Trennung von Legislative, Exekutive und Judikative dar, sondern vielmehr eine Aufteilung der Staatsgewalt auf diese drei Organgruppen, um zwischen ihnen einen Gleichgewichtszustand im Staatsgefüge zu erreichen. Zusammen mit der demokratischen Staatsform, dem starken Einfluss der Exekutive auf die Legislative, der Unabhängigkeit der Judikative und den umfangreichen parlamentarischen Kontrollrechten sollte ein ausgewogenes Verhältnis hergestellt werden, aber gleichzeitig eine leichte Vorteilnahme des Parlaments als Souverän hervorgehoben werden[2]. Aufgrund des Wortlautes des Grundgesetzes wurde dem Wehrbeauftragten eine Doppelfunktion in Form einer Doppelstellung zuerkannt. Wenn der Wehrbeauftragte als Hilfsorgan des Bundestages tätig wurde, dann befand er sich in entsprechender parlamentarischer Abhängigkeit, beschützte er dagegen die Grundrechte, wirkte er als ein unabhängiges Verfassungsorgan[3]. Zu dieser zunächst nur in der juristischen Fachwelt vorherrschenden Interpretation gab es auch abweichende Meinungen, die selbst beim Schutz der Grundrechte eine Hilfstätigkeit für den Bundestag erkannten, den Wehrbeauftragten lediglich als »abhängigen Angestellten des Parlaments« interpretierten und deshalb auch bei einer unterstellten Doppelfunktion keine Doppelstellung sahen. Dies ergebe sich auch aus der systematischen Einordnung des Art. 45 b GG, wonach der Wehrbeauftragte eindeutig der Legislative zugeordnet und gleichsam als »Ein-Mann-Ausschuss« zusammen mit dem Verteidigungsausschuss fungiere, der mit zusätzlichen besonderen Rechten ausgestattet worden sei. Er unterstützte mithin den Bundestag bei der Kontrolle der Bundeswehr, weshalb er auch über keine Doppelfunktion verfüge[4]. Um die Verwirrung noch zu verstärken, wurde in der Fachliteratur zu diesen Gegenpolen[5] eine dritte Deutung eingeführt: Der Zwitterstellung und der Eindeutigkeit folgte die Aufteilung in Funktion und Organisation. Funktionell gehörte der Wehrbeauftragte danach in den Bereich der parlamentarischen Kontrolle, organisationsrechtlich stellte er eine verselbständigte Institution dar[6]. Der Wehrbe-

---

[2] Kuhne, Die verfassungsrechtliche Stellung des Wehrbeauftragten, S. 41 f.
[3] Ule, Militärisches Beschwerderecht, S. 118 f.; Ule, Der Wehrbeauftragte, S. 423–428.
[4] Kuhne, Die verfassungsrechtliche Stellung des Wehrbeauftragten, S. 43–54; hier S. 55. Laut Kuhne sei der Art. 45 b GG folgendermaßen zu lesen: »Als Hilfsorgan des Bundestages bei der Ausübung der parlamentarischen Kontrolle, insbesondere zum Schutz der Grundrechte, wird ein Wehrbeauftragter des Bundestages berufen.«
[5] Diese beiden Interpretationen beherrschten die juristische Diskussion zur Funktion und Stellung des Wehrbeauftragten bis zur Novellierung im Jahre 1982. Vgl. ebenfalls Gross, Die Entwicklung des öffentlichen Rechts, S. 342–344. In den 70er Jahren vollzog sich eine Gewichtsverlagerung zugunsten der Auffassung, der WB sei bei all seinen Aufgaben als Hilfsorgan des Bundestages tätig. Moritz, Das Amt des Wehrbeauftragten, S. 253.
[6] Maurer, Wehrbeauftragter und Parlament, S. 17–20, hier S. 51: »Man mag in der Selbständigkeit des Wehrbeauftragten einerseits und seiner Abhängigkeit andererseits einen Widerspruch sehen; er zeigt aber, dass der Wehrbeauftragte keine völlig selbständige (in seiner Stellung gleichsam gerichtsähnliche) Kontrollinstanz ist, sondern nur ein (lediglich

auftragte selbst adaptierte aus nahe liegenden Gründen die Interpretation von Doppelfunktion und Doppelstellung, weil er hiermit eine weite Auslegung seiner Kompetenzen untermauern konnte, während man im Verteidigungsministerium näher am Gesetz und somit eingegrenzter argumentierte. Um diesen Gegensatz aufzulösen, schlug der Wehrbeauftragte in seinem Entwurf zur Novellierung des Wehrbeauftragtengesetzes vom September 1972 vor, die Interpretation einer möglichen Doppelfunktion und -stellung durch die unmissverständliche Formulierung, wonach der Wehrbeauftragte bei der Wahrnehmung aller seiner Aufgaben als Hilfsorgan des Bundestages handele, zu ersetzen[7].

Wie schon bei der juristischen Auslegung dieses einen Verfassungssatzes ersichtlich, bestanden auch bei der Interpretation des Ausführungs- und Ergänzungsgesetzes, Gesetz über den Wehrbeauftragten, deutliche Leseunterschiede, vor allem auf dem Feld der Kompetenzen. Eine Divergenz war in der Deutung des Verhältnisses zwischen dem Wehrbeauftragten und dem Verteidigungsausschuss sowie zwischen Exekutive und Judikative zu erkennen. Einigkeit herrschte darin, dass er nicht die Gewaltenteilung an sich sprengen oder untergraben sollte, Unstimmigkeit dagegen in der Definition des Aufgabenbereichs[8]. Lag dieser wesentlich im Schutz des einzelnen Soldaten oder in der Kontrolle der militärischen Organisation? Wenn man die Organisation als das vornehmliche Ziel der Aufgaben favorisierte, dann bedeutete dies eine weite Auslegung des Gesetzes. Schließlich war die Funktion des Wehrbeauftragten eine Synthese aus beidem, nämlich jeden einzelnen Soldaten vor etwaigen willkürlichen Handlungen der militärischen Organisation zu schützen und somit sowohl dem Individualrechtsschutz wie der parlamentarischen Kontrolle im Auftrag des Bundestages Rechnung zu tragen. Folglich ließen sich Schutz des Individuums und Kontrolle der militärischen Organisation gar nicht voneinander trennen.

---

organisatorisch verselbständigtes, funktionell aber dem parlamentarischen Bereich eingeordnetes) Kontrollorgan des Bundestages im Widerstreit von Minderheits- und Mehrheitsprinzip.«

[7] BA-MA, BW 2/12088, Schreiben des WB an den Vorsitzenden der 3. Kommission des VtdgA, 29.9.1972, betreffend »Änderung und Ergänzung des WbG vom 26.6.1957«, S. 1–3.

[8] Kuhne, Die verfassungsrechtliche Stellung des Wehrbeauftragten, S. 56–99. Für Kuhne fügte sich der WB vollkommen in die Ordnung des GG ein und war als Hilfsorgan vom Bundestag abhängig. Die Kompetenzen des Bundestages begrenzten seine Tätigkeit und der Wehrbeauftragte sei lediglich ein Ausgleichselement für die Machterweiterung der Exekutivgewalt durch die Schaffung der Bundeswehr. Dagegen Maurer, Wehrbeauftragter und Parlament, S. 16 und 46: Maurer nimmt die Definitionen der ›Inneren Führung‹ aus dem JB 1959, S. 5, wonach es sich um die Auswirkung der Grundrechte im militärischen Bereich handele, und aus dem Handbuch Innere Führung 1964, S. 17, wonach ›Innere Führung‹ nichts anderes als zeitgemäße Menschenführung sei, auf und schließt daraus, dass sich der Grundrechtsschutz teils als Individualrechtsschutz auswirke, teils eine Kontrolle des militärischen Apparats darstelle, wobei aber zweifellos der Schwerpunkt auf Letzterem liege oder wenigstens liegen sollte.

b) Das Problem der Kompetenzen

In der Bundesrepublik entschied sich der Bundestag wie das Folketing in Dänemark lediglich zu einem kurzen Verfassungszusatz, der in einem noch zu formulierenden Bundesgesetz näher konkretisiert wurde. Dieses Gesetz war seinem Inhalt nach schon ziemlich ausführlich, konnte aber nicht berücksichtigten, dass mit dem Wehrbeauftragten eine neue Institution in das Staatsgefüge integriert werden sollte, die den bereits bestehenden und etablierten Einrichtungen Kompetenzen streitig machen würde. Der Wehrbeauftragte erhielt zwar seinen Auftrag und seine Rechte wie Pflichten, musste aber seinen Platz im Systemgefüge erst noch finden und sich vor allem auf dem politischen Parkett bewähren. Von Anfang an standen sich zwei gegensätzliche Interessen unauflösbar gegenüber: Der Verteidigungsminister wollte den Wehrbeauftragten so weit wie möglich in seinen Kompetenzen einschränken, während der Wehrbeauftragte die Absicht verfolgte, diese so weit wie möglich auszudehnen. Als dritter Akteur stand der Bundestag mit seinem Fachausschuss dazwischen. Er sah sich in einer Mittlerrolle zwischen dem parlamentarischen Kontrollauftrag, der auf sein Geheiß vom Wehrbeauftragten wahrgenommen wurde, und in der Schutzfunktion gegenüber den Streitkräften, die aufgrund des politischen Willens aufgestellt wurden. Diese Triangel bestimmte daher auch die Diskussion und Aktion auf dem Feld der Kompetenzen.

Sowohl der Verteidigungsminister Strauß als auch von Hassel verfolgten eindeutig die Absicht, die Kompetenzen dieser neuartigen Institution so weit wie möglich einzuengen, um somit die eigene Handlungsfreiheit weitestgehend zu erhalten und vor allem keine Einmischung in interne Abläufe des Ministeriums und der Truppe hinnehmen zu müssen. Der Verteidigungsausschuss konnte als eigentlicher Auftraggeber allgemeine Richtlinien für die Arbeit des Wehrbeauftragten erlassen. Schon 1961 überlegte man daher im Verteidigungsministerium, wie noch zu fassende Richtlinien oder eine Dienstanweisung für den Wehrbeauftragten aussehen müssten und wie er am besten in die Pflicht für die Bundeswehr genommen werden konnte[9]. Der Verteidigungsausschuss und der Bundestag machten aber, zum Leidwesen der Bundeswehrführung, von ihrem Recht keinen Gebrauch, sodass die bereits mit dem ersten Amtsinhaber von Grolman aufgetretenen Kompetenzschwierigkeiten auch mit seinen Nachfolgern Heye und Hoogen weiterschwelten. Heye hatte nach Ansicht der politischen Leitung und militärischen Führung sowie der Regierungsparteien seine Aufgaben weit überschritten und seine Pflichten stark verletzt, als er seinen Jahresbericht 1963, den er vom Bundestag und dem Verteidi-

---

[9] BA-MA, BW 2/16803, Entwurf für Allgemeine Richtlinien für die Arbeit des Wehrbeauftragten mit Begründung zum beiliegenden Entwurf, o.D. Zwar machten sich auch die Parteien über Allgemeine Richtlinien Gedanken, jedoch waren diese auf eine Funktionsfähigkeit des Amtes und nicht wie im BMVg auf eine Inpflichtnahme ausgerichtet. AdsD, NL Erler, Mappennummer 147 (B), Entwurf Allgemeiner Richtlinien gemäß § 5 Abs. 1 des Bundesgesetzes vom 26.6.1957 für den Wehrbeauftragten des Bundestages, o.J. [vermutlich 1960/61, d. Verf.].

gungsausschuss nicht gebührend berücksichtigt empfand, im Juni/Juli 1964 in wesentlich schärferer und aufreißerischer Form nochmals in der Zeitschrift »Quick« veröffentlichte. Dem deswegen zurückgetretenen Wehrbeauftragten Heye folgte Hoogen, der als jahrelanger Vorsitzender des Rechtsauschusses des Deutschen Bundestages bereits mit der Formulierung des Wehrbeauftragtengesetzes und somit mit der Entstehungsgeschichte dieses Amtes vertraut war. Wie das Versäumnis der Ausarbeitung der Richtlinien bedurfte auch die Neufassung des Erlasses »Truppe und Wehrbeauftragter«, der erstmals 1959 vom Generalinspekteur der Bundeswehr Heusinger erlassen worden war, dringend einer Regelung. Die Truppe musste im Umgang mit dieser neuen Institution angewiesen werden[10]. Das Problem der Kompetenzen konnte indes auch mit dem Heusinger-Erlass nicht gelöst werden, eine Neuherausgabe sollte sich schließlich noch bis zum Oktober 1966 hinziehen[11].

Der Wehrbeauftragte Hoogen agierte in der Kompetenzfrage genauso konsequent, wenn nicht sogar noch unnachgiebiger als seine Vorgänger. Während der Aussprache über seinen ersten Bericht für das Jahr 1964 im Januar 1966 legte er im Verteidigungsausschuss abermals seinen Rechtsstandpunkt dar, den er weniger juristisch, als vielmehr historisch untermauerte. Im Jahre 1956 bei der gesetzlichen Formierung der politischen Institution seien die Abgeordneten mit voller Absicht über die schwedische Regelung hinausgegangen. Es habe ein allgemeiner politischer Konsens bestanden, dass die neuen Streitkräfte einer erhöhten politischen Kontrolle bedürften, weil der Bund ein Machtinstrument in die Hand bekommen habe, das einer besonderen Aufsicht unterzogen werden müsse. Das Amt sei dabei als Kontrollorgan »ein wenig zu kurz gekommen« und bedürfe daher seinerseits einer verstärkten Herausstellung. Dies führte aber zu einer Meinungsverschiedenheit mit dem Verteidigungsminister über die Auslegung des § 2 Abs. 2 des Wehrbeauftragtengesetzes, dessen Passus »Der Wehrbeauftragte wird nach pflichtgemäßem Ermessen tätig, wenn ...« immer wieder in erhebliche Kontroversen über die ihm zustehenden Kompetenzen mündete. In der parlamentarischen Diskussion darüber standen sich am 19. Januar 1966 in Berlin der Wehrbeauftragte Hoogen und der Ministerialdirektor Ernst Wirmer als Vertreter des Bundesministers der Verteidigung vor den Mitgliedern des Verteidigungsausschusses gegenüber. Hoogen forderte für sich einen immerwährenden Spezialauftrag oder eine Generalvollmacht, um die Auskünfte erhalten zu können, die für seine Pflichterfüllung notwendig seien. Wirmer sah sich unversehens in die Enge getrieben, weil der Wehrbeauftragte anscheinend die Absicht hatte, den Mitgliedern des Verteidigungsausschusses eine zu seinen Gunsten wirkende Entscheidung abzutrotzen. Er konterte mit der Bemerkung, dass sich das Verteidigungsministerium nicht als Gegenseite des Wehrbeauftragten fühle und die Abgrenzung der Zuständigkeiten kein

[10] BA-MA, BW 2/5195, Erlass »Truppe und Wehrbeauftragter« des GenInspBw Fü B I 3, 10.7.1959.
[11] Vgl. ebd., BW 2/16803, Schreiben Fü S I 3 an den StS, 7.3.1966, betreffend Vorlage des Erlass-Entwurfs »Truppe und Wehrbeauftragter«.

Hindernis für eine weitere vertrauensvolle Zusammenarbeit sei. Andererseits sei aber der Wehrbeauftragte nur ein Hilfsorgan und nicht die vierte Gewalt im Staat, von daher sei ein Generalauftrag außerordentlich gefährlich. Zudem sei die Rechtsauffassung des Wehrbeauftragten nicht in Übereinstimmung mit der wissenschaftlichen Lehrmeinung, weshalb es aus Wirmers Sicht notwendig erschien, einen Unterausschuss Kompetenz zu bilden. In der folgenden Diskussion traten die meisten Abgeordneten parteiübergreifend für eine extensive Auslegung des Gesetzes ein. Der SPD-Abgeordnete Karl Wienand schlug die Anforderung eines Gutachtens vor, um die Zuständigkeiten wissenschaftlich zu erarbeiten, sein Parteifreund Otto Kunze sprach bereits von der Novellierung des Wehrbeauftragtengesetzes. Schließlich wurde vereinbart, die wissenschaftliche Abteilung des Bundestages um die Erarbeitung eines Rechtsgutachtens zu bitten. Sowohl Hoogen als auch Wirmer konnten sich in der weiteren Aussprache lediglich auf den kleinsten gemeinsamen Nenner in Form einer Verständigung auf eine elastische und pragmatische Zusammenarbeit einigen. Aufgrund des unbefriedigenden Ergebnisses für das Ministerium entschied sich der Staatssekretär dazu, die bereits erarbeitete Neufassung des Erlasses »Truppe und Wehrbeauftragter« vorläufig nicht herauszugeben[12]. Hoogen handelte in dieser Frage taktisch. Nicht nur, dass er durch sein persönliches Erscheinen vor dem Verteidigungsausschuss seiner Meinung wesentlich mehr Gewicht verlieh. Als ausgebildeter und in der Gesetzesformulierung und -interpretation geübter Jurist verlegte er seine Argumentation zudem auf eine historisch untermauerte Linie, die eigentlich auch im Ministerium hinlänglich bekannt war, während man dort eindimensional juristisch argumentierte. Zwar waren etliche der Bundestagsabgeordneten Juristen, trotzdem fand eine historische Diktion anscheinend mehr Zustimmung als eine rein formal und materiell juristisch vorgetragene. Aus dieser Debatte konnte Hoogen erst einmal gestärkt hervorgehen und sich auf seine weite Auslegung des »eigenen Ermessens« abstützen. Das Ministerium war in der Folge gezwungen, sich enger mit dem Wehrbeauftragten zu koordinieren und auf seine Wünsche einzugehen, wie dies in der Neufassung des Erlasses »Truppe und Wehrbeauftragter« deutlich wurde. Jedoch war die Entscheidung, ein Rechtsgutachten anzufordern, sehr im Interesse des Ministeriums. Ein solches würde vermutlich eher seine dogmatische Position als die des Wehrbeauftragten untermauern. Der Streit um die Kompetenzen war hier noch lange nicht entschieden, sondern unter Beachtung eines lockeren modus vivendi in der weiteren Auseinandersetzung lediglich vertagt.

Erneut ausgelöst wurde dieser latente Konflikt aufgrund mehrerer Schießunglücke auf den Truppenübungsplätzen Munster und Bergen-Hohne[13] im

---

[12] Ebd., Vermerk Fü S I 3 für den GenInsp, 12.4.1966, betreffend »Zusatzvermerk zu den Akten für die Besprechung mit dem Wehrbeauftragten«.

[13] Ein internes Schreiben von VR II 2 an Fü S I 3, 15.8.1966, ebd., BW 1/66242, betreffend »Jahresbericht 1965 des WB«, bemerkte dazu lapidar: »Die in diesem Zusammenhang vom Wb angeführten Fälle (S. 10 und 11) sind wegen ihrer Tragik zu bedauern. Aber menschliche Schwäche und Versagen des Materials werden trotz aller Vorsorge in einer

Jahre 1965. Der Wehrbeauftragte schaltete sich hier von Amts wegen in die Ermittlungen ein und sah seine Zuständigkeit auch ohne einen Sonderauftrag durch das Parlament als gegeben an, während das Ministerium diese Interpretation vehement bestritt. Schon kurz nach Erscheinen des Jahresberichtes 1965 im Juli 1966[14] sah sich daher von Hassel genötigt, Hoogen in die Schranken zu weisen. Dazu forcierte der Minister nicht nur eine eigene Stellungnahme aus seinem Haus, er suchte auch seine Kabinettskollegen zu mobilisieren, indem er sie über den Sachstand aus seiner Sicht informierte. Dafür entwickelte er ein Szenario, in dem der Wehrbeauftragte mit einem »Allzuständigkeitsanspruch« als Hilfsorgan des Bundestages unzulässige Einwirkungen in den Exekutivbereich der gesamten Bundesregierung beanspruchte. Der Versuch, seine Kompetenzen stetig auszuweiten, sei schon in den vergangenen Jahren erkennbar gewesen, vor allem im Jahresbericht 1964, in dem er sich als Hilfsorgan des Parlaments bei der Kontrolle von Regierung und Verwaltung bezeichnete. Im vorliegenden Bericht für 1965 legte er jetzt erneut dar, dass es ihm um die Vermehrung der Zuständigkeiten und die Ausübung von mehr Einfluss auf die Exekutivorgane ging. Hassel bestritt die selbständige und unabhängige Rechtsstellung, die Hoogen in seine Kompetenzen hineininterpretierte, sowie die Einordnung des Wehrbeauftragten als Repräsentant des Bundestages. Die Eigeninitiative des Wehrbeauftragten sei gem. § 2 Abs. 2 (»nach pflichtgemäßem Ermessen«) nur aufgrund einer Weisung des Bundestages oder seines wahren Repräsentanten, des Verteidigungsausschusses, möglich, und dann lediglich in Bezug auf konkrete Vorgänge und niemals generell. Hoogen, so der Verteidigungsminister, nehme somit für sich das Recht einer ständigen und begleitenden Überwachung der Exekutive in Anspruch, das selbst dem Bundestag nicht zustünde. Der Wehrbeauftragte erwäge sogar eine Behandlung des Wehretats nach Art. 87 a GG, was unter keinen Umständen tolerierbar sei, weil er hier ansonsten die Ausgewogenheit des Kräftespiels der drei Gewalten grundsätzlich gefährde. Hassel forderte seine Kabinettskollegen auf, dem Bundestagspräsidenten, Eugen Gerstenmaier, baldmöglichst die Rechtsauffassung der Bundesregierung offiziell mitzuteilen[15]. Um seine Ernsthaftigkeit und Entschlossenheit zu dokumentieren, fügte er gleich den Entwurf eines solchen Schreibens an den nicht gerade als Freund der Institution des Wehrbeauftragten bekannten Gerstenmaier bei. Darin kritisierte er die gesamte Methodik des Jahresberichts, die durch die Fokussierung auf Einzelfälle einer Pauschalisierung der Haltung und Einstellung aller Soldaten Vorschub leiste, und vor allem die Interpretation seiner Befugnisse durch den Wehrbeauftragten Hoogen:

---

hochtechnisierten Truppe nie ganz auszuschalten sein und immer wieder ihren Tribut fordern. Gleiches gilt übrigens auch im zivilen Bereich.«

[14] Vgl. JB 1965, S. 9–13.

[15] BA-MA, BW 2/13848, Schreiben des BMVg, VR II 2 – Az.: 39-20-04, an alle Kabinettsmitglieder, den Chef des Bundeskanzleramtes, den Chef des Bundespräsidialamtes, den Präsidenten des Bundesrechnungshofes und das Presse- und Informationsamt der Bundesregierung, 21.6.1966, betreffend »Jahresbericht 1965 des Wehrbeauftragten des Deutschen Bundestages – BT-Drs. V/840«.

»Mit Sorge hat die Bundesregierung schon in den vergangenen Jahren Tendenzen der Wehrbeauftragten verfolgt, durch eine nach ihrer Ansicht nicht mehr gedeckte weite Auslegung des Art. 45 b des Grundgesetzes und des Wehrbeauftragtengesetzes die Befugnisse gegenüber der Exekutive auszudehnen. Die Vorstellungen, die im Jahresbericht 1965 niedergelegt worden sind, greifen teilweise so weitgehend in die verfassungsmäßig verankerten Rechte der Bundesregierung ein, dass sie, ohne heute schon in eine Erörterung von Einzelfragen einzutreten, Widerspruch erheben muss[16].«
Hassel kündigte hiermit die vom Verteidigungsausschuss während der Berliner Sitzung vom Januar 1966 geforderte elastische Zusammenarbeit erst einmal inoffiziell auf. Er betrachtete sich vom Wehrbeauftragten in seinen Grundfesten herausgefordert und versuchte nun, seine Kabinettskollegen zu einer Einheitsfront gegen seinen ›Parteifreund‹ Hoogen zu mobilisieren. Das Schreiben an den Bundestagspräsidenten, der zwar gem. § 16 Abs. 1 Satz 2 Wehrbeauftragtengesetz die Dienstaufsicht über den Wehrbeauftragten ausübte, aber faktisch ohne Sanktionsmöglichkeiten war, hatte freilich lediglich eine rein deklaratorische Funktion. Dies äußerte sich auch in seiner Absicht, dem Presse- und Informationsamt der Bundesregierung einen Abdruck des Schreibens »zur zweckentsprechenden Verwertung«[17] zukommen zu lassen. Mit seinem Jahresbericht 1965 schien Hoogen, jedenfalls nach Hassels Ansicht, den Bogen endgültig überspannt zu haben. Solch eine Ausweitung der Kompetenzen konnte und wollte der Minister nicht mehr hinnehmen. Die Gefahr einer schleichenden Verselbständigung zu einem Gewohnheitsrecht war ihm anscheinend zu groß. Dem Verteidigungsminister war aber klar, dass er dem mit einer durchaus positiven öffentlichen Lobby ausgestatteten Wehrbeauftragten nur durch eine konzertierte Aktion aller Ressorts beikommen konnte. Sein Konfrontationskurs gegen den Wehrbeauftragten war inzwischen zur Gewohnheit geworden, eine Initiative der gesamten Bundesregierung wäre dagegen eine machtvolle Demonstration der Stärke gewesen, die mit der entsprechenden medienwirksamen Vorbereitung und Kampagnendurchführung wohl ihren Effekt in der öffentlichen Meinung gehabt hätte. Auf solch eine Aktion wäre der Wehrbeauftragte mit seinem kleinen Mitarbeiterstab erst einmal kaum vorbereitet gewesen. Dass es zu einer derart harten Auseinandersetzung letztlich nicht kam, lag wohl an dem Verantwortungsbewusstsein der Bundesregierung, die kein Interesse daran haben konnte, eine verfassungsmäßig verankerte Institution öffentlich zu demontieren. Das Amt des Wehrbeauftragten hatte bisher seine Funktionsfähigkeit unter Beweis gestellt und banale Kompetenzstreitigkeiten zwischen zwei Kontrahenten rechtfertigten keine totale und vor allem keine öffentliche Konfrontation. Im Gegensatz zum Verteidigungsminister favorisierte der Wehrbeauftragte aber keine

---

[16] Ebd., Entwurf eines Schreibens der Bundesregierung an den Präsidenten des Deutschen Bundestages, o.D.

[17] Ebd., Schreiben des BMVg, VR II 2 – Az.: 39-20-04, an alle Kabinettsmitglieder, den Chef des Bundeskanzleramtes, den Chef des Bundespräsidialamtes, den Präsidenten des Bundesrechnungshofes und das Presse- und Informationsamt der Bundesregierung, 21.6.1966, betreffend »Jahresbericht 1965 des Wehrbeauftragten des Deutschen Bundestages – BT-Drs. V/840«, S. 4.

rein technokratische Behandlung der Unglücksfälle in Munster und Bergen-Hohne, sondern ihm war daran gelegen, die Umstände aufzuklären und dem Bundestag zu berichten, da es sich hier um Soldaten handelte, die zu Tode kamen oder schwer verletzt wurden – und das war auch seine Aufgabe[18].

Beide, Verteidigungsminister und Wehrbeauftragter, verfolgten im Grunde das gleiche Ziel: funktionsfähige, demokratisch verankerte und dem Primat der Politik verpflichtete Streitkräfte. Somit musste Minister von Hassel zwangsläufig wieder mit dem Wehrbeauftragten Hoogen kooperieren. Nach einem Sondierungsgespräch zwischen beiden Seiten kam es am 11. Januar 1967 zu einer Aussprache Hassels mit Hoogen. Die unterschiedlichen Auffassungen beruhten einzig und allein immer noch auf dem Feld der Zuständigkeit des Wehrbeauftragten bei der Ausübung der Kontrolle, die er auch ohne Weisung des Bundestages ausüben konnte. Diese Interpretation wurde vom Verteidigungsminister immer noch vehement bestritten. Das inzwischen vorliegende Rechtsgutachten des wissenschaftlichen Dienstes des Deutschen Bundestages bestätigte eher die Auffassung des Ministeriums. Jedoch waren im parlamentarischen Bereich zwei Richtungen in der Kompetenzfrage erkennbar: Die Abgeordneten der CDU tendierten in ihrer Mehrzahl zum Minister und die der SPD, vor allem seit der Heye-Affäre, zum Wehrbeauftragten. Aufgrund dieses Patts beschloss der Verteidigungsausschuss in seiner Sitzung am 30. November 1966 trotz des Gutachtens die Einsetzung einer Kommission »Kompetenz«, die zum einen die Kompetenzen klären und zum anderen Richtlinien für die Arbeit des Wehrbeauftragten erarbeiten sollte. Das Ministerium war vor allem daran interessiert, dass Hoogen auch positive Verhaltensweisen im Jahresbericht herausstellte und dass er wie seine Beamten in der Öffentlichkeit Zurückhaltung in Bezug auf Wehrfragen übten. Dem Wehrbeauftragten lag dagegen an einer genaueren Bestimmung und Kodifizierung der Grundsätze der ›Inneren Führung‹ und der Erörterung der Kompetenzfrage. Über diesen Stand der Dinge informierte der Minister am 16. Januar 1966 seine Abteilungsleiter[19].

Auf der Grundlage dieser Aussprache kam es schließlich unter Vermittlung des Fachausschusses zu einer bilateralen Lösung, die am 13. April 1967 getroffen wurde[20]. Diese Verfahrensregelung, die eine Arbeitsgrundlage zwischen den Wehrbeauftragten und dem Verteidigungsausschuss darstellte, sah vor, »dass der Wehrbeauftragte alle an ihn gerichteten Eingaben, die nicht den Schutz der Grundrechte und die Überwachung der Grundsätze der inneren Führung zum Gegenstand haben, monatlich listenmäßig dem Verteidigungs-

---

[18] Ebd., BW 1/66242, Schreiben VR II 2 an Fü S I 3, 15.8.1966, betreffend »Jahresbericht 1965 des WB«, S. 4: »Da die Voraussetzungen des § 2 Abs. 2 WbG insoweit aber nicht vorlagen, hatte es den Wb entgegen seiner Auffassung nicht zu kümmern, ob im Einzelfall die Sicherheitsvorschriften genügten, ob die bestehenden Sicherheitsvorschriften beachtet werden oder ob die beteiligten Soldaten hinreichend ausgebildet waren oder ob die Dienstaufsicht der Vorgesetzten richtig gehandhabt worden ist (S. 11 unten links).«

[19] Ebd., BW 2/13847, Ausarbeitung Fü S I 3 für den Minister, 10.1.1967, betreffend »Besuch des Wehrbeauftragten am 11. Januar 1967«; Schreiben Persönlicher Referent an den UAL Fü S I, 20.1.1967, betreffend »Gespräch des Herrn Ministers mit dem Wehrbeauftragten«.

[20] Busch, Das Amt des Wehrbeauftragten, S. 32–34.

ausschuss zugeleitet und bei Verschweigen des Verteidigungsausschusses dessen Weisung zur Prüfung dieser Eingaben unterstellt wird«[21]. Zwar wurde auch dieses Verfahren vom Ministerium im Hinblick auf den § 2 WbG kritisch bewertet, jedoch wurde es von nun an in der Regel hingenommen. Der Wehrbeauftragte trug dieser Verfahrensregelung mit dem Verteidigungsausschuss auch in seinem Jahresbericht 1966 Rechnung, in dem er vordergründig von der Forderung des Vorjahres nach einer generellen Überprüfungskompetenz abrückte. Dieser Verfahrensausgleich zwischen dem Verteidigungsausschuss und dem Wehrbeauftragten, um ihm weitere unnötige Kompetenzstreitigkeiten mit dem Verteidigungsminister zu ersparen, bewirkte aber noch lange keine völlige Beilegung des Konflikts, denn:

»Das schließt jedoch nicht aus, dass das daran anknüpfende Verhalten des Wehrbeauftragten sorgfältig beobachtet und remonstriert werden sollte. Sollte jedenfalls die vorgesehene Verfahrensregelung im Ergebnis auf eine Art ›Dauerweisung‹ hinauslaufen, *alle* Angelegenheiten, die nicht Grundrechtsverletzungen oder Verletzungen der Grundsätze der inneren Führung betreffen, ›weisungsgemäß‹ zu untersuchen, käme das einer Gesetzesänderung gleich. Dann aber sollte der Bundestag im Wege der Gesetzesänderung sein Hilfsorgan von solchem Odium befreien[22].«

Zwar wurde der Konflikt von nun an nicht mehr offen ausgetragen, er schwelte aber im Einzelfall latent weiter[23].

Im Jahre 1971 informierte der Wehrbeauftragte Fritz-Rudolf Schultz[24] den Vorsitzenden des Verteidigungsausschusses, dass er zukünftig mit Zustimmung des Ausschusses auch Eingaben von Reservisten bearbeiten werde. Dies rief umgehend die Reaktion aus dem Verteidigungsministerium hervor, da bisher Reservisten nicht in den Aufgabenbereich fielen. Dieses Ansinnen des Wehrbeauftragten kam wieder einer dauernden Kontrollabsicht des Verteidigungsbereiches nahe, die es abzuwehren galt. Das Ministerium informierte deshalb den Vorsitzenden des Verteidigungsausschusses, Friedrich Zimmermann (CSU), dass man solchen Ersuchen des Wehrbeauftragten nicht nachkommen werde, weil dessen Zuständigkeit in diesen Angelegenheiten nicht für

---

[21] BA-MA, BW 1/66242, Schreiben VR II 2 an Fü S I 3, 16.6.1967, betreffend »Jahresbericht 1966 des WB«, S. 4.

[22] Ebd., S. 5. Hervorhebung im Original.

[23] Vgl. ebd., BW 1/94614, Schreiben VR II 2 an Fü S I 3, 25.7.1969, betreffend »Zuständigkeit des Wehrbeauftragten bei der Eingabe des Hauptmann P.«; ebd., BW 2/16804, Schreiben des WB an den Vorsitzenden des Verteidigungsausschusses, 14.5.1970, betreffend »JB 1969 – Entgegnung zur Stellungnahme des BMVtdg«, S. 6–8.

[24] Fritz-Rudolf Schultz (FDP), war der Kandidat der sozial-liberalen Koalition. Als hoch dekorierter Wehrmachtsmajor und als profilierter Wehrexperte der FDP wurde er anfangs selbst von der SPD als zu konservativ in seiner Grundhaltung zur Bundeswehr eingeschätzt und es wurde bezweifelt, dass er diese als Wehrbeauftragter ablegen könne. Trotz solcher Vorbehalte wurde er dann doch nominiert. Vgl. AdsD, SPD-Bundestagsfraktion, 6. WP, Mappennummer 20, Protokoll der Fraktionssitzung, 18.2.1970, S. 3.

Der neue Wehrbeauftragte des Deutschen Bundestages Fritz-Rudolf Schultz (l.) wird am 11.3.1970 von Bundestagsvizepräsident Richard Jaeger im Bundestag in Bonn vereidigt.
AP Photo

gegeben angesehen wurde[25]. Dieser Fall führte zu neuen Konflikten[26]. Zusätzlich Nahrung erfuhr das Dauerproblem durch eine Auseinandersetzung des Wehrbeauftragten Schultz mit dem Kommandierenden General (KG) des III. Korps in Koblenz, Generalleutnant Gerd Niepold[27]. Nach Auffassung des KG gingen die Untersuchungen, die sich auf eine reine Truppendienstangelegenheit und eine Verwaltungssache bezogen, über die Aufgaben des Wehrbeauftragten hinaus[28]. Diese Auffassung teilte er dem Wehrbeauftragten ebenso mit wie dem Ministerium[29]. Schultz wollte diese Begründung nicht akzeptieren und sah seine Zuständigkeit durchaus als gegeben an[30]. Zuerst wurde der Haltung des Wehrbeauftragten beim Führungsstab des Heeres zugestimmt[31], um danach die Argumentation des KG III. Korps zu übernehmen und dessen Zuständigkeit abzustreiten[32], vermutlich aber aus grundsätzlichen und weniger einzelfallorientierten Erwägungen[33]. Jedoch stellte Schultz bereits in seiner Antwort an Generalleutnant Niepold klar, dass nicht das Ministerium über seine Zuständigkeit zu befinden habe, sondern allein das Parlament in dieser Sache über eine Entscheidungskompetenz verfüge, eine Entscheidung des Minis-

[25] BA-MA, BW 2/11953, Schreiben des StS im BMVg an den Vorsitzenden des Verteidigungsausschusses, 9.12.1971. Vgl. hierzu JB 1971, S. 6 und BA-MA, BW 2/11953, Schreiben Fü S I 3 an den GenInsp, 10.5.1972, betreffend »Synopse über kritische Punkte des JB 1971 des WB«, S. 1.

[26] Vgl. ebd., BW 1/94614, Vermerk VR II 2 – Az.: 39-20-02-01, vom 25.10.1971. Ein weiteres Vorkommnis waren zwei Schreiben der Dienststelle des WB an einem Petenten, in denen die Maßnahmen des BMVg kritisiert und abqualifiziert wurden.

[27] Ebd., Schreiben Fü S I 3 an VR III 2, 24.8.1971, betreffend »Zuständigkeit des WB«. Das III. Korps in Koblenz bezweifelte hier in zwei Fällen die Zuständigkeit des WB und ersuchte um eine Klärung beim BMVg.

[28] Ebd., Schreiben GL Niepold an den WB, 19.7.1971, betreffend »Eingaben des OFw K. und StFw W. «

[29] Ebd., Schreiben GL Niepold an Fü H I 3, 19.7.1971, betreffend »Zweifel an Zuständigkeit des WB«.

[30] Ebd., Schreiben WB an den KG III. Korps, GL Niepold, vom August 1971, S. 1: »Ich bedauere Ihre Entscheidung, in den genannten Fällen meine Zuständigkeit infrage zu stellen, da sie einmal rechtlichen Erwägungen nicht standhält und zum anderen geeignet ist, die notwendige gute Zusammenarbeit zwischen der Truppe und dem Wehrbeauftragten zu beeinträchtigen, eine Zusammenarbeit, die der Wahrung bestimmter Rechte der Soldaten, somit einem meines Erachtens gemeinsamen Anliegens, dient.«

[31] Ebd., Schreiben Fü H/RB an Fü H I 3, 19.8.1971, betreffend »Zuständigkeit des WB«.

[32] Ebd., Schreiben VR II 2 an den WB, 28.10.1971, betreffend »Eingaben des OFw K. und StFw W.«, S. 4. »Entgegen der von Ihnen in Ihrem Schreiben vom ›August 1971‹ dargelegten Auffassung ist deshalb der von dem III. Korps vertretenen Ansicht, dass weder eine Verletzung der Grundrechte noch der Grundsätze der inneren Führung vorliegt, beizutreten.«

[33] Vgl. ebd., Vermerk VR II 2 – Az.: 39-20-02-01, 25.10.1971. »Im vorliegenden Komplex handelt es sich um zwei Einzelfälle, die allerdings eine gewisse Tendenz des Wb zur Erweiterung seiner Zuständigkeiten erkennen lassen. Um gegenüber dem Wb klarzustellen, dass seinen Versuchen, in Vorgängen tätig zu werden, die nicht in seine Zuständigkeit fallen, von hier erhebliche Bedeutung zugemessen wird, ist für diesen Fall die Unterzeichnung durch Herrn Hauptabteilungsleiter III vorgesehen worden.«

ters daher für ihn unverbindlich sei[34]. Diese Auffassung vertrat er auch gegenüber dem Vorsitzenden des Verteidigungsausschusses, den er in der Sache um Unterstützung ersuchte[35]. Der Kampf um die Zuständigkeit ging also weiter und wurde auch auf den höheren militärischen Führungsebenen gegen den Wehrbeauftragten geführt. Zwar wurden die Gegensätze nicht mehr öffentlichkeitswirksam mittels des Jahresberichts über die Medien ausgefochten, in der Sache blieben beide Seiten jedoch so unnachgiebig wie zuvor. Der Verteidigungsausschuss musste hier ständig als Schlichtungsgremium fungieren und die beiden Interessenlagen ausgleichen[36].

Bei der Beratung des Jahresberichts 1971 im Verteidigungsausschuss wurde dann das Kompetenzproblem erst einmal ausgeklammert und an eine gesonderte Kommission unter dem Vorsitz des Abgeordneten Josef Rommerskirchen (CDU) zur Behandlung überwiesen. Genährt wurden die Unstimmigkeiten mit dem Minister durch ein Interview des Wehrbeauftragten im Bonner Generalanzeiger[37], in dem er seine Kritik aus dem Jahresbericht 1971 wiederholte[38]. Gleichzeitig verwies er auf erhebliche Schwierigkeiten für die Truppe durch das Zusammenfallen der Umstrukturierung des Heeres zum Strukturmodell 3, der Verkürzung des Grundwehrdienstes von 18 auf 15 Monate, der Neuordnung der Truppenausbildung und der Verwirklichung der neuen Bildungs- und Ausbildungskonzeption. Sowohl die Notwendigkeit einer Novellierung des Gesetzes aufgrund der vom Wehrbeauftragten vorgebrachten Fälle als auch das negative Zusammenwirken in Koinzidenz mit den angesprochenen Reformen wurden von Seiten des Verteidigungsministeriums abgestritten. Das Motiv des Wehrbeauftragten wurde wiederum in der profanen Ausweitung seiner Aufgaben gesehen, das den Angehörigen des Ministeriums schon hinlänglich bekannt war: »In dem Interview [...] handelt es sich hinsichtlich der angeschnittenen Kompetenzfragen um – in polemischer Form gehaltene – Wiederholungen aus dem Jahresbericht 1971, mit denen der Wehrbeauftragte sein Anliegen – durch Novellierung des Wehrbeauftragtengesetzes größere Kompetenzen zu erhalten – offensichtlich auch in die Öffentlichkeit tragen will[39].« Der Parlamentarische

---

[34] Ebd., Schreiben WB an den KG III. Korps, GL Niepold, August 1971, S. 3. Um die Probleme, die sowohl den WB als auch die Truppe beschäftigten, anzugehen, vereinbarte Schultz im Dezember 1973 eine gemeinsame Informationstagung mit dem KG III. Korps. Dies belegt, dass ihnen an einer einvernehmlichen Lösung zum beiderseitigen Vorteil gelegen war. Vgl. ebd., BW 2/11954, Schreiben WB an den BMVg, 30.10.1973.

[35] Ebd., BW 2/1193, Schreiben des WB an den Vorsitzenden des Verteidigungsausschusses, 13.3.1972, nebst Anlagen.

[36] Vgl. hierzu ebd., BW 2/11953, Schreiben des Vorsitzenden der 5. Kommission des Verteidigungsausschusses Rommerskirchen an den Parl. StS Berkhan, 23.6.1972.

[37] Vgl. H. Berndt, »Schultz: Schwierigkeiten bei der Amtsausübung«. In: Generalanzeiger für Bonn und Umgegend, 20.7.1972.

[38] JB 1971, S. 5–8. Hierin setzte sich Schultz mit dem Problem der Zuständigkeit auseinander, führte die bereits genannten Beispiele auf und verwies auf die Notwendigkeit der Novellierung des WbG von 1957.

[39] BA-MA, BW 2/11953, Schreiben VR II 2 an die Leitung BMVg, 9.8.1972, betreffend »Stellung des WB«, S. 1. Siehe zudem ebd., Stellungnahme Fü H I (Arbeitsgruppe W 15) zum Artikel von H. Berndt vom 2.8.1972.

Staatssekretär Berkhan hob in seiner Stellungnahme einerseits das gute Verhältnis zwischen beiden Dienststellen auf der Arbeitsebene hervor, verwies andererseits aber auf »den notwendigen Dualismus beider Institutionen«, weshalb sich auch in Zukunft die in den bisherigen Jahren aufgetretenen Kompetenzstreitigkeiten nicht vermeiden lassen würden. Berkhan hielt an der bekannten Auffassung des Ministeriums weiter fest und resümierte:

»Insgesamt sehe ich keine Notwendigkeit, das Wehrbeauftragtengesetz zu ändern. Das Gesetz hat sich in den fünfzehn Jahren seit seinem Inkrafttreten bewährt. In der Praxis hat sich – wie bereits betont – auch gezeigt, dass es dem Amt des Wehrbeauftragten eine wirkungsvolle Arbeit ermöglicht. Zweifelsfälle der hier angesprochenen Art werden auch durch eine Neuregelung nicht ausgeschlossen werden können. Ich sehe deshalb keine Veranlassung, eine von dem derzeitigen Zustand abweichende Abgrenzung der Kompetenz vorzuschlagen[40].«

Der Wehrbeauftragte Schultz ging daraufhin in die Offensive: Zuerst legte er dem Vorsitzenden der 3. Kommission des Verteidigungsausschusses, Rommerskirchen, in einem Brief seine Gründe für eine Änderung und Ergänzung des »veralteten, unzureichenden und unterschiedliche Auslegungen zulassenden« Wehrbeauftragtengesetzes dar[41] und kündigte einen Vorentwurf dazu an. Am 29. September überraschte er den Verteidigungsminister dann mit der Überreichung eines Entwurfs zur Novellierung des WbG an die 3. Kommission des Verteidigungsausschusses[42]. Dieser Vorentwurf stellte eine Konkretisierung seiner Kompetenzen dar, denn er beinhaltete alle vom Wehrbeauftragten bislang schon beanspruchten Überprüfungsfälle, aufgrund deren es bisher zu Streitigkeiten mit dem Verteidigungsministerium gekommen war. Er weitete seine Kontrollbefugnisse nicht nur auf Reservisten, das Musterungs- und Einberufungsverfahren und die Gefahr einer Verletzung der Grundsätze der ›Inneren Führung‹ aus, sondern auch seine Amtsbefugnisse zur Überprüfung eines Vorganges, der ein Vernehmungsrecht und eine Inaugenscheinnahme erforderlich

---

[40] Ebd., BW 2/12088, Schreiben des Parlamentarischen Staatsekretär im BMVg an den Vorsitzenden der 3. Kommission des VtdgA, 30.8.1972.
[41] Ebd., Schreiben des WB an den Vorsitzenden der 3. Kommission des VtdgA, 13.9.1972, S. 1–6, hier S. 1 und 3: »Dieses Gesetz, das inzwischen über fünfzehn Jahre alt ist, konnte so viele Fragen der späteren Praxis der Tätigkeit des Wehrbeauftragten nicht voraussehen, viele Schwerpunkte der Tätigkeit haben sich inzwischen verschoben, neuen Forderungen ist zu entsprechen. Ich habe daher in meinem Jahresbericht [1971] erstmals angeregt, die Kompetenzschwierigkeiten zum Ausgangspunkt einer Novellierung des Wehrbeauftragtengesetzes zu machen [...] Ein Teil der Kompetenzschwierigkeiten lässt sich jedoch nicht durch Gesetzesänderung bzw. Gesetzesergänzung regeln. Es handelt sich hierbei um die Zuständigkeitsstreitigkeiten, die sich aus der unzureichenden Klärung und Konkretisierung des in § 2 Abs. 2 des Wehrbeauftragtengesetzes verwendeten unbestimmten Rechtsbegriffs ›Grundsätze der Inneren Führung‹ ergeben.«
[42] Ebd., Schreiben des WB an den Vorsitzenden der 3. Kommission des VtdgA, 29.9.1972, betreffend »Änderung und Ergänzung des WbG vom 26.6.1957«.

Bundestagspräsident Eugen Gerstenmaier bei seiner Rede anlässlich der Vereidigung von Heinrich Lübke als neuer Bundespräsident im Jahr 1959.

Bundesregierung/Rolf Unterberg

machte[43]. In seiner Stellungnahme zum Jahresbericht 1972 verwies das Ministerium dagegen auf seinen bisherigen Standpunkt, dass eine Novellierung unnötig sei, und zeigte sich überrascht von der Initiative des Wehrbeauftragten, einen Vorentwurf an die 3. Kommission des Verteidigungsausschusses zu überreichen[44]. Diese Herausforderung des Wehrbeauftragten, der nun Nägel mit Köpfen machte und dazu eine konkrete Diskussionsvorlage beisteuerte, konnte von Seiten des Verteidigungsministeriums nicht unwidersprochen bleiben. Zwar monierte der Parlamentarische Staatssekretär, dass man keine Ausfertigung erhalten habe, blieb aber seiner Argumentationslinie auch unter diesen Voraussetzungen treu. Die von Schultz im Entwurf angestrebten Zuständigkeitserweiterungen im Hinblick auf noch nicht eingezogene Wehrpflichtige, die Gefährdung der Grundrechte, die Reservistenangelegenheiten oder seine Befugnisse zur Überprüfung eines Vorganges sah Berkhan als nicht mit dem Grundgesetz vereinbar an. Er befürchtete eine Entwicklung des Wehrbeauftragten zu einem »zivilen Ombudsmann« oder einem »ständigen Untersuchungsausschuss«, um eine vom Verteidigungsausschuss unhängige Stellung zu erreichen. Die bisher gute Zusammenarbeit mit gelegentlich in der Praxis unterschiedlichen Auffassungen, so Berkhan, gebe Anlass zu der Behauptung, dass schon allein deshalb eine Novellierung nicht notwendig sei[45].

Eben noch auf der Seite des Verteidigungsministeriums, avancierte Karl-Wilhelm Berkhan unversehens selbst zum fünften Wehrbeauftragten und ersten Sozialdemokraten in diesem Amt, weil der eigentliche Kandidat der SPD, Werner Buchstaller, im Deutschen Bundestag nicht mehrheitsfähig gewesen war. Berkhan, der die von Schultz angestrebte Notwendigkeit der Novellierung des Gesetzes als Staatssekretär noch vehement bestritten hatte, sah sich nun selbst in der Rolle desjenigen, der seine Zuständigkeit gegenüber dem Verteidigungs-

---

[43] Ebd., Schreiben des WB an den Vorsitzenden der 3. Kommission des VtdgA, 29.9.1972, betreffend »Änderung und Ergänzung des WbG vom 26.6.1957«. Grundlegend war sein Änderungsvorschlag des Passus »nach pflichtgemäßem Ermessen« um den Zusatz »nach pflichtgemäßem Ermessen aufgrund eigener Entscheidung tätig«. Hierin konnte er quasi eine erhebliche Ausweitung seiner Zuständigkeit um die mit dem BMVg strittigen Fälle begründen.

[44] Ebd., BW 2/11954, Fü S I 3, Mai 1973, betreffend »Stellungnahme zum Bericht des WB des Dt. BT für das Berichtsjahr 1972«, S. 2–9. Hier wurde noch einmal ausführlich mit den bekannten Argumenten Gegenstellung zum Wehrbeauftragten bezogen. U.a. wurde darauf verwiesen, dass sowohl die Stellungnahme des WB vom 13.9.1972 als auch der Inhalt des Entwurfes vom 29.9.1972 im BMVg bisher nicht bekannt gewesen seien. Diese Aussage entsprach nur der offiziellen, aber nicht der inoffiziellen Wahrheit, denn es befinden sich jeweils eine Ausfertigung in den Unterlagen aus dem Jahr 1972.
In der Abteilung VR wurde eine kritische Auseinandersetzung mit dem JB 1972 und der Stellungnahme des BMVg zum JB 1972 erarbeitet, die ziemlich offen die Mängel in der Argumentation des Ministers benennt. Vgl. ebd., BW 1/60621, Ausarbeitung VR III 7, Az.: 39-20-00, betreffend »Fragen des JB 1972, die in der Erörterung im VtdgA am 17.10.1973 nicht behandelt wurden oder deren Klärung nicht erreicht werden konnte«.

[45] Ebd., BW 2/13848, Schreiben Parl. StS an den MdB Rommerskirchen, 18.6.1973.

Wehrdebatte im Deutschen Bundestag. Der Wehrbeauftragte Matthias Hoogen dankt den Abgeordneten am 27.6.1969 für die Anerkennung seines Berichts. *AP Photo*

Der parlamentarische Staatssekretär im BMVg Karl Wilhelm Berkhan, der Generalinspekteur der Bundeswehr, Admiral Armin Zimmermann und der Oberbefehlshaber der Marine der Vereinigten Staaten Admiral Elmo R. Zumwalt (von l. nach r.) bei einem Treffen am 10.7.1972. *AP Photo*

Karl Wilhelm Berkhan leistet in Bonn direkt nach seiner Wahl zum Wehrbeauftragten am 19.3.1975 den Amtseid vor Bundestagspräsidentin Annemarie Renger ab.
AP Photo

apparat darlegen musste[46]. In einem Verwaltungsgerichtsverfahren eines ehemaligen Oberstleutnants gegen die Bundesrepublik Deutschland vor dem Bayerischen Verwaltungsgericht, das sich von 1973 bis 1976 hingezogen hatte, waren immer wieder Beamte der Dienststelle des Wehrbeauftragten zugezogen worden, die sich zu Vorgängen innerhalb der Bundeswehr geäußert hatten. Dieses Vorgehen sei, so die Auffassung aus dem Verteidigungsministerium, durch keine rechtliche Grundlage abgedeckt gewesen. Der Wehrbeauftragte wurde daher eindringlich aufgefordert, derartige Eingriffe in schwebende Verfahren in der Zukunft zu unterlassen[47]. Somit war auch Berkhan bald nach seinem Amtsantritt mit diesem schon traditionellen Problemfeld konfrontiert worden und musste nun doch die Notwendigkeit einer Gesetzesänderung einsehen, die er bislang für unnötig gehalten hatte.

c) Die Gesetzesnovellierung

Das Kompetenzproblem implizierte über den gesamten Zeitraum die Notwendigkeit einer Novellierung des Gesetzes über den Wehrbeauftragten. Der SPD war schon seit längerem klar, dass dies unausweichlich werden würde. Besonders der Wahlmodus, die Stellvertretung, die Berichterstattung und die Dienstaufsicht mussten dringend beraten und überdacht werden. Jedoch reiche es aus, dieses Problem in einem größeren zeitlichen Rahmen anzugehen[48]. Genau darin lag jedoch auch die eigentliche Crux begründet. Die Notwendigkeit wurde zwar eingesehen, allein es fehlte der Wille zu handeln. Folglich verblieb es lange Zeit bei dem allseits bekannten Erfordernis der Änderung, aber zugleich bestand weiterhin die andauernde Untätigkeit der Politiker. Denn klar war auch, dass eine Beilegung der Auslegungsunterschiede zwischen dem Amt des Wehrbeauftragten und dem Verteidigungsministerium nur über das Ausführungsgesetz erfolgen konnte. Während seine Vorgänger noch von dem unbestimmten Gesetz profitiert und dadurch eine möglichst weite Kompetenzinterpretation forciert hatten, nutzte nun Schultz die Gunst der Stunde, um das Wehrbeauftragtengesetz nach seinen Vorstellungen fassen zu lassen und den Verteidigungsminister mit seinem Vorentwurf September 1972 vor vollendete Tatsachen zu stellen. Man könne zwar noch über den Inhalt der Neufassung diskutieren, aber nicht mehr über die Realisierung. Dieser geschickte Schachzug bedurfte aber einer sorgfältigen Vorbereitung: Auf der Arbeitsebene mit dem

---

[46] Ebd., BW 2/11942, Stellungnahme VR II 2 an Fü S I 4, 31.1.1975, betreffend »Eingabe SU H. an den WB, hier: Zuständigkeit des WB«; Schreiben Fü H I 3 an das III. Korps, 20.3.1975, betreffend »Eingabe des SU H. an den WB«; Schreiben Kdr 2. Jägerdivision, 28.4.1975, betreffend »Eingabe des SU H. an den WB«; Schreiben WB an den BMVg, 15.5.1975, betreffend »Eingabe des SU H. an den WB«; Schreiben Fü S I 4 an den WB, 16.7.1975, betreffend »Eingabe des SU H. an den WB«.

[47] Schreiben VR II 2 an den WB, 12.10.1976. Dieses Schreiben wurde dem Verf. freundlicherweise vom Amt des Wehrbeauftragten zur Verfügung gestellt.

[48] AdsD, SPD-Bundestagsfraktion, 5. WP, Mappennummer 1810, Kurzprotokoll der Sitzung der Kommission für Parlamentsfragen, 14.11.1968, S. 1 f.

Verteidigungsressort kooperierte das Amt vorbildlich, vordergründig wirkte man eher zu harmlos, dagegen bereitete man auf der politischen Ebene im Verteidigungsausschuss den Weg für eine deutliche Kompetenzerweiterung zu seinen Gunsten vor. Bereits im Jahresbericht 1971 wies Schultz auf die Notwendigkeit einer Novellierung des Wehrbeauftragtengesetzes aufgrund der ständigen Kompetenzprobleme hin. Der Kompromiss aus dem Jahr 1967 glättete zwar die Wogen etwas, reichte aber letztlich nicht aus. Immer wieder kam es zu Konflikten im Bereich der Zuständigkeiten[49]. Die Notwendigkeit einer Novellierung wurde aber im Verteidigungsministerium nicht gesehen, vielmehr hätten gerade die Erfahrungen aus den vergangenen Jahren deutlich gezeigt, dass das derzeitige Gesetz dem Wehrbeauftragten mehr als ausreichende Möglichkeiten gebe, seinen Aufgabenbereich gewissenhaft wahrzunehmen[50]. Der geschickt lancierte Vorentwurf wurde aber zur Grundlage der Beratungen der Kommission, die schließlich am 21. Juni 1974 ihren Bericht mit den Änderungsvorschlägen dem Verteidigungsausschuss vorlegte[51]. Unterdessen schlug der Leitende Beamte Hans Hubatsch bei einer Besprechung über eine Neufassung des Erlasses »Truppe und Wehrbeauftragter« im September 1974 dem Stababteilungsleiter Fü S I, Flottillenadmiral Günter Fiebig vor, mit dessen Herausgabe bis zur Novellierung zu warten, damit beide entweder zeitgleich oder zumindest unmittelbar nacheinander herausgegeben werden könnten[52]. Zwar war die Arbeit in der 3. Kommission schon weit fortgeschritten, trotzdem war diese Einschätzung Hubatschs zeitlich gesehen sehr optimistisch. Im Ministerium regte sich jetzt aber kaum noch Widerspruch, weil man sich wohl inzwischen damit abgefunden hatte, dass eine Novellierung nicht mehr zu verhindern und nur noch eine Frage der Zeit sei. Ein halbes Jahr später wurde in den Fraktionen durch den Verteidigungsausschuss ein Änderungsentwurf zum Wehrbeauftragtengesetz vorgelegt. Jedoch wurden in der Debatte erhebliche rechtliche Bedenken gegen die Änderungsvorschläge geäußert, weshalb der Ablauf wiederum verzögert wurde. In der 7. Wahlperiode setzte sich die Kommission erneut mit den Modifikationen auseinander. Am 24. Mai 1976 empfahl die Kommission dann in ihrem Bericht, die Kompetenzfrage in einer Novellierung des Gesetzes in mehreren Punkten zu regeln[53]. Der Verteidigungssauschuss beschloss am 2. Juni

---

[49] JB 1971, S. 5–8.
[50] BA-MA, BW 2/11953, Schreiben Fü S I 3 an den GenInsp, 10.5.1972, betreffend »Synopse über kritische Punkte des JB 1971 des WB«, S. 1.
[51] Das WbG wurde unterdessen unwesentlich durch Gesetz vom 2.3.1974 geändert, vgl. Bundesgesetzblatt (1974), S. 469.
[52] BA-MA, BW 2/13847, Schreiben des Leitenden Beamten des WB an Fü S I 4, 8.5.1974, betreffend »Besprechung mit Referenten des BMVg am 21.5.1974«, S. 1 f.
[53] Parlamentsarchiv, Bd IX 74 A, Deutscher Bundestag, 9. WP, Drucksache 9/419, Gesetzentwurf der Fraktionen der CDU/CSU, SPD und FDP, Entwurf eines Gesetzes zur Änderung des Gesetzes über den Wehrbeauftragten des Bundestages, S. 1 f. Die Änderungen umfassten die alleinige Einordnung als Hilfsorgan des Deutschen Bundestages, den Vorrang des Verteidigungsausschusses, die Einbindung des WB in das Gesamtgefüge des Bundestages, Präzisierung und Angleichung der Befugnisse an die des Petitionsausschusses, Regelung des Zeugnisverweigerungsrechtes, Änderung des Amtsverhältnisses, die Vertretung des WB und eine Handhabungserleichterung durch die Einfügung von Über-

1976, den Fraktionen die Einbringung als einen interfraktionellen Gesetzesentwurf vorzuschlagen. Jedoch wurde dieser durch das bevorstehende Ende der 7. Wahlperiode verhindert. Der Präsident des Bundestages bestellte eine »Arbeitsgruppe zur Feststellung des rechtlichen und organisatorischen Standorts des Wehrbeauftragten und seiner Dienststelle im Gefüge des Bundestages«, die am 26. Oktober 1977 ihren ausführlichen, auch Vorschläge zur Novellierung enthaltenden Bericht vorlegte. Aufgrund dieses Berichtes bat der Bundestagspräsident den Verteidigungsausschuss am 13. September 1978, das Novellierungsverfahren wieder aufzunehmen. Der Wehrbeauftragte legte dazu am 2. Oktober 1978 dem Verteidigungsausschuss einen weiteren Vorentwurf vor[54]. Doch es sollte dann immer noch knapp zwei Jahre dauern bis es zu dem seit 1976 angestrebten interfraktionellen Entwurf zur Neuerung des Gesetzes und zur damit einhergehenden Änderung des § 7 Abs. 4 der Geschäftsordnung des Deutschen Bundestages kam. Am 14. Mai 1981 überwies der Deutsche Bundestag den Gesetzentwurf federführend an den Verteidigungsausschuss und mitberatend an den Rechts- und Haushaltsausschuss[55]. Die Novellierung wurde im Ministerium bei Fü S I 4 weiterhin kritisch beobachtet und in ihren Auswirkungen auf die Truppe untersucht. Oberst i.G. Werner von Scheven kam in einer Empfehlungsvorlage an den Generalinspekteur zu der Bewertung: »Die vorgeschlagenen Änderungen zum Gesetz über den Wehrbeauftragten beinhalten gegenüber der bisherigen Regelung generell keine Kompetenzerweiterung zu Lasten der Truppe. Inwieweit sich das neu aufgenommene Anhörungsrecht gegenüber dem Eingeber, Zeugen und Sachverständigen auswirken wird, bleibt abzuwarten[56].« Mit dieser Einschätzung lag von Scheven richtig, denn zum einen war der nunmehrige Entwurf, der schließlich mit wenigen Abweichungen zum Gesetz wurde, schon seit 1972 bekannt, die Unterschiede zwischen dem Vorentwurf Schultz' und der 1981 vorliegenden Fassung waren gering, zum anderen praktizierte der Wehrbeauftragte diese Befugnisse bereits während der gesamten Zeit. Zwar wurde jetzt das Anhörungsrecht des Wehrbeauftragten dem des Petitionsausschusses angeglichen, jedoch war es in der Vergangenheit durchaus bereits mehrfach vorgekommen, dass der Wehrbeauftragte die betroffenen Soldaten vernommen hatte. Damit man stets über den Stand der Beratungen informiert war und rechtzeitig einwirken konnte, wurde für die Bundes-

---

schriften. Vgl. hierzu auch BA-MA, BW 2/22229, Ausarbeitung des Sekretariats des Verteidigungsausschusses, 4.6.1981, betreffend »Zur Geschichte der Novellierung des Wehrbeauftragtengesetzes (materieller Teil)«.

[54] Ebd., Ausarbeitung des Sekretariats des Verteidigungsausschusses vom 2.6.1981 betreffend »Zur Geschichte der Novellierung des Wehrbeauftragtengesetzes (formeller Teil)«.

[55] Parlamentsarchiv, Bd IX 74A, Deutscher Bundestag, 9. WP, Drucksache 9/419, Gesetzentwurf der Fraktionen der CDU/CSU, SPD und FDP, Entwurf eines Gesetzes zur Änderung des Gesetzes über den Wehrbeauftragten des Bundestages; Drucksache 9/420, Antrag der Fraktionen der CDU/CSU, SPD und FDP, Ergänzung der Geschäftsordnung des Deutschen Bundestages; amtliches Protokoll der 37. Sitzung des Deutschen Bundestages, 14.5.1981.

[56] BA-MA, BW 2/22229, Vorlage Fü S I 4 an den GenInsp, 10.2.1981, betreffend »Novellierung des Gesetzes über den WB«.

regierung und federführend dazu im Verteidigungsministerium die Abteilung VR II 2 damit betraut, sich intensiv in die Debatte um eine Novellierung einzuschalten[57].

Als das Änderungsgesetz schließlich im Plenum des Bundestages beraten werden konnte, brachte der SPD-Abgeordnete Erwin Horn das jetzt mögliche Ergebnis auf den Punkt: »Was lange währt, wird endlich gut. Denn nach zwölfjähriger Arbeit – zwei Jahren Vorarbeit und zehn Jahren Arbeit im Verteidigungsausschuss –, eingeleitet durch die sogenannte Rommerskirchen-Kommission, können wir die Arbeit an dem Gesetz wohl abschließen[58].« Er sollte damit Recht behalten, denn das Gesetz wurde vom Deutschen Bundestag jetzt einstimmig angenommen und der Bundesrat stimmte ihm am 30. April 1982 zu[59]. Verkündet wurde es im Bundesgesetzblatt am 23. Juni 1982 und es trat schließlich am folgenden Tag in Kraft[60]. Damit wurde unter eine sich über 20 Jahre hinziehende Kompetenzrangelei zwischen dem Amt des Wehrbeauftragten und dem Verteidigungsministerium ein Schlussstrich gezogen. Im Jahre 1982 wurde nur gesetzlich geregelt, was sich bereits seit 1968 abzeichnete. Zwar fällt die Novellierung in die Amtszeit Berkhans, dem unbestreitbar ein wesentlicher Anteil am Zustandekommen und der Ausgestaltung des Gesetzes zufiel, der Hauptverdienst gebührt aber Fritz-Rudolf Schultz. Denn er war es, der die Kompetenzstreitigkeiten, im Gegensatz zu seinem Vorgänger Hoogen, wieder öffentlich angezeigt hatte. In den Jahresberichten seiner Amtszeit nahm die Frage immer einen zentralen Platz ein, sodass sowohl der Bundestag mit seinem Verteidigungsausschuss als auch das Verteidigungsministerium sich genötigt sahen, sich nun endlich gesetzlich mit der Problematik auseinanderzusetzen.

2. Die Stellung als Hilfsorgan im parlamentarischen System

Der Wehrbeauftragte war laut Grundgesetz das Hilfsorgan des Deutschen Bundestages. Jedoch schien die Funktion nicht nur manchem in der Bundeswehr und der Politik unklar zu sein, sondern selbst der Bundestagspräsident, Eugen Gerstenmaier[61], der eigentlich die Dienstaufsicht führen sollte, stand dieser Institution fremd gegenüber. Wie sollten die Mitglieder des Verteidigungsausschusses sonst zu dem Eindruck gelangen, bei ihm lägen offensichtlich unrichtige Vorstellungen über die Stellung des Wehrbeauftragten vor? Der Vorsitzen-

---

[57] Parlamentsarchiv, Bd IX 74A, Deutscher Bundestag, Verteidigungsausschuss, 9. WP, Drucksache 9/193, Schreiben VR II 2 an den Vorsitzenden des Verteidigungsausschusses, 17.10.1981.

[58] Ebd., 92. Sitzung, 12.3.1982, S. 5546.

[59] Ebd., Beschluss des Bundesrates, Drucksache 127/82, 30.4.1982.

[60] Ebd., Bundesgesetzblatt (1982), Teil I, S. 673–677.

[61] Vgl. Gerstenmaier, Streit und Friede.

de wurde daraufhin gebeten, mit dem Bundestagspräsidenten darüber ein klärendes Gespräch zu führen[62]. Die Vorbehalte Gerstenmaiers gegenüber diesem neuen, nun in seinen Zuständigkeitsbereich gehörenden Amt schimmerten in den Krisen um die Institution immer wieder durch. Sowohl in der »Heye-Affäre«, in der es hauptsächlich um die Form der Veröffentlichung der Feststellungen des Wehrbeauftragten ging, als auch in der »Hoogen-Affäre«, deren Anlass die umstrittene Amtsführung des Wehrbeauftragten war, sah sich der Bundestagspräsident immer wieder dem Vorwurf ausgesetzt dem Wehrbeauftragten gegenüber seine Dienstpflicht vernachlässigt zu haben, weil er ein ausgewiesener Gegner der Institution gewesen sei[63]. Diese Vorwürfe wies Gerstenmaier zwar entschieden zurück, konnte sich aber durch sein Verhalten in beiden Affären letztlich nicht dem auf ihm liegenden Verdacht entziehen[64].

Gerade der zweite Wehrbeauftragte, Vizeadmiral a.D. Hellmuth Heye[65], der durch ein dem Gesetz nicht entsprechendes Wahlverfahren, nämlich durch Akklamation, und nicht wie vorgesehen durch eine geheime Wahl gewählt worden war, verfügte daher über eine breite Zustimmung im Deutschen Bundestag, eckte aber immer wieder bei den Parlamentariern an[66]. Sowohl seine eigenwillige Art, Vorfälle in der Bundeswehr zu untersuchen und Missstände publik zu machen, als auch sein oftmaliges politisches Vorpreschen ließ ihn immer wieder in Konflikt mit anderen Politikern geraten. Während einer Veranstaltung mit dem Verein der Auslandspresse am 28. Oktober 1964, als die Affäre aufgrund seines Quick-Artikels »In Sorge um die Bundeswehr« vom Juni/Juli immer noch nicht beendet war, machte er in dem Irrglauben, off the record zu reden, den Vorschlag, die Bundeswehr in ein 250 000-Mann-Berufsheer umzuwandeln. Der Vizepräsident des Deutschen Bundestages und Vorsitzende des Verteidigungsausschusses Jaeger forderte daraufhin vor dem wehrpolitischen Ausschuss seiner Partei in einer persönlichen und unsachlichen

---

[62] Parlamentsarchiv, 2.–4. WP, Unterausschuss Wahl des Wehrbeauftragten, Kurzprotokoll der 3. Sitzung des Unterausschusses zur Vorbereitung der Wahl des Wehrbeauftragten am 30.10.1958, 3.11.1958, S. 3.

[63] AdsD, Depositum Helmut Schmidt, Mappennummer 5350, Schreiben Heinrich Georg Ritzel an Helmut Schmidt, 6.11.1967: »Vielleicht dient es Dir zu wissen, dass ich als Vorsitzender des Ersten Ausschusses wiederholt Gelegenheit hatte festzustellen, dass die Schwierigkeiten weniger an den derzeitigen Funktionären, so vor allem Hoogen, lagen, sondern in erster Linie an dem Unvermögen des Dienstvorgesetzten, des Bundestagspräsidenten Gerstenmaier, der sich weder sachlich mit den Problemen auseinandersetzte noch sich bemühte, von seiner unbegründeten vorgefassten Meinung abzurücken.«

[64] Ebd., Mappennummer 5345, Schreiben Helmut Schmidt an Eugen Gerstenmaier, 12.10.1967; Schreiben Eugen Gerstenmaier an Helmut Schmidt, 13.10.1967. Ebenso Mappennummer 8036, Schreiben Helmut Schmidt an Eugen Gerstenmaier, 26.10.1967; Schreiben Eugen Gerstenmaier an Helmut Schmidt, 10.11.1967.

[65] Vgl. zu seinem militärischen Werdegang BA-MA, Pers 6/2402.

[66] AdsD, SPD-Bundestagsfraktion, 4. WP, Mappennummer 793, Brief Ritzel an den Präsidenten des Deutschen Bundestages, 8.11.1961. Diese Art der Wahl Heyes erregte den Widerspruch einiger Abgeordneter, welche die Wahl als ungültig ansahen und eine Wiederholung einforderten. Jedoch blieben diese Einwände unberücksichtigt.

Vizeadmiral a.D.
Hellmuth Heye wurde
am 8.11.1961 in
Bonn vom Bundestag
durch Akklamation
zum neuen Wehr-
beauftragten gewählt.
Heye nahm die
Wahl an und wurde
anschließend von
Bundestagspräsident
Eugen Gerstenmaier
vereidigt.
AP Photo

Weise – er bezeichnete ihn als im Reichswehrdenken stecken gebliebenen alten
Herren – seinen Rücktritt als Wehrbeauftragter. Für Jaeger hatte Heye die Grenzen seiner Kompetenzen wiederum überschritten. Schützenhilfe erhielt Jaeger
dabei von Gerstenmaier. Für die Vertreter der Regierungspartei war nunmehr
klar, dass ihr Parteifreund Heye nicht mehr im Interesse der Regierung und der
Bundeswehr handelte. Deshalb wiesen sie ihn derart schroff zurecht. Unterstützung bekam Heye dagegen von der SPD und vom Wehrexperten der FDP, Fritz
Rudolf Schultz, dem späteren vierten Wehrbeauftragten, der Heyes Vorschlag
als Weg zur Beseitigung der militärischen Unzulänglichkeiten bezeichnete, die
in der Bundeswehr aus politischen Gründen bisher hingenommen worden sei-
en. Heye reagierte auf die harsche Kritik seines einstigen Weggefährten im
Verteidigungsausschuss Jaeger mit den Worten, lieber selbst den Rücktritt zu
erklären als sich rausschmeißen zu lassen. Auch ein das Missverständnis auf-
klärender Brief des Vorsitzenden des Vereins der Auslandspresse an Gerstenmaier konnte keine Beschwichtigung mehr erreichen[67]. Der zuvor als Rüge an
Heye verstandene Hinweis auf die Bestimmungen des Grundgesetzes und des
Wehrbeauftragtengesetzes durch Gerstenmaier erregte immerhin den Widerspruch der SPD-Bundestagsfraktion. Ihrer Ansicht nach verfügte der Bundestagspräsident über keine Weisungsbefugnis und kein Dienstaufsichtsrecht gegen den Wehrbeauftragten. Die SPD-Fraktion wies Gerstenmaier deshalb auf
die Grenzen seines Amtes und Auftrages hin[68]. Am 10. November 1964 reichte
Heye dann schließlich, vorgeblich aus gesundheitlichen Gründen, seinen Rücktritt ein und erhielt am darauf folgenden Tag seine Entlassungsurkunde.

Der Umgang mit Heye von Seiten seiner Partei- und ehemaligen Parla-
mentskollegen offenbarte die tiefe Kluft, die zwischen ihnen herrschte, seitdem
er die Funktion des Wehrbeauftragten ausübte. Der nunmehrige Wehrbeauftragte fühlte sich, ähnlich dem Bundespräsidenten, nicht mehr an Partei- und
Fraktionsdisziplin gebunden, sondern lediglich seinem Auftrag als Hilfsorgan
des Bundestages verpflichtet. Er berücksichtigte scheinbar keinerlei Verbundenheit mehr mit seinen Parteikollegen, die ihm immerhin zu seiner jetzigen
Funktion verholfen hatten. Die Reaktion Jaegers, von Hassels und Gerstenmaiers machten deutlich, dass sie mit einem Wehrbeauftragten, der öffentlich zur
Sicherheits- und Militärpolitik Stellung nahm und die Entscheidungen der politischen Leitung der Bundeswehr kritisierte, nicht einverstanden waren und
sich seine Einmischung verbaten. Heye dagegen, der mehr militärisch direkt als
politisch konsensorientiert dachte und handelte, verschärfte seine ohnehin aufgrund des »Quick-Artikels« schon prekäre politische Lage. Die Auswirkungen
seines Reformhinweises im Hinblick auf die Bundeswehrstruktur und -stärke
nötigten ihn zu Konsequenzen. Letztlich musste er sich dem Bündnis aus Politik sowie Militär geschlagen geben und um seine Demission ersuchen. Zum

---

[67] BA-MA, BW 1/94613, Presseübersicht, 2.11.1964, für Presseoffiziere zur Unterrichtung
ihrer Kommandeure und Chefs der Stäbe; ACDP, NL Heye, I-589-003/1, Vermerk Born,
30.10.1964.
[68] AdsD, SPD-Bundestagsfraktion, 4. WP, Mappennummer 792, Brief Gerhard Jahn an Fritz
Erler, 2.11.1964.

Stolperstein Heyes wurden dabei weniger seine Feststellungen über die ›Innere
Führung‹ und Menschenführung, als vielmehr die politische Dimension in seinen Aussagen. Diese wollte man ihm nicht zugestehen, da sie direkt Kritik an
den politischen Entscheidungsträgern hinsichtlich sicherheits- und militärpolitischen Fragen übte. Wie der Begriff der ›Inneren Führung‹ unterlag auch der
Begriff des Politischen einer weiten Auslegung. Eine politisch und parteipolitisch neutrale Amtsausübung war jedoch für den Wehrbeauftragten nicht möglich. Eine Kontrolltätigkeit ohne Wertung des Sachverhalts war weder dem
Gesetz zu entnehmen, noch praktisch durchführbar. Schließlich wurde die
Kompetenz immer dann bestritten, wenn es sich um Vorgänge von politischer
Dimension und bereits negativen öffentlichen Auswirkungen handelte. Hier
überlagerte die Parteipolitik die sachliche Behandlung[69].

Der Verteidigungsausschuss als Fachausschuss des Bundestages für die
Bundeswehr war zugleich der Hauptansprechpartner des Wehrbeauftragten im
Parlament. Im Gesetz über den Wehrbeauftragten waren die Aufgaben und
Zuständigkeiten ihrer Zusammenarbeit formal geregelt. Der Verteidigungsaus-
schuss, der auch als Untersuchungsausschuss tätig werden konnte, und der
Wehrbeauftragte als Hilfsorgan des Bundestages bei der parlamentarischen
Kontrolle der Bundeswehr nahmen eigentlich die gleichen Aufgaben wahr. Sie
kontrollierten im Auftrag des Parlaments die Bundeswehr, um zum einen die
Soldaten zu schützen und zum anderen eine Verselbständigung der Armee von
der Gesellschaft zu verhindern. Ein enges und vertrauensvolles Zusammenspiel
wäre daher schon aus funktionalen Gründen dringend geboten gewesen. Wenn
der Verteidigungsausschuss andererseits der Fachausschuss des Bundestages
war, dann stellt sich die Frage, ob er nicht auch die Fachaufsicht über den
Wehrbeauftragten zu führen habe. Nach Ansicht Manfred Wörners als Vorsitzender in den Jahren 1976 bis 1980 war dies zu bejahen, als sich ein Stabsoffizier
beim Ausschuss über die Behandlung seiner Eingabe durch den Wehrbeauftragten Berkhan beschwert hatte. Wörner, der den Verteidigungsausschuss als
Fachaufsichtorgan über die Amtsführung interpretierte, erregte freilich den
deutlichen Widerspruch Berkhans, der dies entschieden bestritt und auf die
dringend notwendige Novellierung hinwies, um solche Missinterpretationen
für die Zukunft auszuräumen[70].

Die praktische Arbeit entsprach jedoch anfangs nicht der engen Kooperati-
onsforderung, sondern eher einer gegenseitigen Ignoranz. Die Beratung der
Jahresberichte im Verteidigungsausschuss für die Jahre 1959 bis 1962 endete
regelmäßig mit der Feststellung, dass der Verteidigungsausschuss den Jahresbericht des Wehrbeauftragten zur Kenntnis nehme. Für die Arbeit eines Jahres
war dies keine angemessene Behandlung, weshalb die Enttäuschung sowohl bei
von Grolman als auch seinem Nachfolger Heye verständlich war. Zu einer
breiten Diskussion im Deutschen Bundestag konnte es aufgrund der Tatsache,
dass der Wehrbeauftragte im Plenum in den ersten Jahren über kein eigenes

---

[69]   ACDP, NL Ernesti, I-264-020, Schreiben WB an Leo Ernesti, 10.10.1979.
[70]   Ebd., Schreiben WB an Manfred Wörner, 14.2.1979.

Rederecht verfügte, gar nicht erst kommen. Eine solche Behandlung der Jahresberichte war natürlich sehr im Interesse der Bundeswehr, die innerhalb des
Verteidigungsausschusses und im gesamten Bundestag über eine gute Lobby
verfügte. Sie war ja immerhin das Konstrukt der Regierungspartei und der
parlamentarischen Mehrheit. Gab es daher Kritik an der Bundeswehr, war diese
immer direkt an die Regierung und an das Kontrollorgan Bundestag gerichtet.
Somit hatten alle drei – Regierung, Parlament und Bundeswehrführung – ein
gemeinsames Interesse, den Aufbau der Bundeswehr möglichst still und ohne
Skandale vor der Öffentlichkeit zu vollziehen. Aber der Wehrbeauftragte hatte
den Auftrag, gerade das Binnengefüge der Streitkräfte in Augenschein zu nehmen. Der Amtsinhaber stammte zwar originär aus der Regierungskoalition,
agierte aber zu deren Leidwesen nicht immer in ihrem Interesse. Somit gab es
genügend Konfliktpotenzial zwischen dem Fachausschuss und dem Hilfsorgan
des Deutschen Bundestages. Durch das unorthodoxe Verhalten des Wehrbeauftragten Heye bei der Präsentation seines Jahresberichts im Jahr 1964, bei der
er sich der Medien als Sprachrohr bediente, gelang es dem Amtsinhaber sogar,
auf Antrag der SPD-Fraktion zu einem eigenen Rederecht vor dem Deutschen
Bundestag zu kommen, wenn mindestens 30 Parlamentarier dies forderten[71].
Die Praxis würde zeigen, dass dies in Zukunft immer der Fall sein sollte. Die
Zusammenarbeit mit dem Verteidigungsausschuss erfolgte dagegen bereits
vorher[72], aber seit der Heye-Affäre noch vermehrt unter einer Polarisierung: die
Politiker der Regierungskoalition tendierten eher zum Verteidigungsminister,
die Oppositionspolitiker mehr zum Wehrbeauftragten.

Trotz dieser Polarisierung ersuchte der Bundesminister der Verteidigung
Schmidt den Wehrbeauftragten Schultz im Jahre 1971 um eine gutachterliche
Stellungnahme zum ›Ellwein-Konzept‹, einem Rahmenkonzept für die Bildung
und Ausbildung in der Bundeswehr. Gegen dieses Verfahren erhob der Vorsitzende des Verteidigungsausschusses, Friedrich Zimmermann (CSU), Einspruch
mit der Begründung, dass aufgrund der Unterstellung des Wehrbeauftragten
unter den Fachausschuss solche Anforderungen über den Bundestag geleitet
werden müssten. Schultz widersprach dieser Auffassung und legte dar, dass er
sehr wohl berechtigt sei, diese Stellungnahme auch ohne Auftrag des Parlaments abzugeben. In seinen Augen handelten der Wehrbeauftragte, der sich in

[71] AdsD, NL Erler, Mappennummer 21 (B), Die SPD-Fraktion teilt mit, 23.6.1964, betreffend
»Fraktionssitzung«; Die SPD-Fraktion teilt mit, 25.6.1964, betreffend »Bundestagssit-
zung«. Vgl. zudem BA-MA, BW 2/11953, Schreiben VR II 2 an die Leitung BMVg,
9.8.1972, betreffend »Stellung des WB«, S. 3. Dies war nach der Geschäftsordnung des
Bundestages bis 1970 der Fall. Seit der Neufassung konnte er nach § 116 c das Wort er-
greifen, wenn ein Mitglied des Bundestages dies verlangte und diesem Antrag so viele
Mitglieder zustimmten, wie es der Stärke einer Fraktion, d.h. 5 % der Mitglieder des Bundestages entsprach. Während des VI. Bundestages waren daher von 496 Abgeordneten
nur 25 notwendig.
[72] AdsD, NL Erler, Mappennummer 147 (B), Korrespondenz 1955–1966 – Sicherheit 5 – Sch-
Z, Schreiben Erlers an Berkhan, Mertens, Paul, Schäfer, 26.2.1962, betreffend »Gesprächs-
runde am 2.3.1962 in der Parlamentarischen Gesellschaft mit einigen Mitgliedern der
SPD-Fraktion mit dem WB Heye über Probleme mit allgemein politischer Bedeutung«.

der Rolle eines parlamentarischen Sachverständigen für die innere Struktur der Bundeswehr interpretierte, und der Verteidigungsminister rechtmäßig, sie verletzten ihre Pflichten in keiner Weise[73]. Neben diesem Kompetenzgerangel zwischen dem Wehrbeauftragten und dem Verteidigungsausschuss blieb aber der Dualismus zwischen dem Bundesminister der Verteidigung und dem Wehrbeauftragten als grundsätzliches Problem bestehen. Daran änderte auch eine etwaige Parteifreundschaft der Kontrahenten nichts, denn der Wehrbeauftragte fühlte sich nicht der Parteidisziplin unterworfen, sondern lediglich seinem Auftrag. Dieses Amtverständnis teilten alle Amtsinhaber miteinander, zum Leidwesen der jeweilig verantwortlichen Verteidigungsminister. Wie positionierte sich aber in dieser Beziehung der Verteidigungsausschuss als politisches Gremium des Deutschen Bundestages, dessen Mitglieder neben ihrem Gewissen auch einer Partei- und Fraktionsdisziplin unterworfen waren? In der Tendenz bestätigte sich durchaus die genannte Polarisierung. Jedoch waren in der Sache auch fraktionsübergreifende Initiativen und Meinungen keine Seltenheit, so etwa bei der Schaffung des Amtes im Jahr 1957. Die sicherheitspolitische Sacharbeit dominierte über eine bloße Adaption der Regierungspolitik. Eine wichtige, aber keine entscheidende Rolle, da intern bei Entscheidungen das Mehrheitsprinzip herrschte, spielte dabei auch der jeweilige Vorsitzende des Verteidigungsausschusses. Er verfügte über eine gewichtige öffentliche Wirkung, denn seine Stimme zählte in der medialen Übertragung mehr als die eines einfachen Mitgliedes. Besonders deutlich wurde dies während der langen und durchaus prägenden Amtszeit des CSU-Politikers Jaeger, insbesondere während der Heye-Affäre.

Auch in der Behandlung der besagten Novellierung war sich der Fachausschuss lange uneinig. Immerhin 25 Jahre dauerte es, ehe der Deutsche Bundestag den Willen aufbrachte, dieses lange Spannungsverhältnis zu regeln und in klare Strukturen zu kleiden. Andererseits war aber gerade diese Unklarheit des Wehrbeauftragtengesetzes auch die Chance des Wehrbeauftragten: Denn je präziser die gesetzlichen Vorgaben, desto weniger Interpretationsfreiheit und Handlungsmöglichkeiten wären ihm verblieben. Enge Richtlinien wären daher nur im Sinne des Ministeriums gewesen. Aus Sicht des Wehrbeauftragten eine Option, die vom Verteidigungsausschuss und vom Deutschen Bundestag erfreulicherweise nicht verwirklicht worden war, weshalb er seine Verortung im bereits etablierten Verfassungssystem in weit breiteren Grenzen vornehmen konnte. Dieses aus Sicht des Vereidigungsministers als Versäumnis, dagegen für die Parlamentarier als vernünftig zu bewertende Vorgehen sollte sich für das Amt doch als Glücksfall erweisen.

Die Gleichgültigkeit des Verteidigungsausschusses gegenüber der Arbeit des Wehrbeauftragten zeigte sich auch im Verhalten bei der Vorlage des Jahresberichts an den Bundestag. Nach einer kurzen Aussprache im Plenum wurde der Bericht zügig zur weiteren Behandlung an den Verteidigungsausschuss

---

[73] BA-MA, BW 1/129967, Schreiben WB an den Vorsitzenden des Verteidigungsausschusses, 13.5.1971.

überwiesen. Aufgrund der Heye-Affäre wurde der Bericht auch Gegenstand einer intensiveren Auseinandersetzung, zu der stets Vertreter aus den betroffenen Abteilungen der Bundesministerien und Ämtern hinzugezogen wurden, um fachlich Stellung zu nehmen[74]. Trotzdem konstatierte ein eher konsternierter Wehrbeauftragter Schultz noch in seinem letzten Jahresbericht und vor der Presse, dass nicht das eigentlich antagonistische Verhältnis zum Verteidigungsminister beanstandenswert gewesen sei, sondern sein Verhältnis zum Auftraggeber, dem Bundestag und seinem Verteidigungsausschuss[75]. Diese Einschätzung fand durchaus auch die Zustimmung von Mitgliedern des Ausschusses, die sich zu Recht auf das distanzierte Verhältnis zwischen Parlament und Wehrbeauftragter sowie die Gleichgültigkeit des Bundestages gegenüber dem Amt hingewiesen sahen[76]. So war etwa bei der Nominierung des ersten Kandidaten der sozial-liberalen Koalition für das Amt eindringlich darauf hingewiesen worden, dass »der Wehrbeauftragte als Hüter der verfassungsmäßigen Rechte der Angehörigen der Bundeswehr oft auch von den Parlamentariern nicht ernst genommen worden [sei]«[77].

Die Erörterung des Jahresberichtes des Wehrbeauftragten fand turnusmäßig zuerst im Verteidigungsausschuss und danach im Plenum des Deutschen Bundestages statt[78]. Bis dahin arbeiteten die durch die Feststellungen des Wehrbeauftragten betroffenen Referate im Ministerium mit Priorität und unter hohem Zeitdruck an der synoptischen Stellungnahme des Verteidigungsministers zum Bericht. Die hauptsächliche Sacharbeit wurde im Verteidigungsausschuss geleistet, während in der Plenardebatte meist nur die Aspekte mit sicherheitspolitischer Bedeutung behandelt wurden. Folglich wurde es von Seiten des Ministeriums als notwendig erachtet, dass der jeweilige Ressortchef zumindest

---

[74] Ebd., BW 1/98188, Vermerk VR III 4, 21.6.1972; Schreiben VR III 4 an Fü S I 3, 21.6.1972, betreffend »JB 1971«. Der Referent war hier sehr erbost, dass seine Stellungnahme nicht so in die abschließende Stellungnahme des BMVg übernommen und er davon nicht in Kenntnis gesetzt worden war. Deshalb konnte er vor dem Verteidigungsausschuss keine ausreichenden Antworten geben. Er schloss mit den Worten: »Ihre Aufgabe wäre gewesen, mich vor der Aufnahme der Neufassung in die abschließende Stellungnahme zu hören. Dann hätte wenigstens die hinsichtlich der Bereitstellung von Diätverpflegung in den Truppenbereichen sowie hinsichtlich der Verpflichtung in der Sache *falsche* Antwort vermieden werden können. Wie peinlich im Übrigen für mich die Situation vor dem Verteidigungsausschuss war, brauche ich nicht besonders zu betonen.« Hervorhebung im Original.

[75] Vgl. JB 1974, S. 5 f.; Gottfried Capell, Ein »Wächteramt« wird neu besetzt: Rückblick ohne Zorn auf eine turbulente Zeit. In: Generalanzeiger für Bonn und Umgegend, 22.2.1975.

[76] BA-MA, BW 2/11949, SPD-Pressedienst, 28.2.1975. Der Bundestag und sein Wehrbeauftragter. Berechtigte Kritik für das Bonner Parlament, von Erwin Horn MdB, Mitglied des VtdgA des BT.

[77] AdsD, SPD-Bundestagsfraktion, 6. WP, Mappennummer 20, Protokoll der Fraktionssitzung am 18.2.1970, S. 3.

[78] Jedoch kam es 1964 zu der Konstellation, dass durch den Rücktritt Heyes der Nachfolger Hoogen den Bericht des Vorgängers zu vertreten hatte. Berkhan bewertete dies seinerzeit als »peinlich« und riet zu einer unbedingten Vermeidung solch einer Konstellation. AdsD, Depositum Helmut Schmidt, Mappennummer 5378, Schreiben Willi Berkhan an Herbert Wehner, 23.10.1969.

während der Debatte im Bundestag Rede und Antwort stehen konnte, im Verteidigungsausschuss mit einer geringen öffentlichen Wirkung konnte er sich dagegen durchaus von seinen Staatssekretären und seiner militärischen Führung vertreten lassen. Der Wehrbeauftragte freilich war auch im Verteidigungsausschuss zugegen. Bei einer Verhinderung des Ministers im Jahr 1978, während der Aussprache im Plenum, befürchteten die Referenten indes eine negative Signalwirkung auf die Truppe: »In der Tat kann das Schweigen des Bundesministers der Verteidigung bei der Truppe dahin missverstanden werden, er messe den aufgezeigten Grundrechtsverletzungen nicht die erforderliche Bedeutung bei[79].« Deshalb wurde wenigstens eine schriftliche Stellungnahme des Ministers forciert, in der er zu den strittigen Punkten gegenüber dem Wehrbeauftragten seine Auffassungen darlegte[80]. Die gleiche Konstellation bestand erneut im darauf folgenden Jahr, denn die CDU/CSU-Bundestagsfraktion beabsichtigte anlässlich der Überweisung des Jahresberichts 1978 diesen bereits im April 1979 im Plenum zu beraten. Die bisherige Praxis vorheriger Prüfung durch den Verteidigungsausschuss unter Berücksichtigung der Stellungnahme des zuständigen Ressortchefs zur Vorbereitung der Plenardebatte sollte, wie Minister Hans Apel vermutete, aus wahltaktischen Gründen ausgehebelt werden: »Für mich ist diese Planung der CDU/CSU-Bundestagfraktion allzu durchsichtig. Es soll jede Gelegenheit ergriffen werden, um im Angesicht bevorstehender Landtagswahlen von den wahren Problemen der Sicherheitspolitik, der Inneren Führung in der Bundeswehr, den sozialen Problemen abzulenken und einseitig politisch Kapital zu schlagen [...] Eine erneute Behandlung des Berichts des Wehrbeauftragten ohne den Minister erscheint mir aber unerträglich zu sein«[81]. Es war allseits bekannt, dass sich der Verteidigungsminister just in der von der Opposition angestrebten Woche zu einer Tagung der Nuklearen Planungsgruppe in den USA aufhalten würde, wo seine Anwesenheit unbedingt erforderlich sein sollte. Der außerordentlichen Besprechung des Jahresberichts 1978 am 26. April 1979 konnten sich die parlamentarischen Geschäftsführer der Koalition jedoch wegen den bereits von der Presse aufgegriffenen Grundrechtsverletzungen nicht widersetzen[82]. An dem ansonsten grundsätzlichen Verfahren, öffentliche Vorstellung des Berichts, Abfassung einer Stellungnahme des Ministers, Beratung im Verteidigungsausschuss und erneute Plenardebatte änderte sich auch für dieses Jahr weiter nichts[83]. Durch die Abänderung der parlamentarischen Behandlung wurde das Verteidigungsministerium jedenfalls in arge Bedrängnis gebracht. Es musste nun innerhalb

[79] BA-MA, BW 2/11946, Schreiben VR I 5 an das Büro Parl. StS, 21.12.1978, betreffend »JB 1977 des WB«.

[80] Ebd., Schreiben BMVg Apel an den WB Berkhan, 8.1.1979.

[81] Ebd., BW 1/197829, Schreiben BMVg an den Vorsitzenden der SPD- und der FDP-Fraktion im Deutschen Bundestag, 4.4.1979, S. 2.

[82] Ebd., Vermerk Löwke für Nagel betreffend »1. Beratung des JB 1978 des WB im Plenum am 26.4.1979«.

[83] Ebd., Schreiben Parl. StS an den GenInsp, 20.3.1979, betreffend »JB 1978 des WB«.

▲
Bundeskanzler Helmut Schmidt (am Rednerpult) und Hans Apel, Bundesminister der Verteidigung (r.), besuchen das NATO-Manöver ›Certain Sentinel‹ in Franken. *Bundesregierung/Ludwig Wegmann*

▼
Bundeskanzler Helmut Schmidt (Mitte) und Hans Apel, Bundesminister der Verteidigung (l.), besuchen das NATO-Manöver ›Certain Sentinel‹ in Franken. *Bundesregierung/Ludwig Wegmann*

Bundesminister der Verteidigung Helmut Schmidt besucht erstmals am 11.12.1969 die Marine. Links der Inspekteur der Bundesmarine, Vizeadmiral Gert Jeschonnek.
AP Photo/Helmuth Lohmann

Verteidigungsminister Hans Apel mit zwei Tauchern während seines Besuchs in einem Pionierbataillon in Minden am 29.10.1979.
AP Photo

kürzester Zeit zu den Ausführungen kompetent Stellung beziehen. Konnte es das nicht, bedeutete dies einen erheblichen Gesichtsverlust für den verantwortlichen Minister in der Öffentlichkeit, aber auch in der Truppe. Schadenbegrenzung konnte nur durch eine Verlagerung der Strategie auf die »Intervention mehr allgemeiner Art«, die eine detaillierte Behandlung von Einzelproblemen ausschloss, erreicht werden[84].

Wie arbeitete der Wehrbeauftragte mit dem Verteidigungsausschuss zusammen? Eine zielgerichtete gemeinsame Handlungsweise war über einen langen Zeitabschnitt nicht erkennbar gewesen. Vielleicht lag es einfach daran, dass die Parteipolitiker im Fachausschuss vor einem um parteipolitische Neutralität bemühten Wehrbeauftragten in der Interpretation der Sicherheits- und Militärpolitik zu vieles trennte. Der SPD-Politiker Horn stellte jedenfalls in der Plenardebatte am 12. März 1982 fest, dass sich der Wehrbeauftragte gegenüber dem Parlament verselbständigt habe, weshalb das Verhältnis durch die Novellierung klarer definiert und festgelegt werden müsse[85]. Jedoch war der Verteidigungsausschuss selbst für diese Entwicklung verantwortlich. Die Mitglieder kümmerten sich oftmals mehr um die Durchsetzung der Parteipolitik, als dass sie mit dem Wehrbeauftragten die Probleme der Bundeswehr anzugehen bereit waren. Die Qualität des Ausschusses war von der Zusammensetzung seiner Mitglieder während der Wahlperioden abhängig, die über den gesamten Zeitraum von hoher personeller Kontinuität geprägt war. Eine weitgehende Ignoranz gegenüber dem Wehrbeauftragten vereinte sie aber alle. Allein die Anzahl an Weisungen des Verteidigungsausschusses während des gesamten Betrachtungszeitraumes belegt dies eindeutig. Der Wehrbeauftragte Schultz monierte in seinem letzten Jahresbericht für das Berichtsjahr 1974, dass bis dahin insgesamt nur 17 Weisungen in 15 Jahren des Bestehens der Institution ergangen seien. Bis 1985 kamen lediglich vier weitere Weisungen hinzu[86]. Dies entsprach im Durchschnitt nicht einmal einer Weisung pro Jahr. Dieses Missverhältnis war auch nicht in einer ereignisarmen Zeit begründet. Der Wehrbeauftragte erhielt vielmehr immer nur dann eine Weisung, wenn ein Vorfall bereits durch die Medien öffentlichkeitswirksam verbreitet worden war, sodass sich eine Einschaltung des Wehrbeauftragten nicht mehr vermeiden ließ. Auf einen kurzen Nenner gebracht, war das Verhältnis des Wehrbeauftragten zu seinem Auftraggeber von einer langjährigen Ignoranz dominiert, auch wenn sich die Politiker beizeiten mit Lob für die Institution überschlugen[87].

---

[84] Ebd., Vermerk Löwke für Nagel betreffend »1. Beratung des JB 1978 des WB im Plenum am 26.4.1979«. So der Ratschlag des MdB Porzner.

[85] Parlamentsarchiv, Bd IX 74A, Deutscher Bundestag, Stenographischer Bericht, 9. WP, 92. Sitzung, 12.3.1982, S. 5545 f.

[86] JB 1974, S. 5 f. Hier wurden 16 Fälle aufgezählt, jedoch wurde eine Weisung aus dem Jahr 1964 vergessen. Vgl. hierzu 40 Jahre Wehrbeauftragter, S. 178, Statistik 2.

[87] Vgl. z.B. Parlamentsarchiv, Bd IX 74A, Deutscher Bundestag, Stenographischer Bericht, 9. WP, 92. Sitzung, 12.3.1982, S. 5546–5552.

3. Der Kontrolleur und die Bundeswehr

Der gesetzliche Auftrag des Wehrbeauftragten bestand darin, die Einhaltung der Grundrechte und der Grundsätze der ›Inneren Führung‹ in der Bundeswehr zu kontrollieren. Beide Kontrollbereiche berücksichtigten den einzelnen Soldaten und nicht die Organisation. Wie konnte eigentlich der Soldat den Kontrolleur seines Organisationsbereiches überhaupt ansprechen? Über welche Möglichkeiten verfügte er noch?

»Jeder Soldat hat das Recht, sich einzeln ohne Einhaltung des Dienstweges unmittelbar an den Wehrbeauftragten zu wenden. Wegen der Tatsache der Anrufung des Wehrbeauftragten darf er nicht dienstlich gemaßregelt oder benachteiligt werden[88].« Neben dieser Möglichkeit stand dem Soldaten noch die Beschwerde nach der Wehrbeschwerdeordnung (WBO), die Petition nach Art. 17 GG und das Recht zur Dienstaufsichtsbeschwerde offen. Das Ziel einer Beschwerde nach der WBO der Bundeswehr lag in der Abänderung einer Exekutivmaßnahme, während die Eingabe an den Wehrbeauftragten auf eine parlamentarische Erörterung des Beschwerdegegenstandes abzielte[89]. Diese Unkenntnis der Ziele des Gesetzgebers und die Vielzahl der Möglichkeiten verleiteten immer mehr Soldaten seit 1958, sich an das Amt des Wehrbeauftragten zu wenden, obwohl noch immer kein Wehrbeauftragter ernannt worden war. Jedoch war es auf keinen Fall im Interesse des Ministers, dass sich die Soldaten mit ihren Beschwerden, die eigentlich truppendienstliche Angelegenheiten betrafen und somit intern zu klären waren, unmittelbar an den Wehrbeauftragten, an den Bundestag oder an Regierungsstellen wandten. Im Verteidigungsministerium befürchtete man deshalb sogar eine weitere erhebliche Verstärkung dieses Effekts, wenn in der Presse die Nominierung eines Wehrbeauftragten veröffentlicht werden würde. Um dem entgegenzuwirken und nicht alle Probleme des Hauses nach außen dringen zu lassen, drängten die Mitarbeiter im Verteidigungsministerium darauf »einen Befehl zu erlassen, in dem eine Abgrenzung der Beschwerden vorgenommen wird, die an den Wehrbeauftragten gehen, und derjenigen, die auf dem Beschwerdeweg vorgelegt werden«[90] sollten. Diese Abgrenzung sollte auf jeden Fall »so klar und unmissverständlich sein, dass der einfache Soldat begreift, wenn im Unterricht darüber gehandelt wird«[91]. Dies hieß nichts anderes, als dass auf den Bundeswehrsoldaten eingewirkt und steuernd eingegriffen werden sollte, um unliebsamen Beschwerden intern abhelfen zu können, damit der Deutsche Bundestag und sein Wehrbeauftragter über gewisse Probleme innerhalb der Bundeswehr nicht informiert wurden. An der Einhaltung des Dienst- und Verfahrensweges wollte man in den Führungsstä-

---

[88] So der § 7 des Gesetzes über den Wehrbeauftragten des Bundestages. In: Parlamentsarchiv, Bd II 412, Bundesgesetzblatt (1957), Teil I, S. 652–654.
[89] BA-MA, BW 2/16803, Schreiben Fü B I 3 an Fü H I, 7.11.1958, betreffend »Beschwerde und Eingabe an den Wehrbeauftragten«.
[90] Ebd., Schreiben Fü H I 3 an Fü B I, 3.11.1958, betreffend »Beschwerdeweg«.
[91] Ebd.

ben im Sinne einer Subsidiarität festhalten, gleichwohl lag in diesem Zusammenhang, in dem der Gesetzgeber schon ausdrücklich einen Wehrbeauftragten als Appellationsinstanz geschaffen hatte, der Verdacht nahe, dass die Beschwerdeführer entweder von ihrem Begehr ganz abgebracht oder, wenn dies schon nicht möglich war, auf den eigenen Bereich verwiesen werden sollten. Die interne Prüfung dieses Vorschlages durch die Abteilung Verwaltung und Recht (VR) ergab jedoch, dass solch ein Befehl rechtlich unzulässig war und daher keinesfalls erlassen werden durfte. Hieraus war die Unsicherheit im Umgang mit der Vielzahl an Rechtsbehelfen für den einzelnen Soldaten sowohl bei den Petenten als auch bei den für die Bearbeitung zuständigen Stellen bereits erkennbar. Eine Zusammenfassung und Abgrenzung aller gültigen Bestimmungen, womöglich in einem Erlass, waren von daher grundsätzlich notwendig geworden[92].

a) Konfrontation und Zusammenarbeit

Die politische Leitung

Die politische Leitung der Bundeswehr, der Minister sowie seine parlamentarischen und verbeamteten Staatssekretäre hatten als politische Mandats- und Funktionsträger ein besonders hohes Interesse an einer reibungslosen und vor allem öffentlichkeits- und medienunwirksamen Zusammenarbeit mit dem Wehrbeauftragten. Gerade sie hatten es nun mit einer Institution zu tun, die ihren Aufgabenbereich zusätzlich kontrollierte, obwohl sie schon parlamentarisch hierfür zur Stellungnahme und Verantwortung gezogen werden konnten. In der Aufbauphase der Bundeswehr konnte die Regierung, aber auch die Truppe selbst keine Negativschlagzeilen gebrauchen, die nicht nur die eigene Bevölkerung und die Verbündeten beunruhigte, sondern auch den politischen Gegner mit Informationen versorgte. Durch seine jährliche Berichtspflicht musste der Wehrbeauftragte aber auf etwaige Missstände in der Bundeswehr hinweisen, um einer Verselbständigung der Streitkräfte von der Gesellschaft entgegenzuwirken. Folglich hätten gerade die politisch Verantwortlichen im Verteidigungsministerium den Wunsch nach einer harmonischen Beziehung zum Wehrbeauftragten haben müssen. Eine Hausverfügung vom 18. August 1959 regelte die Bearbeitung der Schreiben des Wehrbeauftragten. Das Ministerbüro hatte hierin die Aufgabe, alle Schreiben zu registrieren und dem Minister zur Kenntnis vorzulegen[93]. Gleichzeitig ordnete Verteidigungsminister

---

[92] Ebd., Schreiben VR II 2 an Fü B I 3, 30.10.1958, betreffend »Beschwerde an den Wehrbeauftragten«.

[93] Ebd., BW 1/98199, Hausverfügung des BMVg Nr. 18/59, 18.8.1959. Ebenso BA-MA, BW 1/98200, Hausverfügung des BMVg Nr. 13/62, 15.6.1962; ebd., BW 2/10970, Schreiben Fü S I an Innenverteiler, 13.2.1974, betreffend »Antwortschreiben an den WB«. Hierin hießt es: »Schreiben des Wehrbeauftragten an das BMVg werden je nach Bedeutung vom Referenten, vom Leitenden Beamten oder dem Herrn Wehrbeauftragten persönlich unterschrieben. Der Herr Staatssekretär bittet, die Schreiben des Wehrbeauftragten an das BMVg, die der Wehrbeauftragte persönlich unterschrieben hat und die nicht von der

Strauß an, dass der gesamte Schriftverkehr zwischen dem Wehrbeauftragten und den Dienststellen der Bundeswehr über das Ministerium zu leiten war. Hierfür reichte aber das bisherige Personal nicht aus, es wurde eine Aufstockung notwendig[94]. Der Generalinspekteur führte deshalb im Auftrag seines Ministers am 14. September 1959 eine Aussprache mit dem Wehrbeauftragten über den künftigen Verfahrensgang herbei[95]. Grolman erklärte sich bereit, einer Dreiteilung der Vorgänge zuzustimmen. Angelegenheiten von grundsätzlicher Art oder besonderer politischer Bedeutung, die vor allem die Öffentlichkeit betrafen, wurden direkt dem Minister zugeleitet. Für die Fälle nicht grundsätzlicher Art, wie im Disziplinar- und Beschwerdewesen, waren die Divisionen verantwortlich und für die Vorgänge von untergeordneter Bedeutung mit rein örtlichem Charakter die Einheitsebene. Um aber den Überblick über Art und Umfang sowie abschließend über die Möglichkeit zur Stellungnahme des Ministers zu behalten, ordnete Strauß an, die Antworten der nachgeordneten Bereiche immer über das Ministerium zu leiten[96]. Damit war seiner Forderung weitgehend Folge geleistet worden, denn er behielt sich das Recht der Endstellungnahme vor. Ein Schriftverkehr zwischen Bundeswehrdienststellen und dem Wehrbeauftragten ohne Kenntnis des politisch verantwortlichen Ministers war somit ausgeschlossen, und es konnte von vornherein steuernd eingegriffen werden. Mit diesem Verfahren konnte wirksam verhindert werden, dass den Wehrbeauftragten für den Minister unliebsame Äußerungen aus seinem unterstellten Bereich erreichten. Außerdem wollte man im Ministerium immer genauestens informiert sein, wie viele Schreiben schon mit welchen Dienststellen im nachgeordneten Bereich geführt wurden, ohne dass hiervon im Ministerium Kenntnis erlangt worden war[97].

Das Verhältnis zwischen dem Verteidigungsminister und dem Wehrbeauftragten schwankte zwischen Kooperation und Konflikt. Sowohl bei einem Personalwechsel als auch bei herausragenden Ereignissen war es immer wieder erforderlich, einen gemeinsamen Nenner für die weitere Zusammenarbeit zu finden. So auch am 12. November 1965, als der Nachfolger des zurückgetretenen Heye, der ehemalige Vorsitzende des Rechtsausschusses des Deutschen Bundestages Hoogen[98], mit dem Hauptabteilungsleiter III im Bundesminis-

Leitung beantwortet werden, durch den zuständigen Hauptabteilungsleiter oder Abteilungsleiter zu beantworten.«

[94] Ebd., BW 2/16803, Schreiben Fü B I 3 an Abt. H, VR I 1 betreffend »Schriftverkehr mit dem Wehrbeauftragten«, 20.8.1959.

[95] Ebd., Schreiben Chef des Stabes FüB an BMVg Strauß, 10.12.1959.

[96] Ebd., Der BMVg vom September 1959 betreffend »Schriftwechsel mit dem Wehrbeauftragten des Deutschen Bundestages; Fü B I 3 (OTL Schütz), »Sprechzettel für Generalinspekteur mit dem Wehrbeauftragten des Deutschen Bundestages«, o.D.

[97] Ebd., BW 1/98199, Auswertung VR III 4, 28.9.1959, betreffend »Unmittelbaren Schriftverkehr des Wehrbeauftragten mit den WBVen und nachgeordneten Verwaltungsdienststellen bzw. mit Truppenteilen.« Laut dieser Auswertung waren es bis dahin sechs Fälle, die sich zumeist gegen die angeblich schlechte Verpflegung richteten.

[98] Ebd., BW 1/94613, Gemeinsame Presseerklärung des BMVg und des WB, 14.1.1965. An diesem Tag stattete der neue WB Hoogen dem Minister von Hassel seinen Antrittsbesuch ab. In allen behandelten Themen wurde laut dieser Pressemitteilung eine Übereinstim-

terium der Verteidigung zusammentraf, um die künftige Zusammenarbeit zu besprechen. Der Vertreter des Verteidigungsressorts vertrat einen engen Rechtsstandpunkt über die Aufgaben und Grenzen der Befugnisse des Wehrbeauftragten, während der Jurist Hoogen eine möglichst breite Interpretation zu rechtfertigen hoffte. Der Wehrbeauftragte Hoogen, der bei der Formierung des Gesetzes über den Wehrbeauftragten als Vorsitzender des beteiligten Rechtsausschusses maßgeblich an der Ausformulierung des Textes mitgewirkt hatte, erinnerte an das Zustandekommen der Institution. Die Opposition habe bei der Diskussion um die Wehrverfassung, im Gegensatz zu allen anderen Ressortministern, ein gesondertes Misstrauensvotum gegen den Verteidigungsminister verlangt. Dies sei nur durch das Zugeständnis eines neuartigen und zusätzlichen Instruments der parlamentarischen Kontrolle zu verhindern gewesen. Folglich, so Hoogen, habe das Parlament eine Begrenzung der Zuständigkeit des Wehrbeauftragten nicht beabsichtigt und auf keinen Fall gewollt[99]. Diese Argumentationslinie war für einen Juristen und ein Mitglied der Regierungspartei, der während der Formierungsphase nicht gerade als ein glühender Verfechter des Amtes des Wehrbeauftragten hervorgetreten war, schon recht ungewöhnlich, wenn er sich jetzt einzig auf die Notwendigkeit eines Kompromisses mit der Opposition zurückzog. Für den nach strengen juristischen Maßstäben argumentierenden Vertreter des Ministeriums war diese Begründung jedenfalls wenig fundiert: »Insgesamt hat also wohl Herr Hoogen keine große Hoffnung, seine Zuständigkeitsansprüche juristisch einwandfrei untermauern zu können[100].« Vor dem Hintergrund seiner vermeintlichen Schwäche lag dem Wehrbeauftragten offenbar daran, zu einem gegenseitigen Übereinkommen mit dem Ministerium zu kommen. Er erbat vom Verteidigungsressort die Erlaubnis, auch dann mit Nachprüfungen beginnen zu können, wenn eine Verletzung der Grundrechte oder der Grundsätze der ›Inneren Führung‹ nicht unmittelbar betroffen gewesen sei, man aber davon auszugehen habe, dass sich der Bundestag sowieso für den Vorfall interessieren und ihn mit der Untersuchung beauftragen werde. Dies sollte auch in dem sich in der Überarbeitung befindlichen Erlass »Truppe und Wehrbeauftragter« zum Ausdruck kommen, da dieser Umstand immerhin auch dem Ministerium nützlich sein könne, wenn der Wehrbeauftragte dann bereits bei einer Anfrage aussagefähig sei. Hoogen sagte bei der Unterredung zu, dem Ministerium einen Formulierungsentwurf für solch eine Vereinbarung zu unterbreiten. Jedoch löste er diese Zusage nicht ein. Der Hauptabteilungsleiter III warnte jedenfalls den Minister vor einem zu wei-

---

mung der Auffassungen festgestellt. In einem Fernschreiben für alle Presseoffiziere zur Unterrichtung ihrer Kommandeure und Chefs der Stäbe ergänzte Hassel seine persönlichen Auffassungen. Zum einen wies er auf den Umstand hin, dass die Erziehungsvorstellungen der Gesellschaft nicht von denen der Armee zu trennen seien und er sehe das Missverständnis beseitigt, dass die Bundeswehr angeblich der Analyse und der Reform fern stehe. Hierin sah er sich in Übereinstimmung mit dem Wehrbeauftragten Hoogen. Vgl. ebd., Ministererklärung, 14.1.1965.
[99] Ebd., BW 2/16803, Schreiben HAL III an den Minister, 15.11.1965, betreffend »Verhältnis zum Wehrbeauftragten«, S. 1 f.
[100] Ebd., S. 2.

ten Entgegenkommen, damit der Wehrbeauftragte seine Tätigkeit nicht »uferlos« ausdehnen könne. Er schlug daher vor, lediglich eine lockere Übereinkunft hinsichtlich eines Informationsaustausches und auf keinen Fall ein generelles Abkommen einzugehen, sondern immer einzelfallorientiert zu entscheiden. Vorsorglich sollte das Ministerium, ebenso wie der Wehrbeauftragte, Kontakt mit den Arbeitskreisen »Verteidigung« der Koalitionsparteien aufnehmen, um ihre Haltung zu der Frage der Sonderaufträge für den Wehrbeauftragten zu erfahren. Man riet dem Minister, die in den Arbeitskreisen vertretene Ansicht abzuwarten, »wenn selbstverständlich die juristische und politische Meinung dort geteilt wird, eine solche Ausweitung sei schädlich und könne von einem Ressortminister nicht hingenommen werden, sollte auch ein generelles Abkommen vermieden werden«[101].

Die Gegensätze zwischen dem Wehrbeauftragten Hoogen und dem Ministerium lagen auf der Hand. Der Wehrbeauftragte intendierte eine Zusammenarbeit mit dem Ressortminister in der Weise, dass er sich eine möglichst hohe Handlungsfreiheit sichern konnte, das Verteidigungsministerium mit seinem Minister an der Spitze präferierte eine Lösung, in der sie das Heft des Handelns in der Hand behielten. Beide Kontrahenten gingen dabei taktisch vor, indem sie erst bei den Parteien ausloteten, wie die Meinung dazu bei den politischen Entscheidungsträgern war, um sich dann eindeutig dagegen zu positionieren oder Kompromissbereitschaft zu signalisieren. Keiner wollte von vornherein auf totalen Konfrontationskurs gehen, vermutlich auch aufgrund der negativen Erfahrungen der vorangegangenen Zeit, sondern suchte sich zuerst Bündnispartner, um nicht letztlich als politischer Verlierer dazustehen. Deutlich wurden diese divergierenden Positionen auch bei der Berliner Sitzung des Verteidigungsausschusses im Januar 1966, die schließlich zu einem Kompromiss auf kleinstem gemeinsamen Nenner führte.

Im Gegensatz zu dem vom Generalinspekteur der Bundeswehr herausgegebenen ersten Erlass »Truppe und Wehrbeauftragter« aus dem Jahr 1959 erließ von Hassel im Jahre 1966 die Neufassung selbst. Aufgrund der immer noch andauernden Kompetenzstreitigkeiten zwischen dem Wehrbeauftragten Hoogen und dem Ministerium entschied man nach der Berliner Sitzung vom 19. Januar 1966, diese Neufassung jedoch weiter zurückzuhalten[102]. Die sich immer noch unvereinbar gegenüberstehenden Positionen hinsichtlich der Zuständigkeiten erforderten, sich erneut mit dem Wehrbeauftragten abzustimmen, um den Neuerlass nicht von vornherein obsolet werden zu lassen. Bei einer Unterredung mit dem Wehrbeauftragten am 24. Mai 1966 einigte man sich, eine weitere Besprechung am 21. Juli auf der Arbeitsebene folgen zu lassen. Hierbei äußerten die Beamten Hoogens, dass dieser noch einige Änderungen wünsche, denen von den Mitarbeitern des Ministers ohne Weiteres entsprochen werden konnte, da sie nur geringfügige Modifikationen ohne rechtliche Bedeutung

---

[101] Ebd., S. 3–5.
[102] Ebd., Vermerk Fü S I 3 für den GenInsp, 12.4.1966, betreffend »Zusatzvermerk zu den Akten für die Besprechung mit dem Wehrbeauftragten«, S. 4.

umfassten. Lediglich für den Bereich der Eingabe an den Wehrbeauftragten und der Beschwerde nach der Wehrbeschwerdeordnung in gleicher Angelegenheit ergaben sich weiterhin unterschiedliche Auffassungen. Denn Hoogen sah darin eine unzulässige Einengung seiner Befugnisse, während es von Hassel darauf ankam, den bisherigen Rechtsstandpunkt gewahrt zu sehen. Mit einer gekürzten und vereinfachten Umformulierung konnte man schließlich beiden Forderungen entsprechen: Der Wehrbeauftragte wollte den Vorrang der Eingabe und der Minister der Wehrbeschwerde in gleicher Angelegenheit anerkennen[103]. Die überarbeitete und mit dem Wehrbeauftragten abgesprochene Fassung wurde am 27. Juli 1966 dem Generalinspekteur vorgelegt, der diese dann am 4. August an den Minister weiterleitete. Im September 1966 erkundigte sich der Leitende Beamte des Wehrbeauftragten, ob denn der Erlass nun bald die Truppe erreiche, worauf ihm von Seiten des BMVg zu erkennen gegeben wurde, dass die lange Verzögerung einzig und allein durch sein eigenes Verhalten verschuldet worden sei[104]. Um sich aber abzusichern, fragte der mit der Neufassung beauftragte Referent Ende September 1966 bei Hoogen nochmals nach, ob dieser mit der nun erarbeiteten Fassung einverstanden sei. Der Wehrbeauftragte erklärte bei dieser Gelegenheit, dass der Erlass des Verteidigungsministers keiner formellen Zustimmung seinerseits bedürfe und er daher auch keine formale Genehmigung gebe, er aber von weiteren Wünschen absehe. Der Referent zog daraus den Schluss, dass Hoogen nun keine Einwände mehr gegen den Erlass habe und riet dem Minister zur Unterzeichnung und Herausgabe. Weiter verwies er darauf, er habe über das Kabinettsreferat erfahren, dass der Erlass in der nächsten Sitzung des Verteidigungsausschusses in Berlin thematisiert werden solle. Aufgrund der vorliegenden Erklärung Hoogens könne er daher auch im Ausschuss keine andere Haltung mehr einnehmen[105].

Die Herausgabe der Neufassung des Erlasses »Truppe und Wehrbeauftragter« zeigte, wie sehr dem Verteidigungsminister inzwischen an einer Kooperation mit dem Wehrbeauftragten gelegen war. Zwar wurde auch von Grolman bei der Erstherausgabe beteiligt, jedoch war zu diesem Zeitpunkt noch nicht absehbar, welch spannungsgeladenes Verhältnis sich zwischen der Bundeswehr und der neuen Institution in der Folge entwickeln sollte. Am deutlichsten wurde dieser Umstand im erheblichen Unterschied zwischen dem Umfang sowie Inhalt des alten und des neuen Erlasses. Der Bedarf an Regelung und Eindeutigkeit hatte sich offenbar deutlich erhöht. Die im Jahr 1966 ausgeprägt konziliante Haltung war gewiss weniger Ausdruck einer neuen Zeit der vertrauensvollen Kooperation, wie sie oft in den Presseerklärungen postuliert worden war, als vielmehr des Misstrauens. Die Absicht des Ministeriums war es, den

---

[103] Ebd., Schreiben Fü S I 3 an den Minister, 4.8.1966, betreffend »Erlassentwurf ›Truppe und Wehrbeauftragter‹«.

[104] Ebd., Schreiben Fü S I 3 an das Ministerbüro, 9.9.1966, betreffend »Erlassentwurf ›Truppe und Wehrbeauftragter‹«.

[105] Ebd., Schreiben Fü S I an das Ministerbüro (z.Hd. OTL Dr. Laß), 28.9.1966, betreffend Erlass »Truppe und Wehrbeauftragter«.

General Heinz Trettner, 1964–1966 Generalinspekteur der Bundeswehr.
Bundesregierung/Rolf Unterberg

Wehrbeauftragten, auch aufgrund der konfrontationsreichen Erfahrungen der vorherigen Zusammenarbeit, mit in das Boot zu nehmen, ihn einzubinden und sich selbst abzusichern. Der Wehrbeauftragte sollte davon abgehalten werden, im Verteidigungsausschuss oder in der Öffentlichkeit wieder quer zu schießen. Zwar wurde von den Referenten der lange zeitliche Verzug angemahnt, gleichwohl wagte man es im Ministerium nicht, einen Erlass über die Funktion und Kompetenz des Wehrbeauftragten in die Truppe zu geben, der vorher nicht dessen Wünsche berücksichtigt hatte. Der Generalinspekteur wurde hierbei zwar noch beteiligt, war aber nicht mehr der Herausgeber, um den obersten Soldaten nach der Aktion General Heinz Trettners, der im Zusammenhang mit der Heye-Affäre einen umstrittenen Tagesbefehl an die Streitkräfte gerichtet hatte[106], wohl aus der Schusslinie zu nehmen. Am 12. Oktober 1966 war es dann endlich soweit, der Bundesminister der Verteidigung Kai-Uwe von Hassel gab den neuen Erlass heraus und hob zugleich den Heusinger-Erlass vom 10. Juli 1959 auf[107].

Das Verhältnis zwischen dem Wehrbeauftragten Hoogen und dem Verteidigungsminister von Hassel blieb zwar weiterhin gespannt, jedoch war durch die Verfahrenseinigung des Wehrbeauftragten mit dem Verteidigungsausschuss in Bezug auf die Zuständigkeit nach dem Passus »nach pflichtgemäßem Ermessen« und dem Funktionswandel des Wehrbeauftragten zum Sachwalter der Bundeswehr im Parlament eine deutliche Verbesserung der Beziehung zu erkennen. Zwar kam es in einigen Fällen durchaus zu Kompetenzgerangel, die jedoch individueller und weniger grundsätzlicher Natur waren, trotzdem schweißte der innenpolitische Druck durch die gesellschaftlichen Änderungsprozesse der 68er-Bewegung beide Institutionen ungewollt zusammen. Der vierte Wehrbeauftragte Schultz führte die von Hoogen begonnene Kooperationspolitik mit dem nunmehrigen SPD-Verteidigungsminister Helmut Schmidt weiter, er intensivierte sie anfangs sogar. Beide Seiten stimmten sich über wichtige Inhalte[108] und selbst über den Jahresbericht miteinander ab. Die Feststellungen zu den jeweiligen Aufgabengebieten wurden bei der Leitung sehr ernst genommen und akribisch ausgewertet. Alle militärischen und zivilen Abteilungen im Ministerium wurden aufgefordert, zu den im Jahresbericht angeführten Punkten eine qualifizierte Stellungnahme für die Leitung abzugeben, um der politischen Führung eine Gesamtstellungnahme zu ermöglichen[109]. Diese Erwi-

---

[106] Die Affäre Heye wird noch ausführlich in den folgenden Kapiteln thematisiert werden.

[107] BA-MA, BW 2/13847, Der BMVg von Hassel, 12.10.1966, betreffend »Truppe und Wehrbeauftragter«.

[108] Ebd., BW 1/60620, Schreiben WB an den BMVg, 10.5.1972, betreffend »Gemeinsame Besprechung am 31.5.1972«. Die Besprechungsliste umfasste 18 Punkte und betraf vor allem Fragen des Laufbahn-, Disziplinar- und Wehrrechts sowie von Fürsorgeangelegenheiten.

[109] So z.B. für den JB 1969 im März 1970. »Zum Jahresbericht 1969 des Wehrbeauftragten des Deutschen Bundestages wird um eine Stellungnahme gegenüber der Leitung gebeten. Diese Stellungnahme soll von den einzelnen Abteilungen nur insoweit abgegeben werden, als der Jahresbericht ihr Aufgabengebiet betrifft. Sie soll zum Ausdruck bringen, ob das, was der Jahresbericht zum jeweiligen Aufgabengebiet ausführt, richtig ist, welche Konsequenzen das Haus daraus zu ziehen beabsichtigt, Darstellung der Vorschläge und

derung auf den Jahresbericht wurde standardisiert. Sobald der Jahresbericht erschien und an den Bundestag übergeben wurde, machten sich alle betroffenen Abteilungen daran, den Bericht auszuwerten und zu den Ausführungen Stellung zu nehmen. Diese Erklärungen wurden schließlich zu einer bisweilen mehr oder weniger geglückten Stellungnahme des Bundesministers der Verteidigung zusammengefasst[110].

Die militärische Führung[111]

Bald nachdem der Wehrbeauftragte selbst gewählt worden und seine Dienststelle arbeitsfähig war, erkannte die militärische Führung wie die politische Leitung der Bundeswehr auch aufgrund der ansteigenden Zahl an Beschwerden, dass ein modus vivendi mit der neuen Kontrollinstitution gefunden werden musste. General Heusinger erließ daraufhin am 10. Juli 1959 die Weisung »Truppe und Wehrbeauftragter«, in der die Zuständigkeiten, Aufgaben und Abläufe, die bei der Zusammenarbeit mit dem Wehrbeauftragten auftreten konnten, erläutert und geregelt wurden. Der Generalinspekteur schloss mit den Worten, dass »eine wohlverstandene und auf gegenseitigem Vertrauen beruhende Zusammenarbeit mit dem Wehrbeauftragten dem inneren Aufbau der Truppe dienlich sein [wird]«[112]. Dieser Erlass, der nach schwierigen Verhandlungen mit dem Wehrbeauftragten fertig gestellt worden war und auch die Zustimmung des Ministers Strauß gefunden hatte[113], diente als Information für

---

für den Fall, dass eine andere Beurteilung des Sachverhaltes vom BMVtdg vorgenommen wird, wodurch sie begründet ist, ob Änderungen trotzdem erfolgen können bzw. warum nicht.« BA-MA, BW 1/129966, Schreiben Leiter Leitungsstab an GenInsp, AL Fü S, InspH etc., 4.3.1970, betreffend »Jahresbericht 1969 des WB«. Für den Jahresbericht 1978 wurde sogar eine »Arbeitsgruppe Jahresbericht WB 78« unter der Leitung Fü S I 4, Oberst i.G. von Scheven, eingerichtet, die generalstabsmäßig gem. eines Ablaufplanes die Stellungnahme erarbeitete. BA-MA, BW 2/12026, Weisung Fü S I, 20.3.1979, nebst Anlage »Ablaufplan«. Diese Arbeitsgruppe legte 1980 als ein wesentliches Ergebnis fest: »f) Bei der Abfassung der Stellungnahme ist davon auszugehen, dass sowohl Parlament/Öffentlichkeit als auch Truppe informiert werden sollen. Die Stellungnahme soll möglichst wenig Selbstbindung, trotzdem aber konkrete Aussagen enthalten.« BA-MA, BW 2/13918, Vermerk Fü S I 10-SdB/HSBw über die Besprechung der Arbeitsgruppe zum Jahresbericht 1979 des WB am 14.4.1980 um 10.00 Uhr.

[110] So monierte der Parl. StS Schmidt zur Stellungnahme zum JB 1974: »Insgesamt ist festzustellen, dass es trotz großer Bemühungen nicht gelungen ist, eine in sich ausgewogene und stilistisch geschlossene Stellungnahme zu erarbeiten. Die Vorlage bewerte ich zunächst als eine eifrige Sammlung der Stellungnahmen der einzelnen Referate des Hauses, ohne dass die verschiedentlich vorhandenen Weitschweifigkeiten, Unklarheiten und auch unangemessenen Rechtfertigungsversuche entfernt worden wären. Es steht einer Stellungnahme des BMVg an, gemachte Fehler einzugestehen und für Abhilfe zu sorgen.« BA-MA, BW 2/11949, Schreiben Parl. StS an GenInsp, 16.5.1975.

[111] Hierunter sind die vornehmlich militärischen, aber auch zivilen Führungsbereiche im BMVg, wie GenInsp, die Insp der TSK, die zivilen und militärischen Haupt- und Abteilungsleiter und ihre jeweiligen Stäbe zu verstehen.

[112] BA-MA, BW 2/5195, Erlass »Truppe und Wehrbeauftragter« des GenInspBw, 10.7.1959, Fü B I 3.

[113] Ebd., BW 2/16803, Schreiben Fü B I 3 an GenInsp, 10.7.1959, betreffend »Truppe und Wehrbeauftragter«; Schreiben Fü B I 3 an GenInsp, 22.9.1959. Diesem Schreiben ist eine

die Kommandeure und wurde in der Bundeswehr in 5000 Exemplaren bis zur Kompanieebene verteilt. Heusinger wollte damit sowohl seiner Informationspflicht gegenüber dem unterstellten Bereich nachkommen, als auch durch die dezidierte Verweisung auf die Rechte und Aufgaben des Wehrbeauftragten deutlich werden lassen, wann und in welchen Fällen dieser überhaupt tätig werden durfte. Hierüber waren alle Soldaten der Bundeswehr zu belehren. Dass aber die Umsetzung des Erlasses nicht in allen Teilen, wie von der Führung gewünscht, erfolgte, zeigte die Maßnahme des Inspekteurs der Marine, Vizeadmiral Friedrich Ruge, vom 10. November 1960. Hierin ordnete er für seinen Bereich ergänzende Richtlinien für die »Bearbeitung von Anfragen des Herrn Wehrbeauftragten des Deutschen Bundestages« an. Ausdrücklich verwies er nochmals auf die Informationspflicht der Disziplinarvorgesetzten über das Wehrbeauftragtengesetz an die Untergebenen und auf die Unterlassung von »eigenmächtigen Auslegungen«, die dem Sinn des Gesetzes widersprächen. Die Ergänzungen Ruges offenbarten, dass – zumindest für den Bereich der Marine, jedoch ist wohl davon auszugehen, dass dies in ähnlicher Weise auch für die anderen Teilstreitkräfte Heer und Luftwaffe galt – der Umgang der militärischen Dienststellen mit dem vom Parlament beauftragten Kontrolleur nicht immer reibungslos funktionierte. Die expliziten Hinweise, dass sämtliche Anfragen des Wehrbeauftragten sofort zu bearbeiten sowie bei der Aufklärung eines Sachverhalts die beteiligten Soldaten lediglich zu hören und auf keinen Fall gleich zu vernehmen seien, deuteten auf eine erhebliche Unsicherheit der Disziplinarvorgesetzten im Hinblick auf den Verfahrensablauf einer an sie gerichteten Anfrage hin. Der Hinweis auf sachlich und »ohne jede Schönfärberei« zu verfassende Auskünfte sowie auf eine vertrauensvolle Zusammenarbeit mit der Person und Institution des Wehrbeauftragten ließ die anfangs mangelnde Kooperationsbereitschaft der militärischen Führer mit dem Kontrollorgan erkennen[114]. Diesen Eindruck gewann der Wehrbeauftragte auch schon während des ersten Jahres seiner Arbeit. Grolman wandte sich deshalb an Heusinger und schilderte ihm zwei Vorgänge, durch die beide zu der Einschätzung kamen, »dass noch nicht alle Truppenteile die richtige Einstellung zur Institution des Wehrbeauftragten gewonnen haben«. Heusinger versuchte diese unglücklichen Aktionen seiner Untergebenen mit der Aufbausituation der Bundeswehr und der Neuartigkeit der Institution des Wehrbeauftragten in Deutschland zu erklä-

---

Ausfertigung des Erlasses mit den handschriftlichen Bemerkungen des Ministers Strauß vom 19.9.1959 beigefügt. Hierin schreibt er: »Ich bin einverstanden. Aber erst müssen wir uns einen Überblick verschaffen, in welchen Angelegenheiten, wie oft, mit welchen Ersuchen usw. der WB an das Ministerium, nachgeordnete Stellen u. milit. Einheiten herantritt. Nicht zuletzt, um sich eines Tages über eine Dienstanweisung fd WB zu einigen, ist das notwendig. Vorschläge!« Strauß schien ernstlich zu denken, der BMVg könne eines Tages an der Erstellung einer Dienstanweisung für den WB mitwirken und dieser sowie das Parlament würden das akzeptieren.

[114] Ebd., BW 2/5195, Schreiben InspM Ruge, Fü M I 3, 10.11.1960, betreffend »Bearbeitung von Anfragen des Herrn Wehrbeauftragten des Deutschen Bundestages« an alle Marinedienststellen.

ren[115]. Wegen des Hinweises auf den raschen Aufbau der Bundeswehr wurde von Grolman dagegen von Strauß stark gescholten. Solche Probleme waren zwar intern hinlänglich bekannt, die Veröffentlichung eines derartigen Befundes aber nicht statthaft; und dem unter dem Verdacht eines Gegenministers stehenden Wehrbeauftragten gestand Strauß dieses Recht schon gar nicht zu.

Wie schon in der Forderung nach einem Abgrenzungserlass zwischen den Eingaben an den Wehrbeauftragten und den übrigen Rechtsbehelfen, vor allem der Beschwerde nach der Wehrbeschwerdeordnung (WBO), zum Ausdruck gekommen, hatten sowohl die beschwerdeführenden Soldaten als auch die Entscheidungsstelle oftmals Probleme mit der Behandlung der Eingaben[116]. An wen war wann die Beschwerde zu richten? Zur Zweideutigkeit führte daher eine Entscheidung des Wehrdienstsenates des Bundesdisziplinarhofes vom November 1960, wonach eine Eingabe an den Wehrbeauftragten ihrem Inhalt nach auch eine Beschwerde im Sinne der WBO sein konnte. Jedoch war sie nur dann formal rechtzeitig eingelegt worden, wenn sie innerhalb der Beschwerdefrist bei der dafür zuständigen Stelle einging[117]. Auch diese Entscheidung löste das Dilemma nicht, eher bewirkte sie das Gegenteil. Um diese Problematik dem Generalinspekteur aufzuzeigen, unterrichtete ihn im Januar 1961 ein Regimentskommandeur, wobei er darauf hinwies, dass den jungen Soldaten der Unterschied zwischen Beschwerde und Eingabe nicht bekannt sei. Die Ursache für dieses Missverständnis sei die Verwendung des Wortes »Beschwerde« im Wehrbeauftragtengesetz (beispielsweise im § 8) wie in der WBO. Deshalb müsse eine Abgrenzung auf dem Erlasswege erfolgen. Auch hatte der Passus über das Benachteiligungsverbot zu der irrtümlichen Ansicht bei den Soldaten geführt, dass eine beleidigende oder mit nachweislich unwahren Behauptungen eingegangene Eingabe zu keinerlei Konsequenzen für den Einsender führen dürfe. In der Realität missbrauchten einige Soldaten ihr Eingaberecht, um Vorgesetzten zu schaden, weil sie der Meinung waren, dafür nicht zur Verantwortung gezogen werden zu können. Dagegen entkleidete eine gegen einen Vorgesetzten gerichtete Eingabe diesen keinesfalls seines Schutzes gegen Belei-

---

[115] Ebd., BW 2/16803, Schreiben GenInsp Heusinger an WB von Grolman, 18.12.1959, betreffend »Behandlung von Anfragen des Wehrbeauftragten in der Truppe«.

[116] Ebd., BW 1/66363, Schreiben VR II 6 an Fü B I 3, 21.6.1961, betreffend »Neufassung des Erlasses vom 10.7.1959 ›Truppe und Wehrbeauftragter‹- Fü B I 3 – Az.: 39-20-04«. »Fälle, in denen eine Eingabe an den Wehrbeauftragten ihrem Inhalt nach auch eine Beschwerde im Sinne der Wehrbeschwerdeordnung sein kann, sind nach meinen *mehrjährigen Feststellungen nicht selten* [...] VR II 2 hält es nicht für angebracht, den Beschluss des Wehrdienstsenates vom November 1960 zu berücksichtigen. Es hält die einschlägigen Fälle für *selten* und befürchtet, dass eine noch so klare Regelung wahrscheinlich eine Verwirrung der Truppe auf dem ohnedies nicht sonderlich einfachen Gebiet der Rechtsbehelfe zur Folge hätte.« Hervorhebungen im Original. Der Referent VR II 6 widersprach sich in seinem Schreiben selbst, indem er zuerst behauptete, dass die Fälle nicht selten gewesen seien, aber danach eine klare Regelung aufgrund der seltenen Fälle für nicht erforderlich halte.

[117] Ebd., BW 2/16803, Schreiben VR II 6 an Fü B I 3, 9.1.1961, betreffend »Behandlung von Eingaben an den Wehrbeauftragten des Deutschen Bundestages als Beschwerden nach der WBO«.

digungen und Verleumdungen[118]. Die Unsicherheit bestand aber weiter, deshalb bedurfte es einer Klärung und Regelung. Der Erlass »Truppe und Wehrbeauftragter« aus dem Jahre 1959 wurde dazu in den Jahren 1964/65 überarbeitet. In seinem Entwurf erweckte er allerdings den Eindruck, dass jede Eingabe, die der Wehrbeauftragte zur selbständigen Regelung an das Ministerium abgab, eine Beschwerde nach der WBO sei. Dies erregte den Widerstand der um Mitprüfung gebetenen Abteilungen. Sie befürchteten nach der Entscheidung des Wehrdienstsenats aus dem Jahr 1960 eine weitere Aushöhlung der WBO, die nicht zu vertreten sei. Der über sein Beschwerderecht belehrte Soldat wandte sich doch bewusst an den Wehrbeauftragten, um seinen Vorgesetzten umgehen zu können. Sollte er eine Beschwerde nach der WBO an den Wehrbeauftragten richten, nahm er daher billigend in Kauf, dass die Beschwerdefrist gem. § 6 WBO verstrichen war und somit keine Abhilfeentscheidung mehr auf diesem Weg getroffen werden konnte[119].

Genauso strittig wie das Beschwerderecht, war der Umgang mit dem Tatbestand der unwahren Behauptungen. Bisher wurden die Soldaten, die gegen die Wahrheitspflicht verstießen, lediglich von ihren Disziplinarvorgesetzten belehrt und ermahnt. Nunmehr sollte ein Verstoß als strafwürdig gelten, wenn er als grob gegen die Wahrheitspflicht gerichtet bewertet wurde. Deshalb sollte daraufhin die Einleitung eines disziplinargerichtlichen Verfahrens erfolgen, um eine Abschreckung zu erreichen und vor allem um zu verhindern, »dass betroffene Disziplinarvorgesetzte kleinliche Racheakte verüben«[120]. Formelle Beleidigungen dagegen konnten schon immer, auch bei Eingaben an den Wehrbeauftragten, disziplinar geahndet werden, dies wurde auch durch das Urteil des Wehrdienstsenates des Bundesdisziplinarhofes vom 25. Januar 1963 bestätigt[121]. Strauß ging dieses Problem bereits in seinem Erlass vom 22. März 1962 an. Das Urteil des Wehrdienstsenates 1963 bestätigte, dass in einer Eingabe keine verächtlich machenden oder den Vorgesetzten in der öffentlichen Meinung herabsetzenden Vorwürfe enthalten sein durften. Aber ein Verstoß gegen die Wahrheitspflicht lag dann nicht vor, wenn sich diese Pflicht ausschließlich auf dienstliche Angelegenheiten bezog. Der Petent wurde auch bei Überschreitung

---

[118] Ebd., Schreiben Fü B I 3 an Leiter Fü B I, 12.1.1961, betreffend »Behandlung von Eingaben an den Wehrbeauftragten«. Vgl. auch ebd., BW 1/66363, Schreiben VR II 6 an Fü B I 3, 29.8.1961, betreffend »Neufassung des Erlasses ›Truppe und Wehrbeauftragter‹«; ebd., BW 1/66363, Schreiben VR II 6 an Fü B I, 4.6.1961, betreffend »Eingaben an den Wehrbeauftragten des Deutschen Bundestages«. Diese Stellungnahmen kamen dem Neuerlass aus dem Jahre 1966 inhaltlich schon sehr nahe.

[119] Ebd., BW 2/16803, Schreiben KdoTV an Fü B I 3, 7.2.1964, betreffend »Neufassung des Erlasses ›Truppe und Wehrbeauftragter‹«, 10.7.1959; Schreiben Fü H I 3 an Fü B I 3, 5.2.1964, betreffend »Erlass ›Truppe und Wehrbeauftragter‹ – Mitprüfung«; Schreiben P III 5 an Fü B I 3, 7.2.1964, betreffend »Neufassung des Erlasses ›Truppe und Wehrbeauftragter‹«, 10.7.1959; Schreiben P III 5 an Fü B I 3, 2.11.1964, betreffend »Neufassung des Erlasses ›Truppe und Wehrbeauftragter‹«, 10.7.1959.

[120] Ebd., Schreiben Fü L I 3 an Fü B I 3, 31.1.1964, betreffend »Neufassung des Erlasses ›Truppe und Wehrbeauftragter‹«, 10.7.1959.

[121] Ebd., BW 1/66161, Schreiben VR II 6 an VR IV 1, 26.8.1965, betreffend »Wahrheitspflicht für Soldaten bei Eingaben an den Wehrbeauftragten des Deutschen Bundestages«.

der zulässigen Grenzen zu einer Beleidigung geschützt, womit der Rechts-
grundsatz in dubio pro reo berücksichtigt wurde, weil dem Petitionsrecht eine
wichtige Bedeutung zukam, um im »staatlichen Bereich die ›menschliche Pur-
gationsfunktion‹ des Herzausschüttens« erfüllen zu können. Daher war bei
einer disziplinarrechtlichen Würdigung von Fehlverhalten eine »maßvolle Zurückhaltung« einzuhalten[122]. In der Neufassung des Erlasses »Truppe und
Wehrbeauftragter« vom 12. Oktober 1966 wurden diese strittigen Umstände
geregelt und auf die möglichen Konsequenzen hingewiesen. Eine eindeutige
Aussage enthielt jedoch auch er nicht, vielmehr wurde ziemlich vage formuliert, weil ansonsten die konkrete Drohung mit Sanktionen den Widerspruch
des Wehrbeauftragten erregt hätte[123]. Diese Ungenauigkeit führte aber wiederum zu disziplinaren Bestrafungen von Soldaten, weil sie angeblich »bewusst
wahrheitswidrige Angaben«[124] gemacht hatten.

Ganz generell wären eng gefasste Richtlinien für die Befugnisse des Wehrbeauftragten ganz im Sinne des Verteidigungsministers und seines Hauses gewesen. Deshalb machte man sich im Ministerium bereits 1961 Gedanken, wie

---

[122] Ebd., BW 1/66363, Schreiben VR II 6 an den RB der 5. Luftwaffendivision, 11.11.1966,
betreffend »Disziplinare Würdigung von Eingaben an den Wehrbeauftragten des Deutschen Bundestages«.

[123] Ebd., BW 2/13847, BMVg von Hassel, 12.10.1966, betreffend »Truppe und Wehrbeauftragter«. Unter II. Belehrung der Soldaten hieß es:
»5. Alle Soldaten sind über die Aufgaben und Befugnisse des Wehrbeauftragten und
besonders über Folgendes zu belehren [...]
e) Nur sachlich begründete Eingaben sind der Beseitigung von Mängeln dienlich. Ausführungen, die eine Beleidigung oder eine falsche Anschuldigung enthalten, können als
Dienstvergehen disziplinar geahndet werden und möglicherweise zu einer strafgerichtli-
chen Bestrafung führen. *Auch bewusst wahrheitswidrige Angaben können ein Dienstvergehen
sein* [...].
g) Eine Eingabe an den Wehrbeauftragten ersetzt nicht die Rechtsbehelfe, zu deren Inan-
spruchnahme der Soldat nach der Wehrbeschwerdeordnung und der Wehrdisziplinarordnung befugt ist. Die in der Wehrbeschwerdeordnung und Wehrdisziplinarordnung
festgelegten Fristen werden durch eine Eingabe an den Wehrbeauftragten grundsätzlich
nicht gewahrt [...]«. Hervorhebung im Original.
Zwar wurden alle Soldaten gem. Erlass über die Stellung und das Amt des Wehrbeauftragten bereits in der AGA belehrt, jedoch verfügten auch 1970 oder 1974 immer noch genügend Bundeswehrsoldaten über wenig Kenntnisse darüber. Vgl. ebd., BW 2/11952, JB
1970 des WB, hier: Kritische Punkte mit Sachstand und getroffenen Maßnahmen/Mei-
nungen, S. 2; JB 1973, S. 7. Bei Fü H wurde die Standardbegründung, die aber durchaus
oftmals realistisch war, und die Standardlösung für den Mangel gefunden: »Es ist in Einzelfällen denkbar, dass Soldaten über die Institution des Wehrbeauftragten mangelhaft
oder überhaupt nicht informiert sind, weil sie zum Zeitpunkt des Unterrichts im Urlaub,
krank oder aus sonstigen Gründen abwesend waren [...] Ferner ist zu erwarten, dass die
erstmalige Aufnahme des Wehrbeauftragtengesetzes in eine Vorschrift (ZDv 14/1) eine
Steigerung in der Bewertung dieses Amtes durch die Truppe erfahren wird.« Vgl. ebd.,
BW 2/11949, Stellungnahme Fü H I 3 für Fü S I 4, 26.3.1975, betreffend »JB 1974 des WB«,
S. 3.

[124] ACDP, NL Volz, I-546-017/3, Schreiben Eugen Volz an Hartmut Maurer, 17.5.1967. Bemerkenswert ist die Aufforderung an Maurer hinsichtlich dieses Problems: »Ich persönlich wäre Dir sehr dankbar, wenn Du darüber – natürlich wenn es nur zugunsten des
Wehrbeauftragten ausfällt – wissenschaftlich schreiben würdest.«

diese aussehen müssten, um »der Tätigkeit des Wehrbeauftragten die Grenzen zu setzen, die im Interesse der Bundeswehr für unerlässlich gehalten werden«[125]. Es wurde damit die Absicht verbunden, die Verwaltungsakte einer Nachprüfung durch den Wehrbeauftragten zu entziehen, ihm ein generelles Verbot der Überprüfung von anonymen Eingaben, Denunziationen, offensichtlich unbegründeten Eingaben und Bagatellsachen aufzuerlegen. Weiterhin sollte das Vertrauensverhältnis zwischen Vorgesetzten und Untergebenen abgeschirmt werden, das Abwehrrecht des Verteidigungsministers gegen eine Einmischung durch den Wehrbeauftragten gestärkt, ein Eingriff in schwebende Verfahren verweigert, um die Beschwerdeverfahren nach der Wehrbeschwerdeordnung seiner Untersuchung zu entziehen und ein Übergehen des Verteidigungsministers ausgeschlossen werden. Damit ließen sich Mängel schnell abstellen, noch bevor sie einer breiten Öffentlichkeit bekannt geworden wären, und den Wehrbeauftragten wollte man dazu verpflichten, auch konstruktive Vorschläge zu machen. Mit dieser Pflicht sei ihm dann die Möglichkeit genommen, »bloß negative Kritik zu üben«[126]. Insbesondere wurde es als zweckmäßig eingeschätzt, dass dem Wehrbeauftragten untersagt werden sollte, Eingaben zu bearbeiten, die außerhalb seiner Zuständigkeit lagen (wie die Ausübung der Fürsorgepflicht gem. § 31 SG, d.h. bezüglich Fragen der Besoldung, Bekleidung sowie Unterkunft) und einen »querulatorischen Inhalt« aufwiesen[127]. Diese Richtlinienkompetenz wurde vom Bundestag und dem Verteidigungsausschuss jedoch nicht wahrgenommen und der Wehrbeauftragte zum Ärgernis des Verteidigungsministeriums auch nicht in seinen Befugnissen eingeschränkt. Wäre es aber nach dem Willen der politischen Leitung und militärischen Führung im Ministerium gegangen, hätte der Wehrbeauftragte nur noch die Funktion einer Beschwerdesammelstelle gehabt, die zudem für die Bundeswehr in Verantwortung genommen worden wäre. Diese Überlegungen zeigen, wie unangenehm und störend der Parlamentsbeauftragte schon nach kurzer Tätigkeit für die Führung der Bundeswehr gewirkt haben musste.

Die Kritik des Wehrbeauftragten an den Zuständen in der Bundeswehr veranlasste die Führung Konsequenzen zu ziehen, weshalb zu bestimmten Problembereichen interministerielle Absprachen wie mit dem Wohnungsbauministerium oder Finanzministerium zur Abstimmung und Behebung getroffen wurden. Diese wurden in der Regel auf Arbeitsebene mit dem Ziel der Verständigung und Beurteilung der bereits getroffenen Bemühungen abgehalten. Die »vielfach unberechtigte Kritik«[128] sollte fundiert widerlegt werden können.

---

[125] BA-MA, BW 2/16803, Entwurf für Allgemeine Richtlinien für die Arbeit des Wehrbeauftragten mit Begründung zum beiliegenden Entwurf, o.D.

[126] Ebd., Begründung zum beiliegenden Entwurf für Allgemeine Richtlinien für die Arbeit des Wehrbeauftragten, o.D.

[127] Vgl. ebd., BW 1/66363, Anlage zu Fü B I 3 – Az.: 39-20-00, 3.3.1961, betreffend »Punktuation über die in den Richtlinien für den Wehrbeauftragten (WB) regelungsbedürftigen Angelegenheiten«.

[128] Ebd., BW 1/37072, BMWo IV B 3, »Niederschrift über eine Besprechung am 26.6.1961 im BMWo über Fragen der Wohnungsfürsorge für die Bundeswehr«, 29.6.1961.

Das Ministerium verfiel aber bisweilen in eine verständliche Abwehrhaltung, weil sich der Wehrbeauftragte auch solcher Eingaben annahm, die nicht zweifelsfrei in seinen Aufgabenbereich gehörten. Es wurde daher in jedem Fall erst einmal geprüft, ob die Anfrage des Wehrbeauftragten überhaupt in seiner Kompetenz lag. Vielfach verneinte man dies im Ministerium in den internen Vermerken, antwortete ihm aber trotzdem, wobei man diplomatisch auf seine Nichtzuständigkeit hinwies[129]. In einem Fall verwies der Bearbeiter auf die Geheimhaltungspflicht im Hinblick auf die Bevorratungsmaßnahmen der Bundeswehr, um eine genauere Auskunft zu verweigern. Der Umstand umfasste lediglich die Tatsache, dass die wöchentliche Auffrischungsmenge mit Dauerwurst pro Soldat vom 1. Februar 1962 mit 345 g bis zum 10. April 1962 auf 200 g reduziert worden war[130]. Einerseits bestritt das Ministerium intern die Zuständigkeit des Wehrbeauftragten, andererseits wollte man keinen harten Konfrontationskurs fahren und ihm generell eine Auskunft verweigern. Deshalb verfuhr man nach dem Prinzip: So wenig wie möglich, so viel wie nötig.

Die gesetzlich vorgeschriebenen Auskünfte forderte der Wehrbeauftragte turnusmäßig vom Verteidigungsminister ein[131]. So konnte er einen zusammenfassenden Bericht über die Ausübung der Disziplinargewalt in der Bundeswehr verlangen. Der Disziplinarvorgesetzte in der Bundeswehr bekleidete eine herausgehobene Stellung. Er fungierte schon auf der untersten Ebene als Kompaniechef in einer Führungsverwendung, die ihm gegenüber allen seinen direkt unterstellten Soldaten Disziplinargewalt verlieh, d.h. er konnte gegen sie einfache Disziplinarmaßnahmen verhängen. Der Offizier, nur ein solcher konnte über diese Gewalt verfügen, war gleichsam Ankläger, Richter und Verteidiger in einer Person. Eine auf den ersten Blick allumfassende Befugnis, die jedoch durch den jeweiligen nächsthöheren Disziplinarvorgesetzten und den zuständigen Rechtsberater in ihrer formellen und materiellen Ausübung überprüft wurde[132]. Damit und in Verbindung mit dem Beschwerderecht in Disziplinarverfahren war einer Willkür durch die Vorgesetzten ein gewichtiger Riegel vorgeschoben worden. Für das Jahr 1964 beispielsweise war zwar insgesamt im Vergleich zu den Vorjahren ein sicherer Umgang mit diesem wichtigsten Mittel der Bundeswehr zur Aufrechterhaltung von Ordnung und Disziplin zu erkennen, trotzdem wurde es von den vielen Vorgesetzten noch zu häufig und bisweilen zu unverhältnismäßig angewandt. Folglich wurde in diesem Jahr eine Neufassung des Erlasses über Erzieherische Maßnahmen (EEM) veröffentlicht,

---

[129] Ebd., BW 2/11949, Vermerk P II 7-A für AL P, 5.10.1973, betreffend »Freistellung von Offizieren auf Zeit vom militärischen Dienst zur Berufsförderung«. »Abgesehen davon, dass es wohl nicht zu den Befugnissen des Wehrbeauftragten nach § 3 des Gesetzes vom 26. Juni 1957 (BGBl., S. 652) gehören dürfte, Zuständigkeitsregelungen unseres Ressorts anzugreifen, rege ich an, dass Sie die Stellungnahme vollziehen, weil der Behördenleiter das o.a. Schreiben selbst gezeichnet hat.«

[130] BA-MA, BW 1/98200, Vermerk VR III 4, 7.6.1962; Vermerk VR III 4, Juli 1962; Antwortschreiben VR III 4 an den WB, Juli 1962.

[131] Vgl. hierzu ebd., BW 1/66363, Schreiben VR II 6 an den WB, 25.11.1969, betreffend »Disziplinarrecht in den Streitkräften«.

[132] Vgl. Wehrdisziplinarordnung (WDO).

um hierdurch geringe Vergehen konsequenter ohne eine sofortige disziplinare Würdigung ahnden zu können[133].

Problematisch wurde außerdem immer wieder die durch die Novelle zur Wehrdisziplinarordnung möglich gewordene Doppelbestrafung im juristischen Schrifttum wie in der Rechtsprechung durch die Truppendienstgerichte bewertet. So konnte ein bereits von einem zivilen Gericht strafrechtlich verurteilter Soldat[134] durch die Wehrdisziplinarordnung bei identischem Tatbestand nochmals mit einer Arreststrafe belangt werden. Dagegen hatte bereits ein Soldat Verfassungsbeschwerde eingelegt, sodass dieser Umstand im April 1965 noch anhängig war, solange eine Entscheidung des Bundesverfassungsgerichtes nicht vorlag. Der zuständige Referent in der Abteilung VR II 6 bewertete diesen Umstand als weniger problematisch und hielt eine Lösung »nur durch die Errichtung einer Wehrstrafgerichtsbarkeit« für möglich. Somit könnten schwerwiegende Dienstvergehen, die zugleich Straftaten seien, in einem einheitlichen und beschleunigten Verfahren sowohl mit einer kriminellen Strafe als auch mit einer Laufbahnstrafe abgeurteilt werden. Bei geringfügigen Taten sei dagegen eine einfache Disziplinarstrafe ausreichend. Somit wäre eine seit langem bestehende Forderung der Truppe nach Aufrechterhaltung der Disziplin durch schnell wirksame Folgen, die dann durch den unmittelbaren zeitlichen Zusammenhang zwischen Tat und Ahndung eine wesentlich höhere Abschreckung erzielen würde, erfüllt worden. Als Beispiel wurde auf den Fall Nagold verwiesen. Im Juli 1963 kam im Fallschirmjägerbataillon im Standort Nagold ein junger wehrpflichtiger Jäger zu Tode. Aufgrund der noch anhängigen strafrechtlichen Verfahren gegen zwei Offiziere konnten die disziplinargerichtlichen Verfahren, obwohl bereits im Oktober 1963 eingeleitet, im April 1965 immer noch nicht abgeschlossen werden[135]. Diesen großen zeitlichen Verzug zwischen Tat und Ahndung hatte auch die Delegation des Ausschusses für Fragen der europäischen Sicherheit bereits im Jahr 1954 beim Vorbild der ›Inneren Führung‹ in Schweden festgestellt. Wehrstraftaten wurden dort von zivilen Gerichten abgeurteilt, und dabei zeigte sich folgendes Problem: Das militärische Erfordernis der schnellen Ahndung von Vergehen, um die militärische Ordnung und Disziplin aufrechterhalten zu können, stand in einem scheinbar unauflösbaren Gegensatz zur Praxis in der Ziviljustiz. Die gleichen Erfahrungen wurden nun nach knapp zehnjähriger Anwendung in der Bundeswehr ebenfalls gemacht.

---

[133] BA-MA, BW 1/66242, Vermerk vom 14.4.1965 und Schnellbrief der Abteilung VR II 6 an den WB, 21.4.1965, betreffend »Zusammenfassender Bericht über die Ausübung der Disziplinargewalt in der Bundeswehr im Jahre 1964«, S. 1–3, 6.

[134] Im Jahre 1973 wurden 17 796 Soldaten strafgerichtlich verurteilt, davon gehörten 8226 zur Altersgruppe der 18–21-Jährigen und 2114 wurden nach dem JGG verurteilt. Vgl. ebd., BW 1/129411, Schreiben VR II 7 an Fü S I 3, 30.10.1973, betreffend »13. Sitzung des VtdgA vom 7.11.1973«.

[135] Ebd., BW 1/66242, Vermerk vom 14.4.1965 und Schnellbrief der Abteilung VR II 6 an den WB, 21.4.1965, betreffend »Zusammenfassender Bericht über die Ausübung der Disziplinargewalt in der Bundeswehr im Jahre 1964«, S. 3 f.

1965 bestanden in der Bundeswehr sechs Truppendienstgerichte mit 21 Truppendienstkammern[136]. Diese Kammern waren in der zurückliegenden Zeit wegen eines Umzugskostenbetruges überlastet, bei dem es zu knapp 300 disziplinargerichtlichen Verfahren gekommen war. Nachdem dieses Mammutverfahren endlich abgeschlossen worden war, konsolidierten sich die Truppendienstkammern in der Geschäftsbelastung wieder. Der ständig ansteigende Geschäftsanfall beim Wehrdienstsenat des Bundesdisziplinarhofes führte zudem bereits im April 1964 zur Einrichtung eines weiteren Senats, sodass im Jahr 1965 nunmehr insgesamt zwei zur Verfügung standen[137]. Was bei den Wehrdienstsenaten durch die Etablierung eines zweiten schon deutlich geworden war, bestätigte sich auch bei den Truppendienstgerichten. Die Auslastung stieg jedes Jahr kontinuierlich an. Die Neueingänge an disziplinargerichtlichen Verfahren gingen zwar in den letzten drei Jahren zurück, doch wuchs die Gesamtbelastung durch die unerledigten Überhänge aus den Vorjahren. Bei den Beschwerdeverfahren, den Arrestzustimmungsverfahren und den Verfahren in zweiter Instanz kam es zusätzlich noch zu deutlichen Anstiegen[138]. Für das Jahr 1964 verzeichneten die sechs Truppendienstgerichte insgesamt 1532 Verfahren, wovon 1315 durch ein Urteil erledigt wurden. Vor Gericht standen 140 Offiziere, 1041 Unteroffiziere und 134 Mannschaften (vgl. Tabelle 1)[139]. Freisprüche gab es 23 und Einstellungen 37. In den Beschwerdevorgängen betraf der überwiegende Teil die Arrestbeschwerden (1069), gefolgt von den Disziplinar- (337) und Wehrbeschwerden (88). Davon entfielen 45 auf die Offiziere, 221 auf die Unteroffiziere und 1228 auf die Mannschaften. Die Arrestbestätigungsverfahren umfassten 16 195 Vorgänge. Die Wehrdienstsenate des Bundesdisziplinarhofes befassten sich mit 269 disziplinargerichtlichen Verfahren, davon 50 gegen Offiziere, 197 gegen Unteroffiziere, 22 gegen Mannschaften und insgesamt 148 Beschwerdesachen[140].

Diese Zahlen umfassen aber nur die gerichtlichen Verfahren[141], nicht enthalten sind die verhängten und vollstreckten einfachen Disziplinarmaßnahmen und

---

[136] Ebd., BW 1/66363, Schreiben VR II 6 an den WB, 25.11.1969, betreffend »Disziplinarecht in den Streitkräften«. Im Jahr 1969 existierten bereits 23 Kammern, die immer noch nicht ausreichten und um weitere drei erhöht werden sollten. Bis 1971 war damit aber noch nicht zu rechnen, weshalb erst einmal so genannte Hilfskammern eingerichtet werden sollten, um schnellstmöglich eine Entlastung herbeizuführen.

[137] Ebd., BW 1/66242, Vermerk vom 14.4.1965 und Schnellbrief der Abteilung VR II 6 an den WB, 21.4.1965, betreffend »Zusammenfassender Bericht über die Ausübung der Disziplinargewalt in der Bundeswehr im Jahre 1964«, S. 7 f.

[138] Ebd., S. 10.

[139] Ebd., Anlage 1.

[140] Ebd., Anlagen 1 und 2. Vgl. zudem ebd., BW 1/66363, Schreiben VR II 6 an den WB, 25.11.1969, betreffend »Disziplinarecht in den Streitkräften«. Im Jahr 1968 und 1969 blieben die Laufbahnverfahren und die Arrestbestätigungen gleich hoch, jedoch zeichnete sich seit 1967 die Tendenz ab, in Beschwerdeangelegenheiten den Rechtsweg bis zu den Wehrdienstgerichten voll auszuschöpfen.

[141] In einem disziplinargerichtlichem Verfahren vor dem Bundesdisziplinarhof gegen einen Hauptfeldwebel, der seinen Vorgesetzten in einer Meldung an den Kommandeur beleidigt hatte, stand der WB vor dem Problem, dass das Gericht die Akten des WB angefor-

Tabelle 1:
Verteilung der Disziplinarstrafen in der Bundeswehr im Jahr 1964

	Offiziere	Unter-offiziere	Mann-schaften
Gehaltskürzung	68	510	24
Versagung des Aufsteigens im Gehalt		62	1
Einstufung in eine niedrigere Dienst-altersstufe	19	114	4
Dienstgradherabsetzung	6	109	53
Entfernung aus dem Dienstverhältnis	8	66	11

Quelle: BA-MA, BW 1/66242, Vermerk vom 14.4.1965 und Schnellbrief der Abteilung VR II 6 an den WB, 21.4.1965, betreffend »Zusammenfassender Bericht über die Ausübung der Disziplinargewalt in der Bundeswehr im Jahre 1964«, Anlage 1.

Beschwerdeentscheidungen durch den jeweiligen zuständigen Disziplinarvorgesetzten[142]. Diese waren vermutlich um ein Vielfaches höher. Aber die Zahlen aus der truppendienstlichen Rechtspflege zeigen, dass es sich hier zumeist um Verstöße von längerdienenden Zeit- und Berufssoldaten handelte. Nur gegen sie konnten wirksam Sanktionen ausgesprochen werden. Signifikant war der hohe prozentuale Anteil der Offiziere und Unteroffiziere im Verhältnis zur Gesamtstärke der jeweiligen Laufbahn. Bei diesen Gruppen wogen zum einen die Vergehen aufgrund ihrer Vorgesetzteneigenschaft wesentlich schwerer als bei einem Mannschaftsdienstgrad, außerdem wurden die einfachen Soldaten in der Regel sofort durch ihre Disziplinarvorgesetzten bestraft. Dies galt zwar für die Offiziere und Unteroffiziere auch, jedoch war die Schwelle für die Einleitung eines disziplinargerichtlichen Verfahrens hier deutlich niedriger gesetzt. Insgesamt zählten die Mannschaften relativ und absolut gesehen deutlich die meisten disziplinaren Fälle, jedoch wogen diese bei einem Wehrpflichtigen weitaus geringer als bei einem Soldaten mit Vorgesetzteneigenschaft. Für den Wehrbeauftragten waren diese Zahlen und Informationen von ausgesprochener Wichtigkeit, da er sie in Relation zu seinem eigenen Beschwerdeaufkommen und seinen Beobachtungen bei Besuchen sowie bei der Überprüfung von Truppendienstgerichtsverfahren setzen konnte. Daher beobachteten alle Wehrbeauftragten die Rechtspflege und berichteten darüber in ihren Jahresberichten[143].

---

dert hatte. Dagegen bestanden zwar rechtlich keine, aber politisch erhebliche Bedenken. Denn bei diesen Akten handelte es sich zum einen um Dokumente des Parlaments und zum anderen würde damit der Vertrauensschutz der Petenten in Frage gestellt. Daher wurde von der Vorlage abgesehen. ACDP, NL Volz, I-546-015/3, Vermerk betreffend »Vorlage von WB-Akten beim Disziplinargericht«, 21.1.1966.

[142] Vgl. die Disziplinarstatistik einer Heeresdivision von 1959 bei Schlaffer, »Schleifer« a.D.?

[143] Dabei wurden auch Daten über derzeit besonders relevante Vorkommnisse vom Wehrbeauftragten angefordert, um über diese Probleme aussagefähig zu sein, so z.B. 1976 Fragen zum Ehebruch, zur Homosexualität und zum Exhibitionismus von Soldaten. Das BMVg versorgte in dieser Sache den Wehrbeauftragten mit einer genauen Aufschlüsselung der

Im Umgang mit und in der Handhabung der Disziplinargewalt sowie in der Anwendung der Rechtsvorschriften konnte das in einer Armee vorherrschende Rechtsverständnis und Menschenbild erkannt und seine Anwendung kontrolliert werden; ein Kernprinzip der ›Inneren Führung‹.

Für die militärischen Abteilungen im Verteidigungsministerium (Fü S, Fü H, Fü L, Fü M, In San), aber auch für die zivilen (Abt. P, VR, U, Rü) war Fü S I 3[144] federführend für die Anfragen des Wehrbeauftragten. Trotz dieser hausinternen Regelung kam es immer wieder zu Verzögerungen oder zu Koordinationsproblemen in der Bearbeitung. Für den Wehrbeauftragten erschien der Verfahrens- und Bearbeitungsgang im Ministerium bisweilen einem Chaos gleichzukommen, da zu einer Eingabe mehrere Stellungnahmen verschiedener Abteilungen abgegeben wurden oder eine weitere Eingabe in gleicher Angelegenheit zu völliger Ahnungslosigkeit innerhalb des Ministeriums über den Verbleib der ersten führte[145]. Daher waren schon vermehrt enorme Zeitverzögerungen zum Nachteil der Petenten aufgetreten. Die Beamten des Wehrbeauftragten registrierten mit Besorgnis, wie in der Bundeswehr mit »unrichtigen Behauptungen« umgegangen wurde. Vor allem seitdem die Neufassung des Erlasses »Truppe und Wehrbeauftragter« vom 12. Oktober 1966 in Kraft getreten war. Seither häuften sich Fälle, in denen die Petenten diszipliniert wurden. Der Erlass bewirkte, dass der Beschwerdeweg zum Wehrbeauftragten »gefährlicher« wurde. Dies führte wiederum dazu, dass die Soldaten aus Sicht der Mitarbeiter des Wehrbeauftragten kein Vertrauen mehr zum Beschwerderecht nach der Wehrbeschwerdeordnung hatten und ihren militärischen Vorgesetzten misstrauten.

---

gerichtsanhängigen Verfahren. BA-MA, BW 2/11943, Schreiben WB an den BMVg, 28.6.1976, betreffend »Disziplinarrecht in der Bundeswehr«; Schreiben Parl. StS an den WB, 8.11.1976, betreffend »Zusammenfassender Bericht über die Ausübung der Disziplinargewalt in der Bundeswehr«.

[144] Zwischen der Dienststelle des WB und dem Referat Fü S I 3 bestanden gute dienstliche und persönliche Kontakte. Vgl. ebd., BW 2/13847, Ausarbeitung Fü S I 3 für den Minister, 10.1.1967, betreffend »Besuch des Wehrbeauftragten am 11. Januar 1967«, S. 3.
Die Stabsabteilung Fü S im BMVg setzte auch einen Verbindungsoffizier zum Amt des WB ein, jedoch monierte man von Seiten des WB, dass es sich nur um einen Kapitänleutnant handelte, der aber mit Referenten aus dem Amt des WB zusammenarbeiten müsse, die mehrere Besoldungsgruppen über ihm rangierten. Es sei daher nicht tragbar, einen Offizier der Besoldungsgruppe A 11 mit solch einer Aufgabe zu betrauen und schlug mindestens einen Oberstleutnant A 15 vor. Vgl. ebd., Aktennotiz Fü S I 4 über das Gespräch im Amt des WB am 17.9.1974, 30.9.1974, S. 1.

[145] Der Wehrbeauftragte Schultz kritisierte in seinem Jahresbericht 1973 die Organisation des BMVg, in dem die Zuständigkeiten für die Bearbeitung von Rechtsfragen sowie die Zuständigkeiten gegenüber dem nachgeordneten Bereich der Rechtspflege nicht zweckmäßig geregelt waren. Bereits 1970 wurde die Führungsorganisation, vor allem die militärische Führungsspitze, neu gegliedert. Vgl. JB 1973, S. 13; Weißbuch 1970, S. 171–178. Dass die Zuständigkeiten auch im truppendienstlichen Alltag problematisch waren, zeigt folgende Aussage aus dem Fü H: »Es wäre vorteilhaft, wenn Fü L und Fü M oder Fü S Ergänzungen im Sinne der Befehle des Heeres auch für ihre Bereiche herausgeben würden.« Damit wäre die Einheitlichkeit für die Bundeswehr gegeben und die Arbeit der Feldjägerstreife, die z.Z. unter den Angehörigen der Teilstreitkräfte unterscheiden müssen, wesentlich erleichtert.« Vgl. BA-MA, BW 2/11949, Stellungnahme Fü H I 3 für Fü S I 4, 26.3.1975, betreffend »JB 1974 des WB«, S. 6.

Folglich wandten sie sich gleich unmittelbar an den Wehrbeauftragten, ohne die Möglichkeit einer truppendienstlichen Beschwerde einzukalkulieren. Dessen Beamte bescheinigten deshalb bei einer unvermuteten Aussprache anlässlich der Vorstellung eines neuen Hilfsreferenten bei Fü S I 3 einem großen Teil der Truppe keinen guten Geist. Oberlandesgerichtsrat Achter, der Referent des Wehrbeauftragten, der sich für den Schutz der Grundrechte und der Grundsätze der ›Inneren Führung‹ verantwortlich zeigte, endete mit der in scharfem Ton vorgetragenen Bemerkung, dass er nur noch eine begrenzte Zeit in der Dienststelle des Wehrbeauftragten bleibe und deshalb offener mit den Offizieren reden könne[146]. Dieser Ärger von Mitarbeitern des Wehrbeauftragten über das Verteidigungsministerium und die Truppenpraxis schien sich schon seit längerer Zeit angestaut zu haben. Erst der beschriebene Höflichkeitsbesuch ließ das Eis brechen und die Soldaten sahen sich unversehens in die Rechtfertigungsrolle gedrängt. Dabei durfte aber nicht unberücksichtigt bleiben, dass der Wehrbeauftragte eine gewisse Mitverantwortung für diese Entwicklung trug, weil er gerade an der Abfassung des Hassel-Erlasses eng beteiligt worden war und diesen indirekt gebilligt hatte. Zudem waren die beiden Hilfsreferenten im Verteidigungsministerium nicht die geeigneten Ansprechpartner für diese Kritik, die vielmehr einige Etagen höher hätte angebracht werden müssen. Dafür fehlte wohl, wie aus der Bemerkung Achters hervorging, der Mut, etwaige erkannte Missstände offen und unmissverständlich anzusprechen. Somit durfte sich der Wehrbeauftragte auch nicht wundern, wenn der Bundesverteidigungsminister oftmals abwehrend und verständnislos auf unvermutete Kritik reagierte.

Trotz aller Kompetenzstreitigkeiten[147] zwischen dem Amt des Wehrbeauftragten und dem Bundesministerium der Verteidigung war auch der Beginn einer einvernehmlichen und weiterführenden Kooperationsphase festzustellen. Nach dem Amtsantritt von Fritz-Rudolf Schultz stimmte man sich auf der Arbeitsebene wieder vermehrt ab. Das ging sogar so weit, dass dem Ministerium ein Entwurf des Jahresberichts mit der Bitte um Durchsicht und Anregungen zugeleitet wurde[148]. Der Jahresbericht entwickelte sich vordergründig zu einem harmlosen Instrument, scheinbar sah sich der Wehrbeauftragte jetzt eher nach

---

[146] Ebd., BW 2/13847, Vortragsnotiz M Küppers, Fü S I 3, 7.4.1967, betreffend »Besprechung bei der Dienststelle des Wehrbeauftragten am 6.4.1967«.

[147] So wurden die Einlassungen des WB in seinem JB 1972 zu den Hochschulen der Bundeswehr in München und Hamburg bereits als Markierung einer Kompetenz des Wehrbeauftragten gewertet, die ihm noch gar nicht zustünde. Vgl. ebd., BW 2/8982, Auswertung und Stellungnahme durch den Beauftragten für Erziehung und Bildung beim Generalinspekteur der Bundeswehr (BEBGenInsp) 1 des JB 1972, 18.4.1973, S. 2.

[148] Ebd., BW 1/129967, Schreiben Leitender Beamter im Amt des WB an den UAL U I, 23.2.1971. Der UAL U I notierte in einem internen Vermerk: »Der [...] übermittelte Entwurf enthält keine Vorwürfe gegen die Arbeit der Abt. U, wie Dr. Hahnenfeld auch selbst annahm, bestehen gegen diesen Text keine Bedenken.« Ebd., BW 1/129967, Vermerk des UAL U I, 16.3.1971.

Hoogen'scher Interpretation als Sachwalter der Bundeswehr[149], denn als Kontrolleur. In einer ersten Stellungnahme zum Bericht von 1970 bemerkte daher Fü S I: »Bei dem Jahresbericht 1970 des Wehrbeauftragten handelt es sich wiederum wie im vergangenen Jahr um einen sehr umfangreichen Bericht, der sehr sachlich gehalten ist und es neben einigen kritischen Bemerkungen auch an wohlwollenden Formulierungen nicht fehlen läßt[150].« Der Abteilungsleiter U (Unterbringung) im Ministerium stimmte sich mit dem Wehrbeauftragten Schultz und seinen Mitarbeitern in der Folgezeit ab, um gerade auf dem seit Jahren unbefriedigenden Feld der Unterbringung der Soldaten eine baldige Besserung der Lage zu erreichen, Schultz über den jeweiligen Sachstand zu unterrichten sowie das weitere Vorgehen in Einklang zu bringen[151]. Damit der Wehrbeauftragte bei der Bewertung der Eingaben die Erlasslage des Ministeriums berücksichtigen konnte, wurde ihm aber erst seit 1973 angeboten, die wichtigsten im Abdruck zu erhalten und sich somit »authentisch zu informieren«[152]. Erst im Jahre 1974 wurden alle Abteilungen des Ministeriums gebeten, dem Amt des Wehrbeauftragten sechs Exemplare zur Verfügung zu stellen. Jedoch wurde diese Anweisung nicht konsequent umgesetzt, weshalb der Wehrbeauftragte immer wieder die Zusendung erbitten musste[153]. Diese Kooperation sollte eigentlich eine Selbstverständlichkeit in der Sache sein, denn dadurch konnten Missverständnisse und Missinterpretationen bei der Überprüfung der Eingaben durch den Wehrbeauftragten vermieden werden. Fast 15

---

[149] In einer Stellungnahme Fü M I 3 zum JB 1974 wurde die nunmehrige Sachwalterfunktion als Ergebnis einer Reduzierung der Bedeutung der Kontrollfunktion aufgrund einer Konsolidierung der Bundeswehr in den vergangenen Jahren gewertet. Eine Schlussfolgerung, die durchaus ihre Berechtigung hatte und auch mit dem Eingabenaufkommen sowie der Akzentuierung der Arbeit des WB korrespondierte. Vgl. ebd., BW 2/1194, Stellungnahme Fü M I 3 an Fü S I 4, 26.3.1975, S. 2.

[150] Ebd., BW 1/129967, Schreiben Fü S I an Verteiler, 17.3.1971, betreffend »Jahresbericht (Vorabdruck) 1970 des Wehrbeauftragten«. Diese Wertung des JB war eine Standardformulierung, die immer wieder in der Stellungnahme angeführt wurde. Vgl. ebd., BW 2/11954, Bundesministerium der Verteidigung, Fü S I 3, Mai 1973, betreffend »Stellungnahme zum Bericht des WB des Dt. BT für das Berichtsjahr 1972«, S. 1.
In einer Auswertung durch BEBGenInsp 1 lautet das Gesamturteil für den JB 1972 gar: »Bericht unter extensiver Auslegung der Kompetenzen des Wehrbeauftragten [...] mit sehr intimer Sachkenntnis, ziemlich umfassend und fleißig erarbeitet. Im Gesamttenor engagiert und hilfreich für die Bw, mit z.T. politisch mutigen Aussagen und Stellungnahmen [...] sowie interessanten Definitionsversuchen [...] Im allgemeinen weitgehende Übereinstimmung mit Beobachtungen und Lagebeurteilung BEBGenInsp; war dem Wehrbeauftragten vielleicht der Jahresbericht 1971/72 des BEBGenInsp. bekannt [...]?« Vgl. ebd., BW 2/8982, Auswertung und Stellungnahme durch BEBGenInsp 1 des JB 1972, 18.4.1973, S. 1.

[151] Ebd., BW 1/129967, Niederschrift des AL U über das Gespräch mit dem WB Schultz am 15.6.1971, 23.6.1971.

[152] Ebd., BW 1/98187, Vermerk VR III 4, Az.: 48-01-07-02, 10.5.1973.

[153] Ebd., BW 2/13847, Schreiben Leitender Beamter des WB an Fü S I 4, 8.5.1974, betreffend »Besprechung mit Referenten des BMVg am 21.5.1974, S. 2; ebd., BW 1/98187, Fü S I 4, Az.: 39-20-00 an Innenverteiler III, 13.11.1975, betreffend »Berücksichtigung des WB bei der Herausgabe von Erlassen des BMVg«.

Jahre verfolgte das Verteidigungsministerium jedoch eine Mauerstrategie[154]. Die Verlautbarungen, wonach der Informationstransfer offen, uneingeschränkt und kooperativ erfolgte, waren nicht selten reine Lippenbekenntnisse. In Wahrheit wurden nur solche Informationen herausgegeben, die meist schon bekannt waren. Dass aufgrund der Unkenntnis der Erlasslage oder anderer Vorschriften der Wehrbeauftragte zu gegenteiligen Auffassungen als der Verteidigungsminister kam, verwundert daher nicht, hätte aber bei einer großzügigeren Kooperationsbereitschaft des Ministeriums vermieden werden können. Der ungeschriebene Grundsatz, wonach der Wehrbeauftragte möglichst wenig und abwehrend zu informieren sei, galt sehr lange. Daher änderte sich das Verhalten von Konfrontation zu temporärer Kooperation, die Erkenntnis einer Zusammenarbeit zum Wohle der Bundeswehr setzte sich erst spät durch. Der Wehrbeauftragte musste aber von nun an aufpassen, sich nicht zu stark vom Ministerium einbinden zu lassen, wie es dessen Absicht bereits seit 1960 gewesen war, als man voreilig zukünftige Richtlinien für den Wehrbeauftragten erarbeitet hatte.

Auf den zweiten Blick offenbarte sich aber die Amtszeit des Wehrbeauftragten Schultz als konfrontativ. Er ging lediglich überlegter und taktischer als sein Vorgänger vor. Sein Amt kooperierte in der routinemäßigen Sacharbeit, bezog aber in grundsätzlichen Fragen wie Kompetenzen oder ›Innere Führung‹ eindeutige und strategische Positionen. Schultz blendete das Verteidigungsministerium mit wohlwollenden Formulierungen, indem er auch positive Entwicklungen in den Jahresberichten darstellen ließ. Während der gegenseitigen Konsultationen konfrontierte er aber die Ministeriumsvertreter mit einer massiven Kritik. Diese erkannten zwar die Absicht des Wehrbeauftragten, einen Frontalkurs konnten sie ihm aber nicht unterstellen. Vor allem auch deswegen nicht, weil er den Mängeln und Vorfällen immer, bis auf den Jahresbericht 1974, die Maßnahmen des Verteidigungsressorts gegenüberstellte. Auf der Arbeitsebene wurden die strittigen Vorfälle unmittelbar besprochen, die jeweiligen Standpunkte ausgetauscht und Lösungen vereinbart[155]. Der Nachfolger Berkhan hielt an den bewährten Kontaktgesprächen weiter fest. Er wusste, dass solche Konsultationen für die Sacharbeit unabdingbar waren. Der Wehrbeauftragte stimmte hier geplante Maßnahmen mit dem Ministerium ab und erreichte auch

---

[154] Ebd., BW 2/11949, Stellungnahme Fü H I 3 für Fü S I 4, 26.3.1975, betreffend »JB 1974 des WB«, S. 2 f. Der Referent Fü H charakterisierte die Zusammenarbeit wie folgt: »Eine Verbesserung der Beziehungen zwischen den beiden Bereichen ist auch aus der Sicht Fü H festzustellen. Das nunmehr 15-jährige Bestehen hat im Laufe der Zeit zum Abbau von Vorbehalten und zu der Kenntnis geführt, dass der Wehrbeauftragte neben seiner Kontrolltätigkeit auch zu einer Stützung der Position von Vorgesetzten beitragen kann. Es ist im nachgeordneten Bereich deutlich geworden, dass er seine Mittlerfunktion zwischen der Bundeswehr und dem Bundestag übernommen hat und durch seine Fürsprache den Forderungen der Streitkräfte Nachdruck verleihen kann [...] Soweit bekannt, ist aus dem Bereich des Heeres die Zuständigkeit des Wehrbeauftragten nur in zwei Fällen angezweifelt worden (WBK IV und 2. JgDiv).«

[155] Vgl. ebd., BW 2/11941, Protokoll über die Besprechung bei Fü S I 4 (Fü S I 3), 11.2.1974, 15.00 Uhr, betreffend »Wettbewerb Winterarbeiten des GenInsp«, 15.2.1974; ebd., BW 2/13847, Schreiben Fü S I 4 an Fü S I 1, 7.8.1974, betreffend »Besprechung mit dem WB am 21.5.1974«.

dessen Beteiligung wie bei der Fragebogenaktion zur Untersuchung von Suizi-
den und Suizidversuchen[156]. Die Kooperation ging sogar so weit, dass Berkhan
eine Ablichtung der Druckfahnen des Jahresberichtes vorab übersenden ließ[157].
Solch eine enge Kooperation war indes mit dem Ruch der Indiskretion behaftet.
Hiermit wurde ein Stück der parlamentarischen und öffentlichen Kontrolle ver-
geben, da sich der Verteidigungsminister auf die Veröffentlichung mit einer bereits vorbereiteten Stellungnahme einrichten konnte.

Die Truppe
Nur wenige Eingaben richteten sich gegen die Anordnungen und Befehle der
politischen Leitung oder der militärischen Führung, sondern die Mehrzahl gegen die Handlungen der unmittelbaren Vorgesetzten in den Truppenverbän-
den. Jedoch waren viele Petitionen von einer erheblichen öffentlichen Relevanz
oder wurden vom Wehrbeauftragten nach Erhalt direkt an den Verteidigungsminister zur Stellungnahme weitergeleitet. Mit der Durchführung der Anhörung oder Vernehmung waren in der Regel die jeweiligen nächsten Disziplinarvorgesetzten beauftragt, die somit die Hauptlast der Arbeit zu tragen hatten.
Auch standen sich hier der jeweilige Beschwerdeführer und der von der Eingabe Betroffene, meist in der Funktion eines Vorgesetzten, unmittelbar gegenüber.
Somit war stets ein gewisses persönliches Spannungsverhältnis gegeben und
belastete die militärische Gemeinschaft.

Der kurzgefasste Heusinger-Erlass von 1959 sollte der Truppe eine Hilfe-
stellung geben und stellte im Wesentlichen eine Wiederholung des Inhaltes des
Wehrbeauftragtengesetzes und einen Appell an die Truppe dar, mit dem Wehrbeauftragten zum Wohle der Bundeswehr vertrauensvoll zusammenzuarbeiten[158]. Dieser reichte aber nach knapp acht Jahren der konfrontativen Zusammenarbeit nicht mehr aus, denn auch die Unsicherheiten in der Truppe im
Umgang mit dem Wehrbeauftragten nahmen im gleichen Maße zu wie die Anzahl der Eingaben an ihn. Zwar lobte Hoogen im Verteidigungsausschuss 1966
die gute Zusammenarbeit mit den unteren Dienststellen in der Truppe, weil er
von dort jede gewünschte Auskunft erhalte[159]. Jedoch lag das weder im Interesse des Ministeriums, noch in der Tatsache begründet, dass die unteren Dienststellen die Arbeit des Wehrbeauftragten so hoch einschätzten. Vielmehr fürch-
teten sie ganz einfach Probleme mit dem Kontrollinstrument und ihrem eigenen
obersten Dienstherrn, wenn sie die Auskünfte verweigerten oder nachlässig
behandelten. Deshalb gaben sie oftmals bereitwilliger und mehr Informationen

---

[156] Ebd., Gesprächsvermerk Fü S I 4, 13.5.1975, betreffend »Besprechung STAL Fü S I/BEB
GenInsp mit dem Wehrbeauftragten des Deutschen Bundestages am 7.5.1975«, S. 3.
[157] Ebd., BW 2/11946, Schreiben des WB an Fü S I 4, 6.4.1978. In dem als persönlich gekenn-
zeichneten Schreiben wurde ausdrücklich darauf hingewiesen, das vorliegende Exemplar
vertraulich zu behandeln und keine weitere Ablichtung zu fertigen.
[158] Vgl. ebd., BW 2/5195, Erlass »Truppe und Wehrbeauftragter« des GenInsp, Fü B I 3, 10.7.1959.
[159] Ebd., BW 2/16803, Vermerk Fü S I 3 für den GenInsp, 12.4.1966, betreffend »Zusatzvermerk zu den Akten für die Besprechung mit dem Wehrbeauftragten«, S. 4. Vgl. z.B. ebd.,
BW 2/11932, Schreiben des Kommandeurs des Wachbataillons beim BMVg an den WB,
5.9.1969, betreffend »Gesundheitsfürsorge«.

heraus, als den vorgesetzten Dienststellen lieb war. Der umfangreiche und anwendungsorientierte Hassel-Erlass versuchte genau diese Praxis einzuschränken, indem er mit Beispielen unterlegt eine Handlungsanweisung für die vom Wehrbeauftragten angeschriebenen Dienststellen vorgab. Aufgenommen waren auch die immer wieder strittigen Fragen nach der Verantwortlichkeit der Petenten bei Beleidigungen und Verleumdungen sowie nach dem Verhältnis von Eingaben an den Wehrbeauftragten zu Beschwerden nach der Wehrbeschwerdeordnung in gleicher Angelegenheit[160]. Um diese Problematik wussten die Verantwortlichen im Verteidigungsministerium bereits seit 1960, versäumten es aber, der Truppe schon wesentlich früher in solchen Angelegenheiten zur Seite zu stehen. Spätestens seit 1970 stand im Übrigen eine Novellierung des Gesetzes im Raum, die schließlich erst 1982 verwirklicht werden konnte und somit auch eine Neufassung des Erlasses »Truppe und Wehrbeauftragter« erforderlich machten. Dieser war genauso ausführlich wie der Hassel-Erlass, er übernahm die Passagen zum Verfahrensablauf weitgehend, berücksichtigte aber die Änderungen der Gesetzesnovelle[161].

Diese beiden Erlasse bildeten die Grundlage für die Truppe, die Eingaben der Soldaten zu behandeln. In der täglichen Praxis konnten sie aber nur bedingt berücksichtigt werden, da sie lediglich in der formalen und weniger in der materiellen Behandlung der Petition für den Disziplinarvorgesetzten hilfreich waren. So beschuldigte in einer Eingabe an den Wehrbeauftragten aus dem Jahr 1966 ein wehrpflichtiger Gefreiter seinen Kompaniechef und einen Stabsarzt, bei einem Kompanieabend während eines Schießbiwaks nationalsozialistische Lieder nicht nur geduldet, sondern auch intoniert und mitgesungen zu haben. Weitere schwerwiegende Verstöße gegen die Dienstvorschriften kamen in der betroffenen ABC-Abwehrkompanie in Delmenhorst-Adelheide noch hinzu. In einem Schreiben an den zuständigen Divisionskommandeur wies der Wehrbeauftragte diesen ausdrücklich auf das Beschleunigungsgebot in der Überprüfung und vorsorglich auf das Diskriminierungsverbot des Einsenders durch seine Vorgesetzten nach dem Wehrbeauftragtengesetz hin[162]. Der Divisionskommandeur der 11. Panzergrenadierdivision, Generalmajor Otto Uechtritz, antwortete zügig, aber in der Sache unbefriedigend. Deshalb wollte der Wehrbeauftragte Hoogen diesen Sachverhalt persönlich mit dem Minister von Hassel besprechen. Das geplante Gespräch kam aber nicht zu Stande, weshalb der Vorgang erst einmal fast ein halbes Jahr lang unbearbeitet blieb. Daraufhin beschwerte Hoogen sich beim Verteidigungsminister über die mangelnde Kooperationsbereitschaft des Divisionskommandeurs, der ihm weder die erbetenen Anhörungs- und Vernehmungsprotokolle zugesandt, noch die Integrität des Einsenders anerkannt hatte. Uechtritz bewertete die Beschwerde lediglich als

---

[160] Vgl. ebd., BW 2/13847, BMVg von Hassel, 12.10.1966, betreffend »Truppe und Wehrbeauftragter«.

[161] Ebd., BW 2/22229, Fü S I 4 – Az.: 39-20-00, 9.2.1984, betreffend »Truppe und Wehrbeauftragter«.

[162] Ebd., BW 2/11930, Abschrift II-1225/66 des Schreibens des WB an Kdr 11. PzGrenDiv, 15.4.1966, betreffend der »Eingabe des Gefreiten Michael B.«.

einen Racheakt des Gefreiten B. an seinen Vorgesetzten, weil diese ihn der Unterschlagung überführt hatten. Der Divisionskommandeur empfahl deswegen dem Wehrbeauftragten, die Eingabe eines solchen Petenten überhaupt nicht zu beantworten, da er nach Charakter, Motiv und Verhalten einer Antwort gar nicht würdig sei. Hoogen wertete die Einlassungen des Generals hinsichtlich der Vorgänge während des Biwaks dagegen als eine nicht vertretbare Bagatellisierung der Ereignisse. Er appellierte eindringlich an von Hassel, der Eingabe die ihr zustehende Bedeutung zukommen zu lassen und eine sachgerechte Überprüfung herbeizuführen[163]. Der Minister leitete das Schreiben an die zuständigen Stellen weiter, die sich damit aber mit dem Problem konfrontiert sahen, dass sich die Beantwortung noch weiter verzögern würde, weil aufgrund des Zeitverzuges ein Teil der erneut zu befragenden Soldaten bereits versetzt oder entlassen worden war[164].

Das Versäumnis einer zügigen Bearbeitung der Eingabe stellte nun das Ministerium vor enorme Probleme bei der Aufklärung der Vorfälle. Im Februar 1967 rechneten die militärischen Abteilungen im Ministerium kaum mehr mit umfassenden Ergebnissen. Entscheidend war daher nur noch, »dass sich die Truppe ernsthaft um eine Untersuchung in dieser Sache bemüht hat«[165]. Denn dieser Forderung war der Divisionskommandeur im Mai 1966 nicht nachgekommen. Ein Jahr später übermittelte er einen Sachstandsbericht zu seinen neuen Ermittlungen an Fü H I 3. Diese bestätigten das Singen von nationalsozialistischem Liedgut[166] bei dem Biwak und die Mehrzahl der geschilderten Verstöße gegen die Grundsätze der ›Inneren Führung‹. Bis auf eine ausgesprochene Erzieherische Maßnahme in Form einer Vorbereitung und Durchführung eines Lehrvortrages sowie der Erteilung einer förmlichen Missbilligung blieben jedoch sämtliche Vorfälle ohne Konsequenzen. Denn in Anbetracht der Würdigung der Umstände und der Persönlichkeit des jeweiligen beschuldigten Soldaten seien diese Maßnahmen nach seiner Ansicht angemessen und ausreichend gewesen. Dagegen hatte der General den Beschwerdeführer aufgrund einer Unterschlagungstat inzwischen fristlos aus der Bundeswehr entlassen. Ein eben-

---

[163] Ebd., Schreiben des WB Hoogen an den BMVg, 24.10.1966, betreffend »Eingabe des Gefreiten Michael B.«.

[164] Ebd., Schreiben Fü H I 3 an S I 3, 15.11.1966; Schreiben Fü S I 3 an den WB, 21.11.1966, betreffend »Eingabe des Gefreiten Michael B.«.

[165] Ebd., Schreiben Fü S I 3 an Fü H I 3, 24.2.1967, betreffend »Eingabe des Gefreiten Michael B.«.

[166] Gegen das Verbot, Lieder aus nationalsozialistischer Zeit in der Bundeswehr zu singen, wurde immer wieder verstoßen, obwohl die jeweiligen Vorgesetzten darüber informiert waren. Deswegen wurden verfängliche Zeilen durch nicht zu beanstandende ersetzt, änderten aber wenig an der »gefühlsbetonten Kriegsverherrlichung« oder dem »überheblichen Pathos« des Liedes. Solch ein Verfahren in der Truppe wurde von der Führung nicht geduldet und sie wurde angewiesen, das Singen solcher Lieder zu verbieten. Vgl. ebd., BW 2/11941, Schreiben des WB an den BMVg, 28.8.1972, betreffend »Liedgut in der Bundeswehr«; Schreiben Fü S I 3 an den WB, 12.10.1972, betreffend »Liedgut der Bundeswehr«. Bei dem hier beanstandeten Lied handelte es sich um das Lied »Rot scheint die Sonne«, welches einer zeitgemäßen kritischen Betrachtung im Sinne der Erlasse aus den Jahren 1960 und 1968 nicht entsprochen hatte.

falls bei der Staatsanwaltschaft eingeleitetes Verfahren in dieser Sache war vorläufig eingestellt worden, weil sich der ehemalige Gefreite einer Strafverfolgung durch Flucht ins Ausland entzogen hatte[167]. Im Juli 1967 antwortete Fü S I 3 dem Wehrbeauftragten mit fast identischem Wortlaut wie in der Stellungnahme des Divisionskommandeurs. Von der Einleitung eines disziplinargerichtlichen Verfahrens gegen den nunmehrigen Stabsarzt d.R., so die Stellungnahme aus dem Personalstammamt, wurde im Hinblick auf die Gleichbehandlung abgesehen, weil der damalige Kompaniechef ebenfalls nicht bestraft worden sei. Als einzige Maßnahme verblieben daher nur noch die scharfe Missbilligung und eine eindringliche Belehrung. Der Personalbearbeiter führte entschuldigend für seine Entscheidung an: »Es ist bedauerlich, dass nicht sofort nach Bekanntwerden dieses Vorfalles das Verhalten des Kompaniechefs und des Stabsarztes d.R. Z. disziplinar gewürdigt wurde[168].«

Sowohl Hoogen als auch Generalmajor Uechtritz waren für das Scheitern der disziplinaren Würdigung der Vorfälle verantwortlich. Der Wehrbeauftragte ließ die Eingabe nach der unseriösen Beantwortung durch den General zu lange unbeachtet liegen und der General bewertete den Charakter des straffällig gewordenen Gefreiten als wesentlich beanstandenswerter als das Vergehen der Vorgesetzten. Die Maßregelungen gegen die Beschuldigten waren in Anbetracht der Vorfälle vollkommen unzureichend und standen in keinem Verhältnis zur Schwere des Dienstvergehens. Die mit dem Fall befassten Abteilungen im Verteidigungsministerium arbeiteten schlampig, auch wenn sie für die zeitliche Verzögerung keine Verantwortung trugen. Ihnen kam es letztlich nur darauf an, dem Wehrbeauftragten ihren guten Willen bei der Aufklärung und Würdigung der Eingabe zu zeigen. Mit dem Ergebnis hätten sie nicht zufrieden sein dürfen. Vielmehr hätten sie den Fall der politischen Leitung oder dem Generalinspekteur zur Entscheidung vorlegen müssen. Von einem deutlichen Signal an die Truppe, dass solche Vorgänge nicht akzeptiert wurden, konnte keine Rede sein. Vielmehr musste der Eindruck entstehen, solche Taten würden stillschweigend geduldet. Eine Ahndung wäre möglich gewesen, aber es fehlte am energischen Willen beim Wehrbeauftragten, der die Aufklärung einerseits selbst verschleppte und andererseits die Untätigkeit in der Bundeswehr kommentarlos akzeptierte.

Dieser Vorfall erlangte keine öffentliche Relevanz. Jedoch wäre er für eine Bestätigung von negativen Stereotypen gut geeignet gewesen. Damit sich solche nicht weiter entwickeln konnten, verfolgte die Bundeswehr eine frühe Interventionsstrategie. »Besondere Vorkommnisse (BV)« mussten daher sofort über Fernschreiben an ausgewählte höhere Kommandobehörden und an das Ministerium gemeldet werden. Auf diese Weise waren diese Stellen bereits bei offiziellen Anfragen über den Sachstand informiert und aussagefähig. Die Feldjäger

[167] Ebd., BW 2/11930, Schreiben des Kdr 11. PzGrenDiv an Fü H I 3, 8.5.1967, betreffend »Eingabe des Gefreiten Michael B.«.
[168] Ebd., Schreiben P II 5 an den WB, 7.12.1967, betreffend »Eingabe des Gefreiten Michael B.«.

übernahmen daraufhin die Ermittlungen und informierten die jeweilig zuständigen Disziplinarvorgesetzten. Die Feldjägertruppe war für die Disziplin und Ordnung der Soldaten in und außer Dienst zuständig. Gerade durch die heimatferne Einberufung vieler Wehrpflichtiger waren diese auf die öffentlichen Verkehrsmittel angewiesen. Auf der Fahrt verhielten sich nicht wenige, vor allem nach überhöhtem Alkoholkonsum, unangebracht gegenüber Zivilisten. Deshalb konzentrierten die Feldjäger ihre Präsenz besonders an den Bahnhöfen, vor allem an den Wochenenden. Eine verbale und/oder handgreifliche Konfrontation der reisenden Soldaten mit den Feldjägern war daher oftmals keine Seltenheit. Letztere waren dann bei der Durchsetzung der Disziplin nicht immer zimperlich, weshalb auch gegen sie disziplinare Ermittlungen eingeleitet wurden.

Die Maßnahmen der Feldjäger richteten sich hier gegen die Angehörigen eines Fallschirmjägerzuges, der von einer Brauereibesichtigung kommend auf dem Weg zur Kaserne war. Die Soldaten fühlten sich durch das rüde Vorgehen der Feldjäger in ihren Grundrechten verletzt. Bemerkenswert war hier, dass der verantwortliche Zugführer den Dienstgrad eines Stabsunteroffiziers innehatte und eigentlich über den Dienstgrad eines Hauptfeldwebels oder Leutnants hätte verfügen müssen. Allein dies zeigt schon die dünne Personalsituation der Bundeswehr im Führerbereich, wenn solch junge Unteroffiziere die Verantwortung über einen Zug der Fallschirmjägertruppe übernehmen mussten. Im Jahresbericht 1972 hieß es dagegen sehr verkürzt: »Am 27. Juni 1972 randalierten nach einer Brauereibesichtigung auf dem Hauptbahnhof Dortmund betrunkene Soldaten einer Ausbildungskompanie und belästigten Reisende[169].« Dieses Beispiel belegt die unterschiedliche Wahrnehmung des Ereignisses: Während die Petenten die Feldjäger für ihr angeblich übertriebenes Verhalten, das selbst die anwesenden Zivilisten zum Widerspruch animiert habe, verantwortlich machten, ermittelte dagegen der Wehrbeauftragte, dass die Petenten die öffentliche Ruhe störten und die Reisenden unter Alkoholeinfluss belästigten. Die getroffenen Maßnahmen wiederum waren einseitig und standen regelmäßig in keinem Verhältnis zur Tat. Lapidare Verwarnungen wie »Lt. R. wurde im Rahmen einer erzieherischen Maßnahme schriftlich verwarnt« oder »in einer Zugbelehrung hingewiesen« waren als Sanktionen in ihrem Wert für Vergehen der Körperverletzung oder Festnahme und unverhältnismäßigen Befehlsanwendung, auch bei Berücksichtigung der persönlichen Lage der Betroffenen, als ziemlich gering einzuschätzen und stellten ausgesprochen milde Mittel dar. Daher war es nicht verwunderlich, dass sich die aus ihrer Sicht zu Unrecht und unverhältnismäßig behandelten Soldaten, die aber hart diszipliniert worden waren, zur weiteren Aufklärung an den Wehrbeauftragten wandten. Jedoch konnte dieser die Maßnahmen der Disziplinarvorgesetzten nicht abändern, sondern lediglich rügen und die Vorfälle in den Jahresbericht aufnehmen[170].

---

[169] JB 1972, S. 59.
[170] Vgl. BA-MA, BW 2/11939, Schreiben des WB an den InspH, 10.8.1972, betreffend »Besonderes Vorkommnis auf dem Hauptbahnhof Dortmund nebst fünf Eingaben von Soldaten

Eine Eingabe durfte nicht zu einer dienstlichen Maßregelung oder Benachteiligung führen. Sie konfrontierte einen Vorgesetzten aber oftmals mit einer von ihm getroffenen Maßnahme, welche nicht im Einklang mit den Vorschriften, Gesetzen oder Befehlen gestanden hatte. Auch wenn hier objektiv eine Dienstpflichtverletzung vorgelegen hatte, empfand es derjenige, gegen den sich die Beschwerde richtete, als einen Akt der Illoyalität und ›Nestbeschmutzung‹. Für den Beschuldigten bedeutete dies, dass er schnell in Erklärungsnotstand gegenüber seinen Vorgesetzten geriet. Er musste begründen, weshalb er in einer bestimmten Situation so und nicht anders gehandelt hatte. Dabei konnten bisweilen auch sehr menschliche Gründe nicht mehr berücksichtigt werden, sondern die Befehle und Anordnungen wurden einzig auf ihre Rechtmäßigkeit überprüft. Die juristische Kompetenz überwog die soziale. Für den betroffenen Vorgesetzten bedeutete dies bei der Aufhebung seiner Maßnahmen, dass er in seiner Wahrnehmung Autorität vor seinen Untergebenen verloren hatte. Die Folge war dann nicht selten die Aufhebung der beanstandeten Befehle durch deren Ersetzung mit weit drastischeren, aber nunmehr rechtmäßigen Anordnungen[171]. So erklärte ein Kompaniechef nach der Aufhebung seines Befehles vor der Kompanie:

»1. Die Feuerwache in der bisherigen Form wird abgeschafft, da sich das Auswahlprinzip außerhalb der Legalität befindet. Die Feuerwachsoldaten werden in Zukunft der Reihe nach unter allen Soldaten der Kompanie ausgewählt.

2. [...] Dadurch müssen allerdings an jedem Wochenende 6 Soldaten mehr hierbleiben.

3. Ich bin bereit, sofern Sie das wünschen, nach angemessener Zeit mit ihrem Vertrauensmann darüber zu reden und mir zu überlegen, ob wir das alte, nicht ganz legale aber für Sie bessere System wieder einführen wollen.«

Die neuen Befehle riefen wiederum eine Gegenmaßnahme in Form einer erneuten Eingabe hervor. Die Vorgesetzten neigten dann dazu, sich kollektiv als angegriffen zu sehen und sympathisierten untereinander. »Da sehen Sie, was Sie davon haben, wenn Sie sich beschweren[172].« Solche Kommentare waren daher keine Seltenheit und stellten, wenn schon nicht offen ausgesprochen, vermutlich doch eine vorherrschende Meinung dar[173]. Einige Soldaten bekamen

---

zu diesem Vorfall«; Schreiben Kdr 7. PzGrenDiv in Unna an den InspH, 27.7.1972, betreffend »Besonderes Vorkommnis auf dem Hauptbahnhof Dortmund am 27.6.1972, hier: Disziplinare Maßnahmen gegen beteiligte Feldjäger«; Schreiben Fü S I 3 – Az.: 39-20-05 an den WB, 27.9.1972, betreffend »BV auf dem Hauptbahnhof Dortmund«.

[171] Ebd., Beschwerde Soldat und Vertrauensmann Kurt-K. M., 5./PzGrenBtl 71, an den WB, 23.8.1967.

[172] Ebd.

[173] Ebd., BW 2/11937, Eingabe SU Sch., 3./PzBtl 174, 26.11.1969, S. 1. Vgl. hierzu weitere Beispiele bzgl. des Umgangs mit Beschwerden in der Truppe, die zu harten Sanktionen für die Einsender führten. Ebd., BW 2/13847, Vortragsnotiz M Küppers, Fü S I 3, 7.4.1967, betreffend »Besprechung bei der Dienststelle des Wehrbeauftragten«, 6.4.1967, S. 3. Des Weiteren auch die Feststellung des Wehrbeauftragten in seinem JB 1967, wonach »Soldaten solche Nachteile befürchten müssen und daher abgehalten werden, wirkliche Miss-

danach den Ärger ihres Vorgesetzten über ihre Beschwerde unverblümt zu spüren: »Das Gespräch mit meinem Kdr. [Kommandeur] ist in sehr frostiger Atmosphäre geführt worden und ich bin der Überzeugung, dass mein Kdr. meine Fragen an Sie und meine Antworten zu den Fragen im persönlichen Gespräch mit ihm nicht so weitergegeben hat, wie ich es gesagt habe.« Denn die Konsequenzen waren wiederum für die belasteten Vorgesetzten drastisch. Wenn sie nicht disziplinar, disziplinargerichtlich oder strafrechtlich zur Verantwortung gezogen wurden, hob zumindest der Brigadekommandeur ihre Befehle auf und/oder der Bundesminister der Verteidigung missbilligte förmlich ihr Verhalten. Solche Vergehen wurden als geeignet angesehen, »die Gesetzestreue der Soldaten sowie die Verpflichtung jedes Vorgesetzten zu gesetzmäßigem Handeln in Zweifel zu ziehen«[174]. Und für einen Disziplinarvorgesetzten waren solche Belehrungen durchaus schädigend für die weitere Karriere, weil sie entweder direkt oder indirekt in der nächsten Beurteilung, die alle zwei Jahre von seinem nächsten Disziplinarvorgesetzten angefertigt werden musste, berücksichtigt wurden. Mehrere Eingaben und Beschwerden innerhalb einer Einheit oder eines Verbandes förderten nicht das Ansehen des jeweiligen Vorgesetzten, selbst wenn sich der anfangs geschilderte Sachverhalt in der Überprüfung doch etwas anders oder gar als haltlos herausstellte.

Das Kompetenzproblem wurde mehrheitlich zwischen dem Wehrbeauftragten und dem Verteidigungsministerium ausgetragen[175]. Zwar waren, wie im Fall des III. Korps unter Generalleutnant Niepold, auch höhere Kommandobehörden beteiligt, stellten aber zumeist die Ausnahme dar, denn in der Regel wagten es die dem Ministerium nachgeordneten Dienststellen nicht, sich selbst in zweifelhaften Fällen dem Ersuchen des Wehrbeauftragten entgegenzustellen. Der Leiter der Stammdienststelle der Marine (SDM) in Wilhelmshaven stattete 1973 mit seinem Nachfolger dem Wehrbeauftragten einen Höflichkeitsbesuch ab, wobei die Gelegenheit zu einer Aussprache über die bisherige Zusammenarbeit genutzt wurde. Hierbei kamen deutliche Unterschiede in der Beurteilung der Kompetenzen des Wehrbeauftragten im Hinblick auf seine Einschaltung im Verfahren nach der Wehrbeschwerdeordnung, auf die Nachprüfung von Auskünften durch die Stammdienststelle oder auf seine Intervention bei Verfahren der Personalbearbeitung aufgrund von Eingaben zur Sprache. Der Kapitän z.S. nahm diese Unterredung zum Anlass, der Personalabteilung, dem Inspekteur der Marine und dem Marineamt einen ausführlichen und mit zahlreichen Beispielen angereicherten Bericht über die Eingriffe des Wehrbeauftragten zu geben, die dessen Anspruch »sowohl auf eine Rechtsvertretung von Soldaten gegen-

stände zum Gegenstand einer Beschwerde bzw. einer Eingabe zu machen«. Vgl. JB 1967, S. 2. In einer internen Auswertung im BMVg stieß diese Feststellung auf Unverständnis, sie bewertete das Wort »müssen« als »in diesem Bericht entbehrlich«. Vgl. BA-MA, BW 1/66242, Schreiben P II 5 an Fü S I 3, 5.7.1968, betreffend »Jahresbericht 1967 des WB«.
[174] Ebd., BW 2/11930, Schreiben des WB an den Soldaten Kurt-K. M., 5./PzGrenBtl 71, 12.12.1967.
[175] Ebd., BW 2/13848, Schreiben Leiter SDM, 16.6.1973, betreffend »Verhältnis des WB zur Bundeswehr«, S. 3.

über der Bundeswehr bei der Behandlung von Gesuchen durch die zuständigen Dienststellen und in Wehrbeschwerde- und Verwaltungsstreitverfahren als auch auf eine – zumindest mittelbare – Dienstaufsicht über die Dienststellen der Bundeswehr erkennen« ließen. »Ich gebe meiner Vermutung Ausdruck, dass diese Ansprüche weniger vom Wehrbeauftragten selber als vielmehr von den Beamten seiner Dienststelle, deren Stellenplan maßgeblich von der Zahl der bearbeiteten und in der Statistik ausgewiesenen Eingaben bestimmt zu werden scheint, geltend gemacht werden[176].« Am Ende seiner Dienstzeit machte der Kapitän seinem in der bisherigen Dienstzeit angestauten Unmut über den Wehrbeauftragten Luft, der sich seit Jahren zu einem »Anwaltsbüro für Wehrpflichtige bei der Durchsetzung von berechtigten oder unberechtigten Interessen gegenüber der Bundeswehr« oder zu einer allgemeinen Dienstaufsichtsinstanz über die Bundeswehr aufspiele[177]. Selbst in der Abteilung P II im Ministerium wusste man keine Antwort und wandte sich an Fü S I und VR II zur Klärung[178]. Von Seiten Fü S I 3 wollte man keiner Entscheidung des Verteidigungsausschusses und seiner damit 3. Kommission vorgreifen, die nach den Sommerferien des Bundestages 1973 vermutlich gefällt werden sollte. Bei dieser Diskussion könnten dann die Beiträge des Leiters der SDM berücksichtigt werden[179]. VR II wurde dagegen schon konkreter, indem es darauf verwies, dass die Kompetenzen des Wehrbeauftragten gegenüber den Dienststellen des nachgeordneten Bereichs denen gegenüber dem Ministerium selbst glichen. Der Wehrbeauftragte Schultz, so der Referent, versuche in letzter Zeit vermehrt, seine Zuständigkeiten zu erweitern. Diesem Ansinnen sei unter Hinweis auf das gültige Wehrbeauftragtengesetz entschieden entgegenzutreten und klar nach dessen Wortlaut zu verfahren. Der Wehrbeauftragte verfüge über keine effektiven Möglichkeiten auf die militärischen Dienststellen einzuwirken, seine einzige Wirkung bestehe in der Berichterstattung an das Parlament[180]. Im Tenor hieß die Anweisung: Informationen erst nach strenger Anwendung des Gesetzes. Der militärische Führer in der Truppe oder in den Ämtern verfügte aber nicht über die notwendige Zeit zur unmissverständlichen und zweifelsfreien Prüfung. Die wenigsten Offiziere waren Juristen und selbst bei diesen differierten die Interpretationen erheblich. Folglich wurde gehandelt und bei Zweifeln an der Zuständigkeit wurde zugunsten des Wehrbeauftragten entschieden, um sich nicht mit dieser politisch und öffentlich einflussreichen Institution anzulegen. Wie bei dem Leiter der Stammdienststelle der Marine schien sich gerade deshalb

---

[176] Ebd.
[177] Ebd., S. 6 f.
[178] Ebd., Schreiben P II an Fü S I und VR II, 17.7.1973, betreffend »Verhältnis des WB zur Bundeswehr«. Der STAL Fü S I vermerkte handschriftlich für Fü S I 3 darauf, ob das Schreiben des Leiters SDM nicht der Leitung vorgelegt werden sollte, weil es eine gute Ergänzung für die Besprechung des Parl. StS mit dem MdB Rommerskirchen darstelle.
[179] Ebd., Vermerk Fü S I 3 an Fü S I, 1.8.1973, betreffend »Verhältnis des WB zur Bundeswehr«.
[180] Ebd., Schreiben VR II 2 an P II 1 und Fü S I 3, 3.10.1973, betreffend »Verhältnis des WB zur Bundeswehr«.

erheblicher Frust angestaut zu haben, aber nur wenige wollten ihren Unmut ausdrücken oder dagegen vorgehen.

Dieser Zorn vieler militärischer Vorgesetzter auf den Wehrbeauftragten entsprach indirekt einem Frustgefühl im Umgang mit der Öffentlichkeit. Der Kontrolleur berichtete seine Ergebnisse unmittelbar an den Bundestag, mittelbar an die Bevölkerung. Unglücke und Skandale in der Bundeswehr alarmierten nicht nur den Wehrbeauftragten, sondern auch die Presse, die dann oftmals pauschal alle Offiziere und Unteroffiziere an den öffentlichen Pranger stellte. Neben dem »Iller-Unglück« in der Frühphase der Bundeswehr und der noch genauer zu betrachtenden »Nagold-Affäre« in der Aufbauphase war ein Fall an der Gebirgs- und Winterkampfschule in der Konsolidierungsphase besonders schillernd. Dieser Vorfall, der in der Dimension aus Sicht des Wehrbeauftragten Schultz durchaus mit der »Nagold-Affäre« vergleichbar gewesen sei[181], bedeutete für die Streitkräfte nach fast 20-jähriger Praxis der ›Inneren Führung‹ einen gravierenden Einschnitt und den Anlass, die Führungsphilosophie erneut zu hinterfragen.

An der Gebirgs- und Winterkampfschule in Mittenwald, einer Ausbildungseinrichtung des Heeres, die den Führernachwuchs für den infanteristischen Kampf im alpinen Gelände schulte, wurde zum Abschluss eines Unteroffiziergrund- und Fahnenjunker(ROA)-Lehrgangs im Mai 1974 eine ›Durchschlageübung‹ durchgeführt, in der auch, entgegen der »Einzelanweisung für die Führerausbildung im Heer«, die Behandlung von Kriegsgefangenen ausgebildet wurde. Für den Abschnitt ›Vernehmung‹ wurden eigens hierfür zwei Angehörige der Special Forces Group der U.S. Army angefordert, die dann die Ausbildung mit Unterstützung von Bundeswehrsoldaten durchführten. Das Ziel der Lehrgangsleitung war es, die Übung möglichst realistisch unter Heranführung an die psychischen und physischen Grenzen der Lehrgangsteilnehmer ablaufen zu lassen. Realistisch hieß unter der Anwendung von »Wasserduschen«, besonderen Fesselungen, dem Besprühen mit Feuerlöschern und dem Verpflegungs- und Schlafentzug. Zwar wurden die Lehrgangteilnehmer vorher eingehend über den Übungsverlauf belehrt und ihre Zustimmung dazu eingeholt. Trotzdem wurden von einigen Teilnehmern erhebliche Bedenken gegen diese Art der Ausbildung angemeldet, die von der Leitung jedoch mit dem Hinweis auf die Genehmigung durch den Inspektionschef und den Schulkommandeur beschwichtigt wurden. Während der Übung wurde dann gerade der spätere Beschwerdeführer einer gegen die bestehenden Gesetze und Dienstvorschriften gerichteten Behandlung unterzogen, die ihn zu seiner Eingabe veranlasste. Obwohl die Dienstvergehen eindeutig waren, verzichtete der Divisionskommandeur der 1. Gebirgsdivision, Generalmajor Ernst Metz, auf die Einleitung eines disziplinargerichtlichen Verfahrens mit der Begründung, den Beschuldigten könne kein Schuldvorwurf gemacht werden. Die Begründung für diese Wertung umfassten die geläufigen Exkulpationsfaktoren »Befehl und Gehorsam«,

---

[181] Gottfried Capell, Ein »Wächteramt« wird neu besetzt: Rückblick ohne Zorn auf eine turbulente Zeit. In: Generalanzeiger für Bonn und Umgegend, 22.2.1975.

»Vertrauen auf die Rechtmäßigkeit des Befehles« und die »Unwissenheit des Irrtums«[182]. Entgegen der Stellungnahme des Divisionskommandeurs an den Wehrbeauftragten, in der er ein disziplinargerichtliches Verfahren gegen einen Stabsunteroffizier ablehnte, wurde dennoch gegen diesen, den Übungsleiter, den Inspektionschef und den Schulkommandeur ein solches Gerichtsverfahren eingeleitet. Es »läßt sich schon jetzt sagen, dass dieser Vorgang meines Erachtens deutliche und nicht unerhebliche Missverständnisse der verfassungsrechtlich abgesicherten Grundrechtspositionen von Soldaten durch verantwortliche Vorgesetzte aufzeigt. Es ist erstaunlich, wenn in diesem Zusammenhang Vorgesetzte zum Ausdruck bringen, ihnen habe wegen der vorausgegangenen Einwilligung der betroffenen Soldaten im Hinblick auf die Unzulässigkeit einer derartigen Behandlung von ›Gefangenen‹ weitgehend jedes Unrechtsbewußtsein gefehlt. Bemerkenswert ist nach meiner Ansicht dabei auch, dass derartige Übungen an einer Schule ohne jede Beanstandung der weiteren Vorgesetzten oder der beteiligten Soldaten bereits zuvor wiederholt durchgeführt worden waren[183].« Der Wehrbeauftragte nahm hier beide Seiten in die Verantwortung für solche Exzesse: zum einen die Vorgesetzten, hier vor allem den Divisionskommandeur, die sehr schnell zur Rechtfertigung und Entschuldigung neigten und zum anderen die betroffenen Soldaten selbst, die eigentlich viel früher dagegen hätten vorgehen müssen. Im Klartext hieß das nichts anderes, als dass die ansonsten so vehement postulierte ›Innere Führung‹ bei vielen Soldaten aller Dienstgrade immer noch nicht angekommen war.

Die weiteren Ermittlungen ergaben, dass die meisten Soldaten ihr Unrechtsempfinden unterdrückten. Sie wollten einfach nicht glauben, dass diese Ausbildung gegen die Vorschriften der Bundeswehr verstieß, war sie doch von den Vorgesetzten genehmigt und angeordnet worden. »Ein dorthin kommandierter Soldat erwartet eine rechtlich abgesicherte Ausbildung und maßt sich als Lernender keine Kritik an«, lautete die Stellungnahme aus dem Führungsstab des Heeres zu diesem Vorfall. Zwar wurden Bedenken an der Rechtmäßigkeit der Übung geäußert, aber durch die Tolerierung der Schulführung entkräftet. Den Befehl von Vorgesetzten schätzten schließlich diese Soldaten höher ein als das ihnen selbst zugefügte Unrecht oder ihre Gewissensbisse, als Zeuge und Zwischenvorgesetzter an derartigen Handlungen teilgenommen zu haben. Hieraus stellt sich die Frage, ob die Soldaten nicht aktiv Widerspruch hätten leisten müssen? Der Lehrgangsteilnehmer befand sich freilich in einem Zwiespalt: Begehrt er auf und riskiert einen möglichen Ungehorsam oder fügt er sich in

---

[182] BA-MA, BW 2/11941, Stellungnahme des Kdr 1. GebDiv an den WB, 6.11.1974, betreffend »Eingaben des G Oliver K.«. GM Metz begründete dies mit dem so genannten »Befehlsnotstand«, dem Vertrauen auf die Rechtmäßigkeit der Befehle, der Bedenkenlosigkeit über die Rechtmäßigkeit der Befehle, der Zweckmäßigkeit der Ausbildung und den vorliegenden Einverständniserklärungen. Metz rechtfertigte damit nicht die Handlungen der Beschuldigten, bewertete aber die Unkenntnis der Betroffenen als entschuldigend.

[183] JB 1974, S. 17. Im Jahresbericht 1974 wurde der Vorfall ziemlich ausführlich dargestellt. Vgl. S. 16 f. Der neu gewählte Wehrbeauftragte Berkhan, der den Fall noch als Parl. StS in Erinnerung haben musste, griff ihn in seinem Bericht 1975 wieder auf und informierte über die bisher erfolgten disziplinargerichtlichen Verfahren. JB 1975, S. 9 f.

sein Schicksal, weil er auf die Rechtmäßigkeit der Handlungen aus der bisherigen Erfahrung in der Bundeswehr vertrauen konnte? Für die Soldaten war es der dienstrechtlich sichere und unproblematischere Weg, erst einmal den Befehl auszuführen und ihn danach überprüfen zu lassen. Jedoch verdrängten wohl danach nicht wenige das erlittene Unrecht zugunsten eines erfolgreichen Abschlusses der Maßnahme und redeten sich ein, dass es ja gar nicht so schlimm gewesen sei bzw. zur Ausbildung eines ›harten Soldaten‹ gehöre, dies ausgehalten zu haben. Das würde zumindest erklären, warum sich nur ein Soldat und nicht alle Teilnehmer an der Ausbildung gegen die unrechtmäßige Behandlung beschwerten bzw. sich nicht anmaßten, als Lernende Kritik zu üben. Bei Fü H zog man aus dem Vorfall das Fazit, »die aufklärende Wirkung, die die Schilderung dieses Vorgangs in dem Jahresbericht bewirkt, wird dazu beitragen, eine Wiederholung solcher Grundrechtsverletzungen zu verhindern«[184]. Letztlich, so die nüchterne und wenig optimistische Prognose, würden sich aber auch in Zukunft vereinzelte Exzesstaten nicht verhindern lassen[185].

In den höheren Kommandobehörden wurden Verstöße gegen die Leitsätze der Menschenführung dagegen subtiler begangen. Ein Oberstleutnant in der Generalstabsabteilung eines Korpskommandos (G-4, logistische Unterstützung) beschwerte sich gegen seinen Abteilungsleiter, dem er Verstöße gegen die ›Innere Führung‹ vorwarf. Der mit der Aufklärung der Vorwürfe, die sich im Wesentlichen bestätigten, beauftragte Mitarbeiter des Wehrbeauftragten erregte durch seine Art der Ermittlungen den Unwillen des Kommandierenden Generals, Generalleutnant Franz Pöschl. Dieser sah sich selbst in die Rolle des Angeschuldigten gedrängt und griff daraufhin den Referenten an. In einem wütenden Brief an Berkhan echauffierte sich Pöschl: »Ich lasse mich von einem Herrn Ministerialrat Riedel [sic, Riegel] in Fragen der Inneren Führung nicht ›ins Gebet‹ nehmen [...] Ich habe darüber hinaus MdB Buchstaller am 1. Mai persönlich erklärt, Oberstleutnant P. verkörpere für mich den miesesten Charakter, der mir bislang in der Bundeswehr begegnet sei [...] Ich trage allein die Verantwortung für das Innere Gefüge meines Korpsstabes und halte die im vorliegenden Fall getroffenen Maßnahmen für angemessen und wirksam[186].« Pöschl, der zwar von der Unaufrichtigkeit und Verschlagenheit des Petenten überzeugt war, sah immerhin die Notwendigkeit zum Handeln ein und veranlasste, dass der Abteilungsleiter nicht mehr für eine Brigadekommandeurverwendung vorgesehen wurde. »Gen P. sagte dazu, er wolle nicht Gefahr laufen, dass bei einer Verwendung als BrigKdr, d.h. bei einem unmittelbaren Umgang mit Menschen im Rahmen von Befehl und Gehorsam, Schwierigkeiten entstehen, die dann zu einem Skandal führen würden[187].« Das Antwortschreiben des Wehrbeauftragten an den Petenten erzürnte Pöschl erneut[188]. »Überhaupt sei er enttäuscht darüber,

---

[184] BA-MA, BW 2/11949, Stellungnahme Fü H I 3 für Fü S I 4, 26.3.1975, betreffend »JB 1974 des WB«, S. 5.

[185] Ebd., S. 18.

[186] ACDP, NL Ernesti, I-264-020, Schreiben KG III. Korps an den WB, 9.5.1977.

[187] Ebd., Vermerk II-647/77, 19.7.1977, S. 3.

[188] Ebd., Schreiben WB an OTL P., 22.7.1977.

dass im Amt des Wehrbeauftragten trotz der Gespräche, die er mit dem WB selbst, mit mir und Herrn MR Riegel gehabt habe, anscheinend kein Verständnis dafür vorhanden sei, daß Innere Führung nicht nur juristisch gemessen werden kann, sondern dass hier andere Maßstäbe im Rahmen der täglichen Praxis zu beachten seien [...] Für ihn sei die Institution des Wehrbeauftragten ›gestorben‹[189].« Pöschl belehrte daraufhin den Oberstleutnant, er solle aus dem Schreiben des Wehrbeauftragten keine falschen Schlüsse ziehen und brachte ihm seine Missbilligung zum Ausdruck[190]. »Hier erhebt sich die Frage, ob man diesen sensationellen Vorgang nicht bei der Berichterstattg. des Jahresberichts des Wehrbeauftragten zur Sprache bringt. Gen. Pöschl erpresst den Wehrbeauftragten[191].« Berkhan ließ seinem Mitarbeiter Riegel ausrichten, dass er eine Darstellung des Falles nicht wünsche, weil er nicht zu verallgemeinern sei. Dieser Ansicht wollte sich der Referent nicht anschließen, weshalb der Leitende Beamte Hans Hubatsch die Argumentation Pöschls übernahm und das Verhalten des Petenten als »pflichtwidrig« bewertete. Der Wehrbeauftragte wünsche keine Darstellung im Jahresbericht zu diesem Vorfall. »Der Leitende Beamte erklärte noch, wenn der Fall im Jahresbericht dargestellt würde, würde sicherlich bekannt werden, wo dieser Fall sich abgespielt habe. Ich habe hierauf erwidert, dass die betroffenen Personen sich sicherlich aufgrund der Darstellung wieder erkennen könnten. Der Leitende Beamte erklärte schließlich noch, ein halbes Jahr vor der Pensionierung von General Pöschl sei es nicht angebracht, diesen Fall darzustellen[192].« Hier wurde Pöschl eine Rücksichtnahme zuteil, die anderen nicht eingeräumt worden war. Berkhan wollte vermutlich den General, der in einer nicht hinnehmbaren Art auf die Eingabe reagiert und gegen das Diskriminierungsverbot verstoßen hatte, schonen. Zwar waren die Vorfälle für den Abteilungsleiter, einen Oberst i.G., nicht folgenlos, jedoch stellten die Vorwürfe Pöschls eine Zumutung und eine Missachtung des Amtes dar, die eine Nennung im Jahresbericht erfordert hätten. Berkhan nahm dies unwidersprochen hin, vermutlich in alter Verbundenheit aus gemeinsamer Zeit in der Bundeswehr sowie als Parteigenossen und ermöglichte so dem General einen würdevollen Abgang.

b) Krisen und Reform

Die Affäre Grolman

Als Helmuth von Grolman 1959 das Amt übernahm, musste er sich neben einem regelrechten Hagel an bislang zurückgestauten Eingaben auch noch dem Aufbau seiner kleinen Dienststelle widmen[193]. Eine Doppelbelastung, für die er

---

[189] Ebd., Vermerk LtII-647/77, 25.8.1977, S. 1.
[190] Ebd., Schreiben KG III. Korps an OTL P., 25.8.1977.
[191] Ebd., Handschriftlicher Vermerk Riegel, 12.9.1977.
[192] Ebd., Vermerk II-647/77 Riegel, 6.12.1977, S. 2 f.
[193] JB 1959, S. 3 f. Zur Organisation des Amtes sei auf die Jahresberichte verwiesen, in denen fast immer ein Organigramm der Institution enthalten ist.

zuverlässige und loyale Beamte benötigte, welche die Funktionsfähigkeit des Amtes auch dann gewährleisteten, wenn sich der Amtsinhaber selbst auf Truppenbesuch befand. Eine exponierte Stellung nahm hier der »Leitende Beamte« (LB) ein, der dem Wehrbeauftragten direkt untergeordnet war und als Zwischenvorgesetzter zu den Referaten fungierte. Gerade mit den »Leitenden Beamten« sollte es indes immer wieder Probleme geben. Die Wehrbeauftragten wurden durch diese internen Schwierigkeiten, die meist auch im persönlichen Verhältnis begründet lagen, ein Stück von ihrer eigentlichen Aufgabe abgehalten[194]. Öffentlich ausgetragen wurden diese Organisationsschwierigkeiten besonders während der Amtszeit Hoogens. Ein Hauptgrund lag in den Bemühungen der Leitenden Beamten, eine Politisierung der Dienststelle zu betreiben, um sich selbst in eine dauerhafte Stellvertreterfunktion zu positionieren. Hierbei sollte dann der Parteienproporz bei der Besetzung des Amtes und des Stellvertreters eine wesentliche Rolle spielen. Um genau dies zu verhindern, wurde auf den ständigen Stellvertreter im Gesetz in der Formierungsphase verzichtet. Jedoch wirkte sich diese Politisierungsabsicht nachteilig auf den inneren Verwaltungsbetrieb aus. Die Aufgabe des Leitenden Beamten sollte sich eigentlich auf den internen Organisationsablauf beschränken, die politische Vertretung ausschließlich dem Wehrbeauftragten vorbehalten bleiben. Um Letzteren zu entlasten, wurde mehrmals ein Stellvertreter vorgeschlagen, der zusammen mit dem Amtsinhaber die politische Vertretung der Institution wahrnehmen sollte. Zwar wurde in der Novellierungsdebatte diese Empfehlung erneut diskutiert, jedoch fand sie wiederum keine weitere Berücksichtigung[195].

Grolman leistete daher mehrfache Pionierarbeit: Aufbau und Etablierung des Amtes, Ausübung der Kontrollfunktion sowie Leitung und ausschließliche Vertretung der Institution nach außen. Mit seinem Kontrahenten, dem Bundesminister für Verteidigung Franz Josef Strauß (CSU), verband ihn auf der persönlichen Ebene wenig. Grolman (CDU) und Strauß verkörperten zwei äußerst unterschiedliche Charaktere. Auf der einen Seite der soziale Aufsteiger aus dem bayerischen Handwerkermilieu und gebildete ›Maximilianäer‹ – einer Bestenauslese der Abiturienten im Freistaat Bayern (Strauß war Bester seines Jahrganges), die ein Stipendium der Staatsregierung erhalten und im Landtagsgebäude untergebracht werden. Strauß zeichnete sich durch seine ausgeprägte Intelligenz aus, er verfolgte zielstrebig seine politische Karriere und sah sich als Verteidigungsminister noch nicht am Ende[196]. Auf der anderen Seite der aus schlesischem Rittergutsadel stammende preußische Berufsoffizier und ehemalige Generalleutnant der Wehrmacht, der mit dem Amt des Wehrbeauftragten sein berufliches Karriereende erreicht hatte. Obwohl Parteifreunde, standen sich hier zwei Repräsentanten von Institutionen gegenüber, die nicht nur das Alter, sondern auch ihr Herkommen und ihre berufliche Perspektive weit von-

---

[194] Vgl. z.B. AdsD, NL Erler, Mappennummer 147 (B), Schreiben Hans Merten an Fritz Erler u.a., 24.2.1961; Vermerk zu den Akten Wehrbeauftragter, 17.1.1961.

[195] AdsD, SPD-Bundestagsfraktion, 5. WP, Mappennummer 1804, Schreiben Hans Hubatsch an Willi Berkhan, 9.11.1967.

[196] Vgl. Kanzler und Minister 1949–1998, S. 690–696; Strauß, Die Erinnerungen.

einander trennten. Schon das frühe Abtasten hinsichtlich des administrativen Umgangs miteinander zeigte, dass Strauß, aber auch seine Beamten und Generale den Wehrbeauftragten auf der funktionalen Ebene als Kontrahenten betrachteten, der durch eine Dienstanweisung und enge Richtlinien beschränkt und in die Pflicht für die Bundeswehr genommen werden sollte.

Bereits der erste Jahresbericht 1959 entsprach überhaupt nicht den Erwartungen und Wünschen des Verteidigungsministers. Gegenüber Generalinspekteur Heusinger äußerte Strauß daher bereits 1960 seinen Unmut über die Vorgehensweise des Wehrbeauftragten. Der temperamentvolle Minister war sehr erbost über den Jahresbericht. Die darin geäußerte Kritik sei unberechtigt und in dieser Form sogar falsch. Durch die Berücksichtigung von Eingaben, die überhaupt nicht in seinen Aufgabenbereich fielen, sei ein völlig falsches Bild vermittelt worden. Die Arbeit werde nunmehr unnötig erschwert: »Ich ersuche deshalb um beschleunigte Prüfung des Berichts und Abfassung einer Gegenschrift, die u.a. zur Verteilung an Bundestagsabgeordnete und andere Persönlichkeiten des öffentlichen Lebens geeignet ist [...] Ich bin nicht gewillt, eine derartige Kritik ohne Weiteres hinzunehmen, und muss erwarten, dass auch die militärische Führung diesen Dingen kritischer gegenübersteht[197].« Strauß forderte hier unmissverständlich die Loyalität seiner Generale ein. Er war nicht bereit, derartige Kritik an seiner Ressortführung widerspruchslos zu akzeptieren. Seine Mitarbeiter zogen daraus den Schluss: »Es kommt dem Herrn Minister in erster Linie darauf an, dass klargestellt wird, dass und in welchem Umfang die verantwortlichen Stellen der Bundeswehr selbst zur Verhütung und Bereinigung von Mängeln tätig geworden sind[198].«

Innerhalb des Ministeriums wurde die Anweisung sofort umgesetzt und der Jahresbericht auf seinen Inhalt hin überprüft. Auf dem Gebiet der Verpflegung hatte der Wehrbeauftragte insgesamt 46 Eingaben erhalten, von denen aber nur sieben an das Ministerium zur Nachprüfung geleitet wurden. Im Ergebnis konnten davon lediglich drei auf Mängel in der Qualität und Menge der Verpflegung zurückgeführt werden. Alle anderen betrafen durch den Aufbau bedingte Probleme beim Personal, bei der Geräteausstattung und in der innerbetrieblichen Organisation. In Relation gesetzt zu den ca. 175 000 täglich zu verpflegenden Soldaten sei der Prozentsatz im Vergleich zu anderen Verwaltungsbereichen weit unterdurchschnittlich. Schließlich wurde sogar die Frage aufgeworfen, ob denn Mängel in der Verpflegung überhaupt als Verletzung der Grundrechte der Soldaten oder der Grundsätze der ›Inneren Führung‹ anzusehen seien. Dies wurde verneint, denn gemessen am Gesetzesauftrag des Wehrbeauftragten seien sie unter keinen Umständen von solch hoher Bedeutung, dass sie im Jahresbericht behandelt werden müssten.

»Die Erwähnung derartiger, sonst im üblichen Geschäftsgang zu erledigender Angelegenheiten und Vorkommnisse im Jahresbericht trägt dazu bei, in der Öffentlichkeit *auch auf diesem Gebiet* einen negativen Eindruck entstehen

---

197 BA-MA, BW 1/98199, Schreiben Strauß an Heusinger, 3.5.1960.
198 Ebd., Schreiben Fü B an AL VR, 5.5.1960.

zu lassen, obwohl der Verteidigungsausschuss des Bundestages (Unterkommission Verpflegung), dessen Hilfsorgan der Wehrbeauftragte ist, festgestellt hat, dass die Verpflegung der Soldaten ausreichend und gut ist und auch gegen die Verpflegungswirtschaft und Verwaltung keine wesentlichen Beanstandungen zu erheben sind[199].«

Das Verteidigungsministerium bestritt mithin die Kompetenz des Wehrbeauftragten, sich gewisser Angelegenheiten überhaupt anzunehmen. Das Bild der Streitkräfte in der Öffentlichkeit war dabei die Messlatte für das Ministerium. Die Wehrbereitschaft der Bevölkerung sollte durch solche Bagatellen nicht zusätzlich reduziert werden. Man kam vielmehr zu der Auffassung, dass es dem »Hilfsorgan des Verteidigungsausschusses«[200] nicht zustünde, dessen Feststellungen nochmals zu überprüfen. Dies zeigt offensichtlich, dass selbst die Abteilung Verwaltung und Recht, deren Mitarbeiter hauptsächlich Juristen waren, mit der Institution des Wehrbeauftragten wenig vertraut war. Der Wehrbeauftragte war nicht das Hilfsorgan des Verteidigungsausschusses, sondern des Deutschen Bundestages. Und auch seine Funktion war hier eine andere. Soldaten schrieben an ihn, um Einzelfälle aufklären zu lassen, diese publik zu machen und nicht eine generelle Tendenz zu bestätigen oder zu widerlegen. Der Wehrbeauftragte verfügte dann über die Möglichkeit, den Vorgang nachzuprüfen. Ob eine Verletzung der Grundrechte oder der Grundsätze der ›Inneren Führung‹ vorlag, darüber ließ sich streiten. Unzweifelhaft war dagegen, dass er als Organ der parlamentarischen Kontrolle auch für Bereiche zuständig sein konnte, die in das Aufgabenfeld des Bundestages und seines Fachausschusses reichten. Aber der Wunsch des Ministers sollte erfüllt und dem Wehrbeauftragten die Grenzen seiner Befugnisse aufgezeigt werden.

Der Verteidigungsausschuss richtete deshalb einen Unterausschuss zur Prüfung des Berichts ein. Grolman selbst konnte an der ersten Sitzung nicht teilnehmen, war aber sehr erbost über die Handlungsweise im Unterausschuss. Denn nicht der Wehrbeauftragte als Hilfsorgan des Parlaments wurde zuerst gehört, sondern die Vertreter des Verteidigungsministeriums. Dies empfand er als Affront und forderte deshalb für sich ein Anhörungsrecht ohne die Vertreter des Ministeriums im Ausschuss. Für den Fall der Herausgabe von Richtlinien, wie sie Strauß forderte und bereits erarbeiten ließ, drohte von Grolman mit Rücktritt ohne weitere Vorankündigung, da er ansonsten überflüssig sei und die Stelle auch mit einem Beamten besetzt werden könne[201]. Zwar hatte die Überprüfung des Berichtes durch den Unterausschuss für den Wehrbeauftragten dann keine Konsequenzen, und auch die Richtlinienkompetenz wurde nicht gegen ihn in Anwendung gebracht, dennoch war ihm nunmehr klar, dass man ihm zwar intern im Umgang mit der Bundeswehr eine gewisse Kritiktoleranz zugestand, die sich aber nicht auf die Öffentlichkeit erstreckte. Solange seine

---

[199] Ebd., Schreiben VR III 4 an UAL VR III, 10.5.1960, betreffend »Jahresbericht 1959 des Wehrbeauftragten«. Hervorhebung im Original.

[200] Ebd.

[201] AdsD, SPD-Bundestagsfraktion, 3. WP, Mappe 452, Vermerk Wolfgang Schult betreffend »WB des Dt BT«, 11.10.1960.

Handlungen der Konfliktverhütungsstrategie des Verteidigungsministeriums folgten, ließ man ihn gewähren, stellte er aber die fachlichen Entscheidungen der politischen Leitungsebene in Frage, so wurde zurückgeschlagen. Die Auseinandersetzung von Grolmans mit Strauß sollte der erste offene Konflikt der beiden Institutionen sein. Die Intensität der Spannungen ließ sich jedoch nicht nur auf den Dualismus zwischen den beiden Organisationen reduzieren, sondern sie lag nicht selten in den Charakteren begründet. Der begabte und machtbewusste junge Verteidigungsminister sah sich noch nicht am Ziel seiner politischen Ambitionen und konnte daher Kritik an seiner Ressortführung nicht hinnehmen. Der Aufbau der Bundeswehr musste nicht nur im Hinblick auf die NATO-Forderungen ein Erfolg werden, davon hing auch im Wesentlichen die weitere politische Zukunft des Ministers ab. Das den Verbündeten zugesagte unrealistische Zeitfenster für den Aufbau der Bundeswehr in Verbindung mit dem persönlichen Ehrgeiz des Ministers, diese Vorgaben so weit wie möglich zu verwirklichen, waren eine empfindliche Komposition. Der kritische Bericht von Grolmans wirkte in solcher Perspektive geradezu herausfordernd. Strauß, dessen Auftrag alternativlos war, musste in die Offensive gehen und die Kritik an der Bundeswehrführung zu einer Affäre um die Kompetenzen des Wehrbeauftragten umwenden. Grolman verfolgte dagegen mehr sachliche und weniger persönliche Interessen als sein Gegenspieler. Zudem verfügte er im Vergleich zu Strauß über die wesentlich geringere Hausmacht in der Regierung und im Parlament. Denn mit dem Verteidigungsminister kritisierte er in einem erheblichen Maße auch Bundeskanzler Adenauer. In der Sache traf von Grolman freilich den Kern des Problems. Diesen kannte neben der Bundeswehrführung auch der sachkundige Betrachter in der interessierten Öffentlichkeit. Die Kontroverse verdeutlichte aber das Grunddilemma während der Aufbauphase: Die Kluft zwischen den bündnispolitischen Zusagen und ihrer militärischen Umsetzbarkeit erwies sich schließlich als unüberbrückbar[202].

Die Affären Nagold und Heye

Am 19. Januar 1962 wurde im Fallschirmjäger-Standort Nagold ein Wachposten überfallen. Ein Leutnant, zwei Reserveoffiziere und zwei Feldwebel der dortigen Fallschirmjägerausbildungskompanie 5/9 hatten unter Alkoholeinfluss den Wachposten mit Gewalt entwaffnet, gefesselt und entführt. Begründen sollten sie später ihr rechtswidriges Vorgehen damit, dass sie die Wachsamkeit des vor einem Munitionsdepot Posten stehenden Soldaten überprüfen wollten. Auf Grund dieses Vorfalles erteilte der Verteidigungsausschuss dem Wehrbeauftragten den Auftrag, den Vorfall zu untersuchen und Bericht zu erstatten. In einem Strafverfahren vor dem Schöffengericht Calw wurden die Täter später zu Haftstrafen zwischen drei und sechs Monaten ohne Bewährung verurteilt[203].

---

[202] Vgl. ACDP, NL Kliesing, I-555-044/3, Fehlerquellen in der Entwicklung der Bundeswehr – Stichpunkte einer Analyse, 20.8.1964.
[203] JB 1962, S. 3; Stuttgarter Nachrichten, 15.8.1963.

Im November 1962 wurde Heye erneut über menschenunwürdige Zustände in der Ausbildungskompanie 5/9 informiert und um Überprüfung gebeten, weil es dort innerhalb eines Monats zu sieben Fällen von Eigenmächtiger Abwesenheit oder Fahnenflucht gekommen war[204]. Heye inspizierte daraufhin die Kompanie unangemeldet und stellte fest, dass »die Wehpflichtigen diese Mängel (es handelt sich um unzulässige Erziehungsmethoden von Hilfsausbildern) nicht schwer genommen, sondern sie – teilweise sogar mit Humor – ertragen haben«[205]. Mit Erstaunen nahm Heye zur Kenntnis, dass die festgestellten Verstöße gegen die Leitsätze der Menschenführung derart unkritisch von den Soldaten hingenommen wurden. Das Problem reduzierte er auf die mangelhafte personelle Ausstattung der Kompanie, die nur über drei Ausbildungsunteroffiziere verfügte. Der Rest waren Hilfsausbilder, »die natürlich noch nicht die für einen Vorgesetzten erforderliche Reife haben konnten«[206]. Folglich sollte diese Kompanie stärker kontrolliert werden und dazu dem Kommandeur des in der Kaserne stationierten Fallschirmjägerbataillons 252 die Dienstaufsicht übertragen werden[207]. Sowohl der Wehrbeauftragte Heye als auch die truppendienstlichen Vorgesetzten nahmen diese Hinweise aber nicht ernst genug[208]. Aus der Retrospektive gesehen, hätte sich mithin bei einem konsequenten Einschreiten die bald folgende eigentliche »Nagold-Affäre« vermeiden lassen. Von daher konnten sich beide Seiten nicht einer gewissen Mitschuld entziehen. Vielleicht führte die Einsicht in das eigene Versagen bei Heye zu der »Quick«-Veröffentlichung Heyes ein Jahr später?

Bereits diese Vorgeschichte erregte also öffentliches Aufsehen, war aber ihrer Wahrnehmung nach weder innerhalb der Bundeswehr noch in der Öffentlichkeit mit den Vorfällen in der Fallschirmjägerausbildungskompanie 6/9 (kurz AusbKp 6/9), die ebenfalls in Nagold stationiert war, zu vergleichen. Die Leitsätze für die Menschenführung und Ausbildung wurden hier gleichsam mustergültig verletzt und dabei sämtliche strukturellen wie personellen Unzulänglichkeiten aus einem zu raschen Aufbau der Streitkräfte offen gelegt. Am 25. Juli 1963 mussten die zum 1. Juli eingerückten Rekruten der AusbKp 6/9 einen Eingewöhnungsmarsch absolvieren. Der Sinn eines solchen Marsches lag

---

[204] BA-MA, BH 7-2/755, Schreiben Friedrich Schäfer an den WB Heye, 14.11.1962.

[205] Ebd., Schreiben WB Heye an Schäfer, 14.1.1963, S. 1.

[206] Ebd., Schreiben Heye an Schäfer, 29.1.1963, betreffend »Fahnenfluchtfälle bei der AusbKp (Fsch) 5/9, Nagold«, S. 2.

[207] Ebd., Schreiben Heye an Schäfer, 28.5.1963. Der Kdr der FschJgBrig 25 wurde von Heye gebeten, das Unterstellungsverhältnis von 5/9 zu überprüfen. OTL P. antwortete, dass sich das Unterstellungsverhältnis unter dem Stv. BrigKdr in Calw »im allgemeinen bewährt« habe.

[208] Bei den Untersuchungen gegen den KpChef OL Jürgen Sch. wollte der Untersuchungsführer auch die Akten des WB zu den Vorfällen bei 5/9 einsehen. Die Einsichtnahme wurde durch die Dienststelle des WB verweigert und konnte erst erfolgen, nachdem eine Dienstaufsichtsbeschwerde beim Präsidenten des Deutschen Bundestages eingelegt und eine richterliche Beschlagnahme angedroht worden war. Ebd., BH 1/4872, Zusammenfassender Bericht des Untersuchungsführers in dem disziplinargerichtlichen Verfahren gegen OL Sch., S. 12.

Nummer 271a

48180

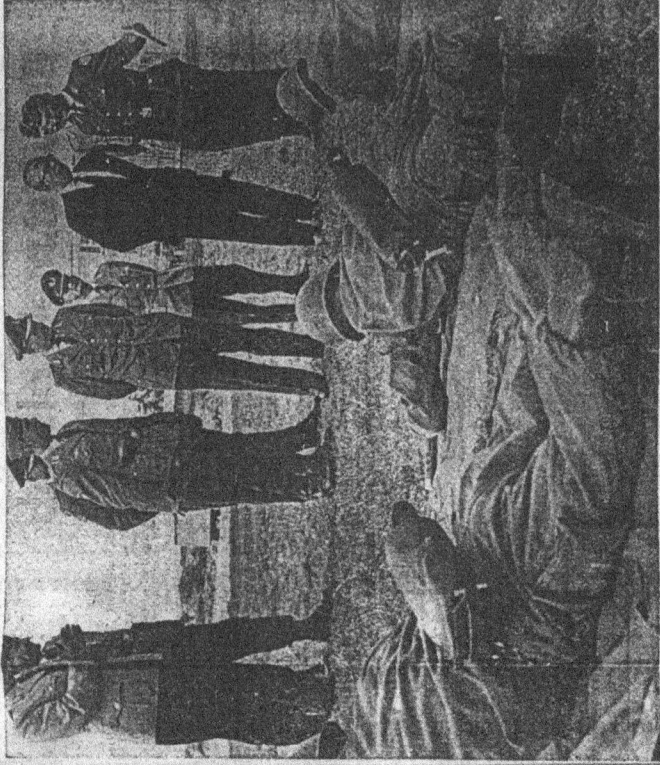

Bundesverteidigungsminister von Hassel zu Besuch in Nagold. Zackige Fallschirmjäger zeigten dem hohen Gast, was sie gelernt hatten. Später wurde die Kompanie „als Schande der Bundeswehr" aufgelöst. Foto: Keystone

EXKLUSIV-BERICHT

der Rundschau am Sonntag über Fehler und Versäumnisse im Fall Trimborn (Nagold),

NAGOLD wird noch eine heiße SCHLACHT

Anwalt der Eltern des Rekruten Trimborn legt die Karten auf den Tisch

Das Sonntagswetter

Über Italien, Spanien und Südfrankreich liegt ein Hoch. Es schafft die besten Voraussetzungen, daß ein Tief nach dem anderen ungehindert an ihm entlang durch unsere Breiten zieht. Auf den Vorderseiten kommt Warmluft und auf den Rückseiten immer kühle Meeresluft. Diese Wechselselei haben wir jetzt schon den ganzen November über zu spüren bekommen. Heute führt ein neues Tief wieder Warmluft heran. Nehmen wir es mit seinem Regen nicht tragisch und erinnern wir uns statt dessen lieber: Der 24. November 1962 war bereits der vierte Tag, an dem die Quecksilbersäule morgens und abends schon unter Null stand. — Vorläufer der Kältewelle. Dagegen soll es heute direkt warm werden: 10—13 Grad, zeitweilig Regen, weiterhin unbeständig.

darin, die noch untrainierten Soldaten an die militärische Ausrüstung zu ge-
wöhnen und sie schrittweise körperlich zu trainieren. An diesem Tag wurden
aber aus den in den Dienstvorschriften für die Grundausbildung in der dritten
Ausbildungswoche vorgeschriebenen 15 km schließlich 17 km Tagesfußmarsch,
der zudem noch während der größten Hitze durchgeführt wurde. Im ersten der
drei Züge erlitt der Fallschirmjäger Gerd T. einen Hitzekollaps und verstarb
wenige Tage später an den Folgen[209]. Die auf Grund des Vorfalles eingeleiteten
Untersuchungen der Staatsanwaltschaft und des Truppenvorgesetzten deckten
das gesamte Ausmaß der desolaten Menschenführung in der Kompanie auf.
Während des Marsches wurden im 3. Zug mehrere Soldaten misshandelt und
entwürdigt. In der gesamten Kompanie hatten in den vorangegangenen Wochen etliche Übergriffe stattgefunden, so etwa beim Marsch zusammengebro-
chene Soldaten zu schlagen oder das Ventil der ABC-Schutzmaske sauber kauen
zu müssen. Insgesamt leitete die zuständige Staatsanwaltschaft 24 Ermittlungs-
verfahren und die truppendienstliche Einleitungsbehörde (Divisionskommandeur) drei disziplinargerichtliche Verfahren gegen Offiziere, Unteroffiziere und
Mannschaften ein. Der Kommandeur der Fallschirmjägerbrigade 25 und sein
Stellvertreter beantragten disziplinargerichtliche Verfahren gegen sich selbst. In
den Hauptverfahren gegen elf Soldaten vor dem Schöffengericht in Calw wurden im Dezember 1963 und Januar 1964 zwei Soldaten freigesprochen und neun
zu Strafen von sieben Tagen Strafarrest bis zu neun Monaten Gefängnis (bei den
höheren Strafen ohne Strafaussetzung) verurteilt[210]. Der Kompaniechef wurde
bereits am 26. August 1963 abgelöst und versetzt. Alle (Hilfs-)Ausbilder, die vor
dem 1. August in der Kompanie gedient hatten, wurden mit dem Tagesbefehl
des Kommandierenden Generals des II. Korps, Generalleutnant Leo Hepp, vom
29. Oktober 1963 in andere Einheiten versetzt, die Kompanie wurde aus Dienst-
aufsichtsgründen dem Fallschirmjägerbataillon 252 unterstellt und die Bezeichnung der Kompanie geändert. Damit tilgte Hepp den unglückseligen Namen
»Ausbildungskompanie 6/9« für die Zukunft aus dem deutschen Heer[211]! Erst
im Juni 1965 wurde dann die Entscheidung des Oberlandesgerichts Stuttgart
zugestellt. Das Gericht und die Staatsanwaltschaft hatten es abgelehnt, gegen
den Kompaniechef der Ausbildungskompanie 6/9, seinen Stellvertreter und den
Truppenarzt eine Anklage wegen fahrlässiger Tötung des Rekruten T. zu erhe-

---

[209] Ebd., BH 2/118J, Protokoll über die Inspizientenbesprechung am 7.12.1964, S. 4 f. Wie
1963 entfielen auch 1964 aufgrund der Hitzewelle 57 % der Hitzeschadenfälle (1964 insgesamt 304) auf die Ausbildungskompanien. Davon traten 51 % während eines Marsches,
29,5 % im Geländedienst, 11 % beim Sport und 8,5 % in den Kompanien auf. Der Gene-
ralarzt Dr. Hockemeyer wies besonders auf das wesentlich höhere Gefährdungspotenzial
bei den neuen Rekruten sowie auf die Sicherheitsvorkehrungen, besonders nach Nagold,
eindringlich hin.
[210] Ebd., BW 1/316123, Der BMVg von Hassel, 31.1.1964, betreffend »Die Vorfälle in der Ausbildungskompanie 6/9 in Nagold«, S. 1–25.
[211] Ebd., S. 4 f.; BA-MA, BH 7-2/754, Tagesbefehl des KG II. Korps an die 1. Luftlande-
division, 29.10.1963.

ben. In der Begründung hieß es, dass keinem der Offiziere eine Pflichtverletzung zur Last gelegt werden könne[212].

Gerade nach den Vorfällen im Fallschirmjäger-Standort Nagold entbrannte eine politische und öffentliche Diskussion um die Menschenführung in der Bundeswehr[213]. Obwohl es sich in diesem Fall um eine Heereseinheit handelte, war dies kein alleiniges Problem des Heeres, sondern symptomatisch für die gesamte Bundeswehr, vor allem in ihren Ausbildungskompanien[214]. Zwar war Nagold ein Symptom für eine Fehlentwicklung, aber eine generelle Tendenz zu einer Armee von ›Schleifern‹ war nicht zu erkennen. Die Unruhe in der Truppe war beträchtlich, und die Gefahr einer Vertrauenskrise gerade im Offizierkorps schwebte wie ein Damoklesschwert über den militärischen Vorgesetzten[215]. Der neue Verteidigungsminister von Hassel suchte deshalb mit untauglichen Mitteln abzuwiegeln: »Im Übrigen sagen mir die Rekruten immer wieder, wenn ich mit ihnen spreche, die Ausbildung sei nicht hart genug. Das sagen auch die Unteroffiziere und Offiziere, und ich bin auch dieser Meinung[216].« Das Problem solch einer Aussage war weniger die Forderung nach einer harten Ausbildung, als vielmehr der (un)gewollte Zusammenhang mit den ›Schleifermethoden‹. Eine harte Ausbildung konnte auch auf dem Boden des Rechts und im Rahmen der Dienstvorschriften erfolgen. Gerade das vorbildliche Handeln war eines der Kernelemente der Menschenführung. ›Schleifer‹ wurden immer wieder als besonders harte Ausbilder wahrgenommen. Jedoch richtete sich ihre Härte meist nicht gegen sich selbst, sondern gegen junge, körperlich wenig trainierte und noch unerfahrene Rekruten, die glaubten, es müsse wohl beim ›Barras‹ so sein. Dieser ›Ungeist‹ war in einigen Einheiten Realität. Der Wehrbeauftragte verwies dazu auf ein Grundproblem:

»Für sie ist es zum Beispiel selbstverständlich, dass der Soldat – weil die Soldatensprache ›rauh aber herzlich‹ sei – barschen Korporalston und sogar Kränkungen hinzunehmen hat, dass er bei Schikanen ›nicht zimperlich‹ zu sein hat, weil dort, ›wo gehobelt wird, Späne fliegen‹. Um die Rekruten zur Härte zu erziehen, sei es notwendig, dass sie – wie früher die Alten – ›ge-

---

[212] JB 1963, S. 1 f. Ausführlicher zu Nagold bei Schlaffer, »Schleifer« a.D.?

[213] Jahrbuch der öffentlichen Meinung 1965–1967, S. 302. Im Juli 1964 hatten 86 % der Befragten von den Vorfällen in Nagold gehört oder gelesen. Davon glaubten 41 %, dass es sich um einen Einzelfall gehandelt habe, und 30 %, dass es die gesamte Bundeswehr betreffen würde.

[214] Auch wenn Verteidigungsminister von Hassel dies bestritt, kann hier nicht von einem Einzelfall gesprochen werden. Jedoch warnte er zu Recht davor, diese Vorfälle als Beleg für ein Pauschalurteil über die gesamte Bundeswehr zu missbrauchen. BA-MA, BW 1/316123, Der BMVg von Hassel, 31.1.1964, betreffend »Die Vorfälle in der Ausbildungskompanie 6/9 in Nagold«, S. 12, 23.

[215] Ebd., BH 2/118J, Protokoll über die Inspizientenbesprechung am 2.12.1963, S. 3.

[216] Verhandlungen des Deutschen Bundestages, Bd 54, 117. Sitzung, 21.2.1964, S. 5363. Jedoch wollte Hassel sein Interview wie folgt verstanden wissen: »Die von mir in einem Interview mit einer Wochenzeitung geforderte harte Ausbildung sei nicht auf die Grundausbildung zu beschränken, sie beziehe sich vielmehr auf den gesamten Ausbildungsdienst.« Vgl. BA-MA, BW 1/316123, Der BMVg von Hassel, 31.1.1964, betreffend »Die Vorfälle in der Ausbildungskompanie 6/9 in Nagold«, S. 8.

schliffen‹ werden. Auch wird von dieser Seite nicht selten betont, der gute Soldat beschwere sich nicht und berufe sich allenfalls auf seine Rechte, wo sie in unerträglicher Weise verletzt seien. All dies gehöre zum richtigen Bild vom Soldaten. Ohne diesen Soldaten sei eine schlagkräftige Truppe nicht denkbar[217].«

Solch eine Geisteshaltung war in der Bundeswehr immer wieder anzutreffen, stellte aber beileibe keine vorherrschende Meinung dar und war mit den sich emanzipierenden Wehrpflichtigen der Bundesrepublik in den sechziger Jahren auch nicht mehr zu praktizieren. Der Soldat kannte seine Rechte und scheute sich nicht davor, sie einzufordern[218]. »Sie [die Jugend von 1964, d. Verf.] ist aufgeschlossen für eine Menschenführung, die den Soldaten als Persönlichkeit und als Staatsbürger respektiert und seinen guten Willen nicht bricht, sondern ihn in Erziehung und Ausbildung einbezieht. Gute Ausbilder beweisen, dass man ohne Schikane und in anständigem Ton, ohne verletzende Ausdrücke, ausbilden kann. Sie beweisen auch, dass man vorzüglich ausbilden und ausgezeichnete Disziplin halten kann, ohne den Soldaten unnötig in seinen Rechten einzuschränken[219].«

Die Vorkommnisse im Standort Nagold hinterließen einen tiefen Eindruck bei der Bundeswehr. Zeigten sie doch, dass die Grundsätze der ›Inneren Führung‹ noch nicht von allen Vorgesetzten verstanden worden waren und man die Achtung vor der Menschenwürde der Soldaten noch nicht verinnerlicht hatte. Folglich musste es bei der Führung wie ein Blitz eingeschlagen haben, als im Februar 1964 neue Anschuldigungen gemeldet wurden. Im Dezember 1963 wandten sich 50 Soldaten der 2./Feldartilleriebataillon 295 in Immendingen mit einer Sammeleingabe an den Wehrbeauftragten, in der sie ihre Vorgesetzten beschuldigten, sie mehrfach beschimpft zu haben. Heye wies die Sammeleingabe erst einmal als unzulässig zurück. Daraufhin gingen bei ihm 15 Einzelbeschwerden ein. Heye untersuchte die Sache persönlich, um zum einen unnötiges Aufsehen und zum anderen eine voreilige Abgabe an die Staatsanwaltschaft zu vermeiden. Des Weiteren bat er den Divisionskommandeur der 10. Panzergrenadierdivision, Generalmajor Josef Moll, vorerst nichts zu unternehmen und ihm die Aufklärung zu überlassen. Initiiert war diese Aktion von einem wehrpflichtigen Abiturienten worden, der sich für die Laufbahn der Reserveoffiziere beworben hatte und nun mangels Eignung zum Mannschaftssoldaten in der Feldartillerietruppe ausgebildet wurde. Der Bataillonskommandeur in Immendingen soll den Abiturienten daraufhin zu sich befohlen und seine Aktion als

---

[217] JB 1963, S. 26. Dieser Jahresbericht wurde nach Ansicht Heyes von den politischen Entscheidungsträgern nicht ausreichend zur Kenntnis genommen, weshalb er sich zu einer sinngemäßen Veröffentlichung in der Illustrierten Quick entschloss. Vgl. In Sorge um die Bundeswehr.

[218] Vgl. das jährliche Beschwerdeaufkommen an den Wehrbeauftragten, das in den Berichten belegt wird und siehe ebenso BA-MA, BW 1/316123, Bundesdisziplinarhof – Wehrdienstsenat – in München, Geschäftsstatistik für das Jahr 1959 und folgende.

[219] JB 1963, S. 26.

»Meuterei«, ihn selbst als »Zuchthäusler« und »Ostagenten«[220] bezeichnet haben.

Wie sah die Vorgeschichte aus? Im Dezember 1963 entschloss sich der Gefreite W. eine Eingabe an den Wehrbeauftragten zu schreiben. Er rief daraufhin die Mannschaftsdienstgrade der Batterie ohne vorherige Zustimmung seiner Vorgesetzten zusammen und warb bei seinen Kameraden dafür, die von ihm bereits verfasste Eingabe zu unterschreiben. Inhalt der Beschwerde waren Vorwürfe, dass die Vorgesetzten die Soldaten beschimpften und überhaupt innerhalb der Batterie ein Ton herrsche, der sich mit den Grundsätzen der ›Inneren Führung‹ nicht vereinbaren ließe. Am 4. Februar 1964 begann der Wehrbeauftragte daraufhin die Ermittlungen aufzunehmen. Der Vernehmung des Batteriechefs durfte der Rechtsberater der Division noch als Zuhörer beiwohnen, am Tag darauf wurde den Divisionsvertretern eine weitere Teilnahme mit der Begründung verwehrt, dass dies von nun an aus grundsätzlichen Erwägungen nicht mehr möglich und, um die Aussagefreiheit der zu vernehmenden Soldaten zu gewährleisten, auch nicht mehr zweckmäßig sei. Dem Divisionskommandeur wurde aber eine Abschlussbesprechung nach beendigter Ermittlung durch den Wehrbeauftragten versprochen[221]. Minister von Hassel beabsichtigte daraufhin die Division in Sigmaringen zu besuchen. Als Ergebnis stand für das Ministerium fest, »dass von schwerwiegenden Übergriffen überhaupt gar keine Rede sein kann. Der Erfolg der vielwöchigen Ermittlungen des Wehrbeauftragten und seiner Beamten ist, dass z.T. festgestellte Disziplinarverstöße nicht mehr geahndet werden können, weil die Dreimonatsfrist des § 7 WDO verstrichen ist«[222]. Im Ministerium wurden daher die Vorgehensweise und die Ergebnisse scharf kritisiert, da sie in keinem Verhältnis zur Dauer der Ermittlungen gestanden hätten: »Es wird notwendig sein, mit dem Wehrbeauftragten zu klären, dass es unmöglich ist, zugunsten von Ermittlungen des Wehrbeauftragten die Disziplinargewalt der Disziplinarvorgesetzten stillzulegen. Offenbar erhoffte sich der Wehrbeauftragte und sein Büro einen eklatanteren Fall, an dem die fruchtbare Tätigkeit des Wehrbeauftragten hätte bewiesen werden können[223].« Generalmajor Moll berichtete dem Minister zudem, dass er am 21. März 1964 während der vom Wehrbeauftragten versprochenen abschließenden Besprechung erstmalig über den gesamten Umfang informiert worden sei.

Insgesamt handelte es sich um Vorwürfe gegen vier Vorgesetzte. Nach § 7 Abs. 2 WDO[224] konnten nur noch die nachgewiesenen Vergehen mit einer einfachen Disziplinarmaßnahme geahndet werden, die sich nach dem 22. Dezember

---

[220] BA-MA, BW 1/66161, Vermerk VR II, 18.2.1964.
[221] Ebd., Schreiben RB 10. PzGrenDiv an VR II, 17.2.1964, betreffend »Besuch bei dem Feld-ArtBtl 295 in Immendingen«.
[222] Ebd., Schreiben Leiter VR an den Minister, 23.3.1964, betreffend »Vorgänge beim Feld-ArtBtl 295 in Immendingen«.
[223] Ebd.
[224] Wehrdisziplinarordnung (WDO), S. 15: »(2) Sind seit einem Dienstvergehen, das keine Laufbahnstrafe gerechtfertigt hätte, mehr als drei Monate verstrichen, so ist eine Bestrafung nicht mehr zulässig.«

1963 ereignet hatten. Fast alle restlichen Pflichtverletzungen verjährten bis zum 1. April 1964. Zwar empfahl der Wehrbeauftragte, mit welchen erzieherischen und disziplinaren Maßnahmen die Soldaten zu bestrafen seien, bedachte aber wohl nicht, dass die meisten Vergehen bereits verjährt waren. Daher fielen die Strafen äußerst moderat aus[225]. Damit waren aber die Vorkommnisse in diesem Verband noch nicht abgeschlossen, denn derselbe Gefreite beschwerte sich am 12. Januar 1964 erneut, und zwar gegen eine durch den Batteriechef an ihm verhängte verschärfte Ausgangsbeschränkung von 21 Tagen wegen Gehorsamsverweigerung, Drückebergerei und Missachtung der dienstlichen Stellung des Truppenarztes. Die Umstände, die zu der Bestrafung führten, entsprachen nicht der militärischen Fürsorgepflicht. W. wurde, obwohl er sich mehrfach übergeben hatte und bei ihm eine Magenaushebung durchgeführt worden war, vom Truppenarzt als dienst- und marschfähig eingestuft. Als W. forderte, deswegen von einem Privatarzt untersucht zu werden, bezichtigte ihn der Truppenarzt der Gehorsamsverweigerung. Der Wehrbeauftragte stellte bei der Nachprüfung daher fest: »W. ist zu Unrecht bestraft worden, weshalb sein ehemaliger Batteriechef verpflichtet ist, beim zuständigen höheren Dienstvorgesetzten die Aufhebung der Disziplinarstrafe zu beantragen (§ 31 Abs. 1, 2 und 4. Satz 1 WDO)[226].« Der Batteriechef war jedoch bereits versetzt worden.

Die unterschiedliche Wahrnehmung erklärte das Krisenmanagement. Der Wehrbeauftragte sah in Immendingen einen zweiten Fall Nagold heraufziehen, während das Verteidigungsministerium eine Überreaktion erblickte, die es abzuschwächen und abzuwehren galt. Die Vorkommnisse selbst waren indes nicht so harmlos, wie es von Seiten des Ministeriums dargestellt wurde, andererseits aber auch nicht so bedeutsam, dass es die Aktion des Wehrbeauftragten gerechtfertigt hätte. Die Bundeswehrführung hielt sich zwar, wie von Heye gewünscht, zurück, entzog sich aber der Verantwortung, indem man ihn für die Verjährung der Vergehen verantwortlich machen wollte. Die Unterstellung, Heye suche eine Bestätigung seiner Funktion als Wehrbeauftragter, war nicht ganz von der Hand zu weisen, trotzdem war in der Bundeswehrführung eine kritische Betrachtung der Menschenführung unumgänglich geworden. Sowohl die Ermittlungen des Wehrbeauftragten als auch die Beschwerde des Gefreiten W. gegen die Disziplinarmaßnahme zeigten ein differenziertes Bild vom inneren Zustand der Bundeswehr. Diese Ereignisse waren weder zur Verallgemeinerung noch zur Relativierung geeignet. Die Bundeswehr verfügte nun einmal in der Aufbauphase über Personal, gerade im unteren Führungsbereich, das entweder zu unerfahren oder nicht selten im alten Denken verhaftet geblieben war[227].

---

[225] BA-MA, BW 1/66161, Schreiben des Kdr 10. PzGrenDiv an den BMVg, 8.5.964, betreffend »Untersuchungen des Wehrbeauftragten des Deutschen Bundestages bei dem FeldArtBtl 295 in Immendingen«.

[226] Ebd., Schreiben des WB Heye an den Kdr 10. PzGrenDiv, 9.10.1964, betreffend »Nachprüfung der disziplinaren Bestrafung des Gefr. W., 2./FArtBtl 295, in Immendingen«.

[227] Vgl. hierzu: »Die Truppe, mit der ich sehr viel Berührung habe, ist in vielen Fällen schlichthin überfordert, weil einerseits zu wenige und andererseits zu junge und zu we-

Der amerikanische Publizist H. Pierre Secher ging sogar so weit, Nagold für die Bundeswehr mit der Bedeutung von Auschwitz für den Hitlerstaat gleichzusetzen[228]. Ein völlig ungeeigneter, überzogener und in der Dimension unsinniger Vergleich, der aber die Bedeutung der »Nagold-Affäre« in der Wahrnehmung, auch im Ausland, dennoch drastisch beschreibt. Und für Heye stellte Nagold eben keinen Einzelfall dar, sondern ein Symptom für eine fatale Entwicklung in der Bundeswehr. Er fühlte sich nicht ernst genommen und glaubte sowohl in der Armee[229] als auch beim Parlament kein Gehör zu finden. Seine Enttäuschung war inzwischen kein Geheimnis mehr:

»Die fehlende persönliche Verantwortungsfreude, das um sich greifende Wohlstandsdenken, die formale Verwaltungstätigkeit haben weitgehend auch den militärischen Apparat ergriffen, dessen innere Struktur nicht mit Pflastern, sondern nur mit grundsätzlichen, ich möchte sagen, evolutionären Änderungen gewandelt werden kann [...] Ich habe persönlich noch über 30 Truppenbesuche zu erledigen, die alle in ihrer Art kleine Nagoldfälle sind. Die Eingaben haben ihren Charakter verändert. Nagold hat dazu geführt, dass allein im Januar ein Viertel mehr Eingaben als vorher waren [...] Ich werde in Zukunft weder noch mal einen Besuch beim Bundesrechungshof, noch an den Sitzungen des Bundestagsvorstandes noch am Haushaltsausschuss teilnehmen, weil ich keine Aussicht habe, mit meinen Gedanken und Begründungen für diese neue Institution durchzukommen. Allmählich habe ich das Gefühl, dass vielleicht nur die öffentliche Meinung mir ihre Unterstützung leiht[230].«

Die Antwort des Bundestagspräsidenten belegt dessen geringe Wertschätzung für das Amt:»Ich bin mir deshalb offengesagt nicht sicher, ob es richtig ist, dass Sie sich in diesem Amt verzehren [...] Mein Vorschlag: An dem Amte nicht zu verzweifeln, aber doch der Überlegung näherzutreten, ob Sie das, was Sie meinen und anstreben, nicht freier und vielleicht auch produktiver von einem parlamentarischen Mandat aus verfechten können[231].« Gerstenmaier riet Heye un-

---

nig erfahrene Leute in der Truppe Unterführer- und Führer-Aufgaben ausüben müssen, die ihren Aufgaben nicht gewachsen sein können. Dieser Sachverhalt ist *einer* derjenigen Gründe, die heute in der Truppe dazu führen, dass manche Forderungen der inneren Führung nicht erfüllt werden können.« AdsD, Depositum Helmut Schmidt, Mappennummer 5156, Schreiben Helmut Schmidt an Wolf Graf von Baudissin, 18.1.1965, S. 2. Hervorhebung im Original.

[228] ACDP, NL Volz, I-546-017/4, H.P. Secher, Controlling the new German military elite: The political role of the Parliamentary Defense Commissioner in the Federal Republic. In: Proceedings of the American Philosophical Society, 109 (1965), 2. Vgl. Weiterhin ACDP, NL Kliesing, I-555-044/3, Vermerk Dr. Kammerloher betreffend «Veröffentlichung des Wehrbeauftragten in der Zeitschrift ›Quick‹«, 18.6.1964, S. 4: »Sonst könnte die SPD nicht widerspruchslos die in den Gewerkschaftlichen Monatsblättern vom März 1964 vertretenen Auffassung hinnehmen, die Fallschirmjäger in Nagold seien die Typen wie die Massenmörder von Auschwitz.«
[229] So machte er von Hassel immer wieder auf Missstände aufmerksam und bot auch Lösungen an. Vgl. beispielsweise ACDP, NL Heye, I-589-002/2, Brief Heye an Hassel, 9.8.1965.
[230] Ebd., Briefentwurf Heye an Gerstenmaier, 17.3.1964.
[231] Ebd., I-589-003/1, Brief Gerstenmaier an Heye, 24.3.1964.

verblümt zum Rücktritt, da ein Abgeordneter mehr als der Wehrbeauftragte erreichen könne.

In diesem Zustand der Resignation entschloss sich Heye zu einem ungewöhnlichen Weg, um seinem Jahresbericht 1963 doch noch größere Aufmerksamkeit zu verschaffen. Wie in den Jahren zuvor nahmen der Deutsche Bundestag, aber auch der Verteidigungsausschuss kaum Notiz von seinem Bericht. Er wurde erneut lediglich zur Kenntnis genommen. Diese Missachtung seiner Arbeit wollte Heye nicht länger hinnehmen. Er entschied sich deshalb, seine Eindrücke in der Illustrierten »Quick« öffentlichkeitswirksam zu publizieren. »In Sorge um die Bundeswehr« wurde diese dreiteilige Serie, beginnend am 16. Juni 1964, betitelt[232]. Reich bebildert, mit Zusatzinformationen über die Bundeswehr und mit plakativen Zitaten versehen, monierte Heye die nicht ausreichende Würdigung seines Jahresberichts 1963 durch das Parlament ebenso wie den Umstand, dass er nicht persönlich zu seinem Bericht vor dem Bundestag Stellung nehmen könne. Deshalb habe er das Forum der »Quick« gewählt, um die Öffentlichkeit, die Politik wolle seine Feststellungen ja nicht zur Kenntnis nehmen, von den bedrohlichen Entwicklungen in der Bundeswehr zu unterrichten. Seine Kritik betraf im Wesentlichen die Praxis der ›Inneren Führung‹, die von Vorgesetzten nicht verstanden und nicht angemessen gegenüber den Untergebenen angewendet werde. Er wies dazu bewusst auf das problematische Verhältnis der Reichswehr zur Weimarer Republik hin: »Es ist bedauerlich es aussprechen zu müssen: Wenn wir das Ruder nicht herumwerfen, entwickelt sich die Bundeswehr zu einer Truppe, wie wir sie nicht gewollt haben. Der Trend zum Staat im Staat ist unverkennbar[233].« Durch die Betonung seiner Machtlosigkeit in dieser Entwicklung rechtfertige Heye seine ungewöhnliche Vorgehensweise[234]. Der Wehrbeauftragte, der sich in den Funktions- und Positionskämpfen zwischen Reformern und Traditionalisten[235] innerhalb der Bun-

---

[232] Der zweite und der dritte Artikel erschienen am 28.6. sowie am 5.7.1964. Vgl. In Sorge um die Bundeswehr, S. 14-20, 78-83. Die aus drei Berichten bestehende Serie und ein Artikel Franz Josef Strauß' sind in dem Sonderdruck der Quick-Berichte mit dem Titel »In Sorge um die Bundeswehr« zusammengefasst worden.

[233] Ebd., S. 78.

[234] Ebd. »Ich war bei Amtsantritt der Überzeugung, die Entwicklung in diesem Sinne beeinflussen zu können. Heute muss ich bekennen, dass dies reines Wunschdenken war. Nach dem neuen Stil muss man in der Bundeswehr mehr und mehr suchen. Mehr noch: Die Möglichkeit, kraft meines Amtes diese enttäuschende Entwicklung aufzuhalten, wird zunehmend beschnitten. Das gilt auch für alle reformfreudigen Kräfte in der Bundeswehr.«

[235] Diese wurden von Baudissin immer mit »die Gestrigen« bezeichnet: »Mir ist es nie so deutlich geworden wie bei meinem Bonnbesuch, wie sehr sich die Entwicklung in der Bundeswehr zuspitzt. Die Gestrigen haben mit ihrem hierarchischen Übergewicht, der grösseren Einfachheit und Vordergründigkeit dessen, was sie anbieten, unter der schützenden Hand von Strauß und bis zum gewissen Grade auch Lübkes, mit dem deutlichen Consensus der politischen Provinz und bei erlahmender Wachsamkeit von Opposition und Oeffentlichkeit erheblich Boden gewonnen, sie fühlen sich jedenfalls eindeutig im Kommen und wirken entsprechend stark auf Attentisten und – sagen wir – die Freiheitlichen.« AdsD, NL Erler, Mappennummer 143 (A), Schreiben Graf Baudissin an Fritz Erler, 18.2.1963.

deswehr der Seite der reformorientierten Kräfte zugehörig einordnete[236], erkannte nach knapp neun Jahren Bundeswehr und dreijähriger eigener Tätigkeit
bereits den Rückzug der Reformer, die ›Innere Führung‹ verkam immer mehr
zu reinen Lippenbekenntnissen. Die Traditionalisten, so die Reformer, wollten
in der Bundeswehr ein traditionelles, vor allem am Einsatzwert orientiertes
Militär restaurieren. Mit dem ehemaligen Verteidigungsminister Strauß, den
die »Spiegel-Affäre« zum Rücktritt gezwungen hatte[237], pflichtete einer der
›Väter‹ des Bundeswehraufbaus Heye in Teilen bei, warf ihm aber durch die
einseitige Konzentration auf unerfreuliche Einzelfälle eine gewisse Betriebs-
und Problemfremdheit vor und bezweifelte besonders die Angemessenheit des
Publikationsforums. Heye hätte demnach erkennen müssen, welches Aufsehen
und welche Sensation er mit der Artikelserie auslösen musste: »Diese Serie
musste zu einer Sensation werden. Nicht etwa, weil ihr Inhalt so aufsehenerre-
gend ist. Sie wurde deshalb zur Sensation, weil das ganze Thema mit der ›un-
bewältigten Vergangenheit‹ und mit der noch weniger bewältigten Zukunft
zusammenhängt[238].«

Während Strauß anfangs noch ausgeglichen und sachorientiert darauf rea-
gierte, war das bei vielen anderen Politikern und bei Soldaten weit weniger der
Fall. Der größte Teil der Kritiker störte sich mehr an dem, ›wie‹ die Feststellungen Heyes vorgetragen worden und weniger daran, ›ob‹ sie vielleicht doch
zutreffend waren[239]. Besonders von Hassel, Jaeger und Generalinspekteur Heinz
Trettner betrachteten sich als angegriffen[240]. Aber auch Bundeskanzler Ludwig
Erhard wertete die Artikel als Ausdruck einer negativen Einstellung Heyes zur
Bundeswehr und glaubte die Soldaten vor ihm schützen zu müssen[241]. Solche
schwerwiegenden Vorwürfe konnten die politisch und militärisch Verantwortlichen, die diese Entwicklung zu vertreten hatten, nicht auf sich beruhen lassen.

---

[236] Ebd., Schreiben Graf Baudissin an Heye, 28.6.1963: »Seitdem Ministerium und Koblenzer
Schule in erster Linie in psychologischer Rüstung machen, ist offenbar der Wehrbeauftragte zum letzten Hort der Inneren Führung geworden.«

[237] Während dieser Affäre versicherte der damalige GenInsp, Gen. Friedrich Foertsch, im
Namen der Inspekteure und Kommandierenden Generale und Admirale dem Minister
Strauß das Vertrauen und die Loyalität. Vgl. BA-MA, BW 2/15621, Loyalitätserklärung,
16.7.1962.

[238] Strauß, Die Bundeswehr – ein Spätheimkehrer, hier S. 37.

[239] Vgl. Staatsbürger Heye. In: Süddeutsche Zeitung, 23.6.1964. Während im offiziellen Bericht die neutrale Er-Form (der Wehrbeauftragte) gewählt wurde, verwendete man im
»Quick«-Artikel das lebhafte Ich.

[240] AdsD, NL Erler, Mappennummer 143 (A), Schreiben Graf Baudissin an Fritz Erler,
6.7.1964: »Liest man allerdings die hysterischen Reaktionen des Ministers wie des Generalinspekteurs und zählt dazu die vielen Gespräche, dann wird immer deutlicher, wie
Recht Heye in der Sache hat [...] Solche Emotionalität entspringt dem schlechten Gewissen des Ertappten, vor allem aber der Ablehnung parlamentarischer Kontrolle wie öffentlicher Kritik [...] Ich meine, man sollte diese Nachlese in der Diskussion zu Heyes Gunsten nutzen und sich vor die Truppe stellen, die von ›oben‹ schlechter gemacht wird, als
sie ist, bzw. die man krampfhaft in eine Gegenposition zum Wehrbeauftragten zu stellen
sucht.«

[241] ACDP, NL Heye, I-589-003/1, Brief Heye an Erhard, 30.9.1964; ACDP, NL Kliesing, I-555-
044/3, Brief Heye an Kliesing, 7.9.1964.

Sie gingen zur Gegenoffensive über. Heye wolle die Auseinandersetzung in die Presse tragen, so wurde vornehmlich argumentiert, und habe deshalb zwei unterschiedliche Berichte vorgelegt[242]. Der Jahresbericht enthalte andere Aussagen als die »Quick«-Artikel[243]. Eine wissenschaftliche Analyse beider Berichte, die angeblich an der Schule für Innere Führung der Bundeswehr in Koblenz durchgeführt worden war, erwies sich als Falschmeldung in der Presse[244]. Interne Synopsen kamen zu dem Ergebnis, dass beide Heye-Berichte dasselbe aussagen, nur der Sprachgebrauch unterschiedlich sei[245]. Noch bevor der erste Artikel erschien, war die politische und militärische Führung der Bundeswehr im Übrigen am 12. Juni über die Veröffentlichung unter der Schlagzeile »In Sorge um die Bundeswehr« informiert worden[246]. Bei einer Aussprache am 20. Juni 1964 zwischen Heye und von Hassel blieben die Fronten jedoch weiter verhärtet. General Trettner erließ daraufhin am 29. Juni einen umstrittenen Tagesbefehl an die Truppe, in dem er von einer »Stunde der Anfechtung« sprach und glaubte, sich damit vor die angeblich angefeindeten Soldaten zu stellen[247]. Er behauptete sogar, dass die Heye-Artikel in der Truppe Ungehorsam verursacht hätten: »Lassen Sie bitte nicht locker und lassen Sie sich die einwandfreien Beweise vorlegen, dass der Heyeartikel Ungehorsam bei der Truppe verursacht hat. Hat er dies, so ist das schlimm, hat aber Trettner nur den angeblichen Ungehorsam erfunden, so drängen Sie ihn bitte so lange, bis er geht [...] Sollte der Generalinspekteur den Ungehorsam erfunden haben, so können Sie sicher sein, dass er auch fähig ist, Handlungen zur erfinden, die den Notstand oder die

---

242 Vgl. AdsD, NL Erler, Mappennummer 144 (A), Schreiben Oberst a.D. Franz von Gaertner an Fritz Erler, 22.6.1964. Gaertner spricht hier von »frisierten Berichten« und »Übertreibungen«. Ebenso ACDP, NL Hellmuth Heye, I-589-003/1, Niederschrift der Äußerungen Jaegers gegenüber der DPA, 15.6.1964. Diese Bewertung Jaegers erfolgte ohne genaue Kenntnis des Artikelinhalts, da dieser erst am 16.6. offiziell erschien.

243 Dem widersprach Heye im Grundsätzlichen entschieden, in der Akzentuierung durch die Art der Veröffentlichung gab er Unterschiede zu. »Im Übrigen bin ich der Auffassung, dass die notwendige Diskussion sich in erster Linie mit der Sache zu befassen hat, der gegenüber die Form oder die Wahl dieser oder jener Illustrierten nicht ins Gewicht fällt.« AdsD, NL Erler, Mappennummer 147 (B), Schreiben Heye an Jaeger, 3.8.1964.

244 AdsD, SPD-Bundestagsfraktion, 4. WP, Mappe 795, dpa-Mitteilung, 19.7.1964, Analyse ergab keine wesentlichen Unterschiede in den Heye-Berichten; BA, B 136/6883, Schreiben Direktor Wissenschaftlicher Forschungs- und Lehrstab bei der Schule der Bundeswehr für Innere Führung an Fü B I 4, 14.8.1964, betreffend »Äußerungen Dr. Schreeb zum Bericht des Wehrbeauftragten«. »Von einer wissenschaftlichen Untersuchung, die als offizielle Analyse des Wiss. F.- u. L.Stabes bei InFüSBw gelten könne, war nicht die Rede.«

245 ACDP, NL Heye, I-589-003/1, Ergebnisse der Synopse beider Berichte, 21.10.1964.

246 Ebd., Schreiben H.J. Schmoll (Redaktion Quick) an den StS Ludger Westrick, 12.6.1964.

247 Weh' dem der weiterdenkt!, S. 30–33; ACDP, NL Heye, I-589-003/1, Sprechzettel WB für die Unterredung mit Hassel am 20.6.1964; BA, B 136/6883, Tagesbefehl des GenInsp, Gen. Trettner, 26.6.1964, Vermerk Referat 10 für AL I, 2.7.1964, betreffend »Tagesbefehl des Generalinspekteurs der Bundeswehr«. »In der Truppe soll der Tagesbefehl gut aufgenommen worden sein. Jedoch erscheint die Formulierung ›Stunde der Anfechtung‹ als missverständlich, weil sie als Ausdruck einer verbreiteten Resignation gewertet werden kann, die in dieser verallgemeinernden Form zutreffen dürfte, nachdem Bundesregierung, Bundestagspräsident und Fraktionen sich eindeutig vor die Bundeswehr gestellt haben.«

Spannungszeit rechtfertigen[248].« Die Krise beschränkte sich nicht nur auf die politische Ebene, sondern auch die Kluft zwischen Reformern und Traditionalisten innerhalb der militärischen Führung wurde immer deutlicher sichtbar.

In der weiteren Auseinandersetzung veränderte sich die Kontroverse: Aus einer unterschiedlichen Rezeption der ›Inneren Führung‹ zwischen dem Wehrbeauftragten und der politischen Leitung sowie militärischen Führung der Bundeswehr wurde immer mehr ein parteipolitischer Konflikt. Während die SPD-Politiker mehr zu Heye tendierten, bezogen die Unionspolitiker meist eindeutig Stellung gegen ihn. Beide Parteien wurden aber nicht müde zu betonen, allein das Wohl der Bundeswehr im Auge zu haben. Die teilweise unsachliche Berichterstattung in den Medien erregte eine breite öffentliche Debatte über die Affäre, zudem führten die Aussagen der Politiker wiederum zu einer sofortigen Reaktion[249]. Aufgrund des hitzigen Schlagabtauschs fürchtete Heye, dass in der parlamentarischen Behandlung der Affäre im September und Oktober 1964 weniger über die Sache diskutiert als vielmehr aus Verlegenheit die Form beanstandet werde. Für ihn war die Publikation in der »Quick« mit dem Ziel eines Aufrüttelns der Öffentlichkeit durchaus »standesgemäß«, jedoch war er sich der Wirkung, die er erzielen würde, entgegen der Ansicht von Strauß bei weitem nicht bewusst. Er »wollte einen Pflasterstein in den Bach werfen, dass eine Atombombe daraus geworden ist«[250], hatte ihn selbst überrascht. Heye erhielt von vielen Soldaten weitgehend Zustimmung[251]. Bis zum 17. September 1964 gingen in der Dienststelle des Wehrbeauftragten spontan 192 zustimmende und 53 ablehnende Reaktionen von aktiven und ehemaligen Soldaten aller Dienstgrade ein[252].

Die Besorgnis Heyes sollte sich in der weiteren Auseinandersetzung allerdings auch bewahrheiten: Nicht der Inhalt wurde im Wesentlichen zum Zankapfel, sondern die Form der Veröffentlichung. So sehr sich auch die SPD mit ihrem Fraktionsvorsitzenden Erler sowohl in öffentlichen Stellungnahmen als auch in der Plenardebatte im Deutschen Bundestag mühte, die Diskussion sachorientiert zu halten, führte man dann den Schlagabtausch ausschließlich

---

[248] AdsD, NL Erler, Mappennummer 143 (A), Schreiben Oberst i.G. Friedrich Beermann an Fritz Erler, 5.7.1964.

[249] AdsD, Depositum Schmidt, Mappennummer 5145, Schreiben Wilhelm Kelm an Helmut Schmidt, 7.7.1964; Schreiben Helmut Schmidt an Wilhelm Kelm, 13.7.1964. Kelm hielt Schmidt seine angeblich negativen Äußerungen über Heye vor; Schmidt entgegnete ihm, dass er (Kelm) lediglich auf die einseitige Darstellung der Bild-Zeitung hereingefallen sei.

[250] Ebd., Schreiben Heye an Schmidt, 24.9.1964; Mappennummer 5149, Schreiben VAdm a.D. Rogge an Schmidt, 10.11.1964. Rogge glaubte aus »zuverlässiger Quelle« erfahren zu haben, dass Heye 200 000 DM von der Quick-Verlagsleitung für die Artikelserie erhalten habe. Dies sei daher sein eigentlicher Antrieb gewesen.

[251] Ebd., Mappennummer 5121, Referat des Berufsoffiziers und SPD-Mitglieds A. Mannke am 21.10.1964 vor dem Vorstand des Unterbezirks: Die Bundeswehr und der Heye-Bericht.

[252] Weh' dem der weiterdenkt!, S. 54.

Generalleutnant Johannes Trautloft (l.), im Gespräch mit dem Generalinspekteur der Bundeswehr, General Ulrich de Maizière. *AP Photo*

Franz Josef Strauß (l.), Bundesminister der Verteidigung, empfängt 1959 den Wehrbeauftragten Helmuth von Grolman zu einem Gespräch. *Bundesregierung/Rolf Unterberg*

Hellmut Grashey als Brigadegeneral am 13.5.1963.

Gegen die Verhaftung von »Spiegel«-Redakteuren demonstriert am 30.10.1962 eine Gruppe von Studenten vor der Frankfurter Hauptwache mit einem Sitzstreik.

picture-alliance/dpa

Innensenator Helmut Schmidt fordert vor der Hamburger Universität mit einem Megaphon die erregte Menge zur Ruhe auf. Tumulte hatten am Abend des 31.10.1962 eine Podiumsdiskussion über die Verhaftung von »Spiegel«-Redakteuren verhindert. Der am 8.10.1962 im »Spiegel« veröffentlichte Artikel »Bedingt abwehrbereit« von Conrad Ahlers führte zur Durchsuchung der Verlagsräume der »Spiegel«-Redaktionen in Hamburg und Bonn und zur Verhaftung mehrerer Personen, unter anderem Herausgeber Rudolf Augstein und Chefredakteur Claus Jacobi, wegen »Landesverrats«. Die Anschuldigungen erwiesen sich als haltlos, Bundesverteidigungsminister Franz Josef Strauß verlor sein Amt. Die »Spiegel«-Affäre im Herbst 1962 war die erste größere innenpolitische Krise der Bundesrepublik Deutschland.

picture-alliance/dpa

18

Bild Zeitung   3. Sep.

Neue Rätsel um toten Rekruten

Akten im Fall Trimborn spurlos verschwunden

Rekrut Trimborn

Von HELMUT REINKE und WOLFGANG A. ROTH

Köln, 3. September
Immer neue Rätsel um den toten Bundeswehrsoldaten Gerd Trimborn (19) aus Köln tauchen auf. Jetzt fehlen plötzlich sämtliche medizinischen Unterlagen des Nagolder Krankenhauses und des Universitäts-Instituts Tübingen. „Die Akten sind nicht da." Das sagte der Rechtsvertreter von Trimborns Eltern, der Kölner Anwalt Dr. Hermann-Josef Krautz (48), zu BILD.

Dazu der Tübinger Oberstaatsanwalt Dr. Frey, der immer noch in

Fortsetzung letzte Seite ✈

◄ Bild Zeitung vom 30.6.1964
BPA Pressearchiv

▲ Bild Zeitung vom 3.9.1963
BPA Pressearchiv

Vizeadmiral a.D. Hellmuth Heye, der Wehrbeauftragte des Bundestages, stellte sich am 21.6.1964 in Frankfurt am Main einer Diskussion des Seminars für Politik. Die Schilder im Hintergrund hatten Jugendliche vor Beginn der Veranstaltung aufgestellt.

Der Wehrbeauftragte des Deutschen Bundestages, Vizeadmiral a.D. Hellmuth Heye (l.) bei seiner Ankunft vor dem Bundesverteidigungsministerium in Bonn am 20. 6.1964. Heye wird von Bundesverteidigungsminister Kai-Uwe von Hassel zu einer Unterredung empfangen, um über seine umstrittenen Äußerungen über den bedenklichen Weg der Bundeswehr zu einem »Staat im Staat« zu sprechen.

Heinrich Bauer Smaragd KG

Der Wehrbeauftragte Vizeadmiral a.D. Hellmuth Heye (l.) mit einem Referenten vor Beginn der Ausschuss-sitzung am 5.11.1964 in Bonn. Der Verteidigungsaus-schuss des Bundestages beriet dabei erneut über den Wehrbeauftragtenbericht 1963 und die Illustrierten-Serie des Wehrbeauftragten. *picture-alliance/dpa/Kurt Rohwedder*

Hellmuth Heye nahm am Donners-tag, 5.11.1964 an der Sitzung des Verteidigungsausschusses in Bonn teil. In dieser Sitzung bezog er zu den »Quick«-Veröffentlichungen Stellung. Im Bild rechts Hellmuth Heye. Zweiter von links der Vorsitzende des Ausschusses, der CSU-Abgeordnete Richard Jaeger. *AP Photo*

über die Form der Veröffentlichung. Generalleutnant Baudissin[253] schrieb als Kommandeur des NATO-Defense-College in Paris im Juni 1964 an Fritz Erler: »Eben höre ich etwas vage von einem Heye-Artikel in der ›Quick‹; bewundere den Mut des alten Mannes und ich hoffe von Herzen, dass er sich nicht formal ins Unrecht setzte; in der Sache hat er sicher recht[254].« Hiermit traf er genau die Meinung Erlers[255] und vieler Mitglieder der SPD, während die Mehrheit der Union zur Ansicht von Hassels und Jaegers tendierte. Die Form der Kritik und der Unterstützung ließen klare parteipolitische Muster erkennen – besonders unter dem Eindruck bevorstehender Wahlen zum Deutschen Bundestag: Die Opposition sympathisierte mit dem Wehrbeauftragten[256], die Regierungsparteien mit der Bundeswehrführung. Der Wahlkampf heizte also die Debatte zusätzlich an, denn eine Bundeswehr in der Kritik war zu diesem Zeitpunkt ungünstig für die Wahlaussichten der Regierungskoalition. Der Gegensatz in den Streitkräften zwischen Reformern und Traditionalisten wurde mit dem Heye-Bericht einmal mehr deutlich: Der Wehrbeauftragte befand sich auf der Seite der reformorientierten Kräfte, auf der anderen stand eine Bundeswehrführung, in der konservative Einflüsse vorherrschten: »Fällt jetzt Heye als Person bzw. versandet seine Aktion, halte ich die letzte Chance für vertan, das Rad vorwärts zu drehen. Die Reaktionäre fühlen sich als endgültige Sieger, die Reformer als Geschlagene [...] Doch bedrückt mich mehr und mehr der Gedanke, Heye im Stich zu lassen bzw. meine letzte Stunde zu versäumen. Falls es sich wirklich lohnen sollte, wäre ich zu allem bereit[257].« Gerade Baudissin und Erler hofften,

---

[253] AdsD, NL Erler, Mappennummer 147 (B), Schreiben Hptm Harald Baier an Fritz Erler, 24.9.1961, betreffend »Neuernennung des WB«; Schreiben Hans Merten an Fritz Erler, 3.10.1961. Baudissin wurde zu diesem Zeitpunkt schon als der geeignete Wehrbeauftragte vorgeschlagen, wollte aber selbst noch in der Wartestellung für höhere Aufgaben in der Bundeswehr verbleiben.

[254] Ebd., Mappennummer 143 (A), Korrespondenz 1955-1966 – Sicherheit – 1 A-E, Brief von Baudissin an Fritz Erler, 18.6.1964.

[255] Ebd., Mappennummer 45 (A), Vermerk Erler über ein Telefongespräch über den Artikel »Ein Admiral erweist sich als Bürger«, 15.7.1964, mit dem Kollegen Darenbusch/Köln am 23.7.1964, erstellt am 28.7.1964. »Ich sei durchaus der Meinung, dass solche Dinge innerhalb der Bundeswehr vorkommen konnten. Wenn hier aber solche Ausdrücke oder eine Haltung, wie im Artikel geschildert, während meiner Dienstzeit bekannt geworden wäre, hätte ich mich an der Stelle der jungen Kollegen beschwert. Eine Veröffentlichung im o.a. Stil sei aber in jedem Falle dann ganz und gar zwecklos und würde besser unterbleiben, wenn man nicht bereit ist, schon während der Bundeswehrdienstzeit, mindestens aber kurze Zeit nach der Entlassung für seine Überzeugung einzustehen und sozusagen ›Nägel mit Köpfen‹ zu machen.«

[256] Hier sollte sich eine Pressemitteilung der SPD aus dem Jahr 1961 bald darauf bewahrheiten: »Der Wehrbeauftragte hat als Hilfsorgan des die Bundesregierung kontrollierenden Bundestages die Pflicht, gegenüber der Führung der Bundeswehr kritisch zu sein. Diese Rolle drängt ihn unweigerlich in die Nähe der Oppositionspartei, die in einer freien Demokratie die gleiche Rolle besitzt. An dieser seiner Rolle drohte der erste Wehrbeauftragte gleich nach seinem ersten Jahresbericht politisch zu scheitern.« Ebd., Mappennummer 147 (B), SPD-Pressedienst P/XVI/225, 5.10.1961, »Wenn Heye Wehrbeauftragter wird.«, S. 2.

[257] Ebd., Mappennummer 143 (A), Schreiben Graf Baudissin an Evangelischen Wehrbereichsdekan IV, Mittelmann, 27.4.1964; Schreiben Graf Baudissin an Fritz Erler, 24.6.1964.

dass der ehemalige Admiral dieses politische Gefecht bis zur Beendigung seiner Amtszeit überstehen würde, dennoch dachten sie strategisch schon über die mögliche Demission Heyes und etwaige Optionen nach: »Aber man muss natürlich sorgfältig abwägen, ob man einen Warteposten in der Armee in hoher Stellung, von dem man jederzeit in noch wichtigere Funktionen geholt werden kann, mit einem Posten ausserhalb der Armee vertauschen soll, von dem man anregen, kritisieren, wünschen, sehen, hören, reichen, aber nichts befehlen kann. Ich stelle die Frage ganz offen, damit Sie sehen, dass ich mir der Tragweite einer solchen Entscheidung voll bewusst bin[258].« Zwar unterstützte Baudissin Heye, bat ihn aber seine Briefe nicht zu veröffentlichen[259]. Heye wurde nicht müde, seine Beweggründe immer wieder herauszustellen und auf die Sachprobleme hinzuweisen[260]. Aber eine Verlagerung der Thematik von der emotionalen auf die sachliche Ebene blieb ihm ebenso verwehrt wie Erler. Der angeschlagene gesundheitliche Zustand und der unkritische Umgang Heyes im Hinblick auf die reißerische Diktion der Artikelserie verschlechterten seine Position zusehends[261]. Die Verselbständigung der politischen Debatte machte es Heye schließlich unmöglich, zwar angeschlagen, aber aufrechten Hauptes aus der Sache herauszukommen[262]. Seine Bitte um Entlassung war daher nur noch eine Frage der Zeit[263].

Die Krise 1968 und die Zeit der Reformen

Das Jahr 1968 stellte nicht nur für die parlamentarische Demokratie der Bundesrepublik Deutschland eine wichtige Zäsur dar, sondern auch für das innere Gefüge der Bundeswehr[264]. Die Große Koalition aus CDU/CSU und SPD mit einer Marginalisierung der parlamentarischen Opposition führte zur Heraus-

---

[258] Ebd., Schreiben Fritz Erler an Graf Baudissin, 29.6.1964. Vgl. Schreiben Graf Baudissin an Fritz Erler, 6.7.1964; Schreiben Fritz Erler an Graf Baudissin, 27.7.1964.

[259] ACDP, NL Heye, I-589-003/1, Telegramm Baudissin an Heye, 26.6.1964.

[260] AdsD, NL Erler, Mappennummer 147 (B), Schreiben Heye an Richard Jaeger, 3.8.1964. Heye führte hier folgende Motive an: (1) die Öffentlichkeit über die Probleme der zeitgemäßen Menschenführung zu informieren, (2) Erörterung des JB im Plenum des BT erst nach 5-jährigem Bestehen des Amtes, (3) erst nach fünf Jahren wurde der JB bis auf Kompanieebene in der Bundeswehr verteilt [...] (5) »Staat im Staate« nicht im politischen Sinne zu verstehen, sondern als Gefahr der gesellschaftlichen Selbstisolierung als Eindruck des Atmosphärischen.

[261] Ebd., Mappennummer 143 (A), Schreiben Fritz Erler an Graf Baudissin, 29.6.1964.

[262] Ebd., Mappennummer 147 (B), Schreiben Luise Wieland an Karl Wienand, 30.6.1964. Während eines Tages der offenen Tür in der Alt-Ahlen-Kaserne am 28.6.1964 äußerte der CDU-Bundestagsabgeordnete Pannhoff bei einem Empfang vor dem gesamten Offizierkorps, geladenen Gästen und den Pressevertretern, dass Heye nicht mehr geschäftsfähig sei und somit für sein Handeln nicht verantwortlich gemacht werden könne. Zudem sei er hochgradig zuckerkrank, sehr nervenkrank und herzkrank. Als Nervenärztin könne sie das genau erkennen und charakterisierte ihn als »unzurechnungsfähig, nicht geschäftsfähig und unverantwortlich«.

[263] Ebd., Schreiben Heyes an Eugen Gerstenmaier, 10.11.1964.

[264] Vgl. zur gesellschaftlichen Rolle der 68er Görtemaker, Geschichte der Bundesrepublik Deutschland, S. 475–491; Schildt, Moderne Zeiten, S. 32; Wolfrum, Die geglückte Demokratie, S. 261–271.

bildung einer Außerparlamentarischen Opposition (APO). Der politische Streit entzündete sich vor allem an der Notstandsgesetzgebung, die den Einsatz der Bundeswehr in speziellen Fällen auch im Inneren erlauben würde. Dies war eine Forderung, die nicht erst mit der Grundgesetznovelle von 1968 aufkam, sondern die schon bei der Wehrergänzung im Jahr 1955 behandelt werden soll-te, aber aus Zeitgründen von den Abgeordneten des Deutschen Bundestages auf einen späteren Zeitpunkt vertagt worden war[265]. Das Jahr 1968 sollte aber für die Ergänzung des Grundgesetzes um eine Notstandsverfassung zu einem denkbar schlechten Zeitpunkt werden. In dieser gesellschaftlichen Umbruch-phase, die von einer Aufarbeitung der NS-Vergangenheit, einem Streben nach mehr politischer Partizipation sowie einer pazifistischen Haltung aufgrund des Vietnamkrieges geprägt war, wirkte eine parlamentarische Diskussion um den möglichen Einsatz der Bundeswehr im Inneren als Bedrohung für die Bürger-bewegung[266]. Sollte womöglich die durch die Notstandsverfassung legitimierte Armee bald gegen die Demonstranten vorgehen? Daher verwundert es kaum, dass diese Gefahr von den 68er-Aktivisten durchaus als real angesehen wurde. Die Bundeswehr verkörperte mehr als andere staatliche Organe die ultimative Gewalt des Staates und war folglich Gegner in der politischen Auseinanderset-zung. Welchen Einfluss übte die 68er-Bewegung auf die Bundeswehr aus? Wie reagierten die Streitkräfte auf diese Herausforderung? Wie verhielt sich der Wehrbeauftragte in dieser Auseinandersetzung?

In der Truppe wirkte sich die Diskussion über Notstandsgesetzgebung, Si-cherheitspolitik und Atomwaffeneinsatz weniger unmittelbar im Dienstbetrieb aus. Vielmehr wurde der Dienst durch die Grundwehrdienstleistenden, die zum Teil von der 68er-Protestbewegung geprägt worden waren, grundsätzlich in Frage gestellt. Die Probleme mit der Kriegsdienstverweigerung gemäß Art. 4 Abs. 3 GG[267], mit der politischen Betätigung der Soldaten sowie der Infrage-stellung der Weitergeltung vom Eid der Zeit- und Berufssoldaten und vom Feierlichen Gelöbnis der Grundwehrpflichtigen durch einige Soldaten nach der Verabschiedung der Notstandsgesetze wirkten zunehmend stärker aus der öf-fentlichen Debatte auf die Bundeswehr zurück. Aber auch die Gegenbewegung in Form der Wahlerfolge der rechtsradikalen Nationaldemokratischen Partei Deutschlands (NPD) in mehreren Landtagen griff auf die Truppe über. Zusätz-lich forderte die Gewerkschaft Öffentliche Dienste, Transport und Verkehr (ÖTV) noch Gleichberechtigung gegenüber dem Deutschen Bundeswehrverband[268]. Bei-de in ihrer Ausrichtung völlig unterschiedlichen Organisationen, die antidemo-kratisch ausgerichtete Partei NPD und die Interessenvertretung der Arbeitneh-

[265] JB 1968, S. 9 f.
[266] Vgl. http://www.bundestag.de/parlament/geschichte/parlhist/g1960_6, 18.5.2005. Am 11.5.1968 veranstaltete das Kuratorium »Notstand der Demokratie« einen Sternmarsch nach Bonn, um gegen die Notstandsgesetze zu demonstrieren.
[267] Vgl. Bernhard, Kriegsdienstverweigerung per Postkarte, S. 110–118; Bernhard, Zivil-dienst.
[268] BA-MA, BW 2/13847, Schreiben Fü S I 3 an den UAL Fü S I, 18.1.1968, betreffend »Bespre-chung mit dem Wehrbeauftragten am 17.1.1968«.

mer ÖTV versuchten in die Kasernen zu gelangen, um die Soldaten über ihre Ziele und sich über die Bundeswehr zu informieren. Willy Brandt hatte Verbindungen mit Vertretern von gewerkschaftlichen Organisationen, Verbänden und gesellschaftlichen Gruppen bereits 1952 angeregt: »Die erstrebte oder zu erstrebende Entkräftung des Militärwesens sollte auch dadurch gefördert werden, dass man die Offiziere veranlasst, in geeigneter Form regelmäßig mit den Vertretern grosser [sic!] Organisationen, der Jugendverbände, der Gewerkschaften, der Kirchen und anderer Träger von Organisationen und Schichten unseres Volkes zusammenzukommen und die Probleme, die zum Problemkreis ›Volk und Verteidigung gehören‹ miteinander zu besprechen[269].« Die Bundeswehr sah sich daher veranlasst, sich mit Organisationen aus dem äußerst rechten bis linken Spektrum auseinander zu setzten, antidemokratische und pazifistische Einstellungen zu tolerieren und die Funktionsfähigkeit weiterhin aufrecht zu erhalten. Dieser Spagat führte zwangsläufig zu Auswirkungen auf die ›Innere Führung‹, in der sich von nun an nicht nur der Gegensatz von Traditionalisten und Reformern[270], sondern auch die politisch-motivierten Revolten einer APO oder einer rechten Re-radikalisierung durch die NPD auswirkten. Der Wehrbeauftragte als Kontrolleur der ›Inneren Führung‹ musste sich daher mit beiden Erscheinungsformen auseinander setzen.

Der Bürgerprotest, eine in sich amorphe Bewegung, sowie der Vietnamkrieg, aber besonders der eng damit zusammenhängende gesamtgesellschaftliche Wertewandel ließen auch die Zahl der Kriegsdienstverweigerer seit 1967 stetig steigen[271]. Dass immer mehr Wehrpflichtige, aber auch Zeitsoldaten den Dienst verweigerten oder seine Rechtmäßigkeit in Frage stellten, beobachtete die militärische Führung mit Sorge. Für die Vorgesetzten brachte diese Entwicklung zusätzliche Schwierigkeiten in der Anwendung der Disziplinargewalt mit sich. Zwar entschied der Bundesgerichtshof in seinem Urteil vom 21. Mai 1968, dass ein Soldat bis zur unanfechtbaren Anerkennung als Kriegsdienstverweigerer den Dienst mit der Waffe zu leisten habe. Doch auch gegen dieses Urteil wandten sich einige Soldaten mit einer Verfassungsbeschwerde an das Bundesverfassungsgericht. Gleiches galt für den Beschluss des Wehrdienstsenates des Bundesverwaltungsgerichtes vom 3. Dezember 1968, wonach ein Soldat wegen

---

[269] AdsD, NL Fritz Erler, Mappennummer 8 (B), Veröffentlichungen, stenographisches Protokoll der Sendung im NWDR, 20.1.1952 um 19.30 Uhr, S. 12 f.

[270] Vgl. JB 1965, S. 4. Graf Baudissin charakterisierte beide Lager wie folgt: »hier: die Überzeugung, dass Freiheit, Recht und Menschenwürde nicht nur höhere Werte, sondern auch die stärkere Lebensform bedeuten und dass ihre weitgehende Verwirklichung in Staat, Gesellschaft und insbesondere in der Truppe die Verteidigungskraft stärkt; dort: der Wahn, dass Menschlichkeit und Schlagkraft, mitdenkender Gehorsam und Funktionsfähigkeit Gegensätze sind und daher – logischerweise – die Innere Führung nichts anderes als eine sachfremde Konzession an den Zeitgeist.« AdsD, NL Erler, Mappennummer 143 (A), Schreiben Graf Baudissin an Heye, 28.6.1963. Eine überspitzte, in »Schwarz-Weiß-Malerei« denkende Beschreibung, die aber die persönliche Einschätzung untereinander widerspiegelt.

[271] Bernhard, Kriegsdienstverweigerung per Postkarte, S. 111; Herdegen, Die Jugend denkt anders.

seiner Weigerung, Dienst mit der Waffe zu leisten, mehrfach disziplinar bestraft werden könne[272]. Solche Unsicherheiten im Disziplinarrecht zusammen mit der verstärkten öffentlichen Agitation gegen die Streitkräfte bedeuteten eine nicht zu unterschätzende Gefahr für die Einsatzbereitschaft der Einheiten und Verbände. Hier war man mit dem Problem unmittelbar konfrontiert und musste gleichermaßen mit wehrwilligen und wehrunwilligen Soldaten zurecht kommen. Einige Kriegsdienstverweigererorganisationen verfolgten die Absicht, nicht anerkannte Verweigerer nach der Einberufung zum Grundwehrdienst unter Ausnutzung ihrer publizistischen Mittel zu Märtyrern zu stilisieren[273]. Zwar versuchte die militärische Führung auf solche feindseligen Agitationen, vor allem aus dem Verband der Kriegsdienstverweigerer, mit zahlreichen Erlassen zur Aufklärung der Truppe zu reagieren, jedoch nahm sich der Erfolg eher bescheiden aus. Bei der Beratung des Jahresberichts 1967 des Wehrbeauftragten im Verteidigungsausschuss wies daher der Generalinspekteur auf die Notwendigkeit einer Novellierung des Soldatengesetzes im Hinblick auf die politische Betätigung der Soldaten hin. Die politischen Verhältnisse hätten sich grundlegend geändert und aufgrund der Gefahren von rechts- wie linksradikalen Kräften sei das bestehende Soldatengesetz nicht mehr zeitgemäß. General de Maizière verwies in diesem Zusammenhang auf das Problem mit der Fortwirkung von Eid und Feierlichem Gelöbnis durch die Einfügung der Notstandsverfassung[274]. Daran glaubten sich einige Soldaten nämlich mit dem Hinweis, dass sich durch die Novellierung die Grundlage für den militärischen Dienst geändert habe, nicht mehr an ihren Eid oder ihr Gelöbnis gebunden. Zwar sei die Zahl der Eides- und Gelöbnisverweigerer bis 1968 nicht gravierend angestiegen, aber dieses Problem beschäftige die Führung schon seit der Gesetzgebung zur Notstandsverfassung und drohe in der Wahrnehmung der Bundeswehrführung jetzt erneut an Brisanz zu gewinnen. Die Evangelische Kirche in Deutschland (EKD) schlug daher vor, das bisherige Feierliche Gelöbnis durch eine »Inpflichtnahme« zu ersetzen. Diese Lösung zog auch der Generalinspekteur vor, die katholische Kirche wollte aber an dem bisherigen, ihrer Ansicht nach bewährten Verfahren festhalten. Jedoch war diese Frage mittlerweile derart akut geworden, dass über sie gesondert im Verteidigungsausschuss unter Hinzuziehung der verantwortlichen Militärgeistlichen beider Amtskirchen, des Generalinspekteurs und des Wehrbeauftragten beraten werden sollte[275].

---

[272] BA-MA, BW 1/66363, Schreiben VR II 6 an den WB, 25.11.1969, betreffend »Disziplinarrecht in den Streitkräften«. Zwar wurde eine Anpassung und Neuordnung des militärischen Disziplinarrechts an das Disziplinarrecht der Bundesbeamten weiterhin betrieben, aber es kam bis 1969 über die erste Lesung der Entwürfe im Bundestag nicht hinaus.

[273] Ebd., BW 2/11949, Stellungnahme Fü H I 3 für Fü S I 4, 26.3.1975, betreffend »JB 1974 des WB«, S. 6.

[274] Vgl. hierzu auch den JB 1968, S. 9 f., in dem der Wehrbeauftragte zu diesem Problem und den dazugehörigen Eingaben der Soldaten ausführlich Stellung nahm.

[275] BA-MA, BW 1/32327, Schreiben VR IV 1 an den UAL VR IV, 28.10.1968, betreffend »Sitzung des Verteidigungsausschusses des Deutschen Bundestages am 24.10.1968; Beratung des Jahresberichts 1967 des WB«.

Generalinspekteur Ulrich de Maizière reagierte auf diese Entwicklung mit mehreren Erlassen und Befehlen für die Jahre 1968 und 1969, in denen er auf die Agitations- und Demonstrationsformen sowie die militanten Aktionen Bezug nahm. Ziel der extremistischen Organisationen sei es, die Bundeswehr von außen und innen zu »verunsichern«. Eine Austragung von politischen Gegensätzen innerhalb der Streitkräfte müsse daher unter allen Umständen vermieden werden. Um den Kommandeuren die Beurteilung der Lage zu erleichtern, wurden sie fortan monatlich über die Störaktionen der bundeswehrfeindlichen Gruppen informiert. Die Einsatzbereitschaft und Motivation der Soldaten durften durch diese Agitations- und Zersetzungsversuche auf keinen Fall eingeschränkt werden. Denn Grundlage für eine positive Dienstmotivation war schließlich eine tragfähige Einstellung der Gesamtgesellschaft zum Wehrdienst[276]. In der Verantwortung der Kommandeure lag deshalb neben der Gewährleistung der militär-technischen Einsatzbereitschaft auch die Stärkung der geistig-psychologischen Abwehrhaltung der Soldaten: »Ich bin überzeugt, dass dann auch die Bevölkerung die Bundeswehr mehr als bisher als einen wichtigen Ordnungsfaktor in unserem Staat anerkennen wird[277].« Die Bundeswehrführung war über die (beabsichtigten) Aktionen und Programme der pazifistischen und linksextremen Organisationen gut informiert und sie kannte das Eskalationsprogramm, das vornehmlich vom Sozialistischen Deutschen Studentenbund (SDS) federführend entwickelt, propagiert und umgesetzt wurde. Das Ende 1967 in Frankfurt am Main und in Hannover beschlossene Programm sah für das Jahr 1968 eine militante Kampagne mit provokativen Aufklärungsaktionen wie Demonstrationen vor Kasernen, Aufklärungsmaßnahmen über eine negative Gesetzesauslegung oder die Bildung von SDS-Gruppen innerhalb der Bundeswehr vor, um dann 1969 die Bundeswehr zum ersten Ziel innerhalb des Gesamtprogramms des SDS zu markieren[278].

Nachdem der SDS seine Zustimmung zum Godesberger Programm verweigert hatte, hatte er sich von der Partei seit den Beschlüssen einer Unvereinbarkeit der Mitgliedschaft in SPD und SDS in den Jahren 1959 und 1960 abgespalten und radikalisiert[279]. Seine Gesellschaftskritik richtete sich seither vor allem gegen die unbewältigte NS-Vergangenheit sowie die Reformfeindlichkeit in der Bundesrepublik, in der ehemalige Nationalsozialisten wieder Karriere gemacht hatten. Als Initiatoren der deutschen Studentenbewegung forderte der SDS eine Demokratisierung aller gesellschaftlichen Bereiche. Der Vietnamkrieg stellte für ihn das Ergebnis des amerikanischen Imperialismus dar, mit dem die Bundesrepublik eine Komplizenschaft in dieser Politik eingegangen war[280]. Diese Ab-

---

[276] Vgl. Oetting, Motivation und Gefechtswert.

[277] BA-MA, BW 2/10790, Information für die Kommandeure Nr. 1/69 des GenInsp, 30.3.1969, S. 3.

[278] Ebd.

[279] Litten, Eine verpasste Revolution?, S. 16 f.

[280] Das Gesamtprogramm des SDS wurde am 9.12.1968 in Frankfurt veröffentlicht. Vgl. Langguth, Mythos '68; Rabehl, Feindblick; Dutschke, Rudi Dutschke. Vgl. weiterhin Thamer, Die NS-Vergangenheit im politischen Diskurs.

lehnung einer Kooperation mit den USA übertrug der SDS auf die Bundeswehr, die als in die NATO integrierte Armee unter amerikanischer Dominanz stehend angesehen wurde. Somit waren die Streitkräfte ein probates Ziel für Aktionen. Diese wiederum sahen sich in eine psychologische Verteidigungsposition gedrängt, die es zu halten galt. So hieß es in einer für den Dienstgebrauch herausgegebenen Informationsschrift warnend: »Die Methoden werden geschickt den Gegebenheiten angepasst. Lügen, Halbwahrheiten, bewußte Entstellungen gehören ebenso zum Handwerkszeug wie Denunziation, Hetze und Gewissensterror. Jede Schwäche der inneren Struktur der Bundeswehr, jede Disziplinlosigkeit erleichtert den Angreifern ihre Arbeit[281].«

Vor allem über die Wehrpflichtigen kamen zunehmend extreme politische Anschauungen sowohl des rechten als auch des linken Spektrums in die Bundeswehr. Im Verteidigungsausschuss 1973 verwies der Wehrbeauftragte Schultz auf die Frage, welche rechtlichen Möglichkeiten er sähe, um sich gegen die Agitation und die Angriffe extremer politischer Gruppierungen zu wehren, auf rein verfassungsrechtliche, strafrechtliche und verwaltungsrechtliche Gegenmaßnahmen wie das Verbot von verfassungswidrigen Organisationen, die Feststellung der Verwirkung von Grundrechten, die Durchführung von Strafverfahren und den Ausschluss von Mitgliedern extremer Gruppen aus dem öffentlichen Dienst[282]. Jedoch erwiesen sich diese juristischen Methoden oft als ungeeignet, weil etliche Soldaten, trotz des Verbots, an parteipolitischen Veranstaltungen in Uniform teilzunehmen, sich nicht daran hielten. Diese bewussten Akte des Ungehorsams war von den jeweiligen politischen Organisationen sogar erwünscht, um sie für die eigenen Zwecke zu instrumentalisieren. Im Jahr 1971 beteiligten sich beispielsweise im Zeitraum bis September allein 87 Soldaten an 16 Veranstaltungen der Deutschen Kommunistischen Partei (DKP) oder ihrer Unterorganisationen, sie ließen sich weder von der Gesetzeslage, den Hinweisen oder Belehrungen noch durch Disziplinarmaßnahmen davon abhalten. Angesichts dieser Entwicklung und der Wirkungslosigkeit der bisherigen Präventions- und Sanktionsmaßnahmen fühlte man sich im Verteidigungsministerium machtlos, da die Soldaten die Sanktionen bewusst und ohne Rücksicht auf negative Konsequenzen in Kauf nahmen. Zwar prüfte man andere Möglichkeiten, dagegen vorgehen zu können, probatere und wirksamere Mittel als die bereits zur Verfügung stehenden waren jedoch wenig aussichtsreich, wollte man nicht den Ruch der Unrechtsstaatlichkeit aufkeimen lassen. Das Problem lag vielmehr, nach Einschätzung des Wehrbeauftragten und im Ministerium, in der nicht immer vorhandenen Rückendeckung durch die Justizorgane der Län-

---

[281] BA-MA, BW 2/10790, Information für die Kommandeure Nr. 1/69 des GenInsp, 30.3.1969, Anlage 1, »Aktionen gegen die Wehrbereitschaft der Bevölkerung und der Bundeswehr in der BRD«, S. 3.

[282] Ebd., BW 1/60621, Ausarbeitung VR III 7, Az.: 39-20-00, betreffend »Fragen des JB 1972, die in der Erörterung im VtdgA am 17.10.1973 nicht behandelt wurden oder deren Klärung nicht erreicht werden konnte«, S. 4.

der begründet, weshalb kaum eine abschreckende Wirkung erzielt werden konnte[283].

Die Bundeswehr befand sich nicht nur militärisch auf Seiten der NATO im Kalten Krieg, sondern ideologisch auch gegen die pazifistischen und linksextremistischen Bewegungen gestellt, die, so die Armeeführung, eine agitatorische Offensive und Aushöhlung von innen betreiben wollten. Dieses Spannungsverhältnis blieb auch den Wehrpflichtigen nicht verborgen, »[...] da doch allgemein die Furcht vor der APO zu spüren ist, die vor den Kasernentoren laure, und man, wie mir in einem Fall bekannt ist, den MAD in die Einheiten schicken muss, um festzustellen, ob die Bundeswehr vielleicht vom SDS unterwandert wurde?«[284]. Jeder Skandal um die Bundeswehr und jeder weitere Mängelbericht arbeitete den Gegnern zu. Die 68er-Krise war somit der eigentliche Prüfstein für die ›Innere Führung‹. Gerade in dieser Herausforderung konnte sie ihre Funktionsfähigkeit in Krisensituationen unter Beweis stellen: Während es sich bei den Ereignissen in Nagold sowie dem Konflikt Heyes mit dem Parlament, der Regierung und der Bundeswehrführung um Krisen *in der* ›Inneren Führung‹ handelte, war mit dem Jahr 1968 eine Krise *der* ›Inneren Führung‹ verbunden. Und diese Krise zog sich bis weit in die siebziger Jahre hinein, denn die Agitation gegen die Bundeswehr flachte nicht ab, sondern erhöhte sich stetig. Das Meldeaufkommen zur territorialen G2-Lage (Generalstabsabteilung 2, Sicherheit) ergab eine Verdoppelung der Aktionen gegen die Bundeswehr im Jahre 1974 gegenüber dem Vorjahr und eine Statistik des Heeres wies das Jahr 1974 als Höhepunkt der feindseligen Aktionen aus[285] (vgl. Tabellen 2 und 3).

Selbst der Regierungswechsel 1969 und die eingeleiteten Reformmaßnahmen durch die Bundeswehrführung am Anfang der siebziger Jahre änderten nichts an der Situation. Zu diesen aus Teilen der Gesellschaft gegen die Armee gerichteten Aktionen kamen noch die inneren Probleme hinzu. Seit Inkrafttreten der Notstandsverfassung wurde immer wieder von etlichen Soldaten die Weitergeltung von Eid und Feierlichem Gelöbnis bestritten. Sie forderten über Eingaben an den Wehrbeauftragten entweder eine erneute Eidesbekräftigung oder manche sogar die Abschaffung dieses alten nicht mehr zeitgerechten »Zopfes«. Der Wehrbeauftragte stellte sich hier auf die Seite des Bundesministers der Verteidigung und betonte den integrierenden Charakter für die soldatische Gemeinschaft. Eine gegensätzliche Haltung zum Verteidigungsminister nahm er aber in der Frage der Förderungswürdigkeit von Soldaten ein, welche die Ablegung des Feierlichen Gelöbnisses verweigerten. Diese blieben von jeglicher Beförderung ausgeschlossen, obwohl ihr Verhalten kein schuldhaftes Dienstvergehen, sondern lediglich die Nichterfüllung einer Erwartung des

[283] Ebd., BW 2/11940, Schreiben des WB an den BMVg, 14.9.1971 betreffend »Parteipolitische Agitation von Bundeswehrangehörigen außer Dienst in Uniform«; Schreiben Fü S I 3 an den WB, 23.9.1971, betreffend »Parteipolitische Agitation von Bundeswehrangehörigen außer Dienst in Uniform«.

[284] Ebd., BW 2/11937, Eingabe des Fliegers Axel von B. an den WB, 28.11.1969.

[285] Ebd., BW 2/11949, Stellungnahme Fü H I 3 für Fü S I 4, 26.3.1975, betreffend »JB 1974 des WB«, S. 5.

Tabelle 2: Feindselige Aktionen gegen die Bundeswehr

Aktionen im Jahr	1974	1973	1972
Schleswig-Holstein	1014	653	338
Norddeutschland	3939	2259	1349
Süddeutschland	3487	1170	1194
Gesamtaktionen	8440	4082	2881

Tabelle 3: Aktionen im Einzelnen

a) Zersetzung			
– Flugblattaktionen	1837	1402	1271
– Aktionen in Kasernen	183	90	30
– Veröffentlichungen	612	655	317
Gesamt	2632	2147	1618

b) Demonstrationen			
– Veranstaltungen	422	1533 (inkl. KDV-Berat.)	769 (inkl. KDV-Berat.)
– KDV-Beratungen	5121	siehe Veranstaltungen	siehe Veranstaltungen
– Demonstrationen	78	198	150
Gesamt	5621	1731	919

c) Bedrohung			
– Störaktionen	130	142	253
– Gewaltaktionen	57	62	91
Gesamt	187	204	344

Quelle: BA-MA, BW 2/11949, Stellungnahme Fü H I 3 für Fü S I 4, 26.3.1975, betreffend »JB 1974 des WB«, Anlage 3, 21.3.1975.

Gesetzgebers darstellte[286]. Als wesentlich gefährlicher wurden im Ministerium dabei die Eingaben im Hinblick auf die Weitergeltung von Eid und Feierlichem Gelöbnis bewertet. Beide Inpflichtnahmen hätten keinen rechtskonstitutiven, sondern einen reinen deklaratorischen Charakter. In den Eingaben vermutete man daher einen Angriff auf die Wehrform an sich. Deshalb komme der Frage eine grundsätzliche Bedeutung zu, weil sie von beträchtlicher politischer Brisanz sei. Denn hinter der vordergründig harmlosen Kritik an Eid und Gelöbnis stecke im Kern die Infragestellung der Wehrpflicht überhaupt, weshalb der

---

[286] Ebd., BW 1/94829, WB, Az.: 02-03-03-00, Gutachterliche Äußerung zu der Frage, ob Eid und Gelöbnis nach Inkrafttreten der Notstandsverfassung weitergelten, Anlage zum Schreiben des WB an den Vorsitzenden des VtdgA, 2.9.1968; JB 1968, S. 9 f.

Wehrbeauftragte mit der Ausblendung dieser Problematik aus der Bearbeitung der Eingaben richtig gehandelt habe[287].

Die Wehrgerechtigkeit war nicht erst seit der Notstandsgesetzgebung und der darin implizierten Diskussion um die Eidesbindung der Soldaten thematisiert worden. Aufgrund der Einberufungspraxis und des Anstiegs der Zahl von Wehrdienstverweigerern von knapp 5500 im Jahr 1960 über 3000 im Jahr 1964 auf über 27 000 im Jahr 1971[288] gehörte sie schon seit Anfang der sechziger Jahre zu den Kernproblemen der Bundeswehr. Das Thema Wehrpflicht sollte auch für die siebziger und achtziger Jahre eine ständige Aktualität und Brisanz behalten. Die Zerreißprobe entstand dabei nicht allein aus der Agitation militanter Gruppierungen der APO und dem Anwachsen des Rechtsradikalismus (NPD)[289], sondern auch aus einer streitkräfteinternen Diskussion. Der Inspekteur des Heeres, Generalleutnant Albert Schnez, ließ deshalb 1969 eine Studie verfassen, in der die militärischen Notwendigkeiten für eine erfolgversprechende Landesverteidigung untersucht wurden. In dieser Studie wurde beispielsweise eine Änderung des Wehrbeauftragtengesetzes mit dem Vorrang der Beschwerde gemäß der Wehrbeschwerdeordnung vor der Eingabe gefordert, um damit das Vertrauensklima innerhalb der Armee zu stärken. Sie endete mit der Folgerung: »Aufgabe der politischen Führung muss es sein, der Armee zu geben, was sie braucht; Aufgabe des Soldaten ist es, den verantwortlichen politischen und militärischen Stellen die Lage zu schildern, Lösungsmöglichkeiten zu zeigen, ihre Realisierung zu fordern und im Rahmen der Möglichkeiten alle Möglichkeiten auszuschöpfen[290].« Die Reaktionen darauf in der Öffentlichkeit reichten von totaler Ablehnung bis zu trotziger Zustimmung[291]. Im Dezember desselben

---

[287] BM-MA, BW 2/94829, Stellungnahme VR I 3 für den UAL VR I, 12.3.1969, betreffend »Jahresbericht 1968 des WB«; ebd., BW 1/66813, Stellungnahme VR IV 1 an Fü S I 3, 9.4.1969, betreffend »Jahresbericht 1968 des WB«.

[288] Vgl. JB 1971, S. 13–16.

[289] Ein Unteroffizier richtete eine Eingabe an den Wehrbeauftragten aufgrund einer Aussage im »Weißbuch 1970, S. 119« der Bundeswehr, wonach 590 Soldaten Mitglied in der NPD seien. Er sah durch diese Erfassung die Grundrechte der Soldaten gefährdet. In einer internen unter Verschluss gehaltenen Stellungnahme im BMVg hieß es, dass die Bundeswehr selbst keine NPD-Mitglieder in »schwarzen Listen« erfasst habe, aber das Bundesamt für Verfassungsschutz um eine Überprüfung der Zahlen aufgrund von negativen Pressemitteilungen mit dem Tenor der Bundeswehr als »Hort des Rechtsradikalismus« gebeten hatte. Die Informationen seien notwendig, um übertriebenen Behauptungen über Art und Umfang der Tätigkeit von Soldaten in der NPD entgegentreten zu können. BA-MA, BW 2/11938, Schreiben des WB an Fü S I 3, 25.6.1970, betreffend »Grundrechte der Soldaten«; Schreiben Fü S VII 6 an Fü S I 3, 10.7.1970, betreffend »Zugehörigkeit von Soldaten zu politischen Parteien«. Jedoch war die Wirkung der NPD auf die Anhängerschaft in der Bundeswehr bei weitem nicht so groß wie vermutet. Die Mitgliederzahlen und die Stimmenanteile in den Orten mit Bundeswehrgarnisonen unterscheiden sich nicht von den übrigen. ACDP, NL Volz, I-546-015/1, Schreiben BMI an den WB, 16.4.1968, betreffend »Rechtsradikalismus in der Bundeswehr« nebst Anlage »Die Bundeswehr und die NPD«.

[290] BA-MA, BH 1/1686, Studie Fü H betreffend »Gedanken zur Verbesserung der inneren Ordnung des Heeres«, Juni 1969, S. 32 f., 68.

[291] Vgl. ebd., BW 2/11937, Leserbrief des Lt. z.S. Kaletsch betreffend »Schnez-Studie«. In: Gießener Anzeiger, 7.2.1970: »Es ist beschämend und ein Armutszeugnis für unseren

Jahres formulierten acht Leutnante an der Heeresoffizierschule II in Hamburg neun provokante Thesen, die unter dem Schlagwort »Leutnante 1970« öffentlich bekannt wurden. Darin artikulierten sie eine Absage an die »offiziermäßige Rollenerwartung«, die Pflicht zur Infragestellung eines Vorgesetzten und eine Aufkündigung von »personaler Loyalität«[292]. Dem folgte ein Jahr später die Gegenreaktion der »Hauptleute in Unna« mit den kritischen Ergebnissen einer Arbeitstagung in ihrer Division[293]. Durch die »in der Bundeswehr übliche Indiskretionstechnik«[294], so der neue Verteidigungsminister Helmut Schmidt (SPD), wurden alle diese Ausarbeitungen an die Medien überspielt und führten zu einer Veröffentlichung der Führungskrise. Die Schnez-Studie, die neun Thesen der Leutnante, die Kritik von Generalmajor Hellmut Grashey am Wehrbeauftragten und an der ›Inneren Führung‹[295] wie die Forderungen der Hauptleute offenbarten eine nicht unerhebliche Kluft zwischen der Wahrnehmung der politischen und militärischen Führung einerseits und der Realität in der Truppe andererseits. Trotz dieser Herausforderungen ging der Wehrbeauftragte in seinem Jahresbericht 1969 weder auf die Grashey-Rede noch auf die Schnez-Studie oder die Leutnantsthesen ein. Im Ministerium legte man ihm deshalb sein Verhalten als »Drückebergerei« aus[296].

Besonders drastisch trat diese Kluft am Beispiel einer Gruppe von Kompaniechefs der 7. Panzergrenadierdivision zutage, die befehlsgemäß im Dezember 1970 eine Arbeitstagung in Unna abhielten, deren Ergebnisse dann in Form einer Denkschrift abgefasst wurden[297]. Ihr Divisionskommandeur ermutigte sie

---

Staat, dass ein parlamentarischer Hinterbänkler vom Format eines Abgeordneten Horn den Inspekteur des Heeres in solch entwürdigender Weise angreifen kann, nur um sich ins Rampenlicht der Öffentlichkeit zu bringen [...] Zwei Sachen sind schlimm: Die Verlotterung und die Politisierung der Bundeswehr.«

[292] Vgl. Sicherheitspolitik der Bundesrepublik Deutschland, S. 442–447.

[293] Vgl. Bald, Bundeswehr und gesellschaftlicher Aufbruch 1968.

[294] BA-MA, BW 2/10790, Rede des BMVg Helmut Schmidt am 29.3.1971 vor den Kommandeuren der Bundeswehr, S. 3.

[295] In einer Rede des Stv. InspH, GM Grashey, an der Führungsakademie der Bundeswehr kritisierte er die Institution des WB und die ›Innere Führung‹ als nicht mehr zeitgemäß und als Konzession an die SPD. Vgl. Debatte über Grashey geht weiter. In: FAZ, 14.4.1969. Für Baudissin und Schmidt passte die Grashey-Rede in die Schule der Traditionalisten Schnez und Karst, die der Bundeskanzler Kiesinger in einer auf die nationale Mentalität von Soldaten zielenden Rede vor dem Deutschen Bundeswehrverband am 18.6.1969 durch die Bezeichnung des ›Bürgers in Uniform‹ und der ›Inneren Führung‹ als alte Klischees relativierte. Jedoch kritisierte auch die SPD die Rede von GM Grashey, vermutlich aufgrund des Bundestagswahlkampfes, sehr verhalten. AdsD, Depositum Schmidt, Mappennummer 5378, Schreiben Helmut Schmidt an Graf von Baudissin, 19.6.1969; Schreiben Graf von Baudissin an Schmidt, 25.6.1969.

[296] Ebd., Mappennummer 5684, Vermerk für Parl. StS, 9.3.1970, S. 1.

[297] Im Jahresbericht 1974 führte der WB an, dass ein Divisionskommandeur es abgelehnt habe, ihm die Möglichkeit der Durchführung einer Informationsveranstaltung für Kompaniechefs ohne weitere Anwesenheit von Vorgesetzten zu gestatten. Es handelte sich hierbei um eine Tagung innerhalb der 7. PzGrenDiv, zu der einerseits die Genehmigung des BMVg nicht vorgelegen hatte und zum anderen die Erfahrungen mit den Hauptleuten von Unna aus dem Jahre 1970 erhebliche Bedenken von Seiten der Bundeswehrführung

zu der Niederschrift, die anschließend insgesamt 75-mal angefertigt und innerhalb wie außerhalb der Bundeswehr verteilt wurde. Die darin geschilderten Probleme wie die daraus abgeleiteten Forderungen ließen ein tiefes Misstrauen gegenüber der politischen und militärischen Führung erkennen. Die Einheitsführer fühlten sich überfordert und von ihren Vorgesetzten allein gelassen. Sie unterstellten den Zwischenvorgesetzten politischen Opportunismus, weil sie die katastrophale Realität in der Truppe nicht erkennen und vor allem aus Eigennutz nicht weiter nach oben melden wollten. Die Kritik wandte sich vornehmlich gegen die schlechte Personal- und Nachwuchslage, vor allem in den Kampftruppen, die fehlenden Ausbildungs- und Erziehungsrichtlinien, den Verfall der Disziplin bei gleichzeitigem Übermaß an Verwaltungs- und Dienstvorschriften, aber auch gegen eine zu weit gehende Politisierung der Armee[298]: »Ein ständiger Schwund von Vertrauen zur militärischen und politischen Führung ist der Hauptanlass dieser Schrift [...] Die derzeitigen Zustände in der Armee sind unerträglich geworden und nicht mehr zu verantworten[299].« Diese Kernaussagen stellten eine vernichtende Kritik am Minister und seiner Generalität dar. Sie beschrieben ein Szenario des verantwortungs- und gewissenlosen Handelns bzw. Nichthandelns der Bundeswehrführung. Die untere Führungsebene, die Kompaniechefs und Bataillonskommandeure, waren demnach diejenigen, die den personellen, materiellen und konzeptionellen Mangel vertreten und verwalten mussten, während die mittleren und oberen Führungsebenen sie mit diesen Zuständen im Stich ließen[300].

Solch ein Vorgehen konnte in der Sache durchaus als verantwortungsvoll gewertet werden, weil die Hauptleute die ihrer Ansicht nach in der Bundeswehr herrschenden Missstände benannten, dennoch stellte es einen Affront gegen die politische und militärische Führung dar, der von dieser auf keinen Fall unwidersprochen bleiben konnte und Gegenmaßnahmen geradezu herausfordern musste. Verteidigungsminister Schmidt, Generalinspekteur de Maizière und der Inspekteur des Heeres Schnez reagierten deshalb sofort auf diese Brüskierung. Noch am 21. März 1971 informierten de Maizière und Schnez per Fernschreiben die Truppe. Zwar gestanden sie Fehler und Mängel in der Bundeswehr durchaus selbstkritisch ein, stimmten der Kritik der Hauptleute auch

---

geäußert worden waren. Vgl. JB 1974, S. 6; BA-MA, BW 2/11949, Stellungnahme Fü H I 3 für Fü S I 4, 26.3.1975, betreffend »JB 1974 des WB«, S. 3.

298 Ebd., BW 2/10790, Anlage zur »Information für die Kommandeure«, Nr. 3/71, betreffend »Niederschrift der Ergebnisse einer Arbeitstagung von Hauptleuten (KpChefs) 7. PzGrenDiv im Dezember 1970«.

299 Ebd., S. 2.

300 Gerade die Einheitsführer standen, wie es ein Bataillonskommandeur treffend formulierte, vor dem Dilemma zwischen der Pflicht zur Erhaltung der Kampfkraft und zur Wahrung des inneren Gefüges der Truppe sowie der Pflicht zur fehlerlosen Wahrung der Vorschriften, hier z.B. des Briefgeheimnisses, auch dann, wenn sie den begründeten Verdacht hegten, dass ein negativer Einfluss auf die Kampfkraft oder dass innere Gefüge der Kompanie zu erwarten sei. Deshalb könne ein Disziplinarvorgesetzter den Schachverhalt und die Wirkung oft besser beurteilen als eine rein juristische Sichtweise. Ebd., BW 2/11938, Schreiben des Kdr PzGrenBtl 353 an den WB, 23.4.1970, betreffend »Eingabe des Pioniers M.«.

teilweise zu, wandten sich aber vor allem gegen die Form und den gewählten Weg der Veröffentlichung. Nach Meinung der beiden Generale hatten die Einheitsführer mit ihrer Kritik in mehreren Punkten den Boden der Sachlichkeit verlassen. Insbesondere die Vorwürfe, die politische, aber auch die militärische Führung verfälsche aus politischen Gründen die militärischen Kräfteverhältnisse zwischen Ost und West, sie missbrauche die Befehlsbefugnis zu parteipolitischen Zwecken und sei von einer politischen Hörigkeit durchdrungen, wiesen die Generale in aller Form und mit scharfem Nachdruck von sich[301]. Auch Minister Schmidt nahm wenige Tage später bei einer vom Generalinspekteur einberufenen Kommandeurbesprechung zur Kritik der Hauptleute ausführlich Stellung. Für ihn war die angesprochene Vertrauenslücke zwischen den verschiedenen Ebenen der Vorgesetzten neben der erfolgten Indiskretion das gravierende Problem. Die personellen und strukturellen Unzulänglichkeiten seien mehr oder weniger bekannt und könnten intern mittelfristig behoben werden, jedoch gehe der eingeschlagene Weg der Konflikterkennung und -bewältigung ernsthaft an die Substanz der Bundeswehr. Wie konnte es geschehen, dass offenbar Zwischenvorgesetzte einen anderen Zustand der Truppe meldeten, als er wirklich war? Möglich war dies nur durch eine untergeordnete Führungsebene, welche die Probleme verschleierte, in Kombination mit einer übergeordneten Führungsebene, die so etwas mit sich geschehen ließ. Der Verteidigungsminister folgerte daraus:

»Ich werde in Zukunft keinerlei Besichtigungen bei Truppenteilen mehr ankündigen, sondern, wie zuletzt schon geschehen, nur noch unangemeldet kommen. Der Türke, der einem bei angekündigten Truppenbesuchen vorgebaut wird, die tagelange Revierreinigerei, der Extraanzug usw. – zu allem diesen müssen Sie sich einmal fragen, ob Sie auf diese Weise nicht dazu beitragen, dass Ihre Zwischenvorgesetzten und Untergebenen das Gefühl bekommen, dass der politischen Leitung etwas vorgegaukelt wird. Ziehe der sich den Schuh an, dem er passt[302].«

Die politische und militärische Führung der Bundeswehr hatte sich anscheinend in der Vergangenheit zu weit von der Truppe entfernt. Sie erkannte inzwischen zwar die funktionalen und strukturellen Schwierigkeiten, verkannte aber die Auswirkungen auf die Motivation der Soldaten. Die ständige Überforderung von Offizieren und Unteroffizieren ohne für sie erkennbare Lösungsansätze führte zur Resignation. Schmidt war sich dessen bewusst, anders war seine moderate Reaktion auf diese Provokation der Hauptleute nicht zu erklären. Er erteilte weder Redeverbote – lediglich bei der innerhalb der Bundeswehr geführten Diskussion durch die kommunistisch initiierten Flugschriften »Soldat 70« und »Soldat 74« wurde eingegriffen[303] – noch ließ er die Hauptleute

[301] Ebd., BW 2/10790, GenInsp, 6.4.1971, in einer Information für die Kommandeure, Nr. 3/71, betreffend »Stellungnahme zu einer Niederschrift aus dem Bereich der 7. Panzergrenadierdivision«; Anlage zur »Information für die Kommandeure«, Nr. 3/71, Fernschreiben des InspH und des GenInsp, 21.3.1971.
[302] Ebd., Rede des BMVg Schmidt vor den Kommandeuren der Bundeswehr, 29.3.1971, S. 2.
[303] Vgl. hierzu JB 1970, S. 12-15. Der WB stellte im Zusammenhang mit der Schrift in seinem JB fest, dass die Truppe eine umfassende und gezielte Gegendarstellung des BMVg ver-

disziplinar zur Verantwortung ziehen. Die Kompaniechefs von Unna wandten sich in einem »von anständigem Geist getragenen Brief« denn auch direkt an ihn, um ihm einen tatsächlichen Lagebericht zu geben[304].

Zu dem gestörten Verhältnis zwischen Truppe und Führung hatte indes auch der Wehrbeauftragte Schultz in seinem ersten Jahresbericht 1970 Stellung genommen[305] und dabei ausdrücklich die Bemühungen der politischen Leitung hervorgehoben, im Berichtsjahr mit der Truppe in Kontakt zu treten. Als vordringliches Problem analysierte Schultz die zunehmende Bürokratisierung im militärischen Apparat[306], die im Gegensatz zu den persönlichen Lebensbezügen der Soldaten stand. Dies äußerte sich vor allem im Fürsorgeverhalten der Führung, das nicht nur in der räumlichen Distanz zwischen Truppe und Führung offensichtlich wurde[307]. Die Bundeswehrführung sollte wieder mehr Verständnis für die Probleme in der Truppe entwickeln und ihren Schwerpunkt nicht wie bisher auf die Einhaltung formaler Abläufe legen. Daher musste das Problem mit den Kriegsdienstverweigerern genauso angegangen werden wie der Schutz der Streitkräfte gegen die Agitation extremer Kräfte. Dabei stellte, so die Ansicht im Ministerium, das gültige Strafgesetzbuch zu hohe Hürden auf, um eine wirksame Strafverfolgung zu gewährleisten. Es wurden aber weniger das Gesetz als Problem erkannt, sondern vielmehr die obersten Polizeibehörden der Länder, die ihrer Aufgabe zur Abwehr der Angriffe nicht gerecht würden. Eine Lösung des Verweigerungsproblems konnte zudem erst wirksam werden,

---

misst habe. Jedoch ergingen zwei Erlasse zu der Schrift »Soldat 70«: zum einen das Verbot, die Schrift zu diskutieren, zum anderen das Verhalten der Verfasser disziplinar zu würdigen. Vgl. BA-MA, BW 2/11952, JB 1970 des WB, hier: Kritische Punkte mit Sachstand und getroffenen Maßnahmen/Meinungen, S. 1. Zu »Soldat 74« vgl. ebd., BW 2/11949, Stellungnahme Fü H I 3 für Fü S I 4, 26.3.1975, betreffend »JB 1974 des WB«, S. 7 und JB 1974, S. 20 f.

[304] »Wir befürchten, dass entscheidende Kommandobehörden bis in ihr Haus hinein die tatsächlichen Zustände im Heer truppenfremd oder abgeschwächt beurteilen und wir halten es daher für notwendig, Sie direkt zu informieren.« Vgl. ebd., BW 2/10790, Rede des BMVg Schmidt vor den Kommandeuren der Bundeswehr, 29.3.1971, S. 3.

[305] Vgl. ebd., BW 2/11952, JB 1970 des WB, hier: Kritische Punkte mit Sachstand und getroffenen Maßnahmen/Meinungen, S. 3. Zu der Feststellung des WB in seinem JB 1970 wurde von Seiten des Ministeriums analysiert: »Die in diesem Zusammenhang vom Wehrbeauftragten angesprochenen Probleme sind der militärischen Führung bekannt. Maßnahmen zum Abbau der Mängel, vor allem auf dem Personalsektor sind eingeleitet (Bildungskonzept, Personalstruktur). Aus militärpolitischen Gründen sind aber manche Mängel nicht zu beheben (Verringerung der Großverbände und dadurch bessere Ausbildung).«

[306] Auf die Gefahr einer Bürokratisierung der Armee wies Schultz immer wieder hin, auch in seinem letzten JB für 1974. Für Fü H war dies dagegen nur eine Frage der Anwendung und der Nutzung des Computers als modernes Hilfsmittel: »Auch unter Zuhilfenahme moderner technischer Hilfsmittel kann die Armee nach wie vor nicht auf den im Sinn der Auftragstaktik handelnden Soldaten verzichten. Elektronische Datenverarbeitung, richtig genutzt, führt nicht zu einer Verbürokratisierung der Armee, sondern bewirkt genau das Gegenteil und trägt zu einer ›Humanisierung‹ bei.« Vgl. ebd., BW 2/11949, Stellungnahme Fü H I 3 für Fü S I 4, 26.3.1975, betreffend »JB 1974 des WB«, S. 22.

[307] Ebd., BW 1/129967, Schreiben Fü S I an Verteiler, 17.3.1971, betreffend »Jahresbericht (Vorabdruck) 1970 des WB«, S. 6 f.

wenn genug Plätze für den Ersatzdienst bereitgestellt wurden. Im Ministerium war man sich des politisch und gesellschaftlich Machbaren und der eigenen Grenzen bewusst[308].

Schmidt vermied es, die kritischen Offiziere zu empfangen und direkt mit ihnen in einen Diskurs über ihre Thesen zu treten, da er die Autorität der Zwischenvorgesetzten nicht unterminieren wollte. Außerdem war das Vorgehen der Offiziere eine klare Verletzung des Loyalitätsverhältnisses, und der Minister vermutete dahinter sogar eine »Einheitsfront zwischen einer Gruppe von Hauptleuten und der parlamentarischen Opposition«[309]. Für Schnez und Schmidt war auch die in dem Papier erkennbare Resignation weniger Ausdruck einer nicht vermittelten und nachvollziehbaren Verteidigungspolitik, sondern vielmehr eines »Nichtfertigwerdenkönnens mit der Gesamtentwicklung der Gesamtgesellschaft«[310]. Für die Hauptleute war es einfach nicht erklärbar und vor allem nicht nachvollziehbar, warum ein Teil der bundesdeutschen Gesellschaft die verteidigungspolitischen Gefahren und die Notwendigkeit von Militär zum Schutz des demokratischen Staatswesens nicht erkennen wollte, sodass sich der Soldat – auch durch gewisse Medien unterstützt – vor eine ständige Diffamierungskampagne und einen damit einhergehenden Rechtfertigungszwang gestellt sah. Und die übergeordnete Führung unternehme wenig, um den Soldaten zu schützen, lasse ihn stattdessen im Stich mit seinen Problemen. Der Verteidigungsminister, aber auch der Deutsche Bundestag als Repräsentant des gesamten westdeutschen Volkes, kämen der Fürsorgepflicht gegenüber den Soldaten nicht nach. Wie sollte der Minister darauf reagieren? Er war sich der »polemisch-polarisierenden Politisierung der Gesamtgesellschaft« bewusst, sah aber auch, dass es kaum ein wirksames Rezept gegen diese Strömungen gab, ohne sich von der Gesellschaft zu entfernen. Dies durfte freilich unter keinen Umständen geschehen. Zwar musste eine parteipolitische Prägung der Bundeswehr verhindert werden, aber auch die Soldaten mussten als Teil der Gesamtgesellschaft mit dieser Polarisierung fertig werden[311]. Dies hieß im Grunde nichts anderes als das Problem auszusitzen. Nicht purer Aktionismus war jetzt gefragt, sondern ein abwartendes, bei unmittelbarer Attackierung aber energisches Auf- und Entgegentreten gegen etwaige Provokationen war die Parole. Gegenmaßnahmen erweckten sofort die Aufmerksamkeit der Medien, wie im

---

[308] Vgl. ebd., BW 2/11952, JB 1970 des WB, hier: Sprechzettel über Vorschläge und Anregungen in den Jahresberichten 1959 bis 1969, die »nicht aufgegriffen« worden sind (Anlage 4, S. 59–71) für die Beratung im VtdgA am 29.4.1971, S. 1.

[309] Ebd., BW 2/10790, Rede BMVg Schmidt vor den Kommandeuren der Bundeswehr, 29.3.1971, S. 6.

[310] Ebd., S. 8 f.

[311] Ebd., Der GenInsp, 6.4.1971, in einer Information für die Kommandeure, Nr. 3/71, betreffend »Stellungnahme zu einer Niederschrift aus dem Bereich der 7. Panzergrenadierdivision«, S. 3. Der GenInsp bewertete diese Schrift als der Disziplin abträglich, der Verstärkung der Polarisierung in der Armee und der Bestätigung von Stereotypen des Bildes der Streitkräfte in der Öffentlichkeit förderlich. Vgl. zudem die Rede BMVg Schmidt vor den Kommandeuren der Bundeswehr, 29.3.1971, S. 10 f.

Fall eines offenen Briefes von 30 wehrpflichtigen Soldaten an Bundeskanzler
Willy Brandt vom Dezember 1971:

> »Wir, Soldaten der Bundeswehr, begrüßen die Gewaltverzichtsverträge von
> Moskau und Warschau und die Ergebnisse Ihrer Reise auf die Krim. Wir
> möchten Sie, Herr Bundeskanzler, dringend bitten, alles in ihren Kräften
> Stehende zu tun, um
> - die friedensfeindliche Demagogie der CDU/CSU und anderer dem Rüs-
>   tungskapital nahestehender Kreise offensiv zurückzuweisen und
> - die genannten Verträge umgehend vom Bundestag ratifizieren zu lassen
>   und ihre Verwirklichung einzuleiten[312].«

Der Wehrbeauftragte wurde auf den Brief aufmerksam, weil laut einer Zei-
tungsmeldung die Verfasser auf Betreiben des Verteidigungsministeriums diszipliniert werden sollten[313]. Das Ministerium forderte den zuständigen Disziplinarvorgesetzten aufgrund der im Brief enthaltenen »unsachlichen und diffa-
mierenden Angriffe gegen die CDU/CSU« und der »Angriffe gegen Offiziere
und Kompaniechefs« dazu auf, weil dieses Verhalten gegen die Wahrung des
Ansehens der Bundeswehr in der Öffentlichkeit und die Pflicht zum treuen
Dienen verstoßen habe[314]. Nicht nur die Gesamtgesellschaft hatte sich also inzwischen polarisiert, sondern auch die Bundeswehr. Das politische Spektrum
reichte von weit rechts bis weit links in all seinen Facetten. Angesichts der neu-
en Ostpolitik Willy Brandts und der damit einhergehenden Entspannungspolitik zwischen den Blöcken wurden auch der Sinn, der Auftrag, die Personalstär-
ke und die Wehrdienstzeit der Bundeswehr hinterfragt. Warum brauchte die
Bundesrepublik Deutschland in Zeiten der Entspannung noch so viele Soldaten? Die jungen wehrpflichtigen Soldaten verstanden nicht, dass außenpolitische Glaubwürdigkeit und Durchsetzungskraft auch der sicherheits- und militärpolitischen Unterfütterung bedurften. Anders konnten ihre zwar moralisch
verständlichen, aber realpolitisch utopischen Forderungen nicht gedeutet werden:

> »Wir fordern Sie auf, Herr Bundeskanzler, die Verträge zur Ratifizierung an
> den Bundestag zu leiten, den Antikommunismus und den Rüstungswahn-
> sinn zurückzudrängen. Warum soll unsere Bevölkerung weiterhin Opfer für
> eine Rüstung bringen, für die es keine vernünftige Begründung gibt? Warum
> sollen wir in der Truppe weiterhin einer politischen Beeinflussung unterlie-
> gen, die im Widerspruch zu den Verträgen von Moskau und Warschau
> steht? Warum wird nicht endlich der Wehrdienst um sechs Monate gekürzt
> und die Truppenstärke erheblich verringert? Wir bitten Sie, Herr Bundes-
> kanzler, die Maßstäbe, die mit den Verträgen von Moskau und Warschau

---

312 BA-MA, BW 2/11939, Abschrift offener Brief an Willy Brandt: Soldaten fordern Verwirklichung der Verträge von Moskau und Warschau durch OTL Wriedt, Kdr PzBtl 183 in Boostedt, 8.12.1971, S. 1.
313 Ebd., Schreiben des WB an den BMVg, 14.1.1972, betreffend »Offener Brief von Soldaten
   ohne Datum, von Mitte Dezember, an den Bundeskanzler, hier: Bericht der ›Bonner Rundschau‹ vom 7.1.1972«.
314 Ebd., Schreiben Fü S I 3 an den WB, 28.1.1972, betreffend »Offener Brief von Soldaten an
   den Bundeskanzler«.

gesetzt wurden, konsequent in der Wehrpolitik anzuwenden. Dafür versichern wir Sie unserer vollen Unterstützung[315]!«
Gerade im Hinblick auf die neue Ostpolitik Brandts waren die Meinungen sowohl in der Gesamtgesellschaft als auch in der Bundeswehr gespalten: Die einen begrüßten sie frenetisch, die anderen lehnten sie ebenso strikt ab. Einen Befehl, wonach den Soldaten im Unterricht ein Überblick über die Deutschlandpolitik der Bundesregierung zu geben war, empfanden manche Soldaten als politische Beeinflussung zugunsten einer Partei und sahen ihn daher als unrechtmäßig an[316]. Die Gefahr einer zu starken politischen Einflussnahme auf die Soldaten durch eine Richtung, und zwar von oben durch die Regierungsparteien, schwebte immer wie ein Damoklesschwert über der Bundeswehr. Als besonders problematisch erwies sich der Spagat zwischen der in der ›Inneren Führung‹ fest verankerten politischen Bildung und der Gefahr der einseitigen Politisierung im täglichen Dienst. Jedoch sprach es für die ›Innere Führung‹, wenn sich unterschiedliche Meinungen aus der Gesellschaft in der Armee gegenseitig kontrollierten und dadurch ein Ungleichgewicht vermieden wurde.
Die außen- und innenpolitischen Rahmenbedingungen eines ebenso »grausamen wie nutzlosen« Krieges in Vietnam, die Diskussion über die Abschaffung der Wehrpflicht in den USA, eine »Hängepartie« in der Ostpolitik, der Verdacht auf »Korruption« in der Praxis der bundesdeutschen Wehrpflicht, das stetige Ansteigen der Anträge auf Kriegsdienstverweigerung (KDV) und damit einer Lücke zwischen zu hohem Soll an Divisionen und zu kleinem Ist an Soldaten führten allesamt zu einer Überforderung der Truppe und einer angespannten psychologischen Situation in der Bundeswehr, so der Minister vor seinen Kommandeuren[317]. Schmidt schloss deshalb mit der ernüchternden Prognose: »Ich wiederhole: Die Zeiten werden für die Bundeswehr, insbesondere, wenn die friedliche Stimmung in Europa anhalten sollte, was wir wünschen, im Laufe der nächsten Jahre noch schwieriger werden als sie heute sind; insbesondere dann, wenn die Vereinigten Staaten die Wehrpflicht abschaffen sollten[318].« Die Vorhersage sollte sich bewahrheiten und die Probleme der militärischen Führung in der Truppe wie im Ministerium weiter vergrößern. Die Kluft zwischen einer von militärischen Überlegungen geleiteten sinnvollen Verteidigung und ihrer politischen Begründbarkeit in einer Demokratie wurde immer tiefer. Die Forderung der Soldaten nach einer von allen Seiten getragenen gesellschaftlichen und politischen Anerkennung war zwar verständlich, aber unter den Anfang der siebziger Jahre geltenden außen- und innenpolitischen Rahmenbedin-

---

[315] Ebd., Abschrift offener Brief an Willy Brandt: Soldaten fordern Verwirklichung der Verträge von Moskau und Warschau durch OTL Wriedt, Kdr PzBtl 183 in Boostedt, 8.12.1971, S. 1 f.
[316] Ebd., BW 2/11938, Schreiben des WB an den BMVg, 25.6.1970, betreffend »Befehl und Gehorsam«; Schreiben Fü S I 3 an den WB, 9.7.1970, betreffend »Befehl und Gehorsam«.
[317] Ebd., BW 2/10790, Rede des BMVg Schmidt vor den Kommandeuren der Bundeswehr, 29.3.1971, S. 13–19.
[318] Ebd., S. 23.

In der Offiziersschule der Luftwaffe München-Neubiberg wurden am 31.7.1969 vom Generalinspekteur der Bundeswehr, General Ulrich de Maizière (l.), die ersten 170 Feldwebel der Bundeswehr zu Fachoffizieren ernannt. *AP Photo*

Der Generalinspekteur der Bundeswehr, General Ulrich de Maizière, fährt die Einheiten ab, die anlässlich seiner Verabschiedung am 22.3.1972 zu einer Feldparade auf dem Fliegerhorst Wunstorf angetreten sind. *AP Photo/Helmuth Lohmann*

Blick auf das Rednerpodium
bei der »Internationalen
Vietnam-Konferenz« in Berlin
im überfüllten Auditorium
maximum der Technischen
Universität während der Eröff-
nungssitzung am 17.2.1968.
Rund 3000 junge Leute waren
der Einladung des Sozialistischen Deutschen Studen-
tenbundes (SDS) sowie
zahlreicher linkssozialistischer
Jugendorganisationen westli-
cher Länder gefolgt. Eröffnet
wurde die Konferenz von dem
Bundesvorsitzenden der SDS,
Karl-Dietrich Wolff.
picture-alliance/dpa/Giehr

Sieben- bis achttausend Menschen nahmen am 18.2.1968
in Berlin an der Vietnam-
Demonstration teil.
picture-alliance/dpa/Giehr

Der Studentenführer und
Mitglied des SDS,
Rudi Dutschke, am 6.3.1968
in der Aula der Halenpaghen-
schule im niedersächsischen
Buxtehude am Rednerpult.
picture-alliance/dpa/Rolf Kruse

Demonstranten in der Auseinandersetzung mit Polizisten vor dem Polizeipräsidium in Hamburg am 16.4.1968. Die Demonstranten wollten während der Demonstrationen festgenommene Mitglieder des SDS befreien.   *picture-alliance/dpa*

Der SDS-Vorsitzende Frank Wolff (r.) spricht im April 1968 zu den Teilnehmern des »Teach in« auf dem Rathausplatz in Esslingen. Etwa 500 Studenten und Esslinger Bürger nahmen an der Veranstaltung teil.   *picture-alliance/dpa/Helmut Morell*

◄ Am 11.5.1968 protestierten Studenten mit roten Fahnen und einem Plakat mit dem Porträt des Studentenführers Rudi Dutschke in den Straßen Bonns gegen die Notstandsgesetze.
picture-alliance/dpa

◄ Am 11.5.1968 fand in Bonn eine Großdemonstration gegen die Notstandsgesetze statt. Der Schriftsteller Heinrich Böll spricht zu den Teilnehmern der Kundgebung im Bonner Hofgarten.
picture-alliance/dpa

◄ Am 11.5.1968 demonstrierten zahlreiche ehemalige KZ-Häftlinge in Bonn gegen die Notstandsgesetze. *picture-alliance dpa*

An einem Eingang zum Universitätsgebäude liefern sich am 15.5.1968 streikbrechende Studenten eine Auseinandersetzung mit den Streikposten. Der Sozialistische Deutsche Studentenbund (SDS) und der Verband Deutscher Studentenschaften (VDS) hatten im Zusammenhang mit der am gleichen Tag im Parlament stattfindenden zweiten Lesung der Notstandsgesetze zu einem General-streik an den Universitäten aufgerufen.   *picture-alliance/dpa/Manfred Rehm*

Mitglieder des SDS am 13.5.1968 beim Presse-Studium im Büro des Sozialistischen Deutschen Studentenbundes in Frankfurt am Main.   *picture-alliance/dpa/Manfred Rehm*

gungen weder realisier- noch erzwingbar. Die Bundesrepublik Deutschland befand sich eben seit 1968 in einer gesellschaftlichen Umbruchphase, die weit mehr von pazifistischen Ideen als von militärischen Erfordernissen dominiert wurde.

Die Initiativen der Bundeswehroffiziere der unteren Führungsebene und die Reaktionen der politischen und militärischen Führung machten eines ziemlich deutlich: Die Bundeswehr bedurfte einer Reform, und zwar am dringendsten im Bereich von Ausbildung und Erziehung, denn nur so konnte dem eklatanten Mangel an qualifiziertem Nachwuchs begegnet werden. Laut einer Umfrage waren hauptsächlich materielle Erwägungen für den Personalmangel verantwortlich. Neben dem schlechten Verdienst (42 % der Befragten), der schlechten Atmosphäre (36 %) und dem Vorrang einer zivilen Berufsausbildung vor einer militärischen Karriere (12 %) waren auch negative Stereotypen über die Bundeswehr geläufige Begründungen[319]. Auf diese Problemlage hatte der Wehrbeauftragte bereits in seinen Jahresberichten 1967[320] und 1968[321] hingewiesen und deshalb weitgehende Strukturreformen, gerade im Hinblick auf eine wissenschaftliche Ausbildung der Offiziere, angemahnt. In einer vom Minister eingesetzten Bildungskommission erarbeiteten seit 1970 Fachleute ein umfassendes Ausbildungskonzept für die Streitkräfte. Die Kommission, in der zivile und militärische Fachleute vertreten waren, lieferte Vorschläge für die Neuordnung des Gesamtsystems der Ausbildung in den Streitkräften. Im Juli 1970 legte sie ein umfassendes Gutachten zur Neuordnung der Ausbildung und Bildung in den Streitkräften vor[322]. Der Verteidigungsminister betonte daraufhin im Weißbuch 1971/72 die Notwendigkeit der Neuordnung im Hinblick auf einen höheren Kampfwert der Truppe und hob die zu erwartende günstige Auswirkung für die Nachwuchssituation der Streitkräfte hervor[323]. Damit wurden sowohl die Unteroffizier- als auch die Offizierausbildung den gesellschaftlichen Gegebenheiten und den zivilen Neuerungen angepasst. Die ebenfalls neue Konzeption zur »Neuordnung von Ausbildung und Bildung für den Unteroffizier« vervollständigte die Aus-, Fort- und Weiterbildung der Soldaten. Hiermit wurde die zentrale Absicht der Bildungskommission berücksichtigt und die Unteroffizierausbildung sowohl dem Wandel des zivilen Bildungssystems als auch den steigenden Anforderungen des militärischen Auftrages angepasst[324]. Mit der Gründung der Hochschulen der Bundeswehr in Hamburg und München, die 1973 ihren Lehrbetrieb aufnahmen, wurde die Forderung nach einer wissenschaftlichen Ausbildung der Offiziere erfüllt. Bis zum März 1979 studierten dort 7429 Offiziere/Offizieranwärter, von denen sich 4233 noch im Studium befanden, und bereits 1650 ihr Studium erfolgreich und 1546 ohne Erfolg been-

---

[319] JB 1972, S. 28 f.
[320] JB 1967, S. 14.
[321] JB 1968, S. 21 f.
[322] Vgl. grundlegend zur Bildungsreform die Studie von Jopp, Militär und Gesellschaft.
[323] JB 1972, S. 31.
[324] Vgl. auch JB 1973, S. 19–29.

det hatten. Dies entsprach einer Erfolgsquote von ungefähr 65 %[325]. Vor allem der Zeitsoldat sollte nach seiner aktiven Laufbahn eine zivile Perspektive erhalten. Aber auch die Nachwuchsgewinnung musste durch eine Steigerung der Attraktivität des Soldatenberufes forciert werden. Dabei griffen seit Anfang der siebziger Jahre neben der Bildungsreform auch die Neuordnung der Truppenausbildung und eine Verkürzung der Wehrpflicht auf 15 Monate tief in die Strukturen der Streitkräfte ein, um die Bundeswehr und vor allem das Heer in ein völlig neues Strukturmodell 3 umzugliedern. Mit dem Inkrafttreten der Verkürzung der Wehrdienstzeit von 18 auf 15 Monate zum 1. Januar 1973 musste auch zur quartalsweisen Auffüllung mit Rekruten übergegangen werden, weil ansonsten die Präsenzzahl des Heeres reduziert worden wäre und damit der Abschreckungsfaktor und die entsprechenden Verpflichtungen innerhalb der NATO in Frage gestellt sowie nicht mehr hätte erfüllt werden können. Aus diesem Grund mussten Nachteile im Kameradschaftsverhältnis durch ein verschlechtertes Zusammenwachsen zu einer soldatischen Gemeinschaft aufgrund des neuen Auffüllungssystems ebenso in Kauf genommen werden wie eine erhebliche dienstliche Mehrbelastung der Ausbilder und Vorgesetzten[326].

Ziel all dieser Reformen war es, die Bundeswehr zum einen auf dem Arbeitsmarkt, auf dem immer noch Vollbeschäftigung[327] herrschte, konkurrenzfähig zu machen, zum anderen die Binnenstruktur an die neuen wehrpolitischen Gegebenheiten wie Verkürzung der Wehrpflicht und damit verbunden an eine weitestgehende Verwirklichung der Wehrgerechtigkeit anzugleichen, aber auch neue pädagogische Erkenntnisse gewinnbringend in das Ausbildungskonzept zu integrieren[328]. Die Streitkräfte trugen mit diesen Maßnahmen der Tatsache Rechnung, dass sie nur einer von mehreren Akteuren auf dem Arbeitsmarkt waren und sich somit in Konkurrenzstellung zu allen anderen staatlichen und wirtschaftlichen Organisationen begreifen mussten. Eine von den Gesetzen des Marktes losgelöste Stellung existierte zu keiner Zeit seit Gründung der Bun-

---

[325] BA-MA, BW 2/13918, Fü S I 1 an den WB, 30.3.1979, betreffend »Hochschulstudium der OA und Offiziere, Situation der Studienabbrecher«, S. 2.

[326] BA-MA, BW 2/11953, Stellungnahme Fü H I (Arbeitsgruppe W 15) zum Artikel von H. Berndt, 2.8.1972; Schreiben VR II 2 an die Leitung BMVg, 9.8.1972, betreffend »Stellung des WB«; ebd., BW 2/11949, Stellungnahme Fü H I 3 für Fü S I 4, 26.3.1975, betreffend »JB 1974 des WB«, S. 14.

[327] Der Arbeitskräftemangel wurde durch die Bundeswehr selbst noch zusehends seit dem Aufbau verschärft, da sie auf dem Arbeitsmarkt in Konkurrenz zur Wirtschaft auftreten musste. Auch die Integration der Flüchtlingsmassen und »die Feminisierung des Arbeitskörpers« in den 50er Jahren änderte daran nichts. Vgl. Schildt, Moderne Zeiten, S. 442 f.; Oertzen, Teilzeitarbeit.

[328] BA-MA, BW 2/11949, Stellungnahme Fü H I 3 für Fü S I 4, 26.3.1975, betreffend »JB 1974 des WB«, S. 5. Dies waren letztlich wichtige Nebeneffekte, das Hauptziel wurde aber klar im Interesse einer militärischen Funktionsfähigkeit definiert: »Wenn auch die Neuordnung der Aus-, Fort- und Weiterentwicklung durch die zivilberufliche Vergleichbarkeit zur Integration beigetragen hat, muss doch betont werden, dass deren Hauptziel eine Verbesserung der Qualifikation der auszubildenden Soldaten für ihre Aufgaben als Vorgesetzte und Führer ist. Nur die Maßnahmen der Berufsförderung richteten sich nach dem Ausbildungsbedarf für zivilberufliche Tätigkeiten nach dem Ausscheiden aus der Bundeswehr.«

deswehr, es dauerte letztlich knapp 15 Jahre dies einzusehen und in geeignete Gegenstrategien umzusetzen[329]. Und dies war, bei durchaus berechtigter Kritik an der Umsetzung[330], ein Verdienst der sozial-liberalen Koalition mit dem ersten SPD-Verteidigungsminister Schmidt und seinem Parlamentarischen Staatssekretär Berkhan[331].

Jedoch war die Rechweite der Strukturmodelle sehr begrenzt. Dies musste auch Berkhan schnell feststellen, als er in das Amt des Wehrbeauftragten gewechselt war. Die Bundeswehr befand sich 1977 bereits im Heeresmodell 4 und Berkhan kritisierte dessen Umsetzung. Diese Kritik wurde intern vom Inspekteur des Heeres in der Abteilungsleiterkonferenz vom Mai 1978 – anders als in den Vorjahren wurde seit 1978 in diesem höchsten Gremium mit der Beratung des Wehrbeauftragtenberichtes begonnen – gegenüber dem Generalinspekteur zurückgewiesen. In seiner Entgegnung kritisierte dieser im Beisein des Ministers den Heeresinspekteur, da er seine Kenntnisse hauptsächlich aus Meldungen, Berichten und den Aussagen von Verantwortlichen beziehe, während der Wehrbeauftragte von Betroffenen informiert werde, die sich »bis zur Grenze der Leistungsfähigkeit« belastet fühlten. Der Generalinspekteur verwarf daraufhin die Begründung aus dem Führungsstab des Heeres, in dem wieder einmal monoton gefolgert worden war, dass es sich lediglich um Anlaufschwierigkeiten handele und zudem der Wehrbeauftragte seine Feststellungen auf nicht verifizierbare Eingaben gründe. Er forderte deshalb, dass man zum Heeresmodell eine »angemessene Stellungnahme des BMVg« finden müsse, die auf die Kritik des Wehrbeauftragten reagiere[332]. Der Generalinspekteur wertete die Informationsgrundlagen des Wehrbeauftragten als authentischer als die des Heeresführungsstabes. Die Notwendigkeit einer Strukturänderung des Heeres lag, wie bereits in den vorherigen Modellen, in der veränderten sicherheitspolitischen Lage und den daraus resultierenden NATO-Vorgaben begründet, nur

---

[329] Besonders das Jahr 1972 war von den Reformen gekennzeichnet. Neben der Umstellung auf eine verkürzte Grundwehrdienstzeit und der Neuordnung der Ausbildung waren dies auch ein modifiziertes Reservistenkonzept sowie die Änderung des Wehrdisziplinarrechts. Das Dritte Änderungsgesetz zum Gesetz über den zivilen Ersatzdienst konnte aufgrund der Vorverlegung der Wahlen zum 7. Deutschen Bundestag 1972 nicht mehr verabschiedet werden, wurde aber für das Jahr 1973 wieder in die Agenda aufgenommen. Vgl. ebd., BW 2/11954, Fü S I 3, Mai 1973, betreffend »Stellungnahme zum Bericht des WB des Dt. BT für das Berichtsjahr 1972«, S. 1; JB 1972, S. 32.

[330] Wie bei jeder Reform gab es auch hier vermeintliche Gewinner und Verlierer; auch Letztere müssten in dem Konzept mitgenommen werden. Der BEBGenInsp zog aus den Ausführungen des WB den Schluss, dass verstärkte Information über die Reformmaßnahmen notwendig seien und Vorschläge für besondere Fortbildungsmaßnahmen der »reformgeschädigten Offiziere« entwickelt werden müssten. Vgl. ebd., S. 1 f.

[331] Vgl. Vogel, Karl Wilhelm Berkhan.

[332] BA-MA, BW 2/11947, Vortrag des InspH zum JB 1977 des WB in der ALK, 3.5.1978; Vortrag des GenInsp anlässlich der ALK-Sitzung am 3.5.1978 zur Erörterung des JB des WB 1977, S. 8.

bedurfte sie in der Truppe einer sorgfältigen Umsetzung, die gleichzeitig die Abwehrbereitschaft im Auge behielt[333].

Die Disziplin und Ordnung ließen in der Bundeswehr jedenfalls seit 1968 spürbar nach. Der Wehrbeauftragte untermauerte diesen Befund mit einer Umfrage. Auf die Frage, ob die Einsatzfähigkeit, die Kampfkraft und der Abschreckungswert der Streitkräfte nachgelassen hätten (31 %), gleich geblieben seien (44 %) oder sich verbessert hätten (12 %), antworteten 16 % überhaupt nicht. Insgesamt war eine klare Tendenz zur schlechteren Beurteilung in den Großstädten erkennbar[334]. Dies war zum einen durch eine neue Generation von Wehrpflichtigen mit dem Drang nach Selbstverwirklichung zu erklären, lag aber auch an den wesentlich extensiver wahrgenommenen Möglichkeiten, die sich aus der Wehrdisziplinarordnung und Wehrbeschwerdeordnung ergaben. Durch eine Beschwerde konnte der Delinquent die Vollstreckung seiner Disziplinarstrafe erst einmal aufschieben, weshalb oftmals die sichtbare Ahndung einer Tat nicht mehr im zeitlichen Zusammenhang mit ihrer Begehung stand. Aber auch die Berichterstattung der Medien über dieses wichtige Feld, die sich zudem noch auf ungeschickte und wenig sachdienliche öffentliche Kommentare von höheren militärischen Vorgesetzten und Politikern stützen konnte, verschärfte dieses negative öffentliche Bild zusätzlich[335]. Die Gründe für diese negative Einschätzung vermutete man weniger im eigenen Bereich, sondern außerhalb der Bundeswehr. Denn im Ministerium vertrat man die Ansicht, dass die Bundeswehr nach Beurteilung der NATO ihren Auftrag trotzdem erfüllen konnte[336]. Die Probleme hinsichtlich der Disziplin gründeten daher besonders in der immer höher ansteigenden Zahl an Kriegsdienstverweigerern[337]. Im Kern war dies aber nicht auf eine gesellschaftliche Abwehrhaltung gegen den Wehrdienst zurückzuführen, vielmehr strukturell bedingt. Denn die Gerechtigkeitslücke zwischen der Stärke eines Rekrutenjahrgangs und den tatsächlich einberufenen jungen Männern konnte nicht geschlossen werden. Wer wollte, konnte dem Wehrdienst entgehen. Der Soldat verlor gegenüber dem Ungedienten wertvolle Zeit bei der beruflichen Aus- oder Weiterbildung. Besonders negativ wirkte sich dies auf die Truppe aus, wenn der Antrag auf Kriegsdienstverweigerung erst während des Wehrdienstes und von Soldaten mit Vorgesetzteneigenschaft gestellt wurde, da diese regelmäßig bis zur Entscheidung ihres Antrages vom Dienst an der Waffe freigestellt wurden[338]. Solche Soldaten drückten ebenso die

---

[333] Vgl. ausführlicher zur Heeresstruktur (HS) 4 ebd., BW 1/135181, Stellungnahme des BMVg zum JB 1980 des WB, 10.6.1981, S. 127–135. Mit der HS 4 wurde das Heer u.a. in die Lage versetzt, der NATO 36 Brigaden mit einem hohen Präsenzgrad zur Verfügung zu stellen. Den entscheidenden Ausschlag für die Umgliederung gab die Absicht, den Faktor Kampfkraft zu verbessern.

[334] JB 1972, S. 29.

[335] JB 1971, S. 44–51.

[336] BA-MA, BW 2/11953, Schreiben Fü S I 3 an den GenInsp, 10.5.1972, betreffend »Synopse über kritische Punkte des JB 1971 des WB«, S. 10.

[337] Vgl. Bernhard, Kriegsdienstverweigerung per Postkarte.

[338] BA-MA, BW 2/11952, JB 1970 des WB, hier: Kritische Punkte mit Sachstand und getroffenen Maßnahmen/Meinungen, S. 4. Der WB regte daher im JB 1970 die Einleitung eines

Motivation bei ihren Kameraden wie die vorschriftsmäßige Verfahrensweise des Personalstammamtes, abgelehnte Offizieranwärter in die Laufbahn der Unteroffiziere zurückzuführen[339]. Damit wurde die Unteroffizierlaufbahn entwertet, deren Nachwuchslage an sich schon ungünstig war[340]. Für die Funktionsfähigkeit der Einheiten und Bataillone bedeutete diese Praxis eine erhebliche Belastung. Denn wie sollten die Wehrpflichtigen wirksam vor der Agitation der abgelehnten Verweigerer geschützt werden, von dem negativen Beispiel gar nicht zu sprechen, und wie sollten die Kriegsdienstverweigerer bis zur Entscheidung sinnvoll eingesetzt werden? Diesem Problem musste sich die untere Führungsebene in der Truppe und weniger die mittleren und höheren Kommandobehörden bzw. die militärische oder politische Führungsebene stellen[341].

c) Die Eingaben als Spiegelbild des Soldatenalltags

Der soldatische Alltag im Garnisonsdienst und bei Übungen war durch Dienstpläne, Ausbildungsmerksätze, Befehle, Dienstvorschriften, Weisungen und Erlasse geregelt. Der Dienstplan gab zwar das Ausbildungsthema, die Inhalte und den Ort vor, aber nicht wie die Vorgesetzten ihre Ausbildungs-, Führungs- und Vorbildfunktion ausfüllen sollten[342]. Die Vorschriften ließen wohl erkennen, was der Soldat wann und wie zu tun hatte, aber ein exaktes Bild seines Alltages ist dadurch nicht zu erkennen. Was beschäftigte ihn zusätzlich im und

---

Anerkennungsverfahrens als Kriegsdienstverweigerer von Amts wegen an, ohne dass die Soldaten, die den Dienst an der Waffe verweigerten, einen Antrag gestellt hätten. Solch ein Verfahren wurde im Ministerium mit der Begründung, dass nur der Soldat ein Antragsrecht zu dieser Gewissensentscheidung habe, abgelehnt.

[339] Ebd., BW 2/11937, Eingabe des OL S. an den WB, 4.4.1968, betreffend »Eingabe wegen des Verdachts auf Verletzung der Grundsätze über die Innere Führung«; ebd., BW 2/11937, Schreiben Fü S I 3 an den WB, 15.4.1970, betreffend »Eingabe des Olt. S.«.

[340] Ebd., Schreiben des WB an den BMVg, 23.4.1968, betreffend »Eingabe des Olt. Dieter S. vom 4.4.1968«, S. 1: »Nach einer fernmündlichen Rücksprache mit dem Bataillonskommandeur PzGrenBtl 133 hat dieser mir bestätigt, dass innerhalb des Unteroffizierkorps des Bataillons durch die Überführung des ehemaligen Fahnenjunkers S. in die Laufbahn der Unteroffiziere erhebliche Unruhe entstanden sei. Das Offizierkorps sehe sich außerstande, den Unteroffizieren eine einleuchtende und befriedigende Erklärung für die Überführung in die Laufbahn der Unteroffiziere zu geben.«

[341] JB 1972, S. 9-11. Der Wehrbeauftragte Schultz formulierte hier eine eindeutige und mutige Stellungnahme zu dem Grundrecht auf Kriegsdienstverweigerung und mahnte neben rechtlichen Maßnahmen auch politische Auseinandersetzungen mit den »Gegnern unserer Grundordnung« und der »weithin verbreiteten ›Gymnasiasten-Mode‹« an.

[342] Vgl. BA-MA, BW 2/11934, Stellungnahme des Kdr 1. GebDiv an den WB, 4.8.1978, betreffend »Vorbildlichkeit von Vorgesetzten«. Ein StUffz bildete seine Rekruten so aus, dass das wichtigste Werkzeug des Pioniers die Kombizange sei, um den Toten die Goldzähne herauszubrechen und es daher notwendig sei, auf den Körper des Feindes zu schießen, um die Goldzähne unbeschädigt zu lassen. In einem weiteren Fall nutzten ein Offizier und mehrere Unteroffiziere die Abwesenheit ihres KpChefs aus, um unangenehm aufgefallene Soldaten zu schikanieren. Ebd., Schreiben Wehrdisziplinaranwalt beim Truppendienstgericht Süd – 3. Kammer – für den Bereich der 1. GebDiv an den WB, 4.9.1978, betreffend »Schikaneverbot«.

vor allem nach seinem Dienst? Wie war die zwischenmenschliche Kommunikation, wie wirkte die Vorschriften- und Befehlslage auf ihn und welche Schritte unternahm er, um seine Situation anders zu gestalten oder zu verbessern? Hierüber können die Eingaben an den Wehrbeauftragen Aufschluss geben, denn der einzelne Soldat schilderte darin seine Eindrücke und Wahrnehmungen des militärischen Lebens. Zwar meist beschränkt auf den negativen Bereich, aber die Ausführungen sind doch aussagefähig im Hinblick auf die Beurteilung des Ist-Zustandes des Soldatenlebens und des Soll-Zustandes, der offiziellen Forderung der Bundeswehr. Die Eingaben sind quellenkritisch mit Vorsicht zu bewerten, da hinter der Eingabe meist ein persönliches Ziel steckte, welches der Einsender unter Umgehung seiner Vorgesetzten erreichen wollte. Die Petitionen und Beschwerden spiegeln gerade deshalb den Soldatenalltag authentisch wider, weil darin die Abweichung von der Regel zu erkennen ist und zudem deutlich wird, was den Soldaten aller Dienstgradgruppen bedrückte und wo die Fehler im System lagen. Daher war es keine Seltenheit, wenn sich ein Soldat sogar mit Wissen, Aufmunterung und Zustimmung seiner Vorgesetzten an den Wehrbeauftragen wandte, da diese keine bundeswehrinterne Abhilfe mehr erwarteten oder selbst erreichen konnten[343]. Trotz der Gefahr, dass ihnen Führungsschwäche unterstellt werden konnte, wandten sich sogar Kommandeure gegen Erlasse oder Vorschriften des Ministers an den Wehrbeauftragen mit der Bitte um Abhilfe. Ein Kompaniechef wiederum beschwerte sich für seinen Untergebenen, weil er mit der Entscheidung der vorgesetzten Dienststelle nicht einverstanden war, obwohl der Betroffene selbst keinen Gebrauch von seinem Recht machte[344].

---

[343] Vgl. ebd., BW 1/193816, Eingabe des Kdr PzBtl 24 Braunschweig an den WB, 17.7.1979, betreffend »Versorgung mit Bekleidung«; ebd., BW 1/98199, Schreiben VR III 4 an den VtdgA, 28.6.1959, betreffend »Verpflegungswirtschaft im Standort Leipheim«. »Eine Anhörung des StabsUffz. S. hat schließlich ergeben, dass er seine Eingabe mit dem Wissen seines Kommandeurs mit dem Ziele an den Herrn Wehrbeauftragen gerichtet habe, eine schnelle Beseitigung der anfänglichen Mängel in der Truppenwirtschaft zu erreichen.« Zudem ebd., BW 1/98187, Stellungnahme des Kdr 5. Minensuchgeschwader in Olpenitz an den WB, 10.3.1970, betreffend »Unterbringung während der Werftliegezeit«, S. 2. »Ich schließe mich der in der Eingabe vertretenen Ansicht an, dass diese Unterbringung an Land etwa die gleichen Einschränkungen mit sich bringt, wie die Bordunterkunft und daher eine entsprechende Zulage angemessen wäre.«; Stellungnahme des Disziplinarvorgesetzten und Kommandanten des SM-Bootes »Neptun«, 10.3.1970. »Die Beschwerde des Btsm B. besteht meines Erachtens zu Recht. Durch die zuständige WBV wäre zu prüfen, ob eine andere Lösung in der Unterkunftsfrage gefunden werden kann.«
[344] Vgl. ebd., BW 2/11932, Schreiben des WB an den BMVg, 28.10.1969, betreffend »dienstlicher Arbeitseinsatz von Soldaten bei öffentlichen oder privaten Veranstaltungen«; ebd., BW 2/11937, Eingabe des OL S. an den WB, 4.4.1968, betreffend »Eingabe wegen des Verdachts auf Verletzung der Grundsätze über die Innere Führung«; ebd., BW 1/94617, Schreiben P II 7an VR II 2, 27.7.1970, betreffend »Vorzeitige Entlassung aus der Bundeswehr«; Schreiben VR II 2 an P II 7, 4.8.1970, betreffend »Eingabe eines Vorgesetzten an den WB im Interesse eines unterstellten Soldaten«.

Der Alltag der Soldaten bestand meist aus Ausbildungs-, Übungs-[345] und Sicherungsdienst, also wenig spektakulärem und abwechslungsreichem Garnisonsdienst. In ihren ständig wiederkehrenden Abläufen, der daraus resultierenden hohen dienstzeitlichen Belastung und ihrer routinemäßigen Gefährlichkeit nahmen die Soldaten solche Dienste als unattraktiv wahr, vor allem wenn sie sich über einen längeren Zeitraum erstreckten. Die Verwendung in einer Wach- und Sicherungskompanie war daher besonders unbeliebt, denn die Soldaten kamen selten nach Hause, hatten eine sehr hohe Dienstbelastung[346] mit wenig Abwechslung und fühlten sich von daher geistig unterfordert, weshalb sie versuchten, diesem Alltag zu entkommen. Systemintern konnten sie kaum Abhilfe in ihrer Situation erwarten, somit war der Wehrbeauftragte die letzte Hoffnung auf eine andere Verwendung[347]. Einem jungen Mann[348] war schwer zu vermitteln, warum er aus seiner Familie, seinem Zuhause[349], seinem Freundeskreis und seiner Arbeit herausgerissen wurde, um während seiner Wehrpflicht fast nur Wachdienst zu schieben[350]. Dem Konzept des gut ausgebildeten,

---

[345] Gerade hier wurde die Verhältnismäßigkeit der Mittel durch manche Vorgesetzte außer Acht gelassen oder die Übungen wurden schlecht geplant, organisiert und/oder durchgeführt. Vgl. hierzu ebd., BW 2/11939, Schreiben des WB an den BMVg, 13.6.1972, betreffend »Grundrechte der Soldaten, hier: Eingabe des SU N., 8.2.1972«; ebd., BW 2/11953; Eingabe des OFw K., 11.1.1971, betreffend »Beschwerde gegen den Befehl für die Vermessungsübung ›Stechmücke IIIa‹«.

[346] Ebd., BW 2/11949, Stellungnahme Fü H I 3 für Fü S I 4, 26.3.1975, betreffend »JB 1974 des WB«, S. 12: »Die Feststellungen des Wehrbeauftragten bezüglich der zeitlichen Überforderung der Truppe decken sich mit den Aussagen der Zustandsberichte des nachgeordneten Bereiches. Um eine Entlastung wenigstens im Wachdienst herbeizuführen, sei Fü H seit längerer Zeit um neue Regelungen bemüht. Da es jedoch an den erforderlichen Haushaltsmitteln zum vermehrten Einsatz von Wachen gewerblicher Bewachungsunternehmen oder im Dienste der Bundeswehr mangelt, können Erleichterungen nur im Laufe organisatorischer Maßnahmen herbeigeführt werden.«

[347] Vgl. ebd., BW 2/11930, Eingabe G Karl-Heinz M., Jagdbombergeschwader 31, an den WB, 23.11.1966.

[348] Die Frage nach der Gleichheit der Geschlechter in der Wehrfrage wurde trotz der grundgesetzlichen Eindeutigkeit und der durch die Entscheidungen des Bundesverfassungsgerichts gestützten Praxis immer wieder aufgeworfen und die Rechtmäßigkeit angezweifelt. Vgl. ebd., BW 2/11937, Eingabe des Rechtsanwalts und Notars Paul de N., 19.10.1970, S. 3; ebd., Schreiben Parl. StS an de N., 16.11.1970, S. 3: »Das Bundesverfassungsgericht hat bereits im Jahre 1960 beiläufig festgestellt, dass die Beschränkung der Wehrpflicht auf männliche Bürger keinen Verfassungsverstoß darstelle.«

[349] Vgl. hierzu ebd., BW 2/16804, Schreiben WB an den Vorsitzenden des VtdgA, 14.5.1970, betreffend »JB 1969 – Entgegnung zur Stellungnahme des BMVtdg«, S. 11: »In den letzten Wochen haben mich Eingaben von Soldaten, die auf den Nordseeinseln stationiert sind, erreicht, in denen darüber Klage geführt wird, dass sie durch die hohen Übersetzgebühren kaum in der Lage sind, nach Hause zu fahren.« Der WB kümmerte sich immer wieder um Möglichkeiten, damit die Soldaten günstig heimfahren konnten. Vgl. ebd., BW 2/11950, Schreiben Parl. StS an den WB, 12.11.1976.

[350] JB 1972, S. 42 f.; BA-MA, BW 1/60621, Ausarbeitung VR III 7, Az.: 39-20-00, betreffend »Fragen des JB 1972, die in der Erörterung im VtdgA am 17.10.1973 nicht behandelt wurden oder deren Klärung nicht erreicht werden konnte«, S. 11 f.; ebd., BW 2/11954, Fü S I 3, Mai 1973, betreffend »Stellungnahme zum Bericht des WB des Dt. BT für das Berichtsjahr 1972«, S. 55 f. In seinem Jahresbericht 1972 wies der WB auf die hohe Stundenbelastung von bis zu 100 h pro Woche bei den Sicherungsstaffeln und Einsatzverbänden der Luft-

teamorientierten Einzelkämpfers entsprach diese Praxis jedenfalls nicht. Trotzdem waren solche Dienste im Rahmen des militärischen Auftrages nun einmal unumgänglich[351]. Auch Reinigungsaufgaben gehörten zu den wenig fordernden Aufgaben, die von den Soldaten nicht nur für ihre dienstliche Unterkunft, sondern auch für Gemeinschaftsräume oder die Stuben der Vorgesetzten zu übernehmen waren. Zwar stellten die Soldaten die Frage, ob dies im Rahmen einer zeitgemäßen Menschenführung überhaupt noch zulässig war. Diese Befehle waren aber verbindlich, sodass sie sich nicht auf eine unzumutbare Einschränkung von Grundrechten berufen konnten[352]. Andererseits führten die Soldaten diese wenig fordernden Dienste oft mit Unzufriedenheit aus und nahmen sie als »Gammeldienste« wahr: »Warum wird die Wehrdienstzeit nicht im Interesse einer größeren Wehrfreudigkeit von einienhalb Jahren auf ein Jahr verkürzt, da es doch allgemein bekannt ist, dass nach der Grundausbildung mehr herumgegammelt als konzentriert ausgebildet wird. Jedenfalls höre ich überall, dass von einem zielvollen Einsatz nach der Grundausbildung nichts mehr zu merken ist und dass jeder Entlassene nach dieser Gammelzeit mühe [sic!] hat, sich wieder in den Arbeitsprozess des unmilitärischen Alltags einzugliedern[353].«

Jedoch traf der Vorwurf des Gammeldienstes die Truppe aufgrund der Vorschriftenlage oftmals unberechtigt, denn aufgrund der erhöhten Zahl einer erforderlichen Spezialeinstellungsuntersuchung der neu einberufenen Rekruten wegen gesundheitlicher Einschränkungen waren diese erst einmal zum Gammeln verurteilt, da diese Untersuchungen in den Bundeswehrkrankenhäusern gemacht werden mussten. Solche Soldaten mussten bis zu fünf Wochen auf einen Termin warten. In der Zwischenzeit durften sie wegen des hohen Gesundheitsrisikos nicht ausgebildet werden. In einem Kampftruppenbataillon beispielsweise betraf das immerhin 160 und in einer Kompanie bis zu 40 Soldaten[354]. Zudem wurde der Truppe nicht selten mehr Personal von den Kreiswehrersatzämtern zugewiesen als aus Sicht der Vorgesetzten Aufgaben verteilt werden konnten. Viele Aufgaben waren in ihren Routinen wenig anspruchsvoll und berücksichtigten den Bildungs- und Ausbildungsstand der Soldaten kaum. Solche Aufträge wirkten deprimierend, auch wenn sie dem augenblicklichen

---

waffe hin. Lediglich mit infrastrukturellen Mitteln oder einer Personalaufstockung konnte dieses Problem nicht gelöst werden, zudem war auch das Versagen der militärischen Führer vor Ort oder in den übergeordneten Dienststellen nicht für diese Entwicklung allein verantwortlich. Die Lösung lag vielmehr in einem Mix aus allen dreien.
In der Stellungnahme zum JB 1974 führte der Referent Fü L I 3 dann detailliert an, welche Maßnahme von Seiten der Luftwaffe getroffen worden waren, um die Belastung zu mildern; jedoch ließ sich auch dadurch keine grundlegende Verbesserung der Lage erreichen. Vgl. ebd., BW 2/11949, Schreiben Fü L I 3 an Fü S I 4, 25.3.1975, betreffend »JB 1974 des WB«, S. 3 f.
[351] Vgl. ebd., BW 2/11930, Schreiben Fü S I 3 an den WB, 27.9.1967, betreffend »Verwendung im Wach- und Sicherungsdienst«.
[352] Ebd., Schreiben WB an Fü S I 3, 30.11.1967, betreffend »Eingabe des Pioniers Robert F.«; Antwort Fü S I 3 an den WB, 16.1.1968, betreffend »Eingabe des Pioniers Robert F.«.
[353] Ebd., BW 2/11937, Eingabe Rechtsanwalt und Notar Paul de N., 19.10.1970, S. 2 f.
[354] Ebd., BW 1/250717, Schreiben MdB Schlaga an den Parl. StS Berkhan, 21.3.1972, betreffend »Truppenbesuch im Ausbildungslager I PzGrenBtl 132 in Schwarzenborn«, S. 4.

Dienstgrad entsprachen und keine Geringschätzung des Bildungsstandes bedeuten sollten[355].

Der Alltag des militärischen Vorgesetzten bestand vor diesem Hintergrund darin, in einem ständigen Spannungsverhältnis zu leben: Einerseits musste er den Vorschriften und Forderungen seiner Vorgesetzten nachkommen, andererseits agierte er gegenüber seinen Untergebenen zwischen berechtigter Fürsorge und dienstlicher Notwendigkeit, schließlich musste er mit einer ineffektiven logistischen Bereitstellung für den Dienstbetrieb zurechtkommen. So mangelte es etwa an Schreibpapier und Übungsmaterial, um gut ausbilden zu können. Diese Schwierigkeiten lagen aber weniger im Mangel an ausreichenden Haushaltsmitteln, vielmehr an der durch die strenge kameralistische Haushaltsführung bedingte unflexible Zuweisung[356]. Ließ er die Vorschriften und Befehle außer Acht, machte er sich eines Dienstvergehens schuldig, befolgte er sie zu eng, führte er seine Soldaten nicht mehr zeitgemäß. Vorgesetzte handelten daher stets in einem inneren Dilemma[357]. Gerade wenn sie, wie die Kompaniechefs, in der unmittelbaren Verantwortung gegenüber ihren Untergebenen standen, trugen sie, trotz ihres jungen Lebensalters die volle Handlungskompetenz. Entsprachen ihre Befehle und Maßnahmen aber nicht den Gedanken der übergeordneten Führung, wurden sie als zu »jung«, zu »unerfahren« und in ihren Entscheidungen als zu wenig »durchdacht« gescholten[358]. Ein verantwortungsvoller Vorgesetzter kannte die persönliche und dienstliche Situation seiner Soldaten unmittelbar. Auch die politische und militärische Führung war mit den Problemen gerade der Unteroffiziere vertraut, eine Verbesserung und Änderung bedurfte aber gravierender Strukturentscheidungen, die erst mittel- bzw. langfristig Wirkungen zeigten. Die Kompaniechefs und übergeordneten Kommandeure wiederum wussten um das Problem der dienstlichen Überbelastung der Unteroffiziere, aber sowohl ihre fürsorglichen als auch ihre organisatorischen Maßnahmen reichten nicht aus, um es nachhaltig lösen zu können. Somit war eine Eingabe an den Wehrbeauftragten, auch in Form eines Erfahrungs- oder Zustandsberichts, oftmals die letzte Hoffnung auf Verbesserung der Situation[359].

---

[355] Ebd., BW 2/11937, Eingabe Flieger Axel von B. an den WB, 28.11.1969; Schreiben WB an den Flieger Axel von B., 23.1.1970.

[356] Ebd., BW 1/250717, Schreiben MdB Schlaga an den Parl. StS Berkhan, 21.3.1972, betreffend »Truppenbesuch im Ausbildungslager I PzGrenBtl 132 in Schwarzenborn«, S. 4 f.

[357] Vgl. ebd., BW 1/94614, Schreiben des WB an den BMVg, 8.12.1969, betreffend »Eingabe von Soldaten wegen der Eheschließung von Soldaten«; Schreiben VR II 2 an Fü M I 3, 10.2.1970, betreffend »Erlass – Fü B I 4, 10.1.1958 (Heirat von Soldaten) – Az.: 35-05-01«; ebd., BW 2/11938, Schreiben Kdr PzGrenBtl 353 an den WB, 23.4.1970, betreffend »Eingabe des Pioniers M.«.

[358] Vgl. ebd., BW 1/94614, Schreiben WB an den BMVg, 11.7.1969, betreffend »Eingabe des Hauptmanns Werner P.«; ebd., BW 2/11938, Schreiben Fü S I 3 an den WB, 15.7.1970 betreffend »Eingabe Pionier M.«.

[359] Vgl. ebd., Eingabe Major von F. an den WB, 27.2.1970, betreffend »Dienstliche Belastung der Unteroffiziere in der 2./mittleres Instandsetzungsbataillon 510«; Schreiben des WB an den BMVg, 15.6.1970, betreffend »Dienstliche Belastung der Unteroffiziere«. Der Petent fügte dem WB eine akribische Auflistung und Zeitberechnung der Dienste eines Unter-

Manche Soldaten aller Dienstgradgruppen wurden sogar entmündigt oder gar beleidigt. Vorgesetzte nahmen sich das Recht heraus, den Untergebenen unter Vorspiegelung dienstlicher Erfordernisse selbst in seinem Privatleben zu kontrollieren. Sie griffen in elementare Freiheitsrechte mit der fadenscheinigen Begründung ein, Schaden von der Bundeswehr abwenden zu wollen oder um die Weiterbildung der Soldaten besorgt zu sein[360], wie beispielsweise durch eine schriftliche Belehrung über eine bevorstehende Heirat hinsichtlich der Satisfaktionsfähigkeit der Braut, bei der Kontrolle von Lesegewohnheiten in der Freizeit oder bei Verstößen gegen das Postgeheimnis[361]. Mit solchen Informationen beabsichtigte man freilich, ein Persönlichkeitsbild des betreffenden Soldaten zu erstellen. Längerdienende Soldaten erduldeten solche Eingriffe meist aus Furcht vor einer negativen Beurteilung und den daraus folgenden Karrierenachteilen. Dies galt auch für junge Unteroffiziere, die von den älteren Vorgesetzten mit mangelndem Respekt behandelt wurden. In manchen Einheiten war darüber selbst das Führerkorps gespalten und in sich inhomogen. Die jüngeren Unteroffiziere fühlten sich jedenfalls nicht ernst genommen, überfordert und zur bloßen Verfügungsmasse degradiert:

»Nun wird er aber durch dauerndes Bemängeln und Lächerlichmachen vor der Front immer unsicherer und auch seine Achtung bei den Untergebenen ist dahin. Er ist also bei Untergebenen derjenige, der sowieso nichts zu sagen hat und wird als Marionette des Zugführers oder Kp.-Chefs angesehen [...] Im Augenblick sieht es aber so aus, dass er keine richtigen und vor allen Dingen verantwortungsvolle Aufgaben bekommt und er dahinvegetiert, mit dem Gedanken, auf mich kommt es nicht an [...] Diese Beispiele, die ich in meiner Eingabe angeführt habe, sollten weiter nichts als den Charakter einiger arroganter und in Selbstherrlichkeit lebender Feldwebel und Offiziere herausstellen. Ich wollte diese Leute auch nicht mit den Vorwürfen, die ich in meiner Eingabe erhoben habe, belasten, sondern nur die Situation klar machen[362].«

Diese Einschätzung der Situation war kein Einzelfall, sondern ein breites Problem in der Bundeswehr, das sowohl dem Wehrbeauftragten als auch im Minis-

---

offiziers seiner Einheit bei und verwies auf die unhaltbaren Zustände. Laut seiner Rechnung kamen die Unteroffiziere auf eine durchschnittliche wöchentliche Arbeitszeit auf das gesamte Jahr bezogen von knapp 61 Stunden bei einer regulären Wochenstundenzahl von 45.

[360] Dies zeigte sich auch bei den so genannten Winterarbeiten des GenInsp, die eigentlich dem Grundsatz der Freiwilligkeit unterlagen, aber die aufgerufenen Soldaten von ihren Bataillons- oder Regimentskommandeuren dazu befohlen wurden, diese oder andere Arbeiten im Rahmen der Winterausbildung in der Truppe anzufertigen. Vgl. ebd., BW 2/11941, Protokoll über die Besprechung bei Fü S I 4 (Fü S I 3), 11.2.1974, 15.00 Uhr, betreffend »Wettbewerb Winterarbeiten des GenInsp«, 15.2.1974.

[361] Vgl. ebd., BW 2/11938, Schreiben des Kdr PzGrenBtl 353 an den WB, 23.4.1970, betreffend »Eingabe Pionier M.«; Schreiben WB an den BMVg, 21.5.1970, betreffend »Briefgeheimnis und Kontrolle eingehender Privatpost von Soldaten durch Vorgesetzte«; Schreiben Fü S I 3 an den WB, 15.6.1970.

[362] Ebd., BW 2/11937, Eingabe SU Sch., 3./PzBtl 174, 26.11.1969, S. 2–4.

terium bekannt war[363]. Auf die Prägekraft bei Soldaten durch den unmittelbaren Vorgesetzten verwies auch Berkhan: »Im militärischen Alltag hat es der Soldat wesentlich häufiger mit seinem Gruppenführer als mit seinem Kompaniechef oder seinem Bataillonskommandeur zu tun. Das Bild der Soldaten vom Vorgesetzten orientiert sich weitgehend am Verhalten der Gruppenführer. Diese sind jedoch entgegen ihrer besonders schwierigen Situation am kürzesten und unzureichendsten für ihren Auftrag ausgebildet[364].« Beschuldigte Vorgesetzte waren sich dagegen meist keiner Schuld bewusst, stritten daher Verstöße kategorisch ab. In einem persönlichen Gespräch versuchten sie anschließend vielmehr auf die Petenten einzuwirken. Im Ministerium wurden die Stellungnahmen der Vorgesetzten oftmals ohne eine weitergehende eigene Prüfung oder Würdigung des Sachverhalts übernommen und man überließ es dem Wehrbeauftragten, diese Handlungen als Verletzung der Grundrechte der Soldaten zu bewerten und Abhilfe einzufordern[365]. So beschwerte sich ein Unteroffizier darüber, dass ihm befohlen wurde, für eine Veranstaltung dienstlicher Art im Rahmen der Öffentlichkeitsarbeit eine Geldumlage zu entrichten. Der verantwortliche Divisionskommandeur bewertete dieses Vorgehen des Bataillons als zulässig. Im Führungsstab des Heeres schloss man sich der Sicht des Wehrbeauftragten an, wonach solche Umlagen nur auf freiwilliger Basis erhoben werden könnten. Jedoch wurde der Zwiespalt zwischen gesetzlichen Vorgaben und militärischem Denken in der weiteren Stellungnahme deutlich:

»Unabhängig von dieser, auf gesetzlicher Grundlage berührenden Entscheidung besteht kein Zweifel, dass Veranstaltungen wie im vorliegenden Falle nicht nur der Bundeswehr allgemein sondern ganz speziell der Stärkung des Ansehens der Unteroffiziere in der Öffentlichkeit dienen. Es sollte auch den Unteroffizieren klar sein, dass den gerade aus ihren Kreisen immer wieder erhobenen Klagen über ein mangelndes Ansehen von der Bundesregierung und der Bundeswehrführung kaum Rechnung getragen werden kann, wenn die Betroffenen sich selbst weigern, für dieses ihr eigenes Anliegen auch nur die geringsten persönlichen Opfer zu bringen[366].«

Hier wurde nichts anderes zum Ausdruck gebracht, als dass die Beschwerde zwar begründet sei, aber der Soldat doch sein Verhalten zu überdenken habe und auch bereit sein müsse, persönliche Opfer zu leisten, um das Ansehen der politischen und militärischen Führung in der Öffentlichkeit zu erhöhen[367]. Diese

---

[363] Ebd., BW 2/13847, Stellungnahme Fü S I 15 an den Minister, Anlage 1 zu Fü S I 4, 2.12.1976, S. 28–31, 140 f.
[364] JB 1976, S. 28.
[365] Vgl. u.a. BM-MA, BW 2/11936, Schreiben des WB an den BMVg, 8.4.1969, betreffend »Eingriff in die Privatsphäre der Soldaten«; Stellungnahme des BG Krüger an den Stv. InspLw, 27.5.1969; Schreiben des WB an den BMVg, 15.10.1969; ebd., BW 2/11937, Schreiben Fü H IV 3 an Fü S I 3, 18.2.1970, betreffend »Eingabe SU Sch., 3./PzBtl 174«; Schreiben Fü S I 3 an den WB, 12.3.1970, betreffend »Eingabe SU Sch., 3./PzBtl 174«.
[366] Ebd., BW 2/11938, Schreiben des WB an das BMVg, 3.6.1970, betreffend »Eingabe Uffz Michael T., 13.3.1970«; Schreiben Fü S I 3 – Az.: 39-20-05 an den WB, 6.7.1970; Schreiben Fü H IV 3 – Az.: 25-05 an III. Korps, 24.6.1970.
[367] Ebd., Schreiben Fü S I 3 – Az.: 39-20-05 an den WB, 6.7.1970; Schreiben Fü H IV 3 – Az.: 25-05 an III. Korps, 24.6.1970, S. 2.

Praxis, Soldaten zu verpflichten, private Mittel für dienstliche Zwecke einzusetzen, animierte 1974 den Wehrbeauftragten erneut, bei der politischen und militärischen Führung zu intervenieren. Der Generalinspekteur stellte in seiner
Stellungnahme unmissverständlich klar, dass dies nur auf »völlig freier Entscheidung der Soldaten beruhen und im Hinblick auf die Höhe des Betrages
und seine Zweckbestimmung unbedenklich« sein dürfe[368].

Der Soldatendienst wurde zum einen durch den Prestigeverlust unter
schwierigen gesellschaftlichen, vor allem seit 1968, zum anderen auch innerbetrieblichen Rahmenbedingungen geleistet. Viele Soldaten mussten durch die
Art ihres Auftrages oder durch den Mangel an ausreichendem Personal eine
hohe zeitliche Zusatzbelastung auf sich nehmen. Dafür erwartete der Soldat
zumindest eine Anerkennung in Form einer zeitgerechten Beförderung. Die
Personalführung handelte aufgrund des imaginären Grundsatzes von Eignung,
Leistung und Befähigung des Soldaten. Hierbei befand sich der Personalrefe-
rent in einem fortwährenden Zielkonflikt: Er musste einerseits für die Bundeswehr den richtigen Mann auf den für den Dienstherrn erforderlichen Dienstposten bringen, andererseits sollten die soziale Situation und die persönlichen
Wünsche des Betroffenen berücksichtigt werden. Nicht jede Versetzung fand
daher die Zustimmung des Soldaten, jedoch war es ein Berufscharakteristikum,
dass gerade Längerdienende vermehrt mobil und versetzungswillig sein mussten. Dienstrechtlich gab es daher kaum Möglichkeiten, sich gegen eine drohen-
de Versetzung zur Wehr zu setzen. Nahm der Soldat trotzdem eine ablehnende
Haltung ein, so war dies zumindest mit Laufbahnnachteilen verbunden[369].

Eine Beförderung konnte nicht nur eine Leistungsauszeichnung, sondern
auch eine Fürsorgemaßnahme darstellen. Gerade in das Fürsorgefeld fielen die
in Relation zu den anderen Bereichen meisten Eingaben[370]. Hieraus ergab sich,
dass nicht selten die internen Unzulänglichkeiten und die mangelnde Kommu-
nikationsfähigkeit zwischen Truppe und ziviler Bundeswehrverwaltung auf
dem Rücken der betroffenen Soldaten ausgetragen wurden[371]. Eine besondere
Bedeutung für den soldatischen Dienst, der auch im Frieden immer mit Gefahren für Leib und Leben verbunden war, kam der Gesundheitsfürsorge zu. Manche Soldaten wurden immer wieder als »Drückeberger« und »Simulanten« von
den truppendienstlichen Vorgesetzten oder den Bundeswehr- bzw. Vertrags-

---

[368] Ebd., BW 2/11950, Schreiben GenInsp an den WB, 10.7.1974, betreffend »Verwendung von
privaten Mitteln für dienstliche Zwecke bei Flugabwehrraketenbataillon 32«.

[369] Vgl. ebd., BW 2/11936, Schreiben Willi Berkhan an den WB, 18.3.1969; Schreiben Fü S I 3
an den WB, 9.12.1969, betreffend »Aufhebung einer Versetzungsverfügung«.

[370] Vor allem betraf es hier die Bereiche Verpflegung, Unterbringung und Bekleidung, besonders von übergroßen Soldaten; vgl. hier aus der Vielzahl der Eingaben ebd.,
BW 1/200482, Eingabe Flieger D. an den WB, 21.10.1982; Eingaben Pionier K. an den WB,
1. und 10.10.1982; ebd., BW 1/200481, Schreiben Präsident des Klubs Langer Menschen
(KLM) Deutschland e.V. an den BMVg zur Weiterleitung an den WB, 27.11.1979.

[371] Vgl. ebd., BW 1/250627, Eingabe ehemaliger Soldat N. an den WB, 25.10.1985; Stellungnahme des Beobachtungsbataillons 13 – S1 an Fü H I 4, 24.1.1986; Stellungnahme WBV II
an den BMVg, 28.4.1986.

ärzten bezeichnet. So vermerkte zum Grundrecht auf körperliche Unversehrtheit eine interne Auswertung im Ministerium:

»Auf die Frage des Verhaltens von Vorgesetzten bei Krankmeldungen geht der Bundesminister der Verteidigung in seiner schriftlichen Stellungnahme nicht ein. In der Erörterung im Verteidigungsausschuss hat er erklärt, die Bundeswehr habe selbst ein großes Interesse daran, dass Soldaten möglichst frühzeitig einen Arzt aufsuchen könnten, um eine Verschlimmerung oder Verzögerung bezüglich der Heilung zu verhindern. Diese Stellungnahme kann jedoch nicht befriedigen, da Kompaniechefs und sonstige Vorgesetzte in dieser Hinsicht nicht selten anders verfahren. Wenn auch die Schwierigkeiten der Vorgesetzten gegenüber Simulanten nicht verkannt werden, so dürfen Vorgesetzte jedoch nicht unter Missachtung der körperlichen Unversehrtheit und des Anspruchs auf Heilfürsorge Maßnahmen treffen, die rechtlich nicht zulässig sind. Der Bundesminister der Verteidigung sollte dafür sorgen, dass die Vorgesetzten in diesen Fragen ausreichend über Rechte und Pflichten von Vorgesetzten und Untergebenen unterrichtet werden[372].«

Ernste Erkrankungen wurden daher oft zu spät und erst nach unnötigem Leiden der Patienten erkannt und schließlich behandelt. Der Umgang mit diesen kranken Soldaten entsprach in keiner Weise der gesetzlich vorgeschriebenen Fürsorgepflicht. So wurde etwa ein bewusstloser Soldat auf Veranlassung eines Arztes und unter Protest des Sanitätsfeldwebels über eine Entfernung von 35 km auf der Ladefläche eines Lastkraftwagens sitzend in den Sanitätsbereich gebracht. Von einem zweiten Arzt wurde telefonisch eine unzutreffende Ferndiagnose gestellt, weil dieser es nicht für nötig hielt, den Patienten unmittelbar zu untersuchen. Der Bataillonskommandeur sah durch ein solches Handeln das Vertrauen der Soldaten in die militärische Heilfürsorge der Bundeswehr einer starken Belastung ausgesetzt. Gerade das Vertragsarztsystem, in dem die militärischen Ärzte bei Abwesenheiten von niedergelassenen Kollegen vertreten wurden, offenbarte immer wieder ernste Mängel, weil sich die zivilen Ärzte durch ihre zeitlich begrenzte Verfügbarkeit in erster Linie um ihre Patienten und erst danach um die Soldaten kümmerten[373]. Das Militär brauchte jedoch ein ständig funktionsfähiges Sanitätswesen, in dem sich der Soldat im Falle einer Krankheit oder Verwundung sicher sein konnte, sofort versorgt zu werden. Stellte der Soldat dies in Zweifel, konnte er für seinen Auftrag kaum motiviert werden. Jedoch lagen die Schwierigkeiten auch an der Struktur des Truppensanitätsdienstes, der besonders von dem generellen Mangel an qualifiziertem Personal und ausreichender materieller Ausstattung betroffen war.

Der Erfahrungsbericht eines wehrpflichtigen, 32-jährigen verheirateten Stabsarztes, den er nach Beendigung seines einjährigen Wehrdienstes abgefasst hatte, vermittelt einen charakteristischen Eindruck von den Problemen und dem All-

---

[372] Ebd., BW 1/60621, Ausarbeitung VR III 7, Az.: 39-20-00, betreffend »Fragen des JB 1972, die in der Erörterung im VtdgA am 17.10.1973 nicht behandelt wurden oder deren Klärung nicht erreicht werden konnte«, S. 2 f.

[373] Ebd., BW 2/11932, Schreiben WB an den BMVg, 12.8.1969, betreffend »Gesundheitsfürsorge«; Schreiben Kdr Wachbataillon beim BMVg an den WB, 5.9.1969; Schreiben Fü S I 3 an den WB, 5.12.1969.

tag eines Truppenarztes. Dr. W. leistete im Panzergrenadierbataillon 182 in Bad Segeberg seine Wehrpflicht ab, bewertete seinen Wehrdienst als das für ihn unerfreulichste Jahr in seinem bisherigen Leben und attestierte der Bundeswehr insgesamt ein schlechtes Image. Die Offiziere, die er während seines Dienstes kennen lernte, seien von Intoleranz, Obrigkeitsdenken, Ignoranz und einem Gleichschaltungsdenken im Hinblick auf Standesbewusstsein, Umgangston und Weltanschauung geprägt gewesen[374]. In seinem Aufgabenbereich als Mediziner bewertete er die Hygienezustände innerhalb der Bundeswehr als »fast noch im Mittelalter«. Die Rekruten müssten in Dreistockbetten schlafen und sich oftmals mit ungereinigten Decken zufrieden geben[375]. Die Verpflegung sei zwar reichlich, aber durch eine Tendenz zum Verkochen der Nahrung ungesund gewesen, den Kranken sei keine Schonkost oder Diät, sondern nur leicht veränderte Kost gereicht worden. Die freie Heilfürsorge habe lange Wartezeiten im Falle einer notwendigen Einweisung in die Bundeswehrkrankenhäuser und eine verspätete Ausgabe von Arzneimitteln verursacht, sie habe sich durch einen unnötigen und behäbigen Verwaltungsapparat ausgezeichnet. Die Ausstattung der Sanitätsbereiche sei für den Frieden dürftig und die personale Ausstattung zu schwach gewesen, um effektiv arbeiten zu können. Die Krankmeldungen der Soldaten hätten täglich zwischen 25 und 30 Mann betragen. Der Gang zum Sanitätsbereich sei mit der Absicht eines Dienstentzuges oder sogar einer Dienstverweigerung verbunden gewesen. Der Wehrunwille der Soldaten sei hierdurch ein Stück weit auf dem Rücken des Sanitätsdienstes ausgetragen worden. Außerdem habe er zu Missstimmungen zwischen dem Truppenarzt und den Kompaniechefs beigetragen. Eine Einzelbehandlung sei in Bad Segeberg nicht möglich gewesen, sondern der Sanitätsoffizier habe nur sechs Patienten gleichzeitig behandeln können. Dies habe aufgrund mangelnder diagnostischer Möglichkeiten in einer Art »Marschblasen-Beschau« geendet[376]. Schließlich sei Dr. W. von seinem Bataillonskommandeur dafür gerügt worden, dass er sich an die Anweisung des Ministers gehalten und die Soldaten mit »Herr« und Dienstgrad angesprochen habe. Insgesamt kritisierte der Stabsarzt die Menschenführung seiner Offizierkameraden. Seine ärztlichen Anweisungen bei der Behand-

---

[374] Ebd., BW 2/11941, Rechenschaftsbericht Stabsarzt d.R. Dr. W. an den BMVg Schmidt, 26.4.1971, S. 1–3, 5.

[375] Eine ähnliche Schilderung über die Bekleidung und Unterkünfte liefert auch ein MdB in einem Bericht über seinen Truppenbesuch an den StS Berkhan. Vor allem durch den Überhang von Rekruten von ursprünglich 90 auf 160 mussten die 6-Mann-Stuben mit bis zu 10 Mann belegt werden und 8–10 Unteroffiziere teilten sich ebenfalls eine Stube. Alleine diese Zahlen belegen, welch gravierendes Problem die Bundeswehr nach knapp 20 Jahren immer noch mit der Unterbringung ihrer Soldaten hatte und wie stark diese chronische Überbelegung die Unteroffiziere und Mannschaften belastete. Ein in den Jahresberichten ständig wiederkehrender Topos. Vgl. ebd., BW 1/250717, Schreiben MdB Schlaga an den Parl. StS Berkhan, 21.3.1972, betreffend »Truppenbesuch im Ausbildungslager I PzGren-Btl 132 in Schwarzenborn«, S. 1–6.

[376] Ebd., BW 2/11941, Rechenschaftsbericht Stabsarzt d.R. Dr. W. an den BMVg Schmidt, 26.4.1971, S. 3–8.

lung von Kranken wurden oft nicht berücksichtigt, wenn es von anderen dienstlich für erforderlich gehalten worden war[377]. Dr. W. stellte seinem ehemaligen Verband bzw. der Bundeswehr kein gutes Zeugnis aus. Zwar eine Einzelmeinung, repräsentierte dieser Erfahrungsbericht dennoch eine gewisse Tendenz. Der Stabsarzt stand im Rang eines Hauptmanns und war gleichzeitig Wehrpflichtiger. Er befand sich somit in einer Zwittersituation: einerseits fachdienstlicher Vorgesetzter mit Offizierrang, andererseits als Wehrpflichtiger ohne prägende militärische Sozialisation. Letztlich wirkte er sowohl im Offizierkorps als auch im Kameradenkreis der Wehrpflichtigen als Fremdkörper, gehörte er doch weder der einen noch der anderen Seite voll an. So sollte er sich zwar wie ein Offizier verhalten und denken, wurde aber gleichzeitig vom Offizierkorps nicht als gleichwertig angesehen. Als Truppenarzt nahm er eine Vertrauensstellung ein und verfügte somit nicht nur über dienstliche, sondern auch über sehr persönliche Kenntnis der Soldaten. Deshalb ist die vorgestellte Beschreibung von Erfahrungen als realistisch einzuschätzen und gibt eine aussagekräftige Schilderung der Situation in einem Kampftruppenbataillon wieder. Den Alltag der Soldaten kennzeichnete demnach einerseits ein Anpassungsdruck, die Pflicht zum treuen Dienen sowie dem entgegenstehend eine Tendenz zur Devianz[378] gemischt mit Gefühlen von Heimweh[379].

Manche wehrpflichtige Soldaten dienten in dem Bewusstsein, dass sie es waren, die im Einklang mit den politischen Vorgaben ihren staatsbürgerlichen Pflichten nachkamen, während vor allem die Offiziere das retardierende Element in der Bundeswehr darstellten, die ihrer Loyalitätspflicht gegenüber ihrem Dienstherrn nicht voll gerecht wurden:

»Noch immer werden wir von unseren Offizieren auf einen angeblichen Feind im Osten gedrillt, wird uns eingebläut, die Sowjetunion sei ›imperialistisch‹ und wolle die NATO und andere westliche Länder überfallen. Mehrere Soldaten wurden disziplinar bestraft, weil sie an ihren Spinden Plakate befestigt hatten, die für die Ratifizierung der genannten Verträge warben, oder an entsprechenden Demonstrationen teilgenommen hatten. Die betreffenden Kompaniechefs hingegen, die auf diese Weise ihre Pflicht zur Loya-

---

[377] Ebd., S. 8-12.

[378] Die Devianz konnte sich entweder in der politischen Meinungsäußerung, in der Krankmeldung, dem Antrag auf Kriegsdienstverweigerung oder dem Fernbleiben von der Truppe ausdrücken. Laut einer Stellungnahme Fü H decken sich die Aussagen des WB im JB 1974 im Hinblick auf Anzahl und Motivation der Abwesenheitsdelikte mit denen bei Fü H. Dagegen erkannte man die Unzufriedenheit mit dem Dienstbetrieb nicht in dem nicht erfolgten Einsatz entsprechend der zivilberuflichen Vorbildung, sondern in der praktizierten Wehrungerechtigkeit. Vgl. ebd., BW 2/11949, Stellungnahme Fü H I 3 für Fü S I 4, 26.3.1975, betreffend »JB 1974 des WB«, S. 19.

[379] Ebd., BW 2/11941, Rechenschaftsbericht Stabsarzt d.R. Dr. W. an den BMVg Schmidt, 26.4.1971, S. 11: »Auch meinen Bitten, heimwehkranke Rekruten über das Wochenende krank zu Hause zu schreiben, wurde, zumindest von einem der Kompaniechefs, mit dem Argument begegnet, Rekruten seien kasernenpflichtig, und krank zu Hause bedeute, krank auf Stube. Ob eine solche Argumentation, der ich mich als Truppenarzt nicht widersetzen konnte, da ich ja keine Disziplinargewalt besaß, im Sinne der Fürsorge für den Soldaten richtig war, wage ich zu bezweifeln.«

lität gegenüber wichtigen Elementen der Regierungspolitik mit Füßen traten, bleiben ungestraft[380].« Im Dienstalltag trafen weitere unterschiedliche Typen von Soldaten aufeinander. Die Zeit- und Berufssoldaten leisteten freiwillig Dienst, die Grundwehrdienstleistenden wurden verpflichtet und die Reservisten übten mehr oder minder bereitwillig. Gemeinsame Ausbildungsvorhaben gerieten nicht selten zu wahren Bewährungsproben. Die aktive Truppe nahmen sie als zusätzlich Belastung wahr, während sich die Reservisten nicht wirklich respektiert fühlten. Solche Kooperationen wurden in einigen Fällen, wie etwa bei der »Pionierübung REGENBOGEN« im Jahr 1970, demotiviert, schlecht organisiert und dementsprechend konfliktgeladen durchgeführt. Das Erscheinungsbild, das gerade Wehrübende in der Öffentlichkeit abgaben, war oftmals in der Wirkung katastrophal. Der Mangel an Disziplin und Motivation wurde schon bei der Anreise im betrunkenen Zustand dokumentiert und der Ausbildungserfolg durch eine willkürliche Zusammenstellung der Einheiten, in denen ein Großteil der Soldaten nicht über die erforderliche Ausbildung verfügte, bereits von vornherein gefährdet. Einige aktive Offiziere und Unteroffiziere betrachteten es als »Strafe«, in Reserveeinheiten zur Ausbildungs- und Übungsunterstützung abkommandiert zu werden[381]. Die Bundeswehr war aber im Falle der Mobilisierung auf die Reservisten angewiesen, weshalb das Reservistenkonzept eine feste Größe in der Verteidigungsplanung einnahm. Ein Ineinandergreifen beider Systeme war daher eine unumgängliche Forderung, schuf jedoch im militärischen Alltag bisweilen mehr Probleme als Nutzen. Ein Gewinn war nur zu erzielen, wenn sowohl die aktiven als auch die wehrübenden Soldaten von der Notwendigkeit und vom Sinn einer gemeinsamen Ausbildung überzeugt waren[382]. Gerade bei erlebnisorientierten Übungen und Manövern zeigten die Soldaten eine hohe Einsatzfreude und Motivation. Der Kasernenalltag konnte hinter sich gelassen und auf den Truppenübungsplätzen gezeigt werden, wie erfolgreich die vorangegangene Ausbildung gewesen war. Vor solchen Ereignissen reduzierte sich der Krankenstand und die Soldaten, die im Standort verbleiben mussten, fühlten sich zurückgesetzt. ›Dabei gewesen zu sein‹ förderte den Zusammenhalt und schuf ein Identifikationsband. Bei der Übung wurden dann vor allem die Offiziere und Unteroffiziere gefordert. Hier mussten sie einerseits ihre taktischen Fähigkeiten, andererseits ihr Geschick in der Menschenführung zeigen. Eine gute Führung schuf Vertrauen und erzeugte Gefolgschaft. Dies wirkte sich wiederum direkt auf die Einsatzfähigkeit des Verbandes aus[383].

---

[380] Vgl. hierzu ebd., BW 2/11939, Abschrift offener Brief an Willy Brandt: Soldaten fordern Verwirklichung der Verträge von Moskau und Warschau durch OTL Wriedt, Kdr PzBtl 183 in Boostedt, 8.12.1971, S. 1.

[381] Ebd., BW 2/11938, Erfahrungsbericht OL d.R. Z. an den WB, 22.5.1970, betreffend »Pionierübung REGENBOGEN«; Erfahrungsbericht Fhj. K. an den WB, 30.4.1970; Schreiben des WB an Fü S I 3, 15.7.1970; Schreiben Fü H IV 3 an Fü S I 3, 7.9.1970; Schreiben Fü S I 3 an den WB, 9.9.1970. Vgl. auch den JB 1968, S. 24 f.

[382] Vgl. Die Reservisten der Bundeswehr.

[383] Meyer, Menschenführung im Heer der Bundeswehr, S. 219-221, 228 f.; Übung »PANTHERSPRUNG«. In: Kampftruppen (1967), 2, S. 43 f.

d) Der Jahresbericht als »Mängelbericht«

Der Jahresbericht erweckte durch die einseitige Darstellung von Versäumnissen und Mängeln den Eindruck, dass die gesamte Bundeswehr von diesen Problemen betroffen sei. Der Einzelfall dominierte das Gesamterscheinungsbild. Eine Armee, die fast eine halbe Million Soldaten umfassen sollte, konnte nicht ohne Reibungen aufgestellt werden. Die Probleme betrafen daher vornehmlich den logistischen Bereich. Das Verteidigungsministerium leugnete zwar intern nicht die Schwierigkeiten beim Aufbau der Bundeswehr, war jedoch nach außen darauf bedacht, der Öffentlichkeit kein aus ihrer Sicht unzutreffendes Bild von den Verhältnissen zu vermitteln. Im Jahresbericht wurde dagegen der Eindruck erweckt, der Minister würde erst auf Hinweis des Wehrbeauftragten handeln. Schon im Bericht von 1959 wurden Mängel aufgeführt, die an sich sowohl im Ministerium als auch beim Wehrbeauftragten vorher bekannt waren. Für die betroffenen Abteilungen im Ministerium überschritt der Wehrbeauftragte damit aber die ihm gesetzlich eingeräumten Befugnisse, da die angeführten Probleme weder die Grundrechte noch die Grundsätze der ›Inneren Führung‹ berührten, sondern lediglich die interne Administration. Durch seine Einmischung sahen sich das Verteidigungsministerium wie die nachgeordneten Dienststellen mithin erheblich zusätzlich belastet. Dagegen gehe der Wehrbeauftragte auf die Schwierigkeiten überhaupt nicht ein, mit denen die Bundeswehr, etwa im Bereich der Wohnungsbeschaffung für die Soldaten, nach Meinung des zuständigen Abteilungsleiters zu kämpfen hatte. Das Stationierungskonzept der Bundeswehr hatte sich nämlich im Gegensatz zu früheren Armeen grundsätzlich geändert: Die Garnisonen lagen jetzt nicht mehr vorwiegend in den Städten, sondern wurden aufgrund des erforderlichen Übungsgeländes in abgelegene Standorte verlegt. Solch eine Nichtberücksichtigung unvermeidlicher infrastruktureller Gegebenheiten hinterlasse aber bei einem unkundigen Leser einen völlig falschen Eindruck und vermittle somit ein ungünstiges Bild in der Öffentlichkeit. Im Unterschied zu anderen Organisationen wie dem Deutschen Bundeswehr-Verband halte es der Wehrbeauftragte offenbar nicht für nötig, mit dem Ministerium persönlich Kontakt in den strittigen Fragen aufzunehmen und die bereits vorhandenen Bemühungen der Bundeswehr zu unterstützen, vielmehr sage er bereits anberaumte Besprechungen nachträglich ab[384].

Der jährliche Bericht, der erstmals 1964 wegen der »Quick«-Veröffentlichung bis auf Kompanieebene verteilt worden war[385], führte jedes Jahr zu Unruhe in der Truppe und gab »vor allem der Presse immer wieder Anlass zu polemischen Kommentaren und Kritik an der Praktizierung der Grundsätze der Inneren Führung, weil durch die Aufzählung nur negativer Fälle der WB oftmals verallgemeinernde Feststellungen in negativer Hinsicht getroffen hat«[386].

---

[384] BA-MA, BW 1/129964, Schreiben AL U an Fü B, 11.5.1960, betreffend »Jahresbericht des Wehrbeauftragten«.

[385] Heye erläutert seine Kritik an den Zuständen in der Bundeswehr. In: FAZ, 22.6.1964.

[386] BA-MA, BW 2/13847, Ausarbeitung Fü S I 3 für den Minister, 10.1.1967, betreffend »Besuch des Wehrbeauftragten am 11. Januar 1967«, S. 3. Um die Truppe möglichst schnell

Der Wehrbeauftragte sollte daher den negativen Fällen auch positive gegenüberstellen und in Zukunft einen Generalbericht über den Zustand der Bundeswehr erstellen, die Einzelfälle dagegen in einem nicht zu veröffentlichenden Annex mehrmals im Jahr dem Verteidigungsausschuss zuleiten[387]. Dieser Empfehlung des Vereidigungsausschusses im Jahr 1966 folgten die Wehrbeauftragten nicht, da sie sich aufgrund ihres Auftrages nicht in der Lage sahen, einen Zustandsbericht über die Bundeswehr zu erstellen. Hierfür hätte der Kontrollauftrag erheblich ausgeweitet werden müssen, dies entsprach wiederum nicht dem Interesse des Ministeriums. Die Bundeswehrführung beabsichtigte auf keinen Fall eine Kompetenzerweiterung für den Wehrbeauftragten, sondern versuchte die Berichtsmethodik von der bisherigen Einzelfallanalyse in weniger aussagefähige generelle Feststellungen zu verändern. Denn in der Masse der Eingaben handelte es sich um Fürsorge-, Laufbahn- und Statusfragen, weniger um die Kernbereiche von Grundrechtsverletzungen sowie Verstößen gegen die Grundsätze der ›Inneren Führung‹. Auch in diesen Bereichen stiegen die Zahlen aufgrund des generellen Trends im jährlichen Durchschnitt an, weil sich die Soldaten immer häufiger beschwerten[388]. Eine Änderung der Methodik im Sinne des Ministeriums hätte damit den wichtigsten Kontrollbereich, die Menschenführung, in den Hintergrund treten lassen, da dieser prozentual im Verhältnis zu den Gesamteingaben weit niedriger repräsentiert war. Die Entwicklung des Beschwerdeaufkommens zeigte bereits nach knapp achtjähriger Dienstzeit des Wehrbeauftragten, dass die Soldaten inzwischen weit mehr Vertrauen in seine Fähigkeiten zur Problemlösung besaßen als sie dem bundeswehrinternen Beschwerdeweg nach der Wehrbeschwerdeordnung entgegenbrachten. Jedoch produzierte die vornehmlich einzelfallorientierte juristische Methodik, welche die ersten Jahresberichte dominierte, nicht nur große Unruhe in der Truppe, sondern auch ein negatives öffentliches Image, da sich viele Medien in ihrer Berichterstattung vornehmlich auf prägnante Einzelfälle aus der Menschenführung konzentrierten. Folglich hatte das Verteidigungsministerium ein verstärktes Interesse daran, die Methodik zu verändern und auf den Inhalt einzuwirken. Am besten sollten positive Verhaltensweisen der Soldaten exponiert dargestellt werden[389]. Jedoch entsprach dem nicht das Wesen des Amtes, denn der Wehrbeauftragte war nun einmal das parlamentarische Hilfsorgan zur Feststellung von Mängeln. Gerade diese musste er in seinem Bericht dem

---

über die aus Sicht des BMVg wichtigsten Inhalte zu informieren, wurde sie zum Teil mit einer kurzen, bereits kommentierten Zusammenfassung vorab per Fernschreiben unterrichtet. Ebd., BW 2/11950, Fernschreiben Fü S I 4 an AIG 3315, März 1975, betreffend »JB 1975, hier: Stellungnahmen des BMVg zu einzelnen Aussagen des WB«.

[387] Ergebnis der Sitzung des VtdgA, 30.11.1966. Zit. in: Ebd., BW 2/13847, Ausarbeitung Fü S I 3 für den Minister, 10.1.1967, betreffend »Besuch des Wehrbeauftragten am 11. Januar 1967«, S. 3.

[388] JB 1967, S. 2; BA-MA, BW 1/66242, Schreiben P II 5 an Fü S I 3, 5.7.1968, betreffend »Jahresbericht 1967 des WB«. Dieser Trend wurde auch im Ministerium von der Personalabteilung bestätigt.

[389] Ebd., BW 2/13847, Ausarbeitung Fü S I 3 für den Minister, 10.1.1967, betreffend »Besuch des Wehrbeauftragten am 11. Januar 1967«, S. 3 f.

Bundestag mitteilen, dem er einzig und allein verantwortlich war: »Damit qualifizieren sich die Jahresberichte als Arbeitsunterlagen für die parlamentarische Gesetzesinitiative und die Effektivierung der parlamentarischen Kontrolle über die Streitkräfte[390].« Eine Änderung des Berichtsinhalts weg vom Negativen und hin zum Positiven wäre demnach eine Modifikation seines Auftrages gewesen. Die gewünschte Ausgewogenheit ließ sich mit der von Hoogen 1968 durchgeführten Änderung der Berichtsmethodik mindestens ebenso gut erreichen, wenn das im Hinblick auf die mediale Bedeutung der Jahresberichte und die Konzentration auf Skandale in der öffentlichen Berichterstattung überhaupt noch möglich war.

Im Verteidigungsministerium wurde die Absicht verfolgt, den Mängelbericht so kurz wie möglich zu halten und allen Einfluss darauf zu verwenden, die enthaltenen Feststellungen zu relativieren, zu beschwichtigen oder aus der öffentlichen Diskussion und somit aus den Schlagzeilen zu halten[391]. Jedoch konnten viele Unzulänglichkeiten nicht einfach abgestritten werden, weil die Aussagen den Kern zu genau trafen. Sie resultierten mehrheitlich aus der Aufbauphase der Bundeswehr und wurden jährlich mitgeschleppt, teilweise ohne deutliche Verbesserung, geschweige denn Beseitigung. Gerade im Unterbringungsbereich wurden zwar erhebliche Anstrengungen unternommen, die aber aufgrund der raschen Aufstellung der Bundeswehr zu der geforderten Stärke keine nennenswerte Entspannung brachten. Letztlich konnte die Überbelegung in den Kasernen nur durch den Neubau und die Übernahme von freiwerdenden Liegenschaften der »Gaststreitkräfte«[392] behoben werden. Der Wehrbeauftragte bewertete diesen Sachverhalt im Jahre 1967 als keine wesentliche Verbesserung zu der schlechten Unterbringungslage der Vorjahre. Diese Einschätzung wurde aber von der Abteilung U (Unterbringung) im Verteidigungsministerium als unzutreffende Verallgemeinerung eingeschätzt, da Hoogen dabei die erheblichen Aufwendungen von durchschnittlich 230 Mio. DM (ca. 118 Mio. Euro) der letzten drei Jahre ebenso wenig berücksichtige wie die Vergrößerung der Unterkunftskapazität um weitere 48 000 Mann. Trotzdem wurde umgehend eine Prüfung nach einem festgelegten Schema angeordnet[393]. In einem Schnellbrief an die Wehrbereichsverwaltungen wurde zwar ausdrücklich betont, dass die Unzulänglichkeiten keinen repräsentativen Charakter besäßen, Einzelfälle aber doch zu Beschwerden Anlass gäben. Daher wurde angeordnet, eine Unterbringung in mangelhaften Unterkünften zu vermeiden und vor allem die Einlassungen der Kommandeure, dass sie für ihre Einheiten auch mit einer Notlö-

[390] Vgl. ebd., BW 2/16804, Schreiben des WB an den Vorsitzenden des VtgA, 14.5.1970, betreffend »JB 1969 – Entgegnung zur Stellungnahme des BMVtdg«, S. 6.
[391] Ebd., BW 2/13847, Schreiben Fü S I 3 an den UAL Fü S I, 18.1.1968, betreffend »Besprechung mit dem Wehrbeauftragten am 17.1.1968«.
[392] Ebd., BW 1/129965, Schreiben Fü S IV 4 an Fü S I 3, 24.6.1968, betreffend »Stellungnahme zum Jahresbericht 1967 des WB«.
[393] Ebd., Schreiben U I 1 an Fü S I 3, 25.6.1968, betreffend »Jahresbericht 1967 des WB«. Das Prüfschema umfasste folgende Kriterien: 1. Trifft die Feststellung des Wehrbeauftragten zu? 2. Was ist veranlasst, um den Mangel zu beseitigen und wann ist mit seiner Behebung zu rechnen? 3. Konnten keine Maßnahmen zur Mängelbeseitigung getroffen werden, so sind die Gründe hierfür darzulegen.

sung einverstanden seien, nicht als Rechtfertigung für eine schlechte Unterbringung gelten zu lassen. Zur gezielten Abstellung der Mängel wurde eine Formblattaktion durchgeführt[394]. Die Wehrbereichsverwaltungen legten unverzüglich die Meldungen der Standortverwaltungen über die Häufigkeit der wiederkehrenden Mängel und die Gründe für die Reparaturverzögerung vor[395]. Die Präsidenten der Wehrbereichsverwaltungen wurden daraufhin aufgefordert, die Abstellung sofort zu veranlassen: »Die Beseitigung der Mängel, die auch vom Wehrbeauftragten in seinem Bericht für die Jahre 1967 und 1968 beanstandet worden sind, hat absoluten Vorrang. Eine militärische Forderung ist nicht abzuwarten. Haushaltsmittel können Ihnen auf Aufforderung noch zugewiesen werden [...] Ich bitte, in einer besonderen Aktion sicherzustellen, dass die Mängel in den Unterkünften nach Möglichkeit noch in diesem Jahr beseitigt werden[396].« Diese Mängelbeseitigung hatte also nunmehr Priorität und war im Übrigen von der Kürzung der Haushaltsmittel im Jahr 1969 nicht weiter betroffen[397]. Eine Auswertung über den Sachstand der »unzulänglichen Unterbringung« aus den Jahren 1970/71 zeigte dann auch, dass gerade hier durch die Schwerpunktsetzung deutliche Verbesserungen erreicht worden waren. Die letzten vier Objekte sollten bis spätestens 1973 saniert und übergeben werden, sodass sich das Unterkunftsproblem wesentlich entzerren werde und bald als gelöst angesehen werden könne[398].

Unterdessen machten in der Bundestagsdebatte zum Jahresbericht 1967 am 15. Januar 1969 etliche Abgeordnete neben den unzureichenden Unterkünften in den Kasernen auch die fehlenden Unteroffizierheime und den Mangel an Wohnungen für Soldaten mitverantwortlich für das Rekrutierungsproblem. Die Aufschiebung entsprechender Bauvorhaben, die nicht zuletzt an der ressortübergreifenden Zuständigkeit und der Umsetzung durch die Bundesländer scheiterte, hielt mehrere Soldaten von einer Weiterverpflichtung ab. Nicht nur, dass sie durch die Dienstleistung in grenznahen Garnisonen einen unattraktiven Standort auf sich nehmen mussten, sie wurden zusätzlich noch mit hohen Mietpreisen für die Bundeswehrwohnungen bestraft. Der Wohnungsmangel belief sich im Juni 1968 auf eine immer noch hohe Zahl an Wohneinheiten[399]. Dabei durften aber die ungeheuren Anstrengungen der Bundeswehr bei der Fertigstellung neuer Unterbringungskapazitäten nicht außer Acht gelassen wer-

---

[394] Ebd., Schnellbrief U I 1 an die WBV I bis VI, 2.1.1969, betreffend »Unzulängliche Unterbringung«.

[395] Ebd., Vermerk U I 1, 19.3.1969, betreffend »Bemerkungen zu den Berichten der WBV I–VI über Mängel in Unterkünften«.

[396] Ebd., Schreiben U I 1 an die Präsidenten der WBV I–VI, 1.4.1969, betreffend »Unzulängliche Unterbringung«.

[397] Ebd., Schreiben U I 1 an Fü S I 3, 14.4.1969, betreffend »Jahresbericht 1968 des WB«.

[398] Ebd., BW 1/129966, Schreiben U I 2 an U I 1, 23.3.1970, betreffend »Unzulängliche Unterbringung«; ebd., BW 1/129967, Schreiben U I 2 an U I 1, 20.12.1971, betreffend »Unzulängliche Unterbringung«.

[399] Ebd., BW 1/129965, Vermerk U II, 16.1.1969, betreffend »Bundestagsdebatte am 15.1.1969 zum Jahresbericht 1967 des WB«; vgl. auch Schreiben U I 1 an Fü S I 3, 14.4.1969, betreffend »Jahresbericht 1968 des WB«.

den. Binnen knapp 13 Jahren schaffte man es, nicht nur eine Armee auf rund eine halbe Million Soldaten anwachsen zu lassen, es konnten davon auch 422 000 Mann angemessen untergebracht werden. Ende 1968 befanden sich noch 19 400 Unterkunftsplätze im Bau, 45 800 in der Planung und 14 200 waren erst kürzlich von den alliierten Gaststreitkräften zur Nutzung übernommen worden. Der Wohnungsbestand der Bundeswehr betrug ca. 131 000 Wohneinheiten, wovon 83 000 von Soldaten genutzt wurden. Trotzdem waren immer noch 19 000 Uniformträger als Wohnungsbewerber gemeldet. Um dieses Problem zu lösen, konzentrierten sich alle Maßnahmen auf die Weiterführung der Baumaßnahmen zu einem Endstand von ca. 156 000 Wohneinheiten, die Zusammenfassung aller Baumaßnahmen des Wohnungsbauprogramms in den militärischen Ballungsgebieten und die Einführung einer Wohnhilfe für Soldaten in Form eines Mietzuschusses[400]. Auch die Teilstreitkräfte Heer und Marine sowie die Territorialverteidigung bewerteten für das Jahr 1968 ihre Unterbringungslage als verbessert, lediglich die Luftwaffe konnte sich diesem Urteil nicht anschließen[401]. Die stetige Kritik des Wehrbeauftragten fruchtete also in diesem Bereich. Die mit der Abstellung der Mängel beauftragten Soldaten und Beamten im Verteidigungsministerium waren der Mängelhinweise schließlich derart überdrüssig, dass sie, obgleich die fiskalischen Gegebenheiten dagegensprachen, dieser Mängelabstellung höchste Priorität zuwiesen. Die Probleme waren zwar über Jahre bei den Verantwortungsträgern bekannt gewesen und von den Soldaten in der Masse geduldig ertragen worden, letztlich Wirkung zeigten aber nur die fortwährenden Eingaben an und die Intervention des Wehrbeauftragten. Eine weitere negative Darstellung der Bundeswehr in der Öffentlichkeit, gerade vor dem Hintergrund der Schwierigkeiten um die Notstandsgesetzgebung und bevorstehender Wahlen zum Deutschen Bundestag, konnte das Ministerium nicht akzeptieren. Es sollte vor allem der Anschein vermieden werden, als würden die Entscheidungsträger kritik-, beratungs- und handlungsresistent sein.

Ähnlich wie in der Wohnungsfürsorge deckten sich auch die Beobachtungen des Wehrbeauftragten in der Personalführung und -bearbeitung mit den Einschätzungen der zuständigen Abteilung im Ministerium. Die Soldaten beschwerten sich häufig über die Behandlung ihrer Personalangelegenheiten, was zumeist in der schleppenden Bearbeitung von Anträgen und Beschwerden in den Stammdienststellen begründet lag. Deshalb gewann der Betroffene oftmals

---

[400] Ebd., Auszug aus dem militärischen Zustandsbericht der Bw für das Jahr 1968 von I-Fü S IV 1, 7.6.1969; ebd., BW 1/129966, Schreiben U I 1 an Fü S I 3, 27.4.1970, betreffend »JB 1969«. Im Mai 1970 gab es bereits 137 000 Wohnungen, deren Zahl bis 1973 um weitere 27 000 und danach um jährlich 3000 erhöht werden sollte. Vgl. Weißbuch 1970, S. 103-105. Siehe umfassend hierzu die Studie von Schmidt, Integration und Wandel, die demnächst erscheint.

[401] Ebd., BW 1/129965, Auszug aus dem militärischen Zustandsbericht des Heeres für 1968 Fü H-Fü H III 1, 10.2.1969; Auszug aus dem militärischen Zustandsbericht der Luftwaffe für 1968 Fü L-Fü L II 1, 14.2.1969; Auszug aus dem militärischen Zustandsbericht der Marine für das Jahr 1968 Fü M-Fü M III 4, 20.2.1969; Auszug aus dem militärischen Zustandsbericht der TV für das Jahr 1968, KdoTV G3 Org. 1, 24.1.1969.

den Eindruck, nicht wichtig genug genommen zu werden. Zwar war der Mangel an ausreichenden Bearbeitern mit entsprechender fachlicher Qualität im Ministerium bekannt. In den Einheiten musste diese wichtige Arbeit mit der Unterstützung weniger Personalsachbearbeiter in der Hauptsache vom Kompaniechef neben allen anderen Führungsaufgaben geleistet werden. Trotzdem forderte man im Ministerium eine schnelle Abstellung des Problems. Zur Lösung sollte lediglich ein Formblatt ausreichen, das der Truppe zur Verfügung gestellt wurde. Da die Analyse des Wehrbeauftragten meist zutraf, wurden kaum Einwände dagegen geltend gemacht, die Zusammenarbeit auf diesem Gebiet mit der Dienstelle des Wehrbeauftragten ansonsten als gut bezeichnet[402].

Aber die Personalführung und das Laufbahnrecht, vor allem vor dem Hintergrund der einbrechenden Zahlen an Weiterverpflichtungen aufgrund der gesellschaftlichen Wandlungsprozesse (»68er-Bewegung«) und einer weitaus attraktiveren zivilberuflichen Karriere, erforderten ein schnelleres Handeln. Im Jahresbericht 1967 wies der Wehrbeauftragte bereits eindringlich auf die Notwendigkeit der Einführung einer vierten Laufbahn hin (bisher bestanden die Laufbahngruppen der Mannschaften, Unteroffiziere und Offiziere), um dem besonders qualifizierten Unteroffizier einen weiteren beruflichen und sozialen Anreiz bieten zu können und dadurch gleichzeitig die Übernahmemöglichkeiten in das Dienstverhältnis eines Berufssoldaten zu erhöhen. Zwar war der Mangel an qualifiziertem Nachwuchs für die Laufbahn der Unteroffiziere und Offiziere immer noch sehr groß, trotzdem konnten aufgrund von Stellenkürzungen weniger Unteroffiziere in das Dienstverhältnis eines Berufssoldaten übernommen werden. Dadurch verschlechterten sich die beruflichen Perspektiven sowohl durch diese Reduzierung der Übernahmemöglichkeiten als auch durch die Verschlechterung der Eingliederungsmöglichkeiten für Zeitsoldaten nach ihrem aktiven Dienst. Denn die Ausbildung der Soldaten und ihre erworbenen Fertigkeiten und Befähigungen fanden zivilberuflich kaum Anerkennung, weshalb ein Ausscheiden aus dem aktiven Dienst nicht selten mit einem sozialen Abstieg verbunden war. Dies führte unter den Unteroffizieren zu Existenzunsicherheit und dienstlicher Resignation. Die Folge waren negative Auswirkungen auf das innere Gefüge, die Bereitschaft zur Weiterverpflichtung und die Freiwilligenwerbung[403]. Überlegungen zur Neuordnung der Laufbahnen reichten bereits bis in das Jahr 1964 zurück, es musste jedoch im Interesse einer für alle Seiten befriedigenden Lösung, denn dies konnte aus laufbahnrechtlichen Gründen nur ressortübergreifend gelöst werden, ein zeitlicher Verzug in Kauf genommen werden.

Im Sommer 1968 entschied sich das Bundeskabinett schließlich für die Einführung einer Laufbahn des militärfachlichen Dienstes, eine für den qualifizierten Unteroffizier geschaffene Offizierssonderlaufbahn. Diese trat neben die bereits bestehenden Laufbahnen der Offiziere des Truppendienstes, des Sani-

---

[402] Ebd., BW 1/66242, Schreiben P II 5 an Fü S I 3, 5.7.1968, betreffend »Jahresbericht 1967 des WB«.

[403] JB 1967, S. 4 f.

tätsdienstes, des Militärmusikdienstes sowie des militärgeografischen Dienstes und umfasste die Dienstgrade Leutnant, Oberleutnant und Hauptmann[404]. Zwar wurden hierdurch die Aufstiegsmöglichkeiten für Unteroffiziere erhöht, aber die soziale Anerkennung des Soldatenberufes in der Öffentlichkeit verbesserte sich dadurch im Vergleich zum Befund von 1956 kaum[405]. Im Mai 1965 äußerten mehr Reservisten eine leicht zum Positiven tendierende Meinung über ihre Dienstzeit und ihre Vorgesetzten[406], zu einer vermehrten Weiterverpflichtung führte dies aber nicht. Das Rekrutierungsproblem, vor allem auch durch die Unterkunfts- und Wohnungsproblematik verschärft, blieb vorerst weiterhin ungelöst.

Bei aller Dringlichkeit im Fürsorgebereich war der Hauptauftrag des Wehrbeauftragten neben der Kontrolle der definitorisch lange unklaren Grundsätze der ›Inneren Führung‹ auf die Einhaltung der Grundrechte der Soldaten gerichtet. Diese Aufgabe entsprach dem Grundgedanken der Entstehungsgeschichte des Amtes. Zwar wurden während des Wehrdienstes einige davon eingeschränkt, blieben aber im Kern stets gewahrt und mussten bei der Überprüfung den juristischen Kategorien der Geeignetheit, Erforderlichkeit und Verhältnismäßigkeit entsprechen. In der Truppe kollidierten daher meist Grundrechte mit Ordnungsvorschriften. Einige Vorgesetzte verstanden weder die Werte- noch die Normenhierarchie des Grundgesetzes und setzten militärisch-formale Vorschriften sowie Ordnungsprinzipien einfach darüber. Der Vorrang des Grundgesetzes vor den Zentralen Dienstvorschriften (ZDv), Erlassen, Gesetzen und Verordnungen schien für sie beim Leben in der militärischen Gemeinschaft dem Erfordernis der Aufrechterhaltung von Disziplin und Ordnung untergeordnet zu sein[407]. Missachtet wurden aber nicht nur die Grundrechte, solche Vorgesetzte kamen häufig auch ihren Pflichten entsprechend dem Soldatengesetz nicht nach, hier vor allem im Bereich der Fürsorge oder der Pflicht zur Gesunderhaltung ihrer Untergebenen. Dieses Verhalten sollte eigentlich mit dem Ethos eines Soldaten in Führungsverwendung nicht zu vereinbaren sein. Es hätte schließlich nicht einmal einer Kodifizierung bedurft, sondern war eine Frage der charakterlichen Eignung, um Führungsaufgaben zu erfüllen. Aber solange es Vorgesetzte gab, die eine rigide Einhaltung von Dienstvorschriften

---

[404] BA-MA, BW 1/32327, Schreiben VR IV 1 an den AL VR, 18.10.1968, betreffend »Jahresbericht 1967 des WB« nebst beigefügten Stellungnahmen. Als Voraussetzungen zur Zulassung zu dieser neuen Laufbahngruppe wurden die mittlere Reife oder ein entsprechender Bildungsstand, eine Altersgrenze und der bereits erreichte Dienstgrad des Feldwebels festgelegt. Der Bewerber absolvierte eine mindestens dreijährige Ausbildung und legte die Offizierprüfung ab.

[405] Vgl. Jahrbuch der öffentlichen Meinung 1957, S. 297. 43 % würden laut dieser Umfrage abraten, in der neuen deutschen Armee Berufssoldat zu werden und nur 16 % würden zuraten. Von den 16 %, die zuraten würden, begründeten dies 9 % mit einem guten und sicheren Einkommen, aber lediglich 3 % mit der Einschätzung eines ordentlichen und angesehenen Berufes.

[406] Vgl. Jahrbuch der öffentlichen Meinung 1965–1967, S. 304 f., 322.

[407] Vgl. JB 1967, S. 2–4 und BA-MA, BW 1/32327, Schreiben VR IV an den UAL Fü S I, 11.7.1968, betreffend »Jahresbericht 1967 des WB« nebst angefügter Stellungnahme. In der Stellungnahme des Ministeriums wurde dem WB in seiner Einschätzung voll zugestimmt.

während des Friedensdienstes vor die körperliche Unversehrtheit der Soldaten stellten, solange war schon von daher der Sinn der Institution des Wehrbeauftragten mehr als gegeben.

Besonders prägnant in seinem Konfliktpotenzial sollte sich der »Haar- und Barterlass« erweisen. An dieser Problematik entzündete sich der vermeintliche Gegensatz zwischen dem Schutz und der Einschränkung des Grundrechts auf freie Entfaltung der Persönlichkeit (Art. 2 Abs. 1 und Art. 87 a Abs. 1 S. 1 GG) und dem militärischen Erfordernis nach Disziplin und Ordnung. Hierbei war das äußere Erscheinungsbild der Soldaten in der Öffentlichkeit berührt[408]. Die Erlasslage dazu war wenig konkret. Sie sollte es auch nicht sein, denn eine perfektionistische Lösung wurde gar nicht angestrebt. Dies verursachte aber eine Rechtsunsicherheit in der Truppe: Wann war die Grenze eines nicht mehr zu tolerierenden Haarschnitts erreicht? Wie und wann konnte der Disziplinarvorgesetzte tätig werden? Auf den ersten Blick schienen diese Fragen zwar von Bedeutung, aber doch eher von untergeordneter Wichtigkeit zu sein. Jedoch entwickelte sich daraus ein Problem, das den Wehrbeauftragten und die Bundeswehr über Jahre hinweg beschäftigen sollte. Minister Schmidt war anfangs der Meinung, dass der Truppe mit einem formalen Hinweis vom April 1967 ausreichend geholfen sei. Jedoch stimmte diese Wahrnehmung überhaupt nicht mit den Feststellungen des Wehrbeauftragten Schultz überein[409]. Aufgrund des ständigen Insistierens von Schultz sah sich der Minister schließlich zu einer Neuregelung des Erlasses genötigt. Mit dem Erlass vom 5. Februar 1971 versuchte er dann neben der Rechtssicherheit für die Truppe auch der allgemeinen modischen Entwicklung, die ja vor den Soldaten nicht Halt machte, Rechnung zu tragen[410]. Aber auch diese Neufestlegung konnte das Problem nicht lösen, weil sie weiterhin wenig konkrete Handlungsanweisungen bot, weshalb nur ein Jahr später eine weitere Überarbeitung notwendig wurde.

Eine wesentliche Entschärfung für die Truppe schaffte erst die Neufassung vom 14. Mai 1972. Zwar monierte Schultz darin erneut die unklare Definition, auf eine exakte Festlegung in Millimetern und Zentimetern wurde jedoch bewusst verzichtet[411]. Der Sinn und Gehalt des »Haar- und Barterlasses« war und blieb während der Großen und anschließenden sozial-liberalen Koalition neben der politischen Betätigung von Soldaten ein Stein des Anstoßes im Bereich

---

[408] Vgl. BA-MA, BW 1/129967, Schreiben Fü S I an Verteiler, 17.3.1971, betreffend »Jahresbericht (Vorabdruck) 1970 des WB«, S. 2 f.; Deutscher Bundestag, 6. WP, Drucksache VI/1942, JB 1970 des WB, 1.3.1970, S. 8–16.

[409] BA-MA, BW 2/11938, Schreiben WB an den BMVg, 8.9.1970; Schreiben des BMVg an den WB, 28.9.1970.

[410] Ebd., BW 1/129967, Schreiben Fü S I an Verteiler, 17.3.1971, betreffend »Jahresbericht (Vorabdruck) 1970 des WB«, S. 2 f.

[411] Ebd., BW 2/11954, Fü S I 3, Mai 1973, betreffend »Stellungnahme zum Bericht des WB des Dt. BT für das Berichtsjahr 1972«, S. 10–12. Neben den militärischen Notwendigkeiten sollten auch den individuellen modischen Wünschen der Soldaten und einer unnötigen Reglementierung im persönlichen Bereich durch diesen Erlass Rechnung getragen werden. Die Probleme in der Truppe traten immer nur dann auf, wenn der Erlass enger ausgelegt worden sei, als es der Wortlaut erfordert habe.

Verletzung der Grundrechte[412]. Beide Fragen blieben aber verglichen mit der Verletzung der körperlichen Unversehrtheit oder der Menschenwürde, die ein durchgängiges Motiv mit Höhen und Tiefen bildeten, von zeitlich begrenzter Bedeutung.

Die Einhaltung der Grundsätze der ›Inneren Führung‹ bewegte die Bundeswehr seit ihrer Einführung[413]. Was war denn überhaupt mit ›Innerer Führung‹ gemeint und vor allem wie sollte sie sich in der Truppe auswirken? Diese Frage betraf vor allem die Vorgesetzten, weil nur sie gegen diese Grundsätze verstoßen konnten. Zwar gab es frühzeitig Erklärungs- und Ausbildungshilfen für die Truppe, aber eine systematische und vor allem eindeutige schriftliche Zusammenstellung existierte nicht. Folglich verwundert es kaum, dass sich das Gros der Kompetenzstreitigkeiten zwischen dem Wehrbeauftragten und der Bundeswehr um die Frage rankte: Betrifft ein spezifischer Sachverhalt die Grundsätze der ›Inneren Führung‹ oder nicht? Der Verteidigungsminister versäumte es, die Grundsätze genauer definieren und systematisieren zu lassen, weshalb sich der Wehrbeauftragte Hoogen dieses Desiderats in seinen Jahresberichten 1968 und 1969 annahm. Zwar behauptete das Verteidigungsministerium in seiner Stellungnahme, die Diskussion von Fragen zur ›Inneren Führung‹ grundsätzlich zu begrüßen, weil es sich hierbei um einen dynamischen Prozess handele, der ständiger Anpassung und Überprüfung bedürfe[414]. Nicht akzeptieren wollte man dagegen aufgrund der 15-jährigen Arbeit in Theorie und Praxis die Kritik, es gebe kein verbindliches Konzept für die ›Innere Führung‹.

Hoogen teilte in seinem Bericht 1968 die ›Innere Führung‹ in drei Hauptbereiche ein: Integration, Organisation und Interaktion[415]. Für diese Leistung habe er, so sein Bericht 1969, viel Anerkennung und wenig Kritik erfahren[416]. Der Verteidigungsminister dagegen habe zu einer Kritik bisher keine Veranlassung gesehen, solange sich solch ein außerhalb des Ressorts erstelltes Schema nicht auf seine Führungsverantwortung auswirke. Die wiederholte Kritik, die Bundeswehr verfüge über kein Konzept, wollte der Minister aber nicht unwidersprochen lassen. Zwar sei dem Wehrbeauftragten in einigen Aussagen durchaus zuzustimmen: Die Eingliederung der Bundeswehr in die Gesellschaft sei nicht genauso erfolgreich wie die rechtliche Eingliederung in den Staat und die politisch-militärische Eingliederung in das Bündnis geleistet worden. Die soziale Integration der Streitkräfte sei aber »aus politischen und militärischen Gründen unverzichtbar«. Weiterhin bewertete der Verteidigungsminister die Systematik der Einteilung des Wehrbeauftragten als »unlogisch«. Dennoch sah er die Not-

---

[412] Vgl. z.B. ebd., BW 2/11938, Schreiben des WB an Fü S I 3, 25.6.1970, betreffend »Grundrechte der Soldaten«; Schreiben Fü S VII 6 an Fü S I 3, 10.7.1970, betreffend »Zugehörigkeit von Soldaten zu politischen Parteien«.

[413] Vgl. Meyer, Weder Maske noch demokratische Heilslehre.

[414] BA-MA, BW 1/129966, BMVg, Stellungnahme zum Bericht des WB für das Berichtsjahr 1969, April 1970, S. 2. In der Vorbemerkung wurde darauf hingewiesen, dass es sich bei diesem Bericht um den bisher umfangreichsten, betont sachlich gehaltenen und mit verhältnismäßig wenigen Einzelfällen unterlegten Bericht handele.

[415] JB 1968, S. 14–38, 49–51.

[416] JB 1969, S. 14 f.

wendigkeit einer Präzisierung ein, denn für das Jahr 1970 wurde die Herausgabe eines neuen Handbuchs Innere Führung in Aussicht gestellt[417]. Der Wehrbeauftragte hatte den erst seit kurzem amtierenden Minister Schmidt mit seiner Interpretation der ›Inneren Führung‹ zum Handeln gezwungen und ihn somit das Versäumnis seiner Amtsvorgänger wettmachen lassen. Hoogen konnte aber aufgrund seines eigenen Ausscheidens aus dem Amt den Bericht nicht mehr selbst verteidigen, dies übernahm sein Nachfolger Schultz für ihn, der mit den Auffassungen seines Vorgängers übereinstimmte. Er belegte seine Argumente mit Missverständnissen und Orientierungsschwierigkeiten bei der Anwendung der Grundsätze, die bei Äußerungen von führenden Militärs in der Öffentlichkeit, Eingaben an ihn, sozialwissenschaftlichen Untersuchungsergebnissen, Erfahrungsberichten der Soldaten und publizistischen Informationen über den Alltag der Truppe erkennbar seien. Auf keinen Fall wolle er den Bundesminister der Verteidigung in ein »seiner Führungsverantwortung fremdes Schema« pressen, vielmehr lediglich seine eigenen Erkenntnisse und Erfahrungen weitergeben[418]. Sie sollten vor allem der Truppe dienen, mit dem bisher schwammigen und unsystematischen Gemenge besser klarzukommen und so eine Handlungsanweisung für ihre Umsetzung in der Truppe anzubieten[419]. Schultz brachte das Problem auf den Punkt: Viele Vorgesetzte der Bundeswehr lieferten öffentliche Lippenbekenntnisse ab, ohne das Gesagte selbst verstanden oder gar verinnerlicht zu haben. Wenn aber schon ein Vorgesetzter nicht wusste, wovon er sprach, wie sollte er es dann seinen Untergebenen vermitteln können? Der Wehrbeauftragte hatte damit das Grundproblem der ›Inneren Führung‹ bis dato erkannt, ansonsten wären bisher nicht so viele Verstöße bekannt geworden. Nach einer Auswertung im Ministerium für das Jahr 1969 entfielen demgegenüber auf eine durchschnittliche Stärke der Bundeswehr von 455 000 Soldaten nur 2452 begründete Eingaben in den Bereich der ›Inneren Führung‹, dies machte einen Anteil von nur 0,54 % aus[420]. Der Logik im Ministerium folgend,

---

[417] BA-MA, BW 1/129966, BMVg, Stellungnahme zum Bericht des WB für das Berichtsjahr 1969, April 1970, S. 6-48.

[418] Ebd., BW 2/16804, Schreiben des WB an den Vorsitzenden des VtdgA, 14.5.1970, betreffend »JB 1969 – Entgegnung zur Stellungnahme des BMVtdg«, S. 1-4.

[419] Ebd., S. 5. »Es genügt des Weiteren nicht, dass Soldaten auf allen Ebenen der militärischen Hierarchie sich zu den Grundsätzen der Inneren Führung bekennen, im täglichen Dienstbetrieb den Bogen vom theoretischen Bekenntnis zu praktischen Anwendung indes kaum zu spannen vermögen. Die betreffenden Soldaten trifft hierbei die geringste Schuld. Man wird kaum annehmen können, dass sich die Soldaten – etwa aus einer psychologischen Verhärtung heraus – den neuen Erkenntnissen der Inneren Führung verschließen wollen. Nach meinen Erfahrungen scheint die Ursache hierfür vielmehr darin zu liegen, dass sie und ihre eigenen Ausbilder häufig nur unzureichend über das Konzept der Inneren Führung und die Möglichkeiten seiner Verwirklichung unterrichtet wurden. Der Grund hierfür dürfte nach meinen Erfahrungen auch darin liegen, dass häufig vorhandene unklare Darstellungen der Inneren Führung und ihrer Verwirklichung in der Truppe sich in der pädagogischen Vermittlung belastend auswirkten.«

[420] Ebd., BW 1/129966, BMVg, Stellungnahme zum Bericht des WB für das Berichtsjahr 1969, April 1970, S. 53. In der Stellungnahme wurde die Zahl der dem WB vorgebrachten Anliegen als kaum nennenswert angestiegen bewertet. Bei der Auswertung der Eingaben aus

war die Aktion des Wehrbeauftragten daher unbegründet, denn die begründeten Eingaben waren doch verschwindend gering. Ließ man die Zahlen für sich sprechen, dann mochte dieser Befund womöglich zutreffen. Nur durfte nicht vergessen werden, dass nicht alle Verstöße gleich zu einer Eingabe führten und außerdem die Beschwerden nach der Wehrbeschwerdeordnung darin nicht enthalten waren. Im Übrigen änderte dieses einfache Rechenexempel nichts an der Tatsache, dass ein eindeutiges und verständliches Konzept bisher für die ›Innere Führung‹ nicht vorgelegen hatte und es der Wehrbeauftragte gewesen war, der diesen Mangel nicht nur benannt, sondern auch eine Lösungsmöglichkeit aufgezeigt hatte.

Ein wichtiges Element der ›Inneren Führung‹ war das dem Konzept zugrunde liegende Soldatenbild. Während für den Verteidigungsminister eine Unterscheidung zwischen »Kämpfern« und »Funktionern« kaum mehr möglich erschien und daher ein einheitliches Selbstverständnis auf anderen Ursachen als der Ausübung gleicher Tätigkeiten beruhte, sah der Wehrbeauftragte gerade dadurch seine im Jahresbericht 1969 geäußerte Meinung bestätigt, wonach von einer »Einheit des Soldatentums« nicht mehr so undifferenziert gesprochen werden könne[421]. Die arbeitsteilige Gesellschaftsordnung machte sich auch in einer modernen Armee bemerkbar. Der Beruf des Soldaten entwickelte sich immer mehr vom Universalisten weg und hin zum Spezialisten. Die Erfahrungen eines einheitlichen Soldatenbildes machte letzterer nur noch als Rekrut während der Allgemeinen Grundausbildung, bereits danach verästelten sich die Anforderungen in der Spezialgrundausbildung und beim Dienst in den Funktionen. Die Herausgabe der ZDv 10/1 »Hilfen für die Innere Führung« wurde daher vom Wehrbeauftragten als »das bedeutsamste Ereignis auf dem Gebiet der Inneren Führung im Berichtsjahr« 1972 gewertet[422]. Neben dieser theoretischen Arbeit musste allerdings begleitend auch eine Ausbildung der Disziplinarvorgesetzten an den Ausbildungseinrichtungen erfolgen[423]. Die politischen, gesellschaftlichen und didaktischen Entwicklungen der letzten Jahre erforder-

---

dem Bereich der ›Inneren Führung‹ wurden nur die begründeten Vorbringen berücksichtigt, die unbegründeten mit 2431 und die sonstigen mit 772 wurden einfach abgezogen.

[421] JB 1969, S. 29; BA-MA, BW 1/129966, BMVg, Stellungnahme zum Bericht des WB für das Berichtsjahr 1969, April 1970, S. 28–30; ebd., BW 2/16804, Schreiben des WB an den Vorsitzenden des VtdgA, 14.5.1970, betreffend »JB 1969 – Entgegnung zur Stellungnahme des BMVtdg«, S. 9.

[422] JB 1972, S. 14.

[423] BA-MA, BW 1/60621, Ausarbeitung VR III 7, Az.: 39-20-00, betreffend »Fragen des JB 1972, die in der Erörterung im VtdgA am 17.10.1973 nicht behandelt wurden oder deren Klärung nicht erreicht werden konnte«, S. 5 f. Hier wird der BMVg für seine Ausführungen vor den VtdgA kritisiert, diese Ausbildung an den Hochschulen und Offizierschulen der Bundeswehr durchführen lassen zu wollen. Der Vorschlag des WB, diese Lehrgänge an der Schule der Bundeswehr für Innere Führung einzurichten, wurde vom Verteidigungsminister verworfen. Auch verfüge die Schule durchaus, der Minister behauptete auf der Sitzung das Gegenteil, über die hierfür notwenigen Kapazitäten. Der Referent folgerte: »Um dem Stellenwert ›Innere Führung‹ = moderne Menschenführung wirklich gerecht zu werden, sollte sich der Ausschuss genau darüber unterrichten lassen, wann wer wo durch wen über die ZDv 10/1 unterrichtet und in der Anwendung ausgebildet wird.«

ten dazu eine Überarbeitung der ZDv 12/1 »Politische Bildung in der Bundeswehr«. Diese Vorschrift bildete eine äußerst wichtige Ergänzung zu der neuen ZDv 10/1, weil einerseits der Verhaltenswandel der Jugend von apolitischer Grundeinstellung zu politisch-kritischem Engagement, die weltweiten Veränderungen im Verhältnis der Staaten zueinander und andererseits die technischen Errungenschaften durch die Medien eine pädagogische und didaktische Wandlung anstießen.

Wie mit der ZDv 10/1 ergaben sich freilich mit der ZDv 12/1 ähnliche Schwierigkeiten: Die Ausbilder wurden auf ihre Aufgaben nicht genügend vorbereitet. Auf die Forderung des Wehrbeauftragten, an der Schule für Innere Führung Einweisungslehrgänge über die ZDv 10/1 einzurichten, reagierte der Kommandierende General des III. Korps und brachte dies bei einer Besprechung im Februar 1974 auf die Tagesordnung. Daraufhin veranlasste Generalinspekteur Armin Zimmermann eine erneute Prüfung beim Führungsstab der Streitkräfte. Der Minister ordnete die Erarbeitung von Beispielen der »Leitsätze für Vorgesetzte« an. Zimmermann initiierte ein Preisausschreiben mit dem Ziel, die Truppe bei der Erarbeitung zu beteiligen und ihre Erfahrungen zu nutzen. An der Ausschreibung nahmen dann immerhin 1500 Soldaten aller Teilstreitkräfte teil. Die Ausbildung in der Truppe, so die Stellungnahme im Führungsstab, sei der effektivste Weg, da hierdurch rasch alle Offiziere und Unteroffiziere erreicht würden[424]. Die Ausbilder in der Truppe waren zwar nicht genügend vorbereitet, trotzdem war über sie der effektivste Zugang zum Ausbildungsziel zu erreichen. Das Problem wurde damit zur Lösung gemacht. Ein Resultat war aber nur durch Erfolge bei der Neuordnung von Bildung und Ausbildung in den Streitkräften möglich, Maßnahmen mithin, die zugleich die Defizite in den pädagogischen Kenntnissen der Vorgesetzten beheben sollten[425]. Die politische und militärische Führung wollte das Desiderat der Vermittlung der ›Inneren Führung‹ nicht öffentlich eingestehen, sondern argumentierte mit der seit langem angewandten erfolgreichen Praxis in der Truppe. Eine Verlagerung der Ausbildung in die Truppe barg aber die Gefahr, dass die Ausbildung den inhaltlichen Zusammenhang verlor und methodisch von individuellen Einzelerfahrungen bestimmt wurde[426]. Dass die Mehrzahl der Soldaten nicht gegen die Grundsätze verstieß, war aus der reinen Zahleninterpretation der Eingaben an den Wehrbeauftragten ersichtlich. Jedoch berücksichtigte man darin die vermutlich hohe Dunkelziffer nicht, denn die anderen Rechtsschutzmöglichkeiten fanden in der Rechnung keine Berücksichtigung. Der Einwand, es handele sich bei der ›Inneren Führung‹ um einen dynamischen Prozess, war zwar richtig, entschuldigte aber nicht den Mangel an einer klaren Definition der Führungsphilosophie: »Es wird nicht verkannt, dass zunächst Unsicherheit in der Bundeswehr durch das Fehlen einer klaren Definition des Begriffes ›Innere Füh-

---

[424] Ebd., BW 2/11954, Schreiben Fü S I an den GenInsp, 14.2.1974, betreffend »Stellungnahme zum JB des WB« nebst Anlage der Stellungnahme Fü S I 3.

[425] JB 1973, S. 10–12.

[426] BA-MA, BW 2/13847, Stellungnahme Fü S I 15 an den Minister, Anlage 1 zu Fü S I 4, 2.12.1976, S. 2.

rung‹ entstand. Die Truppe versteht es jedoch inzwischen, ohne eine theoretische Konkretisierung auszukommen, und legt den Schwerpunkt auf die praktische Anwendung der Inneren Führung [...] Die permanente Wandlung der Gesellschaft wird auch eine entsprechende Weiterentwicklung der Inneren Führung erfordern, doch ist dies für Vorgesetzte ein sich selbstverständlich aus der Praxis ergebender Prozess[427].« Der angeblich alltagstaugliche Selbstbehelf der Truppe in der Anwendung ohne theoretische Konkretisierung entpuppte sich bei näherem Hinsehen als Scheinargument ohne fundierte Belege. In der Praxis lief dies letztlich darauf hinaus, die Truppe sich selbst zu überlassen.

Während die Bundeswehr also auf eine pragmatische Anwendung der ›Inneren Führung‹ abzielte, lag dem Wehrbeauftragten an einer konzeptionellen Weiterentwicklung, für die aber die Streitkräfte mit der Schule der Bundeswehr für Innere Führung nicht über genügend Forschungskapazität verfüge, sodass dort eine geistige Auszehrung zu befürchten sei. Der Leitende Beamte Hans Hubatsch war im Gegensatz zu Flottillenadmiral Günter Fiebig vom Führungsstab der Streitkräfte der Meinung, die ›Innere Führung‹ sei in den letzten Jahren bis 1974 eben gerade nicht weiterentwickelt worden und werde in der Truppe auch nicht verstanden. Fiebig hielt dagegen, dass eine neue Diskussion nicht weiterführend sei, wichtiger sei vielmehr eine systematische Ausbildung aller Vorgesetzten mit den nunmehr vorliegenden Ausbildungsmitteln auf dem Gebiet »Menschenführung in den Streitkräften«, das derzeit erarbeitet werde[428]. Beide Standpunkte hatten ihre Berechtigung, liefen sie doch letztlich auf eine weitergehende Verwirklichung der ›Inneren Führung‹ hinaus. Der Eindruck, dass viele Bundeswehrsoldaten aller Dienstgrade mit dem Konzept nicht viel anzufangen wussten, wurde schließlich durch die Eingaben belegt. Besserung war daher nur durch eine Synthese aus beiden Auffassungen zu erreichen. Aber dafür existierten bis dahin weder die Kapazitäten, noch verfügte die Bundeswehr über die Mittel und die Zeit eine fundierte Ausbildung sicherzustellen. Die Praxis in den Vordergrund zu stellen, erhielt weitere Unterstützung, als der vorherige Parlamentarische Staatssekretär Berkhan die Seiten wechselte und 1975 zum Wehrbeauftragten gewählt wurde. Gleich in seinem ersten Jahresbericht legte er dar, dass es derzeit wichtiger sei, die ›Innere Führung‹ im militärischen Alltag zu praktizieren, als sie ständig neu zu definieren. Die Schule für Innere Führung solle zwar nicht allein die Aufgabe der Weiterentwicklung des Konzepts erhalten, müsse sich aber weiter als Begegnungsstätte für den Theoretiker und Praktiker profilieren[429].

Die politischen und gesellschaftlichen Entwicklungen seit dem Jahr 1968 bildeten auch für den Jahresbericht eine Zäsur in dessen Methodik. Vorher konzentrierte er seine Kontrolle vornehmlich auf den Schutz der Grundrechte und die Integration der Streitkräfte in die Gesellschaft. Der mit dem gesellschaftli-

---

[427] Vgl. ebd., BW 2/11949, Stellungnahme Fü H I 3 für Fü S I 4, 26.3.1975, betreffend »JB 1974 des WB«, S. 3 f.
[428] Ebd., BW 2/13847, Aktennotiz Fü S I 4 über das Gespräch im Amt des WB am 17.9.1974, 30.9.1974, S. 2 f.
[429] JB 1975, S. 3.

chen Wandel einhergehende Prozess einer radikalen Demokratisierung verlagerte sich von nun an auch in die Streitkräfte. Die Gefahr lag jetzt weniger in der Ablösung der Streitkräfte von der Gesellschaft, sondern vielmehr darin, dass die Einsatzfähigkeit unter den Auswirkungen der gesellschaftlichen Wandlungsprozesse leiden würde. Die Effekte bekam die Armee jetzt unmittelbar zu spüren, weil sie mit einem Mangel an Disziplin und einem Verfall an Autorität der Vorgesetzten einhergingen:

»In Fortschreibung des Jahresberichtes 1967 muss der Jahresbericht 1968 auf Unruhe und Unbehagen in der Bundeswehr als Folge der Unzufriedenheit, Staatsverdrossenheit und Auflehnung in der Gesellschaft eingehen [...] Hierbei wäre etwa zu erörtern der Komplex der Kriegsdienstverweigerer, die Teilnahme von Soldaten an Flugblattaktionen, die Anbringung von politischen Symbolen, Plakaten und Bildern in den Unterkünften, die Ausgabe fragwürdiger Notstandsübungslagen mit falsch verstandenem ›Gegnerdenken‹, die geltend gemachten Bedenken gegen die Weitergeltung von Eid und Gelöbnis nach Inkrafttreten der Notstandsverfassung[430].«

Die Einsatzbereitschaft und die Auftragserfüllung der Bundeswehr standen auf dem Prüfstand: Wie sollte eine Armee im Verteidigungsfall geführt werden können, wenn offensichtlich das Führerkorps nur noch begrenzte Autorität bei den Untergebenen genoss? Die Wehrpflichtigen nahmen ihre verfassungs- und gesetzmäßigen Rechte wesentlich häufiger in Anspruch, für den Geschmack ihrer Vorgesetzten über Gebühr, und die Methoden der politischen Betätigung sowie der Agitation gegen die Bundeswehr hatten sich verfeinert. Die bislang eher plumpe und berechenbare Flugblattaktion wurde ersetzt durch eine fundierte Beratung unter Bereitstellung von Materialien zum Grundrecht auf Kriegsdienstverweigerung mit einer Anleitung zum weiteren Vorgehen. Der Bundesminister der Verteidigung teilte solche Beobachtungen und Sorgen des Wehrbeauftragten, sah dies aber als allgemein gesellschaftliches Problem an, gleichwohl mit besonders starken Auswirkungen auf die Bundeswehr. Am deutlichsten zeigten sich die Disziplinlosigkeit und der Autoritätsverlust an folgenden Faktoren:

(1) Fahnenflucht und Eigenmächtige Abwesenheit.

(2) Gehorsamsverweigerung, vor allem der nicht anerkannten Kriegsdienstverweigerer: Nach den Beobachtungen aus der bisherigen Anerkennungspraxis für Kriegsdienstverweigerer seien demnach von 95 % der positiv beschiedenen Anträge nur 30 % »echte« Gewissensentscheidungen, der Rest sei einstudiert. Das individuelle Grundrecht werde immer mehr kollektiv ausgeübt[431]. In welchem Zwiespalt sich der Vorgesetzte in der Praxis befand, zeigt die Handlungsanweisung, die vom Führungsstab der Streitkräfte 1974 hierzu herausgegeben wurde. Zum einen wurde auf ein entschiedenes Vorgehen

---

[430] ACDP, NL Volz, I-546-015/1, Schreiben Leitender Beamter an die Referenten, 10.12.1968.

[431] AdsD, Depositum Schmidt, Mappennummer 8038, Vermerk für den Bundesminister vom SOParl. StS, 10.3.1970.

gedrungen, zum anderen aber auf das Übermaßverbot und die Verhältnis-mäßigkeit der Maßnahmen hingewiesen[432].
(3) Bedrohung von Vorgesetzten und
(4) Nachlassen der äußeren Disziplin.
Zur Stärkung der Autorität schlug man daher im Ministerium vor:
»1. Die Bemühungen der Bundeswehr um Wehrgerechtigkeit sind wirkungs-los, wenn die Wehrdienstverweigerung ein bequemes Schlupfloch für Unwillige bietet. Eine ausreichende Zahl von Ersatzdienstplätzen ist dringend geboten.
2. Die Zahl der Offiziere und Unteroffiziere hat in der Bundeswehr pro-zentual gegenüber früheren deutschen Armeen erheblich zugenommen. Dieser Inflation von Vorgesetzten sollte durch Schaffung von besonderen Spezialistendienstgraden Einhalt geboten werden. Für die hierdurch ge-ringere Zahl von Vorgesetzten mit Führungsfunktionen ist das allgemei-ne Vorgesetztenverhältnis im Dienst herzustellen.
3. Autorität ist von Qualität der Ausbildung und Leistungsfähigkeit nicht zu trennen. Daher wirkt sich jede Herabsetzung der Beförderungszeiten autoritätsmindernd aus. Die Beförderungszeiten zum Leutnant und zum Unteroffizier dürfen nicht weiter herabgesetzt werden.
4. Die formale Behandlung von Disziplinarstrafen sollte entbürokratisiert werden (weniger Papierkrieg).
5. Formale und funktionale Disziplin sind als gleichwertige Elemente ein und derselben Disziplin zu definieren, womit man auch den allgemeinen Vorstellungen der Bevölkerung gerecht wird.
6. Mit den Landesjustizverwaltungen sind Vereinbarungen anzustreben, dass Wehrstraftaten, die die Disziplin berühren, rasch abgeurteilt wer-den, um eine abschreckende Wirkung in der Einheit zu erreichen. Sollte dieser Weg erfolglos bleiben, ist erneut die Schaffung einer eigenen Wehrstrafgerichtsbarkeit zu überprüfen[433].«
Zwar konstatierte der Wehrbeauftragte in seinem Bericht 1972 eine leichte Ver-besserung der Disziplin, die vor allem auf den Haar- und Barterlass vom Mai 1972 und die Kommandeurinformation Nr. 1/72 des Generalinspekteurs vom 16. Mai 1972 zurückging. Jedoch erkannte Schultz auch in dieser neuen Fassung wieder Unsicherheiten bei der Auslegung in der Truppe und rügte erneut die unklaren Formulierungen und die zugehörige Befehlsgebung[434]. Auch innerhalb des Ministeriums deckten sich die Beobachtungen mit denen des Wehrbeauf-tragten:
»Es ist nicht richtig, dass – wie der Bundesminister der Verteidigung in sei-ner Stellungnahme behauptet – der Erlass vom 14. Mai 1972 überall einheit-lich angewandt wird. Während der Inspekteur des Heeres Auslegungs-

[432] BA-MA, BW 2/11943, Fü S I 5, 22.7.1974: G1-Hinweis Nr. 5/74 – Innere Führung, Personal, Ausbildung, betreffend »Behandlung von Soldaten, über deren Antrag auf Anerkennung als Kriegsdienstverweigerer noch nicht unanfechtbar entschieden ist oder deren Antrag unanfechtbar abgelehnt wurde«.
[433] Ebd., BW 2/11953, Ausarbeitung für den BMVg von OTL i.G. Schmidt-Petri, Planungs-stab, 22.3.1972.
[434] Vgl. JB 1972, S. 7 f.

schwierigkeiten in einem Fernschreiben vom 20. Oktober 1972 beseitigte, gibt es für die anderen Teilstreitkräfte eine solche Klarstellung nicht. Es wäre m.E. zweckmäßig, sich zur Vermeidung abweichender Handhabungen um einheitliche, die gesamten Streitkräfte bindende Erläuterungen zu bemühen und sie in geeigneter Form der Truppe zu übermitteln[435].«

In der Bevölkerung wurde der Erlass von 71 % der Befragten positiv und nur von 22 % negativ aufgenommen[436]. Der Wehrbeauftragte benannte einen bedeutenden Grund für das Anhalten des Problems, der für die militärische Führung der Bundeswehr alles andere als schmeichelhaft war. Die mangelnde Befehlstreue und Befehlsklarheit (wie beispielsweise für die Grußpflicht[437]) sowie die allgemeine Gleichgültigkeit und laxe Diensteinstellung von Vorgesetzten bewirkten ein negatives Betriebsklima. Schultz erkannte den schmalen Grat, der in der Toleranz hinsichtlich des Haar- und Barterlasses zwischen den militärischen Erfordernissen, der damit verbundenen notwendigen Disziplin sowie den Zugeständnissen an den Zeitgeist und die zivile Gesellschaft begründet lag. Unter diesem Diktum war auch seine Kritik an der Sichtweise der Bundeswehr als »Unternehmen, das Sicherheit produziere« oder der Soldatenberuf sei ein »Beruf wie jeder andere« zu sehen. Bemerkenswert ist hier, dass die militärische Führung diese Aussagen gleich als Umschreibung für die Notwendigkeit eines neuen »sui generis-Verständnisses« der Soldaten wertete. Eine Entwicklung, die Schultz sicherlich nicht herbeireden wollte[438].

Eng verbunden mit der mangelnden Disziplin war mithin die erkennbare Steigerung des Alkoholmissbrauchs in den Streitkräften. Ein unmittelbarer Zusammenhang zwischen der offensichtlichen Krise der ›Inneren Führung‹ und der Flucht vieler Soldaten im und außer Dienst in den Alkohol lag daher nahe. In einem Situationsbericht eines betroffenen Soldaten heißt es dazu:

»Allgemein ist eine emotionale Entleerung der Menschen festzustellen. Sie ist bestimmt mitentscheidend für den Orientierungsverlust der Menschen allgemein und der Soldaten besonders. Junge Menschen, die zu der Bundeswehr kommen, fühlten sich bereits im Privatleben weitgehend allein gelassen und die Hoffnungen, in der Bundeswehr einen entsprechenden Ausgleich zu finden, werden weitgehend nicht erfüllt. So glauben sie sich auch hier allein gelassen mit ihren Problemen und tatsächlich sind es die Vorgesetzten, die aus verschiedenen Gründen keine Zeit mehr für die Sorgen und Nöte der einzelnen Untergebenen finden. So bleibt kaum ein anderer Aus-

---

435 BA-MA, BW 1/60621, Ausarbeitung VR III 7, Az.: 39-20-00, betreffend »Fragen des JB 1972, die in der Erörterung im VtdgA am 17.10.1973 nicht behandelt wurden oder deren Klärung nicht erreicht werden konnte«, S. 2.
436 Vgl. JB 1972, S. 29.
437 BA-MA, BW 1/60621, Ausarbeitung VR III 7, Az.: 39-20-00, betreffend »Fragen des JB 1972, die in der Erörterung im VtdgA am 17.10.1973 nicht behandelt wurden oder deren Klärung nicht erreicht werden konnte«, S. 12 f.
438 JB 1972, S. 45–49; BA-MA, BW 2/8982, Auswertung und Stellungnahme durch BEBGen-Insp 1 des JB 1972, 18.4.1973, S. 3 f.

weg, als sich mittels des Alkohols eine entsprechende Ersatzbefriedigung zu schaffen und die Soldaten tun es, ohne die Gefahr zu erahnen[439].«

Die Rezepte gegen dieses Problem waren allesamt nicht neu und scheiterten immer wieder an der politischen und gesellschaftlichen Realität[440]. Ein Mehr an Militär war gegen den gesamtgesellschaftlichen Prozess der Individualisierung einfach nicht zu verwirklichen. Die Bundeswehr musste sich diesen Prozessen stellen, sie mit den verfügbaren Mitteln aufnehmen oder abwehren und ansonsten aussitzen.

Beim Amtsantritt des Wehrbeauftragten Berkhan waren die systeminternen Mängel meist schon erkannt, zogen sich aber auch durch seine Berichte wie ein roter Faden. Vielmehr wollte man dem Wehrbeauftragte von Seiten des Ministeriums keinen zusätzlichen Zündstoff durch bereits eingeleitete Maßnahmen liefern, die er dann aus Unkenntnis des Sachstandes erneut aufgreifen könnte[441]. Sei es im Bereich der Kompetenzen nach dem Wehrbeauftragtengesetz, der ›Inneren Führung‹, der Traditionspflege oder dem Disziplinarwesen: die Probleme verschwanden zwar nicht, nahmen aber einen wesentlich kleineren Raum ein. Einzig auffallend war das signifikante Ansteigen der Beschwerden im Fürsorgebereich, die sich vor allem in der vorgeblich mangelhaften Verpflegung und Bekleidung zeigten. Letzteres war in der Amtszeit Berkhans eines der dringendsten, weshalb der Verteidigungsminister einen Oberst als Sonderbeauftragten für die Angelegenheiten der Bekleidung und persönlichen Ausrüstung der Soldaten einsetzte[442]. Außerdem nahmen die sozialen Probleme der Soldaten stark zu[443]. Eine interne Auswertung der Wehrmedizinalstatistik im

---

[439] BA-MA, BW 2/11943, Schreiben OFw G. an den WB, 2.8.1976, betreffend »Alkoholismus und seine Auswirkungen in der Bundeswehr«, S. 3. Vgl. JB 1972, S. 56. In der öffentlichen Wahrnehmung betraf es vornehmlich ›Ausscheider‹, die sich auf der Heimreise am Ende ihrer Wehrpflicht befanden; JB 1973, S. 38 f. Für diesen Berichtszeitraum nahmen die Dienstvergehen und strafbaren Handlungen unter Alkoholeinfluss aller Dienstgrade in einem besorgniserregenden Maße zu.

[440] So für das Problem des Alkoholmissbrauchs die dementsprechenden Befehle und Weisungen; vgl. BA-MA, BW 2/11943, Information für die Kommandeure Nr. 1/74 des Gen-Insp, 11.6.1974, betreffend »Alkoholmissbrauch in der Bundeswehr«; ebd., Fü S I 5, 22.7.1974, G1-Hinweis Nr. 5/74 – Innere Führung, Personal, Ausbildung, betreffend »Verhaltensmuster für den Disziplinarvorgesetzten zur Verhütung von Alkoholmissbrauch in der Bundeswehr«. Das Alkoholproblem beschäftigte die militärische Führung schon seit 1956. Vgl. ebd., BW 2/3955, Der BMVg, 1.12.1956, betreffend »Alkoholmissbrauch«.

[441] Ebd., BW 2/13836, Schreiben Fü S I 4 an den Parl. StS, 22.5.1979, betreffend »Synoptische Darstellung der Anregungen des WB aus dem JB 1974–1977 mit den getroffenen Maßnahmen des BMVg«; Schreiben Fü S I 4 an den Parl. StS, 8.2.1980, betreffend »Gegenüberstellung der Anregungen des WB mit Maßnahmen des BMVg«.

[442] So aus einer Vielzahl von Eingaben aus den Jahren 1978–1985. Ebd., BW 1/193785, Eingabe Vertrauensmannes G V. an den WB, 1.2.1980, betreffend »Umbau der Küche I der Westfalenkaserne«; ebd., BW 1/200482, Schreiben WB an den BMVg, 12.7.1983, betreffend »Fürsorgepflicht der Vorgesetzten, Einkleidung von Soldaten mit Übergröße, Bereitstellung eines Bettgestells entsprechend der Körperlänge«; ebd., BW 1/250587, Vorlage Fü S IV, Az.: 49-01-00 an den Minister, November 1984, nebst Anlagen.

[443] Ebd., BW 1/197829, Schreiben Parl. StS an den Vorsitzenden des VtdgA, 11.6.1979. Hierin wurde Manfred Wörner von StS von Bülow über das Programm für die nächsten Jahre

Ministerium zeigte eine Verdopplung der Fälle von Alkoholsucht in der Bundeswehr im Zeitraum von 1971 bis 1978 von 0,7 Promille auf 1,34 Prozent. Jedoch ließ sich grundsätzlich feststellen, dass es sich um ein gesamtgesellschaftliches Problem handelte und sich die Bundeswehr nicht signifikant anders entwickelte als die übrige Gesellschaft. Es handelte sich vielmehr um ein »beunruhigendes Krisenphänomen« der damaligen Zeit, von dem alle Altersgruppen und Gesellschaftsschichten betroffen schienen. Für die Bundeswehr ließ sich konstatieren, dass die Wehrpflichtigen bereits mit einem beträchtlichen Alkoholkonsumverhalten einberufen worden waren, wobei eine weitere Erhöhung des Konsums während der Dienstzeit besonders dort zu verzeichnen war, wo subjektive Langeweile und die Dienstzeit als völlig sinnlos empfunden wurden[444].

Zu dem Alkoholproblem kam eine auffallende Suizidgefährdung hinzu, weshalb der Wehrbeauftragte mit Unterstützung des Ministeriums eine Fragebogenaktion bei Wehrpflichtigen durchführen ließ. Die durchschnittliche Ist-Stärke der Wehrpflichtigen betrug im Berichtszeitraum vom Juni 1976 bis Mai 1977 ca. 252 752 Soldaten, von denen insgesamt 742 Selbsttötungsversuche begingen. Als Ursachen wurde ein ganzes Bündel an Faktoren ausgemacht: das mäßige Kameradschaftsverhältnis, der Konsum von Alkohol und Drogen, die Milieuveränderung durch den streng geregelten militärischen Dienst unter Einengung der persönlichen Freiheit, das Gefühl der dienstlichen Überforderung sowie schließlich familiäre und wirtschaftliche Probleme. Die Tat stellte meist einen Appell des Betroffenen um Hilfe dar. Die Studie bestätigte die Vermutung, dass Angehörige einer Armee, hier vor allem die Wehrpflichtigen – verstärkt durch eine heimatferne Einberufung –, aufgrund der individuellen Eigenschaften und Umstände prinzipiell zu den Gruppen mit einem erhöhten Suizidrisiko gehörten[445]. Verstärkt wurden der Alkoholkonsum oder die Suizidgefährdung noch zusätzlich, wenn der Grundwehrdienstleistende von seinen Kameraden schikaniert wurde. Berkhan konzentrierte sich deshalb aufgrund dieser vor allem seit Mitte der siebziger Jahre zu beobachtenden Veränderungen auf die Verbesserung der persönlichen Situation der Soldaten.

Der Jahresbericht des Wehrbeauftragten übte auf die Bundeswehrführung einen erheblichen Handlungsdruck aus. Jeder Bericht führte im Ministerium zu einer akribischen Auswertung, Prüfung und Stellungnahme der betroffenen Abteilungen, die dann in eine Gesamtstellungnahme des Verteidigungsministers einflossen. Bei der Nachprüfung wurden die Mängel durchaus selbstkritisch geprüft und weiterer Handlungsbedarf ermittelt. Zu den einzelnen Punkten wurden die getroffenen Maßnahmen und die Auffassung des Hauses dar

---

zur »Verbesserung der sozialen Lage der Angehörigen der Bundeswehr« informiert, das aufgrund der Empfehlungen der Koordinierungsgruppe erarbeitet wurde.

[444] Ebd., Fü S I 4 an CdS Fü S, 27.4.1979, betreffend »Alkoholsituation in der Bundeswehr«.

[445] Ebd., BW 1/135181, Bericht WB über das Ergebnis seiner Fragebogenaktion zur Erfassung der Selbsttötungsversuche von wehrpflichtigen Soldaten in der Zeit vom 1.6.1976 bis 31.5.1977, 30.1.1979.

Das Gebäude der Schule der Bundeswehr für Innere Führung in Koblenz-Pfaffendorf (um 1960).
In der Schule der Bundeswehr für Innere Führung in Koblenz-Pfaffendorf wird das Führungskorps
der Bundeswehr mit den Fragen moderner Menschenführung vertraut gemacht.

Junge Offiziere beim Studium in der Bibliothek der Schule der Bundeswehr für Innere Führung.

Soldaten bei einem Lehrgang in der Schule der Bundeswehr für Innere Führung: Zur geistigen Rüstung gehört die genaue Kenntnis der Mentalität des sowjetischen Soldaten.

gelegt. Beispielsweise wurde die Traditionspflege vom Wehrbeauftragten in seinen Berichten (1965, 1966, 1967, 1970) immer wieder kritisch bewertet, die im Ministerium zuständigen Abteilungen dagegen betrachteten den Erlass »Bundeswehr und Tradition« vom Juli 1965 und die dazu erarbeiteten Unterrichtsbeispiele vom Oktober 1965 als völlig ausreichend. In einem Kontaktgespräch der Referenten des Wehrbeauftragten und des Ministeriums im Februar 1975 wurde erneut von Seiten des Amtes auf die notwendige Änderung hingewiesen, um den Erlass damit an die gesamtgesellschaftliche Entwicklung anzupassen. Jedoch war den Vertretern des Verteidigungsministeriums gar nicht klar, was mit der »Anpassung an die Entwicklung« gemeint war[446]. Berkhan verwies wiederum beharrlich auf die Notwendigkeit, die Tradition der Bundeswehr zu überprüfen. Warum sollte denn die Bundeswehr selbst nicht traditionswürdig sein? Im Ministerium wurde schließlich diesem Erfordernis zugestimmt und daraufhin die Traditionspflege in der Bundeswehr in einer Situationsanalyse der ›Inneren Führung‹, die bis Ende 1977 vorliegen sollte, einer Revision unterzogen[447].

Wie in diesem Fall galt als generelle Handlungsmaxime im Ministerium bei der Überprüfung der Jahresberichte: schonungslose Offenlegung intern, aber Abschwächung, Richtigstellung und Problematisierung extern. Die Entwicklung des Eingabeverhaltens der Soldaten an den Wehrbeauftragten wurde genau analysiert. Die sprunghaften Anstiege in den Jahren 1962/63 aufgrund der Nagold-Affäre (+ 57 %) und 1968/69 hinsichtlich der Probleme um die ›Innere Führung‹, den Haar- und Barterlass sowie eine einsetzende Rauschgiftwelle (+ 47 %) wurden registriert. Außerdem stieg seit 1968 der Anteil der Eingaben gemessen am Gesamtpersonalbestand der Bundeswehr genauso stetig an wie die Anträge auf Wehrdienstverweigerung (1967: + 35 %, 1968: + 100 %, 1969: + 21 %, 1970: + 34 %). Die deutliche Zunahme der Eingaben von 1962/63 und 1968/69 ging vorwiegend auf das Heer und die sonstigen Dienststellen zurück, die keiner Teilstreitkraft zugeordnet werden konnten. Bei der Marine setzte er dagegen erst 1969 ein, während bis 1970 die Luftwaffe das stabilisierende Element bildete, aber seit 1970 einen überdurchschnittlichen Anstieg zu verzeichnen hatte. Der durchschnittliche prozentuale Anteil der Eingaben am Gesamtpersonalbestand betrug 1,3 %, wobei die Offiziere mit 1,8 % vor den Unteroffizieren (1,6 %) und den Mannschaften (1,2 %) rangierten. Offiziere wandten sich ferner 50 %, Unteroffiziere 33 % häufiger an den Wehrbeauftragten als die Mannschaften. Bei den eingeschalteten Stellen wiesen die Kompanie- und Bataillonsebenen beim Anteil an den einzelnen Eingabearten (Innere Führung, Grund-

---

[446] Vgl. z.B. ebd., BW 2/11953, Schreiben Fü S I 3 an den GenInsp, 10.5.1972, betreffend »Synopse über kritische Punkte des JB 1971 des WB«; ebd., BW 2/11952, Schreiben Fü S I 3 an die Leitung BMVg, 27.4.1971, betreffend »JB 1970 des WB«, S. 3; ebd., BW 2/13847, Schreiben Fü S I 4 an den WB, 12.2.1975, betreffend »Kontaktgespräch zwischen den Referenten des WB und dem BMVg am 17.2.1975« nebst Besprechungspunkten, hier Nr. 3.
[447] Ebd., BW 1/174291, Stellungnahme Fü S I 4 zum JB 1976 des WB, 12.8.1977, S. 2–5.

rechte, Strafrechtspflege und Disziplinarwesen) die höchsten Werte auf[448]. Gerade die Offiziere, die das Führungspersonal der Bundeswehr bildeten, nutzten das Mittel der Eingabe im Vergleich am meisten. Als Gründe hierfür kamen vornehmlich drei Aspekte in Frage:

(1) Sie waren möglicherweise dünnhäutiger, damit beschwerdelustiger sowie in ihrer Rechtskenntnis fundierter als die anderen Dienstgradgruppen,

(2) sie benutzten den Wehrbeauftragten für die Abstellung systeminterner Unzulänglichkeiten, die sie selbst nicht beeinflussen konnten, oder

(3) sie waren mehr als die anderen Dienstgrade einer unrechtmäßigen und karriereschädigenden Behandlung durch ihre Vorgesetzten ausgesetzt.

Der Offizier hatte einfach mehr als der Unteroffizier, dieser wiederum mehr als ein Mannschaftssoldat im Karriereverlauf zu verlieren, weshalb er alle Möglichkeiten nutzte, um Nachteile von sich abzuwenden. Der Wehrbeauftragte bot hierbei durch seinen exponierten Status größere und schnellere Chancen für einen Rechtsschutz als die anderen Alternativen. Dass die Dienststellen der unteren Führungsebene der Bundeswehr von den Eingaben am häufigsten betroffen waren, verwundert wenig, denn in den Kompanien und Bataillonen war die militärische Führung in einem höheren Grad authentisch und wirkte sich unmittelbar aus, während dies bei den übergeordneten Kommandoebenen nur noch mittelbar der Fall war. Denn ihre Befehle mussten in der unteren Führungsebene umgesetzt und aus Gründen der Loyalität auch vertreten werden. Die ›Innere Führung‹ der »Oberen Führung« wurde daher vom Wehrbeauftragten so charakterisiert: »Die ›Obere Führung‹ erwartet von der Truppe stets die Beachtung der von ihr gegebenen Befehle, während sie bei der Einhaltung von Befehlen großzügiger zu verfahren scheint[449].«

4. Der Wehrbeauftragte als Mittler zwischen Zivilgesellschaft und Parlamentsarmee

Der Wehrbeauftragte war ein Instrument des Bundestages zur Kontrolle der Bundeswehr. Das Parlament selbst verfügte wie in anderen westlichen Demokratien über umfangreiche Kontrollmöglichkeiten der Streitkräfte: den Primat der Politik durch die Regelung des Oberbefehls, den Verteidigungsausschuss als ständigen Untersuchungsausschuss und die Wehretatkontrolle[450]. Die historische Sonderrolle des Militärs im deutschen Staat war daher mit dem Vorrang des Parlaments beendet worden[451]. Der Bundestag verfügte demnach über die

[448] Ebd., BW 2/11952, Analyse der Tabellen und Graphiken im Jahresbericht 1970 des WB, o.D.; JB 1970, S. 48–57.
[449] JB 1973, S. 43–46, hier S. 43.
[450] Hartenstein, Der Wehrbeauftragte, S. 16–52.
[451] Bald, Die Bundeswehr, S. 44.

eigentliche Kontrolle der Bundeswehr, Regierung und militärische Führung benötigten dagegen für alle wesentlichen Entscheidungen die Zustimmung des Parlaments. Zwar als Hilfsorgan des Bundestages kontrollierte der Wehrbeauftragte die Bundeswehr, war aber trotzdem weit genug vom Parlament und von den Streitkräften entfernt, um sich von keinem vereinnahmen zu lassen. Der bisher geschilderte Umgang beider Akteure mit dem Kontrolleur verdeutlicht das grundsätzliche Spannungsverhältnis: Der ursprünglich weder von den Regierungspolitikern noch von der Bundeswehrführung gewollte Wehrbeauftragte konnte in der Entwicklung trotz dieser ungünstigen Ausgangslage doch seine Notwendigkeit und Funktionsfähigkeit nachweisen. Sein Verhältnis zum Parlament und zur Bundeswehr bestätigte freilich die »pervertierte Rolle als Kontrolleur«[452]: Je mehr der Wehrbeauftragte kontrollierte, desto weniger Wertschätzung erhielt er von seinem Auftraggeber sowie dem Kontrollobjekt. Seine exponierte Stellung im politischen System ließ ihn aber zu einer öffentlichen Person werden. Somit agierte er im Umkehrschluss weit mehr im öffentlichen Interesse als viele andere staatliche Institutionen, weil er für die Bundeswehr die Mittlerrolle zwischen Zivilgesellschaft und »Staatsbürger in Uniform« einzunehmen verstand.

a) Der Wehrbeauftragte als ›Hilfsorgan der Öffentlichkeit‹ zur Kontrolle der Bundeswehr

Der Wehrbeauftragte wurde nicht nur durch die Eingabe von Soldaten tätig, er informierte sich auch aus den Medien, deren Berichte ihn zu einer Überprüfung der darin geschilderten Vorgänge veranlassten. Zeitungs- oder Zeitschriftenartikel, Radio- oder Fernsehsendungen bildeten dafür eine wichtige Quelle. Ganz generell trugen die Massenmedien zu einem »erheblichen Teil zur Durchsetzung soziokultureller Modernisierung in Westdeutschland bei und waren deren Ausdruck«[453]. Gerade Fernsehen und Radio schufen seit den 50er Jahren eine neue Häuslichkeit. Die Lesegewohnheiten der Menschen verlagerten sich auf bunte »Illustrierte« und Programmzeitschriften mit einem Informationsteil. Dabei überwog der Wunsch der Konsumenten nach Unterhaltung den nach Information[454]. In einem Versuch zur Periodisierung wird das Phänomen der Massenmedien in der Öffentlichkeit des 20. Jahrhunderts in drei Stufen unterteilt:
(1) Die »klassische Moderne« mit dem Hauptmedium Illustrierte,
(2) »›Drittes Reich‹ und Rekonstruktion« mit Radio und Tonfilm und
(3) die »Massenmedien selbst im Zentrum von gesellschaftlicher und politischer Charakterisierung des jüngsten Abschnitts der Zeitgeschichte«[455].

---

[452] Oertel, Der Wehrbeauftragte, S. 49.
[453] Schildt, Moderne Zeiten, S. 34.
[454] Ebd., S. 444–447.
[455] Schildt, Massenmedien und Öffentlichkeit, S. 170.

Auf den drei Ebenen muss der jeweilige gesellschaftliche Kontext, wie beispielsweise die Stadt-Land- oder Ober-Mittel-Unterschicht-Relation berücksichtigt werden, um die Wirkung der Medien ausreichend zu erfassen und sozial-historische Kontinuitäten zu erkennen. Sowohl der Erste Weltkrieg auf der ersten als auch der Zweite Weltkrieg auf der zweiten Stufe wiesen keine einschneidende Zäsur und keine Qualitätsunterschiede für das massenmediale Ensemble auf[456]. Auf den Zeitraum dieser Untersuchung übertragen, bedeutet dies, dass auch der Kalte Krieg keine paradigmatische Wirkung auf die Massenmedien erzielte. Vielmehr ist eher eine Inversion zu erkennen: Die Mittel und Beeinflussungsmöglichkeiten der Massenmedien wurden gezielt und vermehrt gegen den Gegner verwendet, womit sie den Kalten Krieg entscheidend prägten. Die Propaganda wurde zur wichtigen Waffe[457]. Der Wehrbeauftragte und die Bundeswehr als Armee im Kalten Krieg befanden sich nunmehr verstärkt in der Auseinandersetzung mit der »Sensations-Presse« und dem »Asphalt-Journalismus«[458]. Das vordringliche Interesse der Konsumenten lag weniger im Informations-, als vielmehr im Sensationsbedürfnis. Eine sensationelle Geschichte dominierte bei weitem über den Unterhaltungswert von politischen Informationen. In der dritten Stufe des medialen Ensembles seit den 60er Jahren übten daher die modernen Medien, vor allem durch den Siegeszug des Fernsehens, einen »tiefen Einfluss auf die Kommunikation im halböffentlichen Alltagsraum« aus, denn sie »erscheinen als demokratisierndes, aufklärerisches Element ebenso wie als Mittel zur effektiven Verbreitung und Befestigung von autoritären Denkmustern und aggressiven Feindbildern«[459]. Dieser Befund erwies sich auch als kennzeichnend für die Berichterstattung über die Arbeit des Wehrbeauftragten und ihre Projektion auf die Bundeswehr. Als eine Armee des politischen Willens, aber von der Gesellschaft mit kritischen Vorbehalten wahrgenommen, wirkten besonders die Mängelberichte eher als Stereotypen fördernd denn als aufklärend. Für die Bundeswehr erwuchs daraus ein Dilemma, das kaum zu lösen war, aber für den Wehrbeauftragten eine Macht- und Wirkungsprojektion bedeutete.

Reportagen um Themen aus dem Bereich Verletzung der Grundrechte oder Verstöße gegen die Grundsätze der ›Inneren Führung‹ mit einer breiten öffentlichen Wirkung dominierten die Berichterstattung über die Bundeswehr[460]. Solche Darstellungen prägten nachdrücklich das Bild der Streitkräfte in der Gesellschaft der Bundesrepublik Deutschland. Sie lieferten den gegen sie eingestellten Organisationen im Inland, aber auch dem ideologischen Gegner in der DDR die nötige Munition für ihre Agitation. Der Wehrbeauftragte erfüllte hier eine

---

[456] Ebd., S. 160–167.
[457] Vgl. Arnold, Kalter Krieg im Äther; Schumacher, Kalter Krieg und Propaganda.
[458] Schildt, Massenmedien und Öffentlichkeit, S. 157.
[459] Ebd., S. 169, 171.
[460] Vgl. BM-MA, BW 2/11936, Schreiben WB an den BMVg, 8.4.1969, betreffend »Eingriff in die Privatsphäre der Soldaten«. Als Anlage wurde ein Artikel Peter Stähles, Offiziere – Was lesen Sie? General fordert von seinen Untergebenen Rechenschaft über Privatlektüre. In: Stern, 23.2.1969, Nr. 8, beigefügt.

Doppelfunktion: einerseits als Kontrolleur solcher Vorwürfe im Auftrag des Bundestages und andererseits als Sachwalter der Bundeswehr[461], um unnötigen Schaden von ihr fernzuhalten. Dem Verfassungsauftrag »kann nur sachgerecht entsprochen werden, wenn sich der Wehrbeauftragte nicht allein als ›Klagemauer der Soldaten‹, sondern darüber hinaus als ein Bindeglied zwischen den Streitkräften und dem Bundestag sowie der Öffentlichkeit versteht«[462]. Durch diese weite Interpretation seiner Funktion proklamierte sich der Wehrbeauftragte vom ›Anwalt der Soldaten‹ zum ›Anwalt der Organisation Bundeswehr‹. Die Schutzfunktion wirkte fortan über die Organisation auf den einzelnen Soldaten – und dies gerade vor dem Hintergrund eines Vietnamkrieges und einer von aggressiver Distanz zur Bundeswehr geprägten Außerparlamentarischen Opposition (APO) in der Bundesrepublik Deutschland. Der Deutsche Bundestag und die Regierung brauchten mithin funktions- und einsatzfähige Streitkräfte, deren Sinn – in einer Demokratie zwar legitim – durchaus hinterfragt werden konnte, aber deren Soldaten nicht diffamiert werden durften. Zwar nicht unmittelbar aus dem Gesetz zu erkennen, war der Wehrbeauftragte dennoch in seiner Funktion als Hilfsorgan des Bundestages bei der Ausübung der parlamentarischen Kontrolle indirekt auch ein Stück weit für die Funktionsfähigkeit und den Schutz der Bundeswehr zuständig. Die schnelle und lückenlose Aufklärung von (un)berechtigten Vorwürfen gegen die Soldaten durch eine neutrale Kontrollinstanz sorgte sowohl für einen offenen Umgang mit der Militärpolitik in der Öffentlichkeit in Form einer vertrauensbildenden Maßnahme als auch für eine Versachlichung der Auseinandersetzung in den Medien, indem schnell und glaubwürdig aufgeklärt sowie informiert wurde.

Der Wehrbeauftragte nutzte die Medien gezielt für seinen Auftrag. Seine Macht lag weniger in seinen Befugnissen, als vielmehr in seiner Berichtspflicht an den Deutschen Bundestag[463]. Hier kommunizierte er über die Medien mit der informierten Öffentlichkeit und konnte sich und seinen Auftrag inszenieren und seine Bedeutung markieren. Der Jahresbericht wurde von der Führung der Bundeswehr und den Soldaten als Mängelbericht, von den Medien und der

---

[461] Diese Funktion übernahm er explizit erst mit dem Jahresbericht 1968, in dem er von sich in der Doppelfunktion »als Sachwalter der Soldaten im parlamentarischen Raum und gegenüber der Öffentlichkeit« spricht (vgl. JB 1968, S. 5). Zwar hat der Wehrbeauftragte Hoogen zum ersten Mal schriftlich in dieser Deutlichkeit diese Funktionserweiterung dargelegt, jedoch lässt sich auch schon in den Aktionen seiner Vorgänger diese doppelte Aufgabeninterpretation erkennen.

[462] Ebd.; vgl. ACDP, NL Ernesti, I-264-005, Deutschland-Union-Dienst (DUD, Pressedienst der Christlich Demokratischen und Christlich-Sozialen Union), 23 (1969), 17, S. 4.

[463] Vgl. Maurer, Wehrbeauftragter und Parlament, S. 43–52. Für Maurer stellt die Berichtspflicht an den Bundestag die einzige Möglichkeit dar, seine Feststellungen öffentlich zu machen. Die Wirkung von Vorträgen und Interviews in der Praxis glaubt er nicht einschätzen zu können. Daher komme dem Wehrbeauftragten keine eigene, sondern nur eine vom Bundestag vermittelte Publizität zu und seine Öffentlichkeitswirkung sei eine Reflexwirkung der Öffentlichkeit des Parlaments. Eine Bewertung des Wehrbeauftragten als Sprachrohr der Öffentlichkeit ist für ihn zu weit hergeholt. Jedoch konstatiert er, dass der Jahresbericht nicht nur an das Parlament, sondern auch an die Öffentlichkeit gerichtet sei.

Gesellschaft eher als Zustandsbericht[464] der westdeutschen Streitkräfte zur Kenntnis genommen. Die Reaktionen darauf waren daher äußerst unterschiedlich und konfliktgeladen. Die Interessenlagen der vier Akteure differierten erheblich:

(1) Der Wehrbeauftragte benutzte über die Medien die Öffentlichkeit, um Druck auf den Bundestag und die Bundeswehr ausüben zu können.

(2) Die Politik bedurfte des Wehrbeauftragten, um die Bundeswehr vordergründig zu kontrollieren und hintergründig die Öffentlichkeit zu beruhigen.

(3) Die Bundeswehr strebte eine positive Grundeinstellung der Bevölkerung zu den Streitkräften wie eine Festigung des Wehrwillens an. Gesteuert werden musste die öffentliche Meinung durch eine gezielte Öffentlichkeitsarbeit[465].

(4) Die Öffentlichkeit brauchte den Wehrbeauftragten, um über die aktuelle Situation der (vornehmlich negativen) inneren Lage der Bundeswehr informiert zu sein. Der *outsider* aus der Gesellschaft wurde mit dem Wehrbeauftragten zum *insider* in der Bundeswehr.

Der Deutsche Bundestag beschloss beginnend im Jahr 1954 die Wehrgesetze und bekannte sich zu dem Erfordernis einer Aufstellung der Bundeswehr zur Verteidigung der Bundesrepublik Deutschland im Rahmen des militärischen Bündnisses der NATO. Die Notwendigkeit eines deutschen Verteidigungsbeitrages wurde zwar damals in der öffentlichen Meinung mit 45 % in der Relation überwiegend bejaht, aber die Bereitschaft, Soldat zu werden, war mit nur 38 % der männlichen Befragten vergleichsweise niedrig[466]. In der Folge befand sich die Bundeswehr in einem fortwährenden Legitimationsprozess, der gerade in den Jahren der Großen Koalition mit einer starken APO-Bewegung und deren gegen die Bundeswehr gerichtete Kampagnen zusätzlich verschärft wurde. Die Bundeswehr benötigte daher mehr als alle anderen staatlichen Institutionen und Organisationen eine positive Berichterstattung. Dabei war es notwendig, auf Auswahl und Inhalt einzuwirken, um der Bevölkerung die Sinnhaftigkeit von Streitkräften zu verdeutlichen. Berichte, in denen die Soldaten beim Arbeitseinsatz als »Schrankenöffner« oder »Barrierenhüter« bei öffentlichen oder privaten Veranstaltungen eingesetzt worden waren, dienten daher nicht einer positiven Meinungsbildung in der Öffentlichkeit, sondern eher der Bestätigung von negativen Stereotypen:

---

[464] Auch wenn der VtdgA dies im November 1966 in seiner Sitzung forderte, konnte und durfte er solch einer Forderung nicht nachkommen, denn der Aufgabenbereich des WB war zu stark auf den Mängelaspekt konzentriert und konnte die positiven Aspekte nur in wenigen Teilbereichen berücksichtigen. Eine Gesamtschau dagegen hätte beides gleichermaßen gewichten müssen. Vgl. JB 1972, S. 57.

[465] BM-MA, BW 2/11932, Schreiben Fü S I 3 an den WB, 20.11.1969, betreffend »Dienstlicher Arbeitseinsatz von Soldaten bei öffentlichen oder privaten Veranstaltungen«, S. 4: »Eine sinnvolle Öffentlichkeitsarbeit der Bundeswehr ist aber nur dann gegeben, wenn sie auf eine Stärkung der Wehrbereitschaft der Bevölkerung und auf deren wachsendes Verständnis für den Auftrag der Bundeswehr ausgerichtet bleibt.« Vgl. hierzu VMBl. 1977, S. 30, Ziele, Grundsätze und Aufgaben der Presse- und Öffentlichkeitsarbeit in Verteidigungsfragen – Neufassung –, zitiert nach: Kannicht, Die Bundeswehr und die Medien, S. 267; vgl. Anhang 2.

[466] Vgl. Jahrbuch der öffentlichen Meinung 1947–1955, S. 355.

»Was bei lokalen Veranstaltungen in der Regel (noch) gut ankommen kann, stößt bei einem anonymen millionengroßen Fernsehpublikum auf unterschiedliche Reaktionen. Zur positiven Meinung und zu indifferenten Haltungen gesellen sich (Vor-)urteile wie
- ›und dafür brauchen wir nun Streitkräfte‹, oder
- ›kein Wunder, daß die jungen Männer 18 Monate opfern müssen, wenn das ihr Wehrdienst ist. Deshalb kann also wohl der Wehrdienst nicht auf 12 Monate verkürzt werden!‹ bis zu harten Feststellungen wie
- ›glatter Verstoß gegen Art. 87 a (2) des Grundgesetzes. Pferdeäpfel auflesen hat nicht das Geringste mit der Verteidigung zu tun[467].«

Die Bevölkerung erhielt Informationen aus den Erzählungen über die persönlichen, aber durchaus charakteristischen Erfahrungen der aktiven oder ehemaligen Wehrpflichtigen, Zeit- oder Berufssoldaten[468]. Hinzu kamen selbstrecherchierte Beiträge der Medien und die Öffentlichkeitsarbeit der Bundeswehr. Der Informations- und Pressestab bestätigte den Wehrbeauftragten, der eine Förderung des Integrationsprozesses der Streitkräfte in die Gesellschaft durch eine verbesserte und breitere Öffentlichkeitsarbeit der Streitkräfte feststellte. Die Bundeswehr war in der Auftragserfüllung vom Vertrauen und der Unterstützung der Bevölkerungsmehrheit abhängig. Dabei kam gerade der ›Inneren Führung‹ eine zentrale Rolle zu, da sie in ihrem Wirkungsbereich in das gesellschaftliche Umfeld strahle. Dieses »Betriebsklima« würde, so der Pressestab, besonders durch die Primärerfahrungen der Soldaten wahrgenommen und an weitere Personen weitergegeben. Bei den Informationsempfängern, die bisher nur über Sekundärerfahrungen verfügen würden, könnten positive Erlebnisse in der Bundeswehr die Sympathie stärken, die Wehrbereitschaft motivieren helfen und dadurch die Öffentlichkeitsarbeit glaubwürdig erscheinen lassen (vgl. Tabelle 4)[469]. Weiterhin wurde die Bevölkerung von den die Bundeswehr befürwortenden Organisationen wie dem Deutschen Bundeswehrverband oder ablehnenden wie den Kriegsdienstverweigerern informiert. Von besonderer Bedeutung waren schließlich die Jahresberichte des Wehrbeauftragten mit ihrem hohen Grad an Objektivität. Für den Medienkonsumenten war es daher schwierig, zwischen einer dem Grundsatz nach zur Objektivität verpflichteten journalistischen Recherche und einer intendierten Öffentlichkeitsarbeit zu unterscheiden.

---

467 BM-MA, BW 2/11932, Schreiben Fü S I 3 an den WB, 20.11.1969, betreffend »Dienstlicher Arbeitseinsatz von Soldaten bei öffentlichen oder privaten Veranstaltungen«, S. 4.

468 Ebd., BW 2/11949, Stellungnahme Fü H I 3 für Fü S I 4, 26.3.1975, betreffend »JB 1974 des WB«, S. 4: »Der Anteil in der Bevölkerung von ungedienten Wehrpflichtigen und ehem. Zeitsoldaten, die sich aus eigener Erfahrung ein Urteil über die Bundeswehr bilden und dieses in die Gesellschaft hineintragen, wächst von Jahr zu Jahr.«

469 Ebd., Stellungnahme Fü H I 3 für Fü S I 4, 26.3.1975, betreffend »JB 1974 des WB«, S. 4. So umfasste die Öffentlichkeitsarbeit allein für das Heer für die Jahre 1973 und 1974 die in Tabelle 4 enthaltenen sehr hohen Zahlen und verdeutlicht, wie viele Mittel und wie viel Zeit zur Durchführung aufgewendet werden mussten. Vgl. ebd., Schreiben IPS, Arbeitsbereich Public Relations, an Fü S I 4, 26.3.1975, betreffend »Stellungnahme zum JB 1974 des WB«; JB 1974, S. 15 f.

Tabelle 4: Öffentlichkeitsarbeit des Heeres 1973 und 1974					
	Vorträge		Truppenbesuche		Tage der offenen Tür	
	Zahl	Besucher	Zahl	Besucher	Zahl	Besucher
1973	3092	162 113	2613	178 435	193	928 199
1974	3593	150 273	3271	198 908	196	1 183 026

Quelle: BA-MA, BW 2/11949, Stellungnahme Fü H I 3 für Fü S I 4, 26.3.1975, betreffend »JB 1974 des WB«, S. 4.

Wie konnten die Medien den Wehrbeauftragen bei der Auftragserfüllung nutzen? Die Bindung zwischen dem Wehrbeauftragten und dem Bundestag mit seinem Fachausschuss für Verteidigung war naturgemäß politisch eng, aber dennoch von einem langen Zeitraum des Desinteresses geprägt. Jedoch darf auch die Interessensteuerung und -divergenz bei Politikern der Regierungs- wie der Oppositionsparteien nicht außer Acht gelassen werden. Somit bestand eher eine größere Affinität der Regierungspolitiker mit dem Verteidigungsminister als mit dem Wehrbeauftragten und vice versa für die Oppositionspolitiker. Die verlässlichsten Verbündeten des Wehrbeauftragten waren daher meist die Medien, die durch die Auswahl und Präsentation seiner Berichte eine beträchtliche Macht auf die Meinungsbildung und die davon informierte Öffentlichkeit ausüben konnten. Diese große Verantwortung ließ nicht umsonst die freien Medien als »vierte Macht« in der Demokratie erscheinen. Somit bediente sich die Öffentlichkeit des Wehrbeauftragten gleichsam als Hilfsorgan zur Kontrolle der Soldaten auf allen Ebenen: Auf der Ebene der politischen Leitung und militärischen Führung, um eine mit den Gesetzen übereinstimmende Sicherheits- und Militärpolitik sicherzustellen, bei der Truppe, um den menschenwürdigen Umgang mit den Soldaten zu gewährleisten. Trotz des insgesamt für den Wehrbeauftragten im Sinne seines Auftrages vorteilhaften Verhältnisses zu den Medien befand auch er sich im Visier ihrer Berichterstattung. Skandale und etwaige Fehltritte der Amtsinhaber oder der Mitarbeiter des Amtes wurden von den Journalisten ebenso berichtet wie diejenigen im Verteidigungsressort. Deshalb teilte diese Institution das gleiche Schicksal wie alle anderen: von einer negativen Pressemeldung wurde auch sie nicht verschont[470].

Das Bild der Bundeswehr wurde zu einem wesentlichen Teil durch die Medien geprägt. Gerade in der Reformzeit Anfang der 70er Jahre, in der die Politik der sozial-liberalen Koalition unter Willy Brandt, vor allem in der »neuen Ostpolitik«, nicht unerhebliche politische Verwerfungen in der westdeutschen Gesellschaft hervorgerufen[471] und auch die politische Polarisierung in die Bundeswehr hineingetragen hatte, wurde auf die Präsenz von Uniformträgern der

---

[470] AdsD, SPD-Bundestagsfraktion, 5. WP, Mappennummer 1803, Brief Hermann Schmidt-Vockenhausen an Karl Mommer, 15.6.1966; Vermerk für Dr. Wemmer zu diesen Vorfällen, 21.6.1966.
[471] Vgl. Görtemaker, Geschichte der Bundesrepublik Deutschland, S. 476, 496; Wolfrum, Die geglückte Demokratie, S. 283–326.

Bundeswehr im Rahmen der politischen Berichterstattung kritisch geachtet[472]. Das Verhältnis der Bundeswehr zur Bevölkerung beschrieb Schultz 1972 so: »Das Verhältnis der Streitkräfte zur zivilen Gesellschaft stellt sich als ein stetiger kritischer Verständigungsprozess dar, der sich in Toleranz und geistiger Aufgeschlossenheit zu vollziehen hat. Die zivile Gesellschaft jedoch verharrt teils in kritischer, teils uninteressierter Distanz zur Bundeswehr[473].« Laut einer Umfrage beurteilten 21 % das Interesse der Bevölkerung an der Bundeswehr für ausreichend und 65 % das Interesse für nicht ausreichend. Die Altersgruppe der 18- bis 29-Jährigen beurteilte sogar mit 75 % das Interesse für nicht ausreichend, die Befragten mit höherer Schulbildung stellten insgesamt ein geringes Interesse an der Bundeswehr fest[474].

Für den Medienkonsumenten war es in der Regel nicht möglich zu unterscheiden, ob der Soldat als Repräsentant der Bundeswehr oder als Privatperson einer Veranstaltung beiwohnte. Auch wenn das Uniformtragen bei politischen Veranstaltungen wie Parteitagen als offizieller Vertreter der Bundeswehr geboten war, führte dies immer wieder zu Missverständnissen in der Bevölkerung. Waren es dann noch hohe Offiziere, die ihrer Repräsentationspflicht nachkamen, wurden sie in der Öffentlichkeit aus Unkenntnis über die Erlasslage gescholten. Zugleich geschahen immer wieder Verstöße gegen den Erlass »Uniformtragen bei politischen Veranstaltungen«, obwohl klar geregelt war, dass bei einer außerdienstlichen Teilnahme keine Uniform getragen werden durfte[475]. Schultz riet daher dem Minister: »Ich rege daher an zu prüfen, ob Sie die ARD und das ZDF daraufhin ansprechen können, aus Gründen der wahren Berichterstattung künftig davon Abstand zu nehmen, die offiziellen Vertreter der Bundeswehr, die in Uniform an derartigen Veranstaltungen teilnehmen, nicht zu filmen bzw. Filmberichte dieser Art nicht zu senden, um Missverständnisse in der Bevölkerung, insbesondere bei Soldaten, zu begegnen. Andernfalls bliebe die Möglichkeit, dass die offiziellen Vertreter der Bundeswehr bei diesen Gelegenheiten nicht in Uniform erscheinen[476].« Um das Ansehen der Bundeswehr in der Öffentlichkeit möglichst hoch und vorurteilsfrei zu halten, versuchten daher sowohl der Verteidigungsminister als auch der Wehrbeauftragte immer wieder aktiv in diesem Sinne auf die Medien einzuwirken[477].

---

[472] Vgl. ACDP, NL Ernesti, I-264-020, WB an Manfred Wörner, 18.8.1980, betreffend »Uniformverbot«.

[473] JB 1972, S. 28.

[474] Ebd., S. 29 f.

[475] BA-MA, BW 2/11939, Schreiben Fü S I 3 an den WB, 18.7.1972, betreffend »Teilnahme offizieller Vertreter der Bundeswehr bei Veranstaltungen politischer Parteien«.

[476] Ebd., Schreiben WB an den BMVg, 7.6.1972, betreffend »Teilnahme offizieller Vertreter der Bundeswehr bei Veranstaltungen politischer Parteien«.

[477] Ebd., Namensbeitrag des BMVg Hans Apel für das Deutsche Allgemeine Sonntagsblatt, 2.6.1982; Offener Brief des BMVg Manfred Wörner an die Intendanten der ARD (Ausnahme Bayern) wegen des Fernsehfilms »Im Zeichen des Kreuzes«, 10.6.1983; ACDP, NL Ernest, I-264-020, Schreiben Berkhan an Intendanten des ZDF, 11.3.1976; Schreiben Intendant des ZDF an Berkhan, 14.4.1976.

Alle Soldaten waren auch Repräsentanten der Bundeswehr, vor allem dann, wenn sie in Uniform die Kasernen verließen. Ihr Auftreten und ihre Handlungen in wie außer Dienst, vom Rekruten bis zum Generalinspekteur, prägten das Bild der Streitkräfte in ihrer zivilen Umwelt. Fielen sie aus der Reihe, wurde meist die Gesamtorganisation und weniger die Einzelperson öffentlich verantwortlich gemacht. Das Verhalten Einzelner wirkte stellvertretend für den Geist aller anderen. Beispielhaft ist die Aussage eines Wehrpflichtigen:

»Außerdem soll die Dortmunder Presse von diesen Vorfällen zwischen meiner Einheit und den Feldjägern Kenntnis bekommen haben. Da die Eltern meines Schwagers und weitere Familienangehörige in Dortmund leben und bestimmt ein Bild von mir in der Presse sehen würden (es wurde laufend fotografiert), muss ich annehmen, dass diese den Eindruck erhalten, ihr Sohn habe einen Verbrecher als Schwager. Auch mein Vater ist – nach meiner Schilderung – als langjähriger ehemaliger Soldat und Portepeeträger empört und hat es bedauert, mir den Eintritt als Freiwilliger in die Bundeswehr durch seine Unterschrift ermöglicht zu haben. Ich bin der Meinung, hier ist durch das Verhalten der Feldjäger das Ansehen der Bundeswehr in der Öffentlichkeit stark geschädigt worden, zumal eine große Menschenmasse Zeuge dieses Auftretens auf dem Dortmunder Hauptbahnhof war (Verstoß gegen das Soldatengesetz). Abschließend bitte ich Sie, für meine Rehabilitierung Sorge zu tragen[478].«

Der Petent kannte nicht nur die gesetzliche Grundlage für Rechte und Pflichten der Soldaten, er schätzte auch die negative Wirkung auf das öffentliche Bild der Bundeswehr und vor allem seines eigenen Ansehens bei seinen Bekannten durch die Veröffentlichung dieses Vorfalls richtig ein. Die Frage stellt sich daher grundsätzlich, ob denn die Taten eines wehrpflichtigen Mannschaftsdienstgrades überhaupt eine Ausstrahlungswirkung auf die Gesamtorganisation haben konnten? Die Reaktion war zwar nicht so groß wie bei einem Soldaten mit Vorgesetzten- und somit Vorbildfunktion, aber auch der ›einfache Soldat‹ war in einem engeren Kreis meinungsbildend, wie im Ministerium bei der Beurteilung der medialen Berichterstattung über öffentlichkeitswirksame Veranstaltungen festgestellt worden war. Hier wirkten ungeschriebene Regeln, mit denen Presse und Gesellschaft Skandale stigmatisierten. In solchen Fällen agierten kaum fassbare Regelungsinstanzen, die eine beträchtliche Wirkungsmacht entwickeln konnten und somit eine weitere »Verkomplizierung« der modernen Gesellschaft bedeuteten[479].

b) Das Militär in der Mediengesellschaft: Der Fall Heye

Der Jahresbericht des Wehrbeauftragten stellte jahrelang in der Berichterstattung über die Bundeswehr eine wesentliche Informationsquelle für die Medien sowie die Öffentlichkeit dar. Die öffentliche Meinung war eine bestimmende

---

[478] BA-MA, BW 2/11939, Eingabe Jäger S. an den WB, 29.6.1972, betreffend »Vorfall am 27.6.1972 auf dem Hauptbahnhof Dortmund«.

[479] Vogel, Historische Anthropologie, S. 302.

und nicht mehr wegzudenkende Größe in der Bundesrepublik Deutschland[480] geworden. Gerade die Bundeswehr sah sich im ständigen Konflikt mit den Medien. Die Meinung, die in die Gesellschaft transportiert wurde und die man sich dort über die Armee bildete, widersprach oft den Zielen der eigenen Öffentlichkeitsarbeit. Der Verteidigungsminister als Inhaber der Befehls- und Kommandogewalt im Frieden war als Zivilist und Parteipolitiker von seiner Wählerschaft abhängig. Er war Ressortminister, zugleich Parteifunktionär, Parteifreund und Wahlkämpfer, der immer im Brennpunkt der Öffentlichkeit stand und deshalb auch Interessenpolitik betreiben musste. Ihm war deshalb daran gelegen, die Probleme möglichst im eigenen Hause, ohne Einschaltung des Wehrbeauftragten lösen zu können. Als Mitglied des Deutschen Bundestages war er selbst nicht nur ständiger Wahlkämpfer, sondern auch Parlamentskollege, an den sich vielfältige Gesuche und Beschwerden richteten[481]. Die Bundeswehr war schließlich allein durch ihren Umfang ein nicht unerheblicher wirtschaftlicher Faktor für die Regionen, weshalb gerade den ortsansässigen handwerklichen Dienstleistungsbetrieben an Aufträgen von den Streitkräften gelegen war. Fielen diese weg, weil sie die Bundeswehr an andere Konkurrenten vergab oder im eigenen Bereich sicherstellte, sahen sie sich in ihrer Existenz bedroht und wandten sich an den Verteidigungsminister oder den örtlichen Bundestagabgeordneten mit der Bitte um Fürsprache im Verteidigungsressort[482]. Diese ›Eingaben‹, vor allem von Handwerkern, wurden im Ministerium aufgrund der öffentlichen Relevanz akribisch nachgeprüft. Zumeist hatten die anfragenden Gewerbetreibenden keinen Erfolg, da die betroffenen Wehrbereichs- und Standortverwaltungen ihre Entscheidungen stringent begründen konnten.

Dem jeweiligen Verteidigungsminister war aber aus Legitimationsgründen daran gelegen, stets die Bedeutung der Bundeswehr für die Kommunen hervorzuheben. So wurde beispielsweise im Juni 1964 ein Kongress zum Thema »Gemeinden und Bundeswehr« veranstaltet, auf dem Verteidigungsminister von Hassel über die wirtschaftliche Bedeutung der Soldaten für die Standorte sprach[483]. Danach profitierte etwa eine Gemeinde mit einem Bataillon von ca.

---

[480] Vgl. hierzu den Aufsatz Umfrageforschung – Demoskopie, S. IX–XIII und Noelle, Öffentliche Meinung und soziale Kontrolle, S. XXV–XL.

[481] Vgl. BA-MA, BW 1/250627, Beschwerde Eheleute A., Roisdorf, über die mangelnde Betreuung ihres wehrpflichtigen Sohnes während seines Krankenhausaufenthaltes, 23.1.1965. Die Eheleute A. beschwerten sich für ihren Sohn, der als Gefreiter in der Luftwaffensanitätsstaffel/Jagdbombergeschwader 31 »Boelke« seine Wehrpflicht ableistete, über die mangelhafte Fürsorge seiner Vorgesetzten, als sich dieser im Krankenhaus befand. Der Minister antwortete am 5.3.1965 persönlich und veranlasste sofortige Abhilfe.

[482] Ebd., BW 1/250717, Schreiben MdB Günther an Minister Strauß, 13.1.1961; ebd., Schreiben MdB Franz an Strauß, 12.4.1962; ebd., BW 1/250627, Schreiben Persönlicher Referent des Bundesministers für das Post- und Fernmeldewesen an den Persönlichen Referenten des BMVg, 7.10.1964, betreffend »Schuhmacherinnung im Standort Roth« nebst umfangreichen Anlagen; ebd., BW 1/250717, Schreiben MdB Strohmayr an BMVg vom Hassel, 16.2.1965, betreffend »vertragliche Angelegenheiten im Standort Lagerlechfeld«; ebd., BW 1/250627, Unterlagen von Rü I 4 an VR III 5, 7.5.1973, betreffend »Bewerbung um Aufträge für Unterkunftswäsche der Standorte Landshut und Rottenburg«.

[483] Ebd., Schreiben Ministerbüro an AL VR, 27.5.1964.

800 Mann für die Instandsetzung der Dienstbekleidung und Schuhe, der Reinigung der Uniformen und Leibwäsche durchschnittlich im Jahr mit 97 640 DM (49 923 €) von der Garnison[484]. Für den Standort Delmenhorst mit ungefähr 4581 Soldaten, Beamten, Angestellten und Arbeitern wurden im Jahr 1964 ca. 400 000 DM (204 517 €) allein für Bekleidung und persönliche Ausrüstung beim örtlichen und benachbarten Handwerk ausgegeben[485]. Diese Zahlen sollten aufzeigen, dass die Bedeutung der Bundeswehr, gerade in den strukturschwachen ländlichen Gebieten, besonders auf dem wirtschaftlichen Sektor nicht zu unterschätzen war. Hinzu kamen noch die Einnahmen aus dem Steueraufkommen durch die Beschäftigten. Deshalb stellten Großstandorte im großstadtnahen Umfeld, wie beispielsweise Wentorf bei Hamburg oder Munster, durchaus einen nicht unerheblichen wirtschaftlichen Faktor dar. Jedoch darf dabei nicht vergessen werden, dass eine Garnison in einem Standort auch behindernd wirken konnte, da sowohl Privathaushalte als auch Gewerbebetriebe durch den Schieß- und Übungslärm sowie durch den Wegfall des Kasernengeländes als Baugebiet von einer Ansiedelung abgeschreckt werden konnten[486]. Somit prägten die öffentliche Meinung über die Bundeswehr nicht nur die Medien, sondern auch die unmittelbare Präsenz, vor allem mit ihrer wirtschaftlichen Bedeutung in den Kommunen. Die Medien wirkten sich aber weitaus schneller, breiter und kurzfristiger als die Stationierung aus.

Jenseits solcher alltäglichen Belange waren jedoch vermeintliche oder tatsächliche Skandale in der Bundeswehr für die Journalisten eine wesentlich lohnendere Story. Stereotype Meinungen über den ›Barras‹ oder ›Kommiss‹ konnten damit bestätigt oder erst gebildet werden. Die Kenntnisse über die Bundeswehr gründeten entweder aus Mechanismen einer Übertragung von Erfahrungen aus der Wehrmacht auf die Bundeswehr, die durch Filme wie »08/15« oder »Hunde wollt ihr ewig leben« genährt wurden[487], oder aus der aktuellen Berichterstattung der Medien, in der die Jahresberichte als Mängelberichte eine bedeutende Rolle spielten. Aber auch die Primärerfahrungen der in der Bundeswehr gedienten männlichen Bevölkerung waren auf den kleinen Ausschnitt ihrer Verwendung im täglichen Dienst beschränkt. Die Sekundärerfahrungen durch die Medien unterlagen dabei nicht selten einer gewissen Tendenz, denn Devianz verkaufte sich nun einmal besser als Normalität[488]. Der Reporter wie der Medienkonsument interessierten sich für den angeblich oder tatsächlich mit gravierenden Verstößen belasteten Soldaten mehr als für den pflichtbewusst Dienenden. Zudem war stets die Tendenz zu einer Pauschalisierung erkennbar.

---

484 Ebd., Schreiben VR III 3 an AL VR, 4.6.1964, betreffend »Beiträge zu einer Rede des Herrn Ministers am 18.6.1964 über das Thema ›Gemeinden und Bundeswehr‹«.

485 Ebd., Handschriftliche Auswertung VR III 5 über die Personalstruktur im Standort Delmenhorst, o.D.; Schreiben VR III 5 an VR III 1, 30.3.1965, betreffend »Presseangelegenheiten«; hier: Artikel für das Delmenhorster Kreisblatt«.

486 Schmidt, Eine Garnison wäre eine feine Sache, S. 357–441.

487 Vgl. Schmidt, Wehrzersetzung, S. 387–405; Schmidt, Barras heute, S. 501–541.

488 Vgl. hierzu die immer noch grundlegende Monografie von Ziesel, Die Meinungsmacher. Weiterhin Holzer, Illustrierte und Gesellschaft.

Denn nicht selten wurde die Gruppe der Soldaten mit dem einzelnen Missetäter gleichgesetzt, eine Identifikation, die in der Öffentlichkeit eine negative Wahrnehmung bewirken konnte. Daher war es verständlich, dass sowohl die Bundesregierung[489] als auch der Wehrbeauftragte die Medienberichterstattung über die Bundeswehr genau beobachteten und akribisch auswerten ließen. So wurde beispielsweise im Mai 1972 gemeldet, dass in Goslar ein Großhandelslager mit Handwaffen aus Beständen der Bundeswehr überfallen worden war. Die Waffen für die Tat waren leihweise für 2000 DM (1023 €)von einem jungen Unteroffizier besorgt worden, der als Waffen- und Gerätewart seiner Kompanie eingesetzt gewesen war[490]. Die Ermittlungen ergaben, dass der geschilderte Sachverhalt zwar der Wahrheit entsprach, aber die Art der Recherche durch den Reporter äußerst dubios erfolgt war. Denn dieser hatte mehrfach Soldaten des betreffenden Bataillons und der Pressestelle der Division zu bestechen versucht, um den Namen des Unteroffiziers zu erfahren. Daneben hatte der Journalist auch die Liegenschaft der Bundeswehr und unbeteiligte Wachsoldaten ohne Genehmigung fotografiert. Der Unteroffizier wurde für seine Taten fristlos aus der Bundeswehr entlassen, gleichzeitig wurde gegen ihn wie auch gegen den Reporter ein Strafantrag bei der zuständigen Staatsanwaltschaft gestellt[491].

Dieser Fall verdeutlicht, mit welchen Mitteln bisweilen ›schwarze Schafe‹ unter den Medienberichterstattern gearbeitet hatten, um sich Informationen zu beschaffen. Solche kriminellen Methoden wurden allerdings nicht nur gegen die Bundeswehr eingesetzt, sondern auch alle anderen Bereiche des öffentlichen Lebens waren davon betroffen. Im Gegensatz zu diesen waren die Streitkräfte jedoch durch ihr Meldungssystem als »Besonderes Vorkommnis« schneller und umfassender in der Lage, auf Anfragen der Presse zu reagieren. Dies funktionierte aber nur, wenn der Fall intern auch gemeldet wurde. Damit war noch längst nicht sichergestellt, dass die Medien mit diesen Informationen verantwortungsvoll umgingen oder sie nicht weiterhin kritisch hinterfragten. Die oftmals einseitig und mit einer vorgefassten Intention erstellten Berichte oder gar Falschmeldungen über angeblich skandalöse Ereignisse stellte für eine Armee in der Demokratie die tägliche Realität dar. Eine veröffentlichte Meldung, auch wenn sie sich teilweise oder ganz als unwahr herausgestellt hatte, konnte nachträglich kaum noch korrigiert werden. Die Richtigstellung erfolgte zumeist viele Tage später und dann häufig an einer wenig exponierten Stelle[492]. Der

[489] Mit dem Presse- und Informationsamt der Bundesregierung reagierte man auf diese Herausforderung.
[490] BA-MA, BW 2/11939, Schreiben WB an Fü S I 3, 7.8.1972, betreffend »Pressemeldung, hier: Stuttgarter Zeitung vom 28.5.1972, Nr. 195«.
[491] Ebd., Sachstandsbericht Fü H I 3 – Az.: 13, 11.9.1972, betreffend »Beihilfe zum Raub«; Schreiben Fü S I 3 – Az.: 39-20-05 an den WB, 18.9.1972, betreffend »Pressemeldung, hier: Stuttgarter Zeitung vom 28.5.1972, Nr. 195«.
[492] Ebd., BW 2/11933, Schreiben Stv. KG III. Korps an den InspH, 3.10.1976, betreffend »PPP-Pressenotizen vom 10.9.1976, 20.9.1976 und 30.9.1976 über Vorfälle beim mHFlgTrspRgt 35 in Mendig«. Bei der Überprüfung der Vorwürfe in der Pressemitteilung stellten sich die Vorwürfe als haltlos heraus und wurden in einer Pressenotiz zurückgenommen, jedoch

Schaden in der öffentlichen Wirkung war nicht mehr zu verhindern, einzig eine Begrenzung noch möglich. Immerhin konnte damit aber ein Signal gesetzt werden, dass den Vorwürfen nachgegangen wurde, um sie aufzuklären und Konsequenzen daraus zu ziehen.

Ein Musterbeispiel für die Wirkung von Skandalen[493] innerhalb der Bundeswehr war die Affäre um den zweiten Wehrbeauftragten Hellmuth Heye im Jahr 1964. »Man sollte durch die Diskussion über Form und Ort der Heyeschen Ausführungen – Hassels Antwort vor einem schleswig-holsteinischen Hausfrauenverein wurde sicher auch nicht an dem dafür bestqualifizierten Ort gegeben – nicht von der Erörterung der von Heye angeschnittenen wirklichen Grundfragen ablenken lassen. Ich bedaure es, dass viele Soldaten immer gleich die ganze Bundeswehr kollektiv attackiert fühlen, wenn auf bestimmte Einzelumstände hingewiesen wird, die einer Änderung bedürfen. Genau so wie unsere Öffentlichkeit lernen muss, aus Einzelfällen nicht zu verallgemeinern, darf auch die Bundeswehr nicht jede Kritik gleich als Attacke gegen die Landesverteidigung empfinden. Beide Seiten müssen lernen«[494], so charakterisierte der SPD-Wehrexperte Erler die Affäre treffend. Der Anlass war die wiederholt vom Parlament nicht gebührende Berücksichtigung des Jahresberichtes. Jedoch war die »Quick«-Veröffentlichung keine Kurzschlussreaktion Heyes, sondern er hatte sich bereits vorher mehrfach mit der Idee getragen, seinen Feststellungen mehr öffentliches Gewicht zu verleihen. Sein Leitender Beamter Engst, welcher der CDU sehr nahe stand und gerne selber Wehrbeauftragter geworden wäre, unterstützte Heye wenig. Vielmehr schien er zu blockieren. »Er [Heye, d. Verf.] hatte sich schon mehrfach mit dem Gedanken getragen, sich deshalb an die breite Öffentlichkeit zu wenden. Bei seinem damaligen Leitenden Beamten, MinRat Dr. Engst, traf er hierbei auf kein Verständnis. Engst hatte es auch abgelehnt, verschiedene Gedanken des Wehrbeauftragten in die Jahresberichte 1962 und 1963 aufzunehmen. Vor diesem Hintergrund ist der ›Alleingang‹ Heyes zu bewerten, als er sich im Juni 1964 an die Illustrierte ›Quick‹ wandte[495].« Demnach fehlte ihm sowohl die hausinterne als auch parlamentarische Unterstützung. Einzig verblieb dem ›Einzelkämpfer‹ der Weg an die Öffentlichkeit, um sein Ziel zu verwirklichen, über bedenkliche Entwicklungen in der ›Inneren Führung‹ wirksam zu berichten. Und die Veröffentlichungen zeigten

---

lagen zwischen der Erstveröffentlichung und der Richtigstellung 20 Tage, sodass für den Leser wohl kaum mehr der Zusammenhang herzustellen war.

[493] Vgl. zum Begriff Skandal bei Bösch, Öffentliche Geheimnisse, S. 125 f. »Analytisch läßt sich der Skandal - in Anlehnung an die soziologische Skandaltheorie – als eine öffentliche Empörung über eine unerwartet aufgedeckte moralische Normüberschreitung fassen [...] Skandale bekommen allerdings zumeist erst dann Relevanz, wenn ein Normverstoß, der in einerTeilöffentlichkeit bekannt ist, über politische und soziokulturelle Grenzen hinweg in die breite mediale Öffentlichkeit dringt.«

[494] AdsD, NL Erler, Mappennummer 144 (A), Schreiben Fritz Erler an Oberst a.D. Franz von Gaertner, 2.7.1964.

[495] ACDP, NL Volz, I-546-015/1, Vermerk betreffend »Organisatorische und personelle Entwicklung des Amtes des Wehrbeauftragten«, 8.12.1967, S. 10.

dann auch tatsächlich ihren Niederschlag auf sechs verschiedenen, aber eng vernetzten Ebenen:

(1) Vorgeschichte und Artikel in der »Quick« als Ausgangspunkt,
(2) Rezeption in den Medien,
(3) Reaktion in der Bundeswehr,
(4) Reaktion von Seiten der Politik,
(5) Rezeption in der Öffentlichkeit und schließlich
(6) Heyes Demission.

Im Folgenden soll ausführlicher auf die Rezeption in den Medien und in der Öffentlichkeit eingegangen werden.

Die Kritik Heyes an sich war nichts Neues. Besonders seit Nagold prangerte er immer wieder öffentlich, sei es im Fernsehen[496], in der Presse oder in Vorträgen[497] die Praxis der ›Inneren Führung‹ an. Vor allem wies er ständig auf die politische vor der militärischen Verantwortlichkeit hin. Trotzdem stellte für die Journalisten und Publizisten seine Artikelserie eine Sensation dar. Das parlamentarische Hilfsorgan prangerte sein Kontrollobjekt aufgrund der Vorfälle und seinen Auftraggeber wegen dessen Desinteresses in einem Nachrichtenmagazin öffentlich an. Dies zu ignorieren oder unkommentiert darüber hinwegzugehen, war keinem Medium möglich. In der Analyse wurde die Kontroverse ausgewogen und weit sachlicher diskutiert als in der politischen Auseinandersetzung. Der Tenor lautete: Die ungewöhnliche Form dürfe nicht über die Inhalte dominieren und die Institution habe gerade damit ihre Berechtigung nachgewiesen[498]. Vor allem in der Presse wurde fast täglich und ausführlich zum Thema berichtet, jede Stimme sensibel registriert und kommentiert. »Heye fällt um« titulierte »Bild« am 23. Juni 1964, als der Wehrbeauftragte zu seinen Artikeln Stellung bezog und die Aussage vom »Staat im Staat« nicht als Ablösung von der Bundesrepublik Deutschland, sondern als Gefahr für eine gesellschaftliche Isolierung der Bundeswehr verstanden wissen wollte. Der Umgang der Redaktion mit einer Richtigstellung Heyes ließ erkennen, dass es »Bild« weniger um Aufklärung, als vielmehr um Sensationsjournalismus ging[499].

---

[496] ACDP, NL Heye, I-589-002/1, Interview WB beim ZDF am 6.2.1964 um 14.00 Uhr.
[497] Ebd., Vortrag an der Universität Heidelberg am 3.6.1964 zum Thema »Probleme der Inneren Führung – Die Bundeswehr aus Sicht des Wehrbeauftragten«.
[498] Ebd., I-589-001/7, »Nehmen Sie Ihre Aufgabe ernst und sich selbst nicht so tragisch!«. In: Ruf und Echo. Aus überschaubaren Nachbarschaften zum Volksstaat, Jg 15, Nr. 6, München 1964, S. 1.
[499] Ebd., I-589-003/1, Telegramm Heye an »Bild«, 24.6.1964; Telegramm »Bild« an Heye, 24.6.1964.

Es war daher nicht verwunderlich, dass solch ein geballtes mediales Interesse auch eine starke öffentliche Reaktion auslöste. Wenige Wochen nach dem ersten und immerhin noch 24 Tage nach dem Erscheinen des letzten Artikels wurden der Dienststelle des Wehrbeauftragten 2216 Reaktionen von Lesern zugeleitet[500]. In der folgenden Tabelle sind die Zuschriften grob soziologisch aufgeschlüsselt. In den Klammern wird jeweils der Stand zum 17. September 1964 angegeben (vgl. Tabelle 5)[501].

Tabelle 5: Auswertung der Zuschriften zu den Heye-Artikeln in der »Quick«				
Personenkreis	zustimmend		ablehnend	
1. Soldaten				
– Stabsoffiziere	7	(8)	18	(20)
– Offiziere	6	(9)	6	(7)
– Unteroffiziere	29	(31)	3	(3)
– Mannschaften	24	(26)	0	(0)
2. Reservisten und ehemalige Berufsoldaten				
– Offiziere	62	(66)	22	(23)
– Unteroffiziere und Mannschaften	46	(52)	0	(0)
3. Persönlichkeiten des öffentlichen Lebens				
– Abgeordnete	5	(8)	0	(0)
– Wissenschaftler	12	(13)	1	(1)
– sonstige Akademiker (einschließlich Lehrer)	97	(103)	10	(10)
– Geistliche	11	(11)	1	(1)
– Journalisten	22	(23)	1	(1)
– Parteimitglieder	9	(9)	1	(0)
4. Resolutionen				
– Bonner Studenten	934	(934)	0	(0)
– Marburger Studenten	504	(504)	0	(0)
5. Organisationen, Verbände, Vereinigungen	15	(17)	4	(4)
6. Eltern von Soldaten	35	(36)	0	(0)
7. Sonstige Zivilpersonen	289	(325)	43	(44)
Insgesamt	2107	(2175)	110	(114)

Quelle: ACDP, NL Heye, I-589-003/2, Stellungnahmen zum »Quick«-Artikel mit Stand vom 29.7.1964; Weh' dem der weiterdenkt!, S. 54.

Bis zum 25. September 1964 erreichten die Redaktion der »Quick« weitere 3765 zustimmende, 141 ablehnende und 62 neutrale Äußerungen[502]. Bemerkenswert sind hier besonders die Leserbriefe von den Soldaten. Während die Stabsoffi-

---
[500] Ebd., I-589-003/2, Stellungnahmen zum »Quick«-Artikel mit Stand vom 29.7.1964.
[501] Weh' dem der weiterdenkt!, S. 54.
[502] Ebd., S. 55.

ziere dem Vorgehen Heyes mehrheitlich ablehnend gegenüberstanden, die Truppenoffiziere in der Meinung ausgeglichen waren, unterstützten die Unteroffiziere mit großer Mehrheit und die Mannschaften vollständig den Wehrbeauftragten. Bei den Reservisten ist ein vergleichbarer Befund zu erkennen. Diese unterschiedliche Rezeption in den Laufbahngruppen verwundert aber letztlich kaum. Denn gerade die Stabsoffiziere im Besonderen, aber auch die Offiziere in der Truppe waren für Ausbildung und Personalführung verantwortlich. Gerade als Disziplinarvorgesetzte war es ihre vornehmliche Aufgabe, die ›Innere Führung‹ mit ihrem integralen Kernbereich der »zeitgemäßen Menschenführung« anzuwenden und zu verwirklichen. Deshalb richtete sich die Kritik Heyes in großem Maße gegen sie. Diese wiederum sahen sich in Verallgemeinerungen verleumdet und entmutigt. Nicht sie, sondern Heye habe ein miserables Beispiel der Menschenführung geliefert. Der Artikel habe lediglich die Fiktion des »Schleifers« neu geschaffen, eine Spaltung zwischen Reformern und Traditionalisten herbeigeredet und eine ganze Institution des Staates zerredet[503].

Die Unteroffiziere dagegen bejahten die Feststellungen, weil sie zum einen von ihren Vorgesetzten unzureichend auf ihre Aufgaben vorbereitet wurden, denn Nachwuchs und Ausbildungsstand im Unterführerbereich waren die wesentlichen Problemfelder der Bundeswehr in der Früh- und Aufbauphase[504]. Außerdem waren sie es auch, die vor der Front standen. Sie sollten die Leitsätze für zeitgemäße Menschenführung unmittelbar anwenden, waren dafür aber aufgrund des Personalmangels von den vielfach überforderten Vorgesetzten kaum angeleitet worden. So war die ›berüchtigte‹ Ausbildungskompanie 6/9 in Nagold bis zu ihrer Auflösung chronisch mit Ausbildungspersonal unterbesetzt[505]. Dieses »Notsoll« an Personal kennzeichnete viele Einheiten der Bundeswehr und besonders die viel gescholtenen Ausbildungseinheiten[506]. Folglich waren die Unteroffiziere in ihren Aufgaben oftmals überfordert und mit ihrer Situation unzufrieden. Denn hauptsächlich sie standen, neben dem Kompaniechef, in einem doppelten Spannungsverhältnis: Einerseits wurde von oben die Erfüllung der Aufträge unter schlechten Rahmenbedingungen gefordert, andererseits erwarteten die Rekruten von unten eine gute und menschlich anständige Ausbildung. Dass nicht alle Rekruten mit vollem Einsatz und ausgeprägtem

---

[503] ACDP, NL Georg Kliesing, I-555-044/3, Briefauszug Offizier an einen General, ohne weitere Angaben.

[504] Vgl. hierzu ausführlich Schlaffer, »Schleifer« a.D.?

[505] So stand einer Soll-Stärke (Stärke nach Organisations- und Stellenplan) am 7.1.1962 von 2 (Offiziere)/22 (Unteroffiziere)/156 (Mannschaften)//180 (Gesamt) eine Dienststärke von 1/15/153//169 gegenüber. Am 7.7.1963, im Monat des Todes des Rekruten T., betrug die Soll- 2/22/156//180 und die Dienststärke 3/8/178//199. Somit standen hier nur 11 Offiziere und Unteroffiziere der Masse von 178 Mannschaftssoldaten gegenüber. Dies entsprach einem Verhältnis von 1 zu 16. Davon mussten für die Ausbildung noch das Kompanieführungspersonal und die Funktionsdienstgrade abgezogen werden. BA-MA, BH 7-2/755, II. Korps, Abt. G1/III, 4.3.1964, Stärkeübersicht AusbKp 6/9.

[506] Ebd., BH 2/118J, Protokoll über die Inspizientenbesprechung am 7.10.1963, S. 3; Protokoll über die Inspizientenbesprechung am 14.9.1964, S. 1 f.

Im Ernst, Herr Admiral?

Abendpost, Frankfurt

Erhard: „Zurück, Heye! Lassen Sie das Mäntelchen wieder fallen!"

▲ *Neues Deutschland vom 20.6.1964, Seite 5*

Wehrwillen ihrer Wehrpflicht nachkamen, dass sie sich im Gegenteil wegen der gesellschaftlichen Rahmenbedingungen nicht mehr als kollektive Verfügungsmasse, sondern als Individuen betrachtet und entsprechend behandelt werden wollten, erschwerte die Aufgaben der Ausbilder noch zusätzlich. Bei einer Zusammenschau aller Zuschriften sind jedenfalls Hintergrund und Motivation der Einsender klar erkennbar. Während die Ablehnungen zu einem großen Anteil aus der Bundeswehr selbst oder ihr nahe stehender Organisationen (wie FDP-Kreisverband Höxter, Deutscher Soldatenbund, Deutscher Bundeswehr-Verband) und Personen stammten, standen hinter den Zustimmungen vornehmlich Studenten, Zivilisten und oppositionelle Organisationen (wie Sozialdemokratischer Hochschulbund, Bund der Opfer des Faschismus und Krieges, aber auch die Unteroffiziervereinigung des Luftwaffenpionierregiments 1 in Ulm). Die Rezeption bestätigte die jeweilige Grundeinstellung. Bei den Bundeswehrkritikern hieß es vermutlich ›ich habe es schon immer gewusst‹, während die Sympathisanten eher zur Bewertung einer Diffamierungskampagne tendierten. Heye selbst fungierte dabei gewollt oder ungewollt als Kronzeuge der jeweiligen Richtung.

Fast drei Viertel der Personen äußerten bei einer Umfrage im Juli 1964, sie hätten »den Artikel selbst gelesen« oder »woanders darüber gehört oder gelesen«. Nur 26 % erfuhren bei der Umfrage zum ersten Mal etwas davon. Der Verbreitungsgrad von Informationen über die Artikelserie war demnach sehr hoch, die Bevölkerung daher gut informiert. Hinsichtlich der Form der Veröffentlichung zollten immerhin 54 % Heye »Respekt« für seine Handlung, nur 32 % hielten sie für einen »Missgriff«. In der Bewertung seiner inhaltlichen Kritik glaubten 45 %, dass dahinter ein allgemeines Problem in der Bundeswehr zum Vorschein komme, 30 % kritisierten dagegen, dass es sich im Verhältnis zur Gesamtstärke lediglich um eine »Schwarzseherei« Heyes handele[507]. Somit stimmte die Mehrheit der Bevölkerung Heye zu und sah in seiner Handlungsweise den richtigen Weg. Während bei der Umfrage zu Nagold parallel dazu im Juli 1964 noch 41 % in den Vorfällen keine generelle Tendenz und nur 30 % durchaus eine erkannten, ergab die Umfrage zu den Heye-Artikeln fast das genaue Gegenteil[508]. Nagold als Einzelfall und Heye als Gewährsmann für einen allgemeinen Zustand: so könnte die Meinung kurz zusammengefasst lauten. Nagold war sowohl im Jahresbericht als auch in der »Quick«-Reihe ein zentrales Element in der Argumentation Heyes. Die Öffentlichkeit nahm in der Beurteilung der Vorkommnisse den Bericht des Wehrbeauftragten als authentischen Zustandsbericht der Bundeswehr wahr[509]. Indes gab es zwar die Möglichkeit, sich seine

---

[507] Vgl. Jahrbuch der öffentlichen Meinung 1965–1967, S. 303.
[508] Ebd., S. 302.
[509] Dieses Beispiel zeigt deutlich das Problem der Demoskopie, vor allem bei der Anwendung des Listenverfahrens. Bei einer solchen Listenbefragung darf nicht vergessen werden, dass die Antworten vorgegeben worden sind und lediglich angekreuzt werden mussten, weshalb sich der exakte Grad der eigenen Kenntnisse und der Unteilsfähigkeit der Befragten (der statistisch repräsentative Querschnitt der erwachsenen Bevölkerung ab

Meinung durch eine Vielzahl an Medien weitestgehend objektiv zubilden, aber sie war schon bei der Auswahl eines Mediums subjektiv geworden. Somit war die gesamte Reaktion auf die »Heye-Affäre« letztlich eine Bestätigung für bereits vorher gelegte Prägungen und Einstellungen. Die öffentliche Aufmerksamkeit und die Bekundungen für oder gegen den Wehrbeauftragten projizierten daher nur die Haltung zur Bundeswehr sowie zur Verteidigungs- und Militärpolitik der Regierung und weniger ein Interesse an der weiteren inneren Entwicklung der Streitkräfte.

c) Der Jahresbericht als mediales Ereignis

Wenn der Wehrbeauftragte seiner ihm gesetzlich vorgeschriebenen Pflicht nachkam und dem Parlament seinen Jahresbericht vorlegte, dann konnte er sicher sein, vor allem nach Heye das Interesse der Medien und der Öffentlichkeit kurzzeitig auf seiner Seite zu finden. Die Streitkräfte hatten das Bestreben aufzuzeigen, was zur Lösung der Mängel unternommen wurde. Diese Möglichkeit wurde in den Jahresberichten erst durch Fritz-Rudolf Schultz eingeführt, um dem Parlament und vor allem der Öffentlichkeit zu präsentieren, dass die Bundeswehr nicht in Passivität verharrte. Gleichzeitig wurden aber durch solche Zugeständnisse auch Begehrlichkeiten auf eine fortwährende bundeswehrfreundliche oder relativierende Berichterstattung geweckt. Wenn diesen nicht entsprochen wurde, dann reagierte man von Seiten der Bundeswehr sogleich empfindlich[510]. Im Ministerium war man sich wohl der Tatsache bewusst, dass der Bericht vornehmlich Einzelfälle aufzeigte[511]. Nur befürchtete man mit einigem Recht, dass sich die Medien gezielt auf die gröbsten Rechtsverletzungen stürzen würden. In der Berichterstattung spielten diese Verstöße dann erfahrungsgemäß die zentrale Rolle. Ohne erklärende Zusätze im Bericht war »nunmehr die Gefahr gegeben, dass die Fülle der Beispiele eine Überbewertung dieser Ereignisse hervorruft, und dadurch der Öffentlichkeit ein falsches Bild über die Bundeswehr vermittelt wird [...] Fast nur beiläufig würdigt der Jahresbericht die erbrachten Leistungen der Truppe«[512]. Gerade solche positiven

---

16 Jahre im gesamten Bundesgebiet, inklusive West-Berlin umfasste hier 1000 Personen) nicht feststellen lässt.

[510] BA-MA, BW 2/11949, Stellungnahme Fü H I 3 für Fü S I 4, 26.3.1975, betreffend »JB 1974 des WB«, S. 1: »Es wird jedoch bedauert, dass der Bericht nicht wie im Vorjahre erklärende Aussagen über die Notwendigkeit, Mängel aufzuzeigen, enthält und ausgleichend an herausragender Stelle die allgemeine Funktionsfähigkeit der Bundeswehr betont.«

[511] Ebd., Stellungnahme Fü H I 3 für Fü S I 4, 26.3.1975, betreffend »JB 1974 des WB«, S. 18: »Die vom Wehrbeauftragten aufgeführten Beispiele sind natürlich prägnante Einzelfälle, die er aus dem gesamten Berichtsjahr ausgewählt hat [...] Exzesse werden auch in Zukunft nicht völlig zu verhindern sein.«

[512] Ebd., Stellungnahme Fü H I 3 für Fü S I 4, 26.3.1975, betreffend »JB 1974 des WB«, S. 1 f., siehe ebenso S. 7: »Es wäre begrüßenswert gewesen, wenn der Jahresbericht diese Fakten aufgezeigt hätte und damit dem möglichen Vorwurf der Öffentlichkeit vorgebeugt hätte, dass innerhalb der Bundeswehr eine uneinheitliche Ausübung der Disziplinargewalt praktiziert würde.«

Aspekte mussten aber im Sinne einer erfolgreichen Öffentlichkeitsarbeit besonders hervorgehoben werden, um die Wehrbereitschaft der Bevölkerung zu stärken. Deshalb passte es nicht in das Konzept, wenn alljährlich diesem Bestreben zuwidergehandelt wurde. Wenn aus Sicht der Führung dieser Tätigkeitsbericht an den Bundestag gegen die Ziele der Außendarstellung der Bundeswehr gerichtet war, so konnte sich der Wehrbeauftragte freilich seiner Pflicht selbst dann nicht entziehen, wenn er gewollt hätte. Sicherlich wäre es möglich gewesen, die Methode der Berichterstattung weiter zu verändern, nur hätte er sich dann seines wichtigsten Instruments beraubt. Die eigentliche Macht des ansonsten »machtlosen Amtes«[513] lag in seiner direkten Berichtspflicht an das Parlament und damit indirekt auch an die Öffentlichkeit.

Der Jahresbericht hatte die primäre Funktion, dem Auftraggeber Bundestag Rechenschaft über die Kontrolltätigkeit seines Hilfsorgans bei den Streitkräften abzulegen. Für die Medien im In- und Ausland stellte der Bericht darüber hinaus aber eine willkommene Informationsquelle dar, von deren sensationsähnlichem Gehalt bestätigende Wirkung für Stereotypen über eine ansonsten kaum bekannte, aber immanent gefährliche Organisation ausging. Die kommunistischen Staaten nutzten die Jahresberichte gezielt für ihre Propaganda. Zwar wurde der offizielle Bericht meist in einer »normalen Weise auf wenige negative und krasse Beispiele reduziert«, aber erst die Artikelserie in der »Quick« löste eine »großangelegte propagandistische Offensive«[514] aus, die im gesamten medialen Ensemble der DDR verbreitet wurde[515]. Daher interessierten weniger die eigentlichen Probleme, mit denen die Soldaten im Unterkunftsbereich oder in der Wohnungsfürsorge zu kämpfen hatten, sondern vornehmlich die dahinter vermutete ›Schleifermentalität‹ der Vorgesetzten. So lauteten etwa die Schlagzeilen in »Bild« zum Jahresbericht 1974: »Von geschundenen und gedemütigten Soldaten der Bundeswehr... – von Offizieren, die ihre Untergebenen menschenunwürdig behandeln«[516] oder »Ei, ei, wo bei der Bundeswehr gestempelt wird!« sowie »Soldaten 15 Stunden gefoltert«[517]. Zwar wurde hervorgehoben, dass der Wehrbeauftragte sich um die Aufklärung dieser Vergehen, die früher von der Truppe verschwiegen worden wären, kümmere, indem er sich an die Öffentlichkeit wende. Die Aufklärung erfolge aber jetzt einzig und allein aus dem Umstand der Existenz des Amtes, dessen Aufgabe es sei, sich um die Soldaten zu sorgen. Der Wehrbeauftragte fungierte hier ausschließlich als Garant für die Rechte der wehrpflichtigen Soldaten gegenüber ihren Vorgesetzten.

---

[513] Vgl. hierzu die Einschätzung Schultz in einem Interview mit Gottfried Capell, Rückblick ohne Zorn auf eine turbulente Zeit. In: Generalanzeiger für Bonn und Umgegend, 22.2.1975.

[514] BA, B 136/6883, Fü B VII 9, Psychologische Kampfführung, Material zur kommunistischen Propaganda: Die kommunistische Propaganda zu den Berichten des Wehrbeauftragten – V-7 764, S. 2.

[515] Ebd., S. 5. So beispielsweise im Deutschlandsender (DDR), 16.6.1964: »Es war nicht der Tag der Wahrheit, an dem Heye sich zu Worte meldete, es ist die Sorge, daß all die schönen Pläne, die DDR zu liquidieren, die Ostgrenzen zu revidieren, den zweiten Weltkrieg [sic!] doch noch zum siegreichen Ende zu führen, daß all diese Pläne scheitern könnten.«

[516] »Bild«-Kommentar: Der kleine Unterschied. In: Bild-Zeitung, 27.2.1975.

[517] Ebd.

Der Vorwurf eines gezähmten ›Kommisses‹ schwang deutlich mit, denn nur der Wehrbeauftragte gewährte nach dieser Lesart Schutz vor dem Rückfall in inzwischen diskreditierte Praktiken früherer deutscher Armeen.

Die Berichterstattung differierte nicht nur hinsichtlich der Art eines Mediums (Sensations- oder seriöse Presse), sie veränderte sich auch im Lauf der Jahre. Zwar war schon die Berichterstattung über die ersten drei Wehrbeauftragten vor allem in der seriösen Presse ausgewogen, sach- und problemorientiert gewesen, jedoch war sie von der jeweiligen Person des Wehrbeauftragten dominiert worden. Die Affären überlagerten jedoch von Anfang an die Sachprobleme und rückten damit auch die konstruktiven Vorschläge in den Hintergrund. Die Auseinandersetzungen um die Kompetenzen wurden vornehmlich auf der persönlichen Ebene ausgetragen. Eine Differenzierung zwischen Person und Amt fand nur in seltenen Fällen statt, dagegen war die Diffamierung des Amtsträgers in der politischen und öffentlichen Debatte System. Das unliebsame Kontrollorgan wurde, wenn seine Feststellungen für die Politik und die militärische Führung unangenehm geworden waren, persönlich angegriffen und demontiert. In den Fällen von Grolman und Heye führte dies zum vorzeitigen Rücktritt. Hoogen konnte diesem Schicksal gerade noch entrinnen, da sich der Untersuchungsausschuss nicht zu einer Abberufung entschließen wollte[518]. Schultz und Berkhan boten dagegen weniger persönliche Angriffsflächen als die Vorgänger. Deshalb dominierte in ihrer Amtszeit die Sachpolitik. Die Feststellungen im Jahresbericht rückten in den Vordergrund, nicht die Form oder die Kompetenzstreitigkeiten. Die Differenzen wurden jetzt im Parlament und weniger in der Öffentlichkeit ausgetragen. Im Gegensatz zu den Vorgängern betrieben Schultz und Berkhan aber vor allem eine konziliante Öffentlichkeitsarbeit und unterschätzten die mediale Wirkung für das Amt nicht länger. Sie verstanden es, die Medien nicht nur für das Amt zu nutzen, sondern sich selbst weitgehend aus negativen Schlagzeilen herauszuhalten und stattdessen den Auftrag in das Zentrum des öffentlichen Interesses zu stellen. Die Ungeduld eines Heye wurde in der medialen Präsentation der Jahresberichte nun von der Beharrlichkeit eines Berkhan ersetzt, womit er die Basis für eine erfolgreiche Konsolidierung und Gestaltung des Amtes schaffte[519].

In der Analyse der Jahresberichte durch die Parteien wurde der Wehrbeauftragte jedoch weiterhin in den Punkten, die der eigenen Parteilinie entsprach, unterstützt und in den gegenläufigen attackiert. Die Regierungsparteien würdigten verstärkt die allgemeinen Ausführungen und griffen selten vereinzelte Vorfälle auf, um die öffentliche Diskussion nicht weiter anzuheizen. Die Opposition dagegen konzentrierte sich auf die Hervorhebung der Einzelfälle und der allgemeinen Probleme. Ein unscheinbares, aber aussagekräftiges Beispiel für die

---

[518] Vgl. Der erste Jahresbericht des Wehrbeauftragten. In: Süddeutsche Zeitung, 29.4.1960; Bessere Innere Führung der Bundeswehr. In: Deutsche Zeitung und Wirtschafts-Zeitung, 10.5.1962; Die Parteien möchten Hoogen als Wehrbeauftragten behalten. In: FAZ, 13.1.1968.

[519] Zivile Soldaten? Die erste Bilanz des Wehrbeauftragten Schultz. In: Allgemeines Deutsches Sonntagblatt, 28.3.1971; Berkhan lobt positive Einstellung vieler junger Soldaten. In: Frankfurter Rundschau, 26.3.1982.

unterschiedlichen Interessenlagen bietet die Rezeption einer Bemerkung des Wehrbeauftragten Berkhan in seinem ersten Jahresbericht 1975. Während die CDU/CSU, der ›kleine‹ Koalitionspartner FDP und der Deutsche Bundeswehr-Verband mehr oder minder deutlich dessen Aussage, wonach zukünftig bei Großveranstaltungen von Berufsverbänden ein generelles Uniformtrageverbot gelten solle, als gegen die Forderung des »Staatsbürgers in Uniform« gerichtet kritisierten, wurde bei der Regierungspartei SPD diese Feststellung in der Pressemitteilung überhaupt nicht thematisiert[520]. In der Bewertung des gesamten Jahresberichtes nahm der Bundeswehr-Verband dagegen eine den Parteien, die im positiven Grundtenor dennoch übereinstimmten, entgegengesetzte Haltung ein. Er kritisierte Berkhan ungewöhnlich heftig und sprach ihm sogar seine Funktion als »soziales Frühwarnsystem«[521] ab. Vermutlich waren hier noch die vormals gleichsam natürlichen Gegensätze zwischen dem ehemaligen Parlamentarischen Staatssekretär, Stellvertreter des Verteidigungsministers und jetzigen Wehrbeauftragten Berkhan und den Verbandsfunktionären am Wirken. Sie sahen in Berkhan noch den SPD-Regierungspolitiker, der seinem ehemaligen Vorgesetzten zur Loyalität verpflichtet schien, und nahmen ihm seine neue Rolle als ›parteiunabhängiger‹ Wehrbeauftragter nicht ab. Wie in diesem Fall war die Rezeption durch die Parteien generell von zwei Grundhaltungen dominiert: Im Grundtenor wurde dem Wehrbeauftragten beigepflichtet oder zumindest höflichkeitshalber Anerkennung für die geleistete Arbeit gezollt, in den wesentlichen Einzelaspekten der ›Inneren Führung‹ wurde dagegen die jeweilige sicherheits- und militärpolitische Parteilinie vertreten. Während die Regierungskoalition, somit auch fast immer Partei des Wehrbeauftragten, die politische Leitung tendenziell exkulpierte und die militärische Führung in der Umsetzung der ›Inneren Führung‹ mehr in die Pflicht genommen sah, praktizierte die Opposition die umgekehrte Verfahrensweise[522]. Die Verantwortung für Fehlent-

---

[520] BA-MA, BW 2/11950, Pressedienst der CDU/CSU-Fraktion im Deutschen Bundestag, Erklärung MdB Leo Ernesti, 18.3.1976; Information der sozialdemokratischen Fraktion im Deutschen Bundestag, Erklärung von MdB Paul Neumann, 18.3.1976; Pressedienst der Bundestagsfraktion der FDP, Erklärung des MdB Jürgen W. Möllemann, 18.3.1976; Pressedienst des Deutschen Bundeswehr-Verbandes e.V., Pressemitteilung 27/76, 18.3.1976.

[521] Ebd. »Mit diesen Feststellungen vermittelt der Jahresbericht 1975 des Wehrbeauftragten von seinem Umfang und der Zahl der Eingaben her den Eindruck einer innerlich gefestigten Bundeswehr mit nur wenigen und geringfügigen Problemen und Sorgen. Diese Lagebeurteilung für das Jahr 1975 stimmt nach der Auffassung des Deutschen Bundeswehr-Verbandes allerdings nicht mehr mit der vom Verband vielerorts festzustellenden Unruhe und Verstimmung der Truppe seit Inkrafttreten des Sparprogramms überein, das durch mangelhafte Informationen zusätzliche Unsicherheit ausgelöst hat. Der Bundeswehr-Verband bedauert deshalb die ausdrückliche Ablehnung des Wehrbeauftragten, sich mit dem Sparprogramm zu befassen, obwohl dessen Folgen ihm selbst schon 1975 klar waren, als er öffentlich erklärte: ›Meine große Sorge ist, dass man bei den Bemühungen um Einsparungen nicht übersieht, dass es in der Bundeswehr Gegebenheiten gibt, die nach meiner Meinung mit der Situation im öffentlichen Dienst nicht zu vergleichen sind.«

[522] So beispielhaft in der Erörterung des JB 1976, vgl. ebd., BW 2/11944, Pressedienst der Bundestagsfraktion der FDP, 18.3.1977, Stellungnahme des MdB Möllemann; Pressedienst der CDU/CSU-Fraktion im Deutschen Bundestag, 18.3.1977, Stellungnahme MdB Ernesti.

wicklungen in der Bundeswehr wurde demnach in den Parteien zwischen der politischen und militärischen Führung hin- und hergeschoben.

In den Presseberichten und Kommentaren zum Jahresbericht 1975 beispielsweise wurden ebenfalls unterschiedliche Gewichtungen in der Rezeption deutlich. In den Rundfunk- und Fernsehkommentaren hob man die Bedeutung des Amtes hervor und arbeitete vor allem die parlamentarische Reaktion auf den Bericht heraus[523], während in der gedruckten Tages- und vor allem in der Sensationspresse die prägnanten Einzelfälle dominierten. Aber auch in den Letzteren gab es Exempel für deutliche Gegensätze: von einer ausgewogenen Berichterstattung in der Bonner Rundschau bis hin zu einer reinen Aneinanderreihung der skandalösen Verfehlungen im Generalanzeiger[524]. Diese Tendenz zur Rezeption des Jahresberichtes lässt sich auch für die weiteren 33 Jahre feststellen, jedoch überwog immer mehr die Fokussierung auf die Grundrechtsverletzungen. Diese Entwicklung stellte aber für das Ministerium keine Überraschung dar, sondern war vorherzusehen[525].

d) Das Bild des Wehrbeauftragten in der medialen Berichterstattung

Bereits in der Konzeptions- und Formierungsphase begleitete die Presse mit Interesse die politische Diskussion um die Aufrüstung. Sowohl im In- als auch im Ausland wurde das berechtigte Anliegen geäußert, dafür Sorge zu tragen, dass die »neue deutsche Armee vernünftig geleitet«[526] und parlamentarisch kontrolliert werden müsse, um einem erneuten deutschen Militarismus vorzubeugen. Diese Notwendigkeiten wurden auch von dem ehemaligen Spitzenmilitär der Wehrmacht und jetzigen liberalen Bundestagsabgeordneten, Hasso von Manteuffel, angemahnt[527]. Jedoch stellte sich vor allem für die Amerikaner die Frage: »Bringt ihr es fertig, eine Wehrmacht aufzustellen, die keine Gefahr für einen demokratischen Staat bedeutet und wird diese Wehrmacht dann hart

---

Diese Reaktion auf die Jahresberichte ist aber schon für die Jahre zuvor und auch danach festzustellen.

[523] Ebd., BW 2/11950, Kommentarübersicht vom 19.3.1976 der NWDR-Sendung »Der Wehrbeauftragte ist sehr wohl eine notwendige Einrichtung und wird es auch bleiben«, 18.3.1976 um 13.10 Uhr und der SWF-Sendung »Berkhan geht neue Wege«, 18.3.1976 um 12.40 Uhr.

[524] Ebd., »Trottel« sollte auf Baum klettern. Verstöße gegen Menschenwürde angeprangert. In: Generalanzeiger für Bonn und Umgegend, 19.3.1976; Bundeswehr »fast zu brav«. Wehrbeauftragter des Parlaments legte am Donnerstag Bericht vor. In: Bonner Rundschau, 19.3.1976.

[525] Ebd., BW 1/197830, Vorlage Fü S I 4 an den Minister, 4.5.1981, betreffend »JB 1980 des WB«.

[526] Parlamentarische Kontrolle über die deutsche Armee gefordert. In: Stuttgarter Zeitung, 13.10.1954; Die Kontrolle des Heeres. In: FAZ, 14.10.1954.

[527] Gen.d.PzTr. a.D. Hasso von Manteuffel, Wirksame Kontrolle der Streitkräfte ist nötig. In: Westdeutsche Allgemeine, 27.10.1954; von Manteuffel, MdB, Parlamentarische Kontrolle – aber wie? In: Neues Vaterland, 10.12.1954.

und schlagkräftig sein[528]?« Kontrolle musste sein, durfte aber die Einsatzfähigkeit nicht verringern. Diese beiden Forderungen mussten daher in der politischen und militärischen Konzeption verwirklicht werden. Als ein Schlüssel zur Lösung wurde seit September 1955 der Wehrbeauftragte gesehen[529]. Zwar wurden die unterschiedlichen Auffassungen zwischen Regierung und Opposition noch diskutiert, unstrittig war aber inzwischen, dass der Wehrbeauftragte eingeführt werden würde. Damit sollte vor allem das von der SPD geforderte spezielle Misstrauensvotum gegen den Verteidigungsminister verhindert werden, um die »Kanzler-Demokratie«[530] in keine Krise zu stürzen. Schon kurz nachdem 1956 mit der Zweiten Wehrergänzung der Wehrbeauftragte konstitutionalisiert worden war, begann die Personaldebatte um die Besetzung des Amtes[531]. Obwohl noch kein Wehrbeauftragtengesetz verabschiedet und kein Amtsinhaber bestellt worden war, liefen bereits die ersten Beschwerden der Soldaten beim Bundestag ein[532]. Durch die Auflösung von vier Unterausschüssen des Verteidigungsausschusses im Januar 1957 sah die Presse die Kontrolle bereits gefährdet[533], um danach zu vermelden »Wehrbeauftragter in Sicht«[534]. Schon die parlamentarische Diskussion im Verteidigungsausschuss war im In- und Ausland mit Interesse verfolgt worden[535]. Nach der Verabschiedung des Gesetzes rückte dann die Personalfrage in den Vordergrund[536]. Die beinahe tragische Suche nach einem geeigneten und vor allem mehrheitsfähigen Kandidaten fand auch in den Zeitungen ihren Niederschlag[537]. Vor allem wurde die Interesselosigkeit des Parlaments an dem anfangs noch für so wichtig gehaltenen Amt kritisiert. Ein so langes Zeiterfordernis bis zur Besetzung der Funktion stieß auf allgemeines Unverständnis[538]. Als es dann 1959 so weit war, hieß es: »Was lange währt

---

[528] Kontrolle über die Streitkräfte nötig. In: Rhein-Zeitung, 27.5.1955; vgl. Heuer, Reichswehr – Wehrmacht – Bundeswehr, S. 399–409.
[529] Militärbeauftragter gefordert. In: Die Welt, 14.9.1955; Der »Fall Karst« wird behandelt. In: FAZ, 14.9.1955; Streit um Kontrolle der Wehrmacht. In: Hamburger Echo (SPD), 15.12.1955; Parlamentarische Kontrolle gesichert. In: Rhein-Neckar Zeitung, 17.12.1955.
[530] Die SPD macht mit. In: Die Zeit, 22.12.1955.
[531] Der Wehrbeauftragte. In: Mannheimer Morgen, 27.3.1956; Kein Parlamentarier als Wehrbeauftragter. In: FAZ, 13.6.1956.
[532] Feldwebel Daubner beschwert sich. In: Süddeutsche Zeitung, 6.12.1957.
[533] Kontrolle der Bundeswehr eingeengt. In: Frankfurter Rundschau, 10.1.1957; Wehrpolitik im Wahljahr. In: Süddeutsche Zeitung, 11.1.1957. Die Vertreter der Koalitionsparteien beantragten im Verteidigungsausschuss die Auflösung der Unterausschüsse für Fragen der ›Inneren Führung‹, der Beschaffung, der Infrastruktur und des Haushaltsrechts.
[534] Süddeutsche Zeitung, 6.2.1957.
[535] Vgl. Bonn auf der Suche nach einem Wehrbeauftragten. In: Die Welt, 20.3.1957. Erster Wehrbeauftragter wird noch vom jetzigen Bundestag gewählt. In: Westdeutsche Allgemeine, 28.3.1957.; Die Institution des »Wehrbeauftragten« in der Bundesrepublik. In: Die Tat (Zürich), 1.4.1957.
[536] Gesetz über den Wehrbeauftragten. In: Süddeutsche Zeitung, 8.6.1957; Persönlichkeit gesucht. In: Frankfurter Rundschau, 11.6.1957.
[537] Der Wehrbeauftragte. In: Die Zeit, 26.4.1958; Der Wehrbeauftragte auf der politischen Waage. In: Süddeutsche Zeitung, 5.5.1958; Wehrbeauftragter – ja oder nein? In: Rheinischer Merkur, 12.9.1958.
[538] Ein General sorgt für zivilen Geist. In: Deutsche Zeitung und Wirtschafts-Zeitung, 4.2.1959.

wird endlich gut [...] Trifft es zu, dann haben Parlament und Bundeswehr mit dem nun endlich gewählten Wehrbeauftragten einen Hauptgewinn gezogen[539].«
In der Formierungsphase bereits wurde immer wieder gefragt: Über welche fachlichen und menschlichen Qualitäten muss der Wehrbeauftragte verfügen, um diese vergleichsweise kleine Institution, die nur für ein ganz bestimmtes Kontrollobjekt geschaffen worden war, zu führen und seinen Auftrag zu erfüllen? Die Entwicklung dieser ›verspäteten Institution‹ war nach allgemeinem Eindruck ganz entscheidend an den jeweiligen Amtsinhaber gekoppelt, weshalb die ersten Jahre weit mehr von personellen Krisen der Wehrbeauftragten und weniger von den institutionellen des Amtes geprägt waren[540]. Der Wehrbeauftragte von Grolman wurde in der Öffentlichkeit mehr durch seine angebliche Homosexualität wahrgenommen als durch seine Auseinandersetzung mit Verteidigungsminister Strauß[541] oder durch den Inhalt seiner Jahresberichte[542]. Bis zum Skandal – ihm wurde berechtigt eine homosexuelle Affäre mit einem 17-jährigen Kellnerlehrling vorgeworfen – hatten die Medien seine Arbeit als Wehrbeauftragter mit viel Wohlwollen und Unterstützung honoriert[543]. Seit Veröffentlichung der strafbaren Vorwürfe interessierte nur noch der Umstand, dass ein hoher Repräsentant der bundesdeutschen Politik beschuldigt und das Amt beschädigt worden war[544]. Die tägliche Sacharbeit, es sei denn, es wurden außergewöhnliche Verstöße festgestellt, die zudem gut in die Vorurteilswelt einer immer noch militärkritischen Öffentlichkeit passten, war weniger für eine mediale und damit öffentliche Anteilnahme geeignet. Es wurde eine fragwürdige Parallele zwischen der Grolman- und der Fritsch-Affäre[545] gezogen. Sowohl die Beweggründe als auch die Verhältnisse im nationalsozialistischen im Gegensatz zum bundesrepublikanischen Deutschland waren grundverschieden, beide Affären somit nicht miteinander vergleichbar. Die Annahme, der Wehrbeauftragte von Grolman sei aufgrund einer von Seiten der Bundesregierung, vor allem des Verteidigungsministers sowie der Bundeswehrführung als störend eingeschätzten Tätigkeit durch eine herbeigeredete Affäre aus dem Weg

---

[539] Der Kronanwalt. In: Hannoversche Allgemeine Zeitung, 20.2.1959.

[540] Maurer, Wehrbeauftragter und Parlament, S. 53; Der unabsetzbare Kerl. In: Die Zeit, 18.4.1957.

[541] Vgl. hierzu Kontrolleur oder Kontrollierter? In: Die Welt, 18.6.1960; Der Wehrbeauftragte und die Truppe. In: Süddeutsche Zeitung, 16.7.1960.

[542] Wie steht die Bundeswehr zur Demokratie? In: Frankfurter Rundschau, 30.4.1960; Grolmans zweiter Bericht. In: Frankfurter Neue Presse, 27.4.1961; Zahmere Kritik? In: Stuttgarter Zeitung, 27.4.1961.

[543] Amt ohne Vorbild. In: FAZ, 25.2.1959; Der Wehrbeauftragte hat sich schnell durchgesetzt. In: Stuttgarter Nachrichten, 20.10.1959; Hans Gresmann, Klagemauer der Armee. In: Die Zeit, 5.2.1960; Der erste Jahresbericht des Wehrbeauftragten. In: Süddeutsche Zeitung, 29.4.1960.

[544] Fall Grolman. In: Der Mittag, 15.7.1961; Anklage gegen von Grolman erhoben. In: Stuttgarter Zeitung, 22.7.1961.

[545] Hier handelte es sich um die Vorwürfe gegen den Oberbefehlshaber des Heeres im Jahre 1938, der durch eine Intrige der Nationalsozialisten mit dem Vorwurf, er sei homosexuell, aus seiner Funktion gedrängt wurde. Vgl. Ridley, The Parliamentary Commissioner, S. 9.

geräumt worden, war daher völlig haltlos und maßlos übertrieben[546]. Solch eine Verschwörungstheorie gegen eine aus dem Ausland importierte, völlig neu installierte und demokratischen Gedanken geschuldete Einrichtung zur Kontrolle der bewaffneten Macht, die vor allem nicht auf Wunsch der CDU 1956 eingeführt worden war, hatte für Skeptiker der parlamentarisch-demokratischen Bundesrepublik Deutschland zweifellos eine gewisse Attraktivität. Jedoch war das Amt des Wehrbeauftragten als sehr spät einzubettende politische Institution durch eine rein persönliche Angelegenheit diskreditiert worden. Somit musste schon der erste, viel zu spät gewählte Amtsinhaber unter unehrenhaften Umständen seinen Rücktritt erklären. Ein zu dieser Zeit denkbar schlechter Start für das Amt. Jedoch darf die Reduzierung der Amtszeit Grolmans auf den persönlichen Skandal nicht über die Tatsache hinwegtäuschen, dass er dem Amt nach nur kurzer verfassungsgeschichtlicher Existenz bereits zu einem zwar noch nicht abgerundeten, aber bereits erkennbaren Profil verholfen hatte[547].

Der neue Wehrbeauftragte Heye, wie sein Vorgänger ein hoher Militär der Wehrmacht, wurde mit einer breiten parlamentarischen Mehrheit in sein Amt gewählt[548]. Der als vital, ideenreich und eigenwillig geltende ehemalige Vizeadmiral suchte weit mehr als Grolman den Kontakt zu den Medien und damit zur öffentlichen Meinung, obwohl sein Amt eigentlich »zur Stille verurteilt«[549] war. Diese Charakterisierung Heyes in den Medien deutete schon an, was sich in der Affäre dann bewahrheiten sollte. Er war weniger der leise Typ, auch wenn er diesen Eindruck anfangs zu vermitteln suchte[550], sondern vielmehr ein Vertreter von Paukenschlägen. Seine Medienpräsenz war weitaus höher als die seines Vorgängers und er nutzte sie gezielt für seine Interessen. Die Beiträge über seine Jahresberichte 1961 und 1962 waren sehr sachlich und ausgewogen gehalten. Sie nahmen seine Kritik an der Bundeswehr und am Parlament auf[551]. In der Substanz problem- und reformorientiert mit appellatorischem Charakter betonten die Artikel die bisherige Bewährung des Wehrbeauftragten, wobei sie die Notwendigkeit eines solchen Parlamentsbeauftragten für alle Staatsbediensteten unterstrichen[552]. Nach Nagold änderte sich der Ton. Heye, der nun auf

[546] Ein Amt im Missgeschick. In: Süddeutsche Zeitung, 17.7.1961; Gefährliches Zögern. In: Stuttgarter Zeitung, 22.7.1961.
[547] ACDP, NL Volz, I-546-015/1, Ausarbeitung für einen Vortrag in Tübingen über »Aufgaben und Arbeitsweise des WB«, 28.6.1961, S. 1; Der Wehrbeauftragte hat sich schnell durchgesetzt. In: Stuttgarter Nachrichten, 20.10.1959; Grolman sorgt sich um die Soldatenfamilien. In: FAZ, 29.4.1960.
[548] Heye vom Bundestag einstimmig zum Wehrbeauftragten gewählt. In: Die Welt, 9.11.1951.
[549] Der Wehrbeauftragte. In: General-Anzeiger für Bonn und Umgegend, 9.11.1961.
[550] Wohnungsvermittler und Eheberater. In: Süddeutsche Zeitung, 22.11.1961; Heye will das »Auge des Bundestags« sein. In: Stuttgarter Nachrichten, 23.11.1961.
[551] Bessere Innere Führung der Bundeswehr. In: Deutsche Zeitung und Wirtschafts-Zeitung, 10.5.1962; Heyes Hand am Puls der Truppe. In: Süddeutsche Zeitung, 14.5.1962; Der Wehrbeauftragte. In: Stuttgarter Nachrichten, 14.8.1962; Heye: Bundeswehr braucht schöpferische Pause. In: Westdeutsche Allgemeine, 30.4.1963.
[552] Der Wehrbeauftragte klagt. In: Frankfurter Neue Presse, 30.4.1963; Schutz für die Staatsbürger. In: Frankfurter Rundschau, 21.5.1963.

Konfrontationskurs gegen das Verteidigungsministerium und das Parlament ging, kritisierte immer wieder das Desinteresse gegenüber seiner Arbeit[553]. Wie demotivierend dies auf Heye wirke, wurde bereits im Mai 1964 kolportiert[554]. Seine öffentliche Kritik wurde deshalb von nun an in den Berichten immer deutlicher herausgestellt, wobei auch die politische Frontenstellung erkennbar wurde[555]. Besonders deutlich wurde dies mit seiner Artikelserie, die anfangs noch sachlich und die Zusammenhänge beleuchtend dargestellt wurde[556]. Jedoch versäumte Heye es, die Medien und die Öffentlichkeit nach der Publikation weiter für seine Argumente einzunehmen, stattdessen überließ er das Feld seinen Gegnern. Schnell setzte sich dann auch deren Meinung durch, dass man es mit zwei völlig unterschiedlichen Berichten zu tun habe und vor allem die Form zu beanstanden sei[557]. Eine einmal festgelegte Meinung war nunmehr nur noch schwer umzuändern und setzte sich selbst bei Personen fest, die eigentlich über ausreichend Informationen verfügen sollten, um den Umstand ausgewogen bewerten zu können. Die Aussage, »dass einer des anderen Meinung einfach nachspricht«, schien für die Wahrnehmung beider Berichte symptomatisch gewesen zu sein. Jedoch blieb diese Meinung die vorherrschende Auffassung, selbst wenn ihr, wie von der Presse irrtümlich gemeldet, eine wissenschaftliche Analyse widersprochen hatte[558]. In der weiteren Auseinandersetzung verlagerte sich der Streit auf den ehemaligen Verteidigungsminister Strauß, der für den zu schnellen Aufbau der Bundeswehr verantwortlich gemacht wurde[559]. Der Personaldiskussion in der Bundeswehr folgte dann bald eine Nachfolgediskussion für das Wehrbeauftragtenamt[560]. Zwar ließ sich auch das Bild Heyes nicht nur auf seine »Quick-Affäre« reduzieren, jedoch überlagerte sie sein vorheriges

---

[553] Der Rest ist Schweigen. In: Sonntagsblatt, 16.2.1964; Bericht des Wehrbeauftragten im Bundestag. Hassel fordert Vertrauen zur Bundeswehr. In: Süddeutsche Zeitung, 22.2.1964; Wehrbeauftragter hat sich bewährt. In: Frankfurter Neue Presse, 22.2.1964.

[554] Der Wehrbeauftragte. In: Frankfurter Rundschau, 5.5.1964; Heye erwägt seinen Rücktritt. In: Ebd.

[555] Muss der Bundeswehrsoldat blind gehorchen? In: Frankfurter Rundschau, 13.6.1964; Jahresbericht des Wehrbeauftragten. In: Süddeutsche Zeitung, 13.6.1964; »Ich bin nicht tot – Platzeck [sic!]«. In: FAZ, 13.6.1964.

[556] Alarmruf des Wehrbeauftragten. In: Frankfurter Rundschau, 16.6.1964; Schwerer Konflikt zwischen Wehrbeauftragtem und Regierung. In: FAZ, 16.6.1964; Krise um den Wehrbeauftragten. In: Süddeutsche Zeitung, 16.6.1964; Heyes Flucht in die Öffentlichkeit. In: Ebd.

[557] Das falsche Forum. In: FAZ, 16.6.1964; Der »Fall Heye«. In: Die Welt, 17.6.1964; Nebel über der Bundeswehr. In: Süddeutsche Zeitung, 18.6.1964; Die widersprüchlichen Äußerungen des Wehrbeauftragten. In: Ebd.; Rückzugsgefecht. In: FAZ, 22.6.1964.

[558] AdsD, SPD-Bundestagsfraktion, 4. WP, Mappe 795, dpa-Mitteilung, 19.7.1964, Analyse ergab keine wesentlichen Unterschiede bei den Heye-Berichten; BA, B 136/6883, Schreiben Direktor Wissenschaftlicher Forschungs- und Lehrstab bei der Schule der Bundeswehr für Innere Führung an Fü B I 4, 14.8.1964, betreffend »Äußerungen Dr. Schreeb zum Bericht des Wehrbeauftragten«.

[559] Streit um Heye verlagert sich auf Strauß. In: Handelsblatt, 24.6.1964; General Baudissin an Heye: Ich bewundere Ihren Mut. In: Westdeutsche Allgemeine, 25.6.1964.

[560] Das Schwert ist stumpf. In: FAZ, 2.7.1964; Richtige Vorsätze für die Bundeswehr. In: Ebd., 8.8.1964; Heyes Rückzug. In: Rheinischer Merkur, 6.11.1964.

Image deutlich. Nach der Demission stellte sich die Frage: »Wer wird auf Heye folgen?«[561]

Nach dem doppelten Fehlstart für das Amt in der öffentlichen Rezeption, sollte nun endlich Ruhe in diese, zumindest nach den offiziellen Verlautbarungen, von den politischen Entscheidungsträgern wie auch von der Öffentlichkeit hochgeschätzte Institution einkehren. Zwar gab es immer wieder Stimmen, die solche Vorkommnisse zu einer generellen Infragestellung des Amtes nutzten, jedoch fanden diese keine ernstzunehmende Unterstützung. Die Stellung des Amtes blieb auch nach Grolman und Heye unangetastet. Trotzdem musste nun endlich eine Person gefunden werden, deren Sacharbeit in der Öffentlichkeit mehr als die persönlichen Affären zur Kenntnis genommen würde. Der gewichtige personale Aspekt dieser kleinen Institution, die über mehr öffentliche und psychologische als politische Macht verfügte, war deutlich hervorgetreten. Daher musste der Nachfolger weniger persönliche Defizite als Grolman aufweisen und nicht so extrovertiert wie Heye sein. Mit der Wahl Hoogens[562] 1964 schienen diese Forderungen jedoch von Neuem nicht berücksichtigt zu werden[563]. Die SPD-Bundestagsfraktion enthielt sich bei seiner Wahl zwar der Stimme, äußerte aber bereits vor der Wahl erhebliche Bedenken gegen die Person[564]. Kurz nach seinem Amtsantritt im Dezember 1964 gab Hoogen dann dem Journalisten Werner Höfer ein umstrittenes Interview, in dem er sich kritisch über die Menschenführung in den bisherigen deutschen Armeen der letzten 150 Jahre äußerte. Schon diese Äußerung erregte eine beachtliche öffentliche Reaktion, sowohl in Form von Medienberichten als auch in Zuschriften[565]. Dem neuen Mann wurde schnell klar, dass die Worte des jetzigen Wehrbeauftragten ungleich sensibler – sei es aus dem Verteidigungsministerium oder von den

---

[561] FAZ, 12.11.1964.

[562] So schrieb ein Leutnant d.R. und stud. jur.: »Äußerst negativ beurteile ich hingegen die Absicht, einen Juristen, nämlich Herrn Hoogen, zum neuen Wehrbeauftragten zu machen [...] Gerade auch die Wehrpflichtigen haben mehr Vertrauen zu einem ehemaligen Offizier als zu einem noch so guten Juristen.« AdsD, Depositum Schmidt, Mappennummer 5143, Schreiben Rudolf Hermann an Helmut Schmidt, 5.12.1964.

[563] Schlechter Start für Hoogen. In: Süddeutsche Zeitung, 10.12.1964; Kampfabstimmung. In: Die Welt, 11.12.1964; Der Beauftragte. In: Stuttgarter Zeitung, 11.12.1964.

[564] AdsD, NL Erler, Mappennummer 147 (B), Die SPD-Fraktion teilt mit, 10.12.1964, betreffend »Wehrbeauftragter«. Die SPD mahnte eine unabhängigere Persönlichkeit als Hoogen an und bezog nochmals Stellung zu Gunsten des stellvertretenden Chefredakteurs von »Christ und Welt« und Sprecher des Beirates für ›Innere Führung‹ beim BMVg, Eberhard Stammler. Vgl. Die Sozialdemokraten stimmen gegen Hoogen. In: FAZ, 11.12.1964. Hoogen wurde besonders für seine Rolle als Vorsitzender des parlamentarischen Untersuchungsausschuss im Zusammenhang mit der »Spiegel«-Affäre kritisiert. Vgl. u.a. zur »Spiegel«-Affäre auch Bösch, Öffentliche Geheimnisse, S. 145–147.

[565] So z.B. ACDP, NL Volz, I-546-015/1, Nicht General, nicht Admiral [...] Matthias Hoogen, der neue Wehrbeauftragte des Deutschen Bundestages im Gespräch mit Werner Höfer. In: Die Zeit, 18.12.1964; Mitteilung Nr. 1/65 vom Ring deutscher Soldatenverbände (RdS), 8.1.1965; Schreiben Präsident RdS an Eugen Gerstenmaier, 6.6.1965; Schreiben Gerstenmaier an den Präsidenten RdS, 11.1.1965; Gemeinsame Presseerklärung zwischen dem WB und dem BMVg über das Gespräch am 14.1.1965; Entwurf der Ministererklärung zu diesem Interview; Deutscher Bundestag – Presseauswertung, Die Zeit, 8.1.1965.

immer noch politisch starken Soldatenverbänden – wahrgenommen wurden als die des vorherigen Bundestagsabgeordneten. Aufgrund des schnell einsetzenden politischen Drucks sah sich Hoogen unversehens in die Defensive gedrängt und relativierte bald darauf seine vorherige Aussage. Für seine Kehrtwendung wurde er von der Presse als »für dieses Amt untauglich«[566] hart gescholten.

Weitaus gefährlicher als seine Kritik an der Menschenführung sollten sich für ihn, aber auch für die Institution selbst, die Querelen um die Führung und Organisation des Amtes erweisen. Ihm wurde vor allem vorgeworfen, zu eng mit dem Verteidigungsministerium zusammenzuarbeiten und durch seine Person das Amt des Wehrbeauftragten zu diskreditieren. Dazu kamen noch erhebliche persönliche Probleme mit seinen Beamten Engst, Hubatsch, Fischer, Born und Franz Xaver Lochbrunner, die sowohl auf politischem als auch öffentlichem Terrain ausgefochten wurden[567]. Diese beschäftigten wiederum nicht nur den Bundestagspräsidenten[568], die Fraktionen und den Verteidigungsausschuss, sondern auch die Presse. Hoogen hielt die bisherige Gliederung des Amtes für unzweckmäßig und eckte dabei mit seinen Beamten an, als er mit Anordnung vom 1. Juli 1965 das Amt neu organisierte. Hierin wurden ein neuer Stellenbesetzungsplan, geänderte Verfahrensabläufe und Anweisungen für die Aktenführung vorgeschrieben[569]. Die Probleme eskalierten so weit, dass der Leitende Beamte Engst an das Verteidigungsministerium abgeordnet wurde und sich daraufhin unter dubiosen Umständen in die Niederlande absetzte[570]. Ein weiterer Beamter beschwerte sich über Hoogen bei Bundestagspräsident Gerstenmaier. Aufgrund dieses gestörten Vertrauensverhältnisses und des »mangelnden Betriebsklimas« beantragten daraufhin weitere höhere Beamte der Dienststelle ihre Versetzung[571]. Hinzu kam der unrühmliche Auftritt des unter Alkoholein-

---

[566] Doch Schule der Nation? In: Frankfurter Rundschau, 16.1.1965.

[567] AdsD, Depositum Schmidt, Mappennummer 8036, Vermerk für Helmut Schmidt von Karl Wienand, 1.12.1967; ebd., Mappennummer 5466, Schreiben Wienand an Lochbrunner, 14.10.1966. Vgl. Kein guter Stern über den Wehrbeauftragten. In: Welt am Sonntag, 1.8.1965; Hatte der Wehrbeauftragte Schuld? In: Die Zeit, 6.8.1965.

[568] AdsD, Depositum Schmidt, Mappennummer 5345, Schreiben Schmidt an Gerstenmaier, 12.10.1967: »Dieses Amt ist inzwischen für seine unzureichende Führung notorisch geworden [...] Da mir mehrfach gesagt worden ist, Sie selbst machten keinen Hehl daraus, von Anfang an der Einrichtung des Wehrbeauftragten des Deutschen Bundestages mit Skepsis, wenn nicht gar mit Abneigung gegenübergestanden zu haben [...]«; Schreiben Gerstenmaier an Schmidt, 13.10.1967: »Ich empfinde Ihren Vorwurf auch deshalb als besonders ungerecht, weil ich niemals dem widersprochen habe, was mit diesem Gesetz positiv gemeint ist. Wohl aber habe ich von Anfang an davor gewarnt, mit einem insuffizienten Gesetz eine insuffiziente Institution zu schaffen.«

[569] AdsD, Depositum Buchstaller, Mappennummer 48, WB – Vw 10-01/65, Anordnung vom 1.7.1965 nebst Anlagen; ACDP, NL Volz, I-546-015/1, Stellungnahme zum Entwurf zu Ziffer II des Berichtersuchens, 5.12.1967; Vermerk betreffend »Organisatorische und personelle Entwicklung des Amtes des Wehrbeauftragten«, 8.12.1967. Hierin wird ein ausführlicher Überblick über die Organisation und die Personalentwicklung des Amtes gegeben.

[570] ACDP, NL Volz, I-546-015/1, Vertraulicher Vermerk, 4. und 9.8.1965.

[571] Ebd., Vermerk betreffend »Pressekonferenz des Bundestagspräsidenten am 16.11.1967«, 16.11.1967; I-546-015/3, Pressemitteilung zu den Versetzungsgesuchen von vier Beamten der Dienststelle des Wehrbeauftragten.

fluss stehenden kommissarischen Leitenden Beamten Born in Sardinien während eines Truppenbesuches[572]. All dies ereignete sich innerhalb kurzer Zeit, zusätzlich wurde es mit einer breiten politischen und auch öffentlichen Wirkung ausgetragen. Folglich musste sich das Bild des Wehrbeauftragten und seines Amtes zu einer Negativfolie entwickeln, da die Kontroversen unter Einschaltung und Nutzung der Medien erfolgten[573]. Als einzige Möglichkeit, sich gegen die Vorwürfe zu verwahren und sie zu entkräften, verblieb Hoogen nur, sich die Auffassung des Verteidigungsausschusses zu Eigen zu machen, nämlich sich selbst mit den Vorwürfen zu befassen und diese aufzuklären[574]. Das Bild des Wehrbeauftragten bedurfte dringend einer positiven öffentlichen Darstellung. Die Zusage eines Fernsehteams, Hoogen bei einem Truppenbesuch zu filmen, kam deshalb sehr gelegen. Inszenierte Bilder des Wehrbeauftragten bei der Inspizierung der Unterkünfte, beim Gespräch mit Rekruten, ihrem Kommandeur sowie ihren Ausbildern konnten einer Steigerung der Popularität behilflich sein und es so dem politischen Gegner erschweren, weiter offen gegen die Institution Stellung zu beziehen[575]. Denn dies wurde inzwischen zwar immer noch vereinzelt, aber umso deutlicher zum Ausdruck gebracht. Der CSU-Bundestagsabgeordnete Max Schulze-Vorberg äußerte in einem Leserbrief unverblümt, dass »das Amt des Wehrbeauftragen sinnlos sei« und resümierte: »Weil die Einrichtung des Wehrbeauftragten von Skandalen immer wieder verwirrt war, weil sie falsch, weil sie einseitig übernommen wurde, ist sie zu einer ständigen Belastung geworden. Sie sollte verschwinden[576].« Sollte der Traditionsmangel dieses Amtes in der deutschen Geschichte zu seinem Totengräber werden? Was man vorher nicht brauchte, schien auch jetzt nicht notwendig[577]! Öffentlich vorgetragen war dies sicherlich eine Einzelmeinung, aber insgeheim dachten womöglich nicht wenige Politiker ähnlich. Daher war es für Hoogen eine Genugtuung, wenn er gerade von denjenigen, für die seine Institution geschaffen worden war, von den Soldaten und dem Deutschen Bundes-

---

[572] Ebd., I-546-015/1, Presserklärung des WB, 6.10.1967; Abschiedsfeier mit ernsten Folgen. In: Die Welt, 7.10.1967.

[573] ACDP, NL Volz, I-546-015/1, Franz Xaver Lochbrunner, Ich klage an: den Wehrbeauftragten. In: Der Spiegel, (1966), Nr. 35; Wehrbeauftragter: Bier und Schnaps. In: Der Spiegel (1967), Nr. 14, S. 24; Wehrbeauftragter: Mal Dampf ablassen. In: Der Spiegel (1967), Nr. 44, S. 32 f.; Hoogen und die Welle der Politik. In: FAZ, 14.11.1967; ACDP, NL Ernesti, I-264-005, Schreiben des WB Hoogen an Josef Rommerskirchen, 16.8.1966, nebst Anlagen betreffend »Zu den gegen mich in der Illustrierten ›Quick‹ erhobenen Vorwürfen durch einen meiner Beamten habe ich wie aus der Anlage ersichtliche Stellung genommen«.

[574] ACDP, NL Volz, I-546-015/1, Erklärung Pressereferent Volz des WB, 29.11.1967.

[575] Ebd., Vermerk Persönlicher Referent Volz, 8.12.1967.

[576] Ebd., Max Schulze-Vorberg. In: Mainpost: 17.11.1967. Weiter schreibt er: »Der Wehrbeauftragte – er ist für soziale und auch für andere Demokraten so etwas wie eine heilige Kuh. Wie oft habe ich diese Ansicht in den letzten Wochen in Bonn hören müssen. Meist mit dem Zusatz: ›Du hast ja recht, wenn Du verlangst, diese Institution soll endlich verschwinden. Aber das darf man doch nicht laut sagen.‹« Vgl. Selbstbeerdigung. In: Frankfurter Rundschau, 10.6.1967.

[577] ACDP, NL Volz, I-546-015/1, Niederschrift der Hörfunksendung des Norddeutschen Rundfunks (NDR) »Der Standpunkt«, 13.10.1967, S. 4.

wehr-Verband als ihre Interessenvertretung, dessen Bundesvorstand sich einstimmig hinter das Amt des Wehrbeauftragten stellte, Zuspruch erhielt: »Es ist beschämend, dass ein Mann aus den eigenen Reihen [...] in so unverschämter Weise öffentlich das Amt des Wehrbeauftragten beschmutzt [...] Sie können versichert sein [...] dass die Masse der Soldaten voll und ganz hinter Ihnen steht[578].« Für seinen in Form und Analyse stark von den bisherigen als schwach einzustufenden Berichten abweichenden Jahresbericht für 1968 erntete er erstmals breite Zustimmung und Anerkennung, die auch in der Schlagzeile »Wiedergeburt des Wehrbeauftragten«[579] zum Ausdruck kommen sollte. Hiermit konnte er zwar sein Bild leicht verbessern, aber nicht mehr wirklich ins Positive wenden[580].

Die Wahrnehmung des Wehrbeauftragten in der Öffentlichkeit wurde zum dritten Mal in Folge von der Person dominiert. Die Aussage des SPD-Abgeordneten Helmut Schmidt schien dafür symptomatisch zu sein: »Das Amt des Wehrbeauftragten hat uns in den letzten Monaten großen Kummer gemacht[581].« Obgleich das Amt durch die Vorkommnisse mit den bisherigen Amtsinhabern mit einem Odium behaftet schien, wurde die Frage nach seiner Abschaffung bei aller Kritik aber weder von politischer noch von journalistischer Seite jemals ernsthaft in Erwägung gezogen. Vielmehr war man sich von beiden Seiten der öffentlichen Wirkung des Amtes bewusst[582]. Selbst die Bundeswehrführung hütete sich davor, solch eine Forderung zu stellen, um sich nicht dem Verdacht auszusetzen, dass sie sich des unliebsamen Kontrolleurs entledigen wollte. Der weitere Nutzen war für die Bundeswehr größer als die Entlastung durch eine Abschaffung, weil mit dem Amt öffentlich wirksam demonstriert werden konnte, dass es zwar vereinzelt Mängel gab, die Armee aber insgesamt auf dem richtigen Weg war, sich zu einer verlässlichen Stütze in der Demokratie zu entwickeln und bei weitem keine Gefahr eines neuerlichen »Staates im Staate« mehr bestand. Daraus zog der Persönliche Referent Hoogens gegenüber einem Divisionskommandeur ein treffendes Zwischenfazit: »Sie wissen selbst, welchen Ärger und Aufregung wir mal wieder gehabt haben. Aber selbst eine gewisse Gewöhnung an Affären in der Dienststelle kann darüber nicht hinweghel-

[578] Ebd., Brief eines Oberfeldwebels an Hoogen, 25.11.1967.
[579] Stuttgarter Zeitung, 13.3.1969.
[580] Der stilbildende Jahresbericht 1968 wurde nicht von Hoogen, sondern wurde nach soziologischen Kategorien von den Mitarbeitern Vogt, Busch und Schellknecht verfasst. Der ausschließliche Verdienst Hoogens sei es gewesen, dass er sich nicht dagegen gestellt habe. Hoogen selbst sei ein mäßiger sprachlicher Stilist und Strukturalist gewesen. Interview des Verf. mit Prof. Dr. Wolfgang R. Vogt.
[581] AdsD, SPD-Bundestagsfraktion, 5. WP, Mappennummer 1804, Brief Schmidt an Friedrich Ohage, 28.12.1967, S. 1.
[582] AdsD, Depositum Schmidt, Mappennummer 5345, Schreiben Schmidt an Gerstenmaier, 12.10.1967: »Was die sozialdemokratische Bundestagsfraktion angeht, möchte ich unmissverständlich klarstellen, dass wir an diesem vom Grundgesetz vorgeschriebenen Organ ohne jede Einschränkung festzuhalten beabsichtigen.«; Mappennummer 8036, Vermerk für Schmidt von Karl Wienand, 1.12.1967: »10. Zu berücksichtigen ist, dass ein Wehrbeauftragter, der unserer Partei angehört, uns in der Bundeswehr und in der Öffentlichkeit Sympathie einbringt.«

fen. Nunmehr ist die erste Runde geschlagen und ich glaube, dass wir noch einmal davongekommen sind[583].«

Mit dieser Einschätzung sollte der Beamte Recht behalten. In der Sendung des Norddeutschen Rundfunks (NDR) »Zehn Jahre Gesetz über den Wehrbeauftragten« vom Mai 1967 wurde zwar zunächst einmal ein sehr kritisches und bisweilen bitteres Resümee gezogen. »Der Wehrbeauftragte des Deutschen Bundestages – er spielt keine große Rolle mehr.« Angesichts der weiteren Kommentare erschien die Einschätzung, ob er dies jemals gespielt habe, sowieso fraglich. Sein skandinavisches Vorbild habe er nie erreichen können und funktional sei er nur ein Vertreter des Verteidigungsausschusses geworden. Aufgrund dieser Entwicklung wurde sogar gemutmaßt, dass die Schwierigkeiten mit den Personen auch das Amt langsam zerstören würden. Trotz dieser negativen Bewertungen wurde aber betont, dass mittlerweile selbst die Stimmen verstummt waren, die anfangs noch die Notwendigkeit des Amtes bestritten hatten, weil es letztlich doch seinen positiven Einfluss auf die insgesamt günstige Entwicklung der Bundeswehr bewiesen habe: »Kleinmut und Misstrauen haben aus einem Beauftragten des Bundestages einen nachgeordneten Funktionär des Verteidigungsausschusses gemacht. Dennoch darf das Amt um der Soldaten wegen und wegen der in seiner bloßen Existenz liegenden Möglichkeit des Ausgleichs menschlicher Unzulänglichkeiten in der Bundeswehr nicht aufgegeben werden[584].« Für die Kommentatoren lagen die Gründe für das beschädigte Image des Amtes also weniger in den Personen, sondern vielmehr bei den Politikern begründet. Eine Diagnose, die nicht ganz zutreffend war, denn die Wehrbeauftragten und ihre Mitarbeiter agierten zwar in ihrem Auftrag für die Soldaten der Bundeswehr durchaus konstruktiv, verhielten sich aber bislang in der medialen Präsentation der eigenen Institution ziemlich ungeschickt. Damit trugen sie entscheidend zur negativen öffentlichen Wirkung bei.

Mit Fritz-Rudolf Schultz konnte endlich der Mann gewählt werden, der die Konsolidierung des Amtes ohne zu starke personale Überfrachtung fortführte. Er übte sein Amt ohne öffentliche, persönliche oder politische Skandale aus, vermittelte über die Medien das Bild einer beharrlichen, wirkungsvollen und jenseits aller persönlichen Inszenierung ausgeführten Amtszeit, die in einer politischen und gesellschaftlichen Umbruchphase begann und endete. Während unter seiner Ägide das Verhältnis zur Bundeswehr als kooperativ und sachorientiert gewertet werden konnte, war sein Verhältnis zum Parlament und Fachausschuss allerdings eher unterkühlt. Er fühlte sich wie seine Vorgänger vom Bundestag nicht ausreichend unterstützt und seine Anregungen kaum wahrgenommen. Diese Resignation über seinen Auftraggeber brachte er zwar

---

[583] ACDP, NL Volz, I-546-017/3, Schreiben Volz an den Kdr 1. LwDiv, GM Dr. Stangl, 4.12.1967.
[584] AdsD, SPD-Bundestagsfraktion, 4. WP, Mappennummer 1804, NDR, Hauptabteilung Politik, Deutschland in diesen Tagen: Zehn Jahre Gesetz über den Wehrbeauftragten, eine Sendung von Bernhard Wördehoff, 5.5.1967, gesendet im 1. Programm von 19.15-19.30 Uhr, Manuskript S. 1–10.

Karl Wilhelm Berkhan,
Parlamentarischer Staatssekretär
beim Bundesverteidigungsminister.
Bundesregierung/Jens Gathmann

öffentlich in einer Art Resümee zum Ausdruck, entfachte darüber keine publizistische und politische Debatte. Er erntete dafür denn auch eher bedauernde bis zustimmende Reaktionen[585].

Jedoch musste er sich, wie sein Vorgänger Hoogen, mit internen sozialen und atmosphärischen Störungen auseinandersetzen. So wurden 1974 erhebliche Diskrepanzen mit dem Personalrat der Dienststelle bekannt, die in den Vorwürfen gipfelten, dass der Amtsleiter zwar die ›Innere Führung‹ propagiere, aber selbst nicht fähig sei, sie in seiner Dienststelle zu praktizieren, vielmehr an überholten hierarchischen Strukturen festhalte. Schultz sah die Schuld dafür weniger bei sich, sondern bei seinen Mitarbeitern: »Was ich damit sagen will ist dies: Auch der Personalrat ist aufgefordert, notorischen Brunnenvergiftern in der Dienststelle dadurch das Handwerk zu legen, dass ihre Forderungen nicht mehr ernst genommen werden[586].« Aus dieser schroffen Zurückweisung, wird ersichtlich, dass der Kontrolleur der ›Inneren Führung‹ in der Bundeswehr selbst Probleme mit der ›Inneren Führung‹ innerhalb seiner Dienststelle hatte. Im Gegensatz zu Hoogen gelang es ihm aber, diese Gegensätze im parlamentarischen Raum zu behandeln und darüber nicht erneut eine öffentliche und politische Auseinandersetzung zu entfachen.

Nach der »privaten Affäre« Grolmans, den Veröffentlichungen der Wehrbeauftragtenberichte Heyes, der »Pannenregistraturbehörde« Hoogens und dem resignierten Schultz folgte nun mit Berkhan ein Mann, der »stets einen Schritt hinter« Bundeskanzler Schmidt hermarschierte[587]. Zwar wurde er 1975 mit einer breiten Mehrheit vom Bundestag gewählt, aber von seiner vorherigen Tätigkeit als Parlamentarischer Staatssekretär im Verteidigungsministerium her wurde eine energische Kontrollausübung über die Bundeswehr von Beginn an in Zweifel gezogen[588]. Seine Amtsführung wurde daher von der Presse kritisch beäugt. Das Amt wurde jetzt sogar als »Versorgungsstation verdienter SPD-Genossen« betitelt und dem Amtsinhaber vorgeworfen, privates mit dienstlichem und parteipolitischem Interesse zu vermischen[589]. Trotzdem wurden seine Jahresberichte von den Medien in einer sachlichen und problemorientierten Art dargestellt. Dabei stand weniger seine Person im Vordergrund, sondern die Analyse seiner Feststellungen. Seine mehr allgemein- und weniger einzelfallo-

---

[585] Vgl. Gottfried Capell, Rückblick ohne Zorn auf eine turbulente Zeit. In: Generalanzeiger für Bonn und Umgegend, 22.2.1975; Wehrbeauftragter vermisst Unterstützung. In: Süddeutsche Zeitung, 20.5.1974. Zu einer ähnlichen Einschätzung wie Schultz kam Baudissin bereits 1968: »Ich glaube, dass die Tragik der bisherigen Wehrbeauftragten, wir haben das Problem schon angesprochen, darin lag, dass das Parlament nicht mehr gewillt war, zu kontrollieren. Dass also das Parlament gar nicht freudig Kritik oder Feststellungen des Wehrbeauftragten akzeptierte, die eigentlich hier zu bestimmten Aktionen politischer Kontrolle hätte führen müssen.« ACDP, NL Volz, I-546-015/1, Bandmitschnitt Interview mit Graf Baudissin im ZDF, 11.7.1968, S. 6.

[586] ACDP, NL Ernesti, I-264-005, Schreiben des WB Schultz an Josef Rommerskirchen, 7.11.1974, nebst Anlagen, hier: Rede am 18.10.1974 vor den Beschäftigten der Dienststelle, S. 11.

[587] Wehrbeauftragter Berkhan. Stets einen Schritt hinter Schmidt. In: Süddeutsche Zeitung, 20.3.1975.

[588] Ebd.

[589] Wehrbeauftragter. Merkwürdiges im Amt. In: Rheinischer Merkur, 1.7.1977.

rientierten Prüfungen wurden auch in den Berichten deutlich, die sich vermehrt auf generelle Problemfelder der Bundeswehr verlegten und reißerische Einzelfälle eher beiläufig erwähnten[590]. Dies sollte auch für seine zweite Amtszeit ab 1980 gelten. Sowohl seine politische als auch seine öffentliche Stellung war inzwischen fast unangreifbar geworden: »In das Amt des Wehrbeauftragten des Deutschen Bundestages scheint immer mehr Ruhe und Kontinuität einzukehren [...] Mit Fritz Rudolf Schultz begann in der ersten Hälfte dieses Jahrzehnts die ›Normalisierung‹, die sich unter Karl Wilhelm Berkhan bis heute fortgesetzt und ausgeformt hat[591].« Berkhan war es auch, der die längst überfällige Novellierung des Wehrbeauftragtengesetzes aus dieser »komfortablen Lage«[592] zur Stärkung seines Amtes führen konnte. »Sein Urteil über die Truppe orientierte sich an Sacherfordernissen«, attestierte ihm jetzt selbst die konservative Presse und akzeptierte damit seine parteipolitische Unabhängigkeit[593].

Nach der affärenreichen ersten Dekade des Amtes konnte zumindest in den folgenden Jahren das Bild einer ›Skandalinstitution‹ gründlich revidiert werden. Zwar wurden auch unter Schultz und Berkhan Probleme kolportiert, jedoch erreichten sie keine den anderen Skandalen vergleichbare Relevanz mehr, sondern verliefen sich zum einen sehr schnell wieder in der medialen Präsentation und besaßen im Übrigen auch kaum eine politische Bedeutung. Während von Grolman, Heye und Hoogen nicht nur die Medien für ihre Ziele genutzt hatten, sondern auch über sie gestolpert waren, verstanden es Schultz und vor allem Berkhan, ihre Interessen und Botschaften über sie zu transportieren, dabei aber dennoch ausreichend Distanz zu wahren, um sich nicht von ihnen vereinnahmen zu lassen.

5. Fazit: Vom Placebo zum Schutzgaranten

Die ›Innere Führung‹ als Organisations- und Führungsphilosophie blieb bis 1965 für ein Großteil der Truppe erst einmal weitgehend ohne Rezeption. Zwar wurden die Beschwerden zur Grundlage für Ermittlungen, die wie im Fall Nagold zu Konsequenzen führten, dennoch waren die Ergebnisse oftmals recht unbefriedigend. Wie es sich vor allem an den Vorgängen in Immendingen ge-

---

[590] Berkhan über die Wehrsteuer: Das ist doch Humbug. In: Hamburger Abendblatt, 1.7.1975; Berkhan – ein Mann der Praxis. In: Kieler Nachrichten, 19.3.1976; Berkhan beklagt mangelndes staatsbürgerliches Grundwissen. In: Frankfurter Rundschau, 4.4.1977; Berkhan: mehr Grundrechtsverletzungen in der Bundeswehr. In: FAZ, 29.3.1979; Der Wehrbeauftragte. Lernziel Offenheit. In: Deutsches Allgemeines Sonntagsblatt, 25.3.1984; Weithin unbekannt bei den Soldaten. Der Wehrbeauftragte. In: Süddeutsche Zeitung, 15.3.1984; Aufnahmerituale und rüder Umgangston. In: General-Anzeiger für Bonn und Umgegend, 15.3.1984.
[591] Berkhans breite Basis. In: Süddeutsche Zeitung, 13.12.1979.
[592] Ebd.
[593] Berkhans neue Erfahrung. In: Die Welt, 17.3.1983.

zeigt hatte, gingen die Disziplinarvorgesetzten sehr nachsichtig gegen die Beschuldigten vor. Zu dieser mentalen Blockade der Vorgesetzten, die zu einem nicht unerheblichen Teil aus einem immer noch wirkenden falsch verstandenen Korpsgeist herrührte, kamen gravierende Nachwuchsprobleme hinzu. Aus der Unfähigkeit, genügend Personal zu rekrutieren, sowie aufgrund der Übernahme von oft überforderten Truppenoffizieren aus der Wehrmacht in die untere Verantwortungsebene resultierten in der Früh- und Aufbauphase viele Probleme in der Menschenführung. Bestätigung erhält dieser Befund auch von der im Auftrag des Ministers im Februar 1965 erstellten Studie »Zur inneren Situation der Bundeswehr«: »Jedenfalls hat diese Untersuchung auch zum Ergebnis, dass die offiziell verordnete Innere Führung mehr deklamatorisches Ornament ist, also eher Schaufenster für einen Betrieb, dessen eigentliche Verrichtungen nur einen sehr vagen Bezug zur ausgestellten Ware haben«[594]. Verteidigungsminister von Hassel und Generalinspekteur Trettner hatten diese Studie bei der »System Forschung« des Psychologen Rudolf Warnke in Auftrag gegeben, um nach der »Heye-Affäre« eine realitätsnahe Bestandsaufnahme zu erhalten[595]. Aufgrund des brisanten Inhaltes wurde die Studie dann als nicht »existent« eingestuft und alle drei Ausfertigungen daraufhin eingezogen[596].

Mit dem Jahr 1965 beginnend konnte die Bundeswehr schließlich im personellen Aufbau langsam in eine Konsolidierungsphase übergehen, die sich ab 1968 auswirken sollte. Daher kann auch erst ab diesem Jahr vom Abschluss der Aufbauphase gesprochen werden. Aufsehen erregende Fälle von Soldatenschikanen nahmen zwar nunmehr weiter ab, gehörten aber wie in Mittenwald weiterhin zum Soldatenalltag. Problematischer für die Bundeswehr wurde vielmehr der Umgang mit den gesamtgesellschaftlichen Wandlungsprozessen seit 1968. Der Prüffall »Nagold« in der ›Inneren Führung‹ wandelte sich zum Prüffall »1968« der ›Inneren Führung‹. Diese musste nunmehr ihre Funktionsfähigkeit unter Rahmenbedingungen beweisen, in denen sowohl der Zivilist als auch der wehrpflichtige Soldat den Sinn des Staates wie auch den der Streitkräfte in Frage stellte. Sowohl staatliche als auch militärische Autorität verloren an Einfluss und Überzeugungskraft, die Truppe schwankte daher zwischen Resignation, Abwehr und Anpassung. Zwar hielten die Kontroversen der ›Inneren Führung‹ bis in die 80er Jahre an, dennoch konnte von einer Krise kaum mehr eine Rede sein. Die Bundeswehrführung versuchte die Einsatzfähigkeit aufrechtzuerhalten, trotz der geänderten außen- und innenpolitischen Rahmenbedingungen. Etliche Rückschläge wie im Bereich der Tradition oder in der politischen Bildung änderten aber nichts an dem grundsätzlichen Bemühen der militärischen Vorgesetzten, die ›Innere Führung‹ in der Truppe zu konsolidieren und weiterzuentwickeln. Die ›Innere Führung‹ entfaltete jetzt ihre Wirkung!

---

[594] BA-MA, BW 2/7893, Studie zur inneren Situation der Bundeswehr. Eine empirische Untersuchung zur Antinomie der Ziele von äußerer und innerer Führung, S. 186 f. Der Autor dankt dem Kollegen Frank Nägler, dass er ihm die Studie zur Verfügung gestellt hat.
[595] Ebd., Fü S I 4 an GenInsp, 4.7.1967, betreffend »Wehrsoziologische Untersuchungen«, S. 1.
[596] Ebd., Vermerk, 7.4.1965.

Wie entwickelte sich aber die Scheininstitution Wehrbeauftragter? Kaum war der erste Amtsinhaber ernannt, gab es auch schon Reibungen mit der Bundeswehr über seine Kompetenzen. Das unklare Wehrbeauftragtengesetz verursachte solche Kontroversen. Die unterschiedliche rechtswissenschaftliche Auslegung des Gesetzes, ob denn der Wehrbeauftragte über eine Doppelfunktion oder Doppelstellung verfüge, nützte jedoch in der weiteren Entwicklung dem Amt. Dadurch konnte der jeweilige Amtsinhaber stark interpretatorisch wirken, seinen Auftrag und seine Befugnisse innerhalb der Entwicklungsphase somit sukzessive ausweiten. Bis Mitte der 80er Jahre gab es keines der sechs Führungsgrundgebiete[597] mehr innerhalb der Bundeswehr, auf das der Wehrbeauftragte nicht bereits Einfluss genommen hatte. Die Novellierung des Wehrbeauftragtengesetzes im Jahr 1982 stellte demnach nur die längst überfällige Anpassung an die Aufgabenrealität dar. Dies resultierte aber nicht aus der kooperativen Zusammenarbeit des Wehrbeauftragten mit seinem Auftraggeber, dem Bundestag, vielmehr war dieses Verhältnis über den gesamten Zeitraum weitgehend von Desinteresse und Blockade geprägt. Es verwundert eher, dass der Wehrbeauftragte trotz der Ignoranz von Parlament und Verteidigungsausschuss eine auftragsgemäße Entwicklung nehmen konnte. Denn die Regierungsmehrheit versuchte mehrmals über eine Personaldebatte wie auch über den Verteidigungsausschuss die Institution Wehrbeauftragter zu neutralisieren oder möglichst mit in die Verantwortung für die Streitkräfte zu nehmen. Die Opposition wurde dagegen zum Verbündeten des Kontrolleurs. Eine an sich wenig verwundernde Entwicklung, handelt es sich doch bei beiden um Elemente der parlamentarischen Kontrolle.

Der eigentliche Verbündete für das Amt war aber die Öffentlichkeit. Diese beobachtete die Bundeswehr ohnehin mit kritischen Augen, weshalb sie ein vitales Interesse an der Funktionsfähigkeit des parlamentarischen Hilfsorgans haben musste. Der Bundestag wiederum wusste mit seinem Instrument wenig anzufangen, daher wandelte sich das Amt zwangsläufig zum Gehilfen der Öffentlichkeit. Ohne das beträchtliche öffentliche wie mediale Interesse am Wehrbeauftragten hätten die politischen Entscheidungsträger bald den Sinn des Amtes viel offener in Frage gestellt. Jedoch sollte die Alibi-Funktion zur Beschwichtigung von negativen Stereotypen gegen das deutsche Militär im In- und Ausland in Verbindung mit dem Vertrauen, dass das Amt in der Öffentlichkeit vor allem nach der »Heye-Affäre« genoss, zum Garanten für die weitere Existenz werden.

Welchen Nutzen hatten die Soldaten von dieser parlamentarischen Einrichtung? Für sie wurde der Wehrbeauftragte geschaffen. Genauer gesagt, wurde er für die Untergebenen zum Schutz gegen mögliche Willkür einiger Vorgesetzten eingeführt, damit stellte die Institution also doch das personifizierte Misstrauen gegen die Bundeswehrführung dar. Trotz dieser Funktion erkannten aber schon bald nach dem Amtsantritt des ersten Wehrbeauftragten die Soldaten in allen

---

[597] Diese waren Personal, militärische Sicherheit, Ausbildung, Logistik, Verwaltung, Führung und Führungsmittel.

Dienstgradgruppen den Vorteil, der ihnen mit dem Kontrolleur zugefallen war. Das Amt stellte sich bald als das wirksamste und anerkannteste Rechtsschutzmittel für den Soldaten heraus. Bereits in den Jahren 1964/65 hielten ca. 60 % aller befragten aktiven Soldaten und Reservisten die Institution für unerlässlich. Zudem wurde die parlamentarische Kontrolle in Form des Wehrbeauftragten mit ca. 65 % als wichtiger eingeschätzt als die zivile Kontrolle der politischen Leitung über die Bundeswehr mit 27 %[598].

Das Amt war zwar unangenehm, wenn man als Vorgesetzter eine Eingabe provoziert hatte, aber vorteilhaft, wenn man sich in seinen Rechten beschränkt sah. Folglich erfüllte der Beauftragte hier zwei Funktionen: einerseits Konfliktprävention, zum anderen Konfliktpostvention (Konfliktnachsorge), in beiden Fällen war er also ein soziales Korrelationsinstrument. Das konzeptionelle Placebo Wehrbeauftragter entwickelte sich dadurch schon nach kurzer Zeit zum Garanten für die ›Innere Führung‹ und verhalf ihr so zum Durchbruch in der Bundeswehr. Durch ihre Wirkungen nach außen wie nach innen half die Institution somit wesentlich das anfängliche Scheindasein der ›Inneren Führung‹ zu beenden.

---

[598] BA-MA, BW 2/7893, Studie zur inneren Situation der Bundeswehr. Eine empirische Untersuchung zur Antinomie der Ziele von äußerer und innerer Führung, S. 93, 114.

V. Die Institution als Instrument für die Demokratieentwicklung in der Bundeswehr

Die Kontrollinstitution verhalf der ›Inneren Führung‹ der Bundeswehr zum Durchbruch. Ihre konsequenten Hinweise auf Mängel, vor allem in der Menschenführung, entwickelten einen starken Handlungsdruck auf die politische Leitung der Bundeswehr, ihre militärische Führung und die Truppe. Die zuvor aufgestellte These muss nunmehr erweitert werden: Je mehr der Wehrbeauftragte kontrollierte, desto weniger Wertschätzung erhielt dieser von Bundestag und Bundeswehr, umso mehr aber von den Soldaten. Der Wehrbeauftragte bewirkte eine ständige Auseinandersetzung in der Bundeswehr mit der ›Inneren Führung‹. Dabei informierte er die Öffentlichkeit über die jährlich aufgetretenen Probleme, die ihn wiederum entweder als Kronzeugen für ihre Kritik an der Entwicklung der Armee, oder als Entlastungszeugen für bereits erfolgte Abhilfe bzw. für die Bestätigung von Vorurteilen heranzogen. Die öffentliche Meinung wurde für den Wehrbeauftragten in seiner Entwicklung zum wichtigsten Verbündeten. Wenn aber in der Bevölkerung eine so hohe Meinung von dem parlamentarischen Kontrollinstrument vorherrschte, dann könnte man sich fragen, ob diese Institution nicht auch zum Vorbild für den zivilen Bereich taugte.

Tatsächlich wurde schon nach knapp vierjähriger Amtszeit der Nutzen eines Parlamentsbeauftragten auch für die Kontrolle der zivilen Verwaltung diskutiert. Da sich der Wehrbeauftragte bewährt habe, könne sein Vorbild doch auf weitere Bereiche übertragen oder er einfach mit einer neuen Institution, die sowohl für die öffentliche Verwaltung als auch für die Streitkräfte zuständig wäre, verschmolzen werden[1]. Dieser Vorschlag bewirkte jedoch keine Debatte über die Funktionserweiterung des Wehrbeauftragten oder über seine Notwendigkeit für die zivile Verwaltung in der Bundesrepublik. Einen Parlamentsbeauftragten wie in Dänemark, der für die gesamte Exekutive zuständig war, wollte man dann doch nicht einführen. Der westdeutsche Verwaltungsrechtsstaat war anscheinend im Gegensatz zum Militär inzwischen so gefestigt, dass man einen solchen nicht zu benötigen schien. Oder fürchtete man womöglich nur einen ähnlichen Machtverlust im Beamtenapparat wie ihn die Streitkräfte erleiden mussten, wenn jede Handlung der öffentlichen Verwaltung einer Überprüfung unterzogen werden konnte? Dies war für einen deutschen Beamten im Jahr 1963 wohl eine ebenso unangenehme Aussicht wie sie für den Offizier oder Unteroffizier 1956 gegolten haben mochte. Jedoch leistete der Wehr-

---

[1] Alexander Giebel, Schutz für den Staatsbürger. In: Frankfurter Rundschau, 21.5.1963.

beauftragte als wesentliches Instrument zur Kontrolle der ›Inneren Führung‹ einen entscheidenden Beitrag zur Konsolidierung der Führungsphilosophie in der Bundeswehr. Er gab damit den Streitkräften elementare Impulse, die eigene Binnenstruktur an die gesamtgesellschaftlichen Wandlungen anzupassen und sich weiter zu modernisieren. Jedoch bleibt die Frage offen, warum er diese Funktion nicht auch für die zivile Verwaltung übernehmen konnte.

Die These, wonach die Institution des Wehrbeauftragten ein wichtiges Instrument für die weitere Entwicklung der Demokratie in der Bundesrepublik gewesen sei, erscheint in mehrfacher Hinsicht plausibel. Die demokratische Staats- und Verfassungsordnung in der Bundesrepublik, die Wandlung der Gesellschaft sowie die Änderungs- und Anpassungsprozesse im hier untersuchten Zeitraum bewirkten Reaktionen in der Bundeswehr. Die Armee konnte von nun an nicht mehr zum Fremdkörper in Staat und Gesellschaft werden, sie entwickelte sich ebenfalls zu einem modernen Element im politischen und gesellschaftlichen System. Der einzelne Soldat war nicht abgeschottet vom Gesamtsystem, ihn konnten die gesellschaftlichen Wandlungsprozesse auch während seines Dienstes beeinflussen. Durch diese Erfahrungen mochte sich auch seine Einstellung zum Soldatenberuf ändern. Gerade am Beschwerdeverhalten lässt sich ein Wandel jenseits des Selbstverständnisses von Korps, militärischen Sozialgruppen oder auch Individuen erkennen. Einer Eingabe lag ein motiviertes Verhalten zugrunde, das nach den Theorien Maslows und Oettings eines Auslösers bedurfte. Wenn gewisse Voraussetzungen und Ebenen in der Bedürfnisbefriedigung vorher nicht erreicht, bestimmte Bedürfnisse in ihrem Toleranzbereich empfindlich gestört worden waren, dann konnte es zu einer Petition kommen. Verstärkt wurde die Motivation zu einer Eingabe dabei häufig von einem gestörten Kommunikationsprozess zwischen dem potenziellen Petenten und dem betroffenen Vorgesetzten. In seiner Entscheidung für oder gegen eine Beschwerde bewegte sich der Einzelne dann zwischen Loyalität und Renitenz. Denn eine Beschwerde an eine außerhalb der Bundeswehr vorhandene Instanz stuften im Jahr 1964 immerhin 64 % aller befragten Soldaten als verletzender für den Disziplinarvorgesetzten ein als sich direkt an ihn zu wenden[2].

Viele militärische Vorgesetzte bevorzugten in der Regel den internen vor dem externen Beschwerdeweg, befragte Soldaten hielten mit rund 77 % das gesamte Beschwerderecht sowie mit 60 % den Wehrbeauftragten für unerlässlich[3]. Die Eingaben an den Wehrbeauftragten stammten aber nicht nur von aktiven Soldaten, sondern auch von Reservisten und Zivilisten. Das öffentliche Interesse an der Bundeswehr öffnete die Streitkräfte. Sowohl die Entwicklungen in der Bundesrepublik als auch die Veränderungen in der Armee wie beim Soldaten verliefen in einem dynamischen Wandlungsprozess. Der »Staatsbürger in Uniform« als Postulat der ›Inneren Führung‹ wurde ohnehin erzwungen. Denn die Rechtsschutzmittel, die Beteiligungsformen und das unterschiedliche

---

[2]   BA-MA, BW 2/7893, Studie zur inneren Situation der Bundeswehr. Eine empirische Untersuchung zur Antinomie der Ziele von äußerer und innerer Führung, S. 86.
[3]   Ebd., S. 94 f.

Selbstverständnis in den Gruppen formten die Soldaten. Ihnen wurde mit der ›Inneren Führung‹ ein Korsett angepasst, das Spannungen aushalten konnte und bei einer Überdehnung regulierend wirkte. Wer aber trotzdem ausbrach, der wurde in der Folge sanktioniert. Die Integration der Soldaten in die Gesellschaft war demnach vor allem durch die Führungsphilosophie befohlen, eine Garantie für einen erfolgreichen Prozess konnte sie allein aber nicht sein.

Der »Staatsbürger in Uniform«, soldatische Partizipation, umfangreiche Rechtsschutzmittel sowie ein Mentalitätswandel der Soldaten kennzeichneten die Bundeswehr. Tendierten daher die Streitkräfte in der Demokratie sogar zu einer demokratischen Armee, in der alle Soldaten durch Wahl oder Meinungsäußerung auch am militärischen Führungsvorgang partizipieren konnten? Sollte diese Vorstellung, die in der Konzeptionsphase noch als Utopie gegolten hatte, sich nun bewahrheiten? Was bedeuteten eigentlich Streitkräfte in der Demokratie? Das Herrschafts- und Machtverhältnis unterlag in der Bundeswehr einer Wandlung. Befehl und Gehorsam wurden in die ›Innere Führung‹ eingefasst, es wurden in der Bundeswehr neue Funktionsfelder geschaffen, um Macht in rechtlich begrenzte Bahnen zu lenken. Der Wehrbeauftragte als Kontrolleur dieser Macht begleitete diesen Wandlungsprozess. Inwieweit wirkte der moderne Exponent des politischen Systems demnach modernisierend auf Armee und Gesellschaft? Inwiefern war der Wehrbeauftragte schließlich ein Erfolg?

1. Die Armee als modernes Element in der Demokratie

In der politischen Modernisierungstheorie stellt ein moderner Staat eine Form von in der Geschichte konkurrenzloser legitimer Herrschaft dar. Als Kriterien des modernen Staates gelten Demokratie, Rechtsstaatlichkeit und leistungsfähiger Wohlfahrtsstaat[4]. Der Staat unterliegt in seiner Definition nach Staatsvolk, Staatsgebiet und Staatsgewalt einem verstärkten Wandel[5]. Wie kann sich also der Staat modernisieren? Staatsmodernisierung als Genese von Institutionen oder der Weiterentwicklung von Verwaltungspolitik allein beschreibt diesen Prozess nicht hinreichend. Vielmehr müssen verfestigte Strukturen in Institutionen, aber auch zwischen ihnen einer Veränderung unterliegen, damit sie leistungsfähiger werden[6]. Wie verändert sich dann die Demokratie, wenn sich die Form der Staatlichkeit wandelt? Staatliche Modernisierung beinhaltet auch demokratische Modernisierung. Vor allem supranationale Organisationen und Effekte können staatliche Institutionen und Strukturen schwächen. Einen Machtverlust müssen dabei repräsentative Demokratien erdulden. Ein Kompetenzverlust für das nationale Parlament ist am Beispiel der Europäischen Integration

---

[4]   Governance, S. 288.
[5]   Ebd., S. 223–225.
[6]   Bogumil, Modernisierung lokaler Politik, S. 19.

zu erkennen[7]. Politische Modernisierungsprozesse vollziehen sich meist nach einem Wandel innerhalb der Gesellschaft. Der Wandlungsprozess in der Bundesrepublik Deutschland wird soziologisch unterschiedlich bezeichnet. Sei es »nivellierte Mittelstandsgesellschaft« oder »pluraldifferenzierte Wohlstandsgesellschaft«, »skeptische Generation« oder »Erlebnisgesellschaft«, »postmoderne Gesellschaft« oder »Konsumgesellschaft«, »nivellierte Risikogesellschaft« oder »offene Gesellschaft«[8]. Prozesse der gesellschaftlichen Modernisierung werden unter den Aspekten der funktionalen Differenzierung des gesellschaftlichen Systems und der Enttraditionalisierung der Lebenswelt interpretiert. Die moderne Gesellschaft wird in dieser Betrachtung in funktionale Teilsysteme überführt und in komplexe Teilbereiche des Wirtschaftssystems wie auch des machtgesteuerten Systems der öffentlichen Verwaltung ausdifferenziert. Diese Systemdifferenzierung befördert dann die gesellschaftliche Individualisierung[9]. Der Begriff »Individualisierung« beschreibt ein Ensemble gesellschaftlicher Entwicklungen und Erfahrungen in der modernen Gesellschaft, die zum einen vorgegebene soziale Lebensformen auflösen, zum anderen neue institutionelle Anforderungen, Kontrollen und Zwänge erschaffen[10]. Allen diesen Begriffen gemeinsam ist, dass sie sich zwar in der Perspektive auf die Gesamtgesellschaft unterscheiden, sich aber in der Beschreibung der soziologischen Anpassungs-, Veränderungs- und Erneuerungsprozesse vereinen. Für die westdeutschen Streitkräfte als integraler Bestandteil der Gesamtgesellschaft ist daher der Übergang von der heroischen Gesellschaft des ›Dritten Reiches‹ in die postheroische der Bundesrepublik von besonderer Bedeutung[11]. Die politische, gesellschaftliche und konzeptionelle (durch die ›Innere Führung‹) Integrationsforderung ließen die Bundeswehr am Wandlungsprozess teilhaben, setzten die Armee den Veränderungen unmittelbar aus und zwangen die Streitkräfte damit zur Modernisierung.

Beide Modernisierungsebenen, gesellschaftlich und politisch, gaben den Rahmen für die Entwicklung der Bundeswehr vor. Der Wehrbeauftragte gehörte zum politischen System. Er war vom Bundestag beauftragt worden, den Schutz der Grundrechte der Soldaten und der Grundsätze der ›Inneren Führung‹ in der Bundeswehr zu kontrollieren. Somit verkörperte er als integraler Bestandteil der Wehrverfassung eine politische Institution mit nicht nur ausschließlich militärischem, sondern auch mit gesellschaftlichem Bezug. Die ›Innere Führung‹ stellte gleichzeitig die konsequente Abkehr von der Vergangenheit dar und forderte eine innovative militärische Binnenstruktur. Das Amt als

---

7   Vgl. Maurer, Parlamentarische Demokratie.
8   Görtemaker, Geschichte der Bundesrepublik Deutschland, S. 165 f., 181–184, 597–617; Schildt, Moderne Zeiten, S. 45–47, 74–397; Wolfrum, die Bundesrepublik Deutschland, S. 189–200. Vgl. grundlegend die Beiträge in dem Sammelband Riskante Freiheiten, hier vor allem den einführenden Beitrag von Beck/Beck-Gernsheim, Individualisierung in modernen Gesellschaften, S. 10–39.
9   Habermas, Individuierung durch Vergesellschaftung, S. 441, 445.
10 Beck/Beck-Gernsheim, Individualisierung in modernen Gesellschaften, S. 11 f.
11 Vgl. Bredow, Demokratie und Streitkräfte, S. 26–29.

ihr Kontrolleur verband Vergangenheit und Zukunft. Somit waren beide, ›Innere Führung‹ und Wehrbeauftragter, moderne Errungenschaften in der Bundesrepublik Deutschland.

Der Zusammenhang von technischer Innovation mit struktur-modernisierender Wirkung und Militär ist inzwischen wohl unbestritten. Oftmals führten militärische Entwicklungen, gerade in der Waffentechnik, zu Innovationsschüben auf dem zivilen Sektor wie beispielsweise in der Nachrichten- oder Raketentechnik[12]. Konnte dieser Strahl nicht auch umgekehrt gerichtet sein? Wie wirkte eine demokratisch verfasste Gesellschaftsordnung auf das Militär? Förderte eine für militärische Organisationen fortschrittliche Führungsphilosophie nicht eine weitere Zivilisierung der Armee? Ging diese Zivilisierung des Militärischen aber nicht zu Lasten der Einsatzfähigkeit? Last, but not least: War der Wehrbeauftragte durch seine Funktion für die Bundeswehr zumindest sektoral nicht auch an der weiteren Demokratisierung der Gesamtgesellschaft beteiligt?

Dieser Fragenkatalog weist bereits auf die grundlegende Ambivalenz hin: Konnten ein demokratischer Staat und funktionsfähige Streitkräfte, welche die staatliche Grundordnung der Bundesrepublik berücksichtigen mussten, überhaupt in Einklang gebracht werden? Eine demokratisch verfasste Gesellschaftsordnung wie in der Bundesrepublik durfte überhaupt keine ausschließlich autoritär strukturierten Streitkräfte mit einem an absoluter formaler Ordnung orientierten Führungsprinzip und einer starken Bindung an eine Person, wie während der nationalsozialistischen Herrschaft in Deutschland, zulassen. Daher war die Zäsur in den Streitkräften erheblich stärker als in den anderen Bereichen der westdeutschen Gesellschaft. Weder in der Justiz noch an den Universitäten vollzog man zunächst eine vergleichbare Kehrtwendung in der strukturellen Aufarbeitung der Vergangenheit wie im Militär, trotzdem blieb auch hier eine personelle Kontinuität vorhanden, die schließlich für den Aufbau von funktionsfähigen Streitkräften alternativlos gewesen war[13]. Erst mit der Generation von 1968 wurde aus dem ›Verdrängungsdenken‹ eine ›Vergangenheitsbewältigung‹, in der die Nachkriegsgeneration das Verdrängungsverhalten der Elterngeneration aufarbeitete. Während nicht wenige gesellschaftliche Bereiche bis dahin sowohl strukturell als auch personell in der Rekonstruktion der Weimarer Zeit stehen geblieben waren, versuchte sich die Bundeswehr bereits seit 1955 von innen heraus zu erneuern. Die ›Innere Führung‹ stellte sowohl in ihrer Konzeption als auch in der Praxis – ungeachtet aller Probleme in der Menschenführung – eine besonders innovative und kreative Entwicklung im Rahmen von Staat und Gesellschaft dar. In ihrer militär-konzeptionellen Bedeutung für die Bundeswehr wird sie sogar mit der sozialen Marktwirtschaft für die Wirtschafts- und Gesellschaftspolitik auf eine Stufe gestellt[14]: Inwieweit waren dann

---

[12] Vgl. Bode/Kaiser/Thiel, Raketenspuren; Hurzel, Von Peenemünde nach Canaveral; Schildt, Massenmedien und Öffentlichkeit, S. 158; Aggression und Katharsis.

[13] Vgl. zur Vergangenheitsbewältigung Schlaffer, GeRechte Sühne? und Brochhagen, Nach Nürnberg.

[14] Bredow, Demokratie und Streitkräfte, S. 112.

›Innere Führung‹ und Wehrbeauftragter moderne Elemente der demokratischen Staats- und Gesellschaftsverfassung? Mit der ›Inneren Führung‹, durch welche die Bundeswehr in Staat und Gesellschaft integriert werden sollte, gelang durchaus eine konsequente Abkehr von der Vergangenheit, auch wenn sie die ersten zehn Jahre ein Placebodasein führte. Trotzdem blieben die Streitkräfte in der Demokratie streng hierarchisch gegliedert und funktional strukturiert sowie im Werte- und Normenbild eher konservativ geprägt wie etwa die Reichswehr in der Weimarer Republik[15]. Wenn aber eine Armee aufgrund einer moralischen und militärischen Katastrophe zwar keinem personellen, aber einem organisatorischen Strukturbruch unterworfen war, so konnte diese innere Wandlung auf die Entwicklung der »Staatsbürger, die Uniform trugen« zu Demokraten und damit auch auf die Modernisierung der zivilen Bereiche weiter fördernd wirken. Hierin ist aber unterstellt, dass das aus der Wehrmacht übernommene Personal nicht in völliger Ablehnung zur ›Inneren Führung‹ stand, das Konzept berücksichtigte vielmehr in weiten Teilen das NS-Volksheer unter anderen politischen Rahmenbedingungen[16]. 1964/65 stuften immerhin knapp 89,6 % der Offiziere und Unteroffiziere die ›Innere Führung‹ als unerlässlich, nur 10 % als nebensächlich und 0,4 % als unerwünscht ein[17]. Selbst wenn die Ablehnung mental geblieben wäre, hätten sich die Vorgesetzten wiederum in der Praxis bei Verstößen gegen die gesetzlichen Vorgaben straffällig gemacht. Folglich waren sie eigentlich zur Konformität verpflichtet.

Wie sah der gesellschaftliche Kontext für die neue Armee aus? Entwicklungen verlaufen entweder zeitlich parallel, gegenläufig oder verzögert als Bündel einer komplexen Vieldimensionalität in den verschiedenen Aktionsfeldern. Jedoch muss eine moderne Gesellschaft nicht immer zugleich eine demokratisch verfasste Struktur aufweisen, sie äußert sich vielmehr in der »Vielfalt historischer Situationen«[18]. Auch die sowjetische oder nationalsozialistische Gesellschaftsordnung waren Ergebnisse von Anpassungs- und Erneuerungsprozessen. Somit war modern nicht immer mit human gleichzusetzen. In dieser Beziehung stellte daher das militärische Aktionsfeld einen Faktor partieller Modernisierung dar. Solch ein Fortschritt entledigte sich nur in Teilen des Althergebrachten, Überkommenen und Überlebten, blieb aber in wesentlichen Aspekten in der Tradition. Eine Armee ohne Funktions- und Hierarchieebenen war freilich eine Utopie. Die Frage lautet vielmehr, wie diese Erfordernisse mit dem vorgegebenen staatlich-gesellschaftlichen Rahmen in eine Kompromisslösung eingebettet werden konnten.

Seit wann kann eigentlich von »Moderne« als Epoche gesprochen werden? Sie begann mit der demokratisch-industriellen Gesellschaftsordnung, die ihren Ursprung in England im 17. und 18. Jahrhundert hatte. Der Philosoph Karl

---

15 Vgl. hierzu Möllers, Reichswehrminister Otto Geßler.
16 Vgl. Das Deutsche Reich und der Zweite Weltkrieg, Bd 9/1 (Beitrag Förster), S. 639 f.; Nägler, Innere Führung.
17 BA-MA, BW 2/7893, Studie zur inneren Situation der Bundeswehr. Eine empirische Untersuchung zur Antinomie der Ziele von äußerer und innerer Führung, S. 94.
18 Schildt, Moderne Zeiten, S. 24.

Popper nannte einen speziellen Typen der modernen Gesellschaft aufgrund des hohen Partizipationsgrades in allen gesellschaftlichen Aktionsfeldern eine »offene Gesellschaft«, die sich durch den Wegfall traditioneller Bindungen und zugeschriebener Rollenerwartungen auszeichne. »Der Trend zur Demokratisierung von Staat und Gesellschaft mit einer Ausweitung der Partizipationsmöglichkeiten und der Emanzipation von überkommenen Autoritäten und Bindungen ist also ein maßgeblicher Faktor der Modernisierung[19].« Der Wandel der Gesellschaft umfasste mehrere Ebenen. Einerseits die Verschiebung der Erwerbsstruktur vom primären über den sekundären zum tertiären Sektor und somit auch die Transformation von der Industrie- zur Servicegesellschaft. Der Zuwachs an Freizeit änderte zudem das Konsumverhalten. Die Medien übernahmen die Unterhaltung und drangen immer weiter in den Freizeitsektor ein, aber auch die Informationsnachfrage wuchs stetig an. Gerade in den soziokulturellen Zusammenhängen zwischen Modernisierung und Demokratisierung in den 50er Jahren war eine Spannung zwischen »konservativen«, »modernen« und »traditionellen« Elementen gegeben[20].

Die Bundeswehr war mitten darin und damit unmittelbar von dieser Transformation betroffen. Die Früh- und Aufbauphase der Bundeswehr war, vergleichbar dem wirtschaftlichen und gesellschaftlichen Aufbau, kein Strukturbruch, sondern wesentlich eine novellierte Rekonstruktion[21]. Man bediente sich des überkommenen Bewährten und ergänzte es mit innovativem Neuen. Das Führerpersonal aus Reichswehr und Wehrmacht bildete das Kontinuum, das aber gegen die ›Innere Führung‹ und die Institution des Wehrbeauftragten als strukturelle Zäsur in ihrer Gesamtheit nicht entscheidend ins Gewicht fiel[22]. Denn auch der ehemalige Wehrmachtsoldat wurde umerzogen, er hatte einen Lernprozess zu durchlaufen. Außerdem hätte sich die Bundeswehr wohl weit weniger an der Gesellschaft orientiert, wenn der Wehrbeauftragte nicht geschaffen worden wäre. Die Verankerung der ›Inneren Führung‹ trat als Ziel erst einmal hinter den schnellen Aufbau der Bundeswehr zurück. Es war wichtiger, möglichst viele Divisionen aufzustellen als das Personal fundiert auszubilden. Der Wehrbeauftragte bewirkte aber seit 1959 eine schrittweise Kurskorrektur. Die Bundeswehr stellte insgesamt eine ambivalente Armee dar: Eine Rekonstruktion aus Tradition und Fortschritt, deren Anpassung an die Gesellschaft aber alternativlos war. Der Vorrang des Politischen vor dem Militärischen war gesellschaftlich begründet. Nicht primär das veränderte politische System, denn die Demokratisierung war eines der Ziele amerikanischer Besatzungspolitik, sondern die gesamtgesellschaftliche Entwicklung war der Antrieb für eine demokratische Modernisierung in der Bundesrepublik. Und diese Strukturanpas-

---

[19] Görtemaker, Geschichte der Bundesrepublik Deutschland, S. 174 f., hier S. 175.
[20] Schildt, Moderne Zeiten, S. 21.
[21] Vgl. ebd., S. 15. Zu den Erklärungsansätzen der Wirtschafts- und Sozialgeschichte, der epochenübergreifenden Interpretation deutscher Zeitgeschichte nach Ralf Dahrendorf und zum »Faktor Amerika« in der deutschen Modernisierungsforschung siehe die Beiträge von Abelshauser, Prinz und Berghan in Politische Zäsuren, S. 743–804.
[22] Vgl. Möller, Zeitgeschichte – Fragestellungen, S. 14.

Georg Leber, Bundesminister der Verteidigung von 1972 bis 1978 beim Truppenbesuch eines Flug-
abwehrreketenbataillons am 9.2.1978.

sung machte einen neuen Soldatentypus und damit sich ständig ändernde Streitkräfte notwendig. Das Kennzeichen der ›Inneren Führung‹ als dynamischer Prozess galt uneingeschränkt auch für die Bundeswehr als dynamische Armee in einer »dynamischen Zeit«[23]. Die Bundeswehr verkörperte folglich eine moderne und dennoch weiterhin hierarchisch-strukturierte Armee in einer demokratischen Gesellschaft, wobei die Anpassung nicht auf Kosten der Einsatzfähigkeit gehen durfte.

Solch eine dynamische Entwicklung war aber nur mit selbstbewussten Soldaten möglich. Diese sollten zugleich Staatsbürger bleiben, die sich neben ihren Pflichten auch ihrer Rechte bewusst waren. Die Beschwerde durfte nicht als Illoyalität gegenüber dem Vorgesetzten gelten, sie stellte vielmehr ein Rechtsmittel gegen Schikane und Willkür dar. Jedoch war es auf der anderen Seite die Pflicht des Soldaten, sein Beschwerderecht nicht durch Unterstellungen zu missbrauchen. Der Untergebene stand somit wiederum in der Verantwortung für den Vorgesetzten. Der sichtbarste, aus dienstrechtlicher Sicht am wenigsten problematische und vor allem modernste Schutz des Soldaten war seit 1959 der Wehrbeauftragte. Und das Vertrauen in ihn ging sogar so weit, dass selbst ein führender Sicherheitspolitiker der CDU/CSU-Fraktion im Bundestag im Jahr 1977 den ›sozialdemokratischen‹ Wehrbeauftragten Berkhan um den Schutz eines Generals gegenüber dem Minister Georg Leber bat, weil dieser den Soldaten in einer Sitzung des Verteidigungsausschusses diffamiert habe. »Was wir von den jüngsten Kompaniechefs und Zugführern erwarten, muss erst recht für den Oberbefehlshaber gelten[24].« Selbst ein Mitglied des Verteidigungsausschusses stufte also inzwischen die Einwirkungsmöglichkeiten des Wehrbeauftragten gegen den Verteidigungsminister höher ein als seine eigenen und die des Fachausschusses.

2. Der Mentalitätswandel der Soldaten am Beispiel des Beschwerdeverhaltens

Während des Untersuchungszeitraumes reichten knapp 174 000 Soldaten eine Eingabe beim Wehrbeauftragten ein, dies entspricht einem jährlichen Durchschnitt von ca. 7000 Petitionen. Die Auswahl von 244 Eingaben nach dem Zufallsprinzip entspricht einem Anteil von 0,14 % am Gesamtaufkommen. Der statistisch repräsentative Querschnitt der erwachsenen Bevölkerung ab 16 Jahre im gesamten Bundesgebiet inklusive West-Berlin umfasst beispielsweise die Zahl 2000. Bei einer westdeutschen Wohnbevölkerung ab 16 Jahre von 46,5 Mio. im Jahr 1981 beträgt daher der Anteil 0,0043 %. Somit stellt sich der Anteil des

---

[23] Dynamische Zeiten.
[24] ACDP, NL Ernesti, I-264-020, Schreiben Konrad Kraske an Karl-Wilhelm Berkhan, 3.6.1977, S. 2.

Zufallsensembles der Petitionen als wesentlich höher dar als beispielsweise beim Institut für Demoskopie in Allensbach[25]. Die Parallelüberlieferung aus dem Verteidigungsministerium, die ungeordnet im Zwischenarchiv des Bundesarchiv-Militärarchivs in Freiburg lagert, ermöglichte es, unzählige Eingaben des jeweiligen Jahres zu verschiedenen Feldern der ›Inneren Führung‹ wie Verpflegung, Besoldung, Beförderung, politische Bildung oder Schikane unsystematisch auszuwählen und nach den Kategorien Dienstgradgruppe und Inhalt auszuwerten. Wenige prägnante Einzelfälle, die zuvor mit den anderen Petitionen verglichen worden waren, werden dann beispielhaft präsentiert. Dieses Zufallsensemble von 244 Beschwerden ist in seinem Aussagewert repräsentativ im Verhältnis zu den übrigen Petitionen, charakteristisch für die Situation des jeweiligen Soldaten und tendenziell im Wandel der Beschwerdemotivationen. Daraus ergibt sich nach absoluten Zahlen folgendes Beschwerdebild: Der Mannschaftssoldat beschwerte sich in den Jahren von 1968 bis 1972 im Verhältnis zu den anderen Dienstgradgruppen am häufigsten über Verstöße gegen die Grundrechte und die ›Innere Führung‹, im Zeitraum von 1980 bis 1983 dagegen über Verstöße gegen die Fürsorgepflicht. Dieses Ergebnis bestätigt genau eine der tragenden Ideen, die der Etablierung des Wehrbeauftragten in der Bundesrepublik zugrunde lag: Der wehrpflichtige Mannschaftssoldat sollte vor der Willkür des Vorgesetzten geschützt werden. Jedoch zeigen die bereits angeführten Zahlen, dass sich auch der Vorgesetzte beim Wehrbeauftragten relativ oft beschwerte, im Vergleich zum Gesamtpersonalbestand sogar die Offiziere am häufigsten.

Was motivierte diese Gruppen zur Eingabe? Der Wehrpflichtige kam aus seinem sozialen Umfeld in die Bundeswehr. Für einen in einer freiheitlichen Demokratie aufgewachsenen jungen Menschen erschien das System Militär erst einmal als etwas Fremdartiges. Die Gewöhnung an formale Disziplin, weitgehende Unterordnung unter das Befehls- und Gehorsamsprinzip, körperliche Anstrengung sowie psychischen Stress durch den engen Dienstzeitplan und die räumliche Enge in der Unterkunft führten häufig erst einmal zu einer Abwehrhaltung. Der Militärdienst bestätigte alle bereits mitgebrachten Vorurteile[26]. In der Allgemeinen Grundausbildung musste er im Rahmen des staatsbürgerlichen Unterrichts über seine Rechte und Pflichten aufgeklärt werden. Dort lernte er auch spätestens die Institution des Wehrbeauftragten kennen. Diesem konnte der Wehrpflichtige, der einem unabhängigen Politiker mehr Vertrauen als dem Militär entgegenbrachte, vor allem seine in der Grundausbildung erlebten Erfahrungen mitteilen und auf Rechtmäßigkeit überprüfen lassen. Die meisten Eingaben resultierten daher zumeist aus dem harten Dienst in der Grundausbildung (1. bis 3. Monat) oder dem oft als »Gammeldienst« wahrgenommenen in der Spezial- und Vollausbildung (ab dem 4. Monat). Die Unteroffiziere spal-

---

[25] Vgl. Allensbacher Jahrbuch der Demoskopie 1978–1983, S. 3–5; Jahrbuch der öffentlichen Meinung 1958–1964, S. XIV–XXIII.
[26] Vgl. die Erfahrungsberichte von Pomorin, Rührt Euch, Kameraden!; Wallraff, Mein Tagebuch aus der Bundeswehr.

teten sich dagegen in die Gruppen mit und ohne Portepee auf. Die Jüngeren ohne Portepee fühlten sich häufig sowohl von ihren Untergebenen als auch von ihren Vorgesetzten, den älteren Unteroffizieren oder jungen Offizieren, zu wenig respektiert. Die älteren Zeit- und Berufsunteroffiziere mit Portepee wiederum beklagten ihren Mangel an Autorität in der Bundeswehr. Sowohl in ihrem Status innerhalb der Bundeswehr als auch in ihrem Sozialprestige in der Gesellschaft betrachteten sie sich als herabgemindert. Gegenüber ihren jungen Unteroffizierskameraden sahen sie sich in einer Vorbildfunktion, die sie entweder helfend oder tadelnd wahrnahmen. Dieses unterschiedliche Selbstverständnis bei den Unteroffizieren, aber auch die Distanz zu den Offizieren führte in einigen Einheiten zu einem spannungsgeladenen Verhältnis, das dann in Beschwerden an den Wehrbeauftragten enden konnte.

Das Offizierkorps unterschied sich dagegen in drei Gruppen: Die erste umfasste die Truppenoffiziere, der vor allem die jungen Leutnante, die als militärische Führer bereits bewährten Oberleutnante und die meist als Kompaniechef verwendeten Hauptleute angehörten. Sie waren dem Druck von unten durch ihre Untergebenen und von oben durch die übergeordnete Führung ausgesetzt. Sie waren es, welche die ›Innere Führung‹ an der Basis praktizieren mussten. Ihre Befehle wirkten sich unmittelbar aus. Ihren vorgesetzten Stabsoffizieren im Dienstgrad Major bis Oberst unterstanden sie in der Führungs-, Stabs- oder Fachverwendung. Diese Funktionsunterschiede charakterisierten neben der Zugehörigkeit zum General-/Admiralstabsdienst diese Gruppe. An der Spitze standen die Generale im Dienstgrad von Brigadegeneral, Generalmajor, Generalleutnant bis zum General. Diese drei Gruppen bildeten zwar insgesamt das Offizierkorps, unterschieden sich aber doch erheblich in ihrem Selbstverständnis (vgl. Anhang 3: Dienstgrade der Bundeswehr).

Eine vertrauliche Ausarbeitung des Brigadegenerals Fritz Beermann unterstreicht dieses unterschiedliche Selbstverständnis[27]. Der Sozialdemokrat Beermann monierte, dass im Jahre 1969 immer noch kein einheitliches Kriegsbild in den Teilstreitkräften bestanden habe. Die Generalität des Heeres habe im Gegensatz zur Luftwaffe und Marine eine nationale Einengung erfahren, weil weder der Generalinspekteur, der Heeresinspekteur noch die drei Kommandierenden Generale jemals eine internationale Verwendung durchlaufen hätten. Die Konsequenz sei, dass im Heeresoffizierkorps kaum Fremdsprachen beherrscht würden, weshalb eine engstirnige Denkweise vorherrsche. Die Spitzenleute säßen daher nicht in den internationalen Stäben, sondern im Stab des Heeresinspekteurs Generalleutnant Albert Schnez. Bei den Stabsoffizieren plädierte Beermann für eine einheitliche Uniform, weil die Generalstabsspiegel und die Farben der Waffengattungen zu überholten soziologischen Verhältnis-

---

[27] Der ehemalige Oberstleutnant der Wehrmacht Friedrich Beermann war vor seinem Eintritt in die Bundeswehr 1959 als Referent für Sicherheitsfragen beim Parteivorstand der SPD in Bonn tätig. Nach mehreren Auslandsverwendungen in der Bundeswehr wurde er 1969 auf eigenen Wunsch hin als Brigadegeneral (Heer) pensioniert. Von 1969 bis zu seinem Tod im November 1975 war er Mitglied der SPD-Bundestagsfraktion. Vgl. BA-MA, Nachlass Beermann, N 597/v.163, 165.

sen führen würden. Zum einen würden sich die Generalstabsoffiziere den Truppenoffizieren überlegen fühlen und zum anderen würde die blaue Truppengattungsfarbe weit unter der gelben oder grünen Waffenfarbe stehend angesehen werden[28]. Diese Einschätzung Beermanns macht deutlich, wie differenziert die Laufbahn- und Dienstgradgruppen in der Bundeswehr zu betrachten sind. Ihre dienstliche, soziale und mentale Lebenssituation trennte sie mehr als sie der gemeinsame Soldatenberuf verband. Trotzdem vereinte sie der Alltag in den Streitkräften, wo sie sich zwar in unterschiedlichen Funktionen wieder trafen, aber durch bestimmte Maßnahmen in ihren Rechten beschwert fühlten. Der Einzelne löste sich hier wieder aus der Gruppe.

Eine Eingabe an den Wehrbeauftragten war die Folge einer Handlung eines Vorgesetzten an seinem Untergebenen, die Letzterer als ungerecht empfand. Diese Aktion setzte eine mentale Entschlussfindung in Gang. Bei der Erklärung von Mentalität bewegt man sich daher unweigerlich in der Gedankenwelt von »nachträglichen Interpretationen von komplexen Zusammenhängen der Erlebnisse«. Erfahrungen, Einstellungen, Denk- und Verhaltensstrukturen sowie Gefühlsmuster, die in sich selbst oft unschlüssig und widersprüchlich sein können, bestimmen solche individuellen Erlebnisse. Dabei ergeben sich Schnittmengen zwischen individuellen und kollektiven Dispositionen[29]. Diese Vernetzung von kollektiven Erfahrungen und individuellen Dispositionen führte zu Verhaltensmustern, die auf eine gemeinsame Motivation schließen ließen. Was motivierte also einzelne Soldaten, und welcher Toleranzbereich musste nach der eingangs aufgestellten These wesentlich gestört werden, um sich zu beschweren?

Intelligente Soldaten erkannten sehr schnell, dass mit der Institution des Wehrbeauftragten auch eine Rechtsbehelfsform geschaffen worden war, mit deren Hilfe die Vorgesetzten in der Bundeswehr übergangen und selbst unmittelbar in Bedrängnis gebracht werden konnten. Der Soldat, der sich ungerecht behandelt fühlte, brauchte nicht mehr die direkte Konfrontation mit dem Vorgesetzten zu suchen, sondern konnte den Wehrbeauftragten gleichsam für sich kämpfen lassen. So beispielsweise ein Soldat, der gerne Reserveoffizieranwärter werden wollte, aber die für die Zulassung zur Laufbahn notwendigen sportlichen Leistungen nicht erfüllen konnte. Er hoffte über den Wehrbeauftragten, indem er über die Sinnlosigkeit seines nunmehrigen Dienstes klagte und auf den Mangel an Personalnachwuchs verwies, eine Ausnahmegenehmigung zu erhalten, blieb aber ohne Erfolg[30]. Der Gesetzgeber war sich bei der Schaffung des Amtes bewusst, dass es für den militärischen Untergebenen schwierig sein würde, sich gegen den Vorgesetzten durchzusetzen. Deshalb hielt er eine un-

---

[28] AdsD, Depositum Schmidt, Mappennummer 5378, Schreiben Fritz Beermann an Helmut Schmidt, Oktober 1969.

[29] Kessel, Mentalitätengeschichte, S. 236 f.

[30] Vgl. hierzu BA-MA, BW 2/11937, Eingabe des Fliegers Axel von B. an den WB, 28.11.1969; Schreiben des WB an den Flieger von B., 23.1.1970. Des Weiteren ebd., BW 1/66161, Eingabe Major Günther D., 5.2.1971, betreffend »Disziplinarrecht«; Schreiben VR II 6 an den WB betreffend »Eingabe des Majors Günther D.«.

mittelbare Appellationsinstanz für erforderlich. Trotzdem forderte die militärische Kameradschaftspflicht, festgelegt im § 12 des Soldatengesetzes, dass dieses Verhältnis in beide Richtungen sowohl horizontal als auch vertikal wirken sollte. Der kameradschaftliche Hinweis über das Fehlverhalten an den jeweiligen Betroffenen hätte vermutlich eine Eingabe an den Wehrbeauftragten schon von vornherein überflüssig machen können. Diese Aussprache wurde oftmals nicht mehr gesucht, sondern unmittelbar der Wehrbeauftragte eingeschaltet. Somit verhinderte der Wehrbeauftragte in solchen Fällen durch seine Existenz, dass Konflikte durch die Betroffenen selbst gelöst wurden. Der persönliche Konflikt zweier Personen wurde dann zu einem Akt der parlamentarischen Kontrolle in den Streitkräften umfunktioniert. Innerhalb der Bundeswehr existierte gerade für solche Fälle eine geeignete Einrichtung: Die Vertrauensperson hatte umfangreiche Möglichkeiten, sich Gehör zu verschaffen, und ein Disziplinarvorgesetzter war gut beraten, dessen Anregungen auch zu berücksichtigen. Wenn selbst die Vertrauensperson aber den direkten Weg der Eingabe wählte, ohne vorherige Konsultation mit dem Vorgesetzten, ließ dies auf ein stark gestörtes Verhältnis schließen. Soldaten, die eine Aussprache suchten, fühlten sich von den Vorgesetzten mit ihren Problemen nicht ernst genommen, wie sich am Fall des Kriegsgefangenenlagers an der Gebirgs- und Winterkampfschule in Mittenwald zeigen lässt. Denn der Soldat hatte vor seiner Eingabe mit seinem Disziplinarvorgesetzten gesprochen, der nur in eine Abwehrhaltung zum Schutz seiner Unterführer gegen den Beschwerdeführer verfallen war[31].

Auf der anderen Seite konnte das gefühlte Unrecht durchaus eine zulässige Handlung gewesen sein. Diese wurde dann gleich als ›reine Schikane‹ oder ›kollektive Bestrafung‹ gewertet[32]. Insbesondere Befehle, die zur Aufrechterhaltung der militärischen Ordnung und Sauberkeit als notwendig und rechtmäßig erschienen, nahmen sich für manche Soldaten bereits antidemokratisch aus. Die Vorgesetzten wollten daher aus solcher Sicht »nie Staatsbürger in Uniform hervorbringen; aber gute Untertanen wilhelminischer Prägung, die sich ihrer Grundrechte nicht zu bedienen wagen«[33]. Der Wehrbeauftragte überprüfte die Sachverhalte und beanstandete zwar nicht selten die Vorgehensweise der Vorgesetzten, aber nicht das Ziel ihres Befehles, das nach seiner Bewertung rechtmäßig war[34]. Der Dienst in der Bundeswehr beinhaltete nämlich durchaus vom Grundgesetz gewollte und deshalb nicht von der Armee willkürlich gesetzte Einschränkungen gewisser Grundrechte, um das militärische Funktionsprinzip, dessen Kern weiterhin Befehl und Gehorsam war, aufrechterhalten zu

---

[31] Vgl. ebd., BW 2/11941, Stellungnahme Kdr 1. GebDiv an den WB, 6.11.1974, betreffend »Eingaben des G Oliver K.«, S. 8–11.

[32] Vgl. ebd., BW 2/3955, Fü B I 4, 28.11.1958, betreffend »Erzieherische Maßnahmen«. »II. Erzieherische Maßnahmen dienen der Erziehung und Ausbildung, der Förderung des Mannes und der Manneszucht. Sie sind keine Disziplinarstrafen. Die Anwendung erzieherischer Maßnahmen setzt daher nicht voraus, dass der Soldat seine Dienstpflichten schuldhaft verletzt, also ein Dienstvergehen begangen hat.«

[33] Ebd., BW 2/11930, Beschwerde Soldat und Vertrauensmann Kurt-K. M., 5./PzGrenBtl 71, an den WB, 23.8.1967.

[34] Ebd., Schreiben WB an den Soldaten Kurt-K. M., 5./PzGrenBtl 71, 12.12.1967.

können. Die Soldaten verwechselten oftmals den Terminus ›Streitkräfte in der Demokratie‹ mit ›demokratischen Streitkräften‹. Diese Fehlinterpretation hätte möglicherweise durch eine Aussprache mit dem Disziplinarvorgesetzten vermieden, beide Positionen dargelegt und ein Kompromiss gefunden werden können. Im einem Fall ergaben die Ermittlungen des Wehrbeauftragten, dass der von der Vertrauensperson beanstandete Befehl zwar angekündigt, aber nicht umgesetzt worden war. Der Kompaniechef überlegte es sich noch einmal, fand dann auch eine andere Lösung. Über den angekündigten Befehl beschwerte sich die Vertauensperson bereits am nächsten Tag beim Wehrbeauftragten, ohne vorher eine Aussprache mit dem Kompaniechef zu suchen oder zumindest die Umsetzung des Befehles abzuwarten. Das Problem lag hier darin, dass der Kompaniechef nicht in der Lage war, seine Befehle für die Untergebenen nachvollziehbar begründen zu können[35]. Ein Ausgleich war aufgrund der gestörten persönlichen Konstellation nicht mehr möglich.

Nach der Analyse von Motivationsgründen nach Dienstgradgruppen und Einzelpersonen können die Eingaben selbst in Motivationstypen unterschieden werden. Bei der Auswertung lassen sich daher unterschiedliche Typen oder Gruppen identifizieren, in denen ein Mentalitätswandel der Soldaten zum Ausdruck kommt. Solche Petenten verfassten Eingaben, deren Inhalt die Frage nach der grundsätzlichen Einstellung zu seinem Beruf stellen ließ[36]. Der ›Nörgler‹ fühlte sich von seinem Vorgesetzten, der ihn auf ein Fehlverhalten hingewiesen hatte, vorgeführt. Da es sich bei diesem Typus meist um Soldaten mit Vorgesetzteneigenschaft handelte, kann davon ausgegangen werden, dass sie mit den Vorschriften vertraut waren, aber bewusst eine Konfrontation suchten. Mit der Maßregelung sahen sie sich in ihrem Ehrgefühl verletzt, deshalb versuchten sie mit der Eingabe dem Vorgesetzten zu schaden, indem sein Befehl einer Überprüfung unterzogen wurde. Damit glaubten die Petenten ihr verletztes Ehrgefühl wiederherstellen zu können. So wollte beispielsweise ein Oberfeldwebel seine Uniform auf dem Weg zum und vom Dienst nicht tragen, obwohl dies ausdrücklich von seinem Kommandeur befohlen worden war. Ein Oberfeldarzt erschien auf dem ›Sanitätsball‹ in Zivil und wurde daraufhin von seinem Vorgesetzten förmlich gemaßregelt. Beide wandten sich neben dem Wehrbeauftragten auch an einen Bundestagsabgeordneten bzw. an den Deutschen Bundeswehr-Verband mit der Bitte, die Rechtmäßigkeit eines solchen Befehles zu überprüfen. Im Ministerium kam man zum gleichen Ergebnis wie der Wehrbeauftragte, dass dieser Befehl zulässig gewesen und daher kein Handlungsbedarf

---

[35] Ebd. Vgl. hierzu auch die Eingabe bzgl. des Befehls zur Reinigung der dienstlichen Unterkunft der Ausbilder eines Pioniers. Ebd., Schreiben WB an Fü S I 3, 30.11.1967, betreffend »Eingabe des Pioniers Robert F.«; Antwort Fü S I 3 an den WB, 16.1.1968, betreffend »Eingabe des Pioniers Robert F.«.

[36] Hierin könnte durchaus ein Verstoß gegen die Pflicht zum treuen Dienen, einem Paragrafen im SG, der fast immer bei einem angeblichen Verstoß zutreffend war, erkannt werden. Vgl. auch ebd., BW 1/94614, Vermerk III. Korps – G1 (2) – Az.: 25-05, 15.7.1971, betreffend »Eingabe des OFw K.«, S. 2: »Im Übrigen scheint der Petent seine Pflicht zum treuen Dienen nicht sehr ernst zu nehmen, wenn er jetzt schon feststellt, dass er bei der nächsten Vermessungsübung wieder eine Beschwerde einlegen müsse.«

dagegen geboten war. Die Bemerkung, wonach niemand Soldat werden sollte, dem das Tragen der Uniform auf dem Wege zum Dienst oder auf gesellschaftlichen Veranstaltungen zu viel sei, wollte man sich nicht verkneifen[37]. Weiterhin sah sich ein Hauptfeldwebel allein deshalb diskriminiert und entwürdigt, weil sein Disziplinarvorgesetzter bei ihm einen Stubendurchgang und einen Kleiderappell durchgeführt hatte. Dagegen war der Vorgesetzte zur Dienstaufsicht und Kontrolle auch in diesem Bereich berechtigt, ja sogar verpflichtet.

Diese Problematik war bereits im Jahr 1962 schon einmal aufgetreten, sie hatte sogar zu einem Beschluss in einer Beschwerdesache vor dem Wehrdienstsenat des Bundesdisziplinarhofes geführt. Schon damals war die Beschwerde als unbegründet zurückgewiesen worden. Als dem Hauptfeldwebel dies mitgeteilt wurde, zog er seine Eingabe beim Wehrbeauftragten umgehend zurück[38]. Um die Rechtmäßigkeit dieser Befehle zu überprüfen, hätte es keines Schriftverkehrs mit dem Verteidigungsministerium bedurft, dies hätte auch eine Prüfung des Wehrbeauftragten ergeben können. In diesen Fällen schienen die betreffenden Soldaten ihre privaten Belange über die dienstlichen Erfordernisse gestellt zu haben. Ob sie glaubten, damit Erfolg zu haben, erscheint eher zweifelhaft, da von ihnen verlangt werden konnte, dass sie die Vorschriften kannten und auch einzuhalten bereit waren. Zumindest erreichten sie damit, dass die jeweiligen Vorgesetzten ihren Befehl begründen mussten und dieser dann von den übergeordneten Stellen überprüft wurde: »Die Eingaben an den Wehrbeauftragten, die Haar- und Barttracht betreffend, sind nach hiesigen Erkenntnissen größtenteils darauf zurückzuführen, dass Untergebene die Entscheidung ihrer Vorgesetzten überprüfen wollen. Da sie in der Regel nicht von der Möglichkeit Gebrauch machen, den einschlägigen Erlass auf dem Geschäftszimmer einzusehen, holen sie eine Auskunft beim Wehrbeauftragten ein[39].« Zwar wurden einerseits die Befehle meist bestätigt, notfalls wurde sogar eine gerichtliche Entscheidung herbeigeführt, um die Rechtsauffassung des Befehlenden zu untermauern. Andererseits war dies aber in aller Regel ein wirksames Signal an die Vorgesetzten, dass man jeden Befehl in Frage stellen würde, wenn er nach Ansicht der Betroffenen in ihre Freiheitsrechte eingriff. Eine Überprüfung kostete den Petenten lediglich ein Schreiben, den Vorgesetzten aber Autorität. Und der Wehrbeauftragte ließ sich hier instrumentalisieren, ohne erst einmal den grundsätzlichen Sinngehalt der Eingaben zu überprüfen, wie in einem Fall, als

---

[37] Ebd., BW 1/32399, Schreiben VR III 3 an den WB, 9.8.1963; Schreiben VR III 3 an MdB Merten, 31.10.1963; BW 2/11940, Schreiben WB an Fü S I 3, 12.1.1973, betreffend »Eingaben des Deutschen Bundeswehr-Verbandes«; Schreiben Fü S I 3 an den WB, 25.4.1973, betreffend »Eingaben des Deutschen Bundeswehr-Verbandes«.

[38] Ebd., BW 2/11930, Bundesdisziplinarhof, Wehrdienstsenat (WB 28/62), Beschluss in der Beschwerdesache Oberstabsbootsmann Ludwig K., 29.9.1962; Schreiben WB an den BMVg, 17.5.1967, betreffend »Antrag des HFw Jürgen G., 4.4.1967, auf Entscheidung des Herrn Bundesministers der Verteidigung«; Schreiben BMVg an WB, 14.6.1967, betreffend »Antrag des HFw Jürgen G., 4.4.1967, auf Entscheidung des Herrn Bundesministers der Verteidigung«.

[39] Ebd., BW 2/11949, Stellungnahme Fü H I 3 für Fü S I 4, 26.3.1975, betreffend »JB 1974 des WB«, S. 6.

der Petent in seiner Eingabe widersprüchliche Angaben zu seinem Antrag in der Truppe machte. Der Soldat versuchte hier, die Entscheidung des Disziplinarvorgesetzten mit veränderten Angaben durch die Hilfe des Wehrbeauftragten zu revidieren. Für die Rechtsabteilung im Ministerium waren dies »beinahe disziplinarwürdige Widersprüche«, sie verwies daraufhin den Fall zur weiteren Prüfung an den Disziplinarvorgesetzten des Soldaten zurück[40]. Der ›Nörgler‹ wehrte sich gegen einen aller Wahrscheinlichkeit nach auch von ihm als rechtmäßig erkannten Befehl des Vorgesetzten und demonstrierte damit, dass er diesem nachhaltig Schwierigkeiten machen konnte, selbst wenn er nicht über eine rechtliche Grundlage dazu verfügte.

Der Soldat der Bundeswehr sollte der ›Inneren Führung‹ zufolge seinen Dienst einsichtig und motiviert ableisten. Dafür waren eine Akzeptanz seiner Situation und eine positive Grundeinstellung zur Wehrpflicht die Basisvoraussetzungen. Je länger aber der Wehrpflichtige Soldat war, desto anspruchsvoller wurde er in seinen Erwartungen. Der Dienst, zu dem er zwangsverpflichtet worden war, sollte etwas bieten, er sollte abwechslungsreich und fordernd sein. Eintönigkeit und Stupidität motivierten den Bundeswehrsoldaten nicht, sondern bewirkten eher das Gegenteil. Jedoch war ›der Pragmatiker‹ mit dieser Situation nicht zufrieden und der Wehrbeauftragte eröffnete ihm die Möglichkeit, sie zu hinterfragen und seinen Unmut offen zu artikulieren. Er schrieb sich quasi seinen Frust von der Seele und konnte sich sicher sein, dass sein Anliegen ernst genommen, überprüft und, wenn im Rahmen des Dienstes möglich, Abhilfe geschaffen wurde: »Ich glaube das [sic!] dies nicht der Sinn meines Dienstes in der B.W. sein kann, denn durch eine solche stupide Tätigkeit muss man doch verblöden und muss später im Zivilleben viel nachholen. Ich bitte Sie doch um Überprüfung der Zustände in unserer Staffel und habe die Hoffnung das [sic!] Sie eine Änderung herbei führen [sic!] können[41].« Der Soldat stellte Erwartungen an die Bundeswehr, er wollte eine sinnvolle und abwechslungsreiche Aufgabe. Konnte er diese nicht erkennen, war er nicht bereit, sie ohne Widerspruch für den Rest seiner Dienstzeit hinzunehmen. Mit dem Wehrbeauftragten konnte er seine Situation unmittelbar von oben herab überprüfen lassen. Auf dem Dienstweg hätte er vermutlich nur den gehaltvollen Kommentar des »Das ist nun mal so!« seiner unmittelbaren Vorgesetzten zu hören bekommen. Dem parlamentarischen Hilfsorgan wagte dagegen kein Vorgesetzter solch eine lapidare Begründung anzubieten. Vielmehr wurden alle erdenklichen Möglichkeiten geprüft, die Situation auch außerplanmäßig zu verbessern, selbst wenn grundsätzlich kein Anspruch darauf bestand.

Einige Petenten wollten ihrem Vorbringen dadurch mehr Gewicht verleihen, dass sie zusätzlich einen Bundestagsabgeordneten einschalteten[42]. Höhere Er-

---

[40] Ebd., BW 1/98188, Schreiben VR III 4 an den WB, 13.12.1972, betreffend »Teilnahme an der Gemeinschaftsverpflegung«; Schreiben VR III 4 an das LwRgt 4 in Germersheim, 13.12.1972, betreffend »Teilnahme an der Gemeinschaftsverpflegung«.

[41] Ebd., BW 2/11930, Eingabe G Karl-Heinz M., Jagdbombergeschwader 31, an den WB, 23.11.1966.

[42] Ebd., BW 1/32399, Schreiben VR III 3 an den WB, 9.8.1963; Schreiben VR III 3 an MdB Merten, 31.10.1963.

folgsaussichten waren hierdurch jedoch nicht gegeben, dem Ansinnen der Beschwerdeführer wurde meist nicht entsprochen. Der ›Pragmatiker‹ verzeichnete aber mit seiner Eingabe einen doppelten Erfolg: Zum einen wurde sein Gesuch auch von höchster Stelle geprüft und diese für die Problematik sensibilisiert, zum anderen konnte er mit einer außerordentlichen Lösung rechnen, durch die der gute Wille der vorgesetzten Dienststellen demonstriert wurde. Der Petent wurde damit befriedigt und von weiteren Beschwerden abgehalten. Diese Soldaten nahmen den Wehrbeauftragten auch beim Wort, indem sie seine angekündigten Maßnahmen einforderten. So appellierte ein Oberfeldwebel an ihn: »Vielleicht ist Ihnen dieser Sachstand unbekannt, so dass Sie jetzt von Ihrer Seite etwas tun können, um Ihrem Jahresbericht von 1979 im Jahre 1981 auch für Panzerbataillone, die ja durchaus Kampfverbände sind, Gültigkeit zu verschaffen[43].«

Obwohl die militärischen Vorgesetzten in der Truppe oftmals kulant mit ihren untergebenen Soldaten umgingen, sah sich ›der Maßlose‹ zusätzlich berechtigt, sogar über einen Rechtsanwalt den Wehrbeauftragten einzuschalten. Zwar wurden einem auf dem elterlichen Hof mitarbeitenden Landwirtssohn, für den der Wehrdienst eine ungleich größere Härte darstellte als für einen Gewerbe-, Industrie- oder Dienstleistungsbeschäftigten, bereits zu seinem Erholungsurlaub noch etliche Arbeitsfreistellungen gewährt. Selbst damit gab sich ›der Maßlose‹ aber nicht zufrieden, sondern forderte zusätzlich drei Monate vor Ablauf seiner Wehrdienstzeit eine heimatnahe Versetzung ein[44]. Der Wehrbeauftragte erkannte keine Verletzung der Grundsätze der ›Inneren Führung‹ und der Fürsorgepflicht des Dienstherrn, weil dem Gefreiten von Seiten der Truppe schon jede »erdenkliche Hilfe« zuteil geworden war[45]. Selbst eine bereits erfolgte sehr weite Auslegung der Vorschriften durch seine Vorgesetzten hielt diesen Typus nicht davon ab, noch zusätzliche Forderungen nach Diensterleichterungen zu stellen. Dabei spielte in seinem Denken die Gleichbehandlung mit den anderen Kameraden keine Rolle, sondern er sah nur den eigenen Vorteil, den er mit allen zur Verfügung stehenden Möglichkeiten durchsetzen wollte. Die vielfältigen Rechtsbehelfe in der Bundeswehr gaben ihm auch die Möglichkeit dazu.

Der Dienstherr traf Entscheidungen oder erließ Vorschriften, mit denen die betroffenen Soldaten nicht einverstanden waren. So reichte ein Hauptmann der Luftwaffe eine Ausarbeitung zum Thema »Innere Führung und Dienstaufsicht« an die Zeitschrift »Truppenpraxis« ein. Diese war von der Redaktion der Zeitschrift für gut befunden worden und wurde daraufhin dem Ministerium zum

---

[43] Ebd., BW 1/193816, Eingabe OFw W. an den WB, 10.3.1981, betreffend »Ihr JB 1979«.

[44] Jedoch gab die Versetzungspraxis immer wieder zu berechtigten Beanstandungen Anlass, so beispielsweise nur gegen Ersatzgestellung, auch wenn die Einheiten über ›Soll‹ mit Soldaten aufgefüllt waren. Eine sinnvolle Einzelprüfung fand in einigen Verbänden überhaupt nicht statt. Vgl. ebd., BW 1/66242, Schreiben P II 5 an Fü S I 3, 5.7.1968, betreffend »Jahresbericht 1967 des WB«.

[45] Ebd., BW 1/94614, Schreiben WB an den KG I. Korps, 8.2.1968, betreffend »Vorzeitige Entlassung, Versetzung«; Schreiben WB an die Rechtanwälte Maass, 8.2.1968.

Imprimatur vorgelegt. Verweigert wurde die Genehmigung mit einer sehr eigentümlichen und voreingenommenen Begründung:

»Es handelt sich bei dem Autoren um einen noch relativ jungen Offizier, der sich bemüht, mit den vielfältigen Aufgaben eines Kompaniechefs fertig zu werden. Man muss erkennen, dass sich Hptm. P. viel Mühe gibt und Fachliteratur durcharbeitet, um sich so ein Fundament für seine Arbeit zu schaffen. – Dabei neigen nicht selten noch unerfahrene Offiziere dazu, bereits mit vermuteten Ergebnissen an die Öffentlichkeit zu treten, obwohl noch lange nicht alles bis zum Ende durchdacht, erprobt und ›ausgegoren‹ ist. – So scheint mir das auch hier zu sein. – Der Verfasser beweist, dass er die Aufgaben der Inneren Führung doch nicht so erfasst hat, wie es von einem KpChef erwartet werden kann. Er beweist außerdem, dass er die Auftragstaktik in ihrer vollsten Bedeutung überhaupt nicht begriffen hat. Wäre das der Fall, dann könnte er niemals die Forderung erheben, daß die Teilstreitkräfte durch Erlass jede Aufgaben-Delegierung bis zu den Kompanien regeln mögen. Dieser Aufsatz ist m.E. nicht geeignet, anderen Offizieren durch geistige Anregung zu helfen. Im Gegenteil, hierdurch kann manche Unsicherheit noch verstärkt werden[46].«

Dem Kompaniechef wurde bescheinigt, dass er für seinen Dienstposten nicht über die notwendige Eignung verfügte. Die konsequente Folge wäre daher seine Ablösung gewesen. Auch fand der Umstand, dass die Erkenntnisse aus dem Aufsatz in der Inspektion für die Ausbildung an der Raketenschule der Luftwaffe in Fort Bliss (USA) bereits verwendet worden waren, keine Berücksichtigung. Eine Diskussion über das negative Werturteil mit dem Wehrbeauftragten sollte aber unbedingt vermieden werden, weswegen man sich auf die bereits hinlänglich bekannte Argumentation von dessen Unzuständigkeit in dieser Frage zurückzog[47].

In einem weiteren Fall beschwerten sich zwei Soldaten aus der Sanitätsstaffel eines Marinefliegergeschwaders über die Anwendung eines Erlasses aus dem Jahre 1958, der die Eheschließung regelte. In dieser Staffel musste ein heiratswilliger Soldat eine schriftliche Erklärung abgeben, in der er sich verpflichtete, darauf zu achten, dass seine Braut einen unangefochtenen Ruf genieße und aus einer ehrbaren Familie stamme[48]. Hierdurch fühlten sich die Soldaten in ihren Rechten eingeschränkt, weil der Eindruck entstand, die Eheschließung bedürfe der Prüfung und Billigung durch die Vorgesetzten[49]. Solch ein Heiratskonsens lag jedoch nicht in der Absicht des Dienstherrn, da die Verpflichtung über die Forderungen hinausgingen und den Eindruck einer Bevormundung

---

[46] Ebd., Schreiben WB an den BMVg, 11.7.1969, betreffend »Eingabe des Hauptmanns Werner P.«.

[47] Ebd., Schreiben VR II 2 an Fü S I 3, 25.7.1969, betreffend »Zuständigkeit des Wehrbeauftragten zur Eingabe des Hauptmanns P.«.

[48] Ebd., BW 2/3955, Fü B I 4, 10.1.1958, betreffend »Heirat von Soldaten« (Abschrift): »c) Der Soldat hat darauf zu achten, dass seine Braut einen unangefochtenen Ruf genießt, aus einer ehrbaren Familie stammt und keine Beziehungen zu staatsfeindlichen Kreisen hat (vgl. § 17 Abs. 2 SG).«

[49] Ebd., BW 1/94614, Schreiben WB an den BMVg, 8.12.1969, betreffend »Eingabe von Soldaten wegen der Eheschließung von Soldaten«.

erweckte. Jedoch war die strittige Formulierung tatsächlich so im Erlass enthalten, eine Änderung sei aber, so die Stellungnahme im Ministerium, nicht notwendig, da dem Erlass ohnehin keine große praktische Bedeutung mehr zukomme[50]. Im Grunde genommen hatte der Disziplinarvorgesetzte der Sanitätsstaffel nur seine Vorschriften befolgt. Daher war ihm eigentlich kein Vorwurf zu machen, solange solch ein Erlass immer noch Gültigkeit besaß. Sich darauf zu berufen, er habe schließlich keine große Bedeutung mehr, war ein schwaches Argument und ließ die notwendige Fürsorge für den unterstellten Bereich vermissen. Ein Heiratskonsens war in einer Armee in der Demokratie nicht zeitgemäß, der Soldat unterlag im Privatleben keiner Bevormundung und Überprüfung mehr[51]. Der Bundeswehrangehörige brachte kein Verständnis für das überholte militärische Denken aus vorherigen deutschen Armeen auf. Er konnte sich gar nicht mehr vorstellen, dass es solche Vorschriften einmal gegeben hatte und wenn ja, dass diese auch jetzt noch rechtmäßig waren. Der Wehrbeauftragte wies daher auf diese Diskrepanz zwischen dem Erlass und der Berechtigung einer davon abweichenden Anschauung im Jahr 1969 hin. Dabei kam auch den gesellschaftlichen Änderungsprozessen, die gerade mit dem Jahr 1968 verbunden waren, eine wesentliche Rolle zu. Die Bundeswehr war nicht in der Lage, sich von den gesamtgesellschaftlichen Entwicklungen abzuschotten. Beabsichtigten dies Einzelne dennoch, fand ›der Bevormundete‹ im Wehrbeauftragten einen einflussreichen Verbündeten.

Geradezu kurios muteten Eingaben an, in denen sich Soldaten über eine zu laxe Auslegung der Vorschriften beschwerten oder gar ein eindeutigeres militärisches Verhalten und Auftreten einforderten. In einer aktuellen Information des Ministeriums wurden Bundeswehrangehörige abgebildet, deren Haarschnitt nach Einschätzung des Petenten »selbst bei Anlegen eines großzügigen Maßstabes dem Ansehen der Bundeswehr in der Öffentlichkeit schaden und keineswegs einer allgemein üblichen Haartracht entsprechen«[52]. Die Antwort aus dem Führungsstab war sehr modern: »Wann die Frisur eines Soldaten gegen die soldatischen Dienstpflichten verstößt, ist eine Frage des Einzelfalles und entzieht sich einer generellen, perfektionistischen Regelung [...] Bei der Anwendung und Auslegung des Erlasses sind großzügige Maßstäbe anzulegen. Einer der obersten Grundsätze der Inneren Führung lautet: ›Beschränkungen so viel wie nötig, Freiheiten so viel wie möglich[53].‹« Die Haar- und Barttracht war für

---

[50] Ebd., Schreiben VR II 2 an Fü M I 3, 10.2.1970, betreffend »Erlass – Fü B I 4 vom 10.1.1958 (Heirat von Soldaten) – Az.: 35-05-01«.

[51] Ebd., Schreiben Fü M III 5 an VR II 2, 4.3.1970, betreffend »Erlass – Fü B I 4, 10.1.1958 (Heirat von Soldaten) – Az.: 35-05-01«: »Ich schließe mich Ihrer Auffassung an und habe für den Bereich der Marine eine eindeutige Handhabung des o.a. Erlasses befohlen mit folgender Formulierung: ›Ab sofort sind im Bereich der Marine nur mündliche Hinweise und Belehrungen durch die Vorgesetzten gem. Erlass zu geben. Die geforderte schriftliche Meldung des Soldaten darf sich nur auf die Tatsache der bevorstehenden Eheschließung beschränken.‹«

[52] Ebd., BW 2/11936, Schreiben WB an den BMVg, 27.8.1969, betreffend »Eingabe des Olt. Sch., 18.8.1969«.

[53] Ebd., Schreiben Fü S I 3 an den WB, 30.9.1969, betreffend »Eingabe des Olt. Sch., 18.8.1969«.

die Bundeswehr eine Zeit lang ein beherrschendes Thema. Es zog sich durch mehrere Jahrgänge von Berichten des Wehrbeauftragten und gab immer wieder Anlass zu Beschwerden. Die Auffassungen der Disziplinarvorgesetzten und der betroffenen Soldaten, wann ein Haarschnitt oder ein Bart zu lang und daher unmilitärisch sei, wichen oft stark voneinander ab. Der Erlass des Ministers war nicht eindeutig genug, wollte es im Übrigen auch gar nicht sein. Zur Entschärfung des Problems wurde schließlich ein Haarnetz eingeführt und sein Anlegen den Soldaten mit längeren Haaren befohlen. Auch gegen diesen Befehl gab es bei einigen Soldaten Widerstand, weil sie solch eine Anordnung nicht akzeptieren wollten[54]. Ein Unteroffizier legte seine Eingabe über den Dienstweg mit der Bitte um begründete Stellungnahme des Ministers Schmidt vor. Der Stellvertretende Befehlshaber und Chef des Stabes im Territorialkommando Süd in Heidelberg gab diese an das Verteidigungsbezirkskommando 52 in Karlsruhe mit der Begründung zurück, der Stabsunteroffizier könne sich ja nach der WBO beschweren, Befehle unterlägen zudem keiner Begründungspflicht[55]. Der Wehrbeauftragte intervenierte gegen die folgende Auffassung des Brigadegenerals:
»Immer häufiger werden Eingaben aus dem BMVg nachgeordneten Bereich teilweise auf dem Dienstweg, teilweise ohne Einhaltung des Dienstweges an das Ministerium gerichtet, ohne dass dort im Einzelfall eine gesetzliche Zuständigkeit zum Tätigwerden oder aber eine sonstige Veranlassung dazu bestünde [...] Im Hinblick auf die Grundsätze der Inneren Führung war für mich entscheidend, dass zwar grundsätzlich jeder Soldat von der durch ihn angegangenen Kommandostelle eine Antwort erwarten kann und soll. Auf der anderen Seite muss dieser Grundsatz bei aller gebotenen Berücksichtigung der Inneren Führung dort Ausnahmen erfahren, wo der Gegenstand der Eingabe selbst entweder von einer der ursprünglich angegangenen Stelle nachgeordneten anderen Behörde sachlich bearbeitet und erledigt werden kann oder aber so ist, dass der Petent bei sachlicher eigener Betrachtung seines Anliegens mit der beantragten Maßnahme von vornherein nicht rechnen kann[56].«
Der Wehrbeauftragte mochte dem nicht zustimmen und erkannte hierin eine Weigerung des Brigadegenerals, die Petition an den Verteidigungsminister weiterzuleiten[57]. Daraufhin wurde der Sachverhalt doch vom Ministerium bearbei-

---

[54] Ebd., BW 1/94614, Eingabe U H. an den BMVg und den WB, 7.7.1971, betreffend »Befehl zum Tragen eines Haarnetzes«. »Ich trage mich nämlich mit der Absicht, gegen diesen Befehl, der meiner Meinung nach gegen das Grundgesetz verstößt, vorzugehen, eventuell auf dem Wege der Verfassungsklage.«

[55] Ebd., Schreiben BG Dölling an den S1 VBK 52, 27.7.1971, betreffend »Eingabe des U H.«, 7.7.1971.

[56] Ebd., Schreiben BG Dölling an den WB, 13.8.1971, betreffend »Eingabe des U H.«, S. 1 f.

[57] Ebd., Schreiben WB an den BMVg, 20.8.1971, betreffend »Verletzung von Grundrechten«, S. 2: »Trotzdem kann es jedoch im Einzelfall nach den Grundsätzen der Inneren Führung geboten und im Übrigen zweckmäßig sein, einzelne Befehle zu begründen [...] Ich halte es daher für bedenklich, wenn entsprechende an den Bundesminister der Verteidigung gerichtete Bitten nicht dem Bundesminister der Verteidigung vorgelegt, sondern auf dem Dienstweg angehalten oder zurückgegeben werden.«

tet[58]. Obwohl der Rechtsauffassung des Wehrbeauftragten vom Ministerium widersprochen und der Befehl des Ministers nicht näher begründet wurde, setzte der Unteroffizier mit seiner Eingabe ein deutliches Signal. Selbst eine dem Soldaten weit entgegenkommende Haltung, wie das Zugeständnis zum Tragen eines Haarnetzes, wurde als Eingriff in die Grundrechte gewertet. ›Der Unzufriedene‹ setzte seinen Beruf als Soldat mit dem Zivilbereich gleich. Jeder Befehl wurde hinterfragt, auch wenn der Beschwerdeführer sich von seiner Berufswelt immer weiter entfernte und den Spezifika des Militärs nicht mehr unterordnen wollte.

Verhielt sich die Bundeswehr womöglich in einer sich immer schneller und konsequenter modernisierenden Umwelt zu traditionalistisch und unbeweglich? Gingen vielleicht selbst die Reformen der sozialdemokratischen Leitung der Bundeswehr nicht weit genug? Offenbarte sich hier ein Generationenkonflikt zwischen den noch in Führungsfunktionen befindlichen kriegsgedienten oder zumindest den durch die Erfahrung des Krieges geprägten Soldaten und dem nach dem Krieg geborenen, in einer freiheitlichen Demokratie aufgewachsenen Nachwuchs der Bundeswehr? Hier prallten zwei Mentalitäten aufeinander: Einerseits das durch das apokalyptische Erlebnis des Zweiten Weltkrieges geprägte Denken des Verzichts bzw. Dienens der Flakhelfer- und Kriegsjugendgeneration[59], anderseits die geistige Orientierung auf Selbstbestimmung bzw. Selbstverwirklichung als Ausdruck die höchste Stufe der Bedürfnisbefriedigung einer Generation der 68er nach der Theorie Maslows zu erreichen. Eine Organisation, die auf Kameradschaft, Gruppenkohäsion und –dynamik ausgerichtet war, hatte nun einmal Probleme mit einem nach Individualismus strebenden Nachwuchs. Diese beiden scheinbaren Gegensatzpaare in einer Organisation zusammenzuführen war keineswegs ein Spezifikum der Bundeswehr, auch andere staatliche und nichtstaatliche Großorganisation mussten dies bewältigen. Aber in einer Armee, die sich im Vergleich zu anderen Bereichen im öffentlichen Dienst oder in privatwirtschaftlichen Unternehmen doch eher traditionell verhielt, erwies sich diese Aufgabe als schwieriger. Besonders deutlich zeigte sich dies im Anspruch und in der Wirklichkeit der ›Inneren Führung‹ als Führungsphilosophie. Ihr oberstes Gebot war der Schutz der Menschenwürde.

---

[58] Ebd., Schreiben VR II 2 an den WB, 9.9.1971, betreffend »Verletzung von Grundrechten«. In der Stellungnahme wurde die Eingabe als Auskunftsersuchen bewertet, die einzig dem Zweck, eine Verfassungsklage zu begründen, dienen sollte. Folglich konnte die Beantwortung der Frage abgelehnt werden und der BG Dölling handelte rechtmäßig.

[59] Vgl. Naumann, Nachkrieg als militärische Daseinsform, S. 444–471. Naumann unterscheidet die Bundeswehrelite nach einem Generationenmodell: (1) die Aufbaugeneration (Jahrgänge 1913–1921), (2) die Flakhelfergeneration (1926–1930) und (3) die Kriegskindergeneration (1930–1939). Siehe zu einem Generationenmodell in der Bundesrepublik den Beitrag Herbert in Wandlungsprozesse in Westdeutschland, S. 43–48. Herbert konstatiert für die fünfziger Jahre einen Gesellschaftstypus, der sich in den Wertmaßstäben und Leitbildern eng an der wilhelminischen Gesellschaft orientiert habe (vgl. S. 39 f.). Ein Befund, der zumindest den Generationenkonflikt in der Bundeswehr nur teilweise erklärt. Denn sonst hätten die Wertvorstellungen der jungen und älteren Soldaten durchaus ähnlich sein müssen.

Die Grundrechte konnten nur unter Auflagen während der Ausübung des Wehrdienstes eingeschränkt werden. Was oftmals aus übungstechnischen Gründen als zweckmäßig erschien, überschritt schnell die Grenze des Zulässigen. Die Soldaten waren nicht nur durch die Medien, sondern auch durch die Informationspolitik der Streitkräfte selbst gut informiert, kannten ihre Rechtsschutzmöglichkeiten und wandten diese gezielt an[60]. Die Vorgesetzten waren sich dagegen oft gar nicht des von ihnen begangenen Dienstvergehens bewusst. Wurde ihnen durch eine Beschwerde nach der Wehrbeschwerdeordnung der Spiegel vorgehalten, waren die Reaktionen oftmals zurückhaltend. Ganz selten folgten Disziplinarmaßnahmen, in der Regel beließ man es bei einer vielsagenden Belehrung ohne weitere Konsequenzen für den Beschuldigten[61]. Damit gaben sich aber die Beschwerdeführer nicht mehr zufrieden und wandten sich zur weiteren Aufklärung an den Wehrbeauftragten[62]. Zwar konnte die Entscheidung der Disziplinarvorgesetzten meist nicht mehr abgeändert werden, dies war nur durch den dienstaufsichtführenden Disziplinarvorgesetzten bei offensichtlichen groben formalen oder materiellen Verstößen möglich, jedoch wurde den Vorgesetzten durch den Wehrbeauftragten ihre ungeeignete Maßnahme vor Augen gehalten. Und dies verfehlte oft nicht die Wirkung, weil die übergeordneten Stellen ebenfalls darüber informiert wurden.

Zum Konzept der ›Inneren Führung‹ gehörte ein staatsbürgerlicher Unterricht. Dadurch sollte eine politische Bildung erreicht werden, die den Soldaten mit den demokratischen Grundsätzen der Bundesrepublik Deutschland vertraut machen und mit denen er sich im Rahmen des Unterrichts auseinander setzen sollte. Der apolitische deutsche Soldat war in der Bundeswehr Vergangenheit. Gefordert wurde aber nicht ein im Dienst politisierender, vielmehr ein zu parteipolitischer Neutralität verpflichteter Soldat. Die gesellschaftspolitischen Änderungsprozesse der 68er-Generation fanden jedoch über den Wehrpflichtigen und jungen Zeitsoldaten verstärkt Eingang in die Bundeswehr. Eine derartige Politisierung der Armee wurde schnell zu einem ernsten Problem für die ›Innere Führung‹, aber auch für die Auseinandersetzung mit Agitation und Demonstrationen gegen die Bundeswehr. Die Spitze dieser Aktionen lag dabei nicht in den Jahren 1968/69, sondern verzögerte sich um gut sechs Jahre in die Mitte der Siebziger. Die Streitkräfte verfügten nun über Soldaten, die entgegen

---

[60] Vgl. BA-MA, BW 1/200482, Eingaben Pionier K. an den WB, 1. und 10.10.1982, Beschwerdebescheid der StOV München an den Pionier K., 20.7.1982.
[61] Der WB kritisierte in seinem JB 1974 die unterschiedliche disziplinare Würdigung von Soldaten, die jedoch stets einzelfallabhängig zu betrachten war. Eine unterschiedliche Ahndung von Dienstvergehen bei vorgesetzten Dienstgraden und Mannschaften wurde aufgrund der Laufbahnauswirkungen praktiziert, weshalb bei Dienstgraden eher mit Erzieherischen Maßnahmen ohne disziplinare Konsequenzen sanktioniert wurde. Vgl. ebd., BW 2/11949, Stellungnahme Fü H I 3 für Fü S I 4, 26.3.1975, betreffend »JB 1974 des WB«, S. 19.
[62] Vgl. ebd., BW 2/11939, Schreiben WB an den BMVg, 13.6.1972, betreffend »Grundrechte der Soldaten, hier: Eingabe des SU N., 8.2.1972«; Beschwerdebescheid Kdr FlaRakRgt an den SU N., 29.2.1972; Schreiben Fü S I 3 an den WB, 10.8.1972, betreffend »Grundrechte der Soldaten, hier: Eingabe des SU N., 8.2.1972«.

ihrer Dienstpflicht bewusst in Uniform an parteipolitischen Veranstaltungen teilnahmen, öffentlich politische Meinungsäußerungen als Soldaten artikulierten oder als abgelehnte bzw. noch nicht rechtskräftig anerkannte Kriegsdienstverweigerer in der Truppe dienten. Auf einer Veranstaltung zum 1. Mai 1975 in Hamburg traten 55 dem Kreis der Sozialistischen Deutschen Arbeiterjugend (SDAJ) und anderen kommunistisch orientierten Organisationen zugerechnete Soldaten in Uniform auf. Den Wehrbeauftragten verwunderte hier, dass zum einen die aus Hamburg stammenden Soldaten fast geschlossen auch den Dienst an diesem Standort versehen konnten. Er forderte deshalb, die Angehörigen solcher radikalen Gruppierungen zu »zerstreuen« oder noch besser nach Süddeutschland einzuberufen. Im Ministerium vertrat man dagegen die Ansicht, dass eine geschlossene Einberufung die Überwachung durch die zuständigen staatlichen Organe vereinfache und eine weitere Zellenbildung in anderen Standorten verhindere. Die Absicht des Ministeriums berücksichtigte die Truppe nicht, da die Bataillonskommandeure und Kompaniechefs von Verbänden und Einheiten nicht zu beneiden waren, die diese Soldaten konzentriert zur Ausbildung und Führung erhalten hatten. Denn ihr täglicher Dienst war wohl mit der Bearbeitung von Disziplinar- und Beschwerdesachen vollends ausgefüllt[63].

Die außenpolitische Situation war geprägt von der innenpolitisch umstrittenen neuen Ostpolitik der sozial-liberalen Koalition (1969–1982), einer Wandlung der sicherheitspolitischen Lage sowie dem im Fiasko beendeten Krieg der USA in Vietnam. Im NATO-Bündnis musste die Strategie von der ›massive retaliation‹ zur ›flexible response‹ umgestellt werden. Zwischen den beiden großen Machtblöcken setzten gleichzeitig Entspannungspolitik und Rüstungskontrolle ein. All diese außen- und innenpolitischen Änderungen wirkten nicht nur auf die Bundeswehr in Form einer dringenden Strukturreform, sondern auch auf die einzelnen Soldaten zurück. Vor allem die jungen Wehrpflichtigen, deren Verhalten der Wehrbeauftragte 1972 als »Gymnasiasten-Mode« mit politischen Zielrichtungen wie »Zerschlagt die NATO« und ideologisch fixiertem Engagement gegen die Institution Streitkräfte beschrieb[64], brachten ihre politischen Auffassungen mit in die Bundeswehr. Dort verglichen sie die bisherige Praxis der Ausbildung mit der ihrer Meinung nach politischen Realität, die sie dann kritisch, bisweilen ideologisch hinterfragten. So in der Eingabe eines Fliegers in einem Fernmelderegiment, der eine Übung seines Verbandes kritisierte, in der die ČSSR als Feindstaat und Aggressor benannt worden war. Er berief sich auf eine Aussage des Verteidigungsministers Leber, wonach die Bundeswehr kein Feindbild mehr habe. Im Ministerium wurde dem Soldaten zugestimmt, aber gleichzeitig darauf hingewiesen, dass er Mitglied im SDAJ sei, dem laufend extremistische Informationsschriften zugeschickt würden. Deshalb habe er auch nicht die für eine Radarflugmeldeeinheit erforderliche Sicherheitseinstufung

---

[63] Ebd., BW 2/13847, Gesprächsvermerk Fü S I 4, 13.5.1975, betreffend »Besprechung STAL Fü S I/BEB GenInsp mit dem WB am 7.5.1975«, Anlage zur persönlichen Unterrichtung des GenInsp.
[64] JB 1972, S. 10.

bekommen und sei daraufhin versetzt worden[65]. Diese neuen Typen von Soldaten wollten gezielt provozieren, so die Meinung im Ministerium, sie glaubten an die politische und gesellschaftliche Revolution, die schneller durch die Unterwanderung der Bundeswehr verwirklicht werden konnte[66]. ›Der Ideologe‹ verfügte neben seinem regen politischen Interesse auch über ausnehmend gute Kenntnisse vom Verlauf der politischen Debatte und vom Inhalt der dienstlichen Vorschriften. Daher fielen ihm gewisse Widersprüche in den Befehlen auf und er nutzte den Wehrbeauftragten, um diese offen zu legen, sich selbst aber auch leidiger Dienstverpflichtungen zu entledigen[67].

Die Beschwerden der Soldaten bewahrten die Bundeswehr andererseits aber auch vor reaktionären Verhältnissen. Verstöße gegen die zeitgemäße Menschenführung wurden nämlich genauso an den Wehrbeauftragten gemeldet wie die Verbreitung eines retrospektiven Geistes in der Truppe. Solch eine Geisteshaltung konnte etwa im Absingen nationalsozialistischen oder wehrmachts- und kriegsverherrlichenden Liedgutes zum Ausdruck kommen. ›Die Idealisten‹ zwangen durch ihre Eingaben die Bundeswehrführung zur Selbstreflexion über den Zustand der ›Inneren Führung‹. Bedenklich erschien immer wieder die Tatsache, dass die truppendienstlichen Vorgesetzten, manchmal bis hin zum Divisionskommandeur, derartige Verstöße entweder duldeten oder zumindest nur sehr verhalten und durchaus verständnisvoll dagegen vorgingen. Im Verteidigungsministerium wurde dieses Verhalten zwar missbilligt, es wurden aber auch keine Gegenmaßnahmen getroffen[68]. Der charismatische Truppenführer befolgte nicht immer alle Vorschriften haargenau, sondern setzte sich darüber hinweg. Er glaubte damit seinen Soldaten zu demonstrieren, dass er ein militärischer Führer mit Herz und Verstand, aber kein Bürokrat war, der alle Vorschriften detailliert befolgte[69]. Jedoch war dies das falsche Zeichen, sein Rückgrat zu zeigen, denn »wenn derartige Lieder auch nur aus Gedankenlosigkeit, einemn gewissen Übermut oder deswegen gesungen werden, weil sich dazu ›so gut marschieren lässt‹, so ist es doch Aufgabe der Dienstaufsicht, darauf hinzuwirken, dass nicht Lieder gesungen werden, die Ressentiments gegen die

---

[65] Vgl. BA-MA, BW 2/11941, Eingabe Flieger L. an den WB, 17.6.1974, betreffend »Übung ›Junger Vagabund‹«; ebd, BW 2/11941, Schreiben Fü S I 4 an den WB, 19.9.1974, betreffend »Grundsätze der Inneren Führung«.

[66] Ebd., BW 2/11938, Schreiben WB an den BMVg, 29.7.1979, betreffend »Eingabe des PzJg W.«; Schreiben Fü S I 3 an den WB, 27.10.1970, betreffend »Eingabe des PzJg W.«.

[67] Ebd., Schreiben WB an Fü S I 3, 19.10.1970, betreffend »Verweigerung des feierlichen Gelöbnisses und Übertragung von Vorgesetztenbefugnissen«. Der Petent mokierte sich darüber, wie es denn sein könne, dass er als Gelöbnisverweigerer zwar nicht befördert werden könne, weil hiermit die Übertragung von Vorgesetztenbefugnissen verbunden sei, aber weiterhin zum UvD oder Wachdiensten eingeteilt werde, die ja auch Vorgesetztenbefugnisse mit sich brächten.

[68] Vgl. ebd., BW 2/11930, Schreiben Kdr 11. PzGrenDiv an Fü H I 3, 8.5.1967, betreffend »Eingabe des Gefreiten Michael B.«; ebd., BW 2/11941, Schreiben WB an den BMVg, 28.8.1972, betreffend »Liedgut im der Bundeswehr«; Schreiben Fü S I 3 an den WB, 12.10.1972, betreffend »Liedgut der Bundeswehr«.

[69] Auch der WB rügte in seinem JB die Inflation an Dienstvorschriften, Erlassen und Befehlen, die für den Vorgesetzten kaum mehr zu durchdringen war. Vgl. JB 1967, S. 8 f.

Bundeswehr und gegen die Bundesrepublik Deutschland erwecken können«[70]. Derartige Lieder wie in einem Fall bei einem Feierlichen Gelöbnis unmittelbar nach der Nationalhymne abzuspielen, ließ nicht nur eine persönliche Borniertheit der Vorgesetzten vermuten, sondern eine öffentliche Darbietung ihrer eigenen verbohrten Geisteshaltung[71]. Wenn daher hohe Vorgesetzte bewusst gegen bestehende Befehle verstießen, beschwerten sich beinahe zwangsläufig verantwortungsvolle Soldaten dagegen, um solchen Tendenzen in der Bundeswehr entschieden entgegenzutreten. Dies war kein Ausdruck der ›Nestbeschmutzung‹ oder des Lamentierens, sondern eines verantwortungsvollen soldatischen Dienens. Der Soldat bewegte sich zwischen der Loyalität zu seinem Vorgesetzten und der Renitenz gegen dessen Handlungen. Der aufgeklärte und politisch interessierte sowie seine Rechte kennende Soldat wusste im Sinne einer wehrhaften Demokratie zu handeln und akzeptierte keine gravierenden Verstöße mehr gegen die Gesetze und Vorschriften[72].

Trotzdem gab es immer zwei Seiten zu berücksichtigen: Zum einen den Typ des notorischen Querulanten mit ständiger Beschwerdeneigung und zum anderen den herrischen Vorgesetzten, mit dem ein vernünftiger Umgang nicht möglich schien und der sofort in eine Abwehrreaktion verfiel. War einer dieser beiden Typen in verschiedenen Ausprägungsgraden an einer bestimmten Situation beteiligt, war eine ›normale‹ Konfliktlösung nicht mehr möglich. Das Ergebnis war eine Eingabe, der Wehrbeauftragte fungierte dann als Schiedsmann. Durch die Untätigkeit der Vorgesetzten, die nicht entschieden gegen solche Verstöße vorgingen, bzw. die selbst die Auslöser waren, verfestigte sich der Eindruck einer ›autoritären‹ Organisation wie in einem Fall 1974. Der Soldat beantragte aufgrund der negativen Erfahrungen in der Bundeswehr seine Entlassung mit der Begründung, die Bundeswehr sei autoritär, in vielen Bereichen diktatorisch organisiert und entspräche somit nicht der Verfassung der Bundesrepublik Deutschland. Sie versuche vielmehr die ihn vom Tier unterscheidende Ich-Funktion des Menschen auszuschalten und verkümmern zu lassen. Schließlich schwäche die Bundeswehr das demokratische Potenzial und schädige damit die Gesellschaft und den Staat. Seine Entlassung erreichte der Petent damit nicht, sondern er wurde aufgrund dieser undifferenzierten Begründung aus der Laufbahngruppe der Unteroffiziere in die der Mannschaften zurückgestuft[73]. Insgesamt gesehen waren zwar 75 % der Eingaben unbegründet, jedoch trafen 25 % der Vorwürfe zu. Oftmals aufgrund des Verhaltens von bornierten Vorgesetzten, die sämtliche Vorurteile bestätigten[74].

---

[70] Ebd., S. 16.
[71] Vgl. hierzu BA-MA, BW 2/11941, Schreiben WB an den BMVg, 28.8.1972, betreffend »Liedgut in der Bundeswehr«.
[72] Ebd., BW 2/11938, Schreiben WB an den BMVg, 21.5.1970, betreffend »Briefgeheimnis und Kontrolle eingehender Privatpost von Soldaten durch Vorgesetzte«; Schreiben Fü S I 3 an den WB, 15.6.1970.
[73] Vgl. ebd., BW 2/11941, Stellungnahme Kdr 1. GebDiv an den WB, 6.11.1974, betreffend »Eingaben des G Oliver K.«, S. 8–11, hier S. 11.
[74] Vgl. Gottfried Capell, Ein »Wächteramt« wird neu besetzt: Rückblick ohne Zorn auf eine turbulente Zeit. In: Generalanzeiger für Bonn und Umgegend, 22.2.1975.

Obgleich die Bundeswehr eine Neuschöpfung war, stellte sie keine Armee dar, die aus einem plötzlichen Vakuum entstanden war, sondern sie stand auch in der Tradition vorheriger deutscher Streitkräfte. Die Bundeswehr konnte genauso wenig wie die NVA auf personelle Kontinuitäten verzichten[75]. Jedoch unterschied sich das geistig-wertorientierte Konzept der Bundeswehr ganz fundamental von dem der Wehrmacht. Die Tradition der Bundeswehr fußte auf drei grundlegende Säulen:

(1) Den preußischen Reformern während der Befreiungskriege gegen Napoleon,
(2) dem militärischen Widerstand gegen Hitler um den 20. Juli 1944 und
(3) den schrittweise erbrachten eigenen Leistungen der Bundeswehrsoldaten[76].

Jedoch hatte ein großer Anteil des Personals der Bundeswehr, mit abnehmender Anzahl in der zeitlichen Distanz zum Zweiten Weltkrieg, in der Wehrmacht gedient, weshalb Haltungen und militärisches Denken der Wehrmacht auch in die Bundeswehr Einzug fanden. Folglich verwunderte es nicht, wenn gerade die jungen Soldaten, geprägt vom Geist von 1968, eine distanzierte und ablehnende Haltung zu Relikten aus der vorbundesrepublikanischen und im Besonderen aus der Wehrmachtszeit hegten. Eingaben, die sich gegen Kasernennamen, Karten sowie Wappen von Gebieten östlich der Oder-Neiße-Linie[77], Ausstellung von Uniformstücken der »faschistischen Hitler-Armee«[78] oder gegen Liedgut aus dieser Zeit wandten, waren daher keine Seltenheit. Der Wehrbeauftragte hielt jedoch das Geschichtsbild dieser Soldaten für wenig abgerundet: »Ich halte auch Ihre Auffassung, diese Karte widerspreche den Verträgen von Moskau und Warschau sowie dem Grundlagenvertrag der Bundesrepublik Deutschland mit der DDR und vermittle Besitzansprüche auf fremde Territorien, für abwegig [...] Dabei lehrt die Erfahrung, dass gerade viele junge Menschen keine oder nur unzulängliche Vorstellungen über historische Wahrheiten,

---

[75] Vgl. Abenheim, Bundeswehr und Tradition. Zur Kontinuität zwischen Wehrmacht und NVA siehe Diedrich/Wenzke, Die getarnte Armee, S. 190–201.

[76] Jedoch wurden diese Säulen im Hassel-Erlass 1965 noch nicht so deutlich genannt und unterlagen daher einer weiten Interpretation, die dann immer wieder zu Unklarheiten führte. Trotz dieser Unzulänglichkeiten wurde der Erlass auch weiterhin erst einmal nicht geändert, sondern Minister Apel stellte noch 1979 fest, dass sich die Rede des GenInsp vom 30.6.1978 wie die eingehende Stellungnahme im Weißbuch 1979 ausreichend mit dieser Problematik beschäftigt hätten. Vgl. BA-MA, BW 2/11946, Schreiben BMVg Apel an den WB Berkhan, 8.1.1979, S. 3 f.

[77] Dazu hieß es von Seiten des BMVg: »Sie sollen wohl ganz einfach die Erinnerung wachhalten an Gebiete, die einmal deutsch waren und in denen ein großer Teil der heute lebenden Deutschen geboren und aufgewachsen ist. Es nützt niemandem, wenn man diese Tatsache ›verdrängt‹ [...] Es ist gewiss gut und richtig, daran zu denken, dass die Gebiete durch einen verbrecherischen Krieg, der von einem verbrecherischen Regime vom Zaum gebrochen wurde, verloren gingen.« Ebd., BW 2/11942, Fü S I 5 an den WB, 5.5.1975, betreffend »Politische Information in den Streitkräften«.

[78] Hier beschwerte sich ein Gefreiter gegen seinen Regimentskommandeur, dem daraufhin vom Divisionskommandeur befohlen wurde, die Hakenkreuze zu entfernen. Vgl. ebd., Beschwerdebescheid Kdr 3. PzDiv an den Gefr. U., 5.9.1974; Schreiben Kdr 3. PzDiv an den WB, 16.9.1974.

nämlich insoweit über das Deutsche Reich in den Grenzen von 1937, haben[79].«
Bei einer weiteren Eingabe nur ein halbes Jahr später scheute sich der Wehrbeauftragte bereits, eine Erklärung auf diese brenzligen Fragen abzugeben. Deshalb schlug er den bequemen Weg ein, das Ministerium erst einmal um die
Hausmeinung zu bitten: »Dem Amt des Wehrbeauftragten kommt es jedoch
offensichtlich darauf an, die Auffassung des Ministeriums zur Ausstellung von
Uniformstücken der Wehrmacht und zum Aushang der angeführten Landkar-
ten zu erfahren [...] Es ist anzunehmen, dass sich das Amt des Wehrbeauftragten nunmehr angesichts der politischen Lage scheut, die Eingabe des Gefr. U.
ohne die Stellungnahme des Ministeriums zu bescheiden[80].« In der um Stellungnahme gebetenen Rechtsabteilung hieß es dazu: »Sie [die Ausführungen
des WB zu der Eingabe des P., d. Verf.] berücksichtigen ausdrücklich die Entscheidung des Bundesverfassungsgerichts vom 31.7.1973 und sind im Ergebnis
als zutreffend anzusehen. Für die Überprüfung einer [auf] solcher Entscheidung
des Bundesverfassungsgerichtes beruhenden Stellungnahme sollte daher aus
der Sicht des BMVg keine Veranlassung bestehen; eine möglicherweise für verändert gehaltene politische Lage kann nicht zu einer anderen verfassungsrecht-
lichen Beurteilung führen[81].«

Diese ›Idealisten‹ waren politisch interessiert, insistierten bei einem Mangel
an parteipolitischer Neutralität, wehrten sich gegen ihrer Auffassung nach antidemokratische Tendenzen und vertraten im Sinne einer wehrhaften Demokratie
ihre Meinungen. Beispielsweise kritisierte ein junger Wehrpflichtiger, der im
Übrigen nach zehn Tagen Dienst in der Bundeswehr bereits den Erlass »Bundeswehr und Tradition« vom Juli 1965 zitieren konnte, die Namensgebung von
Kasernen nach Soldaten des Ersten und Zweiten Weltkrieges. Er sah dies als
gegen den Erlass gerichtet an und forderte den Minister auf, die Kasernen nach
Personen zu benennen, die den Forderungen entsprächen. Das Ministerium
wiegelte ihn kurz und schroff mit dem Hinweis ab, dass der Soldat die Persönlichkeiten sehr einseitig beurteile, sich das Ministerium solch einer Beurteilung
nicht anschließen könne, weshalb sein Antrag auf Umbenennung von Kasernen
daher abzulehnen sei[82]. Der Bundeswehrführung gefielen solche Eingaben
überhaupt nicht, in denen deutlich ihr Traditionsverständnis als bedenklich
bezeichnet worden war. Diese Fälle wiesen auf einen wunden Punkt hin, den
selbst eine sozialdemokratische Leitung nicht angehen wollte. Die jungen Soldaten registrierten wiederum sehr genau, in welcher Organisation sie dienten
und opponierten immer dann, wenn diese ihrer Ansicht nach in die falsche

---

[79] Ebd., Schreiben WB, Az.: II-6329/73, an den Funker Jürgen P., 12.2.1974. Vgl. Pomorin,
      Rührt Euch, Kameraden!
[80] Ebd., Schreiben Fü H I 3 an Fü S I 4, 6.11.1974.
[81] Ebd., Schreiben VR II 2 an Fü S I 4, 20.12.1974.
[82] Ebd., BW 2/11940, Schreiben Funker Jürgen P. an den Minister Georg Leber, 12.7.1973;
      Schreiben WB an den BMVg, 19.7.1973, betreffend »Benennung der Hindenburg-Kaserne
      in Neumünster«; Schreiben Fü S I 3 an den Funker Jürgen P. 24.7.1973. Vgl. hierzu ebd.,
      BW 2/11942, Eingabe Soldat T. an den WB, 11.4.1975, betreffend »Politische Information
      in den Streitkräften«.

Richtung tendierte. Dass sie dabei die Gesamtheit des Gegenstandes nicht immer voll überblickten, war eher beiläufig, wichtiger war der Umstand, dass es Soldaten gab, die sich im Sinne der ›Inneren Führung‹ einbringen wollten. Dies beinhaltet eine positive Deutungsweise der Motive der Petenten. Vielleicht lag aber ihre Motivation mehr in der Bestätigung eines Vorurteils als am öffentlichen Erscheinungsbild der Bundeswehr. Denn mit der Eingabe konnten sie letztlich nachweisen, dass die Führung der Bundeswehr immer noch im Denken längst vergangener Zeiten verhaften geblieben war. Jedoch war dann der eingeschlagene Weg ungeeignet, weil sie lediglich der politischen Führung und dem parlamentarischen Kontrolleur den Spiegel vorhielten. Denn damit war weiterhin eine bundeswehrinterne Lösung möglich geworden. Hätten sie dagegen das Ziel verfolgt, die Bundeswehr öffentlich vorzuführen, wäre eine Zuspielung dieser Informationen an die Medien wohl weit wirkungsvoller gewesen.

Genährt wurde eine negative öffentliche Rezeption eher durch Vorfälle wie beispielsweise das rechtsradikale Verhalten mehrerer Leutnante an der Universität der Bundeswehr in München[83] oder durch die »Krupinski-Franke-Affäre«[84] im Jahr 1977. Gerade die Vorfälle mit den studierenden Offizieren machte eine tiefergehende Auseinandersetzung mit der Tradition der Bundeswehr und dem Erfordernis einer verstärkten Wertevermittlung deutlich[85]. Der Generalinspekteur stimmte hierin ausdrücklich den Vorschlägen Berkhans im Jahresbericht 1977 zu und sah die Notwendigkeit einer Neufassung des Erlasses »Bundeswehr und Tradition« aus dem Jahr 1965 ein. Den Zeitpunkt für eine konkrete Neufassung hatte man aber in der Vergangenheit verpasst, nunmehr war aufgrund der inzwischen öffentlichen Brisanz des Themas mit einer zügigen Überarbeitung nicht mehr zu rechnen: »Es kommt mir aber darauf an, dass die Herausgabe einer Neufassung oder von Ergänzungen nicht von vornherein mit dem Odium behaftet werden, nur eine – wenig durchdachte – Reaktion auf die jüngsten Vorfälle mißbräuchlicher ›Traditionspflege‹ zu sein[86].« Aber der neue

---

[83] ACDP, NL Ernesti, I-264-012, Schreiben WB Berkhan an Manfred Wörner, 14.11.1978; Berkhan, Bedauerlich und ernst zu nehmen. In: Berliner Morgenpost, 14.10.1977.

[84] In dieser Affäre um ein Traditionstreffen des Aufklärungsgeschwaders 52 »Immelmann« der Bundeswehr mit dem ehemaligen StuKa-Geschwader 2 »Immelmann« der Reichsluftwaffe, das schließlich aufgrund von widersprüchlichen Informationen und nicht befolgter Befehle unter Beisein des Oberst a.D. Rudel im Oktober 1976 zustande gekommen war, entzündete sich erneut die Traditionsfrage der Bundeswehr. In der Konsequenz daraus wurden der KG der Luftflotte, GL Walter Krupinski, und sein Stellvertreter, GM Karl-Heinz Franke, entlassen. AdsD, NL Friedrich, Mappennummer 1/BFA A 000586, Kurzprotokoll über die Sitzung des Sicherheitsausschusses beim Parteivorstand am 9.11.1976, 25.11.1976; Schreiben Alfons Pawelczyk an die Mitglieder der SPD-Bundestagsfraktion, 9.11.1976, mit Anlage »Streitkräfte in der Demokratie«. Diese Ausarbeitung sollte als Argumentationshilfe zur Entlassung der Generale dienen.

[85] Vgl. hierzu auch die Erklärung Möllemanns zur Beratung des Berichts des VtdgA zum Jahresbericht 1976 im Deutschen Bundestag. BA-MA, BW 2/11944, Pressedienst der Bundestagsfraktion der FDP, 20.10.1977.

[86] Ebd., BW 2/11947, Vortrag des GenInsp anlässlich der Abteilungsleiterkonferenz(ALK)-Sitzung am 3.5.1978 zur Erörterung des JB des WB 1977, S. 6.

Generalleutnant Walter Krupinski.

picture-alliance/dpa

Zusammen mit Generalleutnant Walter Krupinski wurde Generalmajor Karl-Heinz Franke wegen der so genannten Rudel-Affäre in den sofortigen Ruhestand verabschiedet. *picture-alliance/dpa*

Generalleutnant Walter Krupinski (l.) und Presserats-Generalsekretär Egon Freiherr von Mauchenheim auf dem Weg zur Sitzung am 25.11.1976 in Bonn. Zur Erörterung journalistischer Aspekte aus der Generalsaffäre ist der Deutsche Presserat an diesem Tag zusammen getreten.
picture-alliance/dpa/Egon Steiner

Soldat der Bundeswehr interessierte sich nicht nur für die geistig-moralischen Werte der eigenen Institution, sondern er brachte auch politisch-gesellschaftliche Strömungen in die Streitkräfte ein, die in neuen Parteien zusammengefasst worden waren. Die Grünen vereinten in sich einerseits pazifistische, zum anderen aber auch ökologisch-humanitäre Haltungen und Denkweisen verschiedener gesellschaftlicher Gruppen. Der Wehrpflichtige verglich seine Erfahrungen in der Bundeswehr sowie das Verhalten seiner Kameraden mit dem gesellschaftlichen und außenpolitischen Umfeld. Entsprachen die Einstellungen der Kameraden, vor allem aber der Vorgesetzten nicht seinen Erwartungen, setzte er sich dagegen wie beim verschwenderischen Umgang mit Verpflegung zur Wehr[87].

Die Bundeswehrsoldaten forderten ihre Rechte ein. Zum einen waren dabei persönliche, zum anderen aber auch organisationsrelevante Motive für eine Eingabe erkennbar oder beides zusammen. Die entscheidende Motivation lässt sich nicht exakt analysieren, weil sich hinter vordergründigen Beweggründen, die sich um die Bundeswehr sorgten, hintergründig schieres Eigeninteresse verbergen konnte. Jedoch überwog in der Tendenz die persönliche über die altruistische Motivation. Ein an sich kaum überraschendes Ergebnis, das letztlich auch dem Sinn der Institution des Wehrbeauftragten entsprach. Das Subjekt sollte vor der Willkür militärischen Handelns geschützt werden. Daraus entwickelte sich ein Anspruchsdenken der Soldaten. Privilegien oder Zugeständnisse, die einmal gewährt worden waren, ließen sich nicht ohne weiteres wieder zurücknehmen, auch wenn kein Grund mehr dafür vorlag. Die betroffenen Soldaten akzeptierten dies aber nicht und forderten die Vorteile wieder ein[88]. Eine scheinbare Ungleichbehandlung rief sofort Gegenmaßnahmen hervor, der Vorgesetzte fand sich in einem persönlichen Legitimitätszwang. Nicht nur sein Befehl, auch sein Verhalten gegenüber jedem einzelnen Soldaten wurde überprüft. Eine Übervorteilung aus Antipathie entsprach nicht der zeitgemäßen Menschenführung, war aber trotzdem die Realität.

Der Petent gehörte einer Laufbahn, einer Dienstgradgruppe, einem Offizier- oder Unteroffizierkorps, einer Teilstreitkraft und einer Truppengattung an. In diesen Kategorien fand sich der Soldat wieder, sie prägten sein Selbstverständnis. Obwohl alle in derselben Organisation dienten, trennte sie untereinander

---

[87] So über die verschwenderische Haltung der Bundeswehrsoldaten hinsichtlich der Verpflegung. Vgl. ebd., BW 1/19379, Eingabe Gefr. K. an den WB, 3.6.1982; Schreiben WB an den BMVg, 18.6.1982, betreffend »Verpflegungsangelegenheiten«; Weitere Eingabe Gefr. K. an den WB, 26.6.1982; Stellungnahme VR III 4 an Fü S I 4, 27.7.1982, betreffend »Wegwerfen von Essensresten auf Truppenübungsplätzen«. Dieser verschwenderische Umgang der Soldaten betraf die Sorgfaltspflicht und Fragen der soldatischen Ordnung sowie der Menschenführung. Dieser Problematik war sich die militärische Führung bewusst, weshalb der GenInsp an die Inspekteure der TSK bereits 1965 ein Schreiben richtete, um hierfür zu sensibilisieren. Ebd., Stellungnahme VR III 4 an Fü S I 4, 2.7.1982, betreffend »Wegwerfen von Verpflegungsmitteln/Speiseresten der Truppenverpflegung durch Soldaten«.
[88] Vgl. die Behandlung von Unteroffizieranwärtern, die zuerst die Privilegien der Unteroffiziere zugebilligt bekommen hatten und die ihnen dann wieder entzogen wurden. Ebd., BW 2/11938, Schreiben WB an Fü S I 3, 17.7.1970, betreffend »Behandlung von UA nach der Maßgabe der Regelung in § 11 und § 15 SLV«; Schreiben Fü S I 3 an den WB, 24.8.1970.

meist mehr, als sie verband. In ihrer Motivation, eine Eingabe an den Wehrbeauftragten zu richten, stimmten dagegen Soldaten aus völlig unterschiedlichen Bereichen miteinander überein. Zwar waren die Probleme in den Organisationseinheiten unterschiedlich, aber die jeweilige Lebenssituation des Petenten doch ähnlich. Der Antrieb, sich mit einer Eingabe an den Wehrbeauftragten zu wenden, entsprach hauptsächlich einem Individualinteresse, jedoch lassen sich diese wiederum in verschiedene Mentalitätsgruppen bündeln und es können Soldatentypen identifiziert werden, die zumindest in der Motivation zur Petition übereinstimmten. Über den Zeitraum von immerhin 28 Jahren gesehen, in dem sich vielfältige politische und gesellschaftliche Wandlungsprozesse vollzogen hatten, wirkten diese Prozesse auch auf den Soldaten in der Bundeswehr, sodass sich ein neuer Typus entwickelte.

3. Die »offene« Armee

Die Bundesrepublik ist im Sinne Poppers eine »offene« Gesellschaft[89]. Wenn sie zudem eine funktional differenzierte Gesellschaft in der Moderne im Verständnis von Niklas Luhmann ist[90], dann könnte doch vereinfacht »offen« synonym für »modern« gesetzt werden. Die Bundeswehr könnte, wenn sie damals »offen« war, auch als »moderne« Armee bezeichnet werden. Diese These verifiziert sich nur durch die Bestätigung der ersten Annahme.

Bedeutete die Wiederaufrüstung einer Armee wie der Wiederaufbau des Staates in Westdeutschland »die Wiederkunft des Zerstörten, ein Ziel, geboren aus dem Heimweh nach der verlorenen guten alten Zeit und aus der Sehnsucht nach der verschwundenen Sicherheit«[91]? Diese Aussage galt nicht für den Aufbau der Bundeswehr. Zwar existierten durchaus personelle Kontinuitäten, aber mit der ›Inneren Führung‹ wurde eine konsequente Abkehr von Reichswehr und Wehrmacht erreicht. Die Bundeswehr durfte, so die Absicht in der Konzeptions- und Formierungsphase, auf keinen Fall zu einem »Staat im Staate« wie die Reichswehr werden. Die Furcht vor solch einer Entwicklung beherrschte nicht nur die Politiker, sondern auch die Wehrbeauftragten, die sich als Hüter der Integration der Bundeswehr in die demokratische Gesellschaftsordnung verstanden. Die Bundeswehr musste jedoch nicht nur in die Gesellschaft integriert werden, sie sollte dort auch dauerhaft eingebunden bleiben und sich nicht durch ein übertriebenes Bedürfnis nach Geheimhaltung abschotten können. Ihre Funktion war es, ein wirksames Mittel der militärischen Abschreckung während des Kalten Krieges zu sein, dazu gleichzeitig eine ›In-

---

[89] Vgl. Popper, Die offene Gesellschaft; Döring, Karl R. Popper.
[90] Luhmann, Einführung in die Theorie der Gesellschaft, S. 260–285; vgl. Beck/Beck-Gernsheim, Individualisierung in modernen Gesellschaften, S. 17–20.
[91] Vgl. Schildt, Moderne Zeiten, S. 22 f.

nere Führung‹ zu praktizieren, die den Soldaten von der Sinnhaftigkeit seines Tuns überzeugen, ihn in seinem Abwehrwillen bestärken und motivieren würde. Dies konnte aber nur verwirklicht werden, wenn dem Soldaten ein gewisses Maß an Partizipation und Information zugestanden wurde. Daher musste der Spagat zwischen dem Erfordernis der militärischen Geheimhaltung und dem Informationsrecht des Einzelnen gelingen, auch auf dem auf den ersten Blick so unwichtigen Feld wie der Einsichtnahme in Dienstvorschriften durch den ›einfachen‹ Soldaten. Hier standen sich zwei Grundhaltungen innerhalb der Bundeswehr gegenüber: Zum einen die theoretische Mustermeinung des Ministeriums und zum anderen die praktische Anwendung in der Truppe. Grundsätzlich konnten sich auch Soldaten, die sich in der Grundausbildung befanden, in den Dienstvorschriften über ihre Ausbildung und Verwendung informieren, weil das Bestreben gefördert werden sollte, die bereits erworbenen Kenntnisse noch weiter zu vertiefen. Jedoch mussten die Soldaten zur Einsichtnahme in VS-Vorschriften ermächtigt worden sein, was in der Allgemeinen Grundausbildung regelmäßig nicht der Fall war[92]. In der Truppe wurde einem Wehrpflichtigen dagegen die Einsichtnahme mit der Begründung verwehrt, »dass er über den Dienst schon rechtzeitig Aufklärung erhalten würde«[93]. Der Soldat beschwerte sich daraufhin. Der Wehrbeauftragte sah beide Interessen betroffen: die Informationsfreiheit wie das Geheimhaltungserfordernis. Jedoch lag für den Kontrolleur ein Verstoß gegen die Grundsätze der ›Inneren Führung‹ nahe, weil die erzieherische Aufgabe des Vorgesetzten, das Interesse des Wehrpflichtigen am militärischen Dienstbetrieb zu fördern, verkannt worden sei.

Was in der Theorie schon widersprüchlich war, sollte in der Truppe im Spannungsfeld zwischen Information und Geheimhaltung gelöst werden. Hier entstand dann ein scheinbar unauflösliches Dilemma zwischen der Verletzung der Geheimhaltungspflicht und des Verstoßes gegen die Grundsätze der ›Inneren Führung‹. Sobald der Soldat seine Grundausbildung beendet hatte, stand seinem Informationsdrang – der Ebene seiner Ermächtigungsstufe entsprechend – weitestgehend keine Vorschrift mehr entgegen, da er nach einer formellen Belehrung über die notwendige Sicherheitseinstufung verfügen konnte. Lediglich einige Vorgesetzte blieben weiterhin bestrebt, ihm nicht überall Einblick zu gewähren, da mehr Vorschriftenwissen der Untergebenen wiederum gefährlich für sie sein konnte. Damit wäre die Domäne der Vorgesetzten, über ein umfangreicheres militärisches Fachwissen im Vergleich zum Untergebenen zu verfügen, in Bedrängnis geraten. Zwar erforderte die Auftragstaktik eine dem Ausbildungsstand entsprechende eigenständige Handlungsweise, der Soldat sollte befähigt sein, mindestens eine Führungsebene höher denken und handeln zu können. Jedoch hieß das nicht, dass der Untergebene die Autorität des Vorgesetzten bezweifeln sollte. Der Vorgesetzte verfügte deshalb weiterhin über einen militärischen Ausbildungs- und Informationsvorsprung.

---

[92] BA-MA, BW 2/11930, Schreiben Fü B I 3 an den WB, 21.12.1967, betreffend »Militärische Ausbildung«.
[93] Ebd., Schreiben WB an den BMVg, 27.11.1967, betreffend »Militärische Ausbildung«.

Der Soldat der Bundeswehr lebte als »Staatsbürger in Uniform« in einer sich immer weiter informierenden und informierten Gesellschaft. Er konnte sich jederzeit von diversen Medien unterrichten lassen und sich seine Meinung über Themen bilden. Der militärische Vorgesetzte verfügte zwar noch über einen fachlichen Informationsvorsprung, aber nicht mehr unbedingt über höhere Allgemeinbildung, da es sich bei den Wehrpflichtigen um einen Bildungsquerschnitt durch die Gesellschaft handelte. Die Informationen aus offiziellen, offiziösen oder journalistischen Quellen wurden von den Soldaten hinterfragt, bei scheinbaren Widersprüchen zu den gesetzlichen oder dienstlichen Vorgaben wurde eine Beschwerde eingelegt[94]. Die Schwelle für die Duldung von Eingriffen in die Soldatenrechte wurde niedriger, die Akzeptanz, als Objekt militärischen Handelns betrachtet zu werden, über den widerspruchslos verfügt werden konnte, schwand zusehends. Der Bundeswehrsoldat wollte spätestens seit 1968 beteiligt werden. Dies äußerte sich nicht nur durch die normative Wirkung des Soldatenbeteiligungsgesetzes. Jedoch galt diese niedrige Akzeptanzschwelle nicht nur für Verstöße gegen die ›Innere Führung‹, auch das Wehrsystem wurde auf Gerechtigkeit hinterfragt.

Das Problem mit der Wehrgerechtigkeit beschäftigte die Bundeswehr seit ihrer Aufstellung. Der zum Wehrdienst einberufene junge Mann konnte in zweierlei Hinsicht benachteiligt sein: Einerseits durch die Wehrpflicht selbst und andererseits durch den beruflichen Nachteil bei der Wiedereingliederung in das Zivilleben. Gegenüber einem Nichtdienenden verfügte er wie bei der Zulassung zum Studium über niedrigere Chancen. Zwischen dem quartalsweisen Entlassungstermin aus der Bundeswehr und dem Beginn des neuen Studienjahres an den Universitäten lag für viele Soldaten ein zu langer Zeitraum. Daher verloren sie in einigen Fällen bis zu einem weiteren Jahr in ihrer Ausbildung: »Ich bin mir bewusst, dass eine Lösung dieses Problems nicht leicht ist, da in diesem Zusammenhang auch Fragen der Autonomie der Hochschulen berührt werden. Im Interesse der betroffenen Wehrpflichtigen, die bereits durch die Ableistung des Wehrdienstes ein persönliches Opfer gebracht haben, ist es jedoch nach meinen Vorstellungen vor allem *im Hinblick auf die Wehrgerechtigkeit* notwendig, darauf hinzuwirken, dass diese jungen Leute nicht noch zusätzliche Nachteile in ihrer beruflichen Ausbildung erleiden müssen«[95].

Die Truppe hatte es nunmehr mit einem neuen Typus von Soldaten zu tun, der durch die Medien nicht nur gut informiert war, sondern auch gleichberechtigt sein wollte. Das Einfordern von Ausbildungs- und Informationsmaßnahmen durch die Soldaten kam von nun an auf die Truppe zu. Die Bundeswehr bot in dieser Zeit gerade für wehrpflichtige Abiturienten die »Informationstage« als staatsbürgerliche Weiterbildung an. Für diese Angebote interessierten sich aber auch Nichtabiturienten. Es schien ihnen wenig schlüssig, dass eben Abi-

---

[94] Vgl. ebd., Schreiben WB an Fü S I 3, 25.6.1970, betreffend »Grundrechte der Soldaten«; Schreiben Fü S VII 6 an Fü S I 3, 10.7.1970, betreffend »Zugehörigkeit von Soldaten zu politischen Parteien«. Der Petent hinterfragte hier die Aussagen aus dem »Weißbuch 1970«.

[95] ACDP, NL Ernesti, I-264-005, Schreiben WB (i.V. Schellknecht) an Friedrich Zimmermann, 17.3.1969, S. 3. Hervorhebung im Original.

turienten, die sowieso über einen höheren Bildungsabschuss verfügten, noch zusätzlich besonders gefördert wurden. Eine Gleichbehandlung wurde jedoch für die Nichtabiturienten aus fiskalischen Gründen abgelehnt[96]. Die Weiterbildungsangebote boten die Möglichkeit, sich im Rahmen der politischen Bildung einzubringen und teilzuhaben, aber auch seine eigene Situation in den Streitkräften einzuschätzen. Der Soldat hinterfragte seinen Dienst, auch die Sicherheits- und Militärpolitik sowie die Verwirklichung der politischen Vorgaben in der Truppe[97]. Wenn er mit einer für ihn persönlich unbefriedigenden Situation nicht einverstanden war, äußerte er dies und versuchte sie zu verbessern[98]. Aber hätte dies nicht auch der Soldat früherer deutscher Streitkräfte getan? Wohl nicht, da das Infragestellen des Sinnes der individuellen Funktion auch die Negation des militärischen Dienstes in seiner Gesamtheit bedeutet und somit als Ungehorsam gegolten hätte. Interessanter ist vielmehr die Frage, ob der Soldat der Bundeswehr seinen Dienst auch offen in Frage gestellt hätte, wenn er nicht die Möglichkeit der Eingabe an den Wehrbeauftragten gehabt hätte? Diese Frage ist durchaus suggestiv, denn schließlich gehört zum Amt des Wehrbeauftragten auch eine demokratische Staatsverfassung, in welcher der männliche wehrpflichtige Staatsbürger ganz anders sozialisiert wurde als seine Vorgänger in der kaiserlichen Kontingentsarmee oder Wehrmacht. Somit kamen im Vergleich zu früher aufgeklärtere Staatsbürger in eine Bundeswehr, die sich eine Exklusivität im Inneren gar nicht mehr leisten konnte.

Der Wehrbeauftragte als Beschwerdestelle wirkte auch anziehend auf die Angehörigen der Bundeswehrsoldaten und die zivilen Bediensteten. Jeder Soldat verfügte über das Recht, sich an den Wehrbeauftragten zu wenden. Aber das zusätzliche Rechtsmittel, das ausschließlich für die Soldaten geschaffen worden war, genoss inzwischen hohe Reputation in der Bevölkerung. Daher wurde die eingangs erwähnte Forderung, einen Parlamentsbeauftragten auch für zivile Bereiche einzuführen, immer wieder erhoben. So wurde eine dem Wehrbeauftragten entsprechende Stelle für die Zivilbediensteten der Bundeswehr gefordert, um ihnen die gleichen Chancen wie den Soldaten einzuräumen. Dieser Beauftragte sollte dann das unklare und bürokratische Verhalten der vorgesetzten Dienststellen kontrollieren und kritisieren. Im Ministerium hielt man das den zivilen Bediensteten zustehende Recht zur Dienstaufsichtsbeschwerde sowie zur Petition für ausreichend, um Kritik zu üben[99]. Obgleich solche Eingaben wie die von Angehörigen eigentlich gesetzlich nicht in seinen Aufgabenbereich gehörten, bearbeitete der Wehrbeauftragte sie dennoch. Eltern

---

[96]   BA-MA, BW 2/11930, Schreiben WB an den BMVg, 8.9.1967, betreffend »Teilnahme von Soldaten an Lehrgängen und Tagungen«; Schreiben Fü S I 3 an den WB, 16.10.1967, betreffend »Teilnahme von Soldaten an Lehrgängen und Tagungen«.

[97]   Ebd., Abschrift offener Brief an Willy Brandt: Soldaten fordern Verwirklichung der Verträge von Moskau und Warschau durch OTL Wriedt, Kdr PzBtl 183 in Boostedt, 8.12.1971.

[98]   Vgl. ebd., Eingabe Gefr. Karl-Heinz M., Jagdbombergeschwader 31, an den WB, 23.11.1966.

[99]   Ebd., BW 1/94614, Schreiben VR II 2 an VR III 1, 1.3.1971, betreffend »Eingabe des Herrn Heinz L., 12.11.1970«.

oder Ehefrauen[100] der Soldaten wandten sich an ihn, aber auch direkt an den Verteidigungsminister[101]. Beispielhaft dafür ist der Vater eines während seines Wehrdienstes bei der Bundeswehr verunglückten Sohnes. Er wollte den Wehrbeauftragten auf die technischen Mängel des Schützenpanzers HS 30[102] aufmerksam machen, durch den sein Sohn eine schwere Handverletzung erlitten hatte[103]. Der Wehrbeauftragte forderte daraufhin den Bundesminister der Verteidigung zur Überprüfung des Unfalles auf. Der vom Vater geschilderte Sachverhalt wurde bestätigt, der Unfall analysiert und Sofortmaßnahmen zur Unfallverhütung ergriffen[104]. Dieses hohe Ansehen und Vertrauen genoss der Wehrbeauftragte trotz oder vielleicht gerade wegen der nicht wenigen Affären um das Amt. Der Vater, dem es in erster Linie um die Behebung und Abstellung technischer Mängel am Wehrmaterial und nicht um eine Anklage gegen die unmittelbaren Vorgesetzten seines Sohnes ging, hätte sich auch an das Bundesamt für Wehrtechnik und Beschaffung (BWB) oder an den Verteidigungsminister direkt wenden können. Dagegen ersuchte er den Wehrbeauftragten, einerseits seinen Unfallbericht an das BWB zu übergeben und anderseits seinen Sohn bei der Geltendmachung seiner Schadenersatzansprüche gegenüber der Bundeswehr zu unterstützen. Die unabhängige Institution des Wehrbeauftragten erschien ihm vertrauenswürdiger und unparteiischer als die mit der Aufklärung und Abwicklung des Unfalls beauftragten Bundeswehrdienststellen. Seine Absicht, solche Unfälle für die Zukunft zu verhindern, glaubte er mit dem Parlamentsbeauftragten am besten verwirklichen zu können. Die Bundeswehr sitze dagegen das Problem nur aus und nehme lieber weitere Unfälle in Kauf, als zusätzliche Mittel für die Abstellung der technischen Mängel zu investieren: »Es ist mir unverständlich, dass die Bundeswehr nicht ähnliche Maßnahmen trifft, um wenigstens in Friedenzeiten ihre jungen Soldaten vor körperlichen Schäden zu bewahren. Aus der Tatsache, dass die völlig unzureichende Konstruktion schon zu verschiedenen Verletzungen der Panzerschützen führte und trotzdem von Seiten der militärischen Sicherheitsorgane keine entsprechenden Maßnahmen getroffen wurden, um diesen Mangel zu beseitigen, kann nur grobe Fahrlässigkeit abgeleitet werden[105].«

---

[100] Vgl. ebd., BW 1/248196, Schreiben Ehefrau Gudrun L. an den Petitionsausschuss des Bundestages, 20.5.1984. Der WB wies Frau L. darauf hin, dass er nur tätig werden könne, wenn ihr Ehemann sich ausdrücklich mit ihrem Schreiben einverstanden erkläre und dass der Petitionsausschuss in ihrer Sache der bessere Ansprechpartner sei, da die Möglichkeiten der Einflussnahme größer seien als die des WB.

[101] Ebd., BW 2/11938, Schreiben P II 5 an den Vater Stadtrat Anton K., 29.6.1970, betreffend »SU K.«.

[102] Vgl. Kollmer, Rüstungsgüterbeschaffung, verdeutlicht am Beispiel der Beschaffung des Schützenpanzers HS 30.

[103] BA-MA, BW 2/11930, Eingabe Rudolf H. an den WB, 1.6.1967, betreffend »Unfall des Gefreiten Werner H.«.

[104] Ebd., Schreiben WB an den BMVg, 9.6.1967, betreffend »Unfall des Gefreiten Werner H.«; Schreiben Fü S I 3 an den WB, 6.9.1967, betreffend »Unfall des Gefreiten Werner H.«.

[105] Vgl. ebd., Eingabe Rudolf H. an den WB, 1.6.1967, betreffend »Unfall des Gefreiten Werner H.«.

Weitere Fälle betrafen die Einberufungspraxis und den Alltag des Dienstes[106]. Der Vater eines Wehrpflichtigen richtete seine Eingabe aber nicht nur an
den Wehrbeauftragten, sondern auch an den Bundesminister für Jugend, Familie und Gesundheit, den Bundesminister der Justiz und den Bundesminister der
Verteidigung, der die Bearbeitung zuständigkeitshalber übernahm. Der Parlamentarische Staatssekretär beantworte die Eingabe aufgrund des ressortübergreifenden Anspruchs persönlich und benachrichtigte seine Kabinettskollegen
und den Wehrbeauftragten über das Ergebnis der Überprüfung[107]. Die Eltern
nahmen Anteil am Schicksal ihrer Kinder, die sie über ihre Erlebnisse in der
Bundeswehr informierten. Bei offensichtlichen Mängeln und Ungerechtigkeiten
scheuten sie sich nicht, für ihre Kinder einzutreten und auf Missstände hinzuweisen. Der Sohn, der ja schließlich seinen Dienstpflichten für das Vaterland
nachkam, sich ihnen nicht wie andere versagte, sollte zumindest anständig behandelt, ordentlich versorgt und mit den Kriegsdienstverweigerern gleichge-
stellt werden. So wurde es als unrechtmäßige Belastung angesehen, wenn eine
Familie für ihre zwei wehrpflichtigen Söhne eine finanzielle Belastung von
32 000 DM (16 361 €) in den 15 Monaten Wehrdienst tragen musste. Dies empfand man gegenüber den Kriegsdienstverweigerern, die sich ihrer Pflicht entzogen hätten, und den jungen Frauen als ungerecht[108]. Zwar wurden die wehrpflichtigen Soldaten in der Bundeswehr rundum versorgt, d.h. sie erhielten eine
Unterkunft, eine Uniform, ihre dienstliche Bekleidung wurde gereinigt, diverse
Beihilfen gewährt, Sold gezahlt und sie wurden verpflegt. Oftmals belasteten
sie aber auch weiterhin das Elternhaus. Nicht nur, dass viele Soldaten selbst
einen finanziellen Verlust durch die Unterbrechung des Zivilerwerbs während
des Wehrdienstes erlitten, sondern auch für die Eltern und vor allem für die
Mütter stellte der Soldatendienst eine spürbare Beanspruchung dar, aber meist
aus Bequemlichkeit des Sohnes, der lieber die Wäsche von der Mutter waschen
ließ als sie in der Kaserne abzugeben[109].

Eine Wehrpflichtarmee war ein Sammelraum für junge Männer verschiedens-
ter sozialer Herkunft, die sich in Bildung, Familienstand, Beruf und Konfession
unterschieden. Einige hatten schon vorher mehrfachen Kontakt mit den Straf-
verfolgungsbehörden gehabt. Sowohl der Verteidigungsminister als auch der
Wehrbeauftragte erhoben immer wieder die Forderung, dass die Vorgesetzten

---

[106] Ebd., BW 2/11937, Eingabe Rechtsanwalt und Notar Paul de N., 19.10.1970, S. 1: »Ich halte
es für meine Pflicht, Sie zu veranlassen, für Abhilfe zu sorgen, damit die Bundeswehr bei
unserer Jugend und den Eltern der Wehrpflichtigen nicht noch mehr in Misskredit gerät
als dies bereits der Fall ist.«

[107] Ebd., Schreiben Parl. StS beim BMVg an den Rechtsanwalt und Notar Paul de N., 16.11.1970.

[108] Ebd., BW 1/193816, Eingabe Marianne W. an den WB, 31.7.1979; Eingabe Waltraud H. an
den WB, 3.1.1979; ebd., BW 1/250587, Schreiben Günter B. an den Petitionsausschuss,
30.9.1985.

[109] Vgl. ebd., BW 1/193816, Presseinformation des Pressesprechers der WBV VI München
»Mutti macht's besser!«, Mai 1979, sowie die Leserbriefe in der Süddeutschen Zeitung,
Nr. 108 aus dem Jahr 1979, S. 26 unter den Überschriften »Knappe Wäsche der Soldaten
fördert Bindung ans Elternhaus«, »Die Unterhose hat nichts zu lachen« und »Nur ein
Hemd pro Woche« und in der Rheinischen Post, 17.1.1979, unter »Waschfrau der Nation«.

vorab eine Auskunft aus der gerichtlichen Erziehungskartei erhalten sollten. Diese Auskunft war auf die Straf- und Vormundschaftsgerichte, die Behörden der Staatsanwaltschaften sowie die Jugendämter beschränkt. Für den Bereich der Bundeswehr wurde eine derartige Auskunft jedoch vom Bundesminister der Justiz und seinen Länderkollegen erfolgreich verhindert. Hier kollidierte das Interesse des vorbestraften Wehrpflichtigen auf Informationsschutz mit den Sicherheitsinteressen der Bundeswehr sowie der Forderung auf Kameradenschutz. Die Armee hatte hier hinter den Soldaten zurückzutreten, weshalb auch eine konzertierte Aktion von Wehrbeauftragtem und Bundeswehrführung keine Aussicht auf Erfolg hatte. Die Kompetenzverteilung innerhalb der Exekutive wirkte dem entgegen[110].

Die öffentliche Meinungs-, aber auch Klischeebildung wirkte nicht nur auf die Bundeswehr, sondern auch auf den Wehrbeauftragten ein. Der parlamentarische Kontrolleur brauchte und nutzte auf der einen Seite gerade diese »vierte Gewalt« existenziell. Anderseits nahm er auch eine Schutzfunktion für die Armee gegen die Massenmedien wahr. Eine stereotype und undifferenzierte Darstellung der Soldaten erregte den Unmut und Widerspruch der Betroffenen. Ihr Adressat war aber nicht das berichtende Medium, sondern der Kontrolleur, der ihre Interessen gegenüber den Journalisten vertreten sollte und von dem sie Schutz erwarteten. Seine Intervention verpuffte nicht und er strebte an, diese Klischeebildung zu korrigieren. Der Wehrbeauftragte erweiterte hier seine Funktion. Neben die Kontroll- und Sachwalter- trat nunmehr die Lobbyistenfunktion[111]. Sein Anliegen war es, den stereotypen Klischees entgegenzutreten und auch den Medien ihre Verantwortung gegenüber den Soldaten aufzuzeigen. Eine Absicht, die im Grunde auch Heye mit seinem »Quick«-Artikel verfolgt hatte. Jedoch war es ihm nicht gelungen, seine Intentionen gezielt zu steuern, sondern die von ihm angestoßene Kontroverse verselbständigte sich nach der Veröffentlichung und entwickelte sich zu einer politisch-militärischen Affäre. Die missglückte Öffentlichkeitsarbeit Heyes wandelte sich aber im Nachhinein zu einem Glücksfall für das Amt, weil die große öffentliche Wirkung die vermeintlichen Gegner einschüchterte, somit die Institution stärkte und die Bundeswehr dadurch einem weiteren Modernisierungsdruck aussetzte.

Die westdeutschen Streitkräfte bewegten sich wie keine andere deutsche Armee zuvor im öffentlichen Raum. Interne Konflikte erhielten öffentliche Relevanz. Verteidigungsminister Helmut Schmidt nannte dies das in der Bundeswehr übliche Indiskretionsverfahren. Die nunmehr offen diskutierten Problemfelder provozierten Reaktionen und Gegenreaktionen. Hierbei wurde der Wehrbeauftragte instrumentalisiert. Durch eine Eingabe an ihn konnte eine umfangreiche Untersuchung des Sachverhalts erreicht werden, die der Petent

---

[110] Vgl. JB 1965, S. 8 f.; BA-MA, BW 1/66242, Schreiben VR II 2 an Fü S I 3, 15.8.1966, betreffend »Jahresbericht 1965 des WB«, S. 2.

[111] Vgl. ACDP, NL Ernesti, I-264-020, Schreiben Berkhan an Intendanten des ZDF, 11.3.1976; Schreiben Intendant des ZDF an Berkhan, 14.4.1976.

dem bürokratischen und auf Konfliktvermeidung bedachten Verteidigungsministerium nicht zutraute.

Weshalb sonst wandte sich ein Hauptmann d.R. und Gerichtsassessor, der ja eigentlich als Offizier und Jurist im Beschwerdeverfahren bewandert gewesen sein müsste, hinsichtlich eines Leserbriefes eines anderen Offiziers an den Wehrbeauftragten und nicht an seinen Minister? Der Leserbriefschreiber kritisierte in einer Regionalzeitung einen Bundestagsabgeordneten unter Nennung des eigenen Ranges und der dienstlichen Adresse auf eine unangebrachte Art und Weise, weil sich der Politiker gegen die »Schnez-Studie« exponiert hatte. Auch der Wehrbeauftragte sah in dem Vorgehen des Leserbriefschreibers die Grundsätze der ›Inneren Führung‹ verletzt und beantragte Maßnahmen gegen ihn[112]. Der Befehlshaber des Flottenkommandos untersuchte den Vorfall und sah aufgrund der guten dienstlichen Leistungen dieses »tüchtigen jungen Offiziers mit einem ausgeprägten Gerechtigkeitsgefühl« von einer Disziplinarmaßnahme ab, der Leutnant z.S. wurde daraufhin lediglich wegen seiner »subjektiven« und »unsachlichen« Meinungsäußerung belehrt: »Wie viele seiner Kameraden vermisst er publizistische Gegenmaßnahmen der Bundeswehrführung und macht daher von seinem Recht als Staatsbürger Gebrauch, seine Auffassung durch Leserbriefe zu dokumentieren. Das Engagement dieses jungen Offiziers, der in erfreulichem Maße bestrebt ist, sowohl als Soldat, als auch als Staatsbürger seine Pflicht zu erfüllen, begrüße ich[113].« Im Gegensatz zum Befehlshaber des Flottenkommandos hielt der Inspekteur der Marine die Belehrung über den verfassungsmäßigen und gesellschaftspolitischen Auftrag der Bundeswehr für nicht ausreichend, erachtete vielmehr die Verhängung eines Verweises oder zumindest das Aussprechen einer Missbilligung für angemessen. Konsequenzen für den Leutnant hatte die Aufforderung des Marineinspekteurs jedoch nicht[114]. Warum wurde der Wunsch des Inspekteurs übergangen? Eine Disziplinarmaßnahme hätte mehrere Vernehmungen zum Sachverhalt erfordert, die Disziplinarverfügung wäre beschwerdefähig geworden. Dabei hätten auch andere Offiziere mit ihren Äußerungen belastet werden können, die nicht mit der Enthaltsamkeit von politischen Meinungen im Dienst oder dem Anspruch des Dienstherrn auf die Loyalität der Soldaten vereinbar gewesen wären. Der Leserbrief des Leutnants z.S. veröffentlichte vielleicht nicht nur dessen eigene Meinung, sondern spiegelte vermutlich auch die vieler seiner Kameraden und Vorgesetzten wider. Zwar eine hypothetische Argumentation, die allein aus den Dokumenten nicht zu belegen ist. Trotzdem stellt sich die Frage: Warum reagierte der Befehlshaber des Flottenkommandos so verhalten? War es wirklich nur Fürsorge gegenüber

---

[112] BA-MA, BW 2/11937, Schreiben WB an Fü S I 3, 25.2.1970, betreffend »Eingabe des Gerichtsassessors und Hptm d.Res. Gerhard H.«, 7.2.1970; Weitere Eingabe Gerhard H., 19.3.1970, betreffend »Erneuter Leserbrief des Lt. z.S. K.«.

[113] Ebd., Schreiben KAdm Birnbacher an Fü M III 5, 28.5.1970, betreffend »Eingabe an den WB vom 16.2.1970«, S. 2.

[114] Ebd., Schreiben Fü M III 5 an Fü S I 3, 8.6.1970, betreffend »Eingabe an den WB vom 16.2.1970«; Schreiben Fü S I 3 an den WB, 10.6.1970, betreffend »Eingabe an den WB vom 16.2.1970«.

einem jungen Untergebenen, der über das Ziel hinausgeschossen war? Warum teilte der Marineinspekteur diese Meinung nicht, veranlasste aber auch keine weitere Überprüfung? Mit der freien Entscheidungsbefugnis des nächsten Disziplinarvorgesetzten allein konnte dies nicht begründet sein. In der »offenen« Gesellschaft fanden Ansichten wie die des Leutnants, wenn sie öffentlich bekannt geworden waren, auch Personen mit Gegenansichten, die sich dann des Wehrbeauftragten als Instrument der internen Auseinandersetzung in der Bundeswehr bedienten, um solchen Positionen entschieden gegenüberzutreten. Somit wurde in der Bundeswehr dieser Sachverhalt nach demokratischen Spielregeln diskutiert, auch wenn die Armee intern nicht demokratisch organisiert war.

In den Medien wurden wie im soeben geschilderten Fall kontroverse Diskussionen über sicherheits- und militärpolitische Themen zwischen »Staatsbürgern in Uniform« und Staatsbürgern in Zivil geführt. Die Bundeswehr als Gesamtorganisation war durch eine gezielte Öffentlichkeitsarbeit bestrebt, Einfluss auf eine zustimmende Meinungsbildung zur Armee, ihrer Funktion und ihren Aufgaben zu nehmen. Dazu dienten neben öffentlichen Feierlichen Gelöbnissen »Tage der offenen Tore«, Teilnahme an repräsentativen Veranstaltungen, aber auch die Betreuung von Besuchern aus politischen Parteien und Organisationen in den Einrichtungen der Bundeswehr. Zwar wurden darüber keine Erhebungen über die Zugehörigkeit zu politischen Parteien der Besucher durchgeführt, jedoch zeigte sich aus den Besuchszahlen des Ministeriums in Bonn für das Jahr 1972, dass die CDU/CSU weit vor der SPD und der FDP rangierte[115]. Eine durchweg höhere Affinität der konservativen als der sozialdemokratischen oder liberalen Parteien zur Bundeswehr, auch wenn diese gerade in der Regierungsverantwortung standen, ließ sich aufgrund dieser Zahlen nicht verleugnen. Die Bundeswehr galt weiterhin bei den Parteien, vor allem aber bei den Gewerkschaften und bei wesentlichen Teilen der Öffentlichkeit in der Tendenz als eher rechtsgerichtete und konservative staatliche Organisation. Die »offene« Armee fand deshalb in stereotypen Qualifizierungen einiger Gruppen der Gesamtgesellschaft ihre Grenzen[116].

Die Bundeswehr war als Armee nicht nur »offen« für Strömungen aus der Gesellschaft, die über die verschiedenen Typen von Wehrpflichtigen, ihre Angehörigen, Reservisten bzw. Vertreter aus der interessierten Öffentlichkeit Einzug in die Armee fanden. Über die Erfahrungen der ehemaligen Soldaten, die Öffentlichkeitsarbeit und das Wirken des Wehrbeauftragten öffnete sich die Gesellschaft auch umgekehrt für die Bundeswehr. Dem Wehrbeauftragten kam hierbei die wichtige Funktion des Mittlers zu. Er war der Ansprechpartner für Personen, die sich an der Bundeswehr interessiert zeigten, er verfügte über das Vertrauen und die Möglichkeiten, schnell und unbürokratisch zu helfen. Allein

---

[115] Ebd., BW 2/11940, Schreiben WB an Fü S I 3, 8.4.1973, betreffend »Öffentlichkeitsarbeit in der BW«; Schreiben IPStab 3 an Fü S I 3, 27.4.1973, betreffend »Öffentlichkeitsarbeit in der BW«; Schreiben Fü S I 3 an den WB, 14.5.1973, betreffend »Öffentlichkeitsarbeit in der BW«.
[116] Vgl. Bösch, Das konservative Milieu, S. 185–215.

seine Existenz erzeugte zusätzliche Transparenz in militärischen Aspekten. Dadurch trug er in einem entscheidenden Maß dazu bei, dass die Bundeswehr zu einer »offenen« und »modernen« Armee in der Demokratie werden konnte. Die Zeiten einer Isolation von der Gesellschaft wie in der Weimarer Republik gehörten der Vergangenheit an. Diese Gefahr für die Bundeswehr bestand auch in der Amtszeit Heye zu keinem Zeitpunkt.

Bei einer Zusammenschau der Entwicklungen in der Bundesrepublik, in der Bundeswehr und des Soldaten fallen neben vielen Parallelitäten doch einige Unterschiede auf. Die Bundesrepublik Deutschland unterlag seit 1945 mehreren Wandlungen. Diese waren zunächst gekennzeichnet vom Übergang der Industrie- zur Medien- bzw. Dienstleistungsgesellschaft. Der Anteil der Erwerbstätigen des tertiären Sektors stieg stark gegenüber dem des sekundären an. Trotzdem blieb sie eine bürgerliche Gesellschaft[117]. Die Staatsentwicklung erfolgte grob gegliedert in vier Phasen[118]:

(1) Bei der Rekonstruktion und Solidarität (1945–1955) wurde durch die Entnazifizierung und Demokratisierung an die Weimarer Republik angeknüpft. Die bis 1945 erfolgte Gleichschaltung der Organisationen wurden rekonstruiert und die Personen nach den Vorstellungen der Westalliierten umerzogen. Dabei blieb ein hoher Anteil struktureller und personeller Kontinuität aus dem ›Dritten Reich‹ erhalten. In der privaten Lebensführung zog man sich auf tradierte Normen zurück. Die Aufstellung der Bundeswehr vollendete die staatliche Rekonstruktion. Die Demokratie war bei alledem jedoch gesellschaftlich noch nicht voll etabliert.

(2) Stagnation und Aufbruch (1955–1967) bedeutete die Konsolidierung der gesellschaftlichen und politischen Strukturen, vor allem auch der demokratischen Werte- und Normenordnung. Die institutionelle und außenpolitische Konsolidierung bremste durch den wirtschaftlichen Aufholprozess erst einmal den gesellschaftlichen Fortschritt, um nach organisatorischer Demokratisierung im Inneren und Westorientierung nach außen in einem »zweiten Gründungsakt«[119] eine Liberalisierung und Demokratisierung der Gesellschaft einzuleiten, die durch die Reduzierung der Intensität bei der Austragung des Kalten Krieges wesentlich begünstigt wurde. Vor allem die sechziger Jahre kennzeichneten daher Übergang und Kampf um politische und kulturelle Hegemonie.

(3) Umbruch und beginnende Individualisierung (1967–1976): Auf die staatliche Emanzipation von den Besatzungsmächten folgte die bürgerliche von

---

[117] Vgl. zum amorphen Begriff ›Gesellschaft‹: Wörterbuch der Soziologie (Artikel ›Gesellschaft‹); Tönnies, Community and Civil Society.
[118] Diese Einteilung lehnt sich in der Struktur an Görtemaker, Geschichte der Bundesrepublik Deutschland; Herbst, Option für den Westen; Luhmann, Einführung in die Theorie der Gesellschaft; Riskante Freiheiten, hier vor allem der Beitrag Mayer/Müller, Individualisierung und Standardisierung, an. Des Weiteren sind Schildt, Moderne Zeiten; Schildt, Nachkriegszeit; Zäsuren nach 1945; Wolfrum, Die geglückte Demokratie; Wolfrum, Die Bundesrepublik Deutschland, sowie Wandlungsprozesse in Westdeutschland zu berücksichtigen.
[119] Vgl. Wandlungsprozesse in Westdeutschland (Beitrag Herbert), S. 30.

den staatlichen Autoritäten. Letztere hatten nicht Schritt gehalten mit den gesellschaftlichen Entwicklungen, weshalb aufgrund der gesellschaftsstrukturellen sowie politischen Verhältnisse eine vor allem studentisch geprägte, oppositionelle Bewegung gegen politische Parteien und staatliche Organe initiiert wurde.

(4) Individualisierung und Orientierungslosigkeit (1976–1985): Die politische Bürgerbewegung hielt in dieser Zeit weiterhin an. Jedoch wandelte sie sich in der Prägung vom politischen Sozialismus zur links-pazifistischen Lebenseinstellung. Der Bürger befand sich in einer Ordnung, die von einem weiter ansteigenden Wohlstand, einem Wohlfahrtsstaatsdenken, mehr Freizeitorientierung und einem verstärkten Suchtproblem gekennzeichnet war.

Die Bundeswehr als Organisation durchlief einen ähnlichen, aber immer um ein paar Jahre verzögerten Prozess:

(1) Konzeptionsphase (1950–1955);

(2) Früh- und Aufbauphase (1955–1968) sowie

(3) Konsolidierungsphase (1968–1985).

In den ersten beiden Phasen suchten die Streitkräfte ihren Platz im Systemgefüge, der einzelne Soldat in der Gesellschaftsordnung der Bundesrepublik Deutschland, um danach die Bundeswehr mit Staat und Gesellschaft zu vernetzen. Bei der Konsolidierung wurde die Modernisierung durch Reformen eingeleitet[120]. Der Soldat entwickelte sich vom autoritätsgeprägten, solidarischem Typ (bis 1967) über den emanzipierten (bis 1978) zum orientierungslosen Soldaten (bis 1985), der von einem im Vergleich zu vorher höherem Maß an Individualismus geprägt war. Der Wehrbeauftragte stellte diesen Wertewandel immer wieder fest und zeigte auch die Konsequenzen für die Bundeswehr auf. Gerade mit den Schlagwörtern ›Frust‹ und ›Gammeln‹ wurde nicht nur der Sinn des täglichen Dienstes, sondern des Wehrdienstes überhaupt impliziert[121]. Eine Bestandsaufnahme aus dem Winter 1980/81 für das Verteidigungsministerium über das Meinungs- und Erlebnisbild der jungen Männer im Grundwehrdienst spiegelte nicht nur für die Bundeswehr relevante Einstellungen wider, sie legte auch gesamtgesellschaftliche Problemfelder frei. Neben sich wandelnden Wertevorstellungen, die sich vor allem in der zurückhaltenden Einstellung zum Staat und zum Dienst für das Gemeinwohl ausdrückten, wirkten vor allem die Freizeitorientierung bei gleichzeitig ansteigender Orientierungslosigkeit, der Hang zum privaten Glück und das Desinteresse am politischen Geschehen negativ auf die Streitkräfte. Die Komplexität der Sicherheitspolitik, die den Sinn des Auftrages für die Bundeswehr innerhalb der NATO für die Soldaten schwer nachvollziehbar machte, eine privatistische Jugendkultur, vielfältige Zukunftsängste und steigender Alkoholkonsum erschwerten die Einordnung in die soldatische Gemeinschaft. Der Sinn des Soldatendienstes konnte von der Bundes-

---

[120] Vgl. Bald, Die Bundeswehr. Bald periodisiert die Bundeswehr folgendermaßen: (1) Begründung des Staats durch Macht (1949–1969), (2) Reform und Stabilisierung (1969–1982), (3) Konservative Konsolidierung (1982–2000). Aus organisationsgeschichtlicher Perspektive erscheint aber die Phaseneinteilung sinnvoller als die Periodisierung von Bald.

[121] JB 1980, S. 7 f.; Lippert, Gammeldienst, S. 424–439.

wehr allein nicht vermittelt werden, vielmehr bedurfte es dazu der Anstrengungen aller gesellschaftlichen und politischen Kräfte[122]. Die Anforderungen an die Bundeswehr und ihre Führung wurden gegenüber früheren Zeiten höher. Durch die komplexe gesellschaftliche Umwelt, die durch einen starken internationalen wie nationalen Pazifismus, aber auch durch die Partei der Grünen geprägt war sowie durch das Vermittlungsproblem der Sinnhaftigkeit des Verteidigungsauftrages an die Öffentlichkeit, das sich in den Demonstrationen gegen den NATO-Doppelbeschluss zeigte, fand sich die Bundeswehr mit einer Fülle von Problemen konfrontiert, die gleichermaßen grundsätzlicher wie individueller Art waren. Der orientierungslose Soldat der achtziger Jahre brauchte eigentlich einen Vorgesetzten, der ihm Vorbild sein sollte, ihm Halt geben konnte und vor allem rund um die Uhr für ihn da war. Jedoch gehörte dieser Vorgesetzte der Vergangenheit an. Der Bundeswehrsoldat benötigte demnach eine an sich widersprüchliche Kombination aus einer dienstlichen Rundumpräsenz des Vorgesetztentypus der sechziger und eines freiheitlichen Geistes der achtziger Jahre.

4. Der Zwang zum »Staatsbürger in Uniform«

Die Gesamtgesellschaft, die Bundeswehr und der Soldat unterlagen in drei Jahrzehnten mehreren Wandlungen. Mit der ›Inneren Führung‹ war es den Streitkräften möglich, sich auf die gesellschaftlichen und politischen Rahmenbedingungen einzustellen, ja sich sogar anzupassen. Das Leitbild des »Staatsbürgers in Uniform« wurde nicht nur konzeptionell gefordert, sondern normativ festgelegt. Wer die Forderungen der ›Inneren Führung‹ nicht berücksichtigte, verstieß auch gegen geltende Vorschriften und Gesetze. Gerade den Verwaltungs- und Justizjuristen kam daher neben dem Wehrbeauftragten für die Verwirklichung der ›Inneren Führung‹ eine nicht unerhebliche Rolle zu.

Die wesentliche Erkenntnisquelle des Wehrbeauftragten für seine Aufgabe bildeten die Eingaben der Soldaten. Diese wurden ergänzt durch Hinweise aus der Bevölkerung, die ihm zugänglichen Materialien aus dem Bundesministerium der Verteidigung, Veröffentlichungen, Presseberichte, Rundfunk- und Fernsehsendungen, BV-Meldungen, Truppenbesuche und ihm unaufgefordert zugesandte Erfahrungsberichte. Dem »Staatsbürger in Uniform« wurde ein in wenigen Bereichen eingeschränkter Grundrechtsschutz gewährt, ihm wurden vielfältige, sogar über den zivilen Sektor hinausgehende Rechtsschutzmöglichkeiten eingeräumt[123]. Bestand somit überhaupt die Gefahr einer Verwirkung der staatsbürgerlichen Rechte der Soldaten in der Bundeswehr? Hätte dies tatsächlich ohne Konsequenzen geschehen können? Die Bundeswehr wurde 1955/56

---

[122] BA-MA, BW 1/135181, Stellungnahme des BMVg zum JB 1980 des WB, 10.6.1981, S. 35.
[123] Moritz, Das Amt des Wehrbeauftragten, S. 252 f.

von Soldaten der ehemaligen deutschen Wehrmacht aufgebaut. Diese Soldaten waren durch eine Armee in der Diktatur und ihre persönlichen Erfahrungen während des Krieges geprägt. Die Wahrnehmung und Verarbeitung dieser Erfahrungen fand weniger kollektiv[124], sondern hauptsächlich individuell statt[125]. Die Regierung Adenauer verpflichtete sich zum Aufbau und zur Integration von höchstens 500 000 westdeutschen Soldaten in die NATO, die Westalliierten bezogen diese Streitkräfte in ihren Verteidigungsplan ein. Im Hinterkopf schwebte bei ihnen aber die Vorstellung von im Kampf mit den Sowjets erprobten Soldaten der ehemaligen Wehrmacht, die mit amerikanischer Hilfe technisch und logistisch modernisiert werden sollten[126]. Diese Zusage wurde zeitlich verzögert von Seiten der Bundesrepublik auch eingehalten, jedoch mit einer Armee, die ein völlig anderes inneres Gefüge kennzeichnete. Gerade die militärische Führung der Bundeswehr stand aber in der Früh- und Aufbauphase nun vor einem Dilemma: Zum einen die ›Innere Führung‹ zu verwirklichen, die Bundeswehr aber dabei gleichzeitig für den vermutlich bevorstehenden Abwehrkampf gegen eine sowjetische Invasion einsatzfähig zu machen. Aus dieser doppelten Herausforderung ergaben sich zwei Möglichkeiten des Handelns:
(1) Primäre Verwirklichung der ›Inneren Führung‹ unter Hintansetzung der Verteidigungsfähigkeit und
(2) absolute Priorität der Verteidigungsfähigkeit unter Vernachlässigung der Umsetzung der ›Inneren Führung‹.
Beides gleichzeitig verwirklichen zu wollen, war auf Grund des Ausbildungsstandes der Offiziere und Unteroffiziere eine unlösbare Aufgabe. Die Bedrohungsgefahr für die Bundesrepublik Deutschland durch die Warschauer-Pakt-Staaten war für die Generalität der Bundeswehr derart hoch und real, dass eine Präferenz des zweiten Weges in ihren Augen absolute Priorität genießen musste.

Auf der anderen Seite standen aber die Wirklichkeit der parlamentarischen Demokratie und eines Rechtsstaates mit seinem Organ Verteidigungsausschuss und einem Wehrbeauftragten, bundeswehrintern abgestützt durch das Prinzip der ›Inneren Führung‹. Das ›Iller-Unglück‹ und der Skandal um ›Nagold‹ machten in der Früh- und Aufbauphase der Bundeswehr deutlich, dass der einzelne Soldat weiterhin Gefahren eines Missbrauchs der Befehlsgewalt durch die Vorgesetzten ausgesetzt war. Der Wehrbeauftragte Heye beschwor genau dies mit seiner skandalträchtigen Publikation in der »Quick« gegenüber dem neuen deutschen Militär herauf. Die Bundeswehr entwickle sich zum »Staat im Staate« hieß nichts anderes, als dass die Soldaten sich von der Gesellschaft und der Politik abzuschotten und eine einseitige militärische Funktions- und Einsatzfähigkeit vorzuziehen drohten. Nicht die Beherrschung des militärischen Handwerks war aber das entscheidende Moment für eine demokratische Integration, sondern die politische Geisteshaltung war für die fugenlose Einordnung der

---

[124] Hier am ehesten in den Soldaten- und Kriegerverbänden. Vgl. Schenck zu Schweinsberg, Die Soldatenverbände.
[125] Vgl. zur Methodik im Umgang mit Kriegserzählungen Meulen, Einige Eigentümlichkeiten der Kriegserzählung.
[126] Kutz, Militär und Gesellschaft, S. 282 f.

Streitkräfte in den Staat verantwortlich. Gefährlich konnte nicht der Professionalisierungsgrad der Soldaten werden, eher das, was er dachte[127]. Zwar übertrieb Heye in seiner Bewertung eines Ablösungsprozesses der Bundeswehr von der Zivilgesellschaft, war aber damit unbestritten politisch und gesellschaftlich sehr wirksam geworden. Der öffentliche Paukenschlag sensibilisierte weit mehr als die stetige Mahnung. Wenn der Bundeswehr öffentliches Interesse an ihrer Entwicklung entgegengebracht wurde, meist aber nur in Verbindung mit Skandalen, dann war der Soldat der Bundeswehr durch die vielfältigen Sicherungsmechanismen der parlamentarischen Verfassung gleichsam zum »Staatsbürger in Uniform« verpflichtet. Von der Norm abweichendes Verhalten führte regelmäßig zu öffentlichen, politischen und daraus resultierend militärischen Sanktionen. Die Offiziere und Unteroffiziere wurden, wenn auch teilweise widerwillig, zum Hüter dieses Postulats zwangsrekrutiert. Somit diente Heye gerade durch die Wahl dieses öffentlichen Forums der demokratischen Auseinandersetzung dem staatspolitischen Ganzen.

In der weiteren Entwicklung, gerade nach 1968, war das demokratische Bewusstsein der Wehrpflichtigen, aber auch der jüngeren Vorgesetzten mehr ausgeprägt als bei den vorherigen Generationen. Jedoch blieb gerade bei den Wehrpflichtigen eine eingeschränkte Repräsentativität ihrer Alterskohorte durch die Einberufungspraxis erhalten. Die Entscheidung für den Wehrdienst untermauerten sie argumentativ mit Orientierung an Recht und Ordnung bzw. Mitmenschlichkeit. Nach Lawrence Kohlbergs Theorie der Entwicklungsstufen befanden sich bei einer Befragung Anfang der achtziger Jahre ca. *63 % der Wehrdienstleistenden* auf einer moralischen Urteilsbasis in der konventionellen Orientierung, d.h. in der Einhaltung der Ordnung und den Erwartungen anderer. Dagegen erreichten knapp *48 % der Wehrdienstverweigerer* die postkonventionelle Orientierung, d.h. das moralische Urteil beruht auf Konformität des Ichs mit gemeinsamen Normen, Rechten und Pflichten. In ihrer Argumentation werden Regeln und Erwartungen als willkürlich gesetzt betrachtet[128]. Es vollzog sich eine Wandlung der inneren Einstellung weg vom primären Gedanken eines Dienens aus Angst vor Sanktionen hin zum Dienen aus Gründen der Konvention. Überlegungen zur Selbstverwirklichung und Einhaltung von sozialen Abmachungen drangen mit 27 % auch in die Bundeswehr ein, waren aber in der Mehrzahl eher bei Verweigerern anzutreffen. Nach der motivationsauslösenden Theorie von Maslow befanden sich daher mehr als ein Viertel der Befragten auf der höchsten Stufe der Bedürfnisse[129]. Zwar bildeten die Wehrpflichtigen eine im Vergleich zu den anderen Angehörigen ihrer Alterskohorten stark an Konventionen orientierte Auslese. Dieser Befund korrespondiert auch mit der Analyse von soldatischer Motivation, deren Grundlage die Wehrmotivation in der Gesellschaft sei. Fühlt sich der Wehrpflichtige zur Bündnis- und Landesverteidigung motiviert, dann ergibt sich daraus eine Dienst- und Einsatzmotiva-

---

[127] AdsD, NL Arndt, Box 7, Mappennummer 18, Brief Heye an Adolf Arndt, 30.7.1964.
[128] Lippert, Die Ableistung des Wehrdienstes; Colby/Kohlberg, Das moralische Urteil.
[129] Vgl. Maslow, Motivation and Personality.

tion[130]. Insgesamt war aber selbst mit den mehrheitlich an Konventionen ge-
bundenen Wehrpflichtigen ein Rückfall auf die Entwicklungsstufen der präkon-
ventionellen Orientierung wie vor 1945, die Heye 1964 noch befürchtet hatte,
seit den siebziger Jahren kaum mehr möglich. In der Befragung am Beginn der
achtziger Jahre befanden sich dann auch nur noch ca. 10 % der Wehrdienstleistenden auf den niedrigsten Stufen in der Entwicklung[131].

Der Grad der Integration der Streitkräfte in die Gesellschaft leite sich davon
ab, inwieweit es dem Soldaten weiter möglich bleibe, an den bisherigen persönlichen Lebensgewohnheiten festzuhalten. Dieser Forderung trügen die
Streitkräfte weitgehend Rechnung, so der Wehrbeauftragte 1980[132]. Der integrierte Soldat diente militärisch genauso effektiv wie die deutschen Soldaten vor
ihm, fühlte sich aber als »Soldat (W 15) und Staatsbürger in Uniform«, der seine
Anliegen offen artikulieren konnte und dabei ernst genommen wurde[133]. Dieses
Leitbild sollte nach Baudissin für alle Soldaten gelten[134]. Fast drei Jahrzehnte
später stellte der Wehrbeauftragte die Frage, inwieweit die dem Leitbild des
»Staatsbürgers in Uniform« immanenten Wertvorstellungen, die aber im Wesentlichen auf den Berufssoldaten und den Zeitsoldaten hin entworfen worden
seien, die Ausbildung des wehrpflichtigen Soldaten weniger befruchten, als
vielmehr überfrachten würden[135]. Hier schien sich Berkhan verrannt zu haben,
wenn er die volle Geltung dieses Leitbildes für die Wehrpflichtigen in Zweifel
zog. Ein Leitbild musste für alle Soldaten der Bundeswehr gelten und nicht für
den einen mehr oder den anderen weniger. Eine derartige Differenzierung hätte
demnach mehr Verwirrung als Klarheit geschafft. Im Ministerium wurde diese
in eine Frage gekleidete Auffassung des Wehrbeauftragten daher sehr kritisch
und ablehnend betrachtet. Zwar gebe es ein unterschiedliches Gewicht im
Selbstverständnis der jeweiligen Gruppe, aber trotzdem müsse es als Leitbild
für alle verbindlich bleiben[136].

---

[130] Vgl. Oetting, Motivation und Gefechtswert, S. 241 f.
[131] Lippert, Die Ableistung des Wehrdienstes, S. 166.
[132] JB 1980, S. 9.
[133] BA-MA, BW 1/193816, Eingabe G B. an den WB, 9.4.1980, betreffend »Fragen und Anregungen eines Soldaten«.
[134] Parlamentsarchiv, 1. WP, Verteidigungsausschuss, 1.–41. Sitzung, Kurzprotokolle,
15.7.1952–4.8.1953, Kurzprotokoll der 36. Sitzung des Ausschusses für Fragen der europäischen Sicherheit, 24.6.1953, S. 6 f.
[135] JB 1980, S. 9.
[136] BA-MA, BW 1/197830, Vorlage Fü S I 4 an den Minister, 4.5.1981, betreffend »JB 1980 des
WB«.

5. Die Bundeswehr – eine demokratische Armee?

Die Furcht vor einem »Staat im Staate« wurde durch die Realität der »Streit-kräfte in der Demokratie« ersetzt[137]. Im Umkehrschluss hieß dies aber nicht, dass die Bundeswehr eine demokratische Armee geworden wäre. Die ›Innere Führung‹ fußte wie das innere Gefüge anderer Streitkräfte auf dem primären militärischen Führungsprinzip von Befehl und Gehorsam. Das »Führen mit Auftrag« lässt zwar den Weg offen, aber niemals das Ziel. Der Wehrbeauftragte Schultz sprach in seinem Jahresbericht 1973 von »innerer Demokratisierung«[138], er meinte vor allem die Mitbeteiligung am Dienstbetrieb. Dabei verwies er auf den problematischen Zusammenhang zwischen diesem Begriff und dem Enga-gement der Soldaten für die Entwicklung von Demokratie in der Gesamtgesell-schaft durch politische Teilhabe in Form von aktivem und passivem Wahlrecht oder am Diskussions- und Meinungsbildungsprozess. Jedoch bedeutete die allmähliche Demokratisierung nicht, dass der Einfluss und die Existenz von Macht und Herrschaft im gesellschaftlichen Alltag geringer wurden. Sie wirk-ten sich in der Demokratie nur anders aus und schufen neue Funktionsfelder[139]. Für die Streitkräfte hieß dies daher nicht, dass sich das Verhältnis von Befehl und Gehorsam grundsätzlich geändert hätte, vielmehr wurde dem Schutz des Untergebenen mehr Gewicht verliehen. Die Möglichkeit, Macht über den Un-tergebenen auszuüben, blieb auch in der Bundeswehr weitgehend erhalten. Insgesamt habe aber, so Schultz weiter, die Bundeswehr niemals ein genereller Vorwurf mangelnder Verfassungstreue getroffen, auch wenn im Einzelfall übertrieben vorgetragene Meinungen der Soldaten die Frage nach der Verein-barkeit mit den Bestimmungen des Soldatengesetzes aufgeworfen hätten. Politi-sche Entscheidungsträger fühlten sich berufen, etwaige gesellschaftliche und politische Verwerfungen kritisch zu beobachten und zu kommentieren, das gleiche Recht solle auch verantwortungsbewussten Militärs zugestanden wer-den. Der Truppe riet Schultz, in solchen Fällen allerdings mehr Gelassenheit walten zu lassen[140]. Beide Seiten, Bundeswehr und Gesellschaft, profitierten voneinander: die Bundeswehr durch aufgeklärte, gebildete und zur Demokratie erzogene Soldaten und die Gesellschaft, indem diese Soldaten den demokrati-schen Geist in die Armee trugen[141]. Welche Rolle spielte dabei der Wehrbeauf-tragte? Machte er sich in dieser Entwicklung nicht irgendwann selbst überflüssig?

Der Wehrbeauftragte begleitete die Entwicklung der Armee. Der Soldat in der Bundeswehr übte zwar keinen ›Job wie jeden anderen‹, aber auch keinen ›sui generis‹ mehr aus. Der Bedeutung der Freizeit kam sowohl im militärischen als auch im zivilen Leben ein zunehmend höherer Stellenwert zu. In der Aus-

---

[137] So MdB Horn (SPD) am 12.3.1982 vor dem Bundestag. In: Parlamentsarchiv, Bd IX 74 A, Deutscher Bundestag, Stenographischer Bericht, 9. WP – 92. Sitzung, 12.3.1982, S. 5547.
[138] JB 1973, S. 50.
[139] Vogel, Historische Anthropologie, S. 302.
[140] JB 1973, S. 50 f.
[141] Vgl. Naser, Zur Frage der sogenannten Demokratisierung der Bundeswehr.

bildung wurde diesem Umstand sogar mit der Einrichtung eines Faches »Freizeitpädagogik« Rechnung getragen, die dem Soldaten vielfältige Anregungen zur Gestaltung seiner Freizeit liefern sollte. In den Bundeswehrpublikationen wurde dazu eine regelmäßige und immer an gleicher Stelle abgedruckte Freizeitecke eingerichtet. Auch die Vorgesetzten orientierten sich vermehrt an der Freizeit. Die Bereitschaft, sich nach Dienst um die Freizeitgestaltung der Untergebenen zu kümmern, ließ jedoch – auch aufgrund des in der Gesellschaft erkennbaren Trends einer frühzeitigen Eheschließung – bei jüngeren Vorgesetzten stark nach. Der Unteroffizier oder Offizier war nach einer täglichen hohen dienstlichen Belastung nicht mehr bereit, seiner Fürsorgepflicht gegenüber dem Soldaten noch weiter über den Dienst hinaus nachzukommen[142]. Letztlich handelte es sich hier um eine antiquierte Vorstellung vom Vorgesetzten. Einerseits propagierte man den »Staatsbürger in Uniform« und andererseits sollte der Soldat rund um die Uhr betreut werden! Die Emanzipation des Soldaten bewirkte daher eher eine Reduzierung der Fürsorgepflicht bei dem jeweiligen Vorgesetzten. Der Bundeswehrsoldat verfügte als »Staatsbürger in Uniform« über beträchtliche Freiheitsrechte und war somit auch für seine Freizeitgestaltung selbst verantwortlich, trotzdem forderten einige weiterhin tendenziell eine Rundum- und Vollzeitversorgung durch die Armee. Was ihnen nützte, verlangten sie, Beschränkungen versuchten sie dagegen aufzuweichen.

Kennzeichen einer Armee in der Demokratie war nicht nur die Toleranz von gesellschaftlichen Strömungen mit ihren Verhaltens- und Denkweisen sowie Lebensstilen, sondern vielmehr die praktische Anwendung von rechtsstaatlichen Verfahrensweisen bei der ›Inneren Führung‹. Die Bindung von Befehl und Gehorsam an rechtsstaatliche Prinzipien machte eine willkürliche Ausübung zumindest theoretisch von vornherein unmöglich. In der Praxis war sie zwar nicht auszuschließen, aber umfangreiche Rechtsschutzmittel des Soldaten, der insgesamt durch den Wehrbeauftragten über mehr Möglichkeiten als jeder Zivilist verfügte, gaben dem Soldaten zumindest die Möglichkeit entschieden dagegen vorzugehen. Beschwerte sich ein Soldat, dass mit ihm in den Streitkräften autoritär und willkürlich verfahren würde, traf diese Einschätzung meist nicht zu. Häufig lag es daran, dass er seine ihm zustehenden und garantierten Rechte nicht wahrnehmen wollte. Die Vorgesetzten waren an Recht und Gesetz gebunden und sie handelten in der Mehrzahl auch danach. In der Anwendung waren sie in ihren Maßnahmen dem Grundsatz der Eignung, Erforderlichkeit und Verhältnismäßigkeit unterworfen[143]. Solche Festlegungen entsprachen der freiheitlich-demokratischen und rechtsstaatlichen Grundordnung der Bundesrepublik, aber kritisch betrachtet nicht immer einer militärischen

---

[142] BA-MA, BW 2/11949, Stellungnahme Fü H I 3 für Fü S I 4, 26.3.1975, betreffend »JB 1974 des WB«, S. 21.

[143] Vgl. hierzu als prägnantes Beispiel den Umgang mit den Kriegsdienstverweigerern. Ebd., BW 2/11943, Fü S I 5, 22.7.1974. G1-Hinweis Nr. 5/74 – Innere Führung, Personal, Ausbildung betreffend »Behandlung von Soldaten, über deren Antrag auf Anerkennung als Kriegsdienstverweigerer noch nicht unanfechtbar entschieden ist oder deren Antrag unanfechtbar abgelehnt wurde«.

Effektivität, denn die auswuchernde Bürokratisierung erschuf einen unübersichtlichen Wust an Gesetzen, Vorschriften, Erlassen und Dienstvorschriften. Deshalb wurde der Vorgesetzte schon mehrfach mit einem »Bürokraten« oder »Technokraten« verglichen. Unkenntnis und fehlerhafte Anwendung vor allem durch die Disziplinarvorgesetzten waren oft die Folge. Zeitliche Verzögerungen in der Bearbeitung sowie die Aufhebung von Befehlen und Maßnahmen führten zu einer Aushöhlung von Disziplin und Ordnung, die für die Funktionsfähigkeit von militärischen Einheiten und Verbänden unverzichtbar waren[144]. So entschied ein Wehrdienstsenat im Januar 1973, dass eine mehr als dreimalige vorläufige Festnahme eines Soldaten durch einen Vorgesetzten regelmäßig rechtswidrig war. Jedoch stellte sich die Frage, welche Möglichkeiten dann ein Vorgesetzter hatte, wenn einem Antrag auf Arrest vom Truppendienstgericht nicht zugestimmt worden war, weil es beispielsweise eine psychiatrische Untersuchung für erforderlich hielt. Wie sollte dann der Disziplinarvorgesetzte die Disziplin und Ordnung bei weiteren Gehorsamsverweigerungen aufrechterhalten? Eine Wirkungsanalyse solcher Anordnungen auf die Truppe wurde nicht gemacht, der Vorgesetzte mit dem Problem vielmehr allein gelassen[145].

Gerade in der militärischen Effektivität stand die Bundeswehrführung in einem ständigen Dilemma zwischen militärischem Erfordernis und gesellschaftlicher Machbarkeit. Deutlich geworden war dies vor allem in der »Schnez-Studie«[146]. Das Denken in militärischen Kategorien war einer demokratischen Öffentlichkeit zunehmend weniger zu vermitteln. Die Hauptaufgabe bestand für die Bundeswehr neben der militärischen Auftragserfüllung darin, als ihre Voraussetzung in der bundesrepublikanischen Gesellschaft eine positive Wehrmotivation zu schaffen. Hier schloss sich der Kreis. Für die politische Führung war oftmals klar, dass man in der Bundeswehr nicht alle gesellschaftlichen Erscheinungen berücksichtigen konnte. Gleichwohl war sich die Bundeswehrführung, ob Zivilist oder Militär, der Tatsache bewusst, dass eine effektive sowie gezielte Öffentlichkeitsarbeit und eine medienorientierte Handlungsweise unumgänglich waren, um die Bundeswehr gesellschaftlich zu positionieren und zu integrieren. Der Wehrbeauftragte verfügte dagegen über eine widersprüchliche Funktion: Einerseits war er der ›Wächter‹ des Mangels und eher der Beleg für negative Stereotypen in der Öffentlichkeit. Andererseits war er aber auch die vertrauensbildende Institution, die garantierte, dass Mängel und Verfehlungen nicht mehr ›unter den Teppich gekehrt‹ werden konnten.

Die Bindung an Recht und Gesetz für alle Handlungen für oder gegen Soldaten galt insbesondere für den Kern der militärischen Ordnungsfaktoren, die Wehr- und Disziplinarordnung. Hierauf legte der Wehrbeauftragte in seiner Kontrolltätigkeit ein besonderes Augenmerk. Das Recht, zusammenfassende Berichte über die Ausübung der Disziplinargewalt in der Bundeswehr anzufor-

---

[144] Vgl. hierzu die grundlegende Studie von Bröckling, Disziplin, hier vor allem S. 289–331.
[145] BA-MA, BW 2/13847, Schreiben Leitender Beamter des WB an Fü S I 4, 8.5.1974, betreffend »Besprechung mit Referenten des BMVg am 21.5.1974«, S. 10 f.
[146] Vgl. als Beispiel für einen sehr ausgewogenen und die Vorgeschichte beleuchtenden Pressebericht: Die vielgeschmähte Unbekannte. In: Die Welt, 19.12.1969.

dern, wurde ihm gesetzlich zugestanden. Diese Berichte wurden von ihm in den jeweiligen Jahresberichten analysiert. Der Verteidigungsminister nutzte seinerseits die eigene Berichterstattung, um den Wehrbeauftragen auf Problemfelder aufmerksam zu machen und als Verbündeten in eigener Sache zu gewinnen. Jedoch lagen die Gesetzesformulierung und Gesetzesinterpretation nicht mehr allein in der Kompetenz der Bundesrepublik. Die voranschreitende europäische Integration machte sich seit den siebziger Jahren auch in den Streitkräften bemerkbar, das Disziplinarrecht (WDO) stand jetzt ebenfalls auf dem Prüfstand, wie das der niederländischen Armee aufgrund von Beschwerden von fünf Soldaten durch Urteil des Europäischen Gerichtshofes für Menschenrechte (EGHMR) vom 8. Juni 1976. Die WDO der Bundeswehr wurde bis 1976 im Jahre 1972 einmal novelliert, eine zweite Novellierung dagegen nach der ersten Lesung im Deutschen Bundestag 1975 aufgrund der bevorstehenden Wahl zum achten Deutschen Bundestag im Jahr 1976 erst einmal nicht mehr auf die Tagesordnung gesetzt. Das Urteil des Europäischen Gerichtshofes hatte für die WDO der Bundeswehr keine Konsequenzen, da die internen Prüfungen eine Vereinbarkeit mit der Konvention zum Schutz der Menschenrechte und Grundfreiheiten (MRK) ergaben[147]. Denn die Wehrgesetze orientierten sich am Grundgesetz. In ihren Grundzügen entsprachen sie einer modernen Wehrverfassung, weshalb die Gefahr eines Widerspruchs mit völkerrechtlichen Konventionen wesentlich geringer war als bei den Niederländern, deren Gesetz über die Wehrdisziplin aus dem Jahr 1903 stammte.

Die strikte und uneingeschränkte Bindung an die Rechtsnormen war ein Kernbereich der ›Inneren Führung‹. Rechtsstaatliche Verfahrensweisen und die Anwendung einer zeitgemäßen Menschenführung, weg von einem autoritären, hin zu einem kooperativen Führungsstil, garantierten einen würdevollen, aber auch ergebnisorientierten Umgang mit dem Soldaten. Das »Führen mit Auftrag« entsprach der Forderung nach einem mitdenkenden und den Befehl einsehenden Soldaten. Die ›Innere Führung‹ war unter der technischen, sozialen und politischen Realität der Bundesrepublik Deutschland die optimale Führungsform und eine der wenigen militärischen Innenverfassungen, die eine demokratische Staatsordnung uneingeschränkt berücksichtigte. Der Wehrbeauftragte als Kontrolleur ihrer Einhaltung war selbst auch ein Element dieser Führungsphilosophie. In den ersten Jahren des Bestehens des Amtes konzentrierte er sich vornehmlich auf die Einhaltung der Grundrechte, betrachtete aber stets argwöhnisch auch die Entwicklung des Gesamtgefüges. Seit Mitte der sechziger Jahre geriet die ›Innere Führung‹ vermehrt in sein Blickfeld. Die stetige Ermahnung in den Jahresberichten oder während der Konsultationen mit dem Verteidigungsressort machten dem Ministerium deutlich, dass es mit der Verankerung in der Truppe bei Weitem nicht gut bestellt war. Theorie und Praxis der ›Inneren Führung‹ klafften nach wie vor auseinander, sie war bei vielen

---

[147] BA-MA, BW 2/11943, Schreiben Parl. STS an den WB, 8.11.1976, betreffend »Zusammenfassender Bericht über die Ausübung der Disziplinargewalt in der Bundeswehr«.

Soldaten aller Dienstgradgruppen noch nicht angekommen. Dessen war man sich auch im Ministerium absolut bewusst und kannte auch den Grund dafür:

»Die Innere Führung ist unter den technischen, sozialen und politischen Bedingungen des modernen Industriezeitalters die optimale Führungsform im Frieden und Krieg. Spezialisierung und demokratisches Menschenbild lassen eine hierarchische Führung in traditioneller Form nicht mehr zu. Wenn Inflexibilität und Immobilität vermieden werden sollen, muß Innere Führung integraler Bestandteil jeglicher militärischer Führung sein. Diese Tatsache ist noch nicht voll rezipiert; dies liegt vor allem daran, dass es bisher nicht gelungen ist, die Innere Führung theoretisch zu untermauern und praktisch für die Lehre systematisch aufzuarbeiten. Hier soll der neue Auftrag der InFüSBw liegen[148].«

Darauf wies der Wehrbeauftragte über Jahre hinweg hin. Die Führung der Bundeswehr wusste durchaus, dass er im Kern Recht hatte, konnte dies aber nicht öffentlich zugeben, ohne damit sofort ein Versagen der politischen Leitung, der militärischen Führung und aller Vorgesetzten eingestehen zu müssen. Die ›Innere Führung‹ war daher gerade während der Früh- und Aufbauphase (1955–1968) ein nahezu wirkungsloses Mittel gewesen. Im Heeresführungsstab stellte man noch 1977 ernüchtert fest:

»Eindeutige Schwachstellen in der Inneren Führung sind seit 20 Jahren die zeitgemäße Menschenführung und die politische Bildung der Grundwehrdienstleistenden [...] Noch gefährlicher aber ist es, daß vielerorts die Praxis der Menschenführung im konträren Widerspruch zu dem steht, was der Soldat in der politischen Bildung lernt. Man darf auf die Fortsetzung der Veröffentlichung der soziologischen Untersuchung über Innere Führung mit einiger Ironie warten, denn was da herauskommt, ist dem Fachmann längst bekannt. Es ist nur gut, daß die Masse der Soldaten unkritisch ist und im militärischen System zusammenhaltende Kräfte herrschen, sonst müßte die Innere Führung als trostlos bezeichnet werden. So aber treten die Schwierigkeiten äußerlich wenig in Erscheinung[149].«

Ein hartes und wenig optimistisch stimmendes Urteil nach immerhin 21 Jahren! Aber es war nun einmal aus politischer und militärischer Sicht wichtiger, der NATO-Forderung hinsichtlich der Einsatzfähigkeit der Bundeswehr nachzukommen, die Verankerung der ›Inneren Führung‹ war dem dagegen erst einmal weiterhin untergeordnet. Die Realisierung der militärischen und bündnispolitischen Forderungen dominierte somit über die gesellschaftlichen und politischen Bestimmungsgrößen in der Verwirklichung der ›Inneren Führung‹. Seit Änderung der innenpolitischen (68er-Bewegung, Zivilgesellschaft, Pazifismus[150]) und außenpolitischen (Entspannungspolitik, Modifizierung der NATO-Strate-

---

[148] Ebd., BW 2/13847, Stellungnahme Fü S I 15 an den Minister, Anlage 1 zu Fü S I 4, 2.12.1976, S. 2.

[149] Ebd., BW 1/129547, Fü H I 3 an Fü S I 4, 16.3.1977, betreffend »Lagefeststellung Innere Führung«, S. 3.

[150] Das zu Beginn der 80er Jahre gespannte Verhältnis zwischen den Streitkräften und der gesellschaftlichen Umwelt thematisierte der WB in seinem JB 1980 eingehend und verwies auf die massiven gewalttätigen Übergriffe bei Feierlichen Gelöbnissen der Bundeswehr. JB 1980, S. 3 f.

gie, Antikriegsbewegung, Vietnamkriegtrauma) Prämissen vollzog sich jedoch eine allmähliche Prioritätenverschiebung. Von nun an rückte die Realisierung der ›Inneren Führung‹ in den Vordergrund. Die Konsolidierung der Bundeswehr seit 1968 – erschwert, aber auch gefördert durch die innen- und außenpolitischen Umbrüche – bedeutete zugleich eine Konsolidierung der ›Inneren Führung‹ wie auch der Institution des Wehrbeauftragten. Eine an sich wenig verwunderliche Parallelität, deren Entwicklung aber gerade durch 1968 beschleunigt wurde. Mit dem Jahr 1968[151] oder der weiteren, plausibler erscheinenden Interpretation als »lange 60er Jahre«[152] ist daher für die Bundeswehr weniger Prestige- oder Bedeutungsverlust, als vielmehr Modernisierung, Demokratisierung, Konsolidierung und dadurch Erhöhung der Einsatzfähigkeit verbunden. Der »Staatsbürger in Uniform« war durch 1968 im Denken und Lebensstil enger mit der Gesellschaft verbunden. Bis 1968 entsprach die ›Innere Führung‹ daher mehr einem avantgardistischen Denken ohne praktisches Fundament in der Truppe.

Seit 1968 war die Bundeswehr einem ständigen Druck zwischen gesellschaftlicher Anpassung und militärischer Exklusivität ausgesetzt. Gewisse Erscheinungen mussten trotz des insgesamt positiven Wirkens der Bürgerbewegung auf die Soldaten einfach ausgesessen werden, weil eine zu starke Orientierung am Zeitgeist nur zur Verunsicherung und moralischen Untergrabung der Truppe geführt hätte. Allein die scheinbar für den militärischen Auftrag unwichtige Episode mit der Haar- und Barttracht offenbarte die enormen Probleme für die Truppe. Eine laxe und uneinheitliche Auslegung der Vorschriften wirkte sich nachteilig auf die Disziplin aus, das dadurch bedingte negative öffentliche Erscheinungsbild der Soldaten verstärkte die Wahrnehmung der Bundeswehr als kaum einsatzbereite, disziplinlose Gammelarmee. Hierzu hieß es im Pressestab: »Starke Zweifel hegt die Bevölkerung an der militärischen Leistungsfähigkeit der Bundeswehr, weil der Eindruck vorherrscht, daß es mit der Disziplin in den Streitkräften nicht zum besten stehe. Offenbar übertragen diejenigen Bürger, die die heutige Jugend für schlaff und disziplinlos halten, ihr Vorurteil auf die Bundeswehr oder sehen ihr Vorurteil in der Bundeswehr bestätigt[153].« Der Militärische Führungsrat unter der Leitung des Generalinspekteurs zog aus der Wentorfer Tagung »Kampf dem Gammeln« vom Dezember 1982 wertvolle Schlüsse, um das Problem zu analysieren. Die militärische Führung erkannte das Problem eher in den strukturellen Gegebenheiten, die ihnen wenig Hand-

---

[151] Vgl. The Miracle Years; Marwick, Die 68er Revolution. Die Zäsur wird aus zeitgeschichtlicher Sicht hier im Jahr 1968 verortet. Marwick relativiert sein Ergebnis aus seiner Studie, The Sixties, im Sammelband Große Revolutionen der Geschichte, in dem er von der »68er Revolution« spricht.

[152] Marwick, The Sixties. Marwick definiert wie Axel Schildt, Moderne Zeiten, den Zeitraum als »lange 60er« zwischen 1959 und 1973. Die Zäsur wird hier nicht in einem festen Jahr, sondern als dynamischer Prozess interpretiert.

[153] BA-MA, BW 1/129547, Stellungnahme IPStab – ÖA an Fü S I 4, 15.3.1977, betreffend »Lagefeststellung Innere Führung« nebst Anlage, S. 3 der Anlage.

lungsspielraum überließen und daher langfristig wirken und reifen müssten[154]. Ein Zuviel an Freiheiten und Individualismus verminderte anscheinend die Rezeption von Schlagkraft und Verteidigungsfähigkeit. Jedoch ist es bei Weitem überbewertet, dass durch den Haar- und Barterlass oder der Praxis, dass auch gediente Offiziere erfolgreich einen Antrag auf Kriegsdienstverweigerung stellen konnten[155], der Bestand der Bundeswehr nachhaltig gefährdet worden wäre. Mit solchen Erscheinungen musste und konnte eine Armee in der Demokratie fertig werden. Eine autoritär strukturierte und geführte Armee wäre dagegen an solchen gesellschaftlichen Rahmenbedingungen zerbrochen.

An diesem ständigen Modernisierungsdruck auf die Bundeswehr hatte der Wehrbeauftragte einen entscheidenden Anteil. Er war es, der öffentlich jährlich den Finger in die Wunden legte und die Streitkräfte an ihren Maßnahmen zur Mängelbeseitigung bewertete. Mit der Methode eines »Sachstandsberichtes zu den Vorschlägen und Anregungen des Wehrbeauftragten« wurden der Bundeswehrführung immer wieder ihre Versäumnisse vorgestellt und die Probleme damit weiterhin öffentlich wach gehalten[156]. Der Wehrbeauftragte fungierte als ›schlechtes Gewissen‹ für die Organisation und als einfordernder ›Anwalt‹ für ihre Soldaten. Der politischen Führung und den Parteipolitikern der jeweiligen Regierung war sehr daran gelegen, sowohl gegenüber der Öffentlichkeit als auch den Soldaten selbst ihre Anstrengungen deutlich hervorzuheben und eine positive Bilanz vorzulegen[157]. So hob der Parlamentarische Staatssekretär Peter Würzbach im Jahr 1983 hervor: »Hierbei habe ich festgestellt, dass von 21 Absichtserklärungen 14 verwirklicht worden sind und bei sechs weiteren die Verwirklichung im Sinne des Herrn Wehrbeauftragten absehbar ist [...] Die Bilanz weist m.E. sehr deutlich nach, dass die Anregungen des Herrn Wehrbeauftragten schnell und gründlich ausgewertet und im Rahmen des Möglichen zum Nutzen der Streitkräfte umgesetzt werden[158].« Von besonderem Nutzen für die Streitkräfte waren dabei:

– Maßnahmen zur Erhöhung der Partizipation der Soldaten in der Gestaltung des Dienstes,

---

[154] Ebd., BW 1/197831, Schreiben (unter Verschluss) SO/Chef Stab Fü S an Fü S I 4, 13.7.1983, betreffend »MFR am 1.7.1983«.

[155] Vgl. ebd., BW 2/11934, Schreiben Fü H I 3 an den WB, 11.2.1977, betreffend »Angebliche Folterung von Soldaten, Anerkennung des Olt. d.R. R. als Kriegsdienstverweigerer«. Schreiben des Lt. d.R. Helmut Sch. an den Prüfungsausschuss für Kriegsdienstverweigerer beim KWEA Wetzlar, 18.10.1982, betreffend »Begründung meines Antrages auf Kriegsdienstverweigerung vom 13.9.1982«. Sch. leistete von 1967 bis 1971 Dienst als Panzeroffizier im Panzerbataillon in Wolfhagen. Das Anerkennungsverfahren zog sich über drei Jahre hinweg und Sch. wurde mit Bescheid vom 6.11.1985 als Kriegsdienstverweigerer anerkannt (Der Autor dankt Helmut Sch. dafür, dass er ihm sämtliche Unterlagen des Anerkennungsverfahrens zur Verfügung gestellt hat).

[156] Vgl. JB 1970, S. 59–71; JB 1979, S. 43–58.

[157] BA-MA, BW 2/22228, Schreiben MdB Klaus Francke an die Kommandeure im Standort Hamburg u.a., 27.10.1983.

[158] Ebd., Schreiben Parl. StS an den Vorsitzenden des VtdgA, 22.9.1983, betreffend »JB 1981 an den WB«.

- eine weitere Verbesserung der Beteiligungsmöglichkeiten der Soldaten im täglichen Dienst durch eine Stärkung der Stellung des Vertrauensmannes,
- der Transparenz in der Personalbearbeitung und -führung,
- der Beförderungssituation, der Dienstzeitbelastung sowie
- in den Fragen des Traditionsverständnisses und der -pflege[159].

Das Ministerium unternahm vielfältige Verbesserungen im Inneren, die aber hauptsächlich eine Angleichung an die zivilen Arbeitsverhältnisse bedeuteten. Der Zivilist verfügte inzwischen über Beteiligungsformen, die auch dem »Staatsbürger in Uniform« nicht mehr vorenthalten werden konnten. Der Soldat forderte diese ein, er verlangte eine dienstrechtliche Gleichstellung zu den anderen Beschäftigten im öffentlichen Dienst. Damit war aber eine ›Verbürokratisierung und Verbeamtung‹ der Armee verbunden, ein höherer Grad an Demokratie in der Bundeswehr bedeutete deshalb auch eine Verminderung des spezifisch Militärischen. Die Bundeswehr modernisierte sich zwar im Hinblick auf die Angleichung an das zivil-gesellschaftliche Umfeld, ob sie sich aber im Sinne einer Steigerung an militärischer Effektivität und Effizienz modernisierte, bleibt letztendlich fraglich, da es zu keiner Überprüfung des Einsatzwertes im Krieg kam.

6. Der Wehrbeauftragte – eine Erfolgsgeschichte?

Das Amt des Wehrbeauftragten war nicht nur eine verspätete Institution im parlamentarischen System. Sie musste zudem mit einem niedrigen Personalbestand funktionieren. Die durchschnittlich 7000 Eingaben im Jahr verursachten ein beträchtliches Schriftaufkommen. Dies führte zu einer stetigen Vergrößerung des Amtes, aber zu keinem Zeitpunkt wurde die Zahl von 75 Mitarbeitern überschritten. Jedoch blieb der Zuschnitt des Amtes auf die Person des Wehrbeauftragten immer erhalten. Mehr als vergleichbare Dienststellen wurde sie mit dem jeweiligen Amtsinhaber verbunden. Alle fünf Wehrbeauftragte verfügten über fundierte Kenntnisse des Militärs. Grolman und Heye waren Spitzenmilitärs und Berufssoldaten der ehemaligen Wehrmacht gewesen, der hoch-

---

[159] Ebd., Schreiben Parl. StS an den Vorsitzenden des VtdgA, 22.9.1983, betreffend »JB 1981 an den WB«, Anlage »Darstellung der Maßnahmen BMVg zum JB 1981 des WB, Kurzform der Synopse BMVg vom 21.5.1982«. Jedoch sind auch diese ein ziemlich positives Bild zeichnenden Berichte tendenziell zu bewerten. So heißt es in der Stellungnahme Fü S I 4 an den Parl. StS: »Der Bericht an den Verteidigungsausschuss konnte fast durchweg positiv abgefasst werden, da ausschließlich eine Gegenüberstellung der angekündigten Maßnahmen verlangt wurde. Man sollte aber nicht übersehen, dass in zahlreichen Fällen selbst nach Verwirklichung der seinerzeit angekündigten Maßnahmen des BMVg die vom Wehrbeauftragten damals monierten Probleme noch nicht beseitigt worden sind (z.B.: ungünstige Beförderungsaussichten Hptm/KptLt). Auf diesen Aspekt wurde bewusst im Bericht nicht eingegangen.« Ebd., BW 1/197831, Schreiben Fü S I 4 an den Parl. StS Würzbach, 19.9.1983.

dekorierte Schultz, Hoogen und Berkhan hatten ihrer Pflicht zum Dienst in der Wehrmacht nachkommen müssen und am Zweiten Weltkrieg teilgenommen. Bis auf Grolman waren alle zum Zeitpunkt der Nominierung in der Bundespolitik tätig. Als Mitglied des Verteidigungsausschusses, des Rechtsausschusses oder gar als Staatssekretär im Verteidigungsministerium verfügten sie über die notwendige Erfahrung mit der Bundeswehr. Wenn auch der Verlegenheitskandidat Berkhan der einzige Spitzenpolitiker im Amt des Wehrbeauftragten war[160], so ist die Behauptung, das Amt sei lediglich eine Versorgungsinstitution für ausgemusterte, zweitrangige und verdiente Parteipolitiker nicht zutreffend. Gemessen an den konzeptionellen Überlegungen verfügten alle Amtsinhaber erst einmal über die notwendigen charakterlichen und fachlichen Qualifikationen. Die Bandbreite reichte dabei vom menschlich eher zurückhaltenden Grolman über den geradlinigen Heye, den kühlen Technokraten Hoogen und den unauffällig, aber effektiv arbeitenden Schultz bis zum fürsorglichen Berkhan. Jeder für sich profitierte dabei von der Arbeit des Vorgängers, konnte seine eigenen Vorstellungen einbringen und Schwerpunkte setzen.

Der Wehrbeauftragte war der Kandidat der jeweiligen Regierungskoalition, er war ein Exponent der Mehrheitsparteien[161]. In ihrer Amtszeit jedoch entwickelten alle ein eigenes Selbstverständnis, das sich nicht mehr mit einem ›treuen Parteisoldaten‹ in Einklang bringen ließ, sondern sich vorrangig dem Auftrag verpflichtet fühlte. Eine Konfrontation mit den Parteifreunden im Ministerium, im Verteidigungsausschuss und im Bundestag war unumgänglich, eine Annäherung an die Opposition bei strittigen Sachfragen beinahe zwangsläufig[162]. Der Wehrbeauftragte näherte sich nach Selbstverständnis und Amtsführung an den Bundespräsidenten an. Er handelte weitgehend losgelöst vom ›Parteiengeplänkel‹ zum Wohle der Soldaten in der Bundeswehr[163]. In seiner funktionalen Bedeutung wandelte er sich von einer Beschwerde- zu einer Präventionsinstanz. Er sah sich nicht mehr nur für die Untersuchung und Feststellung von Mängeln verantwortlich, sondern bereits vorbeugend für die Gefahrenabwehr. Die Funktion als »Seismograph« oder »Frühwarnsystem«[164] war ihm eigentlich nicht von Beginn an übertragen worden, dies erforderte einen Prozess der konfrontativen Entwicklung parallel zum Kontrollobjekt. Das Amt wandelte sich

---

[160] Berkhan wurde erst für das Amt nominiert, als der erste Kandidat Werner Buchstaller (SPD) in einer Kampfabstimmung im Deutschen Bundestag gegen Leo Ernesti (CDU) nicht die erforderliche absolute Mehrheit erhielt und hier eine »bittere Wahlniederlage«, so seine eigene Bewertung, einstecken musste. AdsD, Depositum Schmidt, Mappennummer 6183, Schreiben Werner Buchstaller an Helmut Schmidt, 30.12.1975.

[161] Moritz, Das Amt des Wehrbeauftragten, S. 257.

[162] JB 1974, S. 5 f.

[163] Diese Wahrnehmung des Amtes war eine Forderung aus der Formierungszeit und wurde auch in der Entwicklung immer wieder erhoben. Vgl. BA-MA, BW 2/11944, Pressedienst der CDU/CSU-Fraktion im Deutschen Bundestag, 18.3.1977, Stellungnahme MdB Ernesti, S. 2: »Wir hätten es begrüßt, wenn der Wehrbeauftragte entsprechend seiner parteipolitischen Neutralität seines Amtes zu diesen Fragen ausführlich Stellung bezogen hätte, um eingerissene Mißstände beseitigen zu helfen.«

[164] Vgl. zu dieser Funktion ACDP, NL Ernesti, I-264-020, Schreiben Karl Wilhelm Berkhan an Leo Ernesti, 24.1.1978.

von einem parlamentarischen Kontrollorgan zu einer Institution der Konfliktprävention, -regelung[165], -bewältigung und -postvention. Eine politische Einrichtung generierte zu einer sozialen Institution und die Persönlichkeit des jeweiligen Amtsinhabers wirkte auf die Funktion ein.

Diese Entwicklung korrespondierte auch mit dem Amtsverständnis. In der Aufbauphase der Bundeswehr verstanden sich die beiden Wehrbeauftragten von Grolman und Heye als ›Hüter der Integration der Bundeswehr in die Gesellschaft‹. Die übernommenen Verpflichtungen der Bundesrepublik Deutschland gegenüber der NATO mussten innerhalb kurzer Zeit realisiert werden. Die damit verbundenen personellen und logistischen Herausforderungen waren unter einer gleichzeitigen Verwirklichung der ›Inneren Führung‹ mit vornehmlich altem Personal der Wehrmacht zu lösen. Daher war die Konzentration der Wehrbeauftragten auf die Integrationsforderung zwangsläufig vorgegeben und alternativlos. Hoogen und Schultz profitierten von den Vorleistungen ihrer Amtsvorgänger und konnten ihren Kontrollauftrag um den Aspekt des »Sachwalters der Bundeswehr« erweitern. Gerade durch den gesellschaftlichen Umbruch nach 1968, bei dem auch die Bundeswehr vermehrt von Agitation und Demonstrationen betroffen war, erweiterten sie ihre Schutzfunktion nicht nur auf die Soldaten, sondern auch auf die Organisation insgesamt. Die Bundeswehr vollzog unter Verteidigungsminister Schmidt nach der Gründungsreform[166] ihre radikalste Strukturreform, die als unbedingt notwendig erkannt wurde. Die Reformen wurden auch von Seiten der Bundeswehr mit Werbemaßnahmen über die Öffentlichkeitsarbeit hinaus begleitet. Diese Bestrebungen zeigten eine positive Wirkung, die zum einen durch die Konjunktur und die Hochschulpolitik beeinflussenden Interessenlagen der Jugendlichen, zum anderen durch eine aktive Werbe- und Informationsarbeit begründet waren. In einer Aktion konzentrierte man sich auf den Geburtsjahrgang 1956, dem bereits vor der Einberufung zum Grundwehrdienst Informationsmaterial über die Laufbahnen, Ausbildungs- und Verwendungsmöglichkeiten angeboten wurden. 5000 Jugendliche haben sich daraufhin detaillierte Auskünfte eingeholt und es war ein signifikanter Anstieg von Schulklassen in der Ausstellung »Unser Heer« von vorher durchschnittlich 120 auf 1100 im Jahr 1974 zu verzeichnen, die auf

---

[165] Diese Funktion wurde erstmals im JB 1969 von Hoogen formuliert. In einer Vorlage von Oberst i.G. Zuber aus dem Planungsstab heißt es dazu: »Die Bundesregierung erkennt diese zusätzliche Funktion des Wehrbeauftragten voll an und glaubt, dass sie in einer Phase der gesellschaftlichen Unruhe zunehmend an Bedeutung gewinnen wird.« AdsD, Depositum Schmidt, Mappennummer 5684, O.i.G. Zuber an Dr. Sommer, 9.3.1970, betreffend »Bericht des WB 1969«, S. 1 f. Jedoch war der WB nach seinem Selbstverständnis von Anfang an mit dieser zusätzlichen Funktion betraut. Vgl. hierzu mustergültig AdsD, NL Erler, Mappennummer 147 (B), Truppenbesuch 6/63. Vermerk über den Truppenbesuch des WB bei LFKp 983 in Rengsdorf am 11.3.1963, 12.3.1963.

[166] Diese kann wohl ohne Übertreibung in der neuen deutschen Militärgeschichte als die konsequenteste und mutigste nach den Reformen Scharnhorsts in der preußischen Armee bezeichnet werden.

solche Direktkontakte zurückgeführt wurden[167]. Die sozialdemokratischen Reformer fanden im liberalen Schultz einen Verbündeten, der zwar von der Dringlichkeit der Reformmaßnahmen überzeugt war, aber die Koinzidenz aller Maßnahmen innerhalb eines sehr kurz bemessenen Zeitraums auf die Truppe bemängelte. Berkhan war der Profiteur seiner eigenen als Parlamentarischer Staatssekretär unter Schmidt eingeleiteten Reformen. Er wechselte die Perspektive und kontrollierte seit 1975 die Einhaltung seiner Anordnungen. Die Aufbauphase der Bundeswehr war ab dem Jahr 1968 abgeschlossen, sie konsolidierte sich weiter im Staat. Das Amt des Wehrbeauftragten vollzog eine der Bundeswehr vergleichbare Entwicklung: Grolman und Heye bauten auf, Hoogen und Schultz konsolidierten und Berkhan konnte zur Gestaltung übergehen. Er wählte, was auch seinem Naturell entsprach, den Weg des Kummerkastens, des Anwalts und der ›Mutter‹ der Soldaten. Berkhan war nicht nur der einzige Wehrbeauftragte mit einer zweiten Amtszeit, er war auch derjenige, der die Vereinigung der personalen mit der funktionalen Ebene realisierte. Mit ihm waren Konzeption und Formierung verwirklicht. Dieser Erfolg war aber auch ein Verdienst der langwierigen, ausdauernden und fruchtbaren Arbeit seiner Vorgänger.

In dieser Entwicklung wirkte die öffentliche Meinungs-, aber auch Klischeebildung nicht nur auf die Bundeswehr, sondern auch auf den Wehrbeauftragten ein. Einerseits brauchte er diese Macht, wie bereits angeführt, existenziell. Andererseits fand er sich gleichzeitig in einer Schutzfunktion für die Armee gegen diese »vierte Gewalt« wieder. Eine stereotype und undifferenzierte Darstellung der Soldaten erregte den Unmut und Widerspruch der Betroffenen. Ihr Adressat war aber nicht das berichtende Medium, sondern der Kontrolleur, der ihre Interessen gegenüber den Journalisten vertreten sollte und von dem sie Schutz erwarteten. Seine Intervention verpuffte nicht und er strebte an, diese Klischeebildung zu korrigieren. Der Wehrbeauftragte erweiterte hier seine Funktion. Neben der Kontroll- und Sachwalter- trat nunmehr die Lobbyistenfunktion[168]. Sein Anliegen war es, den stereotypen Klischees entgegenzutreten und auch den Medien ihre Verantwortung gegenüber den Soldaten aufzuzeigen. Eine Absicht, die im Grunde schon Heye mit seinem »Quick«-Artikel verfolgt hatte. Jedoch gelang es ihm nicht, seine Intention zu lenken, sondern sie verselbständigte sich und entwickelte sich zu einer politisch-militärischen Affäre. Die missglückte Öffentlichkeitsarbeit Heyes wandelte sich aber zu einem Glücksfall für das Amt, weil die breite öffentliche Wirkung die vermeintlichen Gegner einschüchterte, somit die Institution stärkte und damit die Bundeswehr einem weiteren Modernisierungsdruck aussetzte.

Das Amt des Wehrbeauftragten wurde bei Politikern, Militärs und Zivilisten als eine Einrichtung zum Schutz der Mannschaften gegen mögliche Schikanen

---

[167] BA-MA, BW 2/11949, Stellungnahme Fü H I 3 für Fü S I 4, 26.3.1975, betreffend »JB 1974 des WB«, S. 49.

[168] Vgl. ACDP, NL Ernesti, I-264-020, Schreiben Berkhan an den Intendanten des ZDF, 11.3.1976; Schreiben Intendant des ZDF an Berkhan, 14.4.1976.

der Vorgesetzten wahrgenommen. Die Entwicklung beim Eingabenaufkommen sowie hinsichtlich der Beschwerdemotivation ließ diese Rezeption immer mehr in den Hintergrund treten. Das Amt, dessen Funktion es zu sein schien, sich mit Querulanten auseinander zu setzen oder mit seinen Anregungen selbst als Querulant zu gelten, entwickelte sich zu einem Interessenvertreter der Soldaten und der Bundeswehr gleichermaßen[169]. Der Wehrbeauftragte wurde zum Ombudsmann der Streitkräfte, des Parlaments und der Gesellschaft. Er war die Personifizierung der ›Inneren Führung‹ und gewährleistete die Integration der Armee in die Gesellschaft. Das Amt des Wehrbeauftragten habe sich bewährt, so der Abgeordnete Horn (SPD) im Jahr 1982 im Bundestag[170]. Denn »die allgemeine Wehrpflicht [war] die einzige sowohl mit dem demokratischen Staat als auch mit der Industriegesellschaft und ihrem technischen Standard vereinbare Wehrform« und »die Frage nach Krieg oder Frieden ist so fundamental für uns geworden, daß wir sie nicht bei einem spezialisierten Dienstleistungsunternehmen deponieren und beruhigt in der Tagesordnung weiterfahren können. Die Wehrpflicht muß uns täglich an unsere politische Verantwortung erinnern[171].«

Die Entscheidung für die Wehrpflicht bedeutete auch politisches Interesse an und politischer Schutz für die Soldaten der Bundeswehr. Somit bestand zwischen der Wehrform und dem Wehrbeauftragten ein unmittelbarer Schöpfungszusammenhang. Die Gesellschaftsordnung und die Wehrverfassung waren kein Dogma, auch die Wehmacht oder die Rote Armee waren Wehrpflichtarmeen, aber die Wehrform entschied über das Interesse der Politik und der Gesellschaft in der Demokratie an den Streitkräften. Gäbe es einen Wehrbeauftragten, wenn sich der westdeutsche Gesetzgeber 1955 gegen die Wehrpflicht entschieden hätte? Dieser Konnex bestand in der Konzeptions- und Formierungsphase sowohl für die Bundeswehr als auch für das Amt. Wollte man eine breite parlamentarische Zustimmung zur Aufrüstung erreichen, waren besondere parlamentarische Kontrollmechanismen unumgänglich. Sollte in Deutschland die Wehrpflicht zur Diskussion stehen, wird zwar aus öffentlichkeitswirksamen Überlegungen nicht gleich auch der Wehrbeauftragte zur Disposition gestellt werden, aber die Frage nach dem weiteren Sinn würde sich wohl ergeben. Denn der Zusammenhang von damals muss nicht für die Zukunft gelten. Aber auch eine Berufsarmee bedarf, wenn nicht sogar noch mehr, einer wirksamen parlamentarischen Kontrolle.

Die Anerkennung der Institution im Ausland half auch die nach wie vor vorhandene Angst vor einer deutschen Armee abzubauen. Die Bundeswehr war während des Kalten Krieges die zahlenmäßig stärkste Streitkraft der westlichen Verbündeten in Europa und hatte im Einsatzfall die Hauptlast des konventionellen Kampfes unter atomarer Bedrohung in Europa Mitte zu tragen. Durch

---

[169] Vgl. BA-MA, BW 2/11949, SPD-Pressedienst, 28.2.1975. Der Bundestag und sein Wehrbeauftragter. Berechtigte Kritik für das Bonner Parlament, von Erwin Horn MdB, Mitglied des VtdgA.

[170] Parlamentsarchiv, Bd IX 74 A, Deutscher Bundestag, Stenographischer Bericht, 9. WP – 92. Sitzung, 12.3.1982, S. 5547.

[171] Ebd.

die Erfahrungen in der ersten Hälfte des 20. Jahrhunderts waren die Nachbarn nicht unbedingt von einem Gefühl des Vertrauens gegenüber dem deutschen Militär beseelt[172]. Jedoch konnte solch eine Kontrollinstitution wie der Wehrbeauftragte helfen, ein mental nachvollziehbares, aber politisch unberechtigtes Misstrauen abzubauen und selbst vom ehemaligen Feind zu lernen, wie ein demokratisches Binnengefüge innerhalb einer Armee verwirklicht werden könnte:

> »Germany has learnt a lesson from its terrible experiences. It has now gone much further than its former enemies in establishing a democratic order in the military field. Perhaps it is the turn of its former enemies to learn some lessons from recent German experience[173].«

7. Fazit: Der Wehrbeauftragte als Modernisierer von Armee und Staat

Die Bundeswehr war und ist keine demokratische Armee. Sie entwickelte sich vielmehr zu einer modernen Organisation in der Bundesrepublik. Dafür war zum einen die Konsolidierung der ›Inneren Führung‹ seit 1968 verantwortlich. Mit dem Durchbruch der Führungsphilosophie bei den Soldaten – mit dem zwar die Krise *in* ihr, aber beileibe noch nicht *mit* ihr beendet werden konnte – setzte auch ein stärkerer Modernisierungsantrieb ein. Der Druck auf die Struktur durch die politischen, gesellschaftlichen und individuellen Wandlungen erforderte Reform- und Anpassungsmaßnahmen, fraglich bleibt trotzdem, ob sich die Armee auch in ihrem Einsatzwert modernisierte. Der Wehrbeauftragte beförderte den Durchbruch der ›Inneren Führung‹ wesentlich, er begleitete die Bundeswehr in ihrem Entwicklungsprozess und forderte schließlich Reformmaßnahmen ein. Seine Schutzfunktionserweiterung vom einzelnen Soldaten zur gesamten Organisation war eine Konsequenz der gesellschaftlichen Wandlungen. Somit modernisierte sich auch das Instrument Wehrbeauftragter dynamisch durch die Änderung der gesamtgesellschaftlichen Umwelt.

Zum anderen blieb das Wirken des Wehrbeauftragten aber nicht allein auf das militärische Subsystem beschränkt. Durch seine Stellung gewann es an Attraktivität im politischen System. Ein Pendant für den zivilen Bereich wurde zwar noch nicht geschaffen, aber der Wehrbeauftragte genoss sowohl bei Zivilbeschäftigten der Bundeswehr, bei Familienangehörigen der Soldaten, bei Reservisten als auch bei Politikern ein derart hohes Prestige, dass diese ihn als unmittelbare Appellationsinstanz akzeptierten. Eine Person scheint mehr Ver-

---

[172] Vgl. ACDP, NL Volz, I-546-017/4, H.P. Secher, Controlling the new German military elite: The political role of the Parliamentary Defense Commissioner in the Federal Republic. In: Proceedings of the American Philosophical Society, 109 (1965), 2.

[173] Ridley, The Parliamentary Commissioner, S. 20.

trauen zu genießen als eine unpersönliche Einrichtung. Der Beauftragte sprach diese Bürger vermutlich stärker an als der Petitionsausschuss des Bundestages. Der personale Charakter einer solchen Institution wurde deshalb zum wichtigen Kriterium. Der Inhaber kann sich hier weniger hinter seinem Amt verstecken, mit seiner Person wird Hilfe unmittelbar verbunden. Der Wehrbeauftragte des Deutschen Bundestages bewirkte durch seine Tätigkeit eine Modernisierung der Bundeswehr und des politischen Systems. Denn Staatsmodernisierung heißt nicht nur Reform von Institutionen, sondern auch von Kooperation, Kommunikation und Interaktion[174]. Ein Teil der Wehrverfassung war demnach an der Modernisierung von Staat und Gesellschaft wesentlich beteiligt.

---

[174] Vgl. Governance; Scharpf, Die Handlungsfähigkeit des Staates; Gesellschaft und Gemeinsinn.

VI. Schlussbemerkungen:
Resümee, Ausblick und künftige Forschungsfelder

Die Institution Wehrbeauftragter bewirkte eine Mentalitätsänderung bei den Soldaten, da eine Beschwerde einer Motivationshandlung entsprach, die im Laufe der Untersuchung einer Wandlung unterlag. Gemäß der eingangs formulierten These begründet ein in seinem Toleranzbereich wesentlich gestörtes Verlangen nach Bedürfnisbefriedigung eine gestörte Kommunikation. Für die analysierten Eingaben bestätigt sich dieser Befund. Daher stellt das Amt ein interessantes Beispiel für politische Kommunikation dar. Denn der Wehrbeauftragte agierte hier auf mehreren Ebenen. In der funktionalen Ebene musste er aufgrund seines Auftrages tätig werden. Er kontrollierte die und kommunizierte mit der Bundeswehr. Seine Gesprächspartner handelten dabei als Funktions- und Interessenträger zugleich. Der Wehrbeauftragte befand sich bei der Wahrnehmung seiner Tätigkeit in einem ständigen »Intra-Rollenkonflikt«. Geprägt sei dieser durch den unüberbrückbaren Interessenkonflikt zwischen der Exekutive, die auf Struktur- und Funktionserfordernisse der Streitkräfte ausgerichtet sei, und den Rechts- und Freiheitsansprüchen der Soldaten. Deshalb sei das Amt von einem Dauerkonflikt und einer Krisenanfälligkeit gekennzeichnet gewesen, deren Ursachen erkannt, beurteilt und bewältigt werden mussten[1]. Mit den Funktionsvertretern musste er aus pragmatischen Gründen zusammenarbeiten, um Informationen zu erhalten, aufzuklären und abzuhelfen, während er es bei den Interessengeleiteten mit Personen zu tun hatte, die sich mit einem Anliegen an ihn wandten, um von ihm eine funktionale Hilfe zu erhalten. Der sachliche Aspekt überwog in der Kommunikation mit der politischen Leitung, der militärischen Führung und der Truppe, jedoch floss hier oftmals auch ein persönlicher mit ein. Die Interaktion mit der politischen Leitung fand zumeist in Verbindung mit den politisch-parlamentarischen Entscheidungsträgern und Gremien statt. Auf dieser Ebene wurde daher politisch kommuniziert. Mit den Medien, Lobbyisten und der Öffentlichkeit verfolgte der jeweilige Amtsinhaber eine Interessenkommunikation, in der er selbst als Lobbyist in eigener Sache auftrat. Auf dieser Kommunikationsebene lag zwar nicht sein funktionaler Hauptauftrag, aber seine größte Wirkungsmächtigkeit. Nur im Verbund mit der Öffentlichkeit konnte der Wehrbeauftragte schließlich seinen Kontrollauftrag in der Bundeswehr und seinen Informationsauftrag an das Parlament zur Geltung bringen und erfüllen.

---

[1] Vogt, Militär und Demokratie, S. 232–235, 320.

Das Amt war in den ersten zehn Jahren seiner Entwicklung mehreren Krisen ausgesetzt. Diese wirkten sich aber letztlich nicht negativ aus, sondern beförderten geradezu die Konsolidierung. Im Wesen war es als Institution angelegt, das Interessengegensätze ausgleichen, Konflikte auflösen und Vertrauen bilden sollte. Die Bundeswehr erkannte zwar erst nach langen Jahren der Konfrontation die Vorteile, die auch ihr mit dem Kontrolleur zugefallen waren, wusste aber spätestens seit den siebziger Jahren um die wichtige politische und öffentliche Wirkung. Der Wehrbeauftragte konnte die Bundeswehrführung durch seine Feststellungen be- oder entlasten. Die Mängelbeseitigung war wichtiger geworden als die bloße Dementierung und Abwehrhaltung. Den Soldaten aller Ebenen kam diese konfrontative Kooperation zugute, denn sie profitierten von den Abhilfemaßnahmen unmittelbar. Dies führte auch bei ihnen zu einer Wahrnehmungsänderung. Der Wehrbeauftragte wurde seither überwiegend als Anwalt bzw. Verbündeter und weniger als ›Oberaufpasser‹ gesehen.

Hinter diesen funktionalen schimmerten immer wieder biographische Aspekte durch. Die Persönlichkeit des jeweiligen Amtsinhabers war für die Entwicklung des Amtes von erheblicher Bedeutung. Die beiden ehemaligen Spitzenmilitärs der Wehrmacht, Grolman und Heye, verliehen dem Amt vor allem in der Bundeswehr erst einmal mehr Respekt durch ihre militärische Vergangenheit als Berufssoldat, denn als Wehrbeauftragte[2]. Als mit dem Juristen Hoogen, der zwar während des Krieges in der Wehrmachtsjustiz verwendet worden war, ein Berufspolitiker, der zudem nur über eine dünne parlamentarische Mehrheit verfügte, zum Wehrbeauftragten gewählt wurde, war dies mehr ein Ausdruck der Aushilfe als einer konstruktiven Besetzung. Das Ansehen Hoogens im parlamentarischen wie im öffentlichen Raum, aber auch innerhalb der Bundeswehr war gering, jedoch wurde die weitere Notwendigkeit des Amtes nicht ernsthaft in Abrede gestellt. Mit dem Regierungswechsel von der Großen zur sozial-liberalen Koalition wurde mit Schultz erstmals der Vertreter einer kleinen Partei in das Amt gewählt. Er war somit eine Konzession an den ›Juniorpartner‹ FDP durch die SPD. Sein Nachfolger Berkhan war der erste Spitzenpolitiker in diesem Amt. Zwar waren alle vorherigen Amtsinhaber profilierte und kompetente Wehrpolitiker, jedoch bestand weiterhin der Vorwurf, das Amt mit parteipolitisch verdienten Honoratioren zu besetzen[3]. Eine solche Charakterisierung mag womöglich für die weiteren Karriereaussichten gelten, trifft aber nicht auf ihre Leistungen als Wehrbeauftrager zu. Mit dem vormaligen Stellvertreter des Verteidigungsministers übernahm erstmals ein Spitzenrepräsentant der politischen Führung der Bundeswehr diese Funktion. Seine internen Kenntnisse sowohl auf dem politischen als auch auf dem Streitkräftefeld zeigten in seiner Amtszeit Wirkung. Jedoch profitierte gerade er von den Vorarbeiten seiner Amtsvorgänger in einem hohen Maße, vor allem in der Frage

---

[2]   Dies zeigte sich auch in der Form. Beide wurden im offiziellen Schriftverkehr in der Anrede meist mit ihrem ehemaligen Wehrmachtsdienstgrad angeschrieben.

[3]   Vogt, Miltär und Demokratie, S. 326. Das Amt sei lediglich eine Versorgungsstelle für Auslaufmodelle und zweitrangige Politiker gewesen. Interview des Verfassers mit Prof. Dr. Wolfgang R. Vogt.

der Kompetenz. Seine Amtszeit schloss die Konsolidierung ab und leitete eine Gestaltungsphase ein. Der Wehrbeauftragte war nunmehr nicht nur fest etabliert, er hatte sich auch im Staatsgefüge eine bedeutende Position gesichert. Besonders die öffentliche Wirkung des Amtes wurde nicht mehr unterschätzt. Deshalb gab es auch kaum noch Einvernehmungs- oder Ausgrenzungsversuche. Die Bundeswehr wusste inzwischen mit dem parlamentarischen Kontrollorgan umzugehen. Der immanente Dualismus zwischen dem Verteidigungsressort und dem Amt des Wehrbeauftragten blieb aber erhalten. Zwar entwickelte sich das Amt nicht zu einem ›Gegenministerium‹, konnte aber auch nicht in die jeweilige Parteidisziplin eingebunden werden. Der Wehrbeauftragte erarbeitete sich eine dem Bundespräsidenten vergleichbare Stellung, die ihm meist außerhalb des ›Parteiengeplänkels‹ zu einem konstruktiven »Anwalt der Soldaten« und »Sachwalter der Streitkräfte« im Deutschen Bundestag werden ließ. Diese Entwicklung war freilich mehr den Personen als allein der Funktion geschuldet.

Nach der Betrachtung der funktionalen und personalen Entwicklung soll nun noch einmal eine Rückschau auf die Ausgangslage erfolgen. Die Bundeswehr war das Ergebnis hauptsächlich einer amerikanischen Forderung und des politischen Willens in der Bundesrepublik. Die USA wollten eine mit ihrer Hilfe modernisierte Rekonstruktion der Wehmacht zurückhaben. Welchen Einfluss haben die Amerikaner schließlich auf den Aufbau ausgeübt? Vor allem für die Luftwaffe konnte die »Amerikanisierung« zu einem Merkmal teilstreitkraftspezifischer Identität werden, womit sie sich deutlich von Heer und Marine abhob[4]. Zwar leisteten auch deutsche Heeresoffiziere in NATO-Stäben Dienst, in der Regel Generalstabsoffiziere, jedoch verfügte der Großteil des Führerkorps kaum über internationale Erfahrung, da auch bei NATO-Großübungen die Verbände national homogen eingesetzt wurden. Der Vermaschungsgrad mit den Verbündeten war bei Luftwaffen- oder Marineübungen dagegen weitaus höher. Jedoch stellt sich die Frage, ob die Annahme eines direkten Zusammenhangs zwischen Modernisierung und Amerikanisierung auch auf die Bundeswehr übertragbar ist[5]. Für den Bereich der technischen Rüstung ist dies zu bejahen, die Einflüsse der Amerikaner auf die ›Innere Führung‹ waren dagegen eher marginal[6]. Dies ist aber nicht als Indiz für eine verringerte Modernisierung der Bundeswehr zu werten, sondern umgekehrt. Denn nur aufgrund des reduzierten Einflusses der Amerikaner auf die Binnenstruktur konnte sich die ›Innere Führung‹ überhaupt etablieren. Eine Amerikanisierung der Bundeswehr auf dem Feld der Führungsphilosophie hätte vermutlich zu einer militärischen Restauration und daher zu weit stärkeren Auswirkungen der gesellschaftlichen Entwicklungsprozesse auf die Funktionsfähigkeit der Bundeswehr geführt, als es bei der an den gesellschaftlichen Anpassungsprozess gekoppelten ›Inneren

[4] Schmidt, Von der »Befehlsausgabe« zum »Briefing«.
[5] Schildt, Moderne Zeiten, S. 35, 398–423, 448 f.; Greiner, Test the West.
[6] Birtle, Rearming the Phoenix, S. 277–283; Naumann, Der Beginn einer wunderbaren Freundschaft, S. 166–173.

Führung‹ der Fall war. Auch die Berufung eines Wehrbeauftragten wäre wohl nicht erfolgt. Die Wahl eines eigenen Weges beförderte demnach die Modernisierung und wirkte folglich auch auf die Festigung eines demokratischen Verständnisses bei den Soldaten[7].

Wie sah nach der Rückschau in die Früh- und Aufbauphase der Bundeswehr die Zeit nach dem Jahr 1985 aus? Der Nachfolger von Berkhan, Willi Weiskirch (CDU), übernahm am 20. März 1985 das Amt. Das mediale Interesse blieb weiterhin vornehmlich auf spektakuläre Einzelfälle aus dem Jahresbericht beschränkt. Dies nahmen 1987 einige hohe Offiziere in Kommandeursverwendungen zum Anlass, in einem öffentlich gewordenen und an Unterführer weitergereichten Schreiben (»Kritische Briefe von Truppenführern des Heeres an den Wehrbeauftragten«) deutliche Kritik am Wehrbeauftragten zu üben, ohne diesen oder den Verteidigungsausschuss vorher darüber zu informieren. Die Konfliktfelder überdauerten also auch die Novellierung. Anders als früher stellte sich aber der Bundestag nun vor seinen Kontrolleur. Die Offiziere wurden für ihr Verhalten öffentlich gerügt.

Nach dem Ende des Kalten Krieges kamen in der Transformationsphase der Bundeswehr (1990–heute) auch etliche Neuerungen auf das Amt zu. Zwar wurde am 30. März 1990 das Wehrbeauftragtengesetz dahin geändert, dass seither auch Frauen für dieses Amt wählbar geworden sind – dies wurde von Frauenverbänden schon während der Formierungsphase 1957 gefordert. Dennoch wählte man am 27. April 1990 mit dem bisherigen Vorsitzenden des Verteidigungsausschusses Alfred Biehle (CSU) wiederum einen kriegsgedienten Mann. Gleich zu Beginn seiner Amtszeit wurde er mit den sicherheits- und militärpolitischen Auswirkungen des Endes des Kalten Krieges konfrontiert. Die Reduzierung der Bundeswehr auf die Sollstärke von 370 000 Soldaten gemäß Art. 3 des »Vertrages über die abschließende Regelung in Bezug auf Deutschland« unter gleichzeitiger »Abwicklung« der Nationalen Volksarmee der DDR (NVA) sowie einer teilweisen Übernahme ihrer Soldaten in die Bundeswehr und die Verkürzung des Grundwehrdienstes von 15 auf 12 Monate mit der damit einhergehenden Strukturanpassung der Bundeswehr waren die zentralen Herausforderungen. Eine Ähnlichkeit zur Situation der Bundeswehr in den Reformjahren ab 1970 ist kaum zu leugnen – freilich unter ganz anderen Voraussetzungen! Zudem wurde auch ein Einsatz der Bundeswehr in Konfliktfällen seit 1991 politisch vorstellbar, vor allem vor dem Hintergrund des Zweiten Golfkrieges oder des Bürgerkrieges in Jugoslawien. Dabei galt es, die ›Innere Führung‹ diesen veränderten Rahmenbedingungen anzupassen und insbesondere bei den ehemaligen NVA-Soldaten zu verwirklichen. Der Wehrbeauftragte konzentrierte sich seit 1994 auf drei für die weitere Entwicklung der Bundeswehr wichtige Säulen:

---

[7] Vgl. zum Einfluss amerikanischer Ausbildungsmethoden beim »Iller-Unglück« und der »Nagold-Affäre« auf die Menschenführung die Ausführungen bei Schlaffer, »Schleifer« a.D.?

(1) Die Feststellung der Verfassungsmäßigkeit des Einsatzes deutscher Streitkräfte im Rahmen kollektiver Sicherheitssysteme,
(2) die mögliche Diskriminierung von Soldaten durch den Vorrang des Grundrechts auf freie Meinungsäußerung (»Soldaten sind Mörder«) und
(3) die Traditionspflege der Bundeswehr.
Mit Claire Marienfeld (CDU) konnte am 28. April 1995 dann die erste Frau das
Amt des Wehrbeauftragten antreten. Ihr Augenmerk galt vor allem der Einhaltung und weiteren Verwurzelung der ›Inneren Führung‹ in der Bundeswehr
unter den veränderten Rahmenbedingungen. Denn die Streitkräfte entwickelten
sich in den neunziger Jahren zu einer Einsatzarmee in multinationalen Bündnisstrukturen. Die im Kalten Krieg entwickelte ›Innere Führung‹ und das Konzept
vom »Staatsbürger in Uniform« musste sich jetzt auch in Einsätzen fern der
Heimat bewähren, wie etwa auf dem Gebiet des ehemaligen Jugoslawien oder
in Afghanistan (in der Vergangenheit wurde vermehrt die Frage gestellt, ob
denn die ›Innere Führung‹ nur für eine Armee im Frieden, aber nicht für eine
Armee im Einsatz praktikabel sei). Seit dem 11. April 2000 führte Willfried
Penner (SPD) die Amtsgeschäfte, der im Jahr 2005 sein Amt an den ehemaligen
Kriegsdienstverweigerer Reinhard Robbe (SPD) übergab[8].
Diese Entwicklung zeigt, von welch rasanten Veränderungen die Bundeswehr, aber auch ihr Kontrolleur betroffen waren. Aus der Beschäftigung mit
dem Wehrbeauftragten ergeben sich daher weitere Forschungsfelder, die sowohl für die Geschichte der Bundeswehr als auch für die Geschichte der Bundesrepublik bedeutungsvoll sind. Blieb der Wehrbeauftragte ein Einzelfall in
der bisherigen Geschichte der Bundesrepublik Deutschland oder war das Amt
doch, wie bereits 1963 gefordert, wegweisend für andere Bereiche der Exekutive? Auf Bundesebene wurde zwar ein Ombudsmann für die zivile Verwaltung
bisher noch nicht geschaffen, trotzdem hatte der Petitionsausschuss 1975 eine
Stärkung in seinen Rechten erfahren. In Hessen war bereits im Jahre 1973 auf
kommunaler Ebene ein Bürgerreferent und 1974 in Rheinland-Pfalz ein Bürgerbeauftragter eingesetzt worden[9]. Es folgten auf kommunaler, Länder- und auch
Bundesebene u.a. Beauftragte für Behinderte, Minderheiten, Gleichstellung
oder Drogen. Damit war eine Entwicklung eingeleitet, die zusammen mit den
später einsetzenden basisdemokratischen Ansätzen einen festen Platz in der
weiteren Demokratisierung und politischen Modernisierung der Bundesrepublik Deutschland einnehmen sollte. Der Startimpuls ging dabei von der deutschen Aufrüstung aus, diese setzte womöglich mit dem Amt des Wehrbeauftragten das Vorbild. Ob hier ein direkter Zusammenhang zwischen dem
Wehrbeauftragten und den Ombudsmännern bzw. den basisdemokratischen
Instrumenten bestand, erscheint als interessante Fragestellung, ebenso wie der
Aspekt von möglichen Auswirkungen einer modernen Bundeswehr auf die

---

[8] Vgl. Schlaffer, Der Wehrbeauftragte.
[9] Moritz, Das Amt des Wehrbeauftragten, S. 258; Archiv Helmut Schmidt, NL Berkhan,
Wehrbeauftragter, Allgemeiner Schriftwechsel, Schreiben Bürgerbeauftragter des Landes
Rheinland-Pfalz an Berkhan, 31.3.1982.

Gesamtgesellschaft. Wirkte das Erleben von Rechtsstaatlichkeit in der Bundeswehr durch die ›Innere Führung‹ – aber nicht im Sinne einer Schule der Nation[10] – nicht sogar demokratiefördernd auf Staat und Gesellschaft? Der Soldat erlebte durch den Wehrbeauftragten unmittelbaren Rechtsschutz. Half diese Erfahrung negative Stereotypen über das Militär in der Öffentlichkeit abzubauen?

Der »Haar- und Barterlass« zeigte beispielsweise die Diskrepanz in der Wahrnehmung der Öffentlichkeit: Eine Armee wurde durch die Einhaltung von formaler Disziplin auch als schlagkräftig eingestuft, eine freiheitliche Auslegung dagegen mit undisziplinierter »Gammelarmee« gleichgesetzt. Die Bundeswehr sollte daher diszipliniert, aber auch regeloffen sein. Wie konnte solch eine widersprüchliche Forderung entstehen? Oder war das lediglich Ausdruck eines Zeitgeistes ohne praktische Bedeutung? Neben dem Image war die Motivation der Bundeswehrsoldaten ein zentraler Aspekt für die Funktionsfähigkeit der Streitkräfte. Galten die Theorien Maslows und Oettings für den Bundeswehrsoldaten auch über die Kategorie ›Beschwerden‹ hinaus? Wandelte sich seine Motivation im Kalten Krieg oder in der Transformation? War die ›Innere Führung‹ nur eine Philosophie für den Kalten Krieg? Modifizierte sie sich dann in der Transformation? Und wenn ja, wie und in welchem Ausmaß?

Alle diese Fragen konzentrieren sich auf die Streitkräfte als Armee im NATO-Bündnis, im demokratischen Staat und in der pluralistischen Gesellschaft, aber auch auf das Wirken des Wehrbeauftragten in diesem Integrations- und Transformationsprozess. Diese drei Aspekte sind für eine Historisierung der Bundeswehr von zentraler Bedeutung. Der Wehrbeauftragte ist dagegen für die Einordnung in Staat und Gesellschaft unverzichtbar, jedoch weniger für die Bedeutung der Bundeswehr in den Bündnisstrukturen. Das parlamentarische Hilfsorgan verhalf der Bundeswehr ihre Organisation zu konsolidieren und zu modernisieren. Beide, Bundeswehr und Wehrbeauftragten, verbinden daher eine untrennbare Organisationsgeschichte.

---

[10] Vgl. Höhn, Scharnhorst.

Anhang

1. §§ 1 und 2 der Instruktionen des Militärbeauftragten des schwedischen Reichstages

»§ 1: Dem Militärbeauftragten des Reichstages obliegt die Ausübung einer allgemeinen Aufsicht über die Beachtung der Gesetze, Verordnungen und Weisungen in militärischen Angelegenheiten sowie über die Beamten und Angestellten, die aus Haushaltsmitteln besoldet werden, welche für das Verteidigungswesen bewilligt werden. Er hat einen Beamten oder Angestellten, der in seiner Amtsausübung in militärischen Angelegenheiten oder in anderer Amtsausübung, für die eine Besoldung aus den genannten Mitteln gewährt wird, aus Willkür, Ungerechtigkeit oder anderer Ursache Verfehlungen begeht oder sich irgendwelcher Unterlassungen in seiner Amtpflicht schuldig macht, deswegen beim zuständigen Gericht ordnungsgemäß zu verklagen oder verklagen zu lassen. Der Kronanwalt des Königs ist jedoch von der Aufsicht des Militärbeauftragten ausgenommen.

Wenn der Beamte oder Angestellte, dessen Amtsausübung der Aufsicht des Militärbeauftragten unterliegt, mit einem anderen Beamten oder Angestellten, dessen Amtsführung unter die Aufsichtszuständigkeit des Justizbeauftragten fällt, an Schritten teilgenommen hat, die nach dem Ermessen des Militärbeauftragten zur Klage führen müssen, so ist dieser verpflichtet, die Klage wegen solcher Schritte auch gegen die letztgenannten Beamten oder Angestellten anzuordnen und durchzuführen.

§ 2: Bei der Erfüllung der Aufgaben, die dem Militärbeauftragten gemäß § 1 obliegen, hat er insbesondere zu überwachen:
- Die Beachtung des militärischen Straf- und Prozessrechts und der damit zusammenhängenden Verordnungen,
- des Wehrgesetzes sowie der auf Grund desselben erlassenen Verordnungen,
- der Bestimmungen über die Anstellung und Entlassung des bei der Wehrmacht fest angestellten Personals und über die Teilnahme an den von der Wehrmacht angeordneten Ausbildungskursen,
- der Bestimmungen über die Behandlung und Betreuung von Soldaten,
- der Bestimmungen über die Verwaltung der für das Verteidigungswesen bewilligten Mittel und der dem Verteidigungswesen gehörigen Grundstücke,

- der Bestimmungen über das staatliche Aufkaufs- und Verdingungswesen, soweit dieses das Verteidigungswesen betrifft, und zwar über die Anschaffung und Verwendung anderen Bedarfs (auch: Lebensmittel) sowie die Ausführung von Arbeiten für das Verteidigungswesen,
- der Bestimmungen über Vorräte, Ausrüstung und dgl., die der Kriegsbereitschaft dienen sowie schließlich
- der Bestimmungen über die Durchführung von Beschlüssen und die Aufbewahrung und Zurverfügunghaltung von Konzepten für ausgehende Aufträge wie auch von anderen Urkunden [...].«

Quelle: BA-MA, BW 1/313600, Weisung für den Militärbeauftragten des Reichstages, erlassen im Schloss zu Stockholm am 14.3.1941 mit den darin bis 1949 vorgenommenen Änderungen (deutsche Übersetzung, d. Verf.).

2. Ministerialblatt des Bundesministers der Verteidigung (VMBl.) 1977, S. 30

»1. Zweck der Presse- und Öffentlichkeitsarbeit in Verteidigungsfragen ist es,
   - die Sicherheitspolitik der Bundesrepublik Deutschland in der Öffentlichkeit verständlich und
   - die Bevölkerung mit der Bundeswehr vertraut zu machen.
2. Ziel der Presse- und Öffentlichkeitsarbeit in Verteidigungsfragen ist es, das Vertrauen der Bevölkerung in die Sicherheitspolitik der Bundesrepublik Deutschland und die Wirksamkeit des Nordatlantischen Bündnisses zu stärken,
   das Ansehen der Bundeswehr zu fördern,
   den Verteidigungswillen der Bevölkerung zu festigen [...].«

Quelle: VMBl. 1977, S. 30, Ziele, Grundsätze und Aufgaben der Presse- und Öffentlichkeitsarbeit in Verteidigungsfragen – Neufassung –, zit. nach: Kannicht, Die Bundeswehr und die Medien, S. 267.

3. Dienstgrade der Bundeswehr

HEER/LUFTWAFFE (H/Lw)	MARINE (M)
Mannschaften (Mann)	
Schütze (Jäger/Pionier/Funker/Panzergrenadier – je nach Truppengattung unterschiedlich); bei Luftwaffe: Flieger	Matrose
Gefreiter (G)	Gefreiter (G)
Gefreiter UA [G(UA)]	Gefreiter UA [G(UA)]
Gefreiter OA [G(OA)]	Gefreiter OA [G(OA)]
Obergefreiter (OG)	Obergefreiter (OG)
Hauptgefreiter (HG)	Hauptgefreiter (HG)
Unteroffiziere ohne Portepee (UoP)	
Unteroffizier (U)	Maat (Mt)
Fahnenjunker (Fhj)	Seekadett (SK)
Stabsunteroffizier (SU)	Obermaat (OMt)
Unteroffiziere mit Portepee (UmP)	
Feldwebel (Fw)	Bootsmann (Bm)
Fähnrich (FR)	Fähnrich zur See (FR z. S.)
Oberfeldwebel (OFw)	Oberbootsmann (Obm)
Oberfähnrich (OFR)	Oberfähnrich zur See (OFR z. S.)
Hauptfeldwebel (HFw)	Hauptbootsmann (HBm)
Stabsfeldwebel (StFw)	Stabsbootsmann (StBm)
Oberstabsfeldwebel (OStFw)	Oberstabsbootsmann (OStBm)
Offiziere (Offz)	
Leutnant (Lt)	Leutnant zur See (Lt z. S.)
Oberleutnant (OLt)	Oberleutnant zur See (OLt z. S.)
Hauptmann (Hptm)	Kapitänleutnant (KL)
Stabshauptmann (StHptm)	Stabskapitänleutnant (StKL)
Stabsoffiziere (StOffz)	
Major (M)	Korvettenkapitän (KK)
Oberstleutnant (OTL)	Fregattenkapitän (FK)
Oberst (O)	Kapitän zur See (K z. S.)
Generale/Admirale(Gen/Adm)	
Brigadegeneral (BG)	Flottillenadmiral (FA)
Generalmajor (GM)	Konteradmiral (KA)
Generalleutnant (GL)	Vizeadmiral (VA)
General (G)	Admiral (AD)
Kragenspiegel	
Offiziere im Generalstabsdienst	
Generale	
Abzeichen für Offiziere im Sanitätsdienst	
Arzt	
Apotheker	
Zahnarzt	
Veterinär	
Offiziere im Sanitätsdienst (Rangschlaufen immer mit zusätzlichem Abzeichen)	
Stabsarzt (SA)	Stabsarzt (SA)
Oberstabsarzt (OSA)	Oberstabsarzt (OSA)
Oberfeldarzt (OFA)	Flottillenarzt (FArzt)
Oberstarzt (OTA)	Flottenarzt (FlotArzt)
Generalarzt (GA)	Admiralarzt (AArzt)
Generalstabsarzt (GStA)	Admiralstabsarzt (AStArzt)
Generaloberstabsarzt (GOStA)	Admiraloberstabsarzt (AOStArzt)

Abkürzungen: UA – Unteroffizieranwärter, OA – Offizieranwärter (Litze silber)

4. Biografische Skizzen der ersten fünf Wehrbeauftragten

Helmuth Otto von Grolman

Geboren am 6. November 1898 in Rheinshain/Kreis Freystadt in Schlesien
Gestorben am 18. Januar 1977
Wehrbeauftragter von 1959 bis 1961

Im Alter von 17 Jahren trat Helmuth von Grolman, Sohn des Geheimen Regierungsrates, Generallandschaftsdirektors und Rittergutsbesitzers Siegfried von Grolman als Fahnenjunker in das preußische Ulanenregiment 3 ein. Am 1. Oktober 1919 wurde er in das Reiterregiment 9 versetzt und erhielt am 1. August 1920 sein Leutnantspatent. Von 1920 bis 1924 absolvierte er eine Banklehre und studierte Nationalökonomie. Danach trat er wieder in die Reichswehr ein. Nach seiner Ausbildung zum Generalstabsoffizier war er Kriegsteilnehmer im Zweiten Weltkrieg, unter anderem als Chef des Generalstabes der Heeresgruppe A, später Heeresgruppe Süd und als Divisionskommandeur der 4. Kavalleriedivision. Am 9. November 1944 wurde er zum Generalleutnant befördert. Ausgezeichnet wurde er mit dem Deutschen Kreuz in Gold. Vom 8. Mai 1945 bis zum 31. März 1948 befand er sich in englischer und amerikanischer Kriegsgefangenschaft.

Nach der Entlassung aus der Gefangenschaft arbeitete er zunächst beim Evangelischen Hilfswerk in Württemberg. 1949 wurde er Referent im niedersächsischen Vertriebenenministerium. Zuletzt war er dort als Staatssekretär von 1955 bis 1959 tätig. Am 19. Februar 1959 wurde er als »Kompromisskandidat« zum ersten Wehrbeauftragten des Deutschen Bundestages gewählt. Er erhielt von den Regierungsparteien (CDU/CSU) und der Opposition (SPD, FDP) eine breite Zustimmung. 363 Abgeordnete votierten mit ja, 16 mit nein und 32 enthielten sich. Bereits nach einer neunmonatigen Tätigkeit erreichten ihn 3368 Eingaben. Besondere Brisanz enthielt sein erster Jahresbericht an den Deutschen Bundestag, worin er die Bundeswehr als zu schnell aufgebaut bewertete. Mit dieser Feststellung erregte er den Widerstand des damaligen Verteidigungsministers Franz Josef Strauß (CSU), der dies als eine Kompetenzüberschreitung Grolmans betrachtete und dagegen massiv politisch Stellung bezog. Aufgrund einer persönlichen Affäre trat Grolman schließlich am 14. Juli 1961 von seinem Amt zurück. Grolman unterhielt eine homosexuelle Liebesbeziehung zu einem 17-jährigen Kellnerlehrling. Nach der Veröffentlichung dieser Beziehung versuchten sich beide Betroffene das Leben zu nehmen. Sie überlebten jedoch und mussten sich vor Gericht verantworten. Unter Zubilligung verminderter Zurechnungsfähigkeit infolge des Missbrauchs von Schlafmitteln wurde Grolman im September 1961 zu drei Monaten Haft auf Bewährung verurteilt.

Hellmuth Guido Heye

Geboren am 9. August 1895 in Beckingen/Saar
Gestorben am 10. November 1970
Wehrbeauftragter von 1961 bis 1964

Hellmuth Heye stammte aus einer Familie mit militärischer Tradition. Sein Vater Wilhelm (seit 1930 Generaloberst) war 1926 Nachfolger Hans von Seeckts als Chef der Heeresleitung der Reichswehr geworden. Hellmuth Heye trat im Jahr 1914 in die Kaiserliche Marine als Seekadett ein. Seine weitere Karriere als Berufsoffizier führte ihn nach 1918 über die Reichs- in die Kriegsmarine. Seine herausragenden Verwendungen während des Zweiten Weltkrieges hatte er als Kommandant des Schweren Kreuzers »Admiral Hipper« und zugleich Führer der Kriegsschiffgruppe 2 bei der Unternehmung »Weserübung« 1940 sowie als Admiral der Kleinkampfverbände 1944/45 erhalten. Für seine Leistungen wurde er am 18. Januar 1941 mit dem Ritterkreuz des Eisernen Kreuzes ausgezeichnet. Am 1. August 1944 wurde er zum Vizeadmiral befördert. Vom 8. Mai 1945 bis zum 1. Dezember 1946 befand er sich in belgischer und britischer Kriegsgefangenschaft.

Heye war nicht nur ein erfolgreicher Marineoffizier, sondern er vertrat nach dem Zweiten Weltkrieg als ausgewiesener Sicherheitsexperte der CDU-Fraktion den Wahlkreis Wilhelmshaven im Deutschen Bundestag. Er war als Mitglied des Verteidigungsausschusses maßgeblich an den Wehrergänzungen des Grundgesetzes und am Aufbau der Bundeswehr beteiligt. Als er am 8. November 1961 zum Wehrbeauftragten des Deutschen Bundestages gewählt wurde, geschah dies ohne Widerspruch durch Akklamation und nicht wie im Gesetz vorgesehen in geheimer Wahl.

Seine Amtszeit sollte vom Skandal in Nagold geprägt werden, der sich 1963 mit dem Tod eines wehrpflichtigen Fallschirmjägers entzündete. Besonders aufgrund dieses Vorfalles sah sich Heye veranlasst, die Öffentlichkeit über die Entwicklungen in der Bundeswehr zu informieren. Vor allem auch deswegen, weil er sich von seinem Auftraggeber, dem Deutschen Bundestag, nicht in gebührender Weise ernst genommen fühlte. Daraufhin entschloss er sich im Juni und Juli 1964 zu dem ungewöhnlichen Schritt, den bereits vorgelegten Jahresbericht für 1963 sinngemäß in der Illustrierten »Quick« mit der Schlagzeile »In Sorge um Bundeswehr« zu veröffentlichen. In dieser Veröffentlichung hob er gezielt das aus historischer Sicht problematische Verhältnis der Reichswehr zur Weimarer Republik hervor. Die Machtlosigkeit seiner Rolle als Wehrbeauftragter in der gegenwärtigen Entwicklung betonend, versuchte Heye seine ungewöhnliche Vorgehensweise zu rechtfertigen. Mit dieser medien- und öffentlichkeitswirksamen Kampagne positionierte er unverrückbar das Amt des Wehrbeauftragten im politischen, gesellschaftlichen und militärischen System der Bundesrepublik. Jedoch unterlag er schließlich einem gegen ihn gerichteten Bündnis von politischen Entscheidungsträgern und militärischem Führungspersonal. In der Konsequenz trat er vorzeitig am 10. November 1964 zurück, offiziell aus gesundheitlichen Gründen.

Matthias Hoogen

Geboren am 25. Juni 1904 in Straelen/Niederrhein
Gestorben am 13. Juli 1985
Wehrbeauftragter von 1964 bis 1970

Nach dem Studium der Rechtswissenschaften legte Hoogen 1932 die zweite
juristische Staatsprüfung ab. Danach arbeitete er als Rechtsanwalt. Im Jahr 1940
erfolgte seine Einberufung zur Wehrmacht und die Ausbildung zum Reserveoffizier. Als Leutnant (Kriegsoffizier) war er im Fronteinsatz, um anschließend in
der Justizlaufbahn der Wehrmacht verwendet zu werden. Am 18. März 1944
wurde er von einer Nachschubkompanie der Luftwaffe zum Feldgericht des
Kommandierenden Generals und Befehlshabers im Feld–Luftgaukomman-
do XXVI kommandiert. Daraufhin beförderte man ihn am 1. Juni 1944 zum
Kriegsgerichtsrat des Beurlaubtenstandes. Eine Verfügung vom 22. November
1944 überführte Hoogen rückwirkend zum 1. Mai 1944 zu den Offizieren im
Truppensonderdienst (Laufbahn der Wehrmachtrichter), Dienstgrad Oberstabs-
richter der Reserve.

Nach einem Engagement in der Zentrumspartei trat Hoogen 1949 in die
CDU ein und arbeitete wieder als Rechtsanwalt. Von 1947 bis 1949 war er Mitglied im Wirtschaftsrat, von 1948 bis 1956 Bürgermeister von Kempen/Nie-
derrhein und von 1949 bis zu seiner Wahl zum Wehrbeauftragten 1964 CDU-
Bundestagsabgeordneter. Während seiner Zeit als Mitglied des Bundestages
war er von 1953 bis 1964 Vorsitzender des Rechtsausschusses und damit maßgeblich an der Formulierung des Wehrbeauftragtengesetzes beteiligt.

Im Gegensatz zu Heye wurde mit Hoogen eine in den Parteien umstrittene
Persönlichkeit gewählt. Er erreichte deshalb auch nur 270 Zustimmungen bei der
CDU/CSU und 174 Ablehnungen bei der SPD, immerhin elf CDU-Abgeordnete
enthielten sich ihrer Stimmen. Trotz des schlechten Wahlergebnisses, das nicht
nur an seiner Person festzumachen war, sondern auch an der Forderung der SPD,
mit dem neuen Kandidaten das Amt selbst zu reformieren, wurde Hoogen am
11. Dezember 1964 vereidigt. Er übernahm sein Amt noch am selben Tag.

Die Amtszeit Hoogens war aber nur am Beginn von einer harmonischen Beziehung zum Verteidigungsressort und zum Bundestag gekennzeichnet. Bald
schon wurden auch unter seiner Ägide weiterhin Kompetenzstreitigkeiten ausgetragen. Öffentlich Bedeutung gewann vor allem seine umstrittene Amtsführung, die in mehreren Versetzungsgesuchen seiner Beamten zum Ausdruck
kam. Hoogen ließ jedoch eine Änderung der Methodik zu, den Jahresbericht
abzufassen. Er verstärkte das Amt personell mit Sozialwissenschaftlern, sodass
die Berichte seit 1968 weniger von den Einzelfällen dominiert und mehr von
sozialwissenschaftlichen Analysen geprägt wurden. Der Jahresbericht 1968 verdeutlichte in besonderem Maße die Ambivalenz des Amtes zwischen »Parla-
mentsbeauftragter« und »Sachwalter der Bundeswehr«.

Fritz-Rudolf Schultz

Geboren am 19. Februar 1917 in München
Gestorben am 2. März 2002
Wehrbeauftragter von 1970 bis 1975

Nach dem Abitur 1935 im Realgymnasium Schondorf leistete Schultz Wehrdienst in der Wehrmacht. 1937 wurde er zum Leutnant befördert. Im Jahr darauf nahm er seinen Abschied, um das elterliche Weingut in Gau-Bischofsheim zu
übernehmen. Im Jahr 1939 wieder in die Wehrmacht eingezogen, wurde er mit
dem Eichenlaub zum Ritterkreuz ausgezeichnet und war somit ein hoch dekorierter Kriegsteilnehmer, zuletzt als Major der Reserve. Nach kurzer Kriegsgefangenschaft leitete er erneut das elterliche Weingut. Vor seiner Wahl in den
Bundestag für die FDP im Jahr 1957, dem er bis zur Wahl zum Wehrbeauftragten 1970 angehörte, profilierte er sich bereits als Kommunal- und Landespolitiker in Rheinland-Pfalz.

Am 11. März 1970 wurde er mit 268 gegen 127 Stimmen bei 50 Enthaltungen
zum Wehrbeauftragten gewählt; Vereidigung und Amtsübernahme erfolgten
am selben Tag. Der zurückhaltend wirkende Schultz war dennoch ein profilierter Wehrexperte seiner Partei. Als Mitglied der FDP in der sozial-liberalen
Koalition stellte seine Wahl auch eine Konzession der SPD an ihren Juniorpartner dar. Schultz führte die konstruktive Arbeit seines Vorgängers Hoogen aus
dessen letztem Amtsjahr fort. Er übernahm auch die Sachwalterfunktion für die
Bundeswehr. Vor allem bemühte er sich darum, eine Novellierung des Wehrbeauftragtengesetzes vom 26. Juni 1957 herbeizuführen. Mit seinem Entwurf vom
September 1972 versuchte er den Verteidigungsminister in Zugzwang zu bringen. Der Parlamentarische Staatssekretär Karl Wilhelm Berkhan verhinderte
jedoch erfolgreich eine Novellierung. Trotz dieses Gegensatzes in der Novellie-
rungsfrage entwickelte sich die Zusammenarbeit zwischen dem BMVg und
dem Wehrbeauftragten recht gut. Dagegen wurde der Wehrbeauftragte von
seinem Auftraggeber, dem Deutschen Bundestag, weitestgehend ignoriert. Als
seine Amtszeit 1975 endete, stellte er sich keiner Wiederwahl.

Karl Wilhelm Berkhan

Geboren am 8. April 1915 in Hamburg
Gestorben am 9. März 1994
Wehrbeauftragter von 1975 bis 1985

Der fünfte Wehrbeauftragte des Deutschen Bundestages, Karl Wilhelm (Willi)
Berkhan, wurde am 8. April 1915 als Sohn eines Bürovorstehers in Hamburg-
Eimsbüttel geboren. In den Jahren von 1925 bis 1931 besuchte er das Wilhelm-
Gymnasium in Hamburg bis zum Abschluss der mittleren Reife. Nach einer
vierjährigen Maschinenbaulehre ging er ab 1935 auf die Höhere Technische
Staatslehreranstalt, Fachrichtung Maschinenbau. Im Jahre 1937 bestand er das

Examen als Maschinenbauingenieur. Politisch engagierte er sich bereits seit 1929 in der Hamburger Sozialistischen Arbeiterjugend.

Nach einem Reichsarbeitsdienstjahr wurde er am 26. August 1939 zur Wehrmacht eingezogen, im Fliegerausbildungsregiment in Oschatz/Sachsen erfolgte seine Ausbildung. Danach wurde er Flugzeugmotorenschlosser in der Kriegswirtschaft. Am 6. August 1941 erhielt er das Kriegsverdienstkreuz 2. Klasse mit Schwertern. In der Wehrmacht erreichte der den Dienstgrad Unteroffizier. Gemäß Erlass vom 19. Oktober 1942 des Reichsministers und Oberbefehlshabers der Luftwaffe wurde er mit Wirkung vom 21. Oktober 1942 als Fliegeringenieur des Beurlaubtenstandes in die Wehrmachtsbeamtenlaufbahn übernommen. Seine Beförderung zum Fliegeroberingenieur erfolgte am 7. Oktober 1944 mit Wirkung zum 1. Oktober 1944.

Unmittelbar nach dem Ende des Zweiten Weltkrieges arbeitete er kurze Zeit als Kriminalbeamter in seiner Heimatstadt Hamburg. Im Anschluss daran schlug er die Laufbahn eines Gewerbelehrers ein. Nebenberuflich qualifizierte er sich bis 1957 auf dem zweiten Bildungsweg für den höheren Schuldienst zum Studienrat. Während dieser beruflichen Umorientierungsphase war er stets politisch aktiv. Schon 1945 trat er in die SPD ein, begründete in den Jahren 1946 bis 1949 den Sozialistischen Deutschen Studentenbund (SDS) mit und stieg im Jahr 1949 zum SPD-Kreisvorsitzenden in Hamburg-Nord auf. Seine Partei vertrat er von 1953 bis 1957 in der Hamburger Bürgerschaft. 1957 wechselte er als Bundestagsabgeordneter des Hamburger Wahlkreises 13 (Altona) nach Bonn. Dem Bundestag gehörte er bis zur Wahl zum Wehrbeauftragten des Deutschen Bundestages im Jahre 1975 an. Von 1969 bis 1972 führte Berkhan unter Verteidigungsminister Helmut Schmidt und ab 1972 unter Minister Georg Leber die Geschäfte eines Parlamentarischen Staatssekretärs beim Bundesminister der Verteidigung. Am 19. März 1975 wurde er als »Verlegenheitskandidat« anstelle des nicht mehrheitsfähigen Werner Buchstaller (SPD) zum Wehrbeauftragten des Deutschen Bundestages gewählt. Berkhan erhielt 418 Stimmen. Jeweils 21 Abgeordnete votierten gegen ihn oder enthielten sich der Stimme, vier waren ungültig. Das Amt bekleidete er zehn Jahre bis zum 14. März 1985.

Nachdem er mit breiter parlamentarischer Mehrheit zum Wehrbeauftragten des Bundestages gewählt worden war, sah er sich nun auf der Gegenseite mit seinen als Staatssekretär veranlassten vorherigen Entscheidungen konfrontiert. Seine Erfahrungen im Zweiten Weltkrieg, seine Ausbildung zum und seine berufliche Tätigkeit als Pädagoge, seine Kenntnisse als Reserveoffizier der Bundeswehr, zu dem er sich auf Anraten Fritz Erlers ausbilden ließ und sein Sachverstand als Parlamentarischer Staatssekretär sollten Berkhan dann aber zu einer Idealbesetzung für das Amt des Wehrbeauftragten machen. Ein primäres Anliegen während seiner Amtszeit war, wie schon in seinem Amt als Parlamentarischer Staatssekretär, die Bildung der Soldaten. Führung stand für ihn stets in einem Kausalzusammenhang mit politischer Bildung: beides sei erforderlich, um das Leitprinzip der Inneren Führung umzusetzen. Der Soldat der Bundeswehr müsse, so Berkhan, die Werte des Grundgesetzes erleben. In seiner Amtszeit setzte er sich unablässig mit der Inneren Führung auseinander. Die sozialen, gesellschaftspolitischen wie auch militärtechnischen Entwicklungen sollten dabei fortwährend analysiert und bei der weiteren Umsetzung berücksichtigt werden. Für Berkhan war der gesellschaftliche Wandel und ein veränderter Umgang mit gewachsener Tradition ein selbstverständlicher Prozess des Fortschritts, an dem sich gerade die Bundeswehr im Rahmen der Inneren Führung zu beteiligen habe. Während seiner Amtszeit legte Berkhan deswegen den Schwerpunkt seiner Bemühungen auf die Fürsorge für den Soldaten. Seinem Naturell entsprechend definierte er das Selbstverständnis des Amtes vornehmlich als ›Anwalt der Soldaten‹ bzw. als ›Kummerkasten‹.

Im Juni 1982 erreichte er eine Novellierung des Wehrbeauftragtengesetzes aus dem Jahr 1957. Dies war das Ergebnis einer fast 20 Jahre anhaltenden Kompetenzstreitigkeit zwischen dem Amt des Wehrbeauftragen und dem Verteidigungsministerium; im Übrigen ein Ergebnis, das Berkhan als Parlamentarischer Staatssekretär noch hatte verhindern wollen. Als bisher einziger Wehrbeauftragter stellte er sich am 17. Januar 1980 einer Wiederwahl, durch die erstmalig eine personelle Kontinuität in der Amtsführung erreicht werden konnte.

5. Verzeichnis der Tabellen

Abkürzungen

Abg.	Abgeordnete(r)	BEBGenInsp	
Abs.	Absatz		Beauftragter für Erziehung
Abt.	Abteilung		und Bildung beim General-
ACDP	Archiv für Christlich-Demo-		inspekteur der Bundeswehr
	kratische Politik der Konrad-	BGen	Brigadegeneral
	Adenauer-Stiftung	BHE	Bund der Heimatlosen und
ACSP	Archiv für Christlich-Soziale		Entrechteten
	Politik der Hanns-Seidel-	BMI	Bundesminister(ium) des
	Stiftung		Innern
a.D.	außer Dienst	BMVg	Bundesminister(ium) der
AdsD	Archiv der sozialen Demo-		Verteidigung
	kratie der Friedrich-Ebert-	BMVtdg	Der Bundesminister für/der
	Stiftung		Verteidigung
AGA	Allgemeine Grundausbildung	BMWo	Bundesministerium für Woh-
AIG	Address Indicating Group		nungsbau, ab 1961 Bundes-
	(Sammeladressat beim Fern-		ministerium für Wohnungs-
	schreiben)		wesen, Städtebau und Raum-
AL	Abteilungsleiter		ordnung und ab 1969 Bun-
ALK	Abteilungsleiterkonferenz		desministerium für Städte-
APO	Außerparlamentarische		bau und Wohnungswesen
	Opposition	BRD	Bundesrepublik Deutschland
APuZ	Aus Politik und Zeitge-	Brig	Brigade
	schichte	BrigKdr	Brigadekommandeur
ARD	Arbeitsgemeinschaft der	BT	Bundestag
	öffentlich-rechtlichen Rund-	BT-Drs.	Bundestagsdrucksache
	funkanstalten der Bundes-	Btsm	Bootsmann
	republik Deutschland	BV	Besonderes Vorkommnis
Art.	Artikel	Bw	Bundeswehr
AusbKp	Ausbildungskompanie	BWB	Bundesamt für Wehrtechnik
AWS	Anfänge westdeutscher		und Beschaffung
	Sicherheitspolitik	bzw.	beziehungsweise
AZ	Allgemeine Zeitung	ca.	circa
Az.	Aktenzeichen	CdS	Chef des Stabes
BA	Bundesarchiv	CDU	Christlich Demokratische
BA-MA	Bundesarchiv-Militärarchiv		Union Deutschlands
Bd	Band		

ČSSR	Tschechoslowakische Sozialistische Republik	Fü S	Führungsstab der Streitkräfte
CSU	Christlich-Soziale Union in Bayern e.V.	FVP	Freie Volkspartei
		G	Gefreiter
DDR	Deutsche Demokratische Republik	GebDiv	Gebirgsdivision
		gem.	gemäß
d.h.	das heißt	Gen.	General
DKP	Deutsche Kommunistische Partei	Gen.d.PzTr.	General der Panzertruppe
DM	Deutsche Mark	GenO	Generaloberst
DP	Deutsche Partei	GG	Grundgesetz
DPA	Deutsche Presseagentur	GenInsp(Bw)	
d.R.	der Reserve		Generalinspekteur der Bundeswehr
Dt BT	Deutscher Bundestag		
DUD	Deutschland-Union-Dienst (Pressedienst der CDU/CSU)	GL	Generalleutnant
		GM	Generalmajor
DVBl.	Deutsches Verwaltungsblatt	GWU	Geschichte in Wissenschaft und Unterricht
d.Verf.	der Verfasser		
EEM	Erlass über Erzieherische Maßnahmen	H	Heer
		HAL	Hauptabteilungsleiter
EGHMR	Europäischer Gerichtshof für Menschenrechte	HDv	Heeresdienstvorschrift
		Hptm	Hauptmann
EKD	Evangelische Kirche in Deutschland	HS	Heeresstruktur
		HZ	Historische Zeitschrift
etc.	et cetera	IfdT	Information für die Truppe
EVG	Europäische Verteidigungsgemeinschaft	i.G.	im Generalstabsdienst
		InFü	Innere Führung
FAZ	Frankfurter Allgemeine Zeitung	InFüSBw	
			Schule der Bundeswehr für Innere Führung
FDP	Freie Demokratische Partei		
FeldArtBtl	Feldartilleriebataillon	InSan	Inspektion des Sanitäts- und Gesundheitswesens
ff.	fort folgende		
Fhj	Fahnenjunker	InspH	Inspekteur des Heeres
FlaRakRgt	Flugabwehrraketenregiment	InspLw	Inspekteur der Luftwaffe
		InspM	Inspekteur der Marine
FschJg	Fallschirmjäger	InspSan	Inspekteur des Sanitätsdienstes
FschJgBrig	Fallschirmjägerbrigade	IPStab	Informations- und Pressestab
		JB	Jahresbericht
Fü B	Führungsstab der Bundeswehr	JgDiv	Jägerdivision
		JGG	Jugendgerichtsgesetz
Fü H	Führungsstab des Heeres	JO	»Justitiaeombudsman«, Justizbeauftragter
Fü L	Führungsstab der Luftwaffe	JZ	Juristenzeitung
Fü M	Führungsstab der Marine	KAdm	Konteradmiral

KdoTV	Kommando Territoriale Ver-teidigung		Grundfreiheiten, die meh-rere Institutionen zum
Kdr	Kommandeur		Schutz der Menschenrechte
KDV	Kriegsdienstverweigerer, Kriegsdienstverweigerung		in den Unterzeichnerstaaten begründet
KG	Kommandierender General	Msg	Militärgeschichtliche Samm-lungen
KLM	Klub Langer Menschen Deutschland e.V.	NATO	North Atlantic Treaty Orga-nization
KpChef	Kompaniechef		
KVP	Kasernierte Volkspolizei	NDR	Norddeutscher Rundfunk
KWEA	Kreiswehrersatzamt	NL	Nachlass
LB	»Leitender Beamter« in der	No.	Number
	Dienststelle des Wehrbe-	NPD	Nationaldemokratische
	auftragten des Deutschen		Partei Deutschlands
	Bundestages	Nr.	Nummer
lfd.	laufend(e)	NS	Nationalssozialistische
LFKp	Langwellen-Funk-Kompanie	NVA	Nationale Volksarmee der
Lt.	Leutnant		DDR
Lt.z.S.	Leutnant zur See	NWDR	Nordwestdeutscher Rund-funk Köln
Lw	Luftwaffe		
LwDiv	Luftwaffendivision	OA	Offizieranwärter
LwRgt	Luftwaffenregiment	o.D.	ohne Datum
M	Major	ÖA	Öffentlichkeitsarbeit
M	Marine	ÖMZ	Österreichische Militärische
MAD	Militärischer Abschirmdienst		Zeitschrift
max.	maximal	ÖTV	Gewerkschaft Öffentliche
MdB	Mitglied des Bundestages		Dienste, Transport und Ver-
MFR	Militärischer Führungsrat		kehr
MGFA	Militärgeschichtliches For-schungsamt	OFw	Oberfeldwebel
		OL (vormals Olt.)	
MGM	Militärgeschichtliche Mittei-lungen		Oberleutnant
		OTL	Oberstleutnant
MGZ	Militärgeschichtliche Zeit-schrift	P	Personal (Abteilung im BMVg)
mHFlgTrspRgt		Parl. StS	Parlamentarischer Staatsse-
	mittleres Heeresfliegertrans-portregiment		kretär beim BMVg
MO	»Militiaeombusdman«,	PPP	Politisch-Parlamentarischer Pressedienst
	Militärbeauftragter	PzBtl	Panzerbataillon
MR	Ministerialrat	PzDiv	Panzerdivision
MRK	Menschenrechtskonvention,	PzGrenBtl	
	hier die seit 1953 in Kraft		Panzergrenadierbataillon
	getretene Europäische Kon-	PzGrenDiv	
	vention zum Schutz der		Panzergrenadierdivision
	Menschenrechte und	PzJg	Panzerjäger

RB	Rechtsberater
RdS	Ring deutscher Soldatenverbände
ROA	Reserveoffizieranwärter
Rü	Rüstung (Abteilung im BMVg)
SBZ	Sowjetisch Besetzte Zone
SDAJ	Sozialistische Deutsche Arbeiterjugend
SdB/HSB	
	Studentenbereich/Hochschule der Bundeswehr
SDM	Stammdienststelle der Marine
SDS	Sozialistischer Deutscher Studentenbund
SED	Sozialistische Einheitspartei Deutschlands
SG	Soldatengesetz
SLV	Soldatenlaufbahnverordnung
SM	Schnelles Minensuch-Boot
SO (StOffz)	
	Stabsoffizier (ab Major aufwärts)
SPD	Sozialdemokratische Partei Deutschlands
STAL	Stabsabteilungsleiter
StFw	Stabsfeldwebel
StOV	Standortverwaltung
StUffz/SU	
	Stabsunteroffizier
StuKa	Sturzkampfflugzeug
Stv.	Stellvertreter, Stellvertretender
SU	Stabsunteroffizier
Tgb.Nr.	Tagebuchnummer
TSK	Teilstreitkraft(e)
TV	Territorialverteidigung
U	Unterbringung (Abteilung im BMVg)
UA	Unteroffizieranwärter
u.a.	unter anderem
UAL	Unterabteilungsleiter
U.m.P.	Unteroffizier mit Portepee (ab Feldwebel aufwärts)

U.o.P	Unteroffizier ohne Portepee (Unteroffizier, Stabsunteroffizier)
UdSSR	Union der Sozialistischen Sowjetrepubliken
USA	United States of America (Vereinigte Staaten von Amerika)
UvD	Unteroffizier vom Dienst
VAdm	Vizeadmiral
VBK	Verteidigungsbezirkskommando
VfZ	Vierteljahrshefte für Zeitgeschichte
vgl.	vergleiche
VMBl.	Ministerialblatt des Bundesministers der Verteidigung
VR	Verwaltung und Recht (Abteilung im BMVg)
VS	Verschlusssache
VtdgA	Verteidigungsausschuss
WB	Wehrbeauftragter des Deutschen Bundestages
WbG	Wehrbeauftragtengesetz
WBK	Wehrbereichskommando
WBO	Wehrbeschwerdeordnung
WBV	Wehrbereichsverwaltung
WDO	Wehrdisziplinarordnung
WP	Wahlperiode
WStG	Wehrstrafgesetz
ZDv	Zentrale Dienstvorschrift

Quellen und Literatur

Archivische Quellen

Archiv der sozialen Demokratie (AdsD), Bonn

Nachlass (NL) Fritz Erler, Mappennummer 7 (A), 7 (B), 8 (A), 8 (B), 11 (B), 21 (B), 45 (A), 135 (C), 143 (A), 144 (A), 146 (C), 147 (B)
Seliger-Archiv, NL Ernst Paul, Mappennummer 1148
NL Adolf Arndt, Box 13, Mappennummer 18, 31
NL Bruno Friedrich, Mappennummer 1/BFA A 000586
Depositum Helmut Schmidt, Mappennummer 5121, 5143, 5145, 5149, 5156, 5345, 5350, 5378, 5466, 5684, 6183, 8036, 8038
Depositum Werner Buchstaller, Mappennummer 48
SPD-Bundestagsfraktion, 2. Wahlperiode (WP), Mappennummer 222
    3. WP, Mappennummer 450, 452
    4. WP, Mappennummer 792, 793, 795
    5. WP, Mappennummer 1803, 1804, 1810
    6. WP, Mappennummer 20

Archiv für Christlich-Demokratische Politik (ACDP), St. Augustin

NL Hellmuth Heye, I-589-001/7, I-589-001/9, I-589-002/1, I-589-002/2, I-589-003/1, I-589-003/2
NL Leo Ernesti, I-264-005, I-264-012, I-264-020
NL Georg Kliesing, I-555-028/2, I-555-032/4, I-555-044/3
NL Heinrich Krone, I-028-063/2
NL Volz, I-546-01, I-546-015/1, I-546-015/1, I-546-015/3, I-546-017/3
CDU/CSU-Fraktion im Deutschen Bundestag, VIII-001-282/2

Archiv für Christlich-Soziale Politik (ACSP), München

Protokolle der CSU-Landesgruppe im Deutschen Bundestag, LG-3. WP, 1957–1961, Nr. 16.

Bundesarchiv-Militärarchiv (BA-MA), Freiburg im Breisgau

BW 1: Bundesministerium der Verteidigung
   BW 1/19379, BW 1/32327, BW 1/32399, BW 1/37072, BW 1/60620, BW 1/60621,
   BW 1/66161, BW 1/66242, BW 1/66363, BW 1/94613, BW 1/94614, BW 1/94617,
   BW 1/94829, BW 1/98187, BW 1/98188, BW 1/98199, BW 1/98200, BW 1/129411,
   BW 1/129547, BW 1/129964, BW 1/129965, BW 1/129966, BW 1/129967, BW 1/
   135181, BW 1/174291, BW 1/193785, BW 1/193789, BW 1/193816, BW 1/197829,
   BW 1/197830, BW 1/197831, BW 1/200481, BW 1/200482, BW 1/248196, BW 1/
   250587, BW 1/250627, BW 1/250717, BW 1/263287, BW 1/313600, BW 1/313600,
   BW 1/313601, BW 1/316123
BW 2: Führungsstab der Streitkräfte
   BW 2/1193, BW 2/1194, BW 2/2572, BW 2/3955, BW 2/5195, BW 2/8982,
   BW 2/10790, BW 2/11930, BW 2/11932, BW 2/11933, BW 2/11934, BW 2/11936,
   BW 2/11937, BW 2/11938, BW 2/11939, BW 2/11940, BW 2/11941, BW 2/11942,
   BW 2/11943, BW 2/11944, BW 2/11946, BW 2/11947, BW 2/11949, BW 2/11950,
   BW 2/11952, BW 2/11953, BW 2/11954, BW 2/12026, BW 2/12088, BW 2/13836,
   BW 2/13847, BW 2/13848, BW 2/13918, BW 2/15621, BW 2/16803, BW 2/16804,
   BW 2/22228, BW 2/22229
BW 9: Deutsche Dienststellen zur Vorbereitung der Europäischen Verteidi-
   gungsgemeinschaft
   BW 9/33, BW 9/52, BW 9/71, BW 9/717, BW 9/764
BH 1: Führungsstab des Heeres
   BH 1/631, BH 1/1686, BH 1/2338, BH 1/4872, BH 2/118J, BH 2/933, BH 7-
   2/755, BH 7-2/754, BH 8-9/148
Pers: Sonderabteilung Personalunterlagen
Pers 6: Personalakten von Soldaten der deutschen Wehrmacht und ihrer Vor-
   läufer
   Pers 6/586, Pers 6/2402
Msg: Militärgeschichtliche Sammlungen
   Msg 2/711, Msg 109/10846
NL Hans Röttiger, N 422/3
NL Friedrich Beermann, N 597/v. 163, 165
NL Hellmuth Heye, N 526/v. 20, 46, 51, 62, 80, 82, 84, 100, 156, 158, 161

Bundesarchiv (BA), Koblenz

B 136:   Bundeskanzleramt 136/6883

Archiv Helmut Schmidt, Hamburg

NL Karl Wilhelm Berkhan, Wehrbeauftragter (WB), Allgemeiner Schriftverkehr

Parlamentsarchiv des Deutschen Bundestages, Bonn (heute Berlin)

Bände II/412, III/40, IX 74 A

1. Wahlperiode, Verteidigungsausschuss (VtdgA), 1.–41. Sitzung, Kurzprotokolle, 15.07.1952–04.081953
2. Wahlperiode, Verteidigungsausschuss (VtdgA), Stenographische Protokolle
2.–4. Wahlperiode, Unterausschuss Wahl des Wehrbeauftragten

Gedruckte Quellen

Allensbacher Jahrbuch der Demoskopie 1978–1983. Hrsg. von Elisabeth Noelle-Neumann und Edgar Piel, Bd 8, München [et al.] 1983

Deutscher Bundestag, 3. WP, Drucksache 1796, Bericht des Wehrbeauftragten des Deutschen Bundestages für das Berichtsjahr 1959 vom 8.4.1960

Deutscher Bundestag, 3. WP, Drucksache 2666, Bericht des Wehrbeauftragten des Deutschen Bundestages für das Berichtsjahr 1960 vom 14.4.1961

Deutscher Bundestag, 4. WP, Drucksache IV/371, Jahresbericht 1961 des Wehrbeauftragten des Deutschen Bundestages vom 27.4.1962

Deutscher Bundestag, 4. WP, Drucksache IV/1183, Jahresbericht 1962 des Wehrbeauftragten des Deutschen Bundestages vom 11.4.1963

Deutscher Bundestag, 4. WP, Drucksache IV/2305, Jahresbericht 1963 des Wehrbeauftragten des Deutschen Bundestages vom 4.6.1964

Deutscher Bundestag, 4. WP, Drucksache IV/3524, Jahresbericht 1964 des Wehrbeauftragten des Deutschen Bundestages vom 4.6.1965

Deutscher Bundestag, 5. WP, Drucksache V/820, Jahresbericht 1965 des Wehrbeauftragten des Deutschen Bundestages vom 7.6.1966

Deutscher Bundestag, 5. WP, Drucksache V/1825, Jahresbericht 1966 des Wehrbeauftragten des Deutschen Bundestages vom 31.5.1967

Deutscher Bundestag, 5. WP, Drucksache V/2948, Jahresbericht 1967 des Wehrbeauftragten des Deutschen Bundestages vom 22.5.1968

Deutscher Bundestag, 5. WP, Drucksache V/3912, Jahresbericht 1968 des Wehrbeauftragten des Deutschen Bundestages vom 19.2.1969

Deutscher Bundestag, 6. WP, Drucksache VI/453, Jahresbericht 1969 des Wehrbeauftragten des Deutschen Bundestages vom 25.2.1970

Deutscher Bundestag, 6. WP, Drucksache VI/1942, Jahresbericht 1970 des Wehrbeauftragten des Deutschen Bundestages vom 1.3.1971

Deutscher Bundestag, 6. WP, Drucksache VI/3232, Jahresbericht 1971 des Wehrbeauftragten des Deutschen Bundestages vom 29.2.1972

Deutscher Bundestag, 7. WP, Drucksache 7/334, Unterrichtung durch den Wehrbeauftragten. Jahresbericht 1972 vom 15.3.1973

Deutscher Bundestag, 7. WP, Drucksache 7/1765, Unterrichtung durch den Wehrbeauftragten. Jahresbericht 1973 vom 7.3.1974

Deutscher Bundestag, 7. WP, Drucksache 7/3228, Unterrichtung durch den Wehrbeauftragten. Jahresbericht 1974 vom 13.2.1975

Deutscher Bundestag, 7. WP, Drucksache 7/4812, Unterrichtung durch den Wehrbeauftragten. Jahresbericht 1975 vom 27.2.1976

Deutscher Bundestag, 8. WP, Drucksache 8/153, Unterrichtung durch den Wehrbeauftragten. Jahresbericht 1976 vom 3.3.1977

Deutscher Bundestag, 8. WP, Drucksache 8/1581, Unterrichtung durch den Wehrbeauftragten. Jahresbericht 1977 vom 6.3.1978

Deutscher Bundestag, 8. WP, Drucksache 8/2625, Unterrichtung durch den Wehrbeauftragten. Jahresbericht 1978 vom 6.3.1979

Deutscher Bundestag, 8. WP, Drucksache 8/3800, Unterrichtung durch den Wehrbeauftragten des Bundestages, Jahresbericht 1979 vom 18.3.1980

Deutscher Bundestag, 9. WP, Drucksache 9/240, Unterrichtung durch den Wehrbeauftragten. Jahresbericht 1980 vom 17.3.1981

Deutscher Bundestag, 9. WP, Drucksache 9/1406, Unterrichtung durch den Wehrbeauftragten. Jahresbericht 1981 vom 3.3.1982

Deutscher Bundestag, 9. WP, Drucksache 9/2425, Unterrichtung durch den Wehrbeauftragten. Jahresbericht 1982 vom 3.3.1983

Jahresbericht 1983 des Wehrbeauftragten des Deutschen Bundestages mit der Antwort des Bundesministers der Verteidigung sowie Beschlussempfehlung und Bericht des Verteidigungsausschusses und Ausführungen des Wehrbeauftragten. Hrsg. vom Bundesministerium der Verteidigung, Führungsstab der Streitkräfte I 3, Bonn 1984 (= Schriftenreihe Innere Führung, 6/1984)

Jahresbericht 1984 des Wehrbeauftragten des Deutschen Bundestages mit der Antwort des Bundesministers der Verteidigung, Beschlussempfehlung und Bericht des Verteidigungsausschusses, der Stellungnahme des Beirats für Fragen der Inneren Führung und Ausführungen des Wehrbeauftragten. Hrsg. vom Bundesministerium der Verteidigung, Führungsstab der Streitkräfte I 3, Bonn 1985 (= Schriftenreihe Innere Führung: Beiheft, 5/1985)

Jahresbericht 1985 des Wehrbeauftragten des Deutschen Bundestages mit der Stellungnahme des Bundesministers der Verteidigung, Beschlussempfehlung und Bericht des Verteidigungsausschusses, Zustimmung des Deutschen Bundestages, Empfehlung des Beirates für Fragen der Inneren Führung und Rede des Wehrbeauftragten vor dem Deutschen Bundestag. Hrsg. vom Bundesministerium der Verteidigung, Führungsstab der Streitkräfte I 3, Bonn 1986 (= Schriftenreihe Innere Führung: Beiheft, 5/1986)

Jahrbuch der öffentlichen Meinung 1947-1955. Hrsg. von Elisabeth Noelle und Erich Peter Neumann, Bd 1, 2., durchges. Aufl., Allensbach 1956

Jahrbuch der öffentlichen Meinung 1957. Hrsg. von Elisabeth Noelle und Erich Peter Neumann, Bd 2, Allensbach 1969

Jahrbuch der öffentlichen Meinung 1958-1964. Hrsg. von Elisabeth Noelle und Erich Peter Neumann, Bd 3, Allensbach, Bonn 1965

Jahrbuch der öffentlichen Meinung 1965–1967. Hrsg. von Elisabeth Noelle und Erich Peter Neumann, Bd 4, Allensbach, Bonn 1967
Sicherheitspolitik der Bundesrepublik Deutschland. Dokumentation 1945–1977. Hrsg. und eingel. von Klaus von Schubert, T. 2, Köln 1978/1979
Teheran, Jalta, Potsdam. Dokumentensammlung. Hrsg. von Salva Parsadanovic Sanakojew und B.L. Zybulewski, Frankfurt a.M. 1978
Verhandlungen des Deutschen Bundestages, 2. Wahlperiode 1953, Stenographische Berichte, Bd 37, Bonn 1957
Verhandlungen des Deutschen Bundestages, 4. Wahlperiode, Stenographische Berichte, Bd 54, Bonn 1964.

Internet, Interviews, Lexika, Memoiren, sonstige Materialien

Adenauer, Konrad, Erinnerungen 1945–1953, Stuttgart 1965
Bösch, Frank, Tagungsbericht »Politischer Journalismus – Öffentlichkeit – Medien im 19. und 20. Jahrhundert« vom 19.11.–21.11.2004 in Rastatt. In: http://hsozkult.geschichte.hu-berlin.de/tagungsberichte/id=621 vom 22.12.2004
Das Bundesgesetzblatt, Teil I. Hrsg. vom Bundesministerium der Justiz, Köln 1974
Bundesminister der Verteidigung, Informations- und Pressestab, Material für die Presse, Demonstration in Uniform? Namensbeitrag des Bundesministers der Verteidigung Hans Apel für das Deutsche Allgemeine Sonntagsblatt vom 2.6.1982; Offener Brief des Bundesministers der Verteidigung, Manfred Wörner, an die Intendanten der ARD (Ausnahme Bayern) wegen des Fernsehfilms »Im Zeichen des Kreuzes« vom 10.6.1983
Gerstenmaier, Eugen, Streit und Friede hat seine Zeit. Ein Lebensbericht, Frankfurt a.M., Berlin, Wien 1981
Grundgesetz für die Bundesrepublik Deutschland vom 23. Mai 1949. In: Staats- und Verwaltungsrecht Bundesrepublik Deutschland. Mit Stichwortverzeichnis und alphabetischem Schnellregister, zusammengest. von Paul Kirchhof und Eberhard Schmidt-Aßmann, 20., neu bearb. Aufl., Heidelberg 1995
Heeresdienstvorschrift »Truppenführung« (HDv) 100/1. Hrsg. vom Bundesminister der Verteidigung, Führungsstab des Heeres IV 4 vom 25.10.1962
In Sorge um die Bundeswehr. Dokumentationsreihe wichtiger Quick-Berichte, Bd 2, München 1964
Interview des Verfassers mit General a.D. Ulrich de Maizière in Bonn-Heiderhof vom 5.4.2005
Interview des Verfassers mit Prof. Dr. Wolfgang R. Vogt an der Führungsakademie der Bundeswehr in Hamburg vom 1.7.2003
Kanzler und Minister 1949–1998. Biografisches Lexikon der deutschen Bundesregierungen. Hrsg. von Udo Kempf und Hans-Georg Merz, Wiesbaden 2001

Maizière, Ulrich de, In der Pflicht. Lebensbericht eines deutschen Soldaten im 20. Jahrhundert, Herford, Bonn 1989

1968 – Demokratie vor dem Notstand? In: http://www.bundestag.de/parlament/ geschichte/parlhist/g1960_6 vom 18.5.2005

Privatunterlagen Helmut Schifferings, Werder/Havel

Schmidt, Helmut, Karl Wilhelm Berkhan. Zum Gedenken, Bonn 1994

Schubert, Klaus, und Martina Klein, Das Politiklexikon, Bonn 1997

Strauß, Franz Josef, Die Erinnerungen. Einmalige Jubiläumsausgabe, Berlin 1999 (= 50 Jahre Bundesrepublik in der Erinnerung ihrer Gestalter)

40 Jahre Wehrbeauftragter des Deutschen Bundestages. Eine Chronik in Zitaten. Hrsg. vom Referat für Öffentlichkeitsarbeit des Deutschen Bundestages, Bonn 1999

Weh' dem der weiterdenkt! Eine Dokumentation zu Heyes »In Sorge um die Bundeswehr«. Hrsg. von den Freunden des Wehrbeauftragten des Deutschen Bundestages, Vizeadmiral a.D. Hellmuth Heye, München 1964

Wehrdisziplinarordnung (WDO) und wichtige einschlägige Bestimmungen anderer Gesetze, Verordnungen und Erlasse, mit Musterbeispielen für die Praxis. Von Manfred Baden und Hans-Jürgen von Mitzlaff, neubearb., 5. Aufl., Frankfurt a.M. 1962

Weißbuch 1970. Zur Sicherheit der Bundesrepublik Deutschland und zur Lage der Bundeswehr. Im Auftr. der Bundesregierung hrsg. vom Bundesminister der Verteidigung, Bonn 1970

Zeitungen und Zeitschriften

Allgemeines Deutsches Sonntagblatt, 28.3.1971

Allgemeine Zeitung (AZ), 21./22.7.1951

Bayerische Staatszeitung, 8.6.1957

Bild-Zeitung, 27.2.1975

Bonner Rundschau, 19.3.1976

Der Mittag, 15.7.1961

Der Spiegel, 27.3.1967

Deutsches Allgemeines Sonntagsblatt, 25.3.1984

Deutsche Zeitung und Wirtschaftszeitung, 4.2.1959, 10.5.1962

Die Tat, 1.4.1957

Die Welt, 9.11.1951, 14.9.1955, 20.3.1957, 18.6.1960, 17.6.1964, 11.12.1964, 7.10.1967, 19.12.1969, 15.3.1975, 17.3.1983

Die Zeit, 22.12.1955, 18.4.1957, 26.4.1958, 5.2.1960, 18.12.1964, 8.1.1965, 6.8.1965

Frankfurter Allgemeine Zeitung (FAZ), 14.10.1954, 14.9.1955, 13.6.1956, 25.2.1959, 29.4.1960, 13.6.1964, 16.6.1964, 22.6.1964, 22.6.1964, 2.7.1964, 8.8.1964, 12.11.1964, 11.12.1964, 14.11.1967, 13.1.1968, 14.4.1969

Frankfurter Neue Presse, 30.4.1963, 22.2.1964

Frankfurter Rundschau, 10.1.1957, 11.6.1957, 30.4.1960, 21.5.1963, 5.5.1964, 13.6.1964, 16.6.1964, 16.1.1965, 10.6.1967, 4.4.1977, 29.3.1979, 26.3.1982

Generalanzeiger für Bonn und Umgegend, 9.11.1961, 20.7.1972, 22.2.1975, 22.2.1975, 19.3.1976, 15.3.1984

Gießener Anzeiger, 7.2.1970

Hamburger Abendblatt, 1.7.1975

Hamburger Echo, 15.12.1955

Handelsblatt, 24.6.1964

Hannoversche Allgemeine Zeitung, 20.2.1959

Kampftruppen (vormals Panzer. Zeitschrift der gepanzerten Truppen oder Panzer. Zeitschrift der Kampftruppen. Infanterie), 1967

Kieler Nachrichten, 19.3.1976

Mainpost, 17.11.1967

Mannheimer Morgen, 27.3.1956

Neue Presse, 2./3.3.1957

Neues Vaterland, 10.12.1954

Quick, 16.6.1964, 28.6.1964, 5.7.1964

Rheinischer Merkur, 12.9.1958, 6.11.1964, 1.7.1977

Rhein-Neckar Zeitung, 17.12.1955

Rhein-Zeitung Koblenz, 27.5.1955

Sonntagsblatt, 16.2.1964

Stern, 23.2.1969

Stuttgarter Nachrichten, 20.10.59, 23.11.1961, 14.8.1962, 15.8.1963

Stuttgarter Zeitung, 13.10.1954, 27.4.1961, 22.7.1961, 11.12.1964, 13.3.1969, 28.5.1972

Süddeutsche Zeitung, 11.1.1957, 6.2.1957, 8.6.1957, 6.12.1957, 5.5.1958, 29.4.1960, 16.7.1960, 17.7.1961, 22.11.1961, 14.5.1962, 22.2.1964, 13.6.1964, 16.6.1964, 18.6.1964, 23.6.1964, 10.12.1964, 20.5.1974, 20.3.1975, 13.12.1979, 15.3.1984

Südkurier, 25.4.1956

Westdeutsche Allgemeine, 27.10.1954, 30.4.1963, 25.6.1964

Literatur

Abenheim, Donald, Bundeswehr und Tradition. Die Suche nach dem gültigen Erbe des deutschen Soldaten, München 1989 (= Beiträge zur Militärgeschichte, 27)

Der 8. Mai 1945 als historische Zäsur. Strukturen, Erfahrungen, Deutungen. Hrsg. von Arnd Bauerkämper, Christoph Kleßmann und Hans Misselwitz, Potsdam 1995

Adenauer, Konrad, »Die Demokratie ist für uns eine Weltanschauung«. Reden und Gespräche (1946–1967). Im Auftr. der Konrad-Adenauer-Stiftung e.V. hrsg. von Felix Becker, Köln, Weimar, Wien 1998

Adenauer und die Deutsche Frage. Hrsg. von Josef Foschepoth, Göttingen 1988

Aggression und Katharsis. Der Erste Weltkrieg im Diskurs der Moderne. Hrsg. von Petra Ernst, Wien 2004 (= Studien zur Moderne, 20)

Andolf, Göran, Die Einschätzung der Wehrmacht aus schwedischer Sicht. In: Die Wehrmacht. Mythos und Realität, S. 147–171

Anfänge westdeutscher Sicherheitspolitik 1945–1956, 4 Bde. Hrsg. vom Militärgeschichtlichen Forschungsamt, München 1982–1997

Arnold, Klaus, Kalter Krieg im Äther. Der Deutschlandsender und die Westpropaganda in der DDR, Münster 2002 (= Kommunikationsgeschichte, 16)

Aufermann, Jörg, Kommunikation und Modernisierung. Meinungsführer und Gemeinschaftsempfang im Kommunikationsprozess, Berlin 1971

Aufmerksamkeit, Medien und Ökonomie. Hrsg. von Joan K. Bleicher und Knut Hickethier, Hamburg 2002 (= Beiträge zur Medienästhetik und Mediengeschichte, 13)

Bald, Detlef, Die Bundeswehr. Eine kritische Geschichte 1955–2005, München 2005

Bald, Detlef, Bundeswehr und gesellschaftlicher Aufbruch 1968. Die Widerstände des Militärs in Unna gegen die Demokratisierung. In: Westfälische Forschungen, 48 (1998), S. 297–309

Bald, Detlef, Militär und Gesellschaft 1945–1990. Die Bundeswehr der Bonner Republik, Baden-Baden 1994

Baring, Arnulf, Außenpolitik in Adenauers Kanzlerdemokratie. Bonns Beitrag zur Europäischen Verteidigungsgemeinschaft, München, Wien 1969

Barth, Hans Paul, Schlüsselbegriffe der Soziologie. Eine Einführung mit Lehrbeispielen, 6. Aufl., München 1994

Baudissin, Wolf Graf von, Nie wieder Sieg. Programmatische Schriften 1951–1981. Hrsg. von Cornelia Bührle und Claus von Rosen, München 1982

Baudissin, Wolf Graf von, Soldat für den Frieden. Entwürfe für eine zeitgemäße Bundeswehr. Hrsg. und eingel. von Peter von Schubert, München 1969

Bayern im Bund, Bd 1: Die Erschließung des Landes. Hrsg. von Thomas Schlemmer und Hans Woller, München 2001 (= Quellen und Darstellungen zur Zeitgeschichte, 52)

Beck, Ulrich, und Elisabeth Beck-Gernsheim, Individualisierung in modernen Gesellschaften – Perspektiven und Kontroversen einer subjektorientierten Soziologie. In: Riskante Freiheiten, S. 10–39

Bernhard, Patrick, Kriegsdienstverweigerung per Postkarte. Ein gescheitertes Reformprojekt der sozialliberalen Koalition 1969–1978. In: VfZ, 53 (2005), 1, S. 109–139

Bernhard, Patrick, Zivildienst zwischen Reform und Revolte. Eine bundesdeutsche Institution im gesellschaftlichen Wandel 1961–1982, München 2005

Birtle, Andrew James, Rearming the Phoenix: U.S. Military Assistance to the Federal Republic of Germany, 1950–1960, New York, London 1991

Bobbert, Alfons, Der Wehrbeauftragte des deutschen Bundestages. In: WWR, 17 (1967), 9, S. 195–197

Bode, Volkhard, Gerhard Kaiser und Christian Thiel, Raketenspuren. Peenemünde 1936–1994. Eine historische Reportage, Berlin 1995

Bösch, Frank, Das konservative Milieu. Vereinskultur und lokale Sammlungspolitik in ost- und westdeutschen Regionen (1900–1960), Göttingen 2002

Bösch, Frank, Öffentliche Geheimnisse. Die verzögerte Renaissance des Medienskandals zwischen Staatsgründung und Ära Brandt. In: Die Politik der Öffentlichkeit, S. 125–150

Bogumil, Jörg, Modernisierung lokaler Politik. Kommunale Entscheidungsprozesse im Spannungsfeld zwischen Parteienwettbewerb, Verhandlungszwängen und Ökonomisierung, Baden-Baden 2001

Borowski, Peter, Politische Geschichte. In: Geschichte, S. 475–488

Boß, Wilhem Mathias, Die »Befehls- und Kommandogewalt« des Grundgesetzes für die Bundesrepublik Deutschland im Vergleich zum »Oberbefehl« der Reichsverfassungen von 1871 und 1919, Diss. Köln 1960

Boventer, Hermann, Die Arroganz der Vierten Gewalt. Demokratie und Medien. Hrsg. von der Katholischen Sozialwissenschaftlichen Zentralstelle Mönchengladbach, Köln 1989

Bredow, Wilfried von, Demokratie und Streitkräfte. Militär, Staat und Gesellschaft in der Bundesrepublik Deutschland, Wiesbaden 2000

Bredow, Wilfried von, Der Wehrbeauftragte. Konzeption und Verfall einer Kontroll-Institution. In: Blätter für Deutsche und Internationale Politik, 13 (1968), 8, S. 821–830

Brochhagen, Ulrich, Nach Nürnberg. Vergangenheitsbewältigung und Westintegration in der Ära Adenauer, Hamburg 1994

Bröckling, Ulrich, Disziplin. Soziologie und Geschichte militärischer Gehorsamsproduktion, München 1997

Brunkow, Wolfgang, Der Wehrbeauftragte des Bundestages. In: Bundeswehr und Industriegesellschaft, S. 125–143

Der Bundestagsausschuss für Verteidigung. Der Ausschuss zur Mitberatung des EVG-Vertrages. Juli bis Dezember 1952. Im Auftr. des Militärgeschichtlichen Forschungsamtes hrsg. und bearb. von Hans-Erich Volkmann unter Mitarbeit von Rüdiger Bergien [et al.], Düsseldorf 2006 (= Der Bundestagsausschuss für Verteidigung und seine Vorläufer, 1)

Bundeswehr und Industriegesellschaft. Hrsg. von Bernhard Fleckenstein, Boppard a.Rh. 1971

Busch, Eckart, Das Amt des Wehrbeauftragten des Deutschen Bundestages, Bonn 1969

Busch, Eckart, Der Jahresbericht des Wehrbeauftragten. In: Truppenpraxis, 1969, 8, S. 624–627

Busch, Eckart, Der Oberbefehl. Seine rechtliche Struktur in Preußen und in Deutschland seit 1848, 2. Aufl., Boppard a.Rh. 1967 (= Militärgeschichtliche Studien, 5)

Busch, Eckart, Der Wehrbeauftragte: Organ der parlamentarischen Kontrolle, 5., neubearb. Aufl., Heidelberg 1999

Busche, Jürgen, Die 68er. Biographie einer Generation, Berlin 2003

Colby, Ann, and Lawrence Kohlberg, Das moralische Urteil: Der kognitions-zentrierte entwicklungspsychologische Ansatz. In: Gesellschaftlicher Zwang, S. 130–162

Cornelißen, Christoph, Politische Geschichte. In: Geschichtswissenschaften, S. 133–144

Das Deutsche Reich und der Zweite Weltkrieg, Bd 9: Die deutsche Kriegsgesell-schaft 1939 bis 1945. Halbbd 1: Politisierung, Vernichtung, Überleben; Halb-bd 2: Ausbeutung – Deutungen – Ausgrenzung. Im Auftr. des Militärge-schichtlichen Forschungsamtes hrsg. von Jörg Echternkamp, Stuttgart 2005

Diedrich, Torsten, und Rüdiger Wenzke, Die getarnte Armee. Geschichte der Kasernierten Volkspolizei der DDR 1952 bis 1956. Hrsg. vom Militärge-schichtlichen Forschungsamt, Berlin 2001 (= Militärgeschichte der DDR, 1)

Diedrich, Torsten, Waffen gegen das Volk. Der 17. Juni 1953 in der DDR. Hrsg. vom Militärgeschichtlichen Forschungsamt, München 2003

Döring, Eberhard, Karl R. Popper: »Die offene Gesellschaft und ihre Feinde«: ein einführender Kommentar, Paderborn 1996

Dülffer, Jost, Militärgeschichte und politische Geschichte. In: Was ist Militärge-schichte?, S. 127–140

Dutschke, Gretchen, Rudi Dutschke: Wir hatten ein barbarisches, schönes Le-ben, München 1998

Dynamische Zeiten. Die 60er Jahre in beiden deutschen Gesellschaften. Hrsg. von Axel Schildt, Detlef Siegfried und Karl Christian Lammers, 2. Aufl., Hamburg 2003 (= Hamburger Beiträge zur Sozial- und Zeitgeschichte, Darstellungen, 37)

Ehlert, Hans, Das Amt des Wehrbeauftragten. Ursprung und gesetzliche Grund-lagen. In: Information für die Truppe, 1987, 7, S. 33–39, 42–44

Einführung in die Medienwissenschaft. Konzeption, Theorien, Methoden, Anwendungen. Hrsg. von Gebhard Rusch, Wiesbaden 2002

Eliten im Wandel: Gesellschaftliche Führungsschichten im 19. und 20. Jahrhun-dert. Für Klaus Saul zum 65. Geburtstag. Hrsg. von Karl Christian Führer, Münster 2004

Eliten in Deutschland und Frankreich im 19. und 20. Jahrhundert. Strukturen und Beziehungen, 2 Bde. Hrsg. von Rainer Hudemann und Georges-Henri Soutou, München 1994

Entschieden für Frieden. 50 Jahre Bundeswehr 1955 bis 2005. Im Auftr. des Mili-tärgeschichtlichen Forschungsamtes hrsg. von Klaus-Jürgen Bremm, Hans-Hubertus Mack und Martin Rink, Freiburg i.Br., Berlin 2005

European Neutrals and Non-Belligerents during the Second World War. Ed. by Neville Wylie, Cambridge 2002

Fischer Filmgeschichte, Bd 3: Auf der Suche nach Werten 1945–1960. Hrsg. von Werner Faulstich und Helmut Korte, Frankfurt a.M. 1990

Fleckenstein, Bernhard, Der Wehrbeauftragte muß sich etwas einfallen lassen! Bemerkungen zum Verhältnis von Wehrbeauftragtem und Parlament. In: APuZ, 25 (1975), B 37, S. 3–11

Führungsdenken in europäischen und nordamerikanischen Streitkräften im 19. und 20. Jahrhundert. Im Auftr. des Militärgeschichtlichen Forschungsamtes hrsg. von Gerhard P. Groß, Hamburg, Berlin, Bonn 2001 (= Vorträge zur Militärgeschichte, 19)

50 Jahre Bundeswehr. In: APuZ, 21 (2005), 23.5.2003 [Themenheft]

Gaddis, John Lewis, We now know. Rethinking Cold War History, Oxford 1997

Gerhard von Scharnhorst. Vom Wesen und Wirken der preußischen Heeresreform. Ein Tagungsband. Hrsg. von Eckardt Opitz, Bremen 1998

Geschichte. Ein Grundkurs. Hrsg. von Hans-Jürgen Goertz, Reinbek b. Hamburg 1998

Geschichtswissenschaften. Eine Einführung. Hrsg. von Christoph Cornelißen, 2. Aufl., Frankfurt a.M. 2000

Gesellschaft und Gemeinsinn. Sozialkapital im internationalen Vergleich. Hrsg. von Robert D. Putnam, Gütersloh 2000

Gesellschaftlicher Zwang und moralische Autonomie. Hrsg. von Hans Bertram, Frankfurt a.M. 1986

Gilcher-Holtey, Ingrid, »1968« – Eine versäumte Kontroverse? In: Zeitgeschichte als Streitgeschichte, S. 58–73

Görtemaker, Manfred, Geschichte der Bundesrepublik Deutschland. Von der Gründung bis zur Gegenwart, München 1999

Governance – Regieren in komplexen Regelsystemen. Eine Einführung. Hrsg. von Arthur Benz, Wiesbaden 2004

Greiner, Bernd, »Test the West«. Über die »Amerikanisierung« der Bundesrepublik Deutschland. In: Westbindungen, S. 16–54

Gross, Werner, Die Entwicklung des öffentlichen Rechts. Betrachtungen. In: Deutsches Verwaltungsblatt vom 15.4.1957, S. 342–344

Große Revolutionen der Geschichte. Von der Frühzeit bis zur Gegenwart. Hrsg. von Peter Wende, München 2000

Habermas, Jürgen, Individualisierung durch Vergesellschaftung. In: Riskante Freiheiten, S. 437–446

Hacke, Christian, Die Außenpolitik der Bundesrepublik Deutschland: Von Konrad Adenauer bis Gerhard Schröder, aktual. Neuausg., München 2003

Haller, Walter, Der schwedische Justitieombudsman. Eine Einrichtung zur Verstärkung des Rechtsschutzes und der parlamentarischen Kontrolle im Hinblick auf das Verhalten von Organen der Verwaltung und Rechtspflege, Zürich 1964

Hammerich, Helmut R., Dieter H. Kollmer, Martin Rink und Rudolf J. Schlaffer, Das Heer 1950 bis 1970. Konzeption, Organisation und Aufstellung. Unter Mitarb. von Michael Poppe, München 2006 (= Sicherheitspolitik und Streitkräfte der Bundesrepublik Deutschland, 3)

Hammerich, Helmut R., Jeder für sich und Amerika gegen alle? Die Lastenteilung der NATO am Beispiel des Temporary Council Committee 1949 bis

1954, München 2003 (= Entstehung und Probleme des Atlantischen Bündnisses bis 1956, 5)

Handbuch Innere Führung. Hilfen zur Klärung der Begriffe. Hrsg. vom Bundesministerium für Verteidigung, Führungsstab der Bundeswehr – B, September 1957 (= Schriftenreihe Innere Führung)

Handbuch Militär und Sozialwissenschaften. Hrsg. von Sven Bernhard Gareis und Paul Klein, Wiesbaden 2004

Hartenstein, Frank-Helmut, Der Wehrbeauftragte des Deutschen Bundestages. Zuständigkeiten und Befugnisse im Rahmen der parlamentarischen Kontrolle der Bundeswehr, Frankfurt a.M. 1977

Herbert, Ulrich, Best: Biographische Studien über Radikalismus, Weltanschauung und Vernunft, 1903 bis 1989, Bonn 1996

Herbst, Ludolf, Komplexität und Chaos. Grundzüge einer Theorie der Geschichte, München 2004

Herbst, Ludolf, Option für den Westen. Vom Marshallplan bis zum deutsch-französischen Vertrag, München 1989

Herdegen, Gerhard, Die Jugend denkt anders. Das Pazifismussyndrom der nachwachsenden Generation. In: Allensbacher Jahrbuch der Demoskopie 1978–1983, S. 328–333

Heubach, Georg, Paul hat eine Idee. In: Das Rüstzeug. Modernes Magazin, 1956, 5, S. 35–38

Heuer, Uwe, Reichswehr – Wehrmacht – Bundeswehr: zum Image deutscher Streitkräfte in den Vereinigten Staaten von Amerika; Kontinuität und Wandel im Urteil amerikanischer Experten, Frankfurt a.M. [et al.] 1990 (= Europäische Hochschulschriften: Reihe 31, Politikwissenschaft, Bd 160)

Heuser, Beatrice, Kriegswissenschaft, Friedensforschung oder Militärgeschichte? Unterschiedliche kulturelle Einstellungen zum Erforschen des Krieges. In: Militärgeschichte – Erfahrung und Nutzen, S. 119–146

Hickethier, Knut, Krieg im Film – nicht nur ein Genre. Anmerkungen zur neueren Kriegsfilm-Diskussion. In: LiLi. Zeitschrift für Literaturwissenschaft und Linguistik, 19 (1990), 75, S. 39–53

Hickethier, Knut, Der Krieg um das Kosovo – und die Aufmerksamkeitsökonomie. Anmerkungen zu einem laufenden Geschehen. In: Aufmerksamkeit, Medien und Ökonomie, S. 105–124

Hickethier, Knut, Mediengeschichte. In: Einführung in die Medienwissenschaft, S. 171–188

Hickethier, Knut, Militär und Krieg: »08/15«. In: Fischer Filmgeschichte, Bd 3, S. 222–251

Höhn, Reinhard, Scharnhorst: Soldat, Staatsmann, Erzieher, 3. Aufl., München 1981

Hoffmann, Christa, Stunden Null? Vergangenheitsbewältigung in Deutschland 1945 und 1989, Bonn, Berlin 1992

Holzer, Horst, Illustrierte und Gesellschaft: Zum politischen Gehalt von »Quick«, »Revue« und »Stern«, Freiburg i.Br. 1967

Hornung, Klaus, Staat und Armee. Studien zur Befehls- und Kommandogewalt und zum politisch-militärischen Verhältnis in der Bundesrepublik Deutschland, Mainz 1975

Hütter, Joachim, SPD und nationale Sicherheit. Internationale und innenpolitische Determinanten des Wandels der sozialdemokratischen Sicherheitspolitik 1959–1961, Meisenheim am Glan 1975 (= Studien zum politischen System der Bundesrepublik Deutschland, 10)

Hurwitz, Stephan, Public Trust in Government Services. In: Danish Foreign Office Journal, 1956, 20, S. 11–17

Hurzel, Dieter K., Von Peenemünde nach Canaveral, Berlin 1994

Jarausch, Konrad H., Die Umkehr. Deutsche Wandlungen 1945–1995, Bonn 2004 (= Schriftenreihe der Bundeszentrale für Politische Bildung, 469)

Jopp, Mathias, Militär und Gesellschaft in der Bundesrepublik Deutschland. Das Beispiel der Bildungsreform in der Bundeswehr, Frankfurt a.M., New York 1983

Kamps, Klaus, Die offene Gesellschaft und ihre Medien. Transformations- und Modernisierungsprozesse, Bonn 1998

Kannicht, Joachim, Die Bundeswehr und die Medien – Material zur Presse- und Öffentlichkeitsarbeit in Verteidigungsfragen, Regensburg 1982 (= Die Bundeswehr. Eine Gesamtdarstellung, 14)

Karkowski, Josef, Die parlamentarische Kontrolle der Wehrmacht, Diss. Marburg 1960

Kessel, Martina, Mentalitätengeschichte. In: Geschichtswissenschaften, S. 235–246

Kittel, Manfred, Nach Nürnberg und Tokio: »Vergangenheitsbewältigung« in Japan und Westdeutschland 1945 bis 1968, München 2004 (= Schriftenreihe der Vierteljahrshefte für Zeitgeschichte, 89)

Kleßmann, Christoph, Die doppelte Staatsgründung. Deutsche Geschichte 1945–1955, 5. Aufl., Bonn 1991

Knabe, Hubertus, 17. Juni 1953. Ein deutscher Aufstand, München 2003

Kollmer, Dieter H., Rüstungsgüterbeschaffung in der Aufbauphase der Bundeswehr. Der Schützenpanzer HS 30 als Fallbeispiel (1953–1961), Stuttgart 2002 (= Beiträge zur Wirtschafts- und Sozialgeschichte, 93)

Koop, Volker, 17. Juni 1953. Legende und Wirklichkeit, Berlin 2003

Kowalczuk, Ilko-Sascha, 17.6.1953 – Volksaufstand in der DDR. Ursachen – Abläufe – Folgen, Bremen 2003

Krieg als Medienereignis. Grundlagen und Perspektiven der Krisenkommunikation. Hrsg. von Martin Löffelholz, Opladen 1993

Der Krieg des kleinen Mannes. Eine Militärgeschichte von unten. Hrsg. von Wolfram Wette, 2. Aufl., München, Zürich 1995

Krieg und Militär im Film des 20. Jahrhunderts. Im Auftr. des Militärgeschichtlichen Forschungsamtes hrsg. von Bernhard Chiari, Matthias Rogg und Wolfgang Schmidt, München 2003 (= Beiträge zur Militärgeschichte, 59)

Kroener, Bernhard R., Generationserfahrungen und Elitenwandel. Strukturveränderungen im deutschen Offizierkorps 1933–1945. In: Eliten in Deutschland, Bd 1, S. 219–233

Kroener, Bernhard R., Der starke Mann im Heimatkriegsgebiet – Generaloberst Friedrich Fromm. Eine Biographie, Paderborn 2004

Krüger, Dieter, Das Amt Blank. Die schwierige Gründung des Bundesministeriums für Verteidigung, Freiburg i.Br. 1993 (= Einzelschriften zur Militärgeschichte, 38)

Krüger, Dieter, und Dorothe Ganser, Quellen zur Planung des Verteidigungsbeitrages der Bundesrepublik Deutschland 1950 bis 1955 in westdeutschen Archiven. In: MGM, 49 (1991), S. 121–146

Krüger, Dieter, Sicherheit durch Integration? Die wirtschaftliche und politische Zusammenarbeit Westeuropas 1947 bis 1957/58, München 2003 (= Entstehung und Probleme des Atlantischen Bündnisses bis 1956, 6)

Kuhne, Dieter, Die verfassungsrechtliche Stellung des Wehrbeauftragten des Bundestages, Diss. jur. maschr., Köln 1963

Kutz, Martin, Militär und Gesellschaft im Deutschland der Nachkriegszeit (1946–1995). In: Militär und Gesellschaft im 19. und 20. Jahrhundert, S. 277–313

Lange, Sven, Der Falkland-Malvinas-Krieg als Medienereignis. Zur Rolle der Massenmedien in internationalen bewaffneten Konflikten nach Vietnam. In: Militärgeschichte. Zeitschrift für historische Bildung, 10 (2000), 2, S. 33–39

Langguth, Gerd, Mythos '68. Die Gewaltphilosophie von Rudi Dutschke. Ursachen und Folgen der Studentenbewegung, München 2001

Large, David Clay, Die deutsch-amerikanische Verteidigungspartnerschaft und die Sicherheit Europas 1950–1968. In: Die USA und Deutschland im Zeitalter des Kalten Krieges, Bd 1, S. 325–336

Laufer, Jochen, Der Friedensvertrag mit Deutschland als Problem der sowjetischen Außenpolitik. Die Stalin-Note vom 10. März 1952 im Lichte neuer Quellen. In: VfZ, 52 (2004), 1, S. 99–118

Leistenschneider, Stephan, Die Entwicklung der Auftragstaktik im deutschen Heer und ihre Bedeutung für das deutsche Führungsdenken. In: Führungsdenken, S. 175–190

Lemke, Bernd, Dieter Krüger, Heinz Rebhan und Wolfgang Schmidt, Die Luftwaffe 1950 bis 1970. Konzeption, Aufbau, Integration. Mit Beitr. von Hillrich von der Felsen [u.a.], München 2006 (= Sicherheitspolitik und Streitkräfte der Bundesrepublik Deutschland, 2)

Lippert, Ekkehard, Die Ableistung des Wehrdienstes als moralische Entscheidung. In: Sicherheit und Militär, S. 163–167

Lippert, Ekkehard, »Gammeldienst«. Zum Kasernenalltag in der Bundeswehr. In: Der Krieg des kleinen Mannes, S. 424–439

Litten, Jens, Eine verpasste Revolution? Nachruf auf den SDS. Mit einem Vorwort von Günter Grass, Hamburg 1969

Löwke, Udo F., Die SPD und die Wehrfrage 1949 bis 1955, Bonn, Bad Godesberg 1976

Luhmann, Niklas, Einführung in die Systemtheorie. Hrsg. von Dirk Baecker, 2. Aufl., Heidelberg 2004

Luhmann, Niklas, Einführung in die Theorie der Gesellschaft. Hrsg. von Dirk Baecker, Heidelberg 2005

Luhmann, Niklas, Soziale Systeme. Grundriß einer allgemeinen Theorie, Frankfurt a.M. 2002

Manig, Bert-Oliver, Die Politik der Ehre. Die Rehabilitierung der Berufssoldaten in der frühen Bundesrepublik, Diss. Göttingen 2004 (= Veröffentlichung des Zeitgeschichtlichen Arbeitskreises Niedersachsen, 22)

Marwick, Arthur, Die 68er Revolution. In: Große Revolutionen der Geschichte, S. 312–332

Marwick, Arthur, The Sixties. Cultural Revolution in Britain, France, Italy, and the United States, c.1958–c.1974, Oxford 1998

Maslow, Abraham H., Motivation and Personality. Editing supervised by Robert Frager and James Fadiman, 3. ed. [Nachdr.], New York [et al.] 2003

Mastny, Vojtech, und Gustav Schmidt, Konfrontationsmuster des Kalten Krieges 1946 bis 1956. Im Auftr. des Militärgeschichtlichen Forschungsamtes hrsg. von Norbert Wiggershaus und Dieter Krüger, München 2003 (= Entstehung und Probleme des Atlantischen Bündnisses bis 1956, 3)

Maurer, Andreas, Parlamentarische Demokratie in der europäischen Union. Der Beitrag des Europäischen Parlaments und der nationalen Parlamente, Baden-Baden 2002

Maurer, Hartmut, Wehrbeauftragter und Parlament, Tübingen 1965 (= Recht und Staat in Geschichte und Gegenwart. Eine Sammlung von Vorträgen und Schriften aus dem Gebiet der gesamten Staatswissenschaften, 317/318)

Mayer, Karl Ulrich, und Walter Müller, Individualisierung und Standardisierung im Strukturwandel der Moderne. Lebensläufe im Wohlfahrtsstaat. In: Riskante Freiheiten, S. 265–295

Mediengeschichte der Bundesrepublik Deutschland. Hrsg. von Jürgen Wilke, Köln [et al.] 1998

Menschenführung im Heer. Hrsg. vom Militärgeschichtlichen Forschungsamt, Herford, Bonn 1982 (= Vorträge zur Militärgeschichte, 3)

Mergel, Thomas, Politikbegriffe in der Militärgeschichte. Einige Beobachtungen und ein Vorschlag. In: Was ist Militärgeschichte?, S. 141–156

Messerschmidt, Manfred, Die Wehrmacht im NS-Staat. Zeit der Indoktrination, Hamburg 1969

Meulen, Jan S. van der, Einige Eigentümlichkeiten der Kriegserzählung. In: Sicherheit und Militär, S. 155–162

Meyer, Georg, Menschenführung im Heer der Bundeswehr, 1955–1969. In: Menschenführung im Heer, S. 204–251

Meyer, Georg, »Weder Maske noch demokratische Heilslehre«. Zum Streit um die Innere Führung. In: Militärgeschichtliches Beiheft zur Europäischen Wehrkunde/WWR, 4 (1989), 5, S. 1–16

Militär und Gesellschaft im 19. und 20. Jahrhundert. Hrsg. von Ute Frevert, Stuttgart 1997 (= Industrielle Welt, 58)

Militärgeschichte – Erfahrung und Nutzen. Beiträge zum 80. Geburtstag von Reinhard Brühl. Hrsg. von Detlef Nakath und Lothar Schröter, Potsdam 2005

The Miracle Years. A Cultural History of West Germany, 1949–1968, Princeton, Oxford 2001

Modernisierung im Wiederaufbau. Die westdeutsche Gesellschaft der 50er Jahre. Hrsg. von Axel Schildt und Arnold Sywottek, ungek., durchges. und aktual. Studienausgabe, Bonn 1998

Möller, Horst, Zeitgeschichte – Fragestellungen, Interpretationen, Kontroversen. In: ApuZ, 38 (1988), 2, S. 3–16

Möllers, Heiner, Reichswehrminister Otto Geßler. Eine Studie zu »unpolitischer« Militärpolitik in der Weimarer Republik, Frankfurt a.M. [et al.] 1998

Mommsen, Hans, Militär und zivile Militarisierung in Deutschland 1914 bis 1938. In: Militär und Gesellschaft im 19. und 20. Jahrhundert, S. 265–276

Moritz, Günther, Das Amt des Wehrbeauftragten des Deutschen Bundestages. In: Wehrkunde, 24 (1975), 5, S. 252–253

Münch, Matthias, Bundeswehr – Gefahr für die Demokratie? Zum Verhältnis von Militär, Staat und Gesellschaft in der Bundesrepublik, Köln 1983

Müser, Andreas, Wehrbeauftragter und Gewaltenteilung. Erfüllbarkeit vom Emanzipationsanspruch parlamentarischer Kontrolle, Diss. jur. Berlin 1976

Mutz, Reinhard, Sicherheitspolitik und demokratische Öffentlichkeit in der BRD. Probleme der Analyse, Kritik und Kontrolle militärischer Macht, München, Wien 1978

Nachkrieg in Deutschland. Hrsg. von Klaus Naumann, Hamburg 2001

Nägler, Frank, Innere Führung. Vom Entstehungszusammenhang einer Führungsphilosophie für die Bundeswehr. In: Entschieden für Frieden, S. 321–339

Nägler, Frank, Die personelle Rüstung der Bundeswehr. Bedingungen, Anlage und Wirklichkeit der Inneren Führung (in Vorbereitung)

Naser, Siegfried, Zur Frage der sogenannten Demokratisierung der Bundeswehr. Dargestellt unter besonderer Berücksichtigung der Wehrpflichtigen, Diss. jur. Würzburg 1976

Naumann, Klaus, Der Beginn einer wunderbaren Freundschaft: Beobachtungen aus der Frühzeit der deutsch-amerikanischen Militärbeziehungen. In: Westbindungen, S. 138–180

Naumann, Klaus, Nachkrieg als militärische Daseinsform. Kriegsprägungen in drei Offiziersgenerationen der Bundeswehr. In: Nachkrieg in Deutschland, S. 444–471

1968 – und dann? Erfahrungen, Lernprozesse und Utopien von Bewegten der 68er Revolte. Hrsg. von Jochen Gerster und Willi Hajek, Bremen 2002

Nittner, Ernst, Menschenführung im Heer der Wehrmacht und im Zweiten Weltkrieg. In: Menschenführung im Heer, S. 139–182

Noelle, Elisabeth, Öffentliche Meinung und soziale Kontrolle. In: Jahrbuch der öffentlichen Meinung 1956–1967, S. XXV–XL

Nowosadtko, Jutta, Krieg, Gewalt und Ordnung. Einführung in die Militärgeschichte, Tübingen 2002

Öffentlichkeit im Wandel. Neue Beiträge zur Begriffsbildung, Bardowick 2000

Oertel, Julius, Der Wehrbeauftragte des Deutschen Bundestages und sein Verhältnis zum Parlament. Darstellung und Analyse der Entwicklung der Organisationsstruktur und der Interaktionsprozesse von 1959 bis 1978. Ein Beitrag zur demokratischen Institutionenkunde, Diss. phil. Bonn 1979

Oertzen, Christine von, Teilzeitarbeit und die Lust am Zuverdienen. Geschlechterpolitik und gesellschaftlicher Wandel in Westdeutschland 1948–1969, Göttingen 1999

Oetting, Dirk W., Motivation und Gefechtswert. Vom Verhalten des Soldaten im Kriege, 2., überarb. und erg. Aufl., Frankfurt a.M. [et al.] 1990

Der Ombudsmann. Dokumente und Informationen über die Einführung einer kontrollierenden, ausgleichenden, schlichtenden, beratenden und – notfalls – aufhaltenden Gewalt. Weißbuch der Aktionsgemeinschaft »Deutscher Ombudsmann«, München 1966

Die Politik der Öffentlichkeit – die Öffentlichkeit der Politik. Politische Medialisierung in der Geschichte der Bundesrepublik. Hrsg. von Bernd Weisbrod, Göttingen 2003

Politische Zäsuren und gesellschaftlicher Wandel im 20. Jahrhundert. Regionale und vergleichende Perspektiven. Hrsg. von Matthias Frese und Michael Prinz, Paderborn 1996

Pomorin, Jürgen, Rührt Euch, Kameraden! Tagebuch eines Wehrpflichtigen, 2. Aufl., Dortmund 1975

Popper, Karl R., Die offene Gesellschaft und ihre Feinde. Übers. von Paul K. Feyerabend, Anhang übers. von Klaus Pähler, Tübingen 1992

Prinz, Michael, und Matthias Frese, Sozialer Wandel und politische Zäsuren seit der Zwischenkriegszeit. Methodische Probleme und Ergebnisse. In: Politische Zäsuren, S. 1–31

Prokop, Dieter, Medien-Macht und Massen-Wirkung. Ein geschichtlicher Überblick, Freiburg i.Br. 1995

Rabehl, Bernd, Feindblick: Der SDS im Fadenkreuz des »Kalten Krieges«, Berlin 2000

Radowitz, Sven, Schweden und das »Dritte Reich« 1939–1945, Hamburg 2005

Rearden, Steven L., Das Dilemma der zweifachen Eindämmung: Deutschland als Sicherheitsproblem 1945–1950. In: Die USA und Deutschland im Zeitalter des Kalten Krieges, Bd 1, S. 317–324

Die Reservisten der Bundeswehr. Ihre Geschichte bis 1990. Hrsg. von Gerhard Brugmann, Hamburg, Berlin, Bonn 1998

Ridley, Frederick F., The Parliamentary Commissioner for Military Affairs in the Federal Republik of Germany. In: Political Studies, 12 (1964), 1, S. 1–20

Riskante Freiheiten. Individualisierung in modernen Gesellschaften. Hrsg. von Ulrich Beck und Elisabeth Beck-Gernsheim, 1. Aufl. [6. Druck], Frankfurt a.M. 2004

Runte, Hans, Der Wehrbeauftragte des Deutschen Bundestages und der Wandel von Funktion und Struktur des Parlaments in der modernen Demokratie, Diss. jur. Freiburg 1959

Sander-Nagashima, Johannes Berthold, Die Bundesmarine 1955 bis 1972. Konzeption und Aufbau. Mit Beitr. von Rudolf Arendt [et al.] (in Vorbereitung)

Scharpf, Fritz W., Die Handlungsfähigkeit des Staates am Ende des Zwanzigsten Jahrhunderts. In: Staat und Demokratie in Europa, S. 93–115

Scheffler, Horst, Militärseelsorge. In: Handbuch Militär und Sozialwissenschaften, S. 168–178

Scheffler, Horst, Die Militärseelsorge der Bundeswehr. In: Entschieden für Frieden, S. 409–424

Schenck zu Schweinsberg, Krafft Freiherr von, Die Soldatenverbände in der Bundesrepublik. In: Studien zur politischen und gesellschaftlichen Situation der Bundeswehr, Bd 1, S. 96–177

Schildt, Axel, Der Beginn des Fernsehzeitalters. Ein neues Massenmedium setzt sich durch. In: Modernisierung im Wiederaufbau, S. 477–492

Schildt, Axel, »Massengesellschaft« und »Nivellierte Mittelschicht«. Zeitgenössische Deutungen der westdeutschen Gesellschaft im Wiederaufbau der 1950er Jahre. In: Eliten im Wandel, S. 198–213

Schildt, Axel, Massenmedien und Öffentlichkeit im 20. Jahrhundert. Ein Periodisierungsvorschlag. In: Öffentlichkeit im Wandel, S. 156–177

Schildt, Axel, Medialisierung und Konsumgesellschaften in der zweiten Hälfte des 20. Jahrhunderts. Hrsg. vom Vorstand der Stiftung Bibliothek des Ruhrgebiets Walther Müller-Jentsch, Klaus Tenfelde und Rainer Trösken, Bochum 2004

Schildt, Axel, Moderne Zeiten. Freizeit, Massenmedien und »Zeitgeist« in der Bundesrepublik der 50er Jahre, Hamburg 1995 (= Hamburger Beiträge zur Sozial- und Zeitgeschichte, 31)

Schildt, Axel, Nachkriegszeit. Möglichkeiten und Probleme einer Periodisierung der westdeutschen Geschichte nach dem Zweiten Weltkrieg und ihre Einordnung in die deutsche Geschichte des 20. Jahrhunderts. In: GWU, 44 (1993), 9, S. 567–584

Schlaffer, Rudolf, GeRechte Sühne? Das Konzentrationslager Flossenbürg. Möglichkeiten und Grenzen der nationalen und internationalen Strafverfolgung von NS-Verbrechen, Hamburg 2001

Schlaffer, Rudolf, »Schleifer« a.D. – Zur Menschenführung im Heer in der Aufbauphase. In: Hammerich/Kollmer/Rink/Schlaffer, Das Heer, S. 615–698

Schlaffer, Rudolf, Der Wehrbeauftragte. Kontrolleur der inneren Entwicklung der Bundeswehr 1955–2005. In: Entschieden für Frieden, S. 397–407

Schmidt, Wolfgang, »Barras heute«. Bundeswehr und Kalter Krieg im westdeutschen Spielfilm der frühen sechziger Jahre. In: Krieg und Militär im Film, S. 501–541

Schmidt, Wolfgang, »Eine Garnison wäre eine feine Sache«. Bundeswehr als Standortfaktor 1955 bis 1975. In: Bayern im Bund, Bd 1, S. 357–441

Schmidt, Wolfgang, Integration und Wandel. Die Infrastruktur der Streitkräfte als Faktor sozioökonomischer Modernisierung in der Bundesrepublik 1955 bis 1975, München 2006 (= Sicherheitspolitik und Streitkräfte der Bundesrepublik Deutschland, 6) (in Bearbeitung)

Schmidt, Wolfgang, Kalter Krieg, Koexistenz und kleine Schritte. Willy Brandt und die Deutschlandpolitik 1948–1963, Wiesbaden 2001

Schmidt, Wolfgang, Von der »Befehlsausgabe« zum »Briefing«. Die Amerikanisierung der Luftwaffe während der Aufbauphase der Bundeswehr. In: Militärgeschichte, N.F., 11 (2001), 3, S. 43–52

Schmidt, Wolfgang, »Wehrzersetzung« oder »Förderung der Wehrbereitschaft«? Die Bundeswehr und der westdeutsche Kriegs- und Militärfilm in den fünfziger und sechziger Jahren. In: MGZ, 59 (2000), S. 387–405

Schmidtke, Michael, Der Aufbruch der jungen Intelligenz. Die 68er Jahre in der Bundesrepublik und den USA, Frankfurt a.M. 2003

Schober, Wolfgang, Armee und medial-öffentliche Meinungsbildung. In: ÖMZ, 38 (2000), 1, S. 45–52

Schröder, Hans Joachim, »Man kam sich da vor wie ein Stück Dreck«. Schikane in der Militärausbildung des Dritten Reichs. In: Der Krieg des kleinen Mannes, S. 183–198

Schulz, Andreas, Der Aufstieg der »vierten Gewalt«. Medien, Politik und Öffentlichkeit im Zeitalter der Massenkommunikation. In: HZ, 270 (2000), 1, S. 65–97

Schulz von Thun, Friedemann, Miteinander reden, Bd 1: Störungen und Klärungen. Allgemeine Psychologie der Kommunikation, Reinbek bei Hamburg 2005

Schulz von Thun, Friedemann, Miteinander reden, Bd 2: Stile, Werte und Persönlichkeitsentwicklung. Differentielle Psychologie der Kommunikation, Reinbek bei Hamburg 2005

Schulz von Thun, Friedemann, Miteinander reden, Bd 3: Das »Innere Team« und situationsgerechte Kommunikation, Reinbek bei Hamburg 2005

Schumacher, Frank, Kalter Krieg und Propaganda: Die USA, der Kampf um die Weltmeinung und die ideelle Westbindung der Bundesrepublik Deutschland 1945–1955, Trier 2000

Schwarz, Hans-Peter, Adenauer. 2 Bde, München 1994

Sicherheit und Militär. Genese, Struktur und Wandel von Meinungsbildern in Militär und Gesellschaft. Ergebnisse und Analyseansätze im internationalen Vergleich. Hrsg. von Ralf Zoll, Opladen 1982

Staat und Demokratie in Europa. 18. Wissenschaftlicher Kongress der Deutschen Vereinigung für Politische Wissenschaft, Opladen 1992

Staats- und Verwaltungsrecht Bundesrepublik Deutschland. Zsgest. von Paul Kirchhof, 20., neubearb. Aufl., Heidelberg 1995

Stöver, Bernd, Die Befreiung vom Kommunismus. Amerikanische Liberation Policy im Kalten Krieg 1947–1991, Köln, Weimar, Wien 2002

Stöver, Bernd, Die Bundesrepublik Deutschland, Darmstadt 2002

Strauß, Franz Josef, Die Bundeswehr – ein Spätheimkehrer. In: In Sorge um die Bundeswehr, Bd 2, S. 37–41

Studien zur politischen und gesellschaftlichen Situation der Bundeswehr, Bd 1. Hrsg. von Georg Picht, Witten 1965

Studnitz, Hans-Georg von, Rettet die Bundeswehr!, Stuttgart 1967

Sweringen, Bryan T. van, Sicherheitsarchitektur im Wandel: Die amerikanischen Streitkräfte in Deutschland 1945–1969. In: Die USA und Deutschland im Zeitalter des Kalten Krieges, Bd 1, S. 336–349

Thamer, Hans-Ulrich, Die NS-Vergangenheit im politischen Diskurs der 68er-Bewegung. In: Westfälische Forschungen, 48 (1998), S. 39–53

Thoß, Bruno, Allgemeine Wehrpflicht und Staatsbürger in Uniform. Scharnhorst-Forschung und Scharnhorst-Rezeption in der Bundesrepublik und in der Bundeswehr. In: Gerhard von Scharnhorst, S. 147–162

Thoß, Bruno, »Bedingt abwehrbereit«. Auftrag und Rolle der Bundeswehr als NATO-Mitglied während der Kuba-Krise. In: Vor dem Abgrund, S. 65–84

Thoß, Bruno, NATO-Strategie und nationale Verteidigungsplanung. Planung und Aufbau der Bundeswehr unter den Bedingungen einer massiven atomaren Vergeltungsstrategie 1952–1960, München 2005 (= Sicherheitspolitik und Streitkräfte der Bundesrepublik Deutschland im Bündnis, 1)

Tönnies, Ferdinand, Community and Civil Society. Ed. by José Harris, Cambridge [et al.] 2001

Ule, Carl Hermann, Militärisches Beschwerderecht und öffentliche Kontrolle. In: Von den Grundrechten des Soldaten, S. 109–150

Ule, Carl Hermann, Der Wehrbeauftragte des Bundestages. In: Juristenzeitung, 12 (1957), 13/14, S. 423–428

Umfrageforschung – Demoskopie. In: Jahrbuch der öffentlichen Meinung 1958–1964, S. IX–XIII

Die USA und Deutschland im Zeitalter des Kalten Krieges 1945–1990. Ein Handbuch, 2 Bde. Hrsg. von Detlef Junker in Verbindung mit Philipp Gassert, Wilfried Mausbach und David B. Morris, München, Stuttgart 2001

Verbrechen der Wehrmacht. Dimensionen des Vernichtungskrieges 1941–1944. Ausstellungskatalog. Hrsg. vom Hamburger Institut für Sozialforschung, Hamburg 2002

Vogel, Jakob, Historische Anthropologie. In: Geschichtswissenschaften, S. 295–306

Vogel, Winfried, Karl Wilhelm Berkhan. Ein Pionier deutscher Sicherheitspolitik nach 1945, Bremen 2003

Vogt, Wolfgang R., Militär und Demokratie. Funktionen und Konflikte der Institution des Wehrbeauftragten, Hamburg 1972

Volksarmee schaffen – ohne Geschrei! Studien zu den Anfängen einer ›verdeckten Aufrüstung‹ in der SBZ/DDR 1947 bis 1952. Im Auftr. des Militärgeschichtlichen Forschungsamtes hrsg. von Bruno Thoß unter Mitarbeit von Wolfgang Schmidt, München 1994 (= Beiträge zur Militärgeschichte, 51)

Volz, Eugen, Der Wehrbeauftragte des Deutschen Bundestages, Diss. Tübingen 1958

Vom Kalten Krieg zur deutschen Einheit. Analysen und Zeitzeugenberichte zur deutschen Militärgeschichte 1945 bis 1995. Im Auftr. des Militärgeschichtlichen Forschungsamtes hrsg. von Bruno Thoß, München 1995

Vom künftigen deutschen Soldaten. Gedanken und Planungen der Dienststelle Blank, Bonn 1955

Von den Grundrechten des Soldaten. Hrsg. vom Deutschen Bund für Bürgerrechte durch A. Bergsträsser [et al.], München 1957

Von Truman bis Harmel. Die Bundesrepublik Deutschland im Spannungsfeld von NATO und europäischer Integration. Im Auftr. des Militärgeschichtlichen Forschungsamtes hrsg. von Hans-Joachim Harder, München 2000

Vor dem Abgrund. Streitkräfte der USA und UdSSR sowie ihrer deutschen Bündnispartner in der Kubakrise. Hrsg. von Dimitrij N. Filippovych und Matthias Uhl, München 2005 (= Schriftenreihe der VfZ, Sondernr.)

Wagner, Dietrich, FDP und Wiederbewaffnung. Die wehrpolitische Orientierung der Liberalen in der Bundesrepublik Deutschland 1949–1955, Boppard a.Rh. 1978

Wallraff, Günter, Mein Tagebuch aus der Bundeswehr, Köln 1992

Wandlungsprozesse in Westdeutschland. Belastung, Integration, Liberalisierung 1945–1980. Hrsg. von Ulrich Herbert, 2. Aufl., Göttingen 2003

Was ist Militärgeschichte? In Verbindung mit dem Arbeitskreis Militärgeschichte e.V. hrsg. von Thomas Kühne und Benjamin Ziemann, Paderborn 2000 (= Krieg in der Geschichte, 6)

Watzlawick, Paul, Anleitung zum Unglücklichsein, 14. Aufl., München 2005

Watzlawick, Paul, John H. Weakland und Richard Fisch, Lösungen. Zur Theorie und Praxis menschlichen Wandels, 6., unveränd. Aufl., Bern, Stuttgart, Toronto 2003

Watzlawick, Paul, Janet H. Beavin und Don D. Jackson, Menschliche Kommunikation. Formen, Störungen, Paradoxien, 10., unveränd. Aufl., Bern, Stuttgart, Toronto 2003

Die Wehrmacht. Mythos und Realität. Im Auftr. des Militärgeschichtlichen Forschungsamtes hrsg. von Rolf-Dieter Müller und Hans-Erich Volkmann, München 1999

Westbindungen: Amerika in der Bundesrepublik. Hrsg. von Heinz Bude und Bernd Greiner, Hamburg 1999

Wie integriert ist die Bundeswehr? Zum Verhältnis von Militär und Gesellschaft in der Bundesrepublik Deutschland. Hrsg. von Ralf Zoll, München, Zürich 1979

Wienfort, Monika, Monarchie in der bürgerlichen Gesellschaft, Göttingen 1993

Wiggershaus, Norbert, Bedrohungsvorstellungen Bundeskanzler Adenauers nach Ausbruch des Korea-Krieges. In: MGM, 25 (1979), S. 79–122

Willms, Gerd, Parlamentarische Kontrolle und Wehrverfassung, Diss. Göttingen 1959

Wörterbuch der Soziologie. Hrsg. von Günter Endruweit und Gisela Trommsdorff, 2., völlig neubearb. und erw. Aufl., Stuttgart 2002

Wolfrum, Edgar, Die Bundesrepublik Deutschland: 1949–1990, 10., völlig neu bearb. Aufl., Stuttgart 2005

Wolfrum, Edgar, Die geglückte Demokratie. Geschichte der Bundesrepublik Deutschland von ihren Anfängen bis zur Gegenwart, Stuttgart 2006

Zäsuren nach 1945. Essays zur Periodisierung der deutschen Nachkriegsgeschichte. Hrsg. von Martin Broszat, München 1990 (= Schriftenreihe der Vierteljahrshefte für Zeitgeschichte, 61)

Zeitgeschichte als Streitgeschichte. Große Kontroversen seit 1945. Hrsg. von
Martin Sabrow, Ralph Jessen und Klaus Große Kracht, München 2003

Ziesel, Kurt, Die Meinungsmacher: Spiegel, Zeit, Stern & Co., 2. Aufl., München
1988

Zilian, Frederick Jr., Gleichgewicht und Militärtechnologie in Mitteleuropa. In:
Die USA und Deutschland im Zeitalter des Kalten Krieges, Bd 1, S. 350–362

Zuber, Hubertus, Innere Führung in Staat, Armee und Gesellschaft, Regensburg
1981

Personenregister

Übersicht über die Buchreihe
des Militärgeschichtlichen Forschungsamtes

**Sicherheitspolitik und Streitkräfte
der Bundesrepublik Deutschland**

Bruno Thoß

NATO-Strategie und nationale Verteidigungs-planung

Planung und Aufbau
der Bundeswehr unter
den Bedingungen einer
massiven atomaren
Vergeltungsstrategie
1952–1960

OLDENBOURG

Bruno Thoß,
NATO-Strategie und nationale
Verteidigungsplanung. Planung
und Aufbau der Bundeswehr
unter den Bedingungen
einer massiven atomaren
Vergeltungsstrategie
1952 bis 1960,
München: Oldenbourg 2006,
IX, 774 S.
(= Sicherheitspolitik und
Streitkräfte der Bundesrepublik
Deutschland, 1)
ISBN-13: 978-3-486-57904-8
ISBN-10: 3-486-57904-5

Ziel der Buchreihe ist es, die Sicherheitspolitik der Bundesrepublik Deutschland und den Aufbau ihrer Streitkräfte seit dem Bündnisbeitritt 1955 darzustellen. Auf der Basis einer intensiven Quellenauswertung in nationalen und internationalen Archiven kann damit die ganze Bandbreite westdeutscher Bündnis- und Streitkräftegeschichte analysiert werden. Der Zusammenhang von NATO-Vorgaben und nationaler Verteidigungsplanung wird dazu ebenso eingehend erschlossen wie die Integration der aufwachsenden Streitkräfte in Staat und Gesellschaft und das Innenleben der Bundeswehr.

Den Auftakt bildet die grundlegende Studie von Bruno Thoß über das Zusammenspiel von bündnisstrategischen Vorgaben und nationaler Verteidigungsplanung 1952 bis 1960. Der Autor zeigt auf, dass sich nationale Sicherheit nur noch im übernationalen Rahmen verwirklichen lässt. Darüber hinaus belegt er, dass militärische Planung vor dem Hintergrund eines antagonistischen Systemkonflikts wie des Kalten Krieges mit seinen totalen Bedrohungsperzeptionen nicht mehr mit den herkömmlichen Mitteln reiner Militärstrategie zu betreiben ist. Schließlich macht er deutlich, wie solches Denken in den Kategorien potentiell totaler Kriegführung weit auf das ökonomische und gesamtgesellschaftliche Umfeld ausstrahlt.

Bernd Lemke
Dieter Krüger
Heinz Rebhan
Wolfgang Schmidt

Die Luftwaffe
1950 bis 1970

Konzeption, Aufbau,
Integration

OLDENBOURG

Bernd Lemke,
Dieter Krüger,
Heinz Rebhan,
Wolfgang Schmidt,
Die Luftwaffe 1950 bis 1970.
Konzeption, Aufbau, Integration.
Mit Beiträgen von Hillrich von
der Felsen, Peter Klatte, Axel B.
Kleppien, Siegfried Pacholke,
Klaus-Peter Scheibe und
Winfried Schwenke, München:
Oldenbourg 2006, X, 869 S.
(= Sicherheitspolitik und
Streitkräfte der Bundesrepublik
Deutschland, 2)
ISBN-13: 978-3-486-57973-4
ISBN-10: 3-486-57973-8

Gestützt auf bislang unausgewertete Quellen werden Konzeption, Organisation und
Technik der deutschen Luftwaffe in der westlichen Allianz nachgezeichnet. Zentrale
Bedeutung für Ausbildung, Ausrüstung und Einsatzrollen gewinnen dabei der Einbau
in die Nuklearstrategie des Bündnisses und ihr Wandel seit Beginn der sechziger Jah-
re. Ergänzt werden diese Aspekte durch Einblicke in die Luftverteidigung der NATO.
Auch die wichtige Rolle der USA beim Aufbau der Luftwaffe findet ihren Niederschlag.
Aufbau und Entwicklung bleiben dabei eng verknüpft mit den Komplexen Rüstungs-
beschaffung, technologische Entwicklung und materielle Einsatzbereitschaft. Hoch-
rangige Zeitzeugen vertiefen diese Einsichten aus ihrem Miterleben in den fliegenden
Verbänden, der Flugabwehrraketentruppe und der Logistik.

Helmut R. Hammerich,
Dieter H. Kollmer,
Martin Rink und
Rudolf J. Schlaffer,
Das Heer 1950 bis 1970.
Konzeption, Organisation und
Aufstellung. Unter Mitarbeit von
Michael Poppe, München:
Oldenbourg 2006, X, 822 S.
(= Sicherheitspolitik und
Streitkräfte der Bundesrepublik
Deutschland, 3)
ISBN-13: 978-3-486-57974-1
ISBN-10: 3-486-57974-6

Nach erstmaliger breiter Quellenauswertung können Konzeption und Aufbau eines neuen deutschen Heeres im Rahmen der NATO nachgezeichnet werden. Dazu werden die deutschen Ansätze für moderne Landstreitkräfte im Spannungsbogen zwischen atomarer Abschreckung und konventioneller Bündnisverteidigung analysiert. Das Besondere des deutschen Heeresbeitrages stellte dabei das Konzept einer beweglichen Kriegführung dar, mit dem die einseitige Abhängigkeit von Atomwaffen reduziert werden sollte. Der Aufbau konventioneller Verbände und ihre Umrüstung im Zuge der Strategieentwicklung in der NATO spiegelt sich wider in den notwendigen Anpassungen wechselnder Heeresstrukturen und modernisierter Rüstung. Begleitet wurden diese kontinuierlichen Veränderungen aber auch von Problemen der Personalgewinnung und Menschenführung.

Johannes Berthold
Sander-Nagashima

Die Bundesmarine 1950 bis 1972

Konzeption und Aufbau

OLDENBOURG

*Johannes Berthold
Sander-Nagashima,*
Die Bundesmarine
1950 bis 1972.
Konzeption und Aufbau.
Mit Beiträgen von Rudolf Arendt,
Sigurd Hess, Hans-Joachim
Mann, Klaus-Jürgen Steindorff,
München: Oldenbourg 2006,
ca. 650 S.
(= Sicherheitspolitik und
Streitkräfte der Bundesrepublik
Deutschland, 4)
ISBN-13: 978-3-486-57972-7
ISBN-10: 3-486-57972-X

Erstmals auf so breiter Quellenbasis kann der Weg nachgezeichnet werden von den konzeptionellen Vorüberlegungen für eine neue deutsche Marine bis zu ihrer Umsetzung im Streitkräfteaufbau ab 1955. Als Teil einer Bündnisarmee bewegten sich Planung und Aufbau zunächst in den eng gezogenen Grenzen einer Verteidigung der Ostseeausgänge. Auftrag, Bewaffnung und Ausrüstung ließen sich mit dem zunehmendem Vertrauensgewinn im Bündnis erweitern, sobald die NATO nach ihrem Strategiewechsel ab dem Ende der 60er Jahre auch zur See ihre konventionellen Fähigkeiten in Nord- und Ostsee zu erhöhen suchte. Erfahrungsberichte hochrangiger Zeitzeugen vertiefen dies auf den Feldern der Militärpolitik, des Aufbaus einer Marinefliegertruppe und der technologischen Entwicklung.

1

2

3

4

5

6

7

8

Die Bundesminister der Verteidigung:
1955–1988

1 1955–1956
   Theodor Blank
   CDU

2 1956–1963
   Franz Josef Strauß
   CSU

3 1963–1966
   Kai-Uwe von Hassel
   CDU

4 1966–1969
   Gerhard Schröder
   CDU

5 1969–1972
   Helmut Schmidt
   SPD

6 1972–1978
   Georg Leber
   SPD

7 1978–1982
   Hans Apel
   SPD

8 1982–1988
   Manfred Wörner
   CDU